Joachim Petzold

Die Demagogie des Hitlerfaschismus

Joachim Petzold

Die Demagogie des Hitlerfaschismus

Die politische Funktion
der Naziideologie
auf dem Wege zur faschistischen Diktatur

RV

Röderberg-Verlag · Frankfurt am Main 1983

Die Untersuchung von Joachim Petzold über die politische Funktion der Nazi-Ideologie auf dem Weg zur faschistischen Diktatur gehört zu den neueren Ergebnissen der Faschismus-Erforschung durch die DDR-Wissenschaft. Wir übernehmen diese Veröffentlichung, weil wir davon überzeugt sind, daß sie auch dazu beitragen kann, die in der Bundesrepublik geführte Faschismus-Diskussion anzuregen und zu bereichern.

Röderberg-Verlag Frankfurt am Main

Vom Akademie-Verlag, Berlin/DDR, genehmigte Lizenzausgabe
Rechte der Lizenzausgabe bei
Röderberg-Verlag GmbH, Frankfurt am Main, 1983
Gesamtherstellung: VEB Druckerei „Thomas Müntzer“,
5820 Bad Langensalza
Printed in GDR
ISBN 3-87682-760-4

Inhalt

Vorwort

Ursprünglich sollte sich dieses Buch allein mit der Rolle führender Naziideologen auf dem Wege zur faschistischen Diktatur befassen und die Untersuchungen des Verfassers über die konservativen Theoretiker des deutschen Faschismus ergänzen.[1] Doch es zeigte sich, daß das angestrebte Ziel weder derart personenbezogen noch im Rahmen rein ideologiegeschichtlicher Forschungen zu erreichen war. Wer erklären möchte, warum so viele Deutsche dem faschistischen Ungeist zum Opfer fielen und weshalb sich die Nazivariante des Faschismus in Deutschland durchsetzte, der muß notwendigerweise das ideologische System, seine Grundlagen und Wandlungen sowie das Wechselspiel zwischen Ideologie und Politik in seine Betrachtungen einbeziehen. Die Hitlerfaschisten sind gerade auf ideologischem Gebiet ausgesprochen eklektisch und pragmatisch vorgegangen. Immer wieder wird mit mehr oder minder großem Erstaunen festgestellt, wie viel von den Nazis an Ideologie übernommen werden konnte, wie wenig sie sich um die theoretische Begründung ihrer Ansichten kümmern mußten und wie rigoros sie ihre Grundsätze den politischen Erfordernissen anpaßten.

Die Gründe, warum die Naziideologie aus dem vielzitierten „Zeitgeist“ herauswuchs und eine ganz bestimmte politische Ausprägung erfuhr, werden von der bürgerlichen Geschichtsschreibung auf allen möglichen Gebieten, aber nur höchst selten in der monopolkapitalistischen Entwicklungsetappe der kapitalistischen Gesellschaftsord-

1 *Joachim Petzold*, Konservative Theoretiker des deutschen Faschismus. Jungkonservative Ideologen in der Weimarer Republik als geistige Wegbereiter der faschistischen Diktatur, Berlin 1978 (BRD-Ausgabe unter dem Titel: Wegbereiter des deutschen Faschismus. Die Jungkonservativen in der Weimarer Republik, Köln 1978). Wesentlich überarb. u. erg. Neuaufl. in Vorbereitung.

nung gesucht. Dabei hat der bürgerliche Soziologe Max Horkheimer bereits vor dem zweiten Weltkrieg die sehr richtige Erkenntnis ausgesprochen: „Wer aber vom Kapitalismus nicht reden will, sollte auch vom Faschismus schweigen.“[2] Die Frage, in welchem Verhältnis die Nazibewegung und die faschistischen Aktivitäten überhaupt zum Monopolkapital stehen, ist geradezu zum Hauptgegenstand der Auseinandersetzung zwischen den marxistischen und den nichtmarxistischen Historikern auf dem Felde der Faschismusforschung geworden. Sie wird auch im Zentrum der vorliegenden Untersuchung stehen.

Schon die Schärfe der Auseinandersetzung um diese Kernfrage läßt erkennen, daß die Analyse faschistischer Phänomene grundlegende Klasseninteressen berührt. Es ist in diesem Zusammenhang immer wieder an das offenherzige Bekenntnis des amerikanischen Historikers Henry Ashby Turner jr. zu erinnern, der 1972 formulierte: „Entspricht die weit verbreitete Ansicht, daß der Faschismus ein Produkt des modernen Kapitalismus ist, den Tatsachen, dann ist dieses System kaum zu verteidigen. Ist diese Meinung jedoch falsch, dann ist es auch die Voraussetzung, auf der die Einstellung vieler Menschen im Osten wie im Westen zur kapitalistischen Wirtschaftsordnung beruht.“[3]

Die bürgerliche Geschichtsforschung hat viele Versuche unternommen, die These des XIII. Plenums des Exekutivkomitees der Kommunistischen Internationale von 1933 zu entkräften, daß der „Faschismus an der Macht“ die „offene terroristische Diktatur der reaktionärsten, am meisten chauvinistischen, am meisten imperialistischen Elemente des Finanzkapitals“ sei.[4] Es wurde sogar grundsätzlich bestritten, daß es einen Faschismus im weltweiten Sinne

2 *Max Horkheimer*, Die Juden und Europa, in: Z. Sozialforschung, Paris, Bd. 8, 1—2/1939, (Neudruck München 1970), S. 115 f.

3 *Henry Ashby Turner jr.*, Faschismus und Kapitalismus in Deutschland. Studien zum Verhältnis zwischen Nationalsozialismus und Wirtschaft, Göttingen 1972, S. 7.

4 Vgl. dazu *Elfriede Lewerenz*, Die Analyse des Faschismus durch die Kommunistische Internationale. Die Aufdeckung von Wesen und Funktion des Faschismus während der Vorbereitung und Durchführung des VII. Kongresses der Kommunistischen Internationale (1933—1935), Berlin 1975; *dieselbe*, Zur Bestimmung des imperialistischen Wesens des Faschismus durch die Kommunistische Internationale (1922 bis 1935), in: Faschismusforschung. Positionen — Probleme — Polemik. Hrsg. Dietrich Eichholtz/Kurt Gossweiler, Berlin 1980, S. 21 ff.

gegeben habe. Zwischen dem deutschen Nationalsozialismus, dem italienischen Faschismus, dem spanischen Falangismus und ähnlichen politischen Erscheinungen hätten so gravierende Unterschiede bestanden, daß ein gemeinsamer Oberbegriff unangebracht sei. Wenn schon nach sozialen Wurzeln gefragt würde, so ließen sich die faschistischen Aktivitäten am besten als Mittelstandsbewegungen charakterisieren, die sich gleichermaßen gegen Proletariat wie Monopolkapital richteten. Doch selbst dieser soziologische Erklärungsversuch geht vielen bürgerlichen Historikern schon zu weit. Sie bezeichnen kurzerhand den Faschismus als ein Werk einzelner überragender Persönlichkeiten wie Mussolini, Hitler und Franco oder als die Folge nationaler Besonderheiten.[5]

Im Bestreben, die Zusammenhänge zwischen Faschismus und Monopolkapitalismus zu verwischen und zu verleugnen, wurden sogar groteske Widersprüche in Kauf genommen. So behaupteten vornehmlich amerikanische Politologen und Soziologen, es handle sich bei den faschistischen Bestrebungen lediglich um eine besonders brutale und radikale Art, eine Modernisierung in rückständigen Gebieten der Welt zu erzwingen. Historiker wie Turner kamen genau zu dem entgegengesetzten Schlusse. Der Faschismus wäre vielmehr ein großangelegter Versuch gewesen, den Sprung in die moderne Industriegesellschaft zu verhindern. Er müsse daher als prinzipieller Antimodernismus charakterisiert werden.[6] Einig ist man sich lediglich in der Absicht, ihn in Verbindung mit dem sogenannten Totalitarismus zu bringen, um dadurch einen Schlag gegen den Kommunismus zu führen, der in erster Linie mit diesem Etikett versehen wird.[7]

Obwohl im Streit zwischen den Modernisten und den Antimodernisten unter den bürgerlichen Faschismusdeutern die Bewertung der

5 Einen guten Überblick über den derzeitigen Stand der bürgerlichen Faschismusforschungen geben *Gerhard Lozek/Rolf Richter*, Legende oder Rechtfertigung? Zur Kritik der Faschismustheorien in der bürgerlichen Geschichtsschreibung, Berlin 1979; *Reinhard Kühnl*, Faschismustheorien. Texte zur Faschismusdiskussion 2. Ein Leitfaden, Hamburg 1979.

6 Vgl. dazu *Joachim Petzold*, War Hitler ein Revolutionär? Zum Thema Modernismus und Antimodernismus in der Faschismus-Diskussion, in: Blätter für deutsche und internationale Politik, Köln, 2/1978, S. 186ff.

7 Vgl. dazu Unbewältigte Vergangenheit. Kritik der bürgerlichen Geschichtsschreibung in der BRD, Berlin 1977, S. 38ff. (*Gerhard Lozek*, Die antikommunistische „Totalitarismus"-Doktrin).

Naziideologie eine große Rolle spielt, bringt dieser selbst auf dem Gebiet keinerlei Erkenntnisgewinn: Denn daß die ideologischen Leitbilder der Nazis mit Vorliebe der Geschichte des Mittelalters und der Germanen entnommen wurden, ist längst bekannt und erlaubt an sich noch keine Rückschlüsse auf die damit verbundenen Absichten. Das Wesen der Naziideologie läßt sich nicht durch derart willkürliche Interpretationen ergründen. Es kann nur aus einem sorgsamen und umfassenden Studium der Originalquellen und aus dem ständigen Vergleich mit den politischen Auseinandersetzungen der Zeit erschlossen werden. Aus diesem Grunde wird ganz bewußt darauf verzichtet, die Meinungen der einzelnen Faschismusforscher gegeneinander abzuwägen und einen umfassenden Überblick über die ohnehin kaum übersehbare Literatur zur Faschismusproblematik zu geben.[8] In welchem Maße die Nazifaschisten Interessenvertreter und Werkzeuge des deutschen Monopol- und Agrarkapitals waren, soll aus den Dokumenten hervorgehen. Das gilt auch für die anderen Streitfragen.

Die Diskussionen um die Bewertung von Vorläufern der faschistischen Ideologie haben zwar ebenfalls einen politischen Hintergrund, sind aber nicht in gleicher Weise wie die Auseinandersetzungen um das Verhältnis zwischen Faschismus und Finanzkapital auf einen Nenner zu bringen. Es gibt marxistische Autoren, die dem Nazifaschismus in ideologischer Hinsicht fast jede Eigenständigkeit absprechen und infolgedessen über zeitgenössische Wegbereiter hinaus Traditionslinien in der Vergangenheit suchen. Mit Recht wird darauf verwiesen, daß grundsätzliche Bestandteile der Naziideologie wie die Rassenlehre und die sozialdarwinistische These vom Kampf ums Dasein im gesellschaftlichen Leben schon im 19. Jahrhundert entwickelt wurden. Der für die Nazibewegung charakteristische Antisemitismus reichte sogar weit bis ins Mittelalter zurück. Antikommunismus, Fortschrittsfeindlichkeit und Irrationalismus sind nicht erst typische Eigenschaften faschistischer Bewegungen.

8 Eine Literaturzusammenstellung gibt *Peter Hüttenberger*, Bibliographie des Nationalsozialismus (= Arbeitsbücher zur modernen Geschichte, Bd. 8), Göttingen 1980. Zusätzlich zu den in Anm. 5 genannten Literaturberichten vgl. noch *Wolfgang Wippermann*, Faschismustheorien. Zum Stand der gegenwärtigen Diskussion, Darmstadt 1975; *Richard Saage*, Faschismustheorien. Eine Einführung, München 1976; *Eike Hennig*, Bürgerliche Gesellschaft und Faschismus in Deutschland. Ein Forschungsbericht, Frankfurt a. M. 1977.

Die Naziideologie setzte sich aber — wie das faschistische Denken überhaupt — nicht nur quantitativ aus den Elementen einer reaktionär gewordenen bürgerlichen Ideologie zusammen. Sie verkörperte vielmehr eine besondere Qualität, und zwar in mehrfacher Hinsicht. So wurde alles ins Extreme gesteigert, vor allem der Antikommunismus und schließlich auch der Antisemitismus. Außerdem erfolgte eine Verschmelzung des vorgefundenen ideologischen Waffenarsenals. Die Begriffe Herrenrasse, Volk ohne Raum, Kampf ums Dasein standen nicht mehr nebeneinander, sondern bildeten ein System, das in höchstem Maße mit sozialer Demagogie verbunden wurde und im Schlagwort vom „Nationalsozialismus" gipfelte. Zum Unterschied von den mehr spekulierenden und räsonierenden Vorläufern hatte bei den Nazis alles eine direkte politische und propagandistische Funktion. In diesem auf Massengewinnung und Machtergreifung bedachten Pragmatismus, der sich sogar einiger Kampfmethoden bediente, die dem kapitalistischen System scheinbar abträglich waren, und der vor radikalen Kursänderungen nicht zurückschreckte, lag ein wesentlicher Grund, warum die Nazis ihren politischen Konkurrenten überlegen waren und sich von ihren geistigen Wegbereitern abhoben. Um seine Tragweite zu erfassen, reicht die Analyse der gemeinsamen ideologischen Grundlagen nicht aus.

Der Mangel bisheriger, in anderer Hinsicht grundlegender Versuche, die von Hitler ausdrücklich als „Weltanschauung" bezeichnete Naziideologie wissenschaftlich zu ergründen, besteht nach Meinung des Autors darin, daß diesen Qualitätsunterschieden nicht genügend Beachtung geschenkt wurde. So hat Georg Lukács zwar die Quellen und die Verbindungslinien aufgedeckt, die seit den Tagen der Romantik und der Revolution von 1848/49 für die Herausbildung der Naziideologie bedeutsam waren, aber er ließ die bürgerliche Ideologieentwicklung in Deutschland zu sehr als Einbahnstraße in Richtung Faschismus erscheinen.[9] Infolgedessen wurden zahlreiche bürgerliche Philosophen des 19. und des 20. Jahrhunderts nicht nur als partielle Ideenspender der Nazis, sondern selbst schon als Präfaschisten charakterisiert. Die Naziideologen waren natürlich bestrebt, eine faschistische Traditionslinie zu konstruieren und über ihre unmittelbaren Wegbereiter Houston Stewart Chamberlain, Julius Langbehn und Paul Anton de Lagarde sowie den vieldeutbaren Friedrich Nietzsche

9 *George Lukács*, Die Zerstörung der Vernunft. Der Weg des Irrationalismus von Schelling zu Hitler, Berlin 1954.

hinaus Johann Gottfried Herder, Johann Gottlieb Fichte, Ernst Moritz Arndt, Georg F. W. Hegel und Arthur Schopenhauer für sich zu beanspruchen. Aber sogar dort, wo Anknüpfungspunkte bestanden, blieben markante Unterschiede bestehen.

Der Faschismus ist eine grundsätzliche Negation des Progressiven in der Geschichte. Er wendet sich nicht nur gegen den Marxismus, sondern auch gegen den Rationalismus der bürgerlichen Aufklärung, gegen den Liberalismus des aufstrebenden Bürgertums und gegen den Humanismus der klassischen deutschen Philosophie. Wenn er dabei von der völkischen Deutschtümelei vieler Romantiker, dem engstirnigen Franzosenhaß in der Zeit der Befreiungskriege von 1812/13 und dem wachsenden Irrationalismus und Pessimismus der Restaurations- und Reaktionsperioden der deutschen Geschichte profitieren konnte, so kann man daraus noch längst nicht auf geistige Vorwegnahme schließen. Selbst Nietzsche läßt sich nicht so ohne weiteres in das Ahnenregister des Nazifaschismus einbeziehen.

Der Faschismus gehört zum Überbau des Imperialismus, den Lenin nicht nur als die höchste, sondern auch als die letzte Entwicklungsstufe des Kapitalismus charakterisierte. Faschistische Bewegungen und Diktaturen stellen jedoch nur eine Form monopolkapitalistischer Interessenvertretung und Machtausübung dar. In der faschistischen Ideologie mündet keineswegs das gesamte bürgerliche Denken des untergehenden Kapitalismus der freien Konkurrenz. Lenin hat nachgewiesen, daß der Imperialismus ökonomisch jene Entwicklungsstufe des Kapitalismus ist, „auf der die Produktion so sehr Groß- und Größtproduktion geworden ist, daß *die freie Konkurrenz vom Monopol abgelöst wird*".[10] Dieses im Bereich der Wirtschaft entstandene Monopol durchdringt „mit absoluter Unvermeidlichkeit *alle* Gebiete des öffentlichen Lebens"[11]: „Der politische Überbau über der neuen Ökonomik, über dem monopolistischen Kapitalismus (Imperialismus ist monopolistischer Kapitalismus) ist die Wendung *von* der Demokratie *zur* politischen Reaktion. Der freien Konkurrenz entspricht die Demokratie. Dem Monopol entspricht die politische Reaktion... Sowohl in der Außenpolitik wie auch gleicherweise in der Innenpolitik strebt der Imperialismus zur Verletzung der Demokratie,

10 *W. I. Lenin*, Werke, Bd. 23, Berlin 1957, S. 34 (Über eine Karikatur auf den Marxismus und über den „imperialistischen Ökonomismus").

11 Ebenda, Bd. 22, Berlin 1960, S. 241 (Der Imperialismus als höchstes Stadium des Kapitalismus).

zur Reaktion. In diesem Sinne ist unbestreitbar, daß der Imperialismus ‚Negation' der *Demokratie überhaupt*, der *ganzen Demokratie* ist."[12]

Der Übergang von bürgerlich-parlamentarischen Regierungsformen zu faschistischen Diktaturen war ein besonders prägnanter Ausdruck der für den Monopolkapitalismus typischen Tendenz zur politischen Reaktion. Der gesellschaftliche Überbau wurde in radikaler Form den Veränderungen in der ökonomischen Basis der kapitalistischen Gesellschaftsordnung angepaßt. Der Monopolbildung in der Wirtschaft folgte die absolute Monopolisierung der politischen Macht und der ideologischen Manipulation. Faschistische Herrschaftsformen entspringen also mit logischer Konsequenz der monopolkapitalistischen Wirtschaftsordnung. Sie sind allerdings keine zwangsläufige und unvermeidliche Folge. Das Monopolkapital muß nicht nur den Widerstand gegen faschistische Entwicklungstendenzen berücksichtigen. Es hat auch verschiedene Möglichkeiten, seinen Drang nach „Reaktion auf der ganzen Linie"[13] zur Geltung zu bringen. Der Verzicht auf eine parlamentarische Bemäntelung der monopolkapitalistischen Herrschaft birgt schließlich ein erhebliches Risiko. Es sind daher die innenpolitisch besonders reaktionären und zumeist auch in außenpolitischer Hinsicht aggressivsten Monopolkapitalisten und die mit ihnen verbundenen Großgrundbesitzer, die die faschistischen Bewegungen unterstützen und die Errichtung faschistischer Diktaturen betreiben. Durch Erfahrungen gewitzt, betrachten die herrschenden Klassen insgesamt den Faschismus in der Regel als letzten Retter in der Not und versuchen, ihrer unterschiedlichen Interessenlage entsprechend, so lange wie möglich mit Mehrparteiensystemen und Scheindemokratien auszukommen.

Wolfgang Heise ist zum Unterschied von Lukács von der Leninschen Imperialismustheorie ausgegangen und hat die einschneidenden Folgen des Monopolisierungsprozesses und der allgemeinen Krise des Kapitalismus für die imperialistische Ideologie herausgestellt.[14] In seiner umfassender angelegten Untersuchung über die moderne bürgerliche Philosophie erscheint die Naziideologie jedoch ebenfalls nur als ein eklektisches Sammelsurium und als eine spezielle Spielart des

12 Ebenda, Bd. 23, S. 34 (Über eine Karikatur auf den Marxismus).

13 Ebenda, Bd. 22, S. 302 (Der Imperialismus als höchstes Stadium des Kapitalismus).

14 *Wolfgang Heise*, Aufbruch in die Illusion. Zur Kritik der bürgerlichen Philosophie in Deutschland, Berlin 1964.

philosophischen Irrationalismus. Sie war aber weniger von philosophischen Prämissen als vielmehr von politischen Bedürfnissen geprägt. Damit soll keineswegs bestritten werden, daß jede Ideologie auf bestimmten philosophischen Fundamenten ruht, aber gerade imperialistische Mobilisierungsideologien sind nur zum geringeren Teil philosophischer Natur.

Hitler hat nie ein ernsthaftes Philosophiestudium betrieben. Sein Wissen um weltanschauliche Fragen stammte zumeist aus obskuren Quellen. Von den Naziführern konnte lediglich Rosenberg auf eine gewisse philosophische Bildung verweisen. Der Wortführer eines faschistisch orientierten Jungkonservatismus, Oswald Spengler, an dessen geistiges Niveau kein Naziphilosoph heranreichte, hat der Philosophie sogar die Existenzberechtigung im Imperialismus abgesprochen und ihr keine Bedeutung für das von ihm als Cäsarimus bezeichnete faschistische Diktaturstreben zugemessen.[15] Zum Kern der Naziideologie dringt man nur über die Leninsche Imperialismustheorie und die ständige Berücksichtigung der gesellschaftlichen Verhältnisse und der politischen Kampfbedingungen vor. Faschistisches Denken und Handeln ist ganz unmittelbar in den Klassenkampf eingebettet. Deshalb führen rein philosophische Deutungsversuche letztlich zu einer viel zu abstrakten und allgemeinen Interpretation, die nur als Richtschnur dienen kann und die durch die konkrete Analyse des Verhältnisses zwischen Ideologie und Politik ergänzt werden muß.

Ihrem pragmatischen Charakter entsprechend zielte die Naziideologie besonders auf die propagandistische Verwertbarkeit. Die Stoßrichtung wurde den jeweiligen politischen Bedürfnissen angepaßt. Was Hitler als „Weltanschauung" der Nazibewegung bezeichnete, waren schlagwortartig verdichtete Behauptungen. Die meisten davon blieben von Anfang bis Ende in kaum veränderter Form bestehen. Das gilt vornehmlich für alles, was mit dem Antikommunismus und der Rechtfertigung des imperialistischen Krieges zusammenhing. Manches aber, wie beispielsweise die Kritik am Kapitalismus, wurde brüsk fallengelassen, als die Nazis ihr Nahziel — die politische „Machtergreifung" — erreicht hatten. Doch auch vieles andere, genannt sei zunächst nur die anfangs für prinzipiell weltanschaulich erklärte Ablehnung des bürgerlichen Parlamentarismus, unterlag

15 *Oswald Spengler*, Der Untergang des Abendlandes. Umrisse einer Morphologie der Weltgeschichte, Bd. 1: Gestalt und Wirklichkeit, 3., unveränd. Aufl., München 1920, S. 56f.; *derselbe*, Reden und Aufsätze, München 1937, S. 63ff.

auf den ersten Blick erstaunlichen Wandlungen. Um das alles zu erfassen, genügen die traditionellen Methoden der Ideologieforschung nicht mehr.

Die Historiker und die Philosophen, die sich bisher mit der faschistischen Ideologie befaßten, haben lediglich die Publikationen analysiert. Die bürgerliche Ideologiegeschichtsschreibung hat diese Beschränkung sogar grundsätzlich dazu benutzt, um zu bestreiten, daß die Ideologie „*in letzter Instanz*“ materielle Interessen reflektiert.[16] Wer sich nur an die wenigen Standardwerke der Nazibewegung wie Hitlers „Mein Kampf“ und Rosenbergs „Mythus des 20. Jahrhunderts“ hält, der wird, sofern er sich nicht auf das ganz Allgemeine und Grundsätzliche beschränken will, zahlreiche Widersprüche zur praktischen Nazipolitik entdecken und kann sogar zu falschen Schlußfolgerungen kommen. Vor dieses Dilemma sahen sich die wenigen bürgerlichen Autoren gestellt, die sich ausschließlich mit der Naziideologie beschäftigten [17] und von denen einige am Ende überhaupt bezweifelten, daß Hitler eine Ideologie gehabt habe, [18] oder die nur noch die

16 *Karl Marx/Friedrich Engels*, Werke, Bd. 37, Berlin 1967, S. 463 (Friedrich Engels am 21. 9. 1890 an Joseph Bloch). Engels ist in seinem Briefwechsel Ende der achtziger und Anfang der neunziger Jahre wiederholt auf das komplizierte Wechselverhältnis zwischen Ökonomie und Ideologie, zwischen Basis und Überbau einer Gesellschaft, eingegangen und hat dabei sowohl den letztlich bestimmenden Einfluß der Ökonomie als auch die relative Selbstständigkeit der Ideologie hervorgehoben.

17 *Martin Broszat*, Der Nationalsozialismus. Weltanschauung, Programm und Wirklichkeit, Stuttgart 1960; *Eberhard Jäckel*, Hitlers Weltanschauung. Entwurf einer Herrschaft, Tübingen 1969; *Karl Lange*, Hitlers unbeachtete Maximen. „Mein Kampf“ und die Öffentlichkeit, Stuttgart/Berlin(West)/Köln/Mainz 1968; *Werner Maser*, Hitlers Mein Kampf. Entstehung, Aufbau, Stil, Änderungen, Quellen, Quellenwert, komment. Auszüge, München/Esslingen 1966; *Ernst Nolte*, Der Faschismus in seiner Epoche. Die Action française. Der italienische Faschismus. Der Nationalsozialismus, München 1963 (Noltes Werk ist stark ideengeschichtlich orientiert).

18 So *Harold J. Laski*, Reflections on the Revolution of our Time, London 1943, und *Alan Bullock*, Hitler. Eine Studie über Tyrannei, Düsseldorf 1952. Beide nennen Hitler einen völlig prinzipienlosen Opportunisten. Übertroffen werden sie noch von Edith Eucken-Erdsiek, die behauptet, „daß er gar keine Ideologie“ besessen habe (in: Der Führer ins Nichts. Eine Diagnose Adolf Hitlers. Hrsg. u. Vorw. Gert Buchheit, Rastatt/Baden 1960, S. 26); vgl. dazu *Jäckel*, Hitlers Weltanschauung, S. 14ff.

geistigen Wegbereiter für erwähnenswert hielten.[19] Derartige Resultate beweisen die Hilflosigkeit einer den gesellschaftlichen Zusammenhängen ausweichenden bürgerlichen Ideologieforschung.

Um die Naziideologie zu erfassen, muß man auch den sogenannten Zeitgeist durch ein weitgefächertes Studium von Zeitungen und Zeitschriften zu ergründen suchen, und zwar — wenn man den etwas schillernden Begriff überhaupt verwenden will — im Sinne des Goethezitats „Was ihr den Geist der Zeiten heißt, das ist im Grund der Herren eigner Geist, in dem die Zeiten sich bespiegeln." Auf diesem Wege ist der deutsche Kommunist und Antifaschist Hans Günther vorangegangen, der 1935 in sowjetischer Emigration sein Buch „Der Herren eigner Geist" veröffentlichen konnte.[20] Trotz zeitbedingter Mängel hat er im Bereich des philosophischen Denkens eine bahnbrechende Leistung vollbracht, die von Lukács und Heise in ihren bereits erwähnten Büchern fortgesetzt und von dem sowjetischen Philosophen S. F. Oduev zu einer umfassenden Auseinandersetzung mit Friedrich Nietzsche und seiner geistigen Ausstrahlung weitergeführt wurde.[21]

19 *Friedrich Glum*, Der Nationalsozialismus. Werden und Vergehen, München 1962.

20 *Hans Günther*, Der Herren eigner Geist. Die Ideologie des Nationalsozialismus, Moskau/Leningrad 1935 (Neudruck Berlin 1982).

21 *Stepan Fedorovič Oduev*, Auf den Spuren Zarathustras. Der Einfluß Nietzsches auf die bürgerliche deutsche Philosophie, Berlin 1977. Die sowjetische Forschung hat sich sehr intensiv mit der Faschismusproblematik auseinandergesetzt. Aus der Fülle der Literatur sei vor allem das Standardwerk История фашизма в Западной Европе genannt. Darin u. a. die Beiträge: Происхождение и классовая сущность фашизма (В. Д. Ежов); Послевоенный кризис и фашистская диктатура в Италии [1919—1929 гг.] (Б. Р. Лопухов); Фашистский корпоративизм и империализм. Крах фашистского режима в Италии (Г. С. Филатов); От возникновения германского фажизма до мюнхенского путча 1923 г. (Д. С. Давидович); Германский фашизм во второй половине 20-х годов и его приход к власти (Л. И. Гинцберг); Фашистский режим и расвитие государственно-монополистического капитализма в германии (Г. Н. Горошкова); Внутренние в внешние факторы утверждения фашизма в испании (С. П. Пожарская); Фашизм во Франции, Англии и малых странах западной Европы (П. Ю. Рахшмир); Историография западноевропейского Фашизма (П. Ю. Рахшмир); Заключение (П. Ю. Рахшмир). Weitere Literaturhinweise: *Бланк, А. С.,* Из истории раннего фашизма в Германии. Организация. Идеология. Методы, Moskau, 1978; *А. А. Галкин,* Германский фашизм, Moskau 1971; *Л. И. Гинцберг,* Рабочее и коммунистическое движение германии в борьбе

Auch die in der Sowjetunion erschienene Zeitschrift „Unter dem Banner des Marxismus" war während der dreißiger Jahre reich an Analysen der faschistischen Ideologie. Von grundsätzlicher Bedeutung sind die auf dem VII. Kongreß der Kommunistischen Internationale gehaltenen Referate Georgi Dimitroffs, Wilhelm Piecks und Palmiro Togliattis[22] sowie die Materialien der anschließenden Brüsseler Konferenz der KPD.[23]

Um die Motive zu erkennen, die die Naziideologen bewegten, und um die Ursachen der Wandlungen zu erforschen, denen die Naziideologie unterlag, muß schließlich hinter die Kulissen der offiziellen Propaganda geschaut werden. Das erfordert ein in der Auseinandersetzung mit der faschistischen Ideologie bisher fast völlig vernachlässigtes Archivstudium. Gerade eine politische Bewegung, die oft das Gegenteil von dem bezweckte, was sie in ihren Publikationen und Verlautbarungen verkündete, und die von Kreisen finanziert werden wollte, die sie in der Öffentlichkeit attackierte, führte ein Doppelleben, das den ständigen Vergleich zwischen dem Bekanntgegebenen und dem Geheimgehaltenen erfordert.

Für die Entwicklung der Naziideologie sind vor allem die NS-Akten aufschlußreich, die im Bundesarchiv der BRD in Koblenz aufbewahrt werden. Trotz vielfältiger Benutzung und Auswertung durch zahlreiche Faschismusforscher war es erstaunlich, wieviel unbekanntes oder ungewürdigtes Material erschlossen werden konnte. Das gilt in erster Linie für die Bestände „Hauptarchiv der NSDAP" (NS 26), „Kleine Erwerbungen" (NS 20), „Reichsorganisationsleiter der NSDAP" (NS 22) und „Kanzlei Rosenberg" (NS 8). Da sich die

против фашизма (1919—1933 гг.), Moskau 1978; *derselbe,* Германский фашизм и монополии после мюнхенского путча (1924—1929). — Новая и новейшая история, 1977, 3; *derselbe,* На пути в имперскую канцелярию. Германский фашизм рвется к власти, Moskau 1972; *Г. Н. Горошкова,* Ложная версия о создании „третьего рейха". — Новая и новейшая история, 1972, 3; *Д. С. Давибович,* Орудие германского империализма и милитаризма. К истории возникновения германского фашизма. — Новая и новейшая история, 1976, 3; *Г. С. Филамов,* Вопросы истории фашизма и современность. — Коммунист, 1976, 13.

22 VII. Kongreß der Kommunistischen Internationale: Referate und Resolutionen, Berlin 1975.

23 *Wilhelm Pieck*, Der neue Weg zum gemeinsamen Kampf für den Sturz der Hitlerdiktatur. Referat und Schlußwort auf der Brüsseler Parteikonferenz der Kommunistischen Partei Deutschlands Oktober 1935, Berlin 1954.

Nazibewegung zunächst vor allem in München und in Bayern entwickelte, ließen sich in Münchner und Nürnberger Archiven inhaltsreiche Dokumente ermitteln. Im Bayrischen Hauptstaatsarchiv wurden die einschlägigen Akten des Innenministeriums, im Staatsarchiv München die Akten der Polizeidirektion München ausgewertet. Das Staatsarchiv und das Stadtarchiv Nürnberg gaben Aufschluß über die insbesondere mit dem Namen Julius Streicher verknüpfte Entwicklung der NSDAP im fränkischen Raum sowie über unveröffentlichte Unterlagen der Nürnberger Kriegsverbrecherprozesse.

Die Reichsbehörden, deren Akten aus dem Zeitraum der Weimarer Republik hauptsächlich im Zentralen Staatsarchiv Potsdam aufbewahrt werden, hatten der Nazibewegung ebenfalls frühzeitig Beachtung geschenkt. Insbesondere die Vertretung der Reichsregierung in München, das Reichsministerium des Innern sowie der Reichskommissar für Überwachung der öffentlichen Ordnung bezogen auch ideologische Aspekte in ihre Beobachtungen ein. Das gilt im gleichen Maße für das preußische Innenministerium, dessen Akten sich im Zentralen Staatsarchiv Merseburg und zu einem Teil im Geheimen Staatsarchiv Dahlem (Berlin-West) befinden. In letzterem vermittelten der Aktenbestand des preußischen Staatssekretärs im Innenministerium Ludwig Grauert und des Berliner Polizeipräsidenten Kurt Daluege wichtige Erkenntnisse. Auch dem Staatsarchiv Dresden sind einige Einsichten zu danken, insbesondere was die Berichterstattung des sächsischen Regierungsvertreters in München betrifft.

Aus den eingesehenen Spezialbeständen ragen die Hinterlassenschaft des Alldeutschen Verbandes im Zentralen Staatsarchiv Potsdam, die mit dem unveröffentlichten zweiten Band der Claß-Erinnerungen im Bundesarchiv Koblenz verglichen werden konnten, und der umfangreiche Nachlaß Alfred Hugenbergs im Bundesarchiv Koblenz heraus. Ersterer gibt Aufschluß über das große Interesse des Alldeutschen Verbandes an der Nazibewegung. Letzterer vermittelt Einblicke in den großindustriellen Fördererkreis reaktionärer Bestrebungen. Das ist um so wichtiger, da die Auswertung von Konzernarchiven in der BRD dem Autor aus politischen Gründen verweigert wurde.[24] Nur das allerdings wenig ergiebige Borsig-Archiv im Stadtarchiv der Hauptstadt der DDR, Berlin, konnte eingesehen werden.

Die Kriegsverluste von Akten und die Benutzungsverweigerungen

24 *Petzold*, Theoretiker, S. 14; *derselbe*, Wegbereiter, S. 20.

in nichtstaatlichen Archiven erhöhen den Wert von Nachlässen. Die Erfahrungen haben gezeigt, daß selbst relativ unbedeutende Personen oft über wichtige, ansonsten nicht mehr auffindbare Dokumente verfügten und aussagekräftige Briefwechsel unterhielten. Deshalb wurden die schriftlichen Hinterlassenschaften von Persönlichkeiten aus dem konservativen Umfeld der Nazibewegung eingesehen und zur Klärung von Einzelfragen herangezogen. Genannt seien die Nachlässe des stellvertretenden Vorsitzenden des Alldeutschen Verbandes, General Konstantin Freiherr von Gebsattel (Zentrales Staatsarchiv Potsdam), des verbindungsreichen alldeutschen Wirtschaftsführers Carl Gottfried Gok (Bundesarchiv Koblenz), des führenden Mitglieds der Deutschen Vaterlandspartei, Dietrich Schäfer (Archiv der Akademie der Wissenschaften der DDR), der Parteigänger Hugenbergs, Gottfried Traub und Leo Wegener (Bundesarchiv Koblenz) sowie des Führers der Deutschvölkischen Freiheitspartei, Reinhold Wulle (Bundesarchiv Koblenz). Selbstverständlich wurden auch die Nachlässe der Naziführer Walter Darré und Julius Streicher im Bundesarchiv Koblenz ausgewertet. Im übrigen konnten die Materialien herangezogen werden, die es dem Verfasser ermöglichten, das Buch „Konservative Theoretiker des deutschen Faschismus" zu schreiben, also die Akten des Politischen Kollegs im Geheimen Staatsarchiv Dahlem und im Bundesarchiv Koblenz sowie die im Vorwort zu diesem Buch erwähnten Nachlässe, insbesondere des von Franz Bracht, des Innenministers im Kabinett Schleicher.[25]

Die Fülle der bisher kaum oder gar nicht bekannten Archivdokumente zur Nazibewegung, die ermittelt werden konnten und die vornehmlich das Verhältnis der Naziführung zu den herrschenden Kreisen beleuchten, ließ die Frage aufkommen, ob dem Buch nicht ein spezieller Dokumentenanhang beigefügt werden müßte. Mit Rücksicht auf den Umfang wurde davon Abstand genommen. Einzelne, besonders aufschlußreiche Dokumente werden aber im Text so ausführlich zitiert, daß auch von einer Dokumentation gesprochen werden kann. Der Leser soll dadurch die Möglichkeit erhalten, in einer von Grund auf umstrittenen Angelegenheit sich selbst ein Urteil über die Schlußfolgerungen des Autors und den Standpunkt der Kontrahenten zu bilden. Außerdem bleibt die Ursprünglichkeit der behandelten Vorgänge in dieser Form der Darstellung besser gewährleistet. Das ist um so wichtiger bei einem Thema, dessen Begriffswelt

25 Ebenda, S. 13f. bzw. S. 19f.

der jungen Generation vielfach unverständlich geworden ist und dessen literarische Originalquellen entsprechend den Potsdamer Bestimmungen in den Bibliotheken der DDR nur der wissenschaftlichen Forschung zugänglich sind. Im übrigen wurden wichtige Aktenkomplexe vom Verfasser in Fachzeitschriften und Jahrbüchern dokumentiert. Die entsprechenden Hinweise finden sich im Anmerkungsteil.

Allen Archiven, die ihre Bestände zur Verfügung stellten — zu ihnen gehörte auch das Archiv des Institutes für Zeitgeschichte in München mit seiner reichen Filmsammlung —, den Archivaren und technischen Kräften, die die Auswertung ermöglichten und erleichterten, sei gedankt. Besonderer Dank gilt den Gutachtern des Buchmanuskriptes, den Professoren Dr. Kurt Pätzold, Dr. Wolfgang Ruge und Dr. Manfred Weißbecker, an deren Publikationen der Autor anknüpfen konnte,[26] den Mitarbeitern der Forschungsgruppe Weimarer Republik im Zentralinstitut für Geschichte an der Akademie der Wissenschaften der DDR in Berlin, Dr. Kurt Gossweiler, der selbst wesentlich zur Erforschung des Nazifaschismus beigetragen hat,[27] Dr. Helga Gotschlich und Dr. Heinz Habedank sowie den Mitgliedern des Arbeitskreises Weimarer Republik, die durch kritische Hinweise zur Verbesserung des Manukriptes beitrugen, Frau Elfriede Grimm, der die technische Betreuung oblag, Herrn Udo Rößling, der gemeinsam mit Dr. Joachim Trotz die Arbeit lektorierte, und dem Akademie-Verlag, der sie publizierte

26 Das gilt in erster Linie für *Kurt Pätzold*, Faschismus, Rassenwahn, Judenverfolgung. Eine Studie zur politischen Strategie und Taktik des faschistischen deutschen Imperialismus (1933—1935), Berlin 1975; *Wolfgang Ruge*, Monopolbourgeoisie, faschistische Massenbasis und NS-Programmatik in Deutschland vor 1933, in: Faschismusforschung, S. 125ff.; *Manfred Weißbecker*, Nationalsozialistische Deutsche Arbeiterpartei (NSDAP) 1915—1945, in: Die bürgerlichen Parteien in Deutschland. Handbuch der Geschichte der bürgerlichen Parteien und anderer bürgerlicher Interessenorganisationen vom Vormärz bis zum Jahre 1945. Hrsg. Redaktionskollektiv unter Leitung von Dieter Fricke, Bd. 2, Leipzig 1970, S. 384ff. (Die Publikation *Kurt Pätzold/Manfred Weißbecker*, Hakenkreuz und Totenkopf. Die Partei des Verbrechens, Berlin 1981, konnte für diese Arbeit nicht mehr herangezogen werden.)

27 *Kurt Gossweiler*, Die Rolle des Monopolkapitals bei der Herbeiführung der Röhm-Affäre, phil. Diss. Berlin 1963; *derselbe*, Großbanken, Industriemonopole, Staat. Ökonomie und Politik des staatsmonopolistischen Kapitalismus in Deutschland 1914—1932, Berlin 1971; *derselbe*, Faschismus und Arbeiterklasse, in: Faschismusforschung, S. 99ff.; *derselbe*, Kapital, Reichswehr und NSDAP, (1919—1924), Berlin 1982.

Einleitung

Die Frage, woher der Naziungeist gekommen ist, hat im Laufe der Zeit eine ganz unterschiedliche Beantwortung gefunden. Besonders extreme Auffassungen wurden von der amerikanischen Geschichtsschreibung vertreten.[1] Nach Meinung mehrerer Historiker und Politologen in den USA sei der Faschismus eine tief in der deutschen Geschichte verankerte Tendenz gewesen, wäre er das Resultat der gesamten deutschen Kulturentwicklung, müsse das deutsche Volk geradezu als potentiell faschistoid betrachtet werden. 1935 zog Louis L. Snyder noch die Entwicklungslinie von Bismarck zu Hitler.[2] Fünf Jahre später ging H. C. Graef schon von Hegel aus.[3] 1941 lautete der Buchtitel William M. McGoverns bereits „Von Luther zu Hitler"[4].

Was angesichts der Naziverbrechen vor und während des zweiten Weltkrieges, insbesondere der in den USA stark beachteten Juden-

1 *Rolf Richter*, Historisch-politische Grundprobleme der Faschismusinterpretation der dominierenden bürgerlichen US-Historiographie (unter besonderer Berücksichtigung von Gemeinsamkeiten und Unterschieden zur bürgerlichen BRD-Historiographie), phil. Diss. Berlin 1974. Eine gedruckte Zusammenfassung der Forschungsergebnisse von *Richter* ist erschienen unter dem Titel „Zur Faschismusinterpretation in der bürgerlichen Historiographie der USA" in: Z. Gesch. wiss., Berlin, 8/1974, S. 789 f., sowie unter dem Titel „Interpretacija fašizma i koncept ‚Modernization' " in: Fašizam i neofašizam, Zagreb 1976, S. 325ff. Vgl. zu diesem Problemkreis auch *Alfred Loesdau*, Globalstrategie und Geschichtsideologie. Zur Analyse der bürgerlichen Historiographie der USA in der Klassenauseinandersetzung zwischen Sozialismus und Imperialismus, Berlin 1974.

2 *Louis L. Snyder*, From Bismarck to Hitler: The background of modern German nationalism, Williamsport 1935.

3 *H. C. Graef*, From Hegel to Hitler, in: Contemporary Review, November 1940.

4 *William Montgomery McGovern*, From Luther to Hitler. The history of fascist — Nazi Political Philosophy, Boston 1941, Reprint 1973.

verfolgungen, und der Kriegsbedingungen bis zu einem gewissen Grade erklärbar ist, hatte jedoch von vornherein bestimmte Funktionen grundsätzlicher Art. Es sollte der Eindruck entstehen, das eigentliche Dilemma des deutschen Volkes wären seine wiederholten Versuche gewesen, sich gegen den „Westen" zu wenden. Deshalb knüpfte Peter Viereck bei seiner Faschismusbeschreibung sogar an den Kampf germanischer Stämme unter Hermann dem Cherusker gegen die römischen Legionen und den Sachsenaufstand Widukinds gegen die Frankenherrschaft Karls des Großen an.[5]

Zugleich äußerte sich in dieser Geschichtsinterpretation etwas vom Wesen des imperialistischen Konkurrenzkampfes, der auch als Vernichtungskrieg von Volk zu Volk geführt wird und auf die totale Zerstörung von Wirtschaft und Kultur des Rivalen abzielt. Der faschistische deutsche Imperialismus hat das am furchtbarsten und konsequentesten praktiziert und mit dem Versuch verbunden, den ersten sozialistischen Staat der Welt im wahrsten Sinne des Wortes auszulöschen. Die anglo-amerikanischen Imperialisten nahmen die totale Kriegführung der Faschisten ihrerseits zum Anlaß, um auf einigen Gebieten Gleiches mit Gleichem zu vergelten. Ihre Bombardements waren beispielsweise vorwiegend gegen Wohnviertel und Kulturstätten gerichtet.

An dieser Art imperialistischer Kriegführung beteiligten sich bewußt jene amerikanischen Historiker, die den der Menschheit dienenden Kampf gegen den Faschismus mit einem prinzipiellen Angriff auf die deutsche Kultur verbanden. So hat Lewis Mumford behauptet: „Die fundamentale Ideologie des Faschismus wurde zuerst klar formuliert in den Predigten, Briefen und Ermahnungen von Martin Luther." In Hitlers Programm sei nur „wenig mehr" als in Luthers Schriften zu finden.[6] Snyder führte grundsätzlich die „Akzeptierung Hitlers durch die Deutschen" auf die „eigentliche Natur der deutschen Kultur" zurück.[7] Es ist von großer, aus der veränderten Gesellschaftsordnung und der marxistisch-leninistischen Geschichtsbetrachtung resultierender Tragweite, daß sich die sowjetische Staats-

5 *Peter Viereck*, Metapolitics. From the Romantics to Hitler, a historical and psychological analysis of modern Germany, New York 1941, S. 11ff.

6 *Lewis Mumford*, Faith for Living, New York 1940, S. 66.

7 *Louis L. Snyder*, Hitler and Nazism, New York 1961; vgl. dazu auch *derselbe*, German Nationalism: The Tragedy of a People. Extremism contra liberalism in modern German history, Harrisburg 1952, Reprint 1969, S. 307.

führung trotz der schrecklichen Kriegserfahrungen stets entschieden gegen alle Versuche gewandt hat, das deutsche Volk, die deutsche Kultur mit dem Hitlerfaschismus gleichzusetzen.

Es gibt keine Völker, die ihrer Natur nach für ein politisches System oder auch nur für eine politische Tendenz vorausbestimmt sind. Der Faschismus ist wie alle gesellschaftlichen Erscheinungen an konkrete Entwicklungsbedingungen geknüpft. Er schöpft zwar ideologisch aus alten Quellen, diese waren deshalb jedoch noch lange nicht faschistisch. Mit gleicher Berechtigung wie auf Luther könnte man sich auf den noch konsequenteren Reformator Calvin oder auf den entschiedensten Wortführer der Gegenreformation Ignatius von Loyola berufen. Gerade der Jesuitenorden des letzteren hat den Nazifaschisten in vieler Hinsicht als geheimes Vorbild gedient[8] und den Francofaschismus geistig beeinflußt. Von Calvins Unduldsamkeit ließe sich nach der Mumfordschen Methode leicht eine Traditionslinie bis hin zum faschistoiden McCarthysmus in den USA der fünfziger Jahre des 20. Jahrhunderts ziehen. Aber damit erfaßt man weder das Wesen des einen noch das des anderen.

Gegenwärtig spielen derartige anachronistische Interpretationen US-amerikanischer Historiker kaum noch eine Rolle. Sie passen nicht mehr in das antikommunistische NATO-Konzept, in dem die BRD eine Schlüsselrolle spielt. Es unterstreicht die politische Funktion bürgerlicher Geschichtsdeutung, die der frühere Präsident der American Historical Association, Conyers Read, so nachdrücklich hervorhob,[9] daß geradezu ins andere Extrem verfallen wurde. Man führte den Faschismus in Deutschland ausschließlich auf das Wirken Hitlers zurück und versuchte ihn völlig von seinen historischen Quellen und aus seinen gesellschaftlichen Bezügen zu lösen. Das entsprach genau der Absicht des in der BRD seine Macht erneut festigenden deutschen Großkapitals, sich seiner Verantwortung für die Errichtung der faschistischen Diktatur und die Entfesselung des zweiten Weltkrieges zu entledigen.

Gleich nach 1945 setzten Bestrebungen ein, möglichst alles auf Hitler abzuwälzen. Die Verteidigung der in Nürnberg vor dem internationalen Militärgerichtshof stehenden faschistischen Kriegsver-

8 *Friedrich Heer*, Der Glaube des Adolf Hitler. Anatomie einer politischen Religiosität, München/Esslingen 1968.

9 *Conyers Read*, The Social Responsibilities of the Historian, in: The American Historical Review, New York, Vol. LV, 2/1950, January, S. 257ff.

brecher war weitgehend davon bestimmt. Die Memoirenliteratur wurde, sofern es sich um Erinnerungen von Generalen der Naziwehrmacht und politischen Wegbereitern und Willensvollstreckern der Naziherrschaft handelte, von diesem Wunsch getragen. Schließlich begann die These von der Alleinverantwortlichkeit Hitlers auch in der BRD-Geschichtsschreibung zu dominieren. Sie kulminierte in der Biographie von Joachim C. Fest, in der es grundsätzlich über Hitler heißt: „Tatsächlich war er in einem wohl beispiellosen Grade alles aus sich und alles in einem: Lehrer seiner selbst, Organisator einer Partei und Schöpfer ihrer Ideologie, Taktiker und demagogische Heilsgestalt, Führer, Staatsmann und, während eines Jahrzehnts, Bewegungszentum der Welt.“[10]

Der Vergleich zwischen so gegensätzlichen Geschichtsdeutungen wie den Versuchen, den Nazifaschismus entweder bereits auf Luther zurückzuführen oder ihn zum alleinigen Werk Hitlers zu erklären, offenbart die politisch motivierte Willkür dieser Art von Geschichtsschreibung. An sich lohnt die Behauptung von Fest ebensowenig ernsthafter wissenschaftlicher Auseinandersetzung wie die Methodik Mumfords. Aber gegenwärtig lebt das Bild vom Nazifaschismus in den Massenmedien der BRD geradezu von den Bemühungen, im Sinne Fests Hitler über alles andere zu stellen.[11] Deshalb soll der Anteil Hitlers an der Herausbildung der Naziideologie genauer untersucht werden.

Es läßt sich auch von den direkten und indirekten Apologeten des Faschismus nicht bestreiten, daß die Naziideologie über den für sie grundlegenden Antikommunismus hinaus antidemokratisch und antiliberal, diktatur- und staatsbejahend, macht- und gewaltanbetend, proimperialistisch, expansionslüstern und kriegsverherrlichend gewesen ist. Lange bevor Hitler die politische Bühne betrat, hatte der sozialdemokratische Theoretiker Rudolf Hilferding in seiner von Lenin hochgeschätzten Analyse der modernen ökonomischen Entwicklung darauf hingewiesen, daß das Ende des 19. Jahrhunderts in

10 *Joachim C. Fest*, Hitler. Eine Biographie, Frankfurt a. M./Berlin(West)/Wien 1973, S. 18.

11 Neuerdings hat Eberhard Jäckel sogar die faschistische Diktatur in Deutschland als „Alleinherrschaft“ Hitlers definiert (Weimar. Selbstpreisgabe einer Demokratie. Eine Bilanz heute. Kölner Kolloquium der Fritz Thyssen Stiftung Juni 1979. Hrsg. Karl Dietrich Erdmann/Hagen Schulze, Düsseldorf 1980, S. 305).

Erscheinung getretene Finanzkapital bestimmte ideologische Bedürfnisse entwickelte: „Diese Ideologie ist aber der des Liberalismus völlig entgegengesetzt; das Finanzkapital will nicht Freiheit, sondern Herrschaft; es hat keinen Sinn für die Selbständigkeit des Einzelkapitalisten, sondern verlangt seine Bindung; es verabscheut die Anarchie der Konkurrenz und will die Organisation, freilich nur, um auf immer höherer Stufenleiter die Konkurrenz aufnehmen zu können." Das Finanzkapital — so erkannte Hilferding — „braucht einen politisch mächtigen Staat, der in seiner Handelspolitik nicht auf die entgegengesetzten Interessen anderer Staaten Rücksicht zu nehmen braucht . . . Einen Staat, der überall in der Welt eingreifen kann, um die ganze Welt in Anlagesphären für sein Finanzkapital verwandeln . . ., um Expansionspolitik treiben und neue Kolonien sich einverleiben zu können . . . so wird die Machtpolitik ohne jede Schranke zur Forderung des Finanzkapitalismus . . ."

Diese Entwicklung führte zu einer Veränderung des Unternehmerbewußtseins. Mehr noch: „Das Verlangen nach Expansionspolitik aber revolutioniert auch die ganze Weltanschauung des Bürgertums." Das Finanzkapital — so fährt Hilferding fort — „hält nichts von der Harmonie der kapitalistischen Interessen, sondern weiß, daß der Konkurrenzkampf immer mehr zu einem politischen Machtkampf wird. Das Friedensideal verblaßt, an Stelle der Idee der Humanität tritt das Ideal der Größe und Macht des Staates." Es kommt zu einer „Umbiegung des nationalen Gedankens, der nicht mehr das Recht jeder Nation auf politische Selbstbestimmung und Unabhängigkeit anerkennt und der nicht mehr Ausdruck ist des demokratischen Glaubenssatzes von der Gleichheit alles dessen, was Menschenantlitz trägt, auf nationalem Maßstab . . . Als Ideal erscheint es jetzt, der eigenen Nation die Herrschaft über die Welt zu sichern, ein Streben ebenso unbegrenzt wie das Profitstreben des Kapitals, dem es entsprang . . . Da die Unterwerfung fremder Nationen auf Gewalt, also auf sehr natürlichem Wege vor sich geht, scheint die herrschende Nation diese Herrschaft ihren besonderen natürlichen Eigenschaften zu verdanken, also ihren Rasseeigenschaften. In der Rassenideologie entsteht so eine naturwissenschaftlich verkleidete Begründung des Machtstrebens des Finanzkapitals . . . An Stelle des demokratischen Gleichheitsideals ist ein oligarchisches Herrschaftsideal getreten. Umfaßt aber dieses Ideal auf dem Gebiete der auswärtigen Politik scheinbar die ganze Nation, so schlägt es auf dem Gebiete der inneren in die Betonung des Herrenstandpunktes gegenüber der Arbeiterklasse um." Da eine offene Austragung des Klassenkampfes im Innern für das Finanzkapital gefährlich und der Verwirklichung seiner außenpolitischen Zielstellung hinderlich war, wurde nach Ideologien Ausschau gehalten, die folgende Idealforderung erfüllen sollten: „Die Klassengegensätze sind verschwunden und aufgehoben in den Dienst der Gesamtheit. An Stelle des für die Besitzenden ausweglosen, gefährlichen Kampfes der Klassen ist die gemeinsame Aktion der zum Ziele nationaler Größen vereinten Nation getreten."[12]

1. Ideologische Wegbereiter des Imperialismus und Faschismus in Deutschland

Der neuen monopolkapitalistischen Basis der Gesellschaft entsprechend, bildete sich ein von den Interessen des Finanzkapitals bestimmter Überbau. In den Zeitungen und Zeitschriften der Jahrhundertwende kamen immer mehr Publizisten zu Wort, die den von Hilferding beschriebenen Anforderungen der neuen Zeit zu entsprechen suchten. In den bürgerlichen Parteien und Verbänden wurden Stimmen laut, die im gleichen Sinne für eine politische Neuorientierung eintraten. All das lief nicht reibungslos ab. Manche Auffassung und mancher Vorschlag erwiesen sich als nicht brauchbar oder wurden erst später realisiert. Viele mit dem Kapitalismus der freien Konkurrenz und seiner liberaleren Ideologie verbundene Kreise widerstrebten den tiefgehenden Veränderungen aus dem Bewußtsein heraus, selbst Opfer der monopolkapitalistischen Entwicklung zu werden. Um derartige Widerstände zu brechen und das eigene Anliegen besser begründen zu können, durchleuchteten die Ideologen des Imperialismus besonders in dem an kulturellen Traditionen reichen Deutschland die philosophische Literatur. Sie ignorierten dabei in der Regel das Gesamtwerk der verschiedenen Philosophen und griffen einzelne, ihnen brauchbar erscheinende Auffassungen heraus. So wurde der bekannte Satz Heraklits „Der Vater aller Dinge ist der Krieg" viel zitiert und Goethe zum Stammvater der imperialistischen „Lebensphilosophie" erklärt, weil er sich gegen überkommene Auffassungen und dogmatische Lebensgrundsätze gewandt hatte. In einigen Fällen fiel es jedoch leicht, Anknüpfungspunkte zu finden.

12 *Rudolf Hilferding*, Das Finanzkapital. Eine Studie über die jüngste Entwicklung des Kapitalismus, Berlin 1947, S. 462ff. (Erstauflage 1910).

Wie das Bürgertum im Verlaufe des 19. Jahrhunderts seine fortschrittliche Rolle verloren hatte und zum Teil ein gegen die Arbeiterklasse gerichtetes Bündnis mit den reaktionären Großgrundbesitzern eingegangen war, so wandelten sich auch seine Philosophen. Georg Lukács hat gezeigt, wie die ständig wachsende Angst vor dem Proletariat, die durch den Verlauf der Revolution 1848/49 und die Pariser Kommune 1871 genährt wurde, irrationale philosophische Konzeptionen in den Vordergrund treten ließ.[13] Das liberale Bürgertum hatte nicht nur das Vertrauen zu sich selbst eingebüßt, es ordnete sich auch der konservativen Machtpolitik und dem allgemeinen Monopolisierungsstreben unter. Man entsann sich zweier Philosophen, die dafür eine brauchbare Rechtfertigung geliefert hatten. Der eine war Arthur Schopenhauer (1788—1860), dessen pessimistisches Weltbild zum Jahrhundertende viel mehr Anklang fand als in der ersten Jahrhunderthälfte. Der andere war Friedrich Nietzsche (1844—1900), der sehr früh die Stimmung einer in den Imperialismus hineinwachsenden Bourgeoisie erfaßt und zum Ausdruck gebracht hatte.

Lukács hat demonstriert, daß das ganze Lebenswerk Nietzsches als fortlaufende Polemik gegen den Sozialismus betrachtet werden kann, obwohl dieser Stammvater so vieler philosophischer Schulen des untergehenden Kapitalismus nachweislich nie eine Zeile von Marx und Engels gelesen hat. Nietzsche besaß eine durch eigene Lebensumstände bestärkte Problemempfindlichkeit für das, was die Bourgeoisie und die ihr zugehörigen parasitären Intelligenzschichten beunruhigte und was sie angesichts der heraufziehenden imperialistischen Epoche für notwendig hielten.[14] Wolfgang Heise hat am Beispiel der Kontroverse zwischen Jacob Burckhardt und Friedrich Nietzsche den Unterschied zwischen einem bürgerlichen Ideologen des untergehenden Kapitalismus der freien Konkurrenz und einem Propheten der sich ankündigenden monopolkapitalistischen Zeit dargestellt.[15]

Burckhardt ging noch von der These aus, daß „das Böse“ die Gewalt, die Macht an sich sei. Er schrieb in seinen „Weltgeschichtlichen Betrachtungen“: „Und nun ist das Böse auf Erden allerdings ein Teil der großen weltgeschichtlichen Ökonomie: es ist die Gewalt, das Recht des Stärkeren über den Schwächeren, vorgebildet schon in

13 *Lukács*, Die Zerstörung der Vernunft, S. 31ff.

14 Ebenda, S. 247ff.

15 *Heise*, Aufbruch in die Illusion, S. 141f.

demjenigem Kampf ums Dasein, welcher die ganze Natur, Tierwelt wie Pflanzenwelt, erfüllt, weitergeführt in der Menschheit durch Mord und Raub in den früheren Zeiten, durch Verdrängung resp. Vertilgung oder Knechtung schwächerer Rassen, schwächerer Völker innerhalb derselben Rasse, schwächerer Staatenbildungen, schwächerer gesellschaftlicher Schichten innerhalb desselben Staates und Volkes."[16]

Nietzsche dagegen bekannte sich in seinen Aphorismen — die von seiner Schwester dem Zeitbedürfnis entsprechend in einem Buch unter dem Titel „Wille zur Macht" zusammengefaßt wurden — zum unbedingten Machtprinzip und zur rücksichtslosen Anwendung der Gewalt. Für ihn war „alles Geschehen in der organischen Welt ein *Überwältigen, Herrwerden*". Er wollte unter allen Umständen die Klassenherrschaft und das Recht auf Ausbeutung gewahrt wissen. In der Massenbewegung für Demokratie, politische Freiheit und soziale Gerechtigkeit sah er einen Sklavenaufstand oder — wie er haßerfüllt formulierte — „das immer rasender werdende Geheul, das immer unverhülltere Zähnefletschen der Anarchisten-Hunde, welche jetzt durch die Gassen der europäischen Kultur schweifen: anscheinend im Gegensatz zu den friedlicharbeitsamen Demokraten und Revolutions-Ideologen, noch mehr zu den tölpelhaften Philosophastern und Bruderschafts-Schwärmern, welche sich Sozialisten nennen und die ‚freie Gesellschaft' wollen, in Wahrheit aber Eins mit ihnen Allen in der gründlichen und instinktiven Feindseligkeit gegen jede andre Gesellschafts-Form als die der *autonomen* Herde (bis hinaus zur Ablehnung selbst der Begriffe ‚Herr' und ‚Knecht' — ni dieu ni maître heißt eine sozialistische Formel —); Eins im zähen Widerstand gegen jeden Sonder-Anspruch, jedes Sonder-Recht und Vorrecht". Nietzsches Meinung nach gehörte die „‚Ausbeutung'... nicht einer verderbten oder unvollkommnen und primitiven Gesellschaft an: sie gehört in's *Wesen* des Lebendigen, als organische Grundfunktion, sie ist eine Folge des eigentlichen Willens zur Macht, der eben der Wille des Lebens ist".[17] Ihm ging es in erster Linie um das Privileg von seinesgleichen — den wenigen —, Kunstwerke zu schaf-

16 *Jacob Burckhardt*, Weltgeschichtliche Betrachtungen, in: *derselbe*, Gesammelte Werke, Bd. IV, Berlin 1956, S. 190.

17 *Friedrich Nietzsche*, Werke. Kritische Gesamtausgabe. Hrsg. Giorgio Colli/Mazzino Montinari, Berlin(West) 1967ff., Bd. VI/2, S. 329f., 127, 218 (die Kritische Gesamtausgabe war 1981 noch nicht abgeschlossen; deshalb mußte auch die Kröner-Ausgabe, Leipzig 1901ff., herangezogen werden).

fen und die Kultur zu genießen. Die materiellen Voraussetzungen dafür hatten die anderen — die vielen — zu liefern. Er sah in der Sklaverei die Grundlage für jede „wirkliche Kultur“, weil seiner Meinung nach die Kunst nur durch die Befreiung von der Arbeit gedeihen könne: „Eine höhere Kultur kann allein dort entstehen, wo es zwei unterschiedene Kasten der Gesellschaft gibt: die der Arbeitenden und die der Müßigen, zu wahrer Muße Befähigten; oder mit stärkerem Ausdruck: die Kaste der Zwangs-Arbeit und die Kaste der Frei-Arbeit.“[18] Da er genau wußte, daß ein Drohnenleben nur auf der Basis eines im Privateigentum konzentrierten ökonomischen Reichtums und unbedingter Klassen- oder Kastenherrschaft möglich war, galt sein Haß der sozialistischen Arbeiterbewegung: „Wen hasse ich“, fragte er in seinem Buch „Antichrist“, das konsequenterweise auch das Christentum wegen seiner Mitleidsmoral ablehnte, „unter dem Gesindel von Heute am besten?“ Und er gab sogleich die Antwort: „Das Sozialisten-Gesindel, die Tschandala-Apostel, die den Instikt, die Lust, das Genügsamkeits-Gefühl des Arbeiters untergraben — die ihn neidisch machen, die ihn Rache lehren.“ Das Unrecht lag für ihn „niemals in ungleichen Rechten, es liegt im Anspruch auf ‚gleiche‘ Rechte“.[19]

Von derartigen Positionen aus fand Nietzsche sogar die Politik Bismarcks unzulänglich, obwohl dieser mit dem „Sozialistengesetz“ die sozialdemokratische Arbeiterbewegung unterdrücken wollte. Da Bismarck jedoch das allgemeine Wahlrecht einführte, sah Nietzsche in ihm einen Wegbereiter für das ihm verhaßte „wachsende Heraufkommen des demokratischen Mannes und die dadurch bedingte Verdummung Europas“. Er forderte den „Bruch mit dem englischen Prinzip der Volks-Vertretung, wir brauchen Vertretung der großen Interessen“.[20] Außerdem fand er Bismarcks Außenpolitik, seine Orientierung auf Europa und seine Scheu vor expansiver Weltpolitik, unzulänglich. In dem Buch „Jenseits von Gut und Böse“ deutete Nietzsche das Wesen der kommenden imperialistischen Epoche an: „Die Zeit für kleine Politik ist vorbei: schon das nächste Jahrhundert bringt den Kampf um die Erd-Herrschaft — den *Zwang* zur großen Politik.“[21] In „Ecce homo“ sagte er voraus: „Es wird

18 Ebenda, Bd. IV/2, S. 296.

19 *Nietzsches Werke* (Kröner), Leipzig 1901ff., Bd. VIII, S. 303f.

20 *Nietzsche*, Kritische Gesamtausgabe (Colli/Montinari), Bd. VIII/1, S. 68f.; VII/2, S. 236.

21 Ebenda, Bd. VI/2, S. 144.

Kriege geben, wie es noch keine auf Erden gegeben hat. Erst von mir an gibt es auf Erden *große Politik*."[22]

Noch wichtiger aber ist, daß Nietzsche sich offen zu dem Kommenden bekannte. So ließ er die Prophetengestalt in seinem literarischen Werk — Zarathustra — sagen: „‚ich nahm euch alles, den Gott, die Pflicht — nun müßt ihr die *größte Probe* einer *edlen* Art geben. Denn *hier* ist die Bahn der Ruchlosen offen — seht hin!' — Das Ringen um die Herrschaft, am Schluß die Herde mehr Herde und der Tyrann mehr Tyrann als je. — Kein Geheimbund! Die *Folgen* eurer Lehre müssen fürchterlich wüten: aber *es sollen an ihr Unzählige zu Grunde gehen. — Wir machen einen Versuch mit der Wahrheit!* Vielleicht geht die Menschheit daran zu Grunde! Wohlan!"[23] Nietzsches Menschenideal war die „prachtvolle nach Beute und Sieg lüstern schweifende *blonde Bestie*", der von ihm von jeher hoch bewertete Typus des „Verbrechers", in dem er die Voraussetzung von Größe — „im großen Stile, und nicht im erbärmlichen" — sah. Den normalen Menschen betrachtete er verächtlich als das „*Untier* und *Übertier*"; „der höhere Mensch" war in seinen Augen „der Unmensch und Übermensch".[24]

Derartige Formulierungen und der Kult, den die Nazis mit ihm trieben, haben zwangsläufig zu der Frage geführt, ob Nietzsche nicht schon als faschistischer Ideologe angesehen werden müsse oder — wie Lukács zugespitzt formulierte — ob man ihn „von der Verbundenheit mit Hitler weißwaschen" könne.[25] Da Nietzsche in seinen Büchern vorwiegend aphoristisch zu formulieren pflegte, ergeben sich jedoch Interpretationsfragen. Seine Art zu schreiben und zu denken, die „Probleme des Imperialismus so allgemein zu stellen, daß er bei allen Schwankungen der Lage und der ihr entsprechenden Taktik der reaktionären Bourgeoisie ständig ihr führender Philosoph bleiben kann",[26] haben ihn zum Ausgangspunkt vieler ideologischer Strömungen in der modernen bürgerlichen Philosophie gemacht. Sie werden im wesentlichen mit dem allerdings irreführenden Begriff „Lebensphilosophie" umfaßt.[27]

22 *Nietzsches Werke* (Kröner), Bd. XV, S. 117.

23 Ebenda, Bd. XII, S. 410.

24 *Nietzsche*, Kritische Gesamtausgabe (Colli/Montinari), Bd. VI/2, S. 289; VIII/2, S. 69f., 90.

25 *Lukács*, Die Zerstörung der Vernunft, S. 283.

26 Ebenda, S. 248.

27 Vgl. dazu *Oduev*, Auf den Spuren Zarathustras.

Obwohl ein ganzer Kreis von Nietzsche-Verehrern und viele bürgerliche Philosophen unentwegt versuchen, Nietzsche von dem Odium zu befreien, geistiger Wegbereiter des Faschismus gewesen zu sein,[28] beweisen allein die angeführten Zitate, wie aussichtslos dieses Unterfangen ist. Eines ist allerdings ebenso sicher: Die nazistische Faschismusvariante wäre nicht nach seinem Geschmack gewesen. Nationalsozialistische Demagogie, völkische Rassenideologie und pauschaler Antisemitismus paßten ebensowenig in sein elitäres Konzept wie die von Hitler betriebene Massenmobilisierung. Der schon erwähnte marxistische Philosoph Günther hat dem gleich nach Errichtung der faschistischen Diktatur in Deutschland betriebenen Nietzschekult entgegengehalten: Nietzsches Rassebegriff war ganz auf Tradition und Kultur bezogen.[29] In Nietzsches Nachlaß fanden sich die von der Nazipropaganda verschwiegenen Schlußfolgerungen: „Gegen Arisch und Semitisch. Wo Rassen gemischt sind, der Quell großer Kultur ... Maxime: Mit keinem Menschen umgehn, der an dem verlogenen Rassen-Schwindel Anteil hat. (Wieviel Verlogenheit und Sumpf gehört dazu, um im heutigen Mischmasch-Europa Rassenfragen aufzurühren!)“[30] Hinter all dem verbarg sich Nietzsches extremes Elitebewußtsein: „Die Antisemiten vergeben es den Juden nicht, daß die Juden ‚Geist‘ haben — und Geld: der Antisemitismus, ein Name der ‚Schlechtweggekommenen‘.“[31]

Natürlich sind derartige Äußerungen zugleich die Hauptargumente derer, die Nietsche rehabilitieren wollen. Sie beweisen aber nur, daß die uneingeschränkte Berufung der Nazis auf Nietzsche unberechtigt war. Für die elitären Faschisten, zu denen sich Mussolini zählte, der Nietzsche ausdrücklich als einen seiner geistigen Anreger nannte,[32] spielte er die Rolle eines Klassikers. Seine Philosophie beeinflußte vor allem die jungkonservativen Ideologen, die ihrerseits die theoretischen Fundamente des Faschismus schufen und dabei den Nazis unschätz-

28 Vgl. dazu insbesondere *Nietzsche-Studien.* Internationales Jahrbuch für die Nietzsche-Forschung, Berlin(West)/New York 1972ff.

29 *Günther*, Der Herren eigner Geist, S. 133ff.

30 *Nietzsche*, Kritische Gesamtausgabe (Colli/Montinari), Bd. VIII/1, S. 41, 209.

31 Ebenda, Bd. VIII/3, S. 157.

32 Vgl. dazu *Ernst Nolte*, Marx und Nietzsche im Sozialismus des jungen Mussolini, in: Hist. Z. München, Bd. 191, 1960, S. 249ff.; *Konrad Algermissen*, Nietzsche und das Dritte Reich, Celle (1946), S. 3.

bare Hilfestellung leisteten.[33] Nietzsche gehört also mehr in die Traditionslinie jener konservativen Faschisten, die ohne Einschaltung einer faschistischen Massenbewegung eine — wie Spengler formulierte — imperiale Cäsarenherrschaft errichtet und den Kampf um die Beherrschung der Welt geführt sehen wollten.

Darüber hinaus hat Nietzsche ganz unmittelbar auf das Denken und Handeln jener faschistischen Führer eingewirkt, die in der SS die „Elite der Nation“ sahen. Sie verstanden sich in seinem Sinne als „*höhere Menschen*“, und ihre Abrechnung mit der SA im Sommer 1934 folgte der von ihm geforderten „Kriegs-Erklärung . . . an die Masse“.[34] Die Angehörigen der SS, die „blonden Bestien“ und „Barbaren“ des 20. Jahrhunderts, praktizierten seine Raubtiermoral: „Sie genießen da die Freiheit von allem sozialen Zwang, sie halten sich in der Wildnis schadlos für die Spannung, welche eine lange Einschließung und Einfriedigung in den Frieden der Gemeinschaft gibt, sie treten in die Unschuld des Raubtier-Gewissens *zurück*, als frohlockende Ungeheuer, welche vielleicht von einer scheußlichen Abfolge von Mord, Niederbrennung, Schändung, Folterung mit einem Übermute und seelischen Gleichgewichte davongehen, wie als ob nur ein Studentenstreich vollbracht sei, überzeugt davon, daß die Dichter für lange nun wieder etwas zu singen und zu rühmen haben.“[35] Als „erster Satz“ seiner Gesellschaftslehre hatte Nietzsche formuliert: „Die Schwachen und Mißratenen sollen zu Grunde gehen . . . Und man soll ihnen dazu noch helfen.“[36]

So bleibt als Fazit: Obwohl Nietzsche zum Anreger für viele ideologische Strömungen der sterbenden kapitalistischen Welt wurde, war er doch in einem ganz besonderen Maße der geistige Vorläufer und Wegbereiter des Faschismus.[37] Sein schockierendes und irritierendes Rebellentum gegen die bürgerliche Welt des Kapitalismus der freien Konkurrenz, sein Aufruf zum grundsätzlichen Umdenken und Umlernen in allen Fragen der Weltanschauung, der Moral und der Politik — die Zertrümmerung der „alten Tafeln“, die „Umwertung aller Werte“ — reflektierte den von Burckhardt so beklagten Untergang

33 Vgl. dazu *Petzold*, Theoretiker; *derselbe*, Wegbereiter.

34 *Nietzsche*, Kritische Gesamtausgabe (Colli/Montinari), Bd. VII/2, S. 56.

35 Ebenda, Bd. VI/2, S. 288 f.

36 Ebenda, Bd. VIII/2, S. 434.

37 Vgl. dazu neuerdings *Heinz Malorny*, Friedrich Nietzsche und der deutsche Faschismus, in: Faschismusforschung, S. 279 ff.

einer Wirtschafts- und Gesellschaftsordnung, die — obwohl kapitalistisch — doch liberal, patriarchalisch und weniger macht- und herrschaftsbesessen als die kommende imperialistische Entwicklungsetappe war. Die neuen Wertmaßstäbe, die Nietzsche verkündete, erwiesen sich als programmatisch für die Untergangsphase des Kapitalismus.

Insofern waren Nietzsches pathologische Visionen nicht nur das Produkt eines einzelnen, schließlich in geistiger Umnachtung versinkenden Gehirns, sondern in ganz eigentümlicher Weise Symptom eines sich ankündigenden gesellschaftlichen Verfalls und einer damit verbundenen Gefährdung der Menschheit. Nie zuvor hatte jemand so brutal und direkt das Barbarische und das Unmenschliche zum Ideal erhoben. Vieles wurde in seiner Zeit noch nicht verstanden. Aber er selbst wußte, daß seine Stunde kommen würde, weil sie der Entwicklungstendenz der von ihm mit äußerster Konsequenz verteidigten Klassen- und Kastenherrschaft entsprach: „Ich schreibe für eine Gattung Menschen, welche noch nicht vorhanden ist: für die ‚Herren der Erde'."[38] Kein Wunder, daß Nietzsche, von dessen Veröffentlichungen zunächst kaum jemand in Deutschland Notiz nahm, zum geistigen Idol der Faschisten und Imperialisten wurde.

Man entsann sich aber noch anderer, zu ihren Lebzeiten als Außenseiter betrachteter Publizisten. Einer von ihnen war Paul Anton de Lagarde (1827—1891), der zwar als Orientalist, Religions- und Schulkritiker eine gewisse Beachtung gefunden hatte, dessen politische Ansichten aber erst nach seinem Tode ins Gespräch kamen, weil sie ebenfalls ins imperialistische Konzept paßten.[39] Lagarde, eigentlich Paul Anton Bötticher, war politisch konservativ eingestellt, haßte den Liberalismus und stand in kritischer Opposition zu Bismarck. Bereits 1853, also fast zwanzig Jahre vor der Reichseinigung, hatte er einen Vortrag „Über die gegenwärtigen Aufgaben der deutschen Politik" gehalten,[40] den die Nazis später mit Recht als programmatisch betrachteten und der seit dem Ende des vorigen Jahrhunderts in Deutsch-

38 *Nietzsche*, Kritische Gesamtausgabe (Colli/Montinari), Bd. VII/2, S. 46.

39 Vgl. zu Lagarde *Fritz Stern*, Kulturpessimismus als politische Gefahr. Eine Analyse nationaler Ideologie in Deutschland, Bern/Stuttgart/Wien 1963, S. 23ff.

40 *Paul de Lagarde*, Deutsche Schriften, München 1924, S. 22ff. Auszugsweise abgedr. in: Europastrategien des deutschen Kapitals 1900—1945. Hrsg. Reinhard Opitz, Köln 1977.

land zunehmende Wertschätzung fand. Lagardes außenpolitische Hauptforderung war die systematische Kolonisierung der europäischen Ostgebiete durch Deutsche. Schon zu einer Zeit, da Preußen und Österreich noch um die Vormachtstellung im deutschen Staatenwirrwarr stritten — das den Begriff Deutschland im politischen Sinne problematisch machte —, träumte er von einem nach Osten orientierten Großdeutschland. Statt der damals üblichen Auswanderung nach Amerika sollten die mitteleuropäischen Ost- und Südostgebiete systematisch besiedelt werden; denn er war sich sehr wohl bewußt, daß der weitaus größte Teil des ostelbischen Territoriums „nur mit einem dünnen germanischen Firnisse" überzogen war.

Largarde verstand sich als Ideologe des Bürgertums. Er äußerte sich wiederholt kritisch über die bornierten Junker. Zugleich urteilte er skeptisch über die weitere industrielle Entwicklung: „Nur der Ackerbau, die Viehzucht und der Handel können Deutschland reich machen." Deshalb müsse Raum im Osten gewonnen, ein Zugang zur Adria gefunden und die Kontrolle über die Donaumündung erreicht werden. Ohne diese territoriale Ausbreitung war in seinen Augen die forcierte Industrialisierung eine Gefährdung des inneren Friedens, weil sie zu einer Zunahme des Proletariats und damit zu einer Verschärfung des Klassenkampfes führte. Da Lagarde offensichtlich die Reichseinigung durch Preußen vorschwebte, wollte er die überflüssig gewordenen Dynastenfamilien in den Südosten Europas verpflanzt sehen.

Um die expansiven Aufgaben lösen zu können, bedurfte es seiner Meinung nach eines „Regisseurs". Weder die Fürsten noch das Volk kämen dafür in Frage; denn selbst erstere bedürften der „Lehrer" auf diesem Wege. Was „sie selbst den Völkern gegenüber zu üben haben, muß gegen sie geübt werden, eine latente Diktatur". Lagarde hielt es „nicht für unmöglich, diesen eben skizzierten Plan", der auch „strategisch haltbare Grenzen" von den Pinsker Sümpfen bis zu den Argonnen erforderte, „auszuführen, wenn in den maßgebenden Kreisen ein einziger Mann gefunden wird, der Geschick und Energie genug besitzt, seine Ausführung anzugreifen".

Schließlich sei „noch eine schwere Arbeit nötig, die Verpflanzung der polnischen und österreichischen Juden nach Palästina". Es wäre unmöglich, „eine Nation in der Nation zu dulden"; denn die Juden seien durchaus nicht nur als Religionsgemeinschaft anzusehen und würden sich den Deutschen als überlegen erweisen: „Es ist bekannt, wie wenig unsre studierende und im Heere dienende Jugend den verderblichen Geldanerbietungen der Israeliten sich zu entziehen die sittliche Kraft hat: wie jüdische Modewarenhändler das ungeborene Geschlecht unter dem Herzen der Mutter mit Eitelkeit erfüllen: wie jüdische Wucherer auf dem Lande dem Bauer und dem Tagelöhner so lange Geld und Tand auf Borg anbieten, bis der Augenblick gekommen ist, die leichtfertigen Entlehner von Haus und Hof zu bringen."

Diese sozial und wirtschaftlich begründete antijüdische Ressentiment steigerte sich bei Lagarde zu einem regelrechten Haß auf die Juden, den er auf seine Religionskritik übertrug: Paulus, der Jude, „dieser Unberufene", „auch nach seinem Übertritte Pharisäer vom Scheitel bis zur Sohle", der Jesus nie gekannt habe und seinen noch lebenden Jüngern geflissentlich aus dem Wege gegangen wäre, hätte das Evangelium Jesu entwürdigt und verdorben, indem er es mit jüdischen Glaubenslehren und Sitten vermischte.[41] Sowohl in der evangelischen wie in der katholischen Kirchenlehre wurden die Juden als Gottesmörder bezeichnet, weil sie die Kreuzigung des Gottessohnes durchgesetzt hätten. Lagarde gab daher dem noch aus urchristlichen Zeiten stammenden Christus-Wort „Ich bin des Menschen Sohn" die spitzfindige Auslegung: Ich bin kein Jude.[42]

Obwohl er die Hoffnung nicht gänzlich fallenließ, die Juden in Deutschland assimiliert zu sehen, wurde sein Antisemitismus immer heftiger.[43] Er warnte vor einer finsteren, erfolgreichen Verschwörung des Weltjudentums gegen alle Nichtjuden, besonders gegen die Deutschen: „Die *Alliance Israélite* ist nichts als eine dem Freimaurertum ähnliche internationale Verschwörung zum Besten der jüdischen Weltherrschaft, auf semitischem Gebiete dasselbe, was der Jesuitenorden auf katholischem ist."[44] Die Juden hätten die Presse in ihre Hand bekommen und kontrollierten das ganze Geistesleben. Juden und Kapitalisten seien gleichbedeutende Personengruppen und müßten vernichtet werden. Der Staat solle sofort alle Kredit- und Bankanstalten beschlagnahmen und so den Juden ihre Existenzmittel nehmen. Mit diesem „wuchernden Ungeziefer" könne es keinen Kompromiß geben.: „Mit Trichinen und Bazillen wird nicht verhan-

41 *Paul de Lagarde*, Über das Verhältnis des deutschen Staates zu Theologie, Kirche und Religion, in: *derselbe*, Deutsche Schriften, S.67.

42 *Derselbe*, Die Religion der Zukunft, in: ebenda, S. 262.

43 *Stern*, Kulturpessimismus, S. 90.

44 *Paul de Lagarde*, Die Stellung der Religionsgesellschaften im Staate, in: *derselbe*, Deutsche Schriften, S. 295.

delt, Trichinen und Bazillen werden auch nicht erzogen, sie werden so rasch und so gründlich wie möglich vernichtet."[45]

Die betont antisemitische, das spätere „deutsche Christentum" der Nazizeit vorwegnehmende christlich-germanische Theologie Lagardes führte zu ständigen Konflikten mit der evangelischen Kirchenführung, die — wenn sie die orthodoxe Lehrmeinung nicht fallenlassen wollte — das jüdische Fundament des Christentums verteidigen mußte. Sie kollidierte aber auch mit dem noch ungebrochenen Fortschrittsdenken seiner Zeit und der positivistischen Wissenschaftsauffassung. In der Philosophie war Lagardes Hauptfeind Hegel. Lagarde bekämpfte alles, was an die Vernunft appellierte oder gar im philosophischen Sinne dem Materialismus Vorschub leistete. Er verstand sich selbst als Prophet des wahren Deutschtums, das er bewußt vom Wohlstand fernhalten wollte, damit es nach preußischer Manier im beständigen Kampf wachsen und sich durchsetzen könne. Von dieser Position aus verurteilte er auch den Kapitalismus seiner Zeit: „Wir beten fremde Götter an: das ist unser Unglück."[46] Dem kommenden Imperialismus brach Lagarde jedoch ideologisch die Bahn.

Immer wieder kehrte er zu seiner Vision vom Großdeutschen Reich zurück. Bismarcks kleindeutsche, die dynastischen Interessen respektierende und den Parlamentarismus akzeptierende Lösung lehnte er entschieden ab. Österreich müsse einbezogen werden, die Magyaren, Tschechen und anderen Nationalitäten unter seinem Zepter hätten der überlegenen deutschen Kultur zu weichen.[47] Sollte sich Rußland weigern, Polen, den Balkan und einen beträchtlichen Streifen der Schwarzmeerküste an Deutschland abzutreten, „so zwingt es uns zu einem Enteignungsverfahren, das heißt, zum Kriege". Man dürfe nicht erst warten, bis das Zarenreich seine Eisenbahnen gebaut und das „aus dem Marke Europas großgesäugte Amerika" in die politischen „Flegeljahre" gekommen sei.[48]

45 *Derselbe*, Juden und Indogermanen. Eine Studie nach dem Leben, Göttingen 1887, S. 347, 339.

46 *Anna de Lagarde*, Paul de Lagarde. Erinnerungen aus seinem Leben, Leipzig 1918, S. 94.

47 *Paul de Lagarde*, Über die gegenwärtigen Aufgaben der deutschen Politik, in: *derselbe*, Deutsche Schriften, S. 33.

48 *Derselbe*, Die nächsten Pflichten deutscher Politik, in: ebenda, S. 449; *derselbe*, Über die gegenwärtige Lage des deutschen Reiches, in: ebenda, S. 116.

Die Nazis haben später bei dem von ihnen vergötterten Lagarde beklagt, er wäre zu keinem rechten Rasseverständnis vorgestoßen. Sein Grundsatz lautete: „Das Deutschtum liegt nicht im Geblüte, sondern im Gemüte."[49] Diese Betonung des Emotionalen und des Irrationalen spielte jedoch eine wichtige Rolle bei der Herausbildung der völkischen Bewegung in Deutschland, die wiederum starken Einfluß auf die bürgerliche deutsche Jugendbewegung der Jahrhundertwende ausübte. Herold der völkischen Propaganda wurde fast über Nacht ein Mann, der so aus dem Dunkel der Anonymität kam, daß man ihn eigentlich nur als den Rembrandtdeutschen kannte. Es handelt sich um Julius Langbehn (1851—1907), der 1890 anonym das Buch „Rembrandt als Erzieher" veröffentlichte.[50]

Langbehn hatte Kunst und Archäologie studiert, konnte sich aber wegen seines anmaßenden Wesens nicht in akademischen Berufen etablieren. Wie Lagarde befand er sich in ständigem Konflikt mit seiner Umwelt. Obwohl sie in vieler Hinsicht gleichgesinnt waren, kam selbst zwischen ihnen kein dauerhafter Kontakt zustande. Lagarde hatte gezögert, Langbehns Buch mit einer Empfehlungsschrift zu versehen, weil er dessen Stil unerträglich fand. Trotzdem wurde es zu einem großen Verkaufserfolg und erreichte binnen zweier Jahre 39 Auflagen. Dazu trug die geheimnisvoll klingende anonyme Verfasserangabe „Von einem Deutschen" bei, die Vermutungen aufkommen ließ, es sei von dem inzwischen bekannt gewordenen Lagarde, von dem in Wahnsinn verfallenen Nietzsche, von Hinzpeter (dem Hauslehrer Kaiser Wilhelms II.) oder einem anderen namhaften Zeitgenossen verfaßt. Nachdem sich das als Irrtum herausgestellt hatte, ließ das öffentliche Interesse nach. Die Wirkung des Buches hielt jedoch an, weil es dem neuen imperialistischen Zeitbedürfnis entsprach.

Langbehn bezog sich auf die vielgerühmte geheimnisvolle Hell-Dunkel-Malerei Rembrandts, wenn er ihn als Erzieher des deutschen Volkes zu einer ganz besonderen Gemütstiefe pries, die es über alle anderen Völker hinaushebe. Sein Haß galt der Wissenschaft und der Vernunft schlechthin. Alles habe subjektiv zu sein, ganz besonders die Geschichtsforschung. Der Historiker müsse „patriotisch" und „rassisch" denken. Den zeigenössischen Hang zum Positivismus vor Augen, der stark vom ständigen spezialwissenschaftlichen Erkenntnis-

49 *Derselbe*, Über die gegenwärtigen Aufgaben der deutschen Politik, in: ebenda, S. 30.

50 *Stern*, Kulturpessimismus, S. 125ff.

zuwachs geprägt wurde, den weltanschaulichen Schlußfolgerungen aber aus dem Wege ging, formulierte Langbehn geradezu: „Der ‚Professor' ist die deutsche Nationalkrankheit; die durchgängige deutsche Jugenderziehung ist eine Art von bethlehemitischem Kindermord ..."[51] Dies und sein programmatischer Appell an die Jugend, das „neue geistige Leben der Deutschen" zu bestimmen,[52] sicherten ihm einen großen Einfluß auf die sich entfaltende Jugendbewegung, die an sich ein Protest gegen bestimmte anachronistische und antiquierte Zustände war, durch derartige irrationalistische und nationalistische Einflüsse aber in verhängnisvolle Bahnen gelenkt wurde.

Langbehn beklagte, daß die moderne Entwicklung, die er Amerikanisierung nannte, die Tradition zersetze und das Volkstum zerstöre. Er forderte, die germanischen Überreste, insbesondere in Niedersachsen und an der Nordseeküste, zu schützen und zu pflegen, zugleich wandte er sich — wie ein Rezensent der viel gelesenen und das Gemütvolle betonenden „Gartenlaube" vermerkte — gegen alle sozialdemokratischen Bestrebungen.[53] Es zeigte sich immer mehr, daß der extreme Individualismus und die verfälschte Interpretation des Materialismus als Waffen gegen den Marxismus benutzt wurden. Friedrich Engels hat in seinem Werk „Ludwig Feuerbach und der Ausgang der klassischen deutschen Philosophie" anschaulich gezeigt, wie diese Bekämpfungsart aussah: „Der Philister versteht unter Materialismus Fressen, Saufen, Augenlust, Fleischeslust und hoffärtiges Wesen, Geldgier, Geiz, Habsucht, Profitmacherei und Börsenschwindel, kurz, alle die schmierigen Laster, denen er selbst im stillen frönt; und unter Idealismus den Glauben an Tugend, allgemeine Menschenliebe und überhaupt eine ‚bessere Welt', womit er vor andern renommiert, woran er selbst aber höchstens glaubt, solange er den auf seine gewohnheitsmäßigen ‚materialistischen' Exzesse notwendig folgenden Katzenjammer oder Bankerott durchzumachen pflegt und dazu sein Lieblingslied singt: Was ist der Mensch — halb Tier, halb Engel."[54]

Von Langbehn wurde diese Methode penetrant praktiziert. Fritz Stern hat dessen literarisches Produkt „ein vollkommen undiszipliniertes und unfertiges Werk" genannt und gefragt, warum „dieser

51 Rembrandt als Erzieher. Von einem Deutschen, Leipzig 1925, S. 270.
52 Ebenda, S. 377.
53 Die Gartenlaube. Illustriertes Familienblatt, Nr. 22/1890, S. 368ff.
54 *Marx/Engels*, Werke, Bd. 21, Berlin 1962, S. 282.

mühsam zu lesende Protest so große Beachtung hat finden können".[55] Er paßte offensichtlich in die Zeit und sprach breite Schichten der sich der heraufziehenden Krise der kapitalistischen Gesellschaftsordnung bewußt werdenden Bourgeoisie an. Imperialismus ist — so hat Lenin festgestellt — sterbender Kapitalismus.[56] Seine Ideologien sind deshalb in einer ganz eigentümlichen Weise morbid. Selbst viele seiner Ideologen, allen voran Nietzsche, aber auch Lagarde und Langbehn, waren pathologische Naturen. Dem faschistischen Denken, das die extremste Form des ideologischen Überbaus der monopolkapitalistischen Basis repräsentiert, ist von Anfang an und in ganz besonderem Maße das krankhaft Übersteigerte und ein ausgesprochenes Untergangsbewußtsein eigen gewesen, von dem der Dichter Gottfried Benn hymnisch schrieb: „und heißt dann: schweigen und walten, wissend, daß sie zerfällt, dennoch die Schwerter halten vor die Stunde der Welt."[57]

In diese Stimmung ordnete sich der Kult um den Komponisten und Dichter Richard Wagner (1813—1883) ein. Dieser hatte durch seine Deutschtümelei und seine Germanenbeschwörung der sich entfaltenden völkischen Bewegung viele Impulse gegeben und den Antisemitismus nachdrücklich gefördert. Sein Schwiegersohn, der nach Deutschland übergesiedelte Engländer Houston Stewart Chamberlain (1855 bis 1927), versuchte die völkisch-rassistischen Ideen zu einer philosophischen Weltschau zu verarbeiten. Er wies dabei Wege, wie die in der jüdischen Religion wurzelnden christlichen Glaubenslehren von ihrem angeblichen jüdischen Ballast befreit werden konnten. Das war, wie schon Lagarde lehrte, sehr wichtig, um die evangelische und die katholische Bevölkerungsmehrheit im völkischen Sinne umzuerziehen.

Chamberlain veröffentlichte 1899 das Werk „Die Grundlagen des neunzehnten Jahrhunderts", dem er selbst von vornherein jeglichen wissenschaftlichen Wert absprach, das er aber als „erlebt" bezeichnete.[58] Offensichtlich hoffte er von der durch Langbehn so nachdrück-

55 *Stern*, Kulturpessimismus, S. 148f.

56 *Lenin*, Werke, Bd. 22, S. 307 (Der Imperialismus als höchstes Stadium des Kapitalismus).

57 *Gottfried Benn*, Gesammelte Werke in acht Bänden. Hrsg. Dieter Wellershoff, Bd. 1, Wiesbaden 1960, S. 182.

58 *Houston Stewart Chamberlain*, Die Grundlagen des neunzehnten Jahrhunderts, Volksausg. in zwei Hälften, 6. Aufl., München 1906, S. IXff. (Vorw. zur ersten Aufl.).

lich artikulierten Wissenschaftsfeindlichkeit zu profitieren, das Bedürfnis nach einer umfassenden „Weltanschauung" zu nutzen und der neuen „Lebensphilosophie" zu entsprechen, die sich raffiniert auf das Goethezitat „Grau, teurer Freund, ist alle Theorie, und grün des Lebens goldner Baum" berief, um ihren Irrationalismus zu verbreiten.

Chamberlain wandte sich grundsätzlich gegen alle bisherigen Vorstellungen von der Geschichte Europas und ihre Untergliederung in Zeitabschnitte wie Mittelalter und Renaissance: „An die Stelle dieser Schemen, welche Irrtümer ohne Ende erzeugen, wird dann die einfache und klare Erkenntnis treten, daß unsere gesamte heutige Civilisation und Kultur das Werk einer bestimmten Menschenart ist: des *Germanen.*"[59] Darunter verstand er allerdings die gesamte nordeuropäische Rasse einschließlich der Kelten und Slawen. Diese sachlich unhaltbare Ausweitung des Begriffs Germanen hing mit der Einsicht zusammen, daß es in Deutschland, England und Frankreich längst zu einer Völkervermischung gekommen war.

Als den großen Gegenspieler bezeichnete Chamberlain die semitische Rasse. Schon im Kampf zwischen Rom und Karthago habe sich das gezeigt. „In seiner Mitte ragt, wie ein scharfgeschnittener Fels aus gestaltlosem Meere, ein einziges Volk empor, ein ganz kleines Völkchen, die Juden. Dieser eine einzige Stamm hat als Grundgesetz die Reinheit der Rasse aufgestellt; er allein besitzt daher Physiognomie und Charakter." Sein Eintritt in die abendländische Geschichte, „für unsere ganze noch im Werden begriffene Kultur", sei „ein Ereignis von unermeßbarer Tragweite" gewesen.[60] Chamberlain wandte sich zwar gegen „die geradezu lächerliche und empörende Neigung, den Juden zum allgemeinen Sündenbock für alle Laster unserer Zeit zu machen." Die Germanen seien selber schuld, weil sie ihren arteigenen Glauben verleugnet hätten und als verkrüppelte Judenknechte hinter des Judengotts Jahve Bundeslade her hinkten.[61] Christus selbst entstamme, „wie mit größter Wahrscheinlichkeit anzunehmen ist, dem jüdischen Volke nicht", gerade deshalb hätten ihn die Juden dem Kreuzestod überantwortet.[62]

Die dilettantische Art, mit der Chamberlain die europäische Ge-

59 Ebenda, S. 8.
60 Ebenda, S. 301ff.
61 Ebenda, S. 19.
62 Ebenda, S. 53, 246ff.

schichte in einen Kampf zwischen Germanen und Nichtgermanen, zwischen germanischer Gesinnung und antigermanischer Sinnesart umfälschte und die europäische Kultur wahrheitswidrig zum alleinigen Werk der Germanen erklärte, wurde zu einer Zeit, da sich das deutsche Kaiserreich anschickte, seiner auf die germanische Abstammung pochenden herrschenden Klasse einen „Platz an der Sonne“ zu erkämpfen, als Offenbarung empfunden. Sie paßte vortrefflich zu dem damals vielzitierten Dichterwort „Und es mag am deutschen Wesen einmal noch die Welt genesen.“ Bereits vor 1914 wurden von Chamberlains Hauptwerk „Die Grundlagen des neunzehnten Jahrhunderts“ 100000 Exemplare verkauft. Der Verleger war übrigens Hugo Bruckmann, in dessen Haus später Hitler salonfähig gemacht wurde. Kaiser Wilhelm II. gehörte zu den Verehrern und Briefpartnern Chamberlains.

Für die Nazis wurde Chamberlain zu einem grundlegenden Theoretiker. Die Vorbehalte, die er gegenüber einem primitiven Antisemitismus erhoben hatte, die Einschränkungen, die sich bei ihm mit dem Rassenbegriff verbanden, verblaßten angesichts der offenkundigen Tatsache, daß er noch konsequenter als seine Vorgänger den immer lauter werdenden deutschen Vorherrschaftsanspruch in Europa und der Welt rassisch begründet und historisch legitimiert hatte. Seine über Lagarde hinaus führenden Versuche, das Christentum vom jüdischen Geist zu befreien, erleichterten den Zugang zumindest zu protestantisch gesinnten Bevölkerungsschichten. Vor allem aber wurde immer wieder zitiert, daß er die Rassenfrage als „eine der wichtigsten, vielleicht die allerwichtigste Lebensfrage“ bezeichnet hatte, „die an den Menschen herantreten kann“.[63] Außerdem urteilte er 1923 über das Naziidol: „Daß Deutschland in den Stunden seiner höchsten Not sich einen Hitler gebiert, das bezeugt sein Lebendigsein.“[64]

63 Ebenda, S. 319. Allerdings hat Chamberlain am Beispiel Preußens „die belebende Bedeutung von Völkermischungen für die Bildung überschwenglicher Rassenkraft“ erkennen wollen. Starke Rasse komme nicht von weither, sondern werde erzeugt (Tägliche Rundschau, 18. 1. 1901, Festnummer „200 Jahre preußisches Königtum“).

64 Eine Kopie des Briefes Chamberlains an Hitler vom 7. 10. 1923 befindet sich in: Bundesarchiv Koblenz (im folgenden: BA Koblenz), NS 26, Nr. 1210, unfol. Der Brief wurde abgedruckt in: Illustrierter Beobachter, Nr. 2, September 1926.

Bei der Herausbildung einer dem Übergang zum Monopolkapitalismus entsprechenden Ideologie ging es jedoch keineswegs nur um die Aktivierung eines bisher wenig beachteten Gedankenguts. Nietzsche, Lagarde, Langbehn und Chamberlain waren lediglich besonders herausragende Interpreten der ideologischen Bedürfnisse des entstehenden Imperialismus und wurden rückschauend von den Nazis als ideologische Wegbereiter anerkannt. Noch viel wichtiger für das, was mit dem Begriff „Zeitgeist" der herrschenden Klasse umschrieben werden kann,[65] waren die imperialistischen Mobilisierungstheorien, die zwar in der Regel auch auf bestimmte Ideologien zurückgingen, an deren Ausarbeitung jedoch zahlreiche Politiker, Journalisten, Philosophen, Historiker und Literaten mitwirkten.

2. Die Entwicklung imperialistischer Mobilisierungstheorien und ihre Anwendung

Das Hauptanliegen der ökonomisch herrschenden und an der politischen Macht beteiligten Bourgeoisie war die Durchsetzung ihrer Klasseninteressen. Dies erforderte vor allem die Niederhaltung des Proletariats und insbesondere die Ausschaltung seiner revolutionären Führungskräfte. Spätestens im Verlaufe der Revolution von 1848/49 hatte sich gezeigt, daß das Bürgertum nicht mehr in der Lage war, die Volksmassen unter seiner Führung zu vereinen, und daß — wie Karl Marx und Friedrich Engels im „Manifest der Kommunistischen Partei" formulierten — die Proletarier sich anschickten, zu Totengräbern der kapitalistischen Gesellschaftsordnung und der Ausbeutung überhaupt zu werden.[66]

Zunächst wurde der Kampf gegen die revolutionäre Arbeiterbewegung in erster Linie als Polizeiangelegenheit betrachtet. Allmählich setzte sich jedoch in den herrschenden Klassen die Erkenntnis durch, es bedürfe dazu auch einer ideologischen Unterstützung. Die Gretchenfrage der Bourgeoisie an ihre Ideologen lautete immer nachdrücklicher: Wie haltet ihr's mit eurem gesellschaftlichen Glaubensbekenntnis? In gleichem Maße, wie sich die Klassengegensätze ver-

65 Vgl. dazu die Dokumentation: *Claus Ritter*, Start nach Utopolis, Berlin 1978.
66 *Marx/Engels*, Werke, Bd. 4, Berlin 1959, S. 474.

schärften und die Fäulniserscheinungen des Kapitalismus offenbarten, wurde jedoch die Antwort immer schwieriger. Die direkte Verteidigung der kapitalistischen Ausbeutung mußte zunehmend durch die indirekte ergänzt werden. Die groben Waffen einer offenen Apologetik verfingen nicht mehr. Selbst die sozialistische Demagogie mußte zur Anwendung gebracht werden.

Unerläßlich blieb jedoch die Bekämpfung der revolutionären Ideologie der Arbeiterklasse, wie sie von Marx und Engels geschaffen und von Lenin weiterentwickelt wurde. Die Bourgeoisie wußte mit sicherem Klasseninstinkt genau, daß das Proletariat ohne diese Ideologie letztlich ohnmächtig blieb. Alles andere — den Anarchismus Proudhons, den Reformismus Bernsteins, den Rebellionismus Marcuses und den sich nicht nur in der sogenannten Kulturrevolution offenbarenden Zerstörungswillen des Maoismus — hat sie in dieser oder jener Form hingenommen, den Marxismus-Leninismus nicht. Das Kommunistische Manifest war die große und allein wirklich gefährliche Herausforderung an die Welt des Kapitals und der Ausbeutung überhaupt. An ihm und den daraus abzuleitenden Konsequenzen scheiden sich bis auf den heutigen Tag die Geister. Darin besteht der Kern des von allen bürgerlichen Ideologen und Ideologien geforderten Antikommunismus.

Es interessiert die Bourgeoisie nicht, ob Marx und Engels historische Gesetzmäßigkeiten erkannt und zum Ausdruck gebracht hatten. „Über gewisse Dinge" — so lehrte schon Nietzsche — *„fragt man nicht:* erster Imperativ des Instinkts."[67] Eine wissenschaftliche Erkenntnis war für sie nur so lange akzeptabel, wie sie den eigenen Klassenbedürfnissen diente oder dafür mißbraucht werden konnte. Es gab jedoch keine überzeugende wissenschaftliche Rechtfertigung der bürgerlichen Klassenherrschaft und der kapitalistischen Ausbeutung, am allerwenigsten nach dem Übergang zum Imperialismus. Aus diesem Bewußtsein heraus erklärt sich letztlich die wachsende Wissenschaftsfeindlichkeit, der zunehmende Irrationalismus, der betonte Agnostizismus der modernen bürgerlichen Ideologien. Zugleich wurden jedoch mit geradezu wissenschaftlichen Methoden Möglichkeiten erkundet und praktiziert, um bestimmte Teile der Volksmassen, insbesondere das Kleinbürgertum in Stadt und Land sowie die Bauernschaft, an der Erhaltung kapitalistischer Zustände zu interessieren

67 *Nietzsches Werke* (Kröner), Bd. VIII, S. 153.

und in Gegensatz zum fortgeschrittensten Kern der Arbeiterklasse, dem Industrieproletariat, zu bringen.

Die Hauptform, in der das geschah, war der Nationalismus. Die Bourgeoisie appellierte unentwegt an das nationale Zusammengehörigkeitsgefühl. Sie nutzte aus, daß sie lange Zeit der Vorkämpfer nationaler Einigungsbestrebungen gewesen war und damit einem Volksbedürfnis entsprochen hatte. Sie verwies darauf, daß wirtschaftliche Fortschritte in einem die engen kleinstaatlichen Grenzen sprengenden nationalen Rahmen möglich geworden waren. Sie suggerierte schließlich, daß der erträumte Wohlstand für alle nur in einem ständigen und erfolgreichen Kampf um einen „Platz an der Sonne“ in der Welt errungen werden könnte.

Da das Proletariat aus Gründen seiner sozialen Lage und seiner politischen Interessen zum Internationalismus tendierte und sein klassenbewußter Kern auch internationalistisch eingestellt war, wurde der Gegensatz zwischen bürgerlichem Nationalismus und proletarischem Internationalismus zum Ausdruck eines fundamentalen Klassengegensatzes und dadurch zum Kriterium für die klassenmäßige Beurteilung von Ideologien. Je rücksichtsloser bürgerliche Klasseninteressen nach innen und außen vertreten wurden, desto nationalistischer gebärdeten sich die dieses Ziel verfolgenden Ideologen und Organisationen. Je entschiedener und konsequenter die revolutionäre Arbeiterbewegung dagegen die Beseitigung der kapitalistischen Ausbeutungsverhältnisse betrieb, desto stärker mußte im Geiste des proletarischen Internationalismus gehandelt werden. Das durfte jedoch nicht mit einer völligen Absage an das real existierende Nationalgefühl einhergehen. Die Bourgeoisie hat, wie 1871 gegenüber der Pariser Kommune demonstriert wurde, auch nicht versäumt, ihre Klassensolidarität über Ländergrenzen und sogar über Kampflinien hinweg zu beweisen.

Unter imperialistischen Bedingungen war und ist die Bourgeoisie in besonderem Maße bemüht, mit Hilfe des Nationalismus die Klassengegensätze zu vertuschen und die Kluft, die sie von den Volksmassen trennt, zu überbrücken. Das ohnehin durch die Verpreußung belastete Nationalbewußtsein der Deutschen wurde zu extremem Chauvinismus gesteigert und pervertiert. Zum innenpolitischen Ziel, die international eingestellte Arbeiterbewegung als vaterlandsverräterisch zu diffamieren, trat die außenpolitisch nutzbare Absicht, den Volksmassen ein gemeinsames Interesse mit den herrschenden Klassen zu suggerieren, damit sie den Feind stets außerhalb der

Grenzen oder im internationalen Bereich suchten. Dergleichen gab es natürlich auch in anderen imperialistischen Ländern; es fand aber in Deutschland aus historischen Gründen seine besondere Ausprägung.

Dazu hat wesentlich die Aneignung der Rassentheorie beigetragen. Sie wurde ursprünglich vom Grafen Gobineau in Frankreich als Waffe der adligen Konterrevolution gegen das Bürgertum entwickelt. Seiner Meinung nach verkörperte der Feudaladel eine höhere Rasse gegenüber dem sogenannten Dritten Stand, zu dem am Vorabend der Revolution von 1789 alles gezählt wurde, was mit Ausnahme der Geistlichkeit — des Zweiten Standes — nicht adlig war. Da Graf Gobineau die vermeintliche rassische Überlegenheit des französischen Adels mit dessen fränkisch-germanischer Herkunft in Verbindung brachte, fand er in Deutschland besondere Aufmerksamkeit. Die von ihm geprägte Form der Rassentheorie erwies sich jedoch als massenpropagandistisch unbrauchbar, weil sie einmal die Bourgeoisie zu den rassisch minderwertigen Volksteilen zählte und darüber hinaus die Klassengegensätze nicht verschleierte, sondern sogar betonte.

Insgesamt hat die herrschende Klasse Deutschlands die Gobineausche Fassung der Rassentheorie durchaus nicht so verworfen, wie es nach außen den Anschein hatte. Gerade die elitären konservativen Faschisten haben in ihren Schriften immer wieder hervorgehoben, daß innerhalb der germanisch-deutschen Rasse noch ein rassisch höherwertiger Kern existiere, der nicht mit äußeren Rassemerkmalen allein erfaßt werden könne, sondern über besondere seelische Eigenschaften verfüge. Typisch dafür ist die Formulierung Oswald Spenglers, daß die große Masse eines Herrenvolkes nicht aus „Köpfen“, sondern nur aus „Händen“ bestünde: „Die Gruppe der Führernaturen *bleibt* klein. Es ist das Rudel der eigentlichen Raubtiere, *das Rudel der Begabten*, das über die wachsende *Herde* der andern in irgendeiner Weise verfügt.“ Es gebe schließlich „einen natürlichen *Rangunterschied* zwischen Menschen, die zum Herrschen und die zum Dienen geboren sind, zwischen Führern und Geführten *des Lebens*“.[68] Auch Hitler teilte insgeheim diesen Standpunkt. Er war — wie im einzelnen noch gezeigt werden wird — der Meinung, daß es „*keine wirtschaftliche*, *keine politische*, *keine gesellschaftliche Revolution*“

68 *Oswald Spengler*, Der Mensch und die Technik. Beitrag zu einer Philosophie des Lebens, München 1931, S. 57, 52.

geben könne, sondern immer nur „den Kampf der niederrassischen Unterschicht gegen die herrschende höhere Rasse“.[69]

In ihrer Propaganda knüpften die Nazis jedoch an weniger elitäre Varianten der Rassentheorie an. Für die Massenverführung wäre es nicht dienlich gewesen, allein den herrschenden Klassen die Höherrassigkeit zuzusprechen. Wer die Klassenschranken verwischen und das ganze Volk in den Dienst des imperialistischen Expansionsstrebens stellen wollte, mußte sogar eine rassisch begründete Klasseneinteilung verwerfen und verlangen, daß alle Deutschen als Angehörige einer höheren — germanischen oder arischen — Rasse zu betrachten wären. Das kam denjenigen Schichten der Bevölkerung entgegen, die „etwas Besseres“ sein, sich innerhalb der kapitalistischen Gesellschaftsordnung als Kleineigentümer behaupten oder in den sogenannten Mittelstand emporarbeiten wollten. In erster Linie handelte es sich um das Kleinbürgertum, das sich in zunehmendem Maße zwischen Proletariat und Bourgeoisie zerrieben sah, auf Grund seiner privatwirtschaftlichen Produktionsweise und seines von der Tradition geprägten Bewußtseins aber dem Kapitalismus verbunden blieb. Als nicht minder anfällig erwies sich die ständig wachsende Schicht der Beamten und Angestellten, die einerseits unter der hierarchischen Gesellschaftsstruktur litten, andererseits über eine gewisse Kommandogewalt und sonstige Privilegien verfügten. Auch die Bauernschaft wurde angesprochen, vornehmlich in jenen Gebieten, die — wie Niedersachsen und Schleswig-Holstein — als ausgesprochen germanisch galten oder in denen — wie in Ostelbien — viele polnische Saisonarbeiter beschäftigt wurden. Schließlich übten die völkischen Rassentheorien eine bestimmte Anziehungskraft auf arbeiteraristokratische und lumpenproletarische Kreise aus.

Die Einbildung, einer höheren Rasse anzugehören, war zwangsläufig mit der Vorstellung verbunden, daß es niedere Rassen gebe, derer man sich zu erwehren habe oder die man beherrschen könne und denen gegenüber die völkisch-rassische Zusammengehörigkeit wichtiger als die Klassenschranken seien. Das rassische Feindbild wurde insbesondere durch den Antisemitismus bestimmt. Walter Mohrmann hat eingehend dessen verhängnisvolle Rolle zur Zeit des Kaiserreiches und der Weimarer Republik dargelegt und ist auch

69 *Otto Straßer*, Ministersessel oder Revolution? Eine wahrheitsgemäße Darstellung meiner Trennung von der NSDAP, (Berlin 1930), S. 13; *derselbe*, Hitler und ich, Konstanz 1948, S. 136ff.

auf die Gründe eingegangen, warum die Juden zur Zielscheibe des völkischen Rassismus gemacht wurden.[70] In diesem Zusammenhang ist besonders wichtig, daß die jüdische Bevölkerungsminderheit in vielen Ländern schon im Mittelalter die Rolle des Blitzableiters zu spielen hatte und häufigen Pogromen ausgesetzt wurde. Zur Rechtfertigung innerhalb des christlichen Religionsbereiches diente die angeblich von den Juden Jerusalems geforderte Hinrichtung von Jesus Christus. Der eigentliche Grund war, daß sich die in Ghettos gezwungenen und von vielen Berufen ausgeschlossenen Juden in Bereichen betätigten, die für die kapitalistische Entwicklung immer wichtiger wurden. Sie verfügten über große traditionelle Erfahrungen im Handel und pflegten in ihren Religionsgemeinschaften die geistige Ausbildung. Beides verschaffte ihnen, den ansonsten Gedemütigten und Verfolgten, eine gewisse Überlegenheit, die Neid und Haß erweckte. Insbesondere der Geldverleih konzentrierte sich in jüdischen Händen. Die katholische Kirche, die als Feudalmacht lange der kapitalistischen Entwicklung ablehnend gegenüberstand, hatte es ihren Gläubigen verboten, offiziell Zins zu nehmen. Die Gewährung von Darlehen, die auf Grund des damit verbundenen Risikos mit horrenden Belastungen verknüpft war, blieb vielfach den Juden vorbehalten.

So traten die Juden der übrigen Bevölkerung oft als erwünschte Geldgeber und verhaßte Zinseintreiber entgegen. Die absoluten Fürsten bedienten sich ihrer, um ihre maßlose Repräsentationssucht zu finanzieren, und lieferten sie dem allgemeinen Volkszorn aus, um selbst davon verschont zu bleiben. Den Kleinbürgern und den Bauern waren im Zeitalter des Kapitalismus die jüdischen Geldverleiher oft letzte Rettung und am Ende die scheinbare Ursache ihres Ruins. Die Masse der Großgrundbesitzer verschuldete sich an die Banken, die vielfach in jüdischer Hand waren. Sogar dem stets geldbedürftigen Industriekapital trat das Bankkapital sowohl als unerläßlicher Kreditgeber als auch als unbequemer Zinsnehmer entgegen.

Dem einfachen Manne, selbst manchem aufstrebenden oder gescheiterten Industriellen, erschien der jüdische Geldverleiher als Repräsentant des Kapitalismus. Das bot die Möglichkeit, die wachsende Unzufriedenheit mit der Gesellschaftsordnung auf eine Bevölkerungsminderheit abzulenken und im größeren Maßstab die Pogrom-

70 *Walter Mohrmann*, Antisemitismus. Ideologie und Geschichte im Kaiserreich und in der Weimarer Republik, Berlin 1972.

stimmungen des Mittelalters in die Neuzeit zu übertragen. Sogar in der Arbeiterbewegung wurden diese Zusammenhänge nicht immer durchschaut. Gegenüber einem Wiener Bekannten, der von der antisemitischen Propaganda beeindruckt war, sah sich Friedrich Engels zu der grundsätzlichen Bemerkung veranlaßt: „Der Antisemitismus ist also nichts anderes als eine Reaktion mittelalterlicher, untergehender Gesellschaftsschichten gegen die moderne Gesellschaft, die wesentlich aus Kapitalisten und Lohnarbeitern besteht, und dient daher nur reaktionären Zwecken unter scheinbar sozialistischem Deckmantel; er ist eine Abart des feudalen Sozialismus, und damit können wir nichts zu schaffen haben.“[71]

Die im Durchschnitt besser ausgebildeten Juden etablierten sich außerdem in den freien Berufen. Ihr Anteil an Ärzten, Rechtsanwälten und Journalisten war weit höher als der prozentuale Anteil der Juden an der Gesamtbevölkerung. Von den Antisemiten wurde das sogleich benutzt, um in der nichtjüdischen Intelligenz Konkurrenzneid zu schüren, obwohl ihr die Beamtenlaufbahn offenstand, die den nicht zum Christentum übergetretenen Juden praktisch verschlossen war. Frühzeitig brachte man das besonders infame Argument ins Spiel, die Juden würden um der eigenen Weltherrschaft willen die verschiedenen Volksschichten gegeneinanderhetzen, sei es in der Gestalt von Kapitalisten oder an der Spitze der Arbeiterbewegung. Jeder Revolutionär jüdischer Abstammung, insbesondere Karl Marx als der Begründer der wissenschaftlichen Theorie des proletarischen Kampfes gegen den Kapitalismus und für den Kommunismus, wurde dafür als angeblicher Beweis angeführt.

Die Hetze gegen die Juden war in Deutschland und einigen anderen Ländern geradezu die ideale Form, verschiedenen Bedürfnissen der herrschenden Klasse zu entsprechen: die Gebrechen der kapitalistischen Gesellschaftsordnung auf eine Minderheit zurückzuführen, Vorurteile und Fehleinschätzungen der Volksmassen auszunutzen und ihre Erbitterung über die Folgen der Zerstörung überkommener Wirtschaftsformen durch den Kapitalismus und die der kapitalistischen Ausbeutung überhaupt zu kanalisieren. Mit seiner Hilfe ließ sich eine Massenbewegung mobilisieren, die im Dienst der äußersten Reaktion stand, vom wirklichen Kampf gegen den Kapita-

71 *Marx/Engels*, Werke, Bd. 22, Berlin 1963, S. 50 (Friedrich Engels an Isidor Ehrenfreund. Aus einem Brief nach Wien, „Arbeiterzeitung“ Nr. 19 v. 19. 5. 1890).

lismus ablenkte und der marxistischen Arbeiterbewegung entgegenwirkte.

Es mag sein, daß sich die antisemitischen Schriftsteller, die in der zweiten Hälfte des 19. Jahrhunderts zunehmend in Erscheinung traten und in dem Journalisten Heinrich Nordmann, dem Philosophen Eugen Dühring und dem Historiker Heinrich v. Treitschke ihre ersten Wortführer fanden,[72] nicht über ihre Funktion im klaren waren. Die gefährliche Wirkung des Antisemitismus beruhte sogar darauf, daß er an bestimmte Realitäten anknüpfen konnte und deshalb mit Überzeugung vertreten wurde. Unbestreitbar bleibt aber, daß sich schon die frühen Antisemiten mit demagogischen Mitteln in den Klassenkampf einzuordnen wußten. So behauptete Otto Glagau 1876 in der „Gartenlaube", der verheerende Gründerkrach wäre nicht auf die kapitalistische Wirtschaftsweise, sondern auf das Wirken jüdischer Spekulanten und Wucherer zurückzuführen.[73] Auf dem Höhepunkt des Sozialistengesetzes bemühte sich Adolf Wahrmund, durch seine 1887 publizierte Schrift „Das Gesetz des Nomadentums und die heutige Judenherrschaft" zu beweisen, daß die Juden auch die eigentlichen Triebkräfte aller Revolutionen seien, weil sie als ursprüngliche Nomaden die ständige Veränderung und den plötzlichen Wechsel brauchten.[74]

Als der Hofprediger der Hohenzollern, Adolf Stoecker, 1878 versuchte, der Sozialdemokratischen Partei August Bebels und Wilhelm Liebknechts das Wasser durch die Gründung einer „Christlich-Sozialen Arbeiterpartei" abzugraben, mußte er zwar bald einsehen, daß er sein Ziel nicht erreichen konnte. Seine vorwiegend antisemitische Demagogie brachte ihm jedoch einen beachtlichen kleinbürgerlichen Massenanhang ein. In den achtziger Jahren erregte Dr. Otto Boeckel in Hessen große Aufmerksamkeit. Er erlangte 1887 sogar im Wahlkreis Marburg — Kirchhain — Frankenberg ein Reichstagsmandat, weil er die völlig verschuldeten hessischen Kleinbauern dieses Ge-

72 (*Heinrich Nordmann*), Die Juden und der Deutsche Staat, Berlin 1879; *Eugen Dühring*, Die Judenfrage als Racen-, Sitten- und Culturfrage, Karlsruhe/Leipzig 1881; *Heinrich von Treitschke*, in: Preußische Jahrbücher, 44. Bd., Berlin 1879, S. 574ff., 660ff.; 45. Bd., Berlin 1880, S. 85ff. u. a.

73 Die Artikelserie Otto Glagaus wurde auch gesondert gedruckt: *Otto Glagau*, Der Bankrott des Nationalliberalismus und die Reaktion, Berlin 1879.

74 *Adolf Wahrmund*, Das Gesetz des Nomadentums und die heutige Judenherrschaft, München 1919.

bietes unter antisemitischen Losungen zu mobilisieren wußte. Seinem Beispiel folgte der aus dem konservativen Lager kommende Max Liebermann von Sonnenberg, der den Deutsch-Sozialen Verein gründete. Seit den Reichstagswahlen von 1887 war der Antisemitismus zu einer politischen Kraft geworden, die es im Durchschnitt auf eine Viertelmillion Wählerstimmen und ein gutes Dutzend Reichstagsabgeordnete brachte.[75] Ähnliche Erfahrungen wurden in Österreich-Ungarn gemacht, wo der von Hitler so bewunderte Karl Lueger mit antisemistischen Parolen sogar seinen Aufstieg zum Wiener Oberbürgermeister bewirkte.

Das Feindbild der Rassisten blieb jedoch keineswegs innenpolitisch auf die Juden beschränkt. Es kam auch außenpolitisch zur Anwendung. Je nach den Erfordernissen wurden ganze Nationen als rassisch minderwertig diffamiert. Sowohl gegenüber den romanischen als auch in zunehmendem Maße gegenüber den slawischen Völkerschaften erhielt der deutsche Vorherrschaftsanspruch in Europa und der Welt eine rassistische Motivierung. Wenn man mit Chamberlain allein den Germanen kulturelle Schöpferkraft zusprach, so war damit eine Überlegenheit beansprucht, die sich leicht in politische Anmaßungen und schließlich in aggressive Handlungen ummünzen ließ.

Eine wichtige Ergänzung dazu bildete der Sozialdarwinismus. Charles Darwin hatte durch die 1859 erfolgte Veröffentlichung seines Werkes „On the Origin of Species by Means of Natural Selection, or the Preservation of Favoured Races in the Struggle for Life“ die bahnbrechende Erkenntnis verbreitet, daß die Entwicklung der Lebewesen und die Herausbildung neuer Arten nach einem Ausleseprinzip erfolgte, das er „Kampf ums Dasein“ nannte. Dieses naturwissenschaftliche Lebensgesetz, das — wie selbst Nietzsche einräumte — vor allem die Anpassung und nicht die Vernichtung betonte,[76] wurde von den Sozialdarwinisten ohne weiteres auf die Entwicklung der menschlichen Gesellschaft übertragen und zur Rechtfertigung der Kriege benutzt.[77]

75 Vgl. dazu die von Dieter Fricke stammenden Spezialartikel über die antisemitische und deutschvölkische Bewegung in: Die bürgerlichen Parteien in Deutschland, Bd. 1, Leipzig 1968.

76 *Nietzsches Werke* (Kröner), Bd. VIII, S. 127f.

77 Vgl. dazu *Lukács*, Die Zerstörung der Vernunft, S. 537ff.; *Hans-Günter Zmarzlik*, Der Sozialdarwinismus in Deutschland als geschichtliches Problem, in: Vierteiljahrsh. Zeitgesch., Stuttgart, 3/1963, S. 246ff.

Die Hauptvertreter des Sozialdarwinismus im deutschen Sprachbereich — Ludwig Gumplowicz (1838—1909) und sein Schüler Gustav Ratzenhofer (1842—1904) — ignorierten, daß der Mensch als ein mit Bewußtsein und Denkfähigkeit ausgestattetes Wesen nicht allein biologischen Gesetzen unterworfen ist. Die „Vorgänge der Geschichte" lassen sich keineswegs, wie Gumplowicz behauptete, „durch das Walten unabänderlicher Naturgesetze" erklären,[78] sondern werden von Gesetzen der gesellschaftlichen Entwicklung bestimmt. Ratzenhofer hatte sogar den Standpunkt vertreten, daß die „Hauptgesetze der Chemie ... in entsprechender Auffassung auch soziologische Gesetze sein" müßten.[79] Es war aber den Imperialisten und Militaristen höchst willkommen, wenn Gumplowicz in seinem Buch „Der Rassenkampf" die Rassentheorien mit dem Sozialdarwinismus verband und die menschliche Geschichte als einen Kampf der Rassen ums Dasein darstellte.[80] Diese sozialdarwinistische Untermauerung der Rassenlehre schien eine wissenschaftliche Begründung des rassischen Ausleseprinzips zu sein und wurde zielbewußt zu einem Eckpfeiler der imperialistischen Ideologie gemacht. Für Hitler war der sozialdarwinistisch motivierte Rassenkampf geradezu der Schlüssel zur Weltgeschichte.

Da sich die Expansionsziele des Monopolkapitals geographisch fixieren ließen, kamen weitere scheinwissenschaftliche Rechtfertigungen in Mode. Eine davon war die von dem Geographen und Zoologen Friedrich Ratzel (1844—1904) begründete, von dem Schweden Rudolf Kjellén (1864—1922) weiterentwickelte und von Rudolf Heß bei Karl Haushofer (1869—1946) studierte Geopolitik.[81] Sie ging von der These aus, daß ein wachsendes Volk sich die notwendigen Lebensbedingungen nur eine bestimmte Zeit lang durch die innere Kolonisation erschließen könne und schließlich notwendigerweise zur äußeren Kolonisation, zur Expansion, zum Landerwerb, zur kriegeri-

78 *Ludwig Gumplowicz*, Die sociologische Staatsidee, Graz 1892, S. 5.

79 *Gustav Ratzenhofer*, Die sociologische Erkenntnis. Positive Philosophie des socialen Lebens, Leipzig 1898, S. 91.

80 *Ludwig Gumplowicz*, Der Rassenkampf, Innsbruck 1883.

81 Zur Geopolitik vgl. *Günter Heyden*, Kritik der deutschen Geopolitik. Wesen und soziale Funktion einer reaktionären soziologischen Schule, Berlin 1958. Reichhaltiges Material ist bei *Hans-Adolf Jacobsen*, Karl Haushofer. Leben und Werk, 2 Bde, Boppard/Rh. 1979, insbes. Bd. 1, S. 483ff., zu finden.

schen Eroberung greifen müsse.[82] Für die Nazis war dabei besonders wichtig, daß der englische Geopolitiker Sir Halford Mackinder 1904 Osteuropa zum Herzland der Welt und seine Beherrschung zur Voraussetzung der Weltherrschaft erklärt hatte.[83] Die Geopolitiker tendierten überhaupt dahin, bestimmte Expansionsrichtungen des Imperialismus als naturgegeben und vorausbestimmt darzustellen. So erhielt der deutsche „Drang nach Osten" eine pseudowissenschaftliche Begründung. Er trat im gleichen Maße in den Vordergrund, wie sich koloniale Eroberungen in Übersee als weniger vorteilhaft erwiesen und die exponierten Kolonien schließlich gar verlorengingen.

Eng damit verbunden war das Schlagwort vom „Volk ohne Raum". In ihm, das zum allgemeinen Germanenschicksal erklärt und an den Beispielen der Völkerwanderung und der mittelalterlichen Ostexpansion demonstriert wurde, flossen rassistische, sozialdarwinistische und geopolitische Argumentationen mit dem Neomalthusianismus zusammen. Der englische Pfarrer Thomas Robert Malthus (1776 bis 1834) hatte die für kapitalistische Verhältnisse durchaus diskussionswürdige Beobachtung gemacht, daß die Menschheit schneller wachse als die für ihre Ernährung notwendige Lebensmittelbasis. Daraus wurde jedoch ein allgemeingültiges Naturgesetz geformt. Insbesondere die Neomalthusianisten erklärten die Hungerkatastrophen in der Welt für unabänderlich und die Forderungen der Arbeiter nach einer besseren Ernährung für unerfüllbar. Für die Imperialisten war es ein zusätzliches Argument, eine rücksichtslose Eroberungspolitik zu betreiben. Nur wer sich den notwendigen Lebensraum sichere, habe eine Chance, den Kampf ums Dasein zu bestehen. So fügte sich im ideologischen Überbau des Imperialismus eins zum anderen, weil es den Bedürfnissen der monopolkapitalistischen Basis entsprach.

Diese imperialistischen Mobilisierungstheorien wurden keineswegs nur in Deutschland verbreitet. Sie waren in allen Ländern anzutreffen, in denen sich der Monopolkapitalismus herausbildete und die eine Expansionspolitik betrieben. Da England bis zum Ende des 19. Jahrhunderts bei dieser Entwicklung führend blieb, wurde es auch zum Geburtsland einer ideologischen Konzeption, die nicht nur das faschistische Denken wesentlich bestimmte, sondern insgesamt die

82 *Friedrich Ratzel*, Politische Geographie, München/Berlin 1923, S. 90.

83 *Hugh R. Trevor-Roper*, Hitlers letzte Tage, Frankfurt a. M. 1965, S. 129; *Jacobsen*, Karl Haushofer, Bd. 1, S. 342.

ideologische Manipulation von Volksmassen in den kapitalistischen Hauptländern bis in die Gegenwart hinein beeinflußt. Es handelt sich um die Lehre vom Sozialimperialismus, die im Laufe der Zeit zwar den Namen, nicht aber den grundsätzlichen Inhalt gewechselt hat. Ihr theoretischer Ausgangspunkt war die Behauptung, je imperialistischer die Politik eines Landes nach außen sei, um so reicher könnte es werden, um so sozialer ließen sich seine Verhältnisse im Innern gestalten, um so mehr würde für die Volksmassen in dem betreffenden Land abfallen. Ihre praktische Beweisführung stützte sich auf die Extraprofite, die aus Kolonien und später aus abhängigen unterentwickelten Ländern herausgepreßt, durch technologische Überlegenheit vergrößert und durch militärische Gewaltanwendung gesichert wurden.

Sozialimperialistische Gedankengänge waren für viele Interessenvertretungen der Bourgeoisie brauchbar. In Deutschland wurden sie sogar zuerst durch christlich-soziale Kreise bekanntgemacht, die mehr oder minder im Konflikt mit den konservativen Machthabern standen und ein Bündnis mit den reformistischen Kräften innerhalb der Arbeiterbewegung anstrebten. Eine Gruppe jüngerer evangelischer Theologen, stark beeinflußt von dem Nationalökonomen Max Weber, der die Auflösung des Latifundienbesitzes im Osten Deutschlands und die Ansiedlung landloser Bauern forderte, mußte einsehen, daß sich die sozialdemokratische Arbeiterbewegung weder durch die antisemitische Demagogie Stoeckers noch durch die Unterdrückungsmaßnahmen Bismarcks aufhalten ließ. Man wußte aus eigener Erfahrung, wie sehr die Arbeiter ihre Hoffnung auf den Sozialismus setzten, wie wirkungslos alle antisozialistische Propaganda blieb und wie leicht die Kirche ihren Einfluß auf die proletarischen Volksmassen verlieren konnte.[84]

Die Pastoren Friedrich Naumann und Paul Göhre rissen deshalb die Führung der christlich-sozialen Bewegung an sich und verdrängten Adolf Stoecker. In ihren Reden und Schriften stellten sie Christus als Volksführer hin und propagierten einen „deutschnationalen

84 Vgl. dazu *Dieter Fricke*, Christlichsoziale Partei (CSP) 1878–1918, in: Die bürgerlichen Parteien in Deutschland, Bd. 1, S. 245ff.; *Gertrud Theodor*, Friedrich Naumann oder der Prophet des Profits, Berlin 1957; *Dieter Düding*, Der Nationalsoziale Verein 1896–1903. Der gescheiterte Versuch einer parteipolitischen Synthese von Nationalismus, Sozialismus und Liberalismus, München/Wien 1972.

Sozialismus".[85] Ihre sozialistische Demagogie war zwar keineswegs neu — schon im Kommunistischen Manifest wurde auf reaktionäre Versuche verwiesen, sich ein sozialistisches Mäntelchen umzuhängen —, [86] neuartig aber war die Verquickung mit dem Imperialismus nach dem Vorbild der englischen Sozialimperialisten.

In seiner 1899 in Berlin erschienenen Propagandaschrift „Was ist National-Sozial?" hatte Adolf Damaschke, der als eine Art Wirtschaftstheoretiker der christlich-sozialen Bewegung angesehen werden kann und besonders nachdrücklich die Bodenreformpläne vertrat, grundsätzlich formuliert, worauf es ihm und seinen Gesinnungsgenossen letzten Endes ankam: „Auf dem Weltmarkt freie Bahn schaffen und erhalten für deutsche Arbeit, deutsches Kapital und deutsches Wissen, weite deutsche Tore schaffen, wo Markt eröffnet wird, und da, wo über Stücke unserer Erdkugel neue Verfügung getroffen wird, deutsche Interessen umsichtig wahren: Das ist es, was die neue Zeit von deutscher Staatskunst fordert; das ist es, was das Wort bedeutet: Deutschland muß eine Weltmacht werden!"[87]

Paul Rohrbach, der von 1898 bis 1901 als Generalsekretär des die christlich-soziale Bewegung repräsentierenden Kongresses wirkte und als einer der eifrigsten Verfechter der imperialistischen Ost- und Südostexpansion noch von den Nazis geschätzt wurde, hatte das angestrebte irdische Gottesreich geradezu mit einer am „deutschen Wesen genesenen Welt" gleichgesetzt. Ihm kam es vor allem darauf an, den Menschen den „Glauben" zu vermitteln, „daß wir Gottes Reich bauen helfen und für die Vollendung der Welt arbeiten, wenn wir es unternehmen, soviel von der Welt deutsch zu machen, wie wir können".[88] In einem deutschen Weltreich — so behaupteten er und seine Freunde — werde es keine unüberwindlichen sozialen Probleme und keine Arbeiterfrage mehr geben, wäre der Sozialdemokratischen Partei

85 *Friedrich Naumann* in: Die Hilfe. Gotteshilfe, Selbsthilfe, Staatshilfe, Bruderhilfe. Hrsg. Friedrich Naumann, Berlin, 1. Jg., Nr. 28, 14. 7. 1895, S. 1f.

86 *Marx/Engels*, Werke, Bd. 4, S. 482ff.

87 *Adolf Damaschke*, Was ist National-Sozial?, Berlin 1898, S. 6.

88 Mitteilungen des Evangelisch-sozialen Kongresses, Mai/Juni 1900, 9. Folge, Nr. 4/5, S. 32 (zit. in: *Walter Mogk*, Paul Rohrbach und das „Größere Deutschland". Ethischer Imperialismus im Wilhelminischen Zeitalter. Ein Beitrag zur Geschichte des Kulturprotestantismus, München 1972, S. 82. Zu Paul Rohrbach vgl. *Petzold*, Theoretiker, S. 22ff., 227ff.; *derselbe*, Wegbereiter, S. 31ff., 328ff.

der Boden entzogen, könne man den Sozialismus für verwirklicht ansehen, für Deutsche natürlich und für niemanden anders sonst.

Obwohl die christlich-soziale Bewegung nicht zu den direkten Vorläufern der Nazis gezählt werden kann — aus ihren Reihen sind sowohl Faschisten wie Antifaschisten hervorgegangen —, hat sie der Nazipropaganda eine wichtige und sogar grundlegende Argumentation geliefert und darüber hinaus den Begriff Nationalsozialismus in die Vorstellungswelt der herrschenden Klasse eingeführt. Auch wurde für die von Wilhelm II. in seiner berüchtigten Hunnenrede formulierte Begleiterscheinung imperialistischer Expansion „Pardon wird nicht gegeben!“ Verständnis gezeigt. Naumann nannte die öffentliche Entrüstung über den deutschen Kaiser, der zur Niedermetzelung chinesischer Gefangener bei der „Strafexpedition“ von 1900 aufgerufen und die Deutschen mit den Hunnen verglichen hatte, einfach „Zimperlichkeit“.[89]

Trotz dieser raffinierten Verknüpfung brutaler imperialistischer Expansionspolitik und geschickter sozialer Demagogie fand die Konzeption Friedrich Naumanns und Paul Rohrbachs zunächst keine rechte Anerkennung. Die Arbeiterklasse ließ sich nicht verwirren. Die herrschenden Klassen hielten derart demagogische Kampfmethoden noch für überflüssig. Dirk Stegmann hat gezeigt, welch harten Kurs die konservativen Machteliten, die in den Unternehmerverbänden und den großagrarischen Interessenvertretungen den Ton angaben, gegenüber den Volksmassen steuerten.[90] Ihre Devisen lauteten: Im Betrieb und auf dem Gutshof bestimmt der Besitzer und sonst niemand. Dieser konsequente „Herr-im-Hause-Standpunkt“ wurde von ihnen ohne weiteres auf den Staat übertragen, der ganz den Wünschen der Besitzenden zu dienen und ihren Reichtum zu mehren hatte. Der Streit drehte sich eigentlich, wie der Kampf um Zollfragen bewies, nur um Prioritäten und Anteile. Erst als der Stimmenzuwachs der Sozialdemokratischen Partei bei Reichstagswahlen immer größer wurde und 1912 gar 34,8 Prozent erreichte, begann man nachdenklich zu werden.

89 *Friedrich Naumann* in: Die Hilfe, 6. Jg., Nr. 31, 5. 8. 1900, S. 2.

90 *Dirk Stegmann*, Die Erben Bismarcks. Parteien und Verbände in der Spätphase des Wilhelminischen Deutschland. Sammlungspolitik 1897—1918, Köln/Berlin(West) 1970; *derselbe*, Zwischen Repression und Manipulation: Konservative Machteliten und Arbeiter- und Angestelltenbewegung 1910—1918. Ein Beitrag zur Vorgeschichte der DAP/NSDAP, in: Arch. Sozialgesch., Bonn — Bad Godesberg, XII/1972, S. 351 ff.

Die ideologischen Leitmotive der herrschenden Klassen wurden um die Jahrhundertwende vorwiegend vom Alldeutschen Verband geprägt.[91] Diese im letzten Jahrzehnt des 19. Jahrhunderts entstandene Eliteorganisation, an deren Gründung Alfred Hugenberg maßgeblich beteiligt war, verstand sich als eine Art ideologischer Generalstab des sich in Deutschland herausbildenden Imperialismus. Man griff die genannten imperialistischen Mobilisierungstheorien in Formen auf, die sich ganz an den Vorstellungen und den Bedürfnissen der Bourgeoisie und des Adels orientierten und für sozialdemagogische Kampfmethoden zur Gewinnung der Volksmassen noch wenig Raum ließen.

Anlaß für die Gründung des Alldeutschen Verbandes war die Unzufriedenheit mit dem geringen Umfang des deutschen Kolonialreiches gewesen. Um in den Besitz des noch englischen Helgoland zu gelangen und England als Bundesgenossen gegen Frankreich und Rußland zu gewinnen, hatte der deutsche Reichskanzler Leo von Caprivi auf Uganda sowie die Inseln Sansibar und Pemba verzichtet. Das erschien den Verfechtern einer Kolonialpolitik als ein viel zu hoher Preis. Es kam am 9. April 1891 zur Gründung eines Allgemeinen Deutschen Verbandes, der sich folgende politische Ziele stellte: „1. Belebung des vaterländischen Bewußtseins in der Heimat und Bekämpfung aller der nationalen Entwicklung entgegengesetzten Richtungen. 2. Pflege und Unterstützung deutsch-nationaler Bestrebungen in allen Ländern, wo Angehörige unseres Volkes um die Behauptung ihrer Eigenart zu kämpfen haben, und Zusammenfassung aller deutscher Elemente auf der Erde für diese Ziele. 3. Förderung einer tatkräftigen deutschen Interessenpolitik in Europa und Übersee. Insbesondere auch Fortführung der deutschen Kolonialpolitik zu praktischen Ergebnissen.“[92]

Dieser Zielstellung entsprechend wurde zum konsequenten Kampf gegen die Sozialdemokratische Partei aufgerufen und eng mit dem zu diesem Zwecke gegründeten Reichsverband gegen die Sozialdemokratie zusammengearbeitet. Um die außenpolitischen Absichten zu

91 Vgl. dazu *Edgar Hartwig*, Alldeutscher Verband (ADV) 1891—1939, in: Die bürgerlichen Parteien in Deutschland, Bd. 1, S. 1ff.; *Jürgen Kuczynski*, Studien zur Geschichte des deutschen Imperialismus, Bd. II: Propagandaorganisationen des Monopolkapitals, Berlin 1950, S. 7ff. (Der Alldeutsche Verband).

92 Mitteilungen des Allgemeinen Deutschen Verbandes, Nr. 1, 1. 6. 1891, S. 6f.

verwirklichen, bediente sich der Alldeutsche Verband der Deutschen Kolonialgesellschaft, des Deutschen Flottenvereins und des Deutschen Ostmarkenvereins. Obwohl der Auf- und der Ausbau eines Kolonialreiches in Übersee nie aus den Augen verloren wurde, rückten Pläne immer mehr in den Vordergrund, die auf die Eroberung von Südost- und Osteuropa hinausliefen. Schon am 1. Januar 1894 hieß es in den „Alldeutschen Blättern“: „. . . den Blick nicht zimperlich, sondern bewußt und entschlossen nach dem Südosten als einer naturgemäßen deutschen Interessensphäre gerichtet! Die Donau . . . zeigt dem Blicke den Weg nach dem Schwarzen Meere, nach der Balkanhalbinsel, nach Kleinasien. *Der alte Drang nach Osten soll wieder lebendig werden.* Nach Osten und Südosten hin müssen wir Ellenbogenraum gewinnen, um der germanischen Rasse diejenigen Lebensbedingungen zu sichern, deren sie zur vollen Entfaltung ihrer Kräfte bedarf, selbst wenn darüber solch minderwertige Völklein wie Tschechen, Slowenen und Slowaken . . . ihr für die Zivilisation nutzloses Dasein einbüßen sollten.“[93]

In derartigen Stellungnahmen wird sichtbar, wie bereits vor dem ersten Weltkrieg die neuentstandenen imperialistischen Mobilisierungstheorien von der Rassenlehre bis zur Geopolitik zusammenflossen und zur Rechtfertigung imperialistischer Expansionspolitik führten. Die Propagandaformeln vom „Volk ohne Raum“ und vom „Drang nach Osten“ waren schon gedruckt, als Hitler noch nicht einmal lesen konnte. Selbst die nach 1933 betriebene Politik konnte sich in ihren entscheidenden Zielsetzungen an den programmatischen Äußerungen des Alldeutschen Verbandes orientieren.

Im Jahre 1912 hatte es der Verbandsvorsitzende, Justizrat Heinrich Claß, übernommen, dem Kaiser und den herrschenden Klassen vor Augen zu führen, was nach alldeutscher Meinung in der Politik geschehen müsse. Er veröffentlichte unter dem Pseudonym Daniel Frymann das Buch „Wenn ich der Kaiser wär‘“.[94] Anlaß dazu war der große Wahlsieg der Sozialdemokratischen Partei gewesen, die die Zahl ihrer Abgeordneten im Reichstag verdoppeln konnte. Dieses Alarmsignal verband sich mit dem Bewußtsein, am Rande eines Krieges zu stehen.

Es kennzeichnet den Faschismus als Produkt der allgemeinen

93 Alldeutsche Blätter, Nr. 1, 1. 1. 1894.

94 *Daniel Frymann*, Wenn ich der Kaiser wär’. Politische Wahrheiten und Notwendigkeiten, Leipzig 1912.

Krise des Kapitalismus, daß die ihn ankündigende Programmschrift von Claß schon ganz von diesem Krisenbewußtsein durchdrungen war. Der Vorsitzende des Alldeutschen Verbandes schrieb nicht mehr vom traditionellen konservativen Standpunkt des Kaiserreiches aus und erst recht nicht aus der Sicht eines Nationalliberalen, der er am Anfang seiner politischen Karriere gewesen war. Er räumte selbst ein, „die Angehörigen der Rechten werden mich des Mangels an Respekt vor der Obrigkeit zeihen und in manchem den Demokraten wittern; die der Linken mögen in mir den roten Reaktionär und unmodernen Junker erblicken".[95] Er verstand sich selbst als außerhalb des vorhandenen Parteisystems stehend und scheute sich nicht, dem Kaiser und seinen Kanzlern Unfähigkeit vorzuwerfen. Das bedeutete nicht, daß Claß bereits 1912 den Schritt zum Faschismus vollzogen hätte. Dessen Existenzbedingungen waren erst im Entstehen. Claß wußte sich auch später nicht völlig in die faschistische Bewegung einzuordnen, weil er und die meisten seiner Gesinnungsgenossen trotz aller Kritik am Kaiserreich der Vorkriegswelt verhaftet blieben und von einer Rückkehr zur Monarchie träumten. Der alldeutsche Verbandsvorsitzende erhob jedoch schon 1912 Forderungen, die eigentlich nur von den Faschisten umfassend realisiert werden konnten. Das zeigte, wie sehr ein rücksichtsloses imperialistisches Unterdrückungs- und Expansionsstreben faschistische Entwicklungstendenzen in sich barg.

Claß wandte sich grundsätzlich gegen die selbstgefällige Zufriedenheit mit dem seit den sechziger Jahren des 19. Jahrhunderts in Deutschland Erreichten. Er führte den Aufstieg der sozialdemokratischen Arbeiterbewegung auf unzulängliche Bekämpfungsmaßnahmen und vor allem auf die Schwäche und Erfolglosigkeit der äußeren Politik zurück: „Aber *wir* sind und bleiben saturiert, d. h. unsere Regierenden tun so, als ob wir es wären, und überlassen die Aufteilung der Erde den andern; unsere Diplomaten haben nur eine Aufgabe: den Frieden zu erhalten." Insbesondere im Kampf um Marokko habe die Reichsregierung versagt: „Der Verlust an Autorität, den die oberste Bureaukratie hier erlitten hat, der Unwille über solche Führung der auswärtigen Geschäfte hat dem sozialistischen Wahlsiege das Feld bereitet — positiv durch die Verstimmung des Volkes, negativ durch die Schwächung des Abwehr- und Kampfeseifers der nationalen Wählerschaft."[96]

95 Ebenda, S. VIII.
96 Ebenda, S. 6, 15.

Durch den konsequenten Kampf um mehr Kolonien und überhaupt mehr Land, notfalls mit den Mitteln des Krieges, sollte grundsätzlich der Gefahr vorgebeugt werden, daß sich die unzufriedenen Volksmassen um die Arbeiterbewegung scharten und die von Claß offen verteidigte Einteilung der Bevölkerung in „eine obere und eine untere Schicht", die sich durch „Bildung und Besitz" unterschieden,[97] in Frage stellten. Um die Privilegien der herrschenden Klasse zu sichern, zu der Claß das im Alldeutschen Verband stark vertretene sogenannte Bildungsbürgertum gezählt haben wollte, äußerte er sich kritisch über manche Begleiterscheinungen der monopolkapitalistischen Entwicklung: „Der circulus vitiosus der Lohnerhöhungen und Preissteigerungen trägt Unbehagen in jedes Haus." In den Großstädten und industriellen Ballungsgebieten werde die Bevölkerung demoralisiert und die Militärtauglichkeit beeinträchtigt. Die Kapitalkonzentration bei den Großbanken begünstige das reine Verzinsungsstreben und behindere die Lösung volkswirtschaftlich notwendiger Aufgaben. Die völlige Unterdrückung der Warenhäuser sei notwendig. Auch die ganz großen Grundbesitzer dürften sich der unerläßlichen Ansiedlung landloser Bauern nicht verschließen. Ansonsten würden sich die von den Alldeutschen angestrebten Ziele nicht erreichen lassen.[98]

Es charakterisiert die politischen Sorgen von Claß und erklärt manche Vorbehalte in Kreisen des Finanzkapitals gegen den Alldeutschen Verband, wenn er zusammenfassend formulierte: „Großkapital, Großindustrie, Großhandel gefährden den Mittelstand aufs schwerste, und es ist begreiflich, daß Existenzen, die trotz allen Fleißes, aller Sparsamkeit in diesem Kampfe nicht voran kommen oder gar unterliegen, dem Staate gram werden, der zugesehen hat, wie die größere Kapitalmacht sie erwürgt."[99] Im Grunde äußerte sich darin aber nur das Dilemma des sterbenden Kapitalismus. Um seine Profite zu steigern, zerstörte das Monopolkapital die Gesellschaftsstruktur und setzte am Ende die kapitalistische Gesellschaftsordnung selbst aufs Spiel.

Indem Claß an die Klassensolidarität der „Oberschicht" appellierte, hoffte er nicht nur all jenen Schichten der Gesellschaft einen Dienst zu erweisen, die als Privateigentümer am Kapitalismus festhalten wollten, sondern auch der von ihm vorgeschlagenen Politik den notwen-

97 Ebenda, S. 4.

98 Ebenda, S. 16ff.

99 Ebenda, S. 28.

digen Rückhalt zu sichern. Sein innenpolitisches Hauptziel war die Errichtung einer Diktatur, die rücksichtslos die sozialdemokratische Arbeiterbewegung unterdrücken und mit den bestehenden parlamentarischen Regierungsformen aufräumen sollte. Als Schlüssel dazu erschien ihm die Beseitigung des allgemeinen und gleichen Wahlrechts, das auf dem „von dem Frevler Rousseau propagierten Gleichheitsgedanken" beruhe. Grundprinzip habe zu sein: Wer keine Steuern zahle, also keinen Besitz habe, dürfe auch kein Wahlrecht erhalten. Diese Wahlrechtsänderung müsse um „*jeden Preis — auch den des Konflikts oder des Staatsstreichs*" durchgeführt werden. Erst dann könne die Krone den wieder voll und ganz zu Interessenvertretungen der herrschenden Klassen gewordenen Parlamenten Mitspracherecht einräumen.[100]

Um aber auch „das öffentliche Leben außerhalb des Parlamentes" unter Kontrolle zu bekommen und der „Möglichkeit revolutionärer Erhebungen" vorzubeugen, seien „*unter allen Umständen . . . gesetzgeberische Maßnahmen zu treffen, die den volks- und staatsverräterischen Hetzern das Handwerk gründlich legen*". Gemeint waren damit die damals noch in der Sozialdemokratischen Partei vereinten Arbeiterführer. Bereits 1912 betrachtete Claß die Besorgnisse, „daß Ausnahmegesetze mit dem Rechtsstaate unvereinbar seien . . . als Phrasen". Er empfahl, auf den ursprünglichen Entwurf des Sozialistengesetz zurückzugreifen, den Bismarck 1878 nicht im Reichstag durchzusetzen vermochte. Ihm kam es darauf an, daß man die Arbeitermassen radikal „von der jetzigen Führerschaft befreit, indem alle Reichstags- und Landtagsabgeordneten, alle Parteibeamten, alle Herausgeber, Verleger, Redakteure sozialistischer Zeitungen und und Zeitschriften, alle sozialistischen Gewerkschaftsführer — *kurz alle im Dienste der sozialistischen Propaganda Stehenden aus dem Deutschen Reiche ausgewiesen werden*; dasselbe gilt natürlich auch für alle Anarchisten".[101]

Der führerlos gewordenen Arbeiterschaft könne die Wahrnehmung des Streikrechtes dadurch erschwert werden, daß in einem bestimmten Umkreis bestreikter Betriebe „jede Ansammlung von Personen, jedes Aufstellen von sog. Streikposten, jedes Anreden Arbeitswilliger durch Angehörige der Streikpartei an sich verboten wird". Wer dagegen verstoße, könne „in *Sicherungshaft* genommen werden",

100 Ebenda, S. 40, 53, 55.
101 Ebenda, S. 64 f., 67.

auch wenn er sich sonst keiner strafbaren Handlungen schuldig gemacht hätte. Die Nazis haben später diese Empfehlung aufgegriffen und zur Ausschaltung politischer Gegner die sogenannte Schutzhaft eingeführt. In diesem Zusammenhang wurde deutlich, daß Claß schon 1912 den Antisemitismus als eine Waffe gegen die sozialdemokratische Arbeiterbewegung und das liberale Bürgertum einzusetzen suchte. Er bezeichnete die „jüdisch-sozialistische und jüdisch-pseudoliberale Presse als Mitveranlasserin der mannigfachen Schäden“.[102]

Darüber hinaus hat Claß der Bekämpfung des Judentums grundsätzliche Bedeutung zugemessen: „Eine Gesundung unseres Volkslebens, und zwar aller seiner Gebiete, kulturell, moralisch, politisch, wirtschaftlich, und die Erhaltung der wieder gewonnenen Gesundheit *ist nur möglich, wenn der jüdische Einfluß entweder ganz ausgeschaltet oder auf das Maß des Erträglichen, Ungefährlichen zurückgeschraubt wird.*“ Er verlangte, daß alle Juden unter Fremdenrecht gestellt würden. Das sollte folgende Konsequenz haben: Ausschluß von allen öffentlichen Ämtern, keine Zulassung zum Dienst in Heer und Flotte, weder aktives noch passives Wahlrecht. Außerdem wären Juden nicht zum Beruf der Anwälte und der Lehrer zuzulassen. Zeitungen, an denen Juden mitarbeiteten, müßten als jüdisch gekennzeichnet werden. Banken, die kein rein persönliches Unternehmen seien, dürften keine jüdischen Leiter haben. Juden wären vom ländlichen Grundbesitz gänzlich fernzuhalten.

Als zusätzliche Schikane forderte Claß die doppelte Besteuerung der Juden. Außerdem gab er als Jurist eine vielzitierte Definition: *„Jude im Sinne des geforderten Fremdenrechts ist jeder, der am 18. Januar 1871 der jüdischen Religionsgemeinschaft angehört hat, sowie alle Nachkommen von Personen, die damals Juden waren, wenn auch nur ein Elternteil jüdisch war oder ist.“*[103] Damit wurden viele Deutsche überhaupt erst formal zu Juden gemacht und die Rasseneinteilung des deutschen Volkes juristisch fixiert. Selbst einige Gesinnungs- und Bundesgenossen des Alldeutschen Verbandes wie der Stahlhelmführer und Präsidentschaftskandidat von 1932 Theodor Duesterberg mußten später bei Nachforschung bestürzt erkennen, daß sie nach Claß jüdischer Abstammung waren.

Claß forderte auch entschiedene Maßnahmen gegen andere „Volksfremde“: *„entschlossene Kampfpolitik gegen die Polen durch die An-*

102 Ebenda, S. 70, 71, 73.
103 Ebenda, S. 75.

wendung der Enteignung und die Einführung des Parzellierungsverbots“, das einen ständigen Zuwachs der polnischen Bauernschaft in den von Polen bewohnten Gebieten des deutschen Kaiserreichs verhindern sollte; rücksichtslose Abschiebung aller Elsaß-Lothringer, die sich nicht von ihrer französischen Kultur trennen wollten, nach Frankreich; desgleichen der Dänen, die sich nicht rückhaltlos zum preußischen Staate bekannten, nach Dänemark.[104]

All das und die sonstigen Vorschläge von Claß zur Aufrüstung, zur Volksgesundheit, zur Erziehung usw. sollten Vorbereitung dafür sein, „*daß wir tätige äußere Politik treiben, sagen wir ruhig: aggressive*“. Der Vorsitzende des Alldeutschen Verbandes hatte sich nicht nur über all jene beklagt, die Deutschland für „saturiert“ hielten, er sprach auch unzweideutig aus, „daß der Teil der Erdoberfläche, der heute unter deutscher Herrschaft steht, dem Bedürfnis des deutschen Volkes nicht genügt“, und fügte drohend hinzu: „Ob dies den andern Staaten leid oder lieb ist, muß uns kalt lassen; sie mögen es wissen und beizeiten ihre Entscheidung treffen, ob sie vorziehen, uns im guten oder im bösen das zu verschaffen, was wir brauchen: *Land.*“[105]

Claß leugnete nicht, daß jede „Ausdehnung in Europa . . . von vornherein nur durch siegreiche Kriege herbeizuführen“ sei, „da weder Frankreich noch Rußland so menschenfreundlich sein werden, uns Teile ihres Gebietes abzutreten“. Er gab zu, daß das zu erobernde Land selbst in unmittelbarer Nachbarschaft des deutschen Kaiserreiches von „Fremdstämmigen“ bewohnt war, und scheute sich nicht, deren Aussiedlung zu verlangen. Zwar wollte er mit Rücksicht auf die öffentliche Meinung seiner Zeit „die Evakuierung nur als ein Hilfsmittel in äußerster Not“ und als „eine Strafe für ruchlosen Überfall“ betrachtet wissen, aber die vorgeschlagene Methode paßte völlig zur allgemeinen Absichtserklärung, auf aggressivem Wege Land zu erwerben: „Einem Verteidigungskrieg in diesem Sinne darf auch ein von deutscher Seite angriffsweise geführter gleichgeachtet werden, den wir unternehmen müßten, um den Gegnern zuvorzukommen.“[106] So wurde schon die Entfesselung des ersten Weltkrieges, insbesondere der Einmarsch in Belgien, motiviert, so hat Hitler erst recht die Überfälle des faschistischen deutschen Imperialismus im zweiten Weltkrieg begründet.

104 Ebenda, S. 81, 85, 89.
105 Ebenda, S. 136f.
106 Ebenda, S. 140f.

Da Claß in seinem „Kaiserbuch“ als Hauptausdehnungsgebiet Südosteuropa angab, schien es, als habe er an Bismarcks Bemühungen, gute Beziehungen zu Rußland zu erhalten, wenigstens insofern angeknüpft, daß er keine direkten Annexionsziele in Osteuropa vor dem ersten Weltkrieg formulierte. Er schrieb sogar, daß „von deutscher Seite ... kein vernünftiger Anlaß zu einem feindlichen Zusammenstoß“ mit Rußland zu erblicken sei. Selbst den Baltendeutschen wollte er nur das Recht auf Rückkehr nach Deutschland versprechen, weil „die Russen“ es nicht zulassen könnten, „im Baltikum von der Ostsee abgeschnitten“ zu werden. Daran sei, so fügte er allerdings vieldeutig hinzu, „solange das russische Reich als Einheitsstaat besteht, nichts zu ändern; anders kann es werden, wenn das mit einer Verfassung beglückte Land die gewaltigen Gegensätze der verschiedenen Nationalitäten zum Ausbruch kommen läßt und ein Auseinanderfallen in verschiedene Staaten erfolgte.“[107]

Bei den vertraulichen Beratungen im Geschäftsführenden Ausschuß des Alldeutschen Verbandes am 19. April 1913 ließ Claß jedoch seine wahren, zutiefst rußland- und slawenfeindlichen Absichten erkennen: Die Sicherung gegen die slawische Vormacht muß erfolgen durch eine Schwächung des Russentums, bis es uns nicht mehr gefährlich werden kann. Rußland hat schon 165 Millionen Einwohner, alles, was zur Zertrümmerung dieses Kolosses führt, muß uns willkommen sein ... Bismarck sagte: Es gebe nur zweierlei: entweder sehr gute oder sehr schlechte Beziehungen zum Zarenreich. Ersteres ist heute ausgeschlossen, also bleibt uns das zweite. Also muß man auf den Kampf hinarbeiten, um das Deutschtum endgültig vor dem Slawentum zu sichern und die zentrifugalen Bestrebungen in Rußland zu fördern. Diese Gedanken können wir in der Öffentlichkeit nicht ausbreiten. Man muß nur gegen die Behauptung auftreten, daß die friedliche Verständigung mit Rußland möglich sei.“[108]

Fünfzehn Monate später glaubte sich der Alldeutsche Verband dem Ziel seiner Wünsche nahe. Der erste Weltkrieg war da. Am 1. August 1914 erklärte das deutsche Kaiserreich Rußland den Krieg. Zwei Tage später folgte die Kriegserklärung an Frankreich. Tags darauf wurde Belgien überfallen und die sofortige Beteiligung Eng-

107 Ebenda, S. 169.

108 Zentrales Staatsarchiv, Potsdam (im folgenden: ZStA Potsdam), Alldeutscher Verband, Nr. 88, Bl. 6 (Erklärung von Claß auf der Sitzung des Geschäftsführenden Ausschusses in München, 19. 4. 1913).

lands am Krieg gegen die verbündeten Mächte Deutschland und Österreich-Ungarn provoziert. Zugleich erwies sich, daß die imperialistischen Mobilisierungsideologien Wirkung erzielt hatten. In den kriegführenden Ländern, aber ganz besonders in Deutschland, erhob sich eine Woge des Chauvinismus, die sogar die Arbeiterbewegung erfaßte. Schlagartig wurde deutlich, wie sehr der Opportunismus die II. Internationale zersetzt hatte.

Der Beschluß von 1907 in Stuttgart — 1912 in Basel feierlich erneuert —, mit aller Kraft gegen den Krieg zu kämpfen und ihn zum Sturz der für ihn verantwortlichen herrschenden Klassen auszunutzen, wurde von fast allen sozialdemokratischen Parteien Europas mit Füßen getreten. Der deutsche Kaiser konnte demagogisch verkünden: „Ich kenne keine Parteien mehr, kenne nur Deutsche." Die sozialdemokratische Parteiführung schloß mit der Reichsleitung das sogenannte Burgfriedensabkommen, in dem sie ausdrücklich auf Antikriegsaktionen verzichtete. Mehr noch: Die chauvinistische Mehrheit der sozialdemokratischen Reichstagsabgeordneten setzte die einstimmige Bewilligung der Kriegskredite im Reichstag durch. In allen am Krieg beteiligten Ländern wurde von den Opportunisten die verlogene Behauptung der herrschenden Klassen akzeptiert, man führe einen gerechten Verteidigungskrieg im Interesse der Nation.

Die Alldeutschen zeigten sich zwar vom Verhalten ihrer innenpolitischen Gegner irritiert, aber sie nutzten die Gunst der Stunde. Noch im September 1914 legte Claß eine Kriegszieldenkschrift vor, die all das konkretisierte, was er bereits 1912 in seinem Buch „Wenn ich der Kaiser wär'" für notwendig erklärt hatte. Außenpolitisch forderte er unter anderem: „Belgien ist und bleibt deutsch." Die französische Republik müsse so niedergeworfen werden, „daß sie nicht mehr aufstehen kann". Aus den zur Annexion vorgesehenen Gebieten nördlich der Maas und der Somme sei die Bevölkerung zu vertreiben. „Die Weltherrschaft" Englands müsse „beseitigt werden!" Das erfordere die Brechung seiner Seeherrschaft. „Rußland muß das Land, das es seit Peter dem Großen im Westen gewann, wieder verlieren." Die große Aufgabe laute, „den Osten deutsch zu machen". Hinzukommen sollten ein großes, zusammenhängendes Kolonialreich in Afrika und zahlreiche Marinestützpunkte in aller Welt.[109]

109 *Heinrich Claß*, Denkschrift betreffend die national-, wirtschafts- und sozialpolitischen Ziele des deutschen Volkes im gegenwärtigen Kriege. Als Handschrift gedruckt (ZStA Potsdam, Alldeutscher Verband, Nr. 197a, 633). Nach-

Spätestens jetzt wurde klar, daß das deutsche Monopolkapital den außenpolitischen Zielstellungen des Alldeutschen Verbandes zustimmte, die seine Expansionsinteressen widerspiegelten. Daß es schon lange vor dem Krieg eine enge Zusammenarbeit gegeben hatte, bewiesen die führende Rolle, die der Kohlenmagnat Emil Kirdorf in den Leitungsorganen des Alldeutschen Verbandes spielte, die Berufung des Verbandsgründers Alfred Hugenberg zum Vorsitzenden des Krupp-Direktoriums und die intensive alldeutsche Unterstützung der Mannesmann-Aktivitäten in Marokko. Mit Rücksicht auf die Öffentlichkeit war aber viel im verborgenen geblieben. Auf der Höhe der militärischen Erfolge zu Beginn des Krieges hielt man dergleichen Vorsichtsmaßnahmen nicht mehr für notwendig. Die Kriegszielforderungen einzelner Großindustrieller und der Unternehmerverbände sowie der großagrarischen Interessenvertretungen stimmten grundsätzlich mit der Septemberdenkschrift von Claß überein, wenn es auch im Detail Unterschiede gab.[110] Der Alldeutsche Verband erwies sich wirklich als ideologischer und programmatischer Generalstab des deutschen Imperialismus.

Das galt in zunehmendem Maße auch für bestimmte innenpolitische Zielvorstellungen. Dabei war es jedoch aus verschiedenen Gründen komplizierter, Übereinstimmung zu erreichen. Offensichtlich hatte sich Claß in der Beurteilung der rechten sozialdemokratischen Partei- und Gewerkschaftsführung getäuscht. Sein Urteil über Reichskanzler Bethmann Hollwegs Bereitschaft, imperialistische Politik zu treiben — „laßt alle Hoffnung fahren" —[111], hatte sich als falsch erwiesen. Vor allem aber begriff man in monopolkapitalistischen Kreisen, daß der Alldeutsche Verband keinen Massenrückhalt besaß.

druck unter dem Titel: *Heinrich Claß*, Zum deutschen Kriegsziel. Eine Flugschrift, München 1917; die gesamte Denkschrift ist abgedr. in: Europastrategien, S. 226ff. Die Zitate finden sich hier auf S. 237, 240, 245, 246, 256. Ein Auszug aus der Denkschrift mit Kartenbeilagen, die Aufschluß über die von Claß im Dezember 1914 gewünschte Grenzziehung im Westen und Osten gibt, findet sich in: Weltherrschaft im Visier. Dokumente zu den Europa- und Weltherrschaftsplänen des deutschen Imperialismus von der Jahrhundertwende bis Mai 1945. Hrsg. u. eingel. v. Wolfgang Schumann/Ludwig Nestler, Mitarb. Willibald Gutsche/Wolfgang Ruge, Berlin 1975, S. 92ff.

110 Vgl. dazu die Dokumente in: Europastrategien, S. 275ff.; Weltherrschaft im Visier, S. 95ff.; *Joachim Petzold*, Zu den Kriegszielen der deutschen Monopolkapitalisten im ersten Weltkrieg, in: Z. Gesch. wiss., 6/1960, S. 1396ff.

111 *Frymann*, Wenn ich der Kaiser wär', S. 18.

Der chauvinistische Rausch der ersten Kriegsmonate war bald verflogen. Erneut wurde deutlich, was Claß zwar trotzig, aber nicht gerade erfolgversprechend im Vorwort zur ersten Auflage seines „Kaiserbuchs" formuliert hatte: „Mag immerhin die Zustimmung der Massen mir versagt bleiben — ich folge der Pflicht und spreche meine Überzeugung aus; ich weiß, ich darf für den Augenblick auf Gehör, auf Wirkung nicht rechnen".[112]

Wie sollte, fragten sich nicht nur viele Großindustrielle, dann aber die insgeheim begrüßte Diktatur gesichert werden? Wie könnte man es sich erlauben, die von Claß als „Schrittmacher der Sozialdemokratie" bezeichneten bürgerlichen Parteien der Mitte „niederzukämpfen",[113] wenn schon der „Burgfrieden" mit der Sozialdemokratischen Partei und den Gewerkschaften sich als brüchig erwies? Die Antwort auf diese Fragen lautete noch ganz im Sinne der von Claß formulierten Losung des Alldeutschen Verbandes: *die „äußere Machtstellung des deutschen Volkes zu sichern und auszubauen, um seinem inneren Leben die unzerstörbaren Grundlagen zu geben*".[114] Das hieß, anders ausgedrückt: durch imperialistische Expansion die vom Monopolkapital geprägte kapitalistische Gesellschaftsordnung dauerhaft zu gestalten und vor revolutionären Veränderungen zu bewahren. Daß das eine Verstärkung des Masseneinflusses erforderte, begriff man sogar in den Führungsgremien des Alldeutschen Verbandes. Wie aber konnte das erreicht werden?

112 Ebenda, S. VII.
113 Ebenda, S. 192.
114 Ebenda, S. 188.

I. Kapitel

Die Entstehung der Naziideologie

Völlig neu war das Problem des Masseneinflusses für den Alldeutschen Verband nicht. Als Propagandaorganisation des deutschen Imperialismus hatte er sich von Anfang an um die Gewinnung von Anhängern und Sympathisanten bemüht. Sie wurden allerdings fast ausschließlich innerhalb der herrschenden Klassen gesucht. Auch war man sorgasam darauf bedacht, den Elitecharakter des Verbandes zu wahren. Gelegentliche Anträge, durch Senkung der Mitgliedsbeiträge oder ähnliche Maßnahmen an Zahl zu gewinnen, stießen bis zum ersten Weltkrieg stets auf Ablehnung.[1]

Mit Arbeiterorganisationen hatte der Alldeutsche Verband nur Kontakt, wenn sie nationalistischen Parolen folgten. Das war in Österreich-Ungarn der Fall, wo es seit 1904 eine Deutsche Arbeiterpartei gab, die zumindest zeitweilig aus dem „Wehrschatz" des Alldeutschen Verbandes gefördert wurde.[2] Dieser Spendenfonds sollte insbesondere dem „Deutschtum im Ausland" zugute kommen und

1 ZStA Potsdam, Alldeutscher Verband, Nr. 82 (Sitzung des Geschäftsführenden Ausschusses vom 9. 12. 1911 in Lübeck), Bl. 13 v. (Allgemeiner Einspruch gegen den Vorschlag der Kölner Ortsgruppe, zwecks größerer Volkstümlichkeit des Verbandes eine außerordentliche Mitgliedschaft einzuführen). Auf der Sitzung des Geschäftsführenden Ausschusses vom 17./18. 2. 1912 in Berlin wies Claß noch „besonders darauf hin, daß wir nach dem Wesen unseres Verbandes uns gar nicht an das Volk, sondern vielmehr an die Gebildeten wenden müssen" (ebenda, Nr. 83, Bl. 10 v.).

2 Ebenda, Nr. 88, Bl. 12/12 v. „Herr Knirsch erklärte, daß er als Nationalsozialist überall Zeugnis für den Alldeutschen Verband und seinen Vorsitzenden ablegen werde. Letzterer habe es ihm geradezu erst möglich gemacht, s. Zt. die nat(ional)soz(ialistische) Partei in Böhmen und Österreich zu schaffen und auszubauen." (Ebenda, Nr. 138, Bl. 1 — Sitzung des Geschäftsführenden Ausschusses am 26./27. 4. 1924 in Jena).

kulturpolitische Aktivitäten im Dienste des deutschen Expansionsstrebens finanzieren helfen.

Die Deutsche Arbeiterpartei in Österreich-Ungarn hatte ihr Hauptbetätigungsfeld in Nordböhmen und in Nordmähren. Sie stand unter dem ideologischen Einfluß des österreichischen Alldeutschen Georg von Schönerer, der zielbewußt eine deutschvölkische Bewegung im Habsburgerreich zu entwickeln suchte. Er fand dabei allerdings nicht immer den Beifall von Claß, der keine separatistischen Bestrebungen der Deutschösterreicher wünschte, sondern die österreichisch-ungarische Doppelmonarchie als einzigen zuverlässigen Bundesgenossen des deutschen Kaiserreichs erhalten sehen wollte.

In den Leitungsgremien des Alldeutschen Verbandes war die Beurteilung der Deutschen Arbeiterpartei noch aus anderen Gründen zwiespältig. Ihr politischer Repräsentant Hans Knirsch erwies sich zwar stets als zuverlässiges Werkzeug und konzentrierte sich auf die nationalistische Propaganda. Ihre Programmatiker und Theoretiker Alois Ciller und Rudolf Jung jedoch legten zugleich Wert darauf, als Sozialisten angesehen zu werden. Das hatte seine Gründe. Bei den Parteimitgliedern handelte es sich vornehmlich um deutsche Arbeiter und Handwerker, die ihre privilegierte Stellung gegenüber den tschechischen Arbeitern und Handwerkern behaupten wollten. Sie waren mit dem Argument angelockt worden, es gelte gegen die Lohndrückerei und für die Erhaltung der Arbeitsplätze zu kämpfen. Da sie aber ebenfalls der kapitalistischen Ausbeutung unterworfen waren und dem Einfluß der sozialdemokratischen Arbeiterbewegung entzogen werden sollten, kam man nicht umhin, der Deutschen Arbeiterpartei ein sozialistisches Mäntelchen umzuhängen.[3]

Für sozialistische Demagogie hatte jedoch der Alldeutsche Verband noch kein Verständnis. In seinem „Kaiserbuch" forderte Claß, daß alle „*im Dienste der sozialistischen Propaganda Stehenden*" ohne Umschweife aus dem Deutschen Reiche ausgewiesen werden müßten. Er ließ lediglich durchblicken, eine Arbeiterpartei, „die auf dem Boden des Staates, der Nation, der Monarchie ‚steht", könnte „unser öffentliches Leben . . . verdauen, vielleicht sogar ganz gut gebrauchen".[4] Er wußte schließlich, daß sich selbst in schwerindustriellen Kreisen die Stimmen mehrten, die für eine Zusammenarbeit

3 *Alois Ciller*, Vorläufer des Nationalsozialismus. Geschichte und Entwicklung der nationalen Arbeiterbewegung im deutschen Grenzland, Wien 1932, S. 135.
4 *Frymann*, Wenn ich der Kaiser wär', S. 66.

mit den sogenannten wirtschaftsfriedlichen, betont antimarxistischen Arbeitervertretungen votierten. Das war eine wesentliche Ursache, warum sich auch die alldeutschen Führungsgremien dieser Frage nicht mehr verschließen konnten.

Auf der Tagung des Geschäftsführenden Ausschusses vom 19. April 1913 in München lag ein Antrag des völkischen Publizisten Friedrich Lange — Herausgeber der alldeutsch orientierten „Deutschen Zeitung" und Vorstandsmitglied des von Krupp finanzierten Förderungsausschusses vaterländischer Arbeitervereine — zwecks Unterstützung der „nationalen Arbeiterbewegung" vor. Der Berichterstatter von der Hauptleitung des Alldeutschen Verbandes, Major Freiherr von Stössel, glaubte zwar „nicht an einen nachhaltigen Erfolg, da die Arbeiter doch nur für materielle Dinge Sinn" hätten. Er empfahl aber, auf Langes Vorschläge einzugehen, „um einen Einblick in die Bewegung zu bekommen". Der Hamburger Hafendirektor Winter, der weniger weltfremd urteilte als der Potsdamer Offizier, erklärte weitaus entschiedener: „Die Unterstützung solcher Organisationen, die im Frieden mit der Arbeitgeberschaft ihre Lage zu verbessern suchen, ist sehr zu empfehlen." Daß der Besitzer der Rheinisch-Westfälischen Zeitung in der Krupp-Stadt Essen, Theodor Reismann-Grone, zur Vorsicht mahnte, zeigte, wie umstritten diese Politik im Ruhrrevier noch war. Claß setzte jedoch als Verbandsvorsitzender durch, daß „keine Absage" erteilt werden dürfte, „wenn irgendeine Hoffnung bestehe, daß etwas Gutes" für die Absichten des Alldeutschen Verbandes herauskomme.[5]

Dieser Tagesordnungspunkt unter vielen sollte für die Zukunft große Bedeutung erlangen. Der Alldeutsche Verband bekundete durch einen offiziellen Beschluß sein Interesse an einer „nationalen Arbeiterbewegung". Von nun an beschäftigte deren Unterstützung und Förderung die alldeutschen Leitungsgremien immer wieder. Zunächst zeigte sich allerdings eine beträchtliche Hilflosigkeit im Umgang mit den „nationalen Arbeiterverbänden", die vor dem ersten Weltkrieg über fast 200000 Mitglieder — zumeist Handwerker und Vorarbeiter — verfügten. Lange, der sich damals dieser Aufgabe besonders widmete, wollte eine demonstrative Kundgebung am Denkmal Hermanns des Cheruskers im Teutoburger Wald durchführen, auf der die führenden Repräsentanten des Alldeutschen Verbandes, des Ostmarkenvereins und anderer imperialistischer Propagandaorganisatio-

5 ZStA Potsdam, Alldeutscher Verband, Nr. 88, Bl. 2.

nen gemeinsam mit Arbeitervertretern sprechen sollten. Der Plan ließ sich nicht verwirklichen. Es gab zu viele Hindernisse und Widerstände. Sogar der von einem starken Repräsentationsbedürfnis geleitete Lange hatte eingesehen, „daß der Arbeiter nur durch Seinesgleichen, der zum ‚Proletarier' verhetzte nur durch den zum bürgerlichen Bewußtsein wieder erwachten Arbeiter für Volk und Vaterland zurückgewonnen werden kann".[6]

Der chauvinistische Rausch zu Beginn des ersten Weltkrieges, dem sich auch die sozialdemokratische Parteiführung nicht entzog und der vorübergehend einen großen Teil der sozialdemokratischen Wählermassen verwirrte, gab denen im Alldeutschen Verband Oberwasser, die glaubten, allein mit nationalistischen Parolen bei der angestrebten Umerziehung der Arbeiterklasse auskommen und auf besondere Arbeiterorganisationen verzichten zu können. Doch je länger der Krieg dauerte, desto mehr erwies sich das als eine Illusion. Als der Alldeutsche Verband sein maßloses Kriegszielprogramm der Öffentlichkeit zur Kenntnis brachte und die Unternehmerverbände in diesem Sinne ihre Annexionsforderungen erhoben, war die Legende von der Verteidigung des Vaterlandes, die unter der Arbeiterschaft und den übrigen Volksschichten so viel Verwirrung gestiftet hatte, völlig fragwürdig geworden.

Der Gefahr, in der Öffentlichkeit isoliert zu werden und keinen Einfluß auf Arbeiterkreise ausüben zu können, wollte der Alldeutsche Verband mit allen Mitteln entgegenwirken. Mitte 1916 wurde das lobbyistische System der Kriegszieldenkschriften durch eine angeblich unabhängige Ausschußbewegung für einen „Deutschen Frieden" ergänzt. Dazu gehörte auch die Bildung spezieller „Arbeiterausschüsse". Da diese nicht wie der zentrale „Unabhängige Ausschuß für einen Deutschen Frieden" unter der Leitung von Professoren wie Dietrich Schäfer operieren konnten, suchte man nach geeigneten „Arbeitern". In Bremen gründete der offiziell als Schlosser ausgewiesene Wilhelm Wahl einen „Freien Ausschuß für einen Deutschen Arbeiterfrieden". Wahl war jedoch in Wirklichkeit Leiter eines „wirtschaftsfriedlichen", d. h. unternehmerfreundlichen Werkvereins auf der Kruppschen Großschiffwerft AG Weser und Vertrauens-

6 Ebenda, Nr. 89 (Sitzung des Geschäftsführenden Ausschusses in Berlin am 3. 7. 1913), Bl. 24—29 (Bericht Winters an Claß), bes. Bl. 42 (vertrauliches Lange-Memorandum).

mann der Obersten Heeresleitung.[7] Außerdem riefen die Verfechter einer bedingungslosen Kriegsführung bis zum völligen Siege zur Durchsetzung dieses Ziels die „Deutsche Vaterlands-Partei" ins Leben, die wiederum im März 1918 eine spezielle „Arbeiterabteilung" gründete.[8]

Beide Organisationen — der „Freie Ausschuß für einen Deutschen Arbeiterfrieden" und die „Deutsche Vaterlands-Partei" —, ideologisch gesteuert vom Alldeutschen Verband, wurden zu unmittelbaren Geburtshelfern der Nazibewegung. Ort der Handlung war die bayrische Landeshauptstadt München.[9] Hier hatte sich ein ganz eigentümliches Knäuel von politischen und sozialen Widersprüchen gebildet. Die Palette der Parteien, Verbände und Organisationen reichte vom rückständigsten bayrischen Partikularismus bis zum anarchistischen Linksradikalismus. In diesem Spannungsfeld wirkte das Mitglied des Geschäftsführenden Ausschusses des Alldeutschen Verbandes, der Verleger Julius Friedrich Lehmann. Er hatte sich vielfältige Verdienste um die alldeutsche Bewegung erworben. Von ihm war die Initiative zur Gründung des „Wehrschatzes" des Alldeutschen Verbandes ausgegangen, der bei der Finanzierung nationa-

7 Am 14. 6. 1917 schrieb Wahl an Schäfer: „Ich hoffe, daß wir mit unserem ‚Freien Ausschuß für einen Deutschen Arbeiterfrieden' Ihnen noch recht viel Freude machen können." (Zentrales Archiv der Akademie der Wissenschaften der DDR, Nachlaß Dietrich Schäfer, Bd.1/II, Bl. 68). Vgl. dazu *Karl-Heinz Schädlich.* Der „Unabhängige Ausschuß für einen Deutschen Frieden" als ein Zentrum der Annexionspropaganda des deutschen Imperialismus im ersten Weltkrieg, in: Politik im Krieg 1914—1918. Studien zur Politik der deutschen herrschenden Klassen im ersten Weltkrieg, Berlin 1964, S. 50ff. Schädlich wertete den Nachlaß Dietrich Schäfers im Archiv der Akademie der Wissenschaften der DDR aus. Auf ihn beruft sich auch *Stegmann*, Zwischen Repression und Manipulation, S. 381f. Die Beziehungen Wahls zur Obersten Heeresleitung werden im Nachlaß von Oberst Max Bauer, jetzt im Militärarchiv Freiburg, speziell in den Akten Nr. 13 u. 14 sichtbar.

8 Mitteilungen der Deutschen Vaterlands-Partei, Nr. 8, 14. 3. 1918. Zu den Aktivitäten der Deutschen Vaterlands-Partei wurde auf der Sitzung des engeren Ausschusses, dem selbstverständlich Claß angehörte, am 16. 10. 1917 bemerkt, „daß es im Interesse der Sache liege, wenn alles vermieden werde, was die Partei als eine andere Form des Alldeutschen Verbandes erscheinen lassen könnte" (Zentrales Archiv der Akademie der Wissenschaften der DDR, Nachlaß Dietrich Schäfer, Bd. 2, Bl. 15).

9 Vgl. dazu *Kurt Gossweiler*, Kapital, Reichswehr und NSDAP, Berlin 1982.

listischer Aktivitäten eine große Rolle spielte. Als finanzkräftiger und geschäftstüchtiger Eigentümer eines an sich auf medizinische Fachliteratur spezialisierten Verlages in München hatte er die direkte Möglichkeit, die meisten alldeutschen Propagandaschriften herauszubringen. Seit 1917 erschien bei ihm die Monatszeitschrift „Deutschlands Erneuerung", die richtungweisend wurde.

Lehmann, der weniger elitär als die meisten Alldeutschen eingestellt war, und sein Schriftleiter Erich Kühn, der auch als Propagandaredner in Massenversammlungen auftrat, hatten den Ratschlag Langes nicht vergessen, sich mehr um die nationalistischen Arbeiterorganisationen zu kümmern und dabei zu bedenken, „daß der Arbeiter nur durch Seinesgleichen" der Bourgeoisie zurückgewonnen werden könne. Das war auch die Überzeugung des aus Unternehmerkreisen stammenden Ingenieurs Paul Tafel, der in München das eng mit dem Alldeutschen Verband verknüpfte deutsch-völkische Lager repräsentierte und ebenfalls der Deutschen Vaterlands-Partei angehörte.

Die Deutschvölkischen hatten — wie schon ihr Name besagte — die spezielle Aufgabe übernommen, auf der Basis einer romantisierenden Volkstumsideologie und eines ausgeprägten antisemitischen Germanenkults unmittelbare Verbindungen zum „Volk" herzustellen. Ideologisch knüpften sie an alle an, die den Haß gegen das Judentum gepredigt hatten. Viel zitiert wurden Wilhelm Marr, der 1873 seine Schmähschrift „Der Sieg des Judenthums über das Germanenthum" veröffentlicht hatte, und Heinrich von Treitschke, von dem der Satz stammt: „Die Juden sind unser Unglück." Auch organisatorisch setzten die Deutschvölkischen fort, was die antisemitische Bewegung in der zweiten Hälfte des 19. Jahrhunderts begonnen hatte.

Der von ihnen praktizierte Radau-Antisemitismus paßte aber nicht völlig ins Konzept der herrschenden Kreise. Parolen wie „Gegen Juden und Junker" waren natürlich unerwünscht. Die haßerfüllten Angriffe auf jüdische Bankiers und Geschäftsleute, die zu den Geldgebern und Beratern des Kaisers und seiner Kanzler gehörten, und die offene Kritik an einer nicht „rassebewußten" Heiratspolitik der Fürstenhäuser stießen auf Ablehnung. So willkommen der demagogische Antisemitismus von Zeit zu Zeit war, so problematisch konnte er in den Augen der herrschenden Klassen werden, wenn er zum Selbstzweck tendierte und zur Losung eines Angriffs auf Profite und Privilegien wurde. Diese Zweischneidigkeit hatte die Deutschvölkischen ins Zwielicht gerückt.

Auch im Alldeutschen Verband gab es Fürsprecher und Gegner. Letztere stießen sich immer wieder an den Methoden zur Massenbeeinflussung und konnten ihre Abneigung gegen eine Massenmobilisierung an sich nur schwer überwinden. Insgesamt schätzte man zwar die antisemitischen Publikationen von Theodor Fritsch, der die deutschvölkische Programmzeitschrift „Der Hammer" herausgab, und lehnte die Zusammenarbeit mit einzelnen völkischen Propagandisten keineswegs ab, wollte aber jene Distanz gewahrt wissen, die gegenüber Dienstboten praktiziert wurde. Im gleichen Maße jedoch, wie sich der Alldeutsche Verband mit der Verstärkung des eigenen Masseneinflusses befaßte, stieg das Interesse an geeigneten Multiplikatoren zwecks Verbreitung alldeutscher Forderungen, wuchs die Zahl derer, die sich in der Verbandsführung für eine enge Zusammenarbeit mit den deutschvölkischen Organisationen aussprachen und eine regelrechte Strategie des Zusammenspiels entwickelten.

Bezeichnend ist dafür ein Brief, den der Verbandsvorsitzende Claß an den Ruhrindustriellen Kirdorf am 2. Juni 1914 — also noch vor dem Ausbruch des ersten Weltkrieges — richtete. Darin wird in aller Klarheit jene Konzeption entwickelt, die schließlich auch zur Gründung und Unterstützung der vom deutschvölkischen Geist geprägten Nazipartei führte. Claß ging von dem „wichtige[n] und großzügige[n] Unternehmen der Bekämpfung der Demokratisierung unseres Volkes" aus. Das war das Hauptanliegen. Die „ganze Arbeit ist als eine solche hinter den Kulissen gedacht". Damit wurde eine prinzipielle, nie aufgegebene Methode umrissen. Claß informierte Kirdorf, daß man bei der „Zusammenfassung der Kräfte" Erfolge erzielen konnte, „die man noch vor einem Jahr nicht für möglich gehalten hätte". Er spielte offensichtlich auf die Vereinigung der beiden wichtigsten antisemitischen Parteien zu einer „Deutschvölkischen Partei" an, die am 22. März 1914 erfolgt war und demnach vom Alldeutschen Verband betrieben wurde.[10] „Dieses neue und wichtige Unternehmen soll mit dem Namen des Alldeutschen Verbandes gar nicht belastet und auf eigene Füße gestellt werden." Unerläßliche „Voraussetzung"

10 Vgl. dazu die einschlägigen Artikel von *Dieter Fricke* in: Die bürgerlichen Parteien in Deutschland. Zur Rolle Tafels vgl. die Akten über den Deutschvölkischen Schutz- und Trutz-Bund in: ZStA Potsdam, Alldeutscher Verband, Nr. 252—256. Weitere Angaben aus: *Georg Franz-Willing*, Die Hitlerbewegung. Bd. 1: Der Ursprung 1919—1922, Hamburg 1962; *Werner Maser*, Die Frühgeschichte der NSDAP. Hitlers Weg bis 1924, Frankfurt a. M. 1965.

wäre dabei „die Bereitstellung der Mittel". Der alldeutsche Verbandsführer wußte genau, daß alle derartigen Bestrebungen nur durch großzügige finanzielle Unterstützungen am Leben erhalten und zur Aktion gebracht werden konnten. „Wir sind dabei, die geldlichen Unterlagen für dieses neue völkische Unternehmen zu sichern."[11]

Mit dem Ausbruch der durch den ersten Weltkrieg ausgelösten allgemeinen Krise des Kapitalismus gewann die neue Strategie des Alldeutschen Verbandes immer mehr an Bedeutung. Je größer die Gefahr wurde, daß aus dem erhofften Sieg eine systembedrohende Niederlage werden und sich eine revolutionäre Situation herausbilden konnte, desto wichtiger erwies sich die Notwendigkeit einer Massenbeeinflussung, desto stärker trat das Bedürfnis der herrschenden Kreise nach einem „Sündenbock" und einem „Blitzableiter" in Erscheinung. Die Antisemiten hatten dafür probate Rezepturen anzubieten. Obwohl gerade die „arischen" Schwerindustriellen am Rüstungsgeschäft das meiste Geld verdienten, galt der „jüdische" Kriegsgewinnler dank ihrer Propaganda in weiten Volkskreisen als eigentlicher Nutznießer des Völkermords. Es kennzeichnet die Infamie der Judenhetze, daß im gleichen Atemzug diejenigen Revolutionäre jüdischer Abstammung, die gegen den Krieg in den Reihen der Arbeiterbewegung kämpften, auch als Volksschädlinge diffamiert wurden. Diese doppelte Brauchbarkeit des Antisemitismus machte ihn selbst für jene Gruppen der herrschenden Klassen interessant, die bisher einer pauschalen Verurteilung des Judentums ablehnend gegenübergestanden hatten.

Die Alldeutschen — auf der Suche nach mehr Masseneinfluß — und die Deutschvölkischen — der Selbstisolierung müde — rückten noch enger zusammen und operierten in zunehmendem Maße gemeinsam. Um wirksam unter den Arbeitern alldeutsche und deutschvölkische Propaganda treiben zu können, hatte man schon 1917 in München Ausschau nach einem Arbeiter gehalten, der dazu bereit war. Er wurde in dem Werkzeugausgeber Anton Drexler gefunden, der in den Münchner Eisenbahnhauptwerkstätten arbeitete. Drexler, der sich nach eigener Aussage schon lange mit den Angehörigen so-

11 ZStA Potsdam, Alldeutscher Verband, Nr. 395, Bl. 44—46 (Durchschlag); BA Koblenz, Nachlaß Hugenberg, Nr. 10, Bl. 261—263 (Abschrift). Vgl. dazu *George L. Mosse*, Ein Volk — Ein Reich — Ein Führer. Die völkischen Ursprünge des Nationalsozialismus, Königstein/Ts 1979 (die amerikanische Originalausgabe erschien allerdings schon 1964).

zialdemokratischer Arbeiterorganisationen überworfen und als höhergestellter Arbeiter auf bürgerliche Zielvorstellungen eingestellt hatte, trat an die Deutsche Vaterlands-Partei heran, um einen annexionistischen Aufruf drucken zu lassen. Er wurde mit offenen Armen empfangen, blieb aber nur drei Monate Parteimitglied. Er mußte erkennen, daß er in dieser Funktion bei den Arbeitern in den Münchner Eisenbahnhauptwerkstätten überhaupt nichts ausrichten konnte. „Soviel ich mich", lautete sein eigenes Eingeständnis, „meinen Kollegen gegenüber gegen den Vorwurf verwahrte, ich fördere kapitalistische Interessen, es half alles nichts, ich war in ihren Augen entweder der ‚Verdummte' oder der ‚Bezahlte'."[12]

Man hielt es deshalb in den Kreisen der Münchner Ortsgruppe der Deutschen Vaterlands-Partei für angebracht, Drexler scheinbar ganz selbständig operieren zu lassen. Die Betreuung übernahm jedoch Paul Tafel. Er sorgte dafür, daß Drexler nicht mehr, wie dieser selbst naiverweise eingestand, *„überall ins Dunkle"* tappte. Die erste Bewährungsprobe kam im Januar 1918. Angesichts der Versuche des deutschen Imperialismus, das sowjetische Friedensangebot zur Durchsetzung eines räuberischen Siegfriedens auszunutzen, traten mehr als eine Million Metallarbeiter in den Streik. Auch München wurde von dieser Streikbewegung erfaßt. Von Drexler erwarteten die Alldeutschen eine Gegenaktion. Er hatte in der „München-Augsburger Abendzeitung" einen Artikel zum Thema „Das Versagen der proletarischen Internationale und über das Scheitern der Verbrüderungsidee" veröffentlicht, in dem zum „Durchhalten" aufgefordert wurde. Daraufhin ließ man ihn noch einen Aufruf publizieren, in dem es kategorisch hieß, „Streiken ist Wahnsinn". Die Arbeiter sollten mit dem Argument vom Kampf abgehalten werden, ihre französischen und englischen Klassengenossen würden das nur ausnützen, denn im Ringen um den Frieden gebe es keinen proletarischen Internationalismus, hier helfe nur der militärische Sieg.

Das Ergebnis dieser Propagandaaktion war eine große Enttäuschung für Drexler und seine Hintermänner. Die klassenbewußten Münchner Arbeiter distanzierten sich scharf von derartigen Behauptungen. Drexler geriet selbst bei seinen unmittelbaren Arbeitskollegen in immer größere Isolierung. Obwohl ihm von seinen alldeutschen Mentoren gestattet wurde, die „rücksichtslose Bestrafung der Kriegs-

12 *Anton Drexler*, Mein politisches Erwachen. Aus dem Tagebuch eines deutschen sozialistischen Arbeiters, München 1919, S. 13.

wucherer" und „eine gerechtere Verteilung der Lebensmittel" zu fordern, also der allgemeinen Arbeiterstimmung entgegenzukommen, trugen ihm seine Aufrufe in den Eisenbahnhauptwerkstätten „Drohungen, ja Anspucken" ein. Von jungen Arbeitern wurde ihm zum Spott ein Holzkreuz errichtet, auf dem die Worte standen: „Gestorben den Hungertod fürs Vaterland". Unter diesen Umständen suchte Drexler beim Bremer „Freien Ausschuß für einen Deutschen Arbeiterfrieden" Rückhalt, der dank der alldeutschen und vaterlandsparteilichen Schützenhilfe und des „Hauptausschusses nationaler Arbeiterverbände" sich rasch ausdehnen und schließlich sogar eine Reichskonferenz durchführen konnte.[13]

Drexler erklärte sich bereit, in München einen Ortsausschuß unter dem Namen „Freier Arbeiterausschuß für einen guten Frieden" zu gründen. Am 7. März 1918 wurde ein entsprechender Beschluß gefaßt. Der anschließend verbreitete Aufruf zeigt deutlich, daß Drexler und seine Hintermänner, gewitzt durch schlechte Erfahrungen, ein weitaus höheres Maß an Demagogie als bisher für notwendig hielten. Scheinbar wurde ein brutaler Gewaltfrieden abgelehnt und ein guter Frieden ohne Verzicht auf Elsaß-Lothringen gefordert. Der Siegeswille der Arbeiterschaft und der Bayern überhaupt könne allerdings erst dann wieder gehoben werden, wenn — so hieß es in der Veröffentlichung — die „Hemmungen des Durchhaltens" durch „entsprechende Schritte bei den Behörden" beseitigt würden und dem schamlosen „Treiben der Kriegswucherer und Schleichhändler" das Handwerk gelegt werde.[14]

Diese demagogische Propagandaform hatte mehr Erfolg. Drexler vermochte etwa 40 Mitglieder für seinen Ausschuß zu gewinnen. Der Gründerkern bestand vornehmlich aus Arbeitskollegen, die er in den Eisenbahnhauptwerkstätten selbst geworben hatte. Das war sicher für seine alldeutschen Mentoren sehr lehrreich. Sie hatten bei ihren Bemühungen, endlich in Arbeiterkreisen Fuß zu fassen, die wichtige Erfahrung machen müssen, daß das durch eine rein alldeutsche Propaganda nicht möglich war. Es mußte ein gehöriger Schuß sozialer Demagogie, möglichst getragen von persönlicher Überzeugung, hinzukommen. Vor allem war es unumgänglich, an die Tages- und die Lebensinteressen der Arbeiter anzuknüpfen. Auf jeden Fall hatte sich der alte Rat von Lange als richtig erwiesen, daß zum Arbeiter „durch

13 Ebenda, S. 12, 18f.

14 *Maser*, Frühgeschichte, S. 143f.

Seinesgleichen" gesprochen werden müsse. Zu offenkundige Schöpfungen des Alldeutschen Verbandes und der Deutschen Vaterlands-Partei hatten keine Erfolgschancen. Daran krankte von vornherein die „Deutsche Arbeiter- und Angestellten-Partei" (DAAP). Sie wurde 1918 von Wilhelm Gellert geschaffen, der selbst ein Angestellter des Kalisyndikats in Berlin war und sich einen Gründungsausschuß aus Leuten seines Schlages zusammengesucht hatte. Sie vermochte aber keine Anziehungskraft zu entfalten und blieb nur als symptomatischer Beweis für derartige Bemühungen interessant.[15]

Drexler ist demgegenüber nie müde geworden, den Arbeiter herauszukehren, *„der noch am Schraubstock steht — und stehen bleibt"*.[16] Er wollte jedoch mit dem eigentlichen Proletariat nichts zu tun haben, fühlte sich als Werkzeugausgeber selbst zum Mittelstand gehörig und war auf die Gewinnung der gelernten und ansässigen Arbeiter aus, die sich als Handwerker verstanden. Das war genau die Zielgruppe, an die der Alldeutsche Verband schon vor 1914 gedacht hatte. Der klassenbewußte Kern der Arbeiterklasse, das Industrieproletariat, galt mit Recht als unerreichbar. Er sollte aber mit Hilfe der entstehenden Nazibewegung isoliert werden. Schon die Auswahl der jeweiligen Führer beweist, über welche Arbeiterschichten der angestrebte Ein-

15 *Stegmann*, Zwischen Repression und Manipulation, S. 392ff. Zur Deutschen Arbeiter- und Angestellten-Partei Gellerts vgl. BA Koblenz, NS 26, Nr. 829, unfol. Die Absicht, direkten Einfluß auf die Arbeiterklasse zu gewinnen, läßt sich in vielfältiger Form nachweisen. So wurde Ludwig Roselius von der Kaffee Haag AG Bremen von einem Hofrat Horst Weber vorgeschlagen, eine „reine Arbeiterzeitschrift" herauszugeben: „Ich glaube, daß das Projekt eine große Beachtung der Industrie finden sollte, denn ich kann mir kaum ein besseres Beeinflussungsmittel als dieses denken, wenn es gelingt, es so zu gestalten, daß die Arbeiterschaft durchaus dazu Vertrauen gewinnt, und es als ihre ureigenste Schöpfung betrachtet ... Das, was alsdann zweckmäßig in dem für die Industrie notwendigen Sinne als beeinflussendes Element hinzuzukommen hat, dürfte ja durch meine Persönliche Leitung gewährleistet sein . . . Das Kapital müßte infolgedessen von den Kreisen aufgebracht werden, die an einer derartigen Beeinflussung ein besonderes Interesse haben. Ich glaube, am zweckmäßigsten würde aus den Propagandafonds geschöpft, die ja in den meisten Verbänden für solche Zwecke vorhanden sind." (BA Koblenz, Nachlaß Hugenberg, Nr. 26, Bl. 212—213).

16 *Drexler*, Mein politisches Erwachen, S. 17. Vgl. dazu auch *Führer befiehl ...* Selbstzeugnisse aus der „Kampfzeit" der NSDAP. Dokumentation und Analyse. Hrsg. Albrecht Tyrell, Düsseldorf 1969, S. 20ff.

bruch in die Reihen der Arbeiterklasse für möglich gehalten wurde. Unerläßlich war dafür ein noch nicht ausgeprägtes oder verschüttetes Klassenbewußtsein. Doch selbst politisch zurückgebliebene Arbeitergruppen hatten grundsätzliche Vorbehalte gegen die kapitalistische Ausbeutung und strebten instinktiv zum Sozialismus.

Dem Alldeutschen Verband ist daher der Umgang mit Arbeiterorganisationen sichtlich schwergefallen. Als über die Vorschläge von Lange im Geschäftsführenden Ausschuß diskutiert wurde, hatte nicht nur der Essener Zeitungsbesitzer Reismann-Grone zur Vorsicht gemahnt, auch Direktor Winter, der ansonsten für die umstrittene Problematik großes Verständnis zeigte, war in einem Brief an Claß besorgt auf die Frage zu sprechen gekommen, ob nicht schon der Kontakt zu den christlichen Gewerkschaften gefährlich werden könne. Es sei schließlich nicht sicher, daß bei einer derartigen Zusammenarbeit die zwischen den Klassenfronten schwankenden „gelben" Arbeiterorganisationen von den eindeutig rechts orientierten „nationalen" befruchtet würden; „es kann auch anders kommen".[17] Für den Alldeutschen Verband als elitäre Interessenvertretung der herrschenden Klassen waren Arbeiterorganisationen eben heiße Eisen.

Die politische Entwicklung am Ende des ersten Weltkrieges zwang jedoch alle Parteien und Verbände der Bourgeoisie und der Großgrundbesitzer, ihre Einstellung zur Arbeiterbewegung zu überprüfen und nach Auswegen aus der höchst kritisch gewordenen Lage zu suchen. Es war nicht mehr zu übersehen, daß das kapitalistische Gesellschaftssystem zumindest in den Verliererstaaten in eine schwere Krise geriet und daß monarchistische und offen arbeiterfeindliche Herrschaftsformen abgewirtschaftet hatten. In Rußland vermochte die proletarische Revolution zu siegen und sich trotz deutscher Intervention zu behaupten. Im Herbst 1918 mußte die militärische Führung des deutschen Kaiserreichs eingestehen, daß der Krieg verloren war.

Unter diesen Umständen hatte auch die alldeutsche Siegfriedens-Propaganda unter den Arbeitern keinen Sinn mehr. Die Wahlsche Arbeiterausschußbewegung verschwand ebenso sang- und klanglos von der politischen Bildfläche wie die Deutsche Vaterlands-Partei. Allerdings verabschiedete man sich mit den bezeichnenden Worten: „Was wir jetzt liquidieren, ist bloß unsere Firma . . ., aber der Geist . . .

17 ZStA Potsdam, Alldeutscher Verband, Nr. 89, Bl. 27 (Winter an Claß, 23. 6. 1913).

muß bestehen bleiben."[18] Für den Alldeutschen Verband waren der militärische und der politische Zusammenbruch des Kaiserreichs eine Katastrophe, die nur noch durch den Sieg einer sozialistischen Revolution übertroffen werden konnte. Selbst namhafte Mitglieder und führende Vertreter beeilten sich, das vermeintlich sinkende, zumindest aber in schärfstes Kreuzfeuer geratene Schiff des Alldeutschen Verbandes zu verlassen. Auf der Sitzung des Geschäftsführenden Ausschusses am 19. und 20. Oktober 1918 in Berlin wurde jedoch keine Konkursbilanz gezogen, sondern die Parole zu neuen Anstrengungen bei der Verwirklichung alter Ziele ausgegeben. Dabei ließ man notgedrungen auch traditionelle Einwände gegen allzu demagogische Kampfmethoden fallen.

General August Keim, der die Wehrverbände vertrat, erklärte grundsätzlich, „es ist zu mancher Zeit angebracht, den Löwenschwanz einzuziehen und den Fuchsschwanz herauszustecken". Verleger Lehmann appellierte an die Zahlungsbereitschaft der Mitglieder und der Hintermänner des Alldeutschen Verbandes: „Ich habe in meinem engsten Bekanntenkreise bereits 40000 Mark gesammelt und glaube, bald 100000 zusammen zu haben, ich bitte, es überall so zu machen, damit wir die Mittel zur nationalen Propaganda erhalten. Ein jeder Kaufmann weiß, daß es jetzt um Sein oder Nichtsein geht und daß er sonst $^3/_4$ seines Eigentums verliert." Claß verwies darauf, daß im Verband nunmehr weitgehende Einmütigkeit darüber herrsche, systematisch und hemmungslos antisemitische Propaganda zu betreiben. Selbst Emil Kirdorf, der geradezu ein Judenfreund gewesen sei, zumindest aber pauschale Angriffe auf die Juden nicht billigte, habe seine Meinung geändert. Er — Claß — sei „ganz damit einverstanden", daß, wie bereits vorgeschlagen, die Judenfrage nicht nur wissenschaftlich-politisch, sondern auch praktisch demagogisch behandelt würde: „Ich werde vor keinem Mittel zurückschrecken und mich in dieser Hinsicht an den Ausspruch Heinrich von Kleist's, der auf die Franzosen gemünzt war, halten: ‚Schlagt sie tot, das Weltgericht fragt Euch nach den Gründen nicht'." Justizrat Stolte kam es vor allem auf das „Wie" an: „Ich bin derselben Ansicht, daß es nicht darauf ankommt, die Gebildeten zu gewinnen, sondern darauf, die Massen einzufangen. Über das ‚Wie' möchte ich folgendes sagen: Wir müssen Mittel und

18 So Dr. Schiele auf der Liquidationssitzung des Reichsausschusses der Deutschen Vaterlands-Partei am 10. 12. 1918 (BA Koblenz, Nachlaß Gottfried Traub, Nr. 48, Bl. 15).

Wege zu schaffen [wissen], um an das Volk heranzukommen. Wir müssen in ihre Versammlungen gehen und selbst welche veranstalten. Eine Unzahl von Agitatoren muß in den Gewerkschaften arbeiten und wir müssen auch [auf] die Straße gehen".[19]

Diese ungeheuerlichen und zugleich richtungweisenden Absichtserklärungen bestimmten die Politik des Alldeutschen Verbandes in der revolutionären Nachkriegskrise und machten ihn nicht nur zum Ideenspender, sondern auch zum Wegbereiter der Nazibewegung. Da man in der Öffentlichkeit zu diskreditiert war und angesichts der

19 ZStA Potsdam, Alldeutscher Verband, Nr. 121, Bl. 22, 40 v., 44, 44 v., 45 v., 46 (Sitzung des Geschäftsführenden Ausschusses in Berlin am 19./20. 10. 1918). Es wird nach der ursprünglichen Mitschrift zitiert, da Claß seine Äußerungen später redigiert hat. Daß der Claßsche Antisemitismus vor letzten Konsequenzen nicht zurückschreckte, geht auch aus den Gokschen Lebenserinnerungen hervor: „Zum Schluß" eines Gesprächs am 20. 6. 1920 „fragte er mich, warum ich bei meinen politischen Anschauungen nicht schon längst Mitglied des Alldeutschen Verbandes sei. Ich erwiderte, wir hätten im Deutschen Reich schon Juden genug und brauchten deshalb die Wiener Juden nicht auch noch dazu, die bei einem Anschluß von Österreich an das Reich hereinkommen würden. Ich hätte deshalb die auf den Anschluß Österreichs gerichteten Bestrebungen des Alldeutschen Verbands mit Abneigung betrachtet, so sehr ich sonst mit den Zielen des Verbandes einverstanden sei. Darauf erwiderte mir Claß: ‚Da haben Sie nicht weit genug gedacht. Wenn nämlich die Gedanken des Alldeutschen Verbandes sich soweit durchsetzen, daß es zu einem Anschluß Österreichs an das Reich kommt, dann werden wir auch Mittel und Wege finden, um die Juden einschließlich der Wiener Juden unschädlich zu machen.' Womit er natürlich recht hatte. Ich bin dann sofort dem Alldeutschen Verband als Mitglied beigetreten, wurde nach kurzer Zeit in den Geschäftsführenden Ausschuß des Verbands und schließlich auch in die Hauptleitung berufen und habe dem Verband bis zu seiner Auflösung am 12. März 1939 angehört." (BA Koblenz, Nachlaß Carl Friedrich Gok, Nr. 1, S. 287). General v. Gebsattel hatte schon am 20. 10. 1918 an Claß geschrieben: „Wir sind vor der Geschichte entschuldigt, denn mit uns haben die maßgebenden Männer im Heer geirrt und wir sind irregeführt worden durch die sanguinischen aber falschen Anschauungen und Erwartungen der Marine. Aber die Tatsache bleibt bestehen, daß unsere Politik falsch orientiert war! Was nun? Mein Gewährsmann teilt vollkommen meine Ansicht, daß das allerwichtigste jetzt die 2 Punkte sind, die ich dem Ausschuß zur Erwägung empfohlen habe: Abfindung mit der politischen Neugestaltung Deutschlands, trotzdem aber Zusammenfassung aller *Konservativen* — also wirklich fortschrittlichen Elemente für die demnächstigen Wahlen und *Beginn des Kampfes gegen das Judentum auf der ganzen Linie u[nd] mit aller Macht*." (ZStA Potsdam, Alldeutscher Verband, Nr. 357, Bl. 171).

ausbrechenden Revolution nicht einmal mehr zu Leitungssitzungen zusammenzutreten wagte, wurde das Schwergewicht der politischen Arbeit in die deutschvölkischen Organisationen verlagert. Sie hatten ohnehin größere Erfahrungen bei der Anwendung demagogischer Kampfmethoden und verfügten bereits über eine gewisse kleinbürgerliche Massenbasis. Der Antisemit Theodor Fritsch, der noch aus der Stoecker-Bewegung stammte und einstmals die Deutsch-Soziale Partei mitbegründet hatte, also mit dem vertraut war, was sich der Alldeutsche Verband erst aneignen mußte, mahnte schon am 18. Oktober 1918 dessen Hauptgeschäftsführer, Leopold Baron von Vietinghoff-Scheel, „beizeiten auf die Erneuerung der Männer bedacht zu sein", die die politischen Zügel in die Hand nehmen könnten, „wenn das Chaos hereinbricht". Es wäre jedoch zweckmäßig, „dabei das *Alldeutsche* nicht zu sehr in den Vordergrund treten zu lassen". Er habe schon lange auf die kommenden Gefahren hingewiesen und sei zu Unrecht Pessimist gescholten worden: „Die Entwicklung ist viel schlimmer und rascher gekommen, als ich sie an die Wand malte."[20]

In München, wo nach dem Urteil Lehmanns bereits vor der Novemberrevolution auf die Deutsche Vaterlands-Partei kein Verlaß mehr war,[21] versuchte man, nach diesen Ratschlägen zu verfahren. Für einige Monate trat eine auf den ersten Blick wenig geeignete Figur in den Vordergrund und — wie sich rückschauend erkennen läßt — damit an die Wiege der Nazibewegung. Es handelte sich um Rudolf Freiherr von Sebottendorff.[22] Er soll ursprünglich Erwin Torre oder auch Glauer geheißen haben, hatte sich aber angeblich im Orient von einem Adligen adoptieren lassen. Möglicherweise war das bereits eine Lüge des offensichtlichen Hochstaplers, der sich geschäftlich und vielleicht sogar geheimdienstlich in der Türkei betätigt und nach seiner Rückkehr nach Deutschland dem 1912 gegründeten deutschvölkischen Germanenorden angeschlossen hatte.[23]

20 ZStA Potsdam, Alldeutscher Verband, Nr. 121, Bl. 6/7.

21 Ebenda, Bl. 47.

22 Vgl. dazu *Rudolf von Sebottendorff*, Bevor Hitler kam, München 1933. Dieses Buch wurde von den Nazis sofort unterdrückt.

23 Den Namen Erwin Torre erwähnt *Maser*, Frühgeschichte, S. 146f. Johannes Hering, der nach Sebottendorff Vorsitzender der „Thule" war, behauptet dagegen, daß Sebottendorff der Sohn des Lokomotivführers Glauer aus Schlesien gewesen und durch eine Heirat zu Vermögen gekommen sei (BA Koblenz, NS 26, Nr. 865 — Thule-Gesellschaft — Bl. 1). Rudolf von Sebottendorff soll während des Balkankrieges 1912/13 als Leiter des türkischen Roten Halb-

Diese Geheimgesellschaft arbeitete nach Art der Freimaurerlogen. Ihr obskurer Charakter und die spätere Distanzierung Hitlers von derartigen völkischen Organisationen haben dazu geführt, daß ihr Anteil an der Herausbildung der Nazibewegung lange im Dunkeln blieb oder gar als bedeutungslos abgetan wurde. Da sich vieles in strenger Verschwiegenheit abspielte und die Ordensmitglieder unter „germanischen" Tarnnamen auftraten, ist es auch schwer, ihren tatsächlichen Einfluß abzuschätzen. Selbst wenn man die unmittelbare politische Wirkung für geringer hält als die der alldeutschen Mentoren Drexlers und später Hitlers, so bleiben doch politische Zielsetzung und ideologische Konzeption bemerkenswert. Sie beweisen, wieviel bereits am Vorabend und zu Beginn des ersten Weltkrieges von dem vorbereitet war, was später die Nazis für sich in Anspruch nahmen.

In der Satzung des am 20. Februar 1912 gegründeten Germanenordens Walvater hieß es ganz allgemein, man wolle die germanische Rasse und Art pflegen. Ausdrücklich wurden geordnete wirtschaftliche Verhältnisse und eine rein germanische Abstammung zur Voraussetzung für die Aufnahme in den Orden gemacht.[24] Diese erfolgte nach dem Ritual der Freimaurerlogen. In einer Anleitung für die Ausbreitung des Germanenordens in Franken aus dem Jahre 1915 wurde die Auffassung der Gauloge Dresden zitiert: „Der G[ermanen] O[rden] ist kein Geselligkeitsverein, sondern ein Kampfbund ernster Männer nach militärischem Muster, in welchem Manneszucht, Gehorsam in Gestalt freiwilliger Unterordnung gegen die Leiter, Tatkraft, Opferfreudigkeit und Verschwiegenheit von jedem O[rdens] Br[uder] gefordert werden müssen." Außerdem beschrieb man die Zielstellung genauer: „Der G[ermanen] O[rden] vereinigt in seinen Reihen Männer, die in ihrer Meinung schon fertig sind und alle nur den Wunsch haben, den schädlichen fremdvölkischen Einfluß der Ju-

monds eine maßgebliche Rolle gespielt haben, unter der Betreuung eines jüdischen Kaufmanns namens Termudi zum Meister des Rosenkreuz-Ordens avanciert und 1917 mit viel Geld aus unbekannten Quellen nach Deutschland zurückgekehrt sein (*Maser*, Frühgeschichte, S. 146f.). Gewisse Schlüsse lassen sich aus dem Fortsetzungsroman „Ein deutscher Kaufmann in der Türkei" ziehen, den Sebottendorff unter dem Pseudonym Erwin Haller im Münchner Beobachter und Sportblatt, 1918, ab Nr. 14, veröffentlichte.

24 BA Koblenz, NS 26, Nr. 851 (Germanenorden Walvater — Waelsungen — Germanengilde), bzw. ZStA Potsdam, Film 4105.

den möglichst zurückzudrängen." Als wirksamstes Mittel wurde die Propaganda genannt: „Keine Unterhaltung soll stattfinden, in der nicht dem Partner eine Aufklärung in unserem Sinn geworden ist, keine Straßenbahn darf benützt werden, ohne daß nicht eine aufklärende Bemerkung gefallen wäre." Insbesondere sollten die Landpresse und die Kreiszeitungen, die sich keinen Redaktionsstab leisten konnten, durch Artikeleinsendungen, Leserzuschriften und Bücherbesprechungen im antisemitischen Sinne bearbeitet werden. Außerdem wollte man sich gegenseitig wirtschaftlich unterstützen und in bestimmte Stellungen lancieren.[25]

Die gleichen Ziele wie der Germanenorden verfolgte der Wälsungenorden. Beide gebrauchten in ihren Publikationen schon die späteren Symbole der Nazibewegung: das Hakenkreuz, die SS-Runen sowie Grußformeln wie „Heil und Sieg". Es mag sein, daß die Ordensmitglieder, die „deutschvölkischen Wanderscholaren", wie sie Hitler verächtlich nannte,[26] oftmals lächerlich wirkten und persönlich kaum hervortraten. Aber die erwähnte Arbeitsanleitung der Gauloge Franken verglich die Ordenstätigkeit nicht zu Unrecht mit der einer Gärtnerei oder einer Baumschule. Es wurden Samen gelegt und Sprößlinge gesetzt, die sich zur Nazibewegung entwickelten. Die Resonanz, die Hitler mit seinen Symbolen und Parolen binnen kurzer Zeit fand, erklärt sich nicht zuletzt aus dem Wirken der deutschvölkischen Wegbereiter.

Ihre Bedeutung wird in München faßbar. Sebottendorff war dem Germanenorden beigetreten und übernahm die Leitung der Ordensprovinz Bayern. Da er zunächst über beträchtliche Geldmittel verfügte, konnte er eine rege organisatorische und propagandistische Tätigkeit entfalten. Durch Presseanzeigen sammelte er Anhänger,

25 BA Koblenz, NS 26, Nr. 852 (Germanenorden), bzw. ZStA Potsdam, Film 4105.

26 *Adolf Hitler*, Mein Kampf, 6. Aufl., München 1930, S. 395f. Die 6. Auflage wird zitiert, weil sie erstmalig beide Teile von „Mein Kampf" in einer „Volksausgabe" vereinigte, die im großen und ganzen für alle folgenden Auflagen verbindlich blieb, von denen schließlich fast zehn Mill. Exemplare verbreitet wurden. Im Verlaufe der Zeit kam es zu rund drei Dutzend sachlichen Änderungen, aber zu mehr als 2500 stilistischen Korrekturen. Sie wurden von *Hermann Hammer* (Die deutschen Ausgaben von Hitlers „Mein Kampf", in: Vierteljahrsh. Zeitgesch., 2/1956, S. 161ff.) ermittelt und von *Maser* (Hitlers Mein Kampf, S. 37ff.) durch Beispiele erläutert.

für die er die „Allgemeinen Ordens-Nachrichten“ und die Zeitschrift „Runen“ herausgab. Dabei verwandte auch er das Hakenkreuz und das spätere SS-Zeichen. Sebottendorff kaufte im Sommer 1918 den „Münchner Beobachter“, gab ihm zur Tarnung den Charakter eines Sportblattes, ließ darin Aufrufe des Alldeutschen Verbandes publizieren und machte ihn zur Zeitung der im Entstehen begriffenen Nazibewegung. Später wurde der Name in „Völkischer Beobachter“ umgewandelt. Schließlich mietete er Räume des Münchner Hotels „Vier Jahreszeiten“, die zu Versammlungen genutzt werden konnten und allen reaktionären und völkischen Organisationen Münchens zur Verfügung standen.

Sebottendorff, der seine Münchner Ordensorganisation geheimnisvoll nach dem sagenhaften Zufluchtsort der Germanen „Thule“ nannte und zu einem konterrevolutionären Zentrum ausbaute, legte großes Gewicht auf die ideologische Schulung ihrer schon vor der Novemberrevolution fast 1000 Mitglieder.[27] Im Vordergrund stand — entsprechend der Zielstellung des Germanenordens — eine intensive antisemitische Propaganda. Bei Sebottendorff reduzierte sich alles — die Mängel der Kriegführung, die Ernährungsschwierigkeiten, der verlorene Krieg und schließlich der Ausbruch der Revolution — auf das Wirken von Juden. Das war auch die Methode, mit der die alldeutschen Verbandsmitglieder, von denen einige schon lange im Germanenorden vertreten waren,[28] entsprechend der Weisung von Claß die massenpropagandistische Arbeit betreiben sollten.

Von dieser Warte aus konnte den Bestrebungen Anton Drexlers ein neuer Inhalt gegeben werden. Als dieser im Oktober 1918 eine öffentliche Veranstaltung durchführte, in der nochmals für einen „guten“ Frieden Propaganda gemacht werden sollte, schickte Sebottendorff den Sportjournalisten Karl Harrer zur Beobachtung des Unternehmens. Ziel war die Umwandlung des Drexlerschen Arbeitsausschusses in eine politische Arbeiterpartei. Harrer, der persönlich mehr im geheimen nach dem Vorbild der „Thule“ wirken wollte, vereinbarte mit Drexler zunächst die Bildung eines politischen Arbeiterzirkels, in dem er vor allem antisemitische Propaganda betrieb. Dadurch wurde bewirkt, daß Drexler seine an sich bewährte Kritik an Schiebern und Spekulanten noch mehr mit antisemitischen Akzenten versehen

27 BA Koblenz, NS 26, Nr. 865 (Thule-Gesellschaft), unfol.
28 BA Koblenz, NS 26, Nr. 851, unfol.

und den „arischen" Kriegsgewinnlern annehmbarer machen konnte.[29]

Um die Jahreswende 1918/19 erschien in der Nr. 15 der Sebottendorffschen „Allgemeinen Ordens-Nachrichten" ein Aufruf des Germanenordens „An das Deutsche Volk", in dem die Gründung einer „Deutsch-Sozialistischen Partei" gefordert wurde, die sowohl „deutschvölkisch" als auch „sozialistisch" sein sollte.[30] Sein Verfasser war der Ingenieur und Fabrikdirektor Alfred Brunner. Aus dessen Nachlaß wird ersichtlich, daß er angesichts der militärischen Niederlage im ersten Weltkrieg und der sich ankündigenden revolutionären Krise zu der Meinung gelangte, „Judas Ischarioth" sei zum wiederholten Male der „Verderber und Verräter Deutschlands" gewesen. Zuvor hatte Brunner bereits seine Bedenken gegen den „Überkapitalismus und die damit zusammenhängende Überindustrialisierung" formuliert: „Deutschland wird, wenn die Bewegung so weitergeht, in ein paar Jahren nur noch eine einzige Fabrik, nur ein Warenhaus sein, mit ausgestorbenen Dörfern, aber prächtigen Herrensitzen."[31] Er brachte damit die im sogenannten Mittelstand, der sich von der monopolkapitalistischen Entwicklung überrollt sah, weitverbreiteten Besorgnisse zum Ausdruck.

Inmitten des Zusammenbruchs und der Revolution von 1918 wirkte Brunners Grundsatz, „jede völkische Erneuerung hat bei der wirtschaftlichen anzufangen"[32] und das Ziel müsse ein „Sozialismus auf völkischer Grundlage" sein,[33] wie ein Ausweg aus hoffnungsloser Lage. Dergleichen hatte man im Geschäftsführenden Ausschuß des Alldeutschen Verbandes nie erwogen. Das höchste, zu dem sich Claß bisher durchringen konnte, war die im Januar 1918 gebrauchte Formulierung, er und seine Anhänger seien „Sozialmonarchisten".[34] Offensichtlich war man aber in den völkischen Führungskreisen zu dem Schluß gekommen, daß angesichts der völlig veränderten poli-

29 Vgl. dazu *Weißbecker*, Nationalsozialistische Deutsche Arbeiterpartei (NSDAP), in: Die bürgerlichen Parteien in Deutschland. Über Harrers und Drexlers Tätigkeit bis zum Auftreten Hitlers gibt auch der Film FA 88 im Institut für Zeitgeschichte, München, Aufschluß.

30 *Sebottendorff*, Bevor Hitler kam, S. 171 (Fotokopie S. 205).

31 BA Koblenz, NS 26, Nr. 1371 (Nachlaß Direktor Alfred Brunner), unfol.

32 Ebenda.

33 Allgemeine Ordens-Nachrichten, Nr. 15, Aufruf an das Deutsche Volk (abgedr. in: *Sebottendorff*, Bevor Hitler kam).

34 BA Koblenz, NS 26, Nr. 821 (Alldeutscher Verband, Justizrat Claß), unfol.

tischen Situation nur noch mittels sozialistischer Demagogie Masseneinfluß zu erreichen war. Auch einige Alldeutsche wie der Verleger Lehmann, der in der „Thule"-Gesellschaft eine sehr aktive Rolle spielte,[35] begannen sich mit diesem Gedanken anzufreunden. Immerhin hatte der Generaldirektor der Maschinenfabrik Augsburg-Nürnberg (MAN), Dr. Anton von Rieppel, am 30. Oktober 1918 an den stellvertretenden Vorsitzenden des Alldeutschen Verbandes, Konstantin Freiherr von Gebsattel, geschrieben: „Das Volk hört jetzt nur noch die sozialistischen Führer. Alle Aufrufe von Professoren, Rittergutsbesitzern, Industriellen und Offizieren verpuffen spurlos oder können höchstens Schaden anrichten, wenn in ihnen alldeutsche, schwerindustrielle, konservative oder reaktionäre Ziele vermutet werden."[36]

Man konnte schließlich nicht ignorieren, daß das Wort „Sozialismus" während der Novemberrevolution in aller Munde war. Die kleinbürgerlichen Grenzschichten der Arbeiterklasse, über die der politische Einbruch in die Reihen des Proletariats erzielt werden sollte, hätten sich offen antisozialistischen Parolen verschlossen. Unter dem Eindruck der Kriegserfahrungen und des schamlosen Treibens der großkapitalistischen Kriegsgewinnler begann sich auch das Kleinbürgertum mit der Idee des Sozialismus zu befreunden. Der bürgerliche Mittelstand, der vor dem Ruin stand, sah sich in seinen Vorbehalten gegen den „Großkapitalismus" bestätigt. Die meisten bürgerlichen Intellektuellen, die derartige Stimmungen reflektierten und verstärkten, fanden sozialistische Zukunftsvorstellungen sympathisch. Allerdings war das, was man in diesen Kreisen unter Sozialismus verstand, höchst wirr und hatte mitunter nur dem Namen nach etwas mit einer wirklichen Umgestaltung der gesellschaftlichen Verhältnisse zu tun.

Das nutzten geschickte Interessenvertreter der Monopolkapitalisten und Großgrundbesitzer, die inzwischen immer mehr zu einer herrschenden Klasse verschmolzen waren, aus. Die im Krieg forcierte staatsmonopolistische Entwicklung, die bereits die rechten sozialdemokratischen Führer als Sozialismus in Aktion gepriesen hatten, wurde als Sozialisierung bezeichnet und durch spezielle Sozialisierungskommissionen, in denen Großindustrielle wie Walther Rathenau mitwirkten, unter diesem irreführenden Etikett gefördert. Diese

35 Ebenda, Nr. 865 (Thule-Gesellschaft), unfol.
36 ZStA Potsdam, Nachlaß Gebsattel, Bd. 5, Bl. 328.

Möglichkeit sollte sogar von ausschlaggebender Bedeutung dafür werden, daß das Monopolkapital sich bereit fand, die faschistische Sozialismusdemagogie zu akzeptieren.

An sich war es natürlich ein ausgesprochenes Krisensymptom, daß die kapitalistische Gesellschaftsordnung mit scheinsozialistischen Parolen verteidigt werden mußte. Aber der Stuttgarter Elektroindustrielle Robert Bosch — persönlich kein Freund der Faschisten — brachte schon am Vorabend der Novemberrevolution eine in monopolkapitalistischen Kreisen weitverbreitete Auffassung zum Ausdruck. In einem Brief vom 24. Oktober 1918 an Staatssekretär Conrad Haußmann trat er für das „Öffnen großer weiter Sicherheitsventile" ein. Er schrieb beschwörend, daß man sich nur so „vor einer Katastrophe bewahren" könne; denn „je weiter wir nach links gehen, desto eher werden wir Eindruck machen und eine Katastrophe ablenken können". Was die Wahl der Mittel betraf, hatte selbst dieser Anhänger eines bürgerlichen Liberalismus keine Bedenken: „. . . wenn das Haus brennt, löscht man auch schließlich mit Jauche, auf die Gefahr hin, daß es nachher in dem Hause eine Weile nachstinkt."[37]

Vor diesem Hintergrund konnte während der revolutionären Nachkriegskrise eine große Anzahl von Reform- und Rettungsvorschlägen entwickelt und popularisiert werden. Die meisten verschwanden nach kurzer Zeit wieder von der politischen Bühne. Einige aber wurden aufgegriffen. Zu ihnen gehörte der Aufruf in den Sebottendorffschen „Allgemeinen Ordens-Nachrichten", eine Deutsch-Sozialistische Partei zu gründen. Brunner hatte besonders geschickt an populäre Losungen und Schlagworte der Zeit angeknüpft. So war von einem „freien Volksstaat" die Rede, „in dem Kapitalismus und Judentum überwunden sind". Unter den zehn Forderungen fallen besonders der Anspruch auf „eigene Scholle", das Prinzip „Gemeinnutz geht vor Eigennutz" und der Kampf gegen das angeblich „aus dem Orient stammende Zinssklaventum" auf. Auch andere Programmpunkte nahmen bereits viel von dem vorweg, was später im Parteiprogramm der NSDAP zu finden war. Selbst die Hauptforderung der österreichischen Deutschen Arbeiterpartei, die sich seit dem Frühjahr 1918 beispielgebend „Deutsche Nationalsozialistische Ar-

37 Hauptstaatsarchiv Stuttgart, Nachlaß Haußmann, Büschel 18, unfol. (abgedr. in: Dokumente zur deutschen Geschichte 1917—1919. Hrsg. Wolfgang Ruge/ Wolfgang Schumann, Bearb. Joachim Petzold/Dagmar Zink, Berlin 1975, S. 53, Dokument 36).

beiterpartei" nannte, vergaß Brunner nicht. Ausdrücklich war vom „Schutz dem Deutschen Arbeiter gegen ausländische Arbeitskräfte" die Rede, „die die Löhne und Lebenshaltung des deutschen Arbeiters herabdrücken".

Um die „kapitalschwachen Schichten des Volkes, also die Arbeiter, Beamten, Handlungsgehilfen, Kleingewerbler und Bauern, die Lehrer, Siedler, Techniker" in eine „Deutsch-Sozialistische Partei" zu locken, wurde ihnen das Idealbild einer harmonischen Gesellschaftsordnung vorgegaukelt: „Nicht wollen wir reicher und reicher werden an Geld und irdischem Luxus, der nur einem Kleinteil zugute kommt, sondern wir wollen reich sein an zufriedenen, kräftigen, ihr sicheres Auskommen habenden und auf eigener Scholle lebenden Menschen... An Stelle der Wenigen, die immer mehr Schätze sammelten, und der Vielen, die sich ihr Leben lang durchquälen mußten, würde eine gleichmäßigere Verteilung aller Lebensgüter treten; wie Überreichtum, Protzentum und Luxus verschwinden würden, so wären auch Armut und Arbeitslosigkeit verbannt, Ehrlichkeit und Biederkeit würden Schein, Trug und Gerissenheit in den Hintergrund drängen. Unsere hochgetriebenen Bodenpreise, die steigenden Mieten, der immer teuerer werdende Lebensunterhalt, alles die selbstverständlichen Folgen der Interessenwirtschaft, würden von selbst sinken, das Nationalvermögen sich richtig und gerecht verteilen und sich nicht, wie bisher, in den Händen der Skrupellosen zusammenballen. Unser ganzes Leben würde sich vereinfachen, verbilligern und verschönern; an Stelle der Hast, der Aufregung und der ewigen Sorgen würden wieder Ruhe, Zufriedenheit und Stetigkeit in die Herzen des schwergeprüften Deutschen Volkes einziehen."[38]

Dieser Sirenengesang von einer heilen Welt, die romantischen Vorstellungen von der Vergangenheit entsprach, war ganz auf den von Krieg und Inflation schwer erschütterten Mittelstand und das Kleinbürgertum in Stadt und Land abgestimmt. Er sprach aber auch die aus diesen Schichten stammenden oder in sie strebenden Arbeiter an. Auf jeden Fall trug er maßgeblich dazu bei, daß die völkisch-sozialistische Demagogie eine so große Anziehungskraft zu entfalten vermochte und das von ihr abgeleitete Schlagwort vom Nationalsozialismus so populär wurde. Wer wollte nicht in dieser harmonischen Welt leben, die Brunner in so rosigen Farben zeichnete und so anziehend vom grauen Elend der Zeit abhob? Wer fand schließlich das ideal, was

38 Allgemeine Ordens-Nachrichten, Nr. 15, Aufruf an das Deutsche Volk.

die in der Novemberrevolution an die Regierung gekommenen rechten Sozialdemokraten als Auftakt zum Sozialismus bezeichneten und mit den irreführenden Worten umschrieben: „Der Sozialismus marschiert"?

Illusion und Enttäuschung erleichterten es den Deutschvölkischen gleichermaßen, ihr eigentliches Hauptanliegen — das von Brunner als Kampf gegen den „falschen Judensozialismus" bezeichnet wurde — zu verfolgen. Darunter verstand man den von Marx und Engels begründeten wissenschaftlichen Sozialismus, um dessen Verwirklichung die revolutionäre Arbeiterbewegung in Deutschland kämpfte und den die Bolschewiki in Rußland unter größten Schwierigkeiten zu realisieren begannen. Darin bestand die alte Hauptaufgabe, die sich der Alldeutsche Verband gestellt und um derentwillen man einstmals den „Reichsverband gegen die Sozialdemokratie" gegründet hatte.

Der politische Hauptgegner war jedoch ein anderer geworden. Die herrschende Klasse und mit ihr die alldeutschen und die deutschvölkischen Führer registrierten sehr wohl, daß sich die Sozialdemokratische Partei von Marx und Engels gelöst hatte und daß der Marxismus in dem weiterlebte, was die Bolschewiki unter Führung Lenins verwirklichten und was die aus der Spartakusgruppe hervorgegangene Kommunistische Partei Deutschlands anstrebte. Der faschistische Antimarxismus war daher politisch in erster Linie Antikommunismus. Das bedeutete natürlich nicht, der Kampf gegen den Sozialdemokratismus sei nur ein Scheingefecht gewesen. Abgesehen davon, daß die Masse der Faschisten die vor sich gegangenen Veränderungen nicht immer zu erkennen vermochte und noch dazu durch die Existenz einer Unabhängigen Sozialdemokratischen Partei irritiert wurde, stand dem Faschismus alles im Wege, was dem Gedanken der Demokratie anhing. Außerdem waren die Fragwürdigkeiten sozialdemokratischer Politik, die Widersprüche zwischen sozialistischen Bekenntnissen und prokapitalistischen Handlungsweisen, die sich nicht zuletzt in einer Kette von Bestechungsskandalen und das Volk bedrückenden Regierungsmaßnahmen äußerten, eine lohnende Zielscheibe faschistischer Kritik. Sie erleichterten es, den von Brunner in Übereinstimmung mit den Deutschvölkischen und den Alldeutschen geforderten Kampf gegen den „falschen Judensozialismus" zu führen und den Boden für einen „Nationalsozialismus" zu ebnen, der in Wahrheit nur das bedrohte kapitalistische Gesellschaftssystem erhalten und die sozialistischen Veränderungen in der Welt rückgängig machen sollte.

Der Plan Brunners, eine Deutsch-Sozialistische Partei zu gründen, konnten von ihm erst im April 1920 verwirklicht werden. Harrer, Drexler und der Lokomotivführer Michael Lotter kamen jedoch schon Anfang Januar 1919 überein, die von Sebottendorff gewünschte und in der „Thule“ beratene Parteibildung durchzuführen. Man trommelte etwa 25 Eisenbahner aus den Hauptwerkstätten zusammen und gründete am 5. Januar in Abwesenheit Harrers, der mehr im geheimen wirken wollte, die Deutsche Arbeiterpartei. Name und Programm der neuen Organisation wurden weitgehend von Drexler geprägt, der sich offensichtlich noch nicht zur Verwendung der Bezeichnung sozialistisch im Parteinamen entschließen konnte, wie es Brunner empfohlen und die österreichische Deutsche Arbeiterpartei bereits vor Jahresfrist praktiziert hatte.

Drexler lebte weiterhin in der Vorstellungswelt der sogenannten nationalen Arbeitnehmerverbände, deren Führer und Mitglieder sich ausdrücklich vom Proletariat abgrenzten, ihre Privilegien als Vorarbeiter betonten oder ihre handwerklichen Traditionen zu wahren suchten. Deshalb hieß es auch im Parteiprogramm: „Die DAP will die Adelung des deutschen Arbeiters. Die gelernten und ansässigen Arbeiter haben ein Recht, zu dem Mittelstand gerechnet zu werden. Zwischen Arbeiter und Proletarier soll ein scharfer Trennungsstrich gezogen werden.“ Ausdrücklich sprach sich Drexler gegen den Klassenkampf aus: „Das Großkapital ist als Brot- und Arbeitgeber zu schätzen, sofern nicht rücksichtsloseste Ausbeutung des Arbeiters diesem ein menschenwürdiges Dasein unmöglich macht. Die DAP sieht in der Sozialisierung des deutschen Wirtschaftslebens einen Zusammenbruch der deutschen Volkswirtschaft . . . Darum darf es nicht Sozialisierung, sondern die Gewinnbeteiligung für den deutschen Arbeiter heißen.“ Damit diese sicher den Alldeutschen genehmen, aber damals wenig populären Erklärungen nicht ungehört verhallten, fügte Drexler eingedenk seiner im Vorjahre gemachten Erfahrungen hinzu: „Die DAP kämpft mit aller Kraft gegen Wucherer und Preistreiberei. Gegen alle diejenigen, die keine Werte schaffen, die ohne jegliche geistige und körperliche Arbeit hohe Gewinne machen.“[39]

Genauso wie die Programmatiker der „Deutschen Nationalsozialistischen Arbeiterpartei“ in der inzwischen gegründeten Tschechoslo-

39 *Maser*, Frühgeschichte, S. 150. Die neue Organisation sollte ausdrücklich eine „Partei aller Schaffenden“ sein und bot durch diese Definition den alldeutschen Mentoren und interessierten Unternehmern die Möglichkeit einer Mitgliedschaft (BA Koblenz, NS 26, Nr. 111, unfol.).

wakischen Republik, Ciller und Jung, hatte also auch Drexler die Verteidigung und die Erweiterung von Privilegien für bestimmte Arbeiterkategorien im Auge. Während aber in Böhmen und Mähren die Grenzlinie zwischen Arbeitern verschiedener Nationalitäten gezogen wurde und sich die dortigen Nazis unter pseudosozialistischen und für die europäische Vorherrschaftspolitik des deutschen Monopolkapitals brauchbaren Parolen gegen die tschechischen Proletarier wandten, war Drexler darauf bedacht, Leute seinesgleichen, also Handwerker, Vorarbeiter, Werkzeugausgeber, Lokomotivführer usw., hoch über die ungelernten Arbeiter zu stellen. In seinem handschriftlichen Programmentwurf findet sich der aufschlußreiche Passus: „Eine Hauptaufgabe sieht die Partei in der Hebung des Handwerkes. Dem Fähigsten auch die größere Verdienstmöglichkeit, sei hier Richtschnur. Der gelernte Arbeiter soll sich nicht als Proletarier fühlen, sondern als ein, dem Mittelstand gleichgestellter, Staatsbürger. Keine . . . [unleserliches Wort] Versklavung des Arbeiters durch Vernichtung des Mittelstandes, sondern Vergrößerung und Festigung des Mittelstandes auf Kosten des Großkapitalismus."[40]

Da nicht vorauszusehen war, welche Organisationsform sich für die neuen Aufgaben als die geeignetste erwies und dem Vereinsgesetz entsprochen werden sollte, wurde außer der Deutschen Arbeiterpartei noch ein Deutscher Arbeiterverein gegründet. Den Reichsvorsitz erhielt Harrer. Seine Stellvertretung und die Münchner Ortsgruppe übernahm Drexler. Daß es sich dabei ganz eindeutig um ein Unternehmen der „Thule"-Gesellschaft handelte, ging schon aus dem Sitz dieser neuen „Reichsorganisation" hervor. Es waren die Räume des Hotels „Vier Jahreszeiten", die Sebottendorff für seine Geheimorganisation und ihre Gründungen angemietet hatte. Zur Sicherheit förderte dieser noch eine weitere Parteischöpfung. Hans Georg Grassinger hatte die Anregung in den „Allgemeinen Ordens-Nachrichten" aufgegriffen und seinerseits eine Deutsch-Sozialistische Partei ins Leben gerufen. Ihr überließ Sebottendorff den „Münchner Beobachter".

Alle diese Organisationen verfügten zunächst nur über wenige Mitglieder und spielten im politischen Leben der bayrischen Landeshauptstadt eine geringe Rolle. Das Hauptbetätigungsfeld der „Thule" und ihrer alldeutsch-deutschvölkischen Hintermänner war im ersten Halbjahr 1919 die Organisation der Konterrevolution und die unmittelbare antikommunistische Propaganda. Nach der Ermordung des

40 *Maser*, Frühgeschichte, S. 143f.

bayrischen Ministerpräsidenten Kurt Eisner durch Anton Graf Arco hatten die beiden sozialdemokratischen Parteien — SPD und USPD — gemeinsam mit den in München sehr einflußreichen anarchistischen Kräften eine Räterepublik proklamiert. Das erwies sich jedoch als eine grobe Irreführung der vom Rätegedanken begeisterten Volksmassen. Es wurden keinerlei Maßnahmen getroffen, die eine sozialistische Entwicklung eingeleitet und die Verteidigung Münchens ermöglicht hätten.

Die „Thule" konnte ungehindert ihre konterrevolutionären Aktivitäten entfalten und alles zum Sturz der Scheinräterepublik vorbereiten. Sebottendorff stellte das berüchtigte Freikorps Oberland auf. Selbst im engsten Kreise seiner Gesinnungsgenossen rätselte man darüber, woher er dafür das Geld nahm. Der spätere Vorsitzende der „Thule"-Gesellschaft, Johannes Hering, schrieb 1939 rückblickend: „Erstaunlich war es immer, wie er die Leute zusammenbekam, ebenso bekam er in jenen geldarmen Zeiten die Mittel zusammen, konnte aber mehrere Male keine Rechenschaft über Einnahmen und Ausgaben ablegen."[41]

Obwohl keine direkten Hinweise auf Sebottendorffs geheime Geldquellen vorliegen, sei darauf hingewiesen, daß bisher so gut wie nichts über die detaillierte Verwendung der Gelder bekannt wurde, über die Oberst Walter Nicolai als Leiter des ehemaligen militärischen Geheimdienstes, Generalleutnant Hans von Haeften als Chef verschiedener Propagandastellen und vor allem Alexander Ringleb als Verwalter des „Antibolschewistenfonds" des deutschen Monopolkapitals verfügten. Außerdem gab es gerade in der revolutionären Nachkriegskrise zahlreiche Geschäftsleute, die — wie der Verleger Lehmann vor dem Geschäftsführenden Ausschuß des Alldeutschen Verbandes demonstrierte — wußten, „daß es jetzt um Sein oder Nichtsein geht"[42], und ebenso großzügig wie unter dem Siegel strengster Verschwiegenheit konterrevolutionäre Aktivitäten finanzierten. Alle suchten begierig nach Personen, die bereit waren, „die Sache in die Hand" zu nehmen.[43] Sebottendorff war offensichtlich eine davon. „Wer Hülfe brauchte", so erinnerte sich Hering, „kam zur Thulegesellschaft."[44]

41 BA Koblenz, NS 26, Nr. 865, unfol. (Johannes Hering: Beiträge zur Geschichte der Thule-Gesellschaft, S. 2).

42 ZStA Potsdam, Alldeutscher Verband, Nr. 121, Bl. 40 v.

43 *Eduard Stadtler*, Als Antibolschewist 1918/19, Düsseldorf (1935), S. 12f.

44 BA Koblenz, NS 26, Nr. 865, unfol. (Hering, S. 10).

Diese Hilfe war insbesondere im Frühjahr 1919 vonnöten, als die Kommunisten unter Führung von Eugen Leviné dem dringenden Ersuchen Münchner Arbeiter und Soldaten entsprachen und an die Spitze der Münchner Räterepublik traten, deren Proklamation gegen ihren Willen erfolgt war, weil sie, auf sich allein gestellt, keine Erfolgschancen hatte. Die Kommunisten versuchten zu retten, was noch zu retten war, und ergriffen eine Reihe revolutionärer Maßnahmen. Die Maitage von 1919, die die Arbeiterklasse in München für kurze Zeit an der Macht sahen, hinterließen trotz des schließlichen Sieges der Konterrevolution tiefe Spuren. Das Proletariat hatte in der Praxis gesehen, wie sich eine sozialistische Entwicklung gestalten würde. Das Kleinbürger- und -bauerntum war einerseits erschreckt und verunsichert, andererseits beeindruckt und nicht ohne Sympathie. Der Bourgeoisie wurde in aller Deutlichkeit das mögliche Ende ihrer Klassenherrschaft bewußt. Sie fühlte sich gerade noch einmal davongekommen. Jedes Mittel war ihr recht, damit sich dergleichen nicht noch einmal wiederholte. Der weiße Terror wütete in München. Die von der „Thule“ geschaffenen Freikorpsbanden veranstalteten regelrechte Mordorgien. Doch auch die Staatsorgane beteiligten sich daran. Viele Revolutionäre, unter ihnen Eugen Leviné, wurden standrechtlich erschossen.

Die Idee des Sozialismus ließ sich jedoch nicht in Blut ersticken. Das begriff selbst die äußerste Reaktion. Der Terror allein reichte auch ihr nicht aus. Er wurde zielstrebiger denn je durch die Demagogie ergänzt. In dieser Kombination lag ein charakteristischer Wesenszug des sich nunmehr formierenden Nazifaschismus. Er erweckte den Eindruck, als ob er die wahre sozialistische Bewegung verkörpere. Zu diesem Zweck mißbrauchte er sogar proletarische Kampflosungen.

Das theoretische Grundmodell dafür hatte in München der 1883 geborene Ingenieur Gottfried Feder geschaffen. Er, der von Hitler in „Mein Kampf“ als der große und fundamentale Theoretiker der Nazibewegung gerühmt wurde,[45] übte vor dem ersten Weltkrieg eine leitende Funktion in der Industrie aus. Er scheiterte jedoch als Unternehmer wie als Erfinder. Offensichtlich hatte er dabei persönlich schlechte Erfahrungen mit dem Bankkapital gemacht, denn sein ganzer Haß richtete sich von nun an gegen die von den Geldverleihern ausgeübte „Zinsknechtschaft“. Eine diesbezügliche Denkschrift vom November 1918 erregte in der „Thule“ große Aufmerksamkeit und

45 *Hitler*, Mein Kampf, S. 229 f.

wurde als brauchbare Propagandawaffe der „nationalsozialistischen“ Bewegung erkannt. Feder, der selbst betonte, daß bei ihm „eigentliche sozialistische Gedankengänge in keiner Weise mitsprachen“,[46] entwickelte sich zu einem der eifrigsten Propagandaredner auf den zahlreichen deutschvölkischen Veranstaltungen in der bayrischen Landeshauptstadt. Er verarbeitete seine ideologische Konzeption und politische Argumentation zu einer Broschüre, die 1919 in dem späteren Hauptverlag der NSDAP Franz Eher unter dem Titel „Das Manifest zu Brechung der Zinsknechtschaft des Geldes“ erschien.

Feder wandte sich in erster Linie an das von Schulden und Inflation bedrückte Kleinbürgertum und den sogenannten gehobenen Arbeiterstand. Er nutzte aus, daß die hohen Zinsen wirklich eine Geißel der kleinen Geschäftsleute, Handwerker, Bauern und auch der in den „Mittelstand“ strebenden Arbeiter war. Seine Eingangsthese lautete: „Der *Mammonismus* ist die schwere, alles erfassende und überwuchernde Krankheit, an der unsere heutige Kulturwelt, ja die ganze Menschheit, leidet ... *Die Hauptkraftquelle des Mammonismus ist der mühe- und endlose Güterzufluß, der durch den Zins geschaffen wird.*“[47]

Als „einziges Heilmittel, das Radikalmittel zur Gesundung der leidenden Menschheit“, empfahl Feder die „Brechung der Zinsknechtschaft des Geldes“. Wenn die sozialen Mißstände überwunden werden sollten, müsse der Hebel beim Leihkapital angesetzt werden. Das war an sich kein neuer Gedanke. Er wurde schon im 19. Jahrhundert von konservativen und großagrarischen Kritikern des Kapitalismus diskutiert. 1908 hatte der alldeutsche, mit der Landwirtschaft verbundene Nationalkökonom Gustav Ruhland in seinem „System der politischen Ökonomie“ die „Zinsknechtschaft“ zur Ursache allen sozialen Elends erklärt.[48] Claß widersprach in seinem „Kaiserbuch“ einer derartigen Argumentation nicht. Er bemühte sich lediglich, sie nicht zu einer generellen Kritik am Kapitalismus werden zu lassen.[49]

46 *Gottfried Feder*, Der Kampf gegen die Hochfinanz, München 1933, S. 11ff. (Artikel „Innere Geschichte der Zinsknechtschaft“, in Völkischer Beobachter, Nr. 72, 1920).

47 *Derselbe*, Das Manifest zur Brechung der Zinsknechtschaft des Geldes, Diessen vor München 1919, S. 5.

48 *Gustav Ruhland*, System der politischen Ökonomie, Bd. 3: Krankheitslehre des sozialen Volkskörpers, Berlin 1908.

49 *Frymann*, Wenn ich der Kaiser wär', S. 58ff.

Diese Absicht lag auch Feder fern. Er erklärte ausdrücklich, nicht das Kapital schlechthin sei verderblich. Das Industriekapital schaffe vielmehr Arbeitsplätze und gewähre militärischen Schutz. So schließe der Name Krupp für jeden Deutschen den „Höhepunkt unserer industriellen Entwicklung“ ein: „Für Hunderttausende unserer Volksgenossen bedeutete das Kruppsche Unternehmen Brot und Arbeit. Für unser Volk Wehr und Waffen.“[50] Deshalb sei dieses Industriekapital zu schützen und zu fördern. Die Macht des Leihkapitals aber müsse gebrochen werden; dann könne man auch an die Aufhebung aller direkten und indirekten Steuern denken, weil diese ohnehin in die Taschen der großen Geldverleiher flössen.

Die Federschen Vorschläge zur Neuordnung der Wirtschaft und der Staatsfinanzen konnten in keiner Weise ernst genommen werden. Goebbels soll sie später einmal ebenso zynisch wie verächtlich mit den Worten kommentiert haben: Die Brechung der Zinsknechtschaft könne kein Ziel der Nazibewegung sein, „brechen müsse höchstens der, der diesen Federschen Unsinn lese“.[51] Der zinspflichtige Kredit gehört schließlich untrennbar zur kapitalistischen Produktionsweise. Wichtig blieb allein, daß sich so eine erstaunliche propagandistische Wirkung erzielen ließ, denn die Federsche Parole von der „Brechung der Zinsknechtschaft“ wurde von den faschistischen Gruppen begierig aufgegriffen und von großen Teilen der Mittelschichten zustimmend akzeptiert. Ihre Verwirklichung schien für den in höchste Bedrängnis geratenen und verzweifelt nach einem Ausweg aus seinen wirtschaftlichen Schwierigkeiten suchenden Kleinbürger die erhoffte Rettung zu bringen und sein Privateigentum an Produktionsmitteln zu wahren. Daß Feder dabei notgedrungen einige Interessen des von Zinsen lebenden Rentier-Mittelstandes unberücksichtigt lassen mußte, fiel politisch wenig ins Gewicht. Diese Bevölkerungsschicht kam ohnehin schon zahlenmäßig als Massenbasis der faschistischen Bewegung nicht in Betracht. Er selbst ist ihr zum Ausgleich durch die Forderung entgegengekommen, die durch die Inflation entwerteten Zahlungsmittel und Kriegsanleihen müßten aufgewertet werden.[52] Goebbels hat ihn deshalb als „Aufwertungskaktus“ verspottet.[53]

50 *Feder*, Manifest, S. 16.

51 *Konrad Heiden*, Geburt des Dritten Reiches. Die Geschichte des Nationalsozialismus bis Herbst 1933, 2. Aufl., Zürich 1934, S. 38.

52 *Gottfried Feder*, Der Staatsbankerott, die Rettung, Diessen vor München 1919; *derselbe*, Die Aufwertung, Berlin (um 1924).

53 *Fest*, Hitler, S. 331.

Den Großindustriellen waren die Federschen Unsinnigkeiten anfangs gleichgültig. Sie sahen, daß dadurch die kapitalistische Wirtschaftsordnung nicht bedroht war. Die schon von Claß angedeutete Gegenüberstellung von schaffendem und raffendem Kapital blieb gewahrt. Ein gewisser Druck auf die Banken, die sich schließlich einen nicht unbeträchtlichen Teil des Unternehmerprofits durch Zinsnahme für Kreditgewährung aneigneten, war ihnen nicht unerwünscht. Doch selbst die Bankiers mußten sich insgesamt nicht angegriffen fühlen. Feder hatte nämlich noch entschiedener als seine alldeutschen Lehrmeister das Leihkapital an das Judentum geknüpft. Der „arische" Geldverleiher konnte gegebenenfalls auf die seiner „Rasse" angeblich wesenseigenen produktiven Absichten bei Finanzoperationen verweisen und mit der Nazibewegung zusammenarbeiten. Der von der Dresdner Bank gekommene und zum Reichsbankpräsidenten aufgestiegene Hjalmar Schacht hat von dieser Möglichkeit regen Gebrauch gemacht, allerdings auch dafür gesorgt, daß Feder nach der Regierungsübernahme durch die Nazis rasch abgeschoben wurde. Auf jeden Fall hatte der Antisemitismus wiederum seine Brauchbarkeit bewiesen. Er entschärfte die zur Massengewinnung notwendige antikapitalistische Kritik. Wer wie Feder argumentierte, konnte sowohl die Zustimmung breiter, mit dem Kapitalismus unzufriedener Volksschichten finden als auch die Förderung durch das überwiegend „arische" Finanzkapital in Deutschland erhalten.

Drexler, der Feder wiederholt als Versammlungsredner für seine DAP engagierte, sah endlich eine Möglichkeit, sich scheinbar wissenschaftlich mit der politischen Theorie des Marxismus auseinanderzusetzen, die ihm in der Vergangenheit so große Schwierigkeiten bereitet hatte. Hitler gestand noch Jahre später in „Mein Kampf" ein: „Zum ersten Male in meinem Leben vernahm ich eine prinzipielle Auseinandersetzung mit dem internationalen Börsen- und Leihkapital. Nachdem ich den ersten Vortrag Feders angehört hatte, zuckte mir auch sofort der Gedanke durch den Kopf, nun den Weg zu einer der wesentlichsten Voraussetzungen zur Gründung einer neuen Partei gefunden zu haben. Das Verdienst Feders beruhte in meinen Augen darin, mit rücksichtsloser Brutalität den ebenso spekulativen wie volkswirtschaftlichen Charakter des Börsen- und Leihkapitals festgestellt, seine urewige Voraussetzung des Zinses aber bloßgelegt zu haben. Seine Ausführungen waren in allen grundsätzlichen Fragen so richtig, daß die Kritiker derselben von vornherein weniger die theoretische Richtigkeit der Idee bestritten, als vielmehr die praktische Möglichkeit ihrer Durchführung anzweifelten. Allein, was so in den Augen anderer eine Schwäche der Federschen Darlegungen war, bildete in den meinen ihre Stärke."[54]

Hitler räumte also ganz offen ein, daß er die Konzeption Feders gerade deshalb so schätzte, weil sie im Bereich einer unverbindlichen Theorie blieb und keine Aussicht auf Realisierung besaß. Man konnte sie demnach zu rein propagandistischen Zwecken nutzen, ohne sich für die praktische Wirtschaftspolitik die Hände zu binden. Das war auch die Meinung der alldeutschen und der deutschvölkischen Regisseure des nationalsozialistischen Propagandafeldzuges, in dem Feder eine Hauptrolle spielte. Dieser Feldzug sollte sowohl das von unklaren revolutionären Ideen bewegte Kleinbürgertum der Reaktion zurückgewinnen als auch den seit langem angestrebten Einbruch in die Reihen der Arbeiterklasse ermöglichen.

Sosehr Feder inhaltlich die kapitalistische Produktionsweise verteidigte, so entschieden suchte er äußerlich als sozialistischer Revolutionär zu erscheinen. Es war eine eigentümliche Mischung höchst verworrener Wirtschaftsauffassungen und recht zielbewußter politischer Absichten. So bemühte sich Feder in vielfacher Form, progressive Assoziationen seiner Leser und Zuhörer auszunutzen. Bereits das Wort „Manifest" im Broschürentitel war nicht zufällig gewählt. Die Anspielung auf das gerade 1918/19 vieldiskutierte „Manifest der Kommunistischen Partei" sollte Interesse wecken und den Eindruck hervorrufen, es handle sich um etwas Ähnliches.

Feder wollte direkt vom Widerhall berühmter Losungen der revolutionären Arbeiterbewegung profitieren. Er schloß seine Broschüre zur Verteidigung des sogenannten produktiven Kapitalismus mit dem weltberühmten Kampfruf gegen die kapitalistische Ausbeutung: „Proletarier aller Länder, vereinigt Euch!" Allerdings „übersetzte" er dabei das Wort Proletarier mit dem weitaus allgemeineren Begriff Werktätige. Das gestattete die Einbeziehung von Kleinbürgern aller Art und ließ sogar ein Hintertürchen für Industriekapitalisten, Fabrikdirektoren und leitende Angestellte offen, die doch allesamt „Werktätige" seien und gleichermaßen unter dem Druck „jüdischer Zinsknechtschaft" litten.

Um möglichst keine populäre Gedankenverbindung ungenutzt zu lassen, wählten Verlag und Verfasser für den Einband der Broschüre die Farbe Rot. Aus dem gleichen Grunde haben die Nazis später ihr

54 *Hitler*, Mein Kampf, S. 229.

Hakenkreuzemblem, das auch auf den Mitgliederkarten der „Thule“-Gesellschaft prangte,[55] auf ein rotes Fahnentuch geheftet, verbanden doch viele Menschen mit dieser Farbe die Idee des Fortschritts und der Revolution. Und schließlich mißbrauchte Feder noch den Anfang des berühmten Funkspruchs der siegreichen Oktoberrevolution „An Alle, Alle!“ als Blickfang auf dem Broschüreneinband.

An seiner unbedingten Kampfstellung gegen den Bolschewismus hat er in der Broschüre selbst nicht den geringsten Zweifel gelassen. Er nannte ihn ausdrücklich ein falsches Mittel in der Auseinandersetzung mit dem „Mammonismus“. Die Nationalisierung der Industriebetriebe und Banken in Rußland habe sich angeblich als Fehlschlag und Wahnsinn erwiesen. Der eigentliche Sinn der in Gang gekommenen Weltrevolution sei der Kampf gegen die Zinsknechtschaft des Kapitals; jedoch seien die „Methoden, die der Bolschewismus hierfür anzuwenden sucht ..., Eisenbartkuren. Sie sind der Versuch, mit dem Seziermesser einem an innerer Vergiftung leidenden Kranken durch Amputation von Kopf, Arm und Beinen zu helfen.“[56]

Diese Wendung zu einer national-sozialistischen Demagogie, die schließlich dazu führen sollte, daß Hitler die Deutsche Arbeiterpartei Drexlers in Nationalsozialistische Deutsche Arbeiterpartei umbenannte, und die für die Naziideologie auf dem Wege zur Macht charakteristisch wurde, hatte Claß ganz gewiß nicht vorausgesehen, als er 1912 in seinem „Kaiserbuch“ auf die Brauchbarkeit einer staatstreuen und nationalistisch gesinnten Arbeiterpartei verwies, der — wie es einmal der Philosoph Oswald Spengler formulierte[57] — „der anständige Teil der Arbeiterschaft“ folgen sollte. Sie ergab sich aus einer von der allgemeinen Krise des Kapitalismus gekennzeichneten Entwicklung, die die herrschende Klasse insgesamt veranlaßte, ihre Beziehungen zur Arbeiterklasse und den Volksmassen überhaupt neu zu überdenken.

Während die politisch flexibleren, vorzugsweise mit parlamentarischen Mitteln operierenden Gruppen des Monopolkapitals am Ende des ersten Weltkrieges und bis weit in die Weimarer Republik hinein ihre Hoffnungen auf die beschwichtigende Wirkung reformsozialisti-

55 BA Koblenz, NS 26, Nr. 865, unfol.

56 *Feder*, Manifest, S. 13.

57 *Oswald Spengler*, Briefe 1913—1936. In Zusammenarbeit mit Manfred Schröter hrsg. v. Anton M. Koktanek, München 1963, S. 112f. (Spengler an Klöres, 18. 12. 1918).

scher Propaganda setzten und demzufolge mit den rechten sozialdemokratischen Führern zusammenarbeiteten, begannen sich die reaktionärsten und aggressivsten Gruppen mit der nationalsozialistischen Demagogie zu befreunden und der faschistischen Bewegung zuzuwenden. Das war keineswegs nur in München oder allein in Deutschland der Fall.

Kurt Gossweiler hat das Verhältnis zwischen Faschismus und Arbeiterklasse grundsätzlich zu erfassen gesucht.[58] Gestützt auf die eingehenden Untersuchungen von Karin Priester,[59] kam er — Entstehung und Entwicklung der italienischen und der deutschen faschistischen Bewegung vergleichend — zu dem Schluß, daß, um Eindruck auf die Arbeiter zu erzielen, folgerichtig die Formel vom „nationalen Sozialismus" entstand.

Gerade am italienischen Beispiel, das in vieler Hinsicht bahnbrechend wirkte, wird deutlich, wie die italienischen Nationalisten im Lager der Bourgeoisie schon vor dem ersten Weltkrieg bemüht waren, „die zwei produktiven Klassen der Nation, die der Industriellen und die der Arbeiter, miteinander zu verbinden".[60] Ihr Wortführer, der spätere Minister Benito Mussolinis, Enrico Corradini, versuchte aus der Lage des italienischen Imperialismus, der sich fast noch mehr als der deutsche bei der Aufteilung der Welt als Zuspätgekommener fühlte, politisches Kapital zu schlagen und die chauvinistische Verhetzung der italienischen Arbeiter mit nationalsozialistischen Parolen zu betreiben. Auf dem Nationalkongreß von 1910 hielt er ein Hauptreferat zum Thema „Proletarische Klassen: Sozialismus, proletarische Nationen: Nationalismus."[61] Corradini, der die jungkonservativen Faschisten in Deutschland um Arthur Moeller van den Bruck stark beeindruckte,[62] vertrat eine italienische Variante der Lehre vom Sozialimperialismus: „Wie der Sozialismus das Proletariat den Wert des Klassenkampfes lehrte, so müssen wir

58 *Gossweiler*, Faschismus und Arbeiterklasse.

59 *Karin Priester*, Der italienische Faschismus. Ökonomische und ideologische Grundlagen, Köln 1972.

60 Ebenda, S. 65 (Übersetzung aus *P. M. Arcari*, Le elaborazioni della dottrina politica nazionale fra l'unitá e l'intervento [1870—1914], Bd. III, Firenze 1939, S. 57).

61 Ebenda, S. 66 (Übersetzung aus *Franco Gaeta*, Nazionalismo italiano, Napoli 1965, S. 84f.).

62 Vgl. dazu *Petzold*, Theoretiker, S. 66ff.; *derselbe*, Wegbereiter, S. 92ff.

Italien den Wert des internationalen Kampfes lehren. Aber internationaler Kampf bedeutet Krieg? Nun denn, so sei Krieg! Und der Nationalismus möge in Italien den Willen zum siegreichen Kampf entfachen."[63] Er meinte damit den Anspruch des italienischen Imperialismus, sein Kolonialreich vergrößern und das Mittelmeer als „mare nostrum" (unser Meer) betrachten zu können. „Jetzt verlangen auch wir unseren Platz an der Sonne", hatte ein anderer Nationalist, Alfredo Rocco, erklärt.[64] Von dieser Zielstellung aus definierte Corradini den italienischen Nationalismus: „Er ist der Sozialismus der italienischen Nation in der Welt."[65]

Zum Willensvollstrecker dieser politischen Zielstellung wurde Benito Mussolini, der sich vom linken Radikalisten in der Sozialistischen Partei Italiens zu Beginn des ersten Weltkrieges in einen extremen Chauvinisten und Kriegshetzer wandelte und, ganz im Sinne der Nationalistenparolen, zuerst eine faschistische Bewegung und dann die faschistische Diktatur in Italien begründete. Wie in Deutschland die Alldeutschen Hitler den Weg bereiteten, geschah das in Italien durch die Nationalisten. „Es ist geradezu verblüffend", resümiert Priester, „wie der Nationalismus in dieser frühen Phase bereits alle Themen entworfen und aufgezeigt hat, in deren Variationen man später die Originalität Mussolinis hat sehen wollen. In der Phase von 1914 bis 1919 tut Mussolini nichts anderes, als die hier entwickelten Ansätze neu für sich zu entdecken, wobei man Ähnlichkeiten bis in den Wortlaut hinein feststellen kann."[66] Das gleiche wird sich bei Hitler mit Bezug auf den Alldeutschen Verband zeigen.

Mussolini hatte in Italien vergeblich versucht, die sozialistische Arbeiterbewegung für die Beteiligung am Krieg zu gewinnen und unter der Flagge des „nationalen Sozialismus" ins nationalistische Lager zu ziehen. Es gelang ihm auch nicht, entscheidende Teile der Arbeiterklasse von ihren Organisationen loszureißen. Seine Anhänger rekrutierten sich aus den Schichten des Kleinbürgertums und des Lumpenproletariats. Sie wurden ausgehalten von den Gutsbesitzern und Fabrikanten, die während der revolutionären Nachkriegskrise

63 *Priester*, Der italienische Faschismus, S. 67 (Übersetzung aus Atti del congresso di Firenze, a cura di G. Castellini, Firenze 1911, S. 34, bzw. *Enrico Corradini*, Discorsi politici (1902—1924), Firenze 1925, S. 14ff).

64 Ebenda, S. 78 (Übersetzung aus *Paolo Ungari*, Alfredo Rocco, e l'ideologia giuridica del fascismo, Brescia 1963, S. 72).

65 Ebenda, S. 68 (Übersetzung aus *Corradini*, Discorsi politici, S. 218).

66 Ebenda, S. 74.

schwer um ihr Eigentum bangten und das Ende ihrer Ausbeuterherrschaft vor Augen hatten. Den Kern seiner terroristischen „Fasci di combattimento" (Kampfbünde) bildeten aus dem Heer entlassene Offiziere und Soldaten. Die sozialistische Demagogie in Mussolinis Parteiprogramm diente vor allem dem Kampf gegen den Kommunismus.

Das gleiche Hauptziel verfolgte in Berlin ein haßerfüllter Feind der Sowjetmacht und der Spartakusgruppe: Dr. Eduard Stadtler.[67] Er war aus der katholischen Gewerkschaftsbewegung hervorgegangen, hatte in der Kriegsgefangenschaft den Sieg der Oktoberrevolution miterlebt, suchte als Mitarbeiter der deutschen Botschaft in Moskau konterrevolutionäre Aktivitäten zu schüren und eine deutsche Intervention gegen die Bolschewiki herbeizuführen. Nach Deutschland zurückgekehrt, stellte er sich ganz in den Dienst des Antikommunismus. Das erregte die Aufmerksamkeit der Großindustriellen und der Bankiers. Sie gaben ihm in wachsendem Umfange Geld und ermöglichten ihm den Ausbau eines „Generalsekretariats zum Studium und zur Bekämpfung des Bolschewismus". Es wurde sogar eine Zusammenkunft organisiert, auf der Stadtler den Spitzenvertretern des deutschen Monopolkapitals einen Vortrag über die „bolschewistische Gefahr" hielt. Er hatte außerdem die Ermordung der Führer der Spartakusgruppe empfohlen: Wenn „auf unserer Seite vorerst keine Führer zu sehen seien, dann dürfte wenigstens die Gegenseite auch keine haben".[68]

Der mächtigste und verschlagenste aller Ruhrindustriellen, der spätere Inflationskönig Hugo Stinnes, trat dafür ein, daß ein „Antibolschewistenfonds" zusammengebracht wurde.[69] Die nach Art von Versicherungsbeiträgen eingehenden Unternehmerbeiträge, deren genaue Höhe unbekannt geblieben ist, kamen auf Geheimkonten. Von diesen konnten die konterrevolutionären Kräfte und damit auch die faschistischen Organisationen finanziert werden. Für die Verteilung, die unter dem Siegel strengster Verschwiegenheit stattfand, sorgte vornehmlich Dr. Alexander Ringleb, der zu diesem Zweck sogar seine berufliche Tätigkeit als Richter aufgab.[70]

67 Vgl. dazu *Petzold*, Theoretiker, S. 37ff.; *derselbe*, Wegbereiter, S. 52ff.

68 *Stadtler*, Als Antibolschewist, S. 52f.

69 Ebenda, S. 46ff. Nach Stadtler soll dieser Fonds 500 Mill. Mark umfaßt haben. Das ist allerdings eine Übertreibung oder eine Angabe aus der Inflationszeit.

70 *Hans-Joachim Schwierskott*, Artur Moeller van den Bruck und der revolutionäre Nationalismus in der Weimarer Republik, Göttingen 1962, S. 69ff.

Hugo Stinnes und seine Generaldirektoren Albert Vögler und Karl Fehrmann stießen sich nicht daran, daß Stadtler es auf Arbeiterversammlungen als notwendig erachtete, für einen „deutschen Sozialismus“ einzutreten. Sie wußten aus persönlichen Gesprächen mit ihm, welche Absichten damit verbunden waren. Stadtler wollte schon Ende 1918 zur Bekämpfung des proletarischen Internationalismus und der kommunistischen Aktivitäten eine „national-sozialistische Partei oder Bewegung“ aufbauen.[71] Später bekannte er seine Absicht, zu einem „führenden Staatsmann à la Mussolini“ zu werden.[72] Stinnes, der nach den Vorstellungen Stadtlers zum nationalen „*Diktator der sozialen Revolution*“ aufsteigen sollte,[73] sah wie viele Monopolkapitalisten nach ihm in der faschistischen Sozialismuspropaganda eine Möglichkeit, die staatsmonopolistische Entwicklung zum eigenen Vorteil voranzutreiben. Stadtlers Plan, Stinnes an die Spitze eines deutschen Staatswesens zu stellen, das sich sozialistisch nannte, entlarvte übrigens völlig den Klassencharakter seiner „national-sozialistischen“ Demagogie.

Die Mehrzahl der deutschen Monopolkapitalisten wollten jedoch da nicht mehr folgen. Abgesehen davon, daß die Mehrheit 1919 aus gutem Grund noch die Zusammenarbeit mit den rechten sozialdemokratischen Partei- und Gewerkschaftsführern für notwendig hielt und das parlamentarische Regierungssystem der Weimarer Republik in der schwierigen Nachkriegssituation ganz brauchbar fand, sah sie mit Recht hinter Stadtlers Absichten das persönliche Machtstreben Hugo Stinnes. Vor allem aber mußte sich die herrschende Klasse Deutschlands erst an die neuartige „national-sozialistische“ Kampfmethode gewöhnen. Schon das Wort Sozialismus war für sie bisher ein rotes Tuch gewesen.

Ein ideologischer Durchbruch in der herrschenden Klasse wurde von Oswald Spengler bewirkt,[74] der sich 1918 durch die Veröffentlichung seines Buches „Der Untergang des Abendlandes“ einen Namen gemacht hatte. Er, den die Ruhrkapitalisten hoch schätzen lernten und der in dem Industriemanager Paul Reusch einen einfluß-

71 *Eduard Stadtler*, Als politischer Soldat 1914—1918, Düsseldorf (1935), S. 142; *derselbe*, Als Antibolschewist, S. 59.

72 BA Koblenz, R 118, Nr. 35, Bl. 107 (Heinrich von Gleichen an Martin Spahn, 8. 12. 1923).

73 *Stadtler*, Als Antibolschewist, S. 71.

74 Vgl. dazu *Petzold*, Theoretiker, S. 52ff.; *derselbe*, Wegbereiter, S. 71ff.

reichen Mentor und persönlichen Freund gewann, erkannte genau, daß der Sozialismus die „lauteste Frage der Zeit" geworden war.[75] Deshalb begann er sich ebenfalls dem Problem zuzuwenden, wie man das im Volke weit verbreitete Sozialismusstreben im reaktionären Sinne mißbrauchen könnte. Ende 1919 veröffentlichte er zu diesem Zwecke in der Beck'schen Verlagsbuchhandlung München die politische Programmschrift „Preußentum und Sozialismus". Darin verlangte er ausdrücklich, „den deutschen Sozialismus von Marx zu befreien" und auf eine ganz andere, antikommunistische Grundlage zu stellen.[76]

Spengler meinte, daß das am besten dadurch geschehen könne, wenn man sich am Preußentum orientierte. Nach seiner Darlegung sei der wahre Sozialismus bei den alten preußischen Königen zu finden. Er bedeute: „Organisation der Produktion, des Verkehrs durch den Staat; jeder ein Diener des Staates; also unliberale und autoritative Formen schroffster Art."[77] Die von ihm entwickelte Möglichkeit, mit sozialistischen Parolen bewährte Leitbilder der Reaktion aufzuwerten und die staatsmonopolistische Entwicklung als Sozialismus auszugeben, beeindruckte die herrschende Klasse tief. Insbesondere rheinische Schwerindustrielle und ostelbische Junker, die an der preußischen Tradition festhalten wollten, fanden die Spenglersche Konzeption vortrefflich. Diesen Standpunkt teilten selbstverständlich die Hohenzollern, die Spengler geradezu als ihren Hofphilosophen betrachteten, und viele Reichswehroffiziere, die in dessen Kombination von Sozialismus-Demagogie und Preußen-Apologie eine zeitgemäße Form sahen, den „Geist von 1914" wiedererstehen zu lassen und den militärischen Prioritätsanspruch in Staat und Wirtschaft durchsetzen zu können.

Fortan suchten die reaktionärsten und aggressivsten Gruppen des deutschen Monopolkapitals und ihre Interessenvertreter unentwegt nach der geeigneten politischen Kraft, die den vorgezeichneten theoretischen Weg in die politische Praxis umsetzen und die Gefahren demagogischer Sozialismuspropaganda bannen konnte. Dabei ging es nicht ohne Experimente und Fehlschläge ab. Nachdem Stadtler an den Vorbehalten der Elektrokonzerne — insbesonders des AEG-

75 *Oswald Spengler*, Preußentum und Sozialismus, München 1920 (das Buch erschien Ende 1919), S. 3.

76 Ebenda, S. 4.

77 Ebenda; *derselbe*, Briefe, S. 112f. (Spengler an Klöres, 18. 12. 1918).

Direktors Felix Deutsch — und der Stinnes-Gegner im deutschen Monopolkapital gescheitert war und sich auch das Mißtrauen vieler Großgrundbesitzer zugezogen hatte, wurde lange versucht, wenigstens den hinter ihm stehenden jungkonservativen Kreis zu einem elitär-faschistischen Führungszentrum aufzubauen.[78] Von Spengler, der aus seiner Massenverachtung kein Hehl machte, war keine partei- oder bewegungsbildende Wirkung zu erwarten. Der Alldeutsche Verband, der hinter den Kulissen Regie führte und im antisemitischen „Deutschvölkischen Schutz- und Trutz-Bund" über eine zahlenmäßig starke Tochterorganisation verfügte,[79] hatte sich im ersten Weltkrieg zu sehr bloßgestellt. Trotz aller Bemühungen fehlte es ihm auch an demagogischer Beweglichkeit.[80]

Das Dilemma aller elitär-faschistischen Konzeptionen konservativer Prägung war die zu geringe Massenwirkung. Daß diese einmal von der kleinen Deutschen Arbeiterpartei Drexlers, Harrers und Lotters ausgehen würde, war 1919 noch nicht zu erkennen. Man bewegte sich dort das ganze Jahr über im engsten Kreise, lud Feder und die in München bekannten deutschvölkischen Redner zu Vorträgen ein und war auf dem besten Wege — wie viele andere damalige Organisationsgründungen —, in Bedeutungslosigkeit zu versinken. Offensichtlich fehlte der DAP ein Führer, der Massen zu mobilisieren wußte und über das dazu notwendige rhetorische Talent verfügte. Die Parteibegründer besaßen diese Eigenschaften nicht. Das löste Unzufriedenheit bei den Hintermännern aus.

Sebottendorff hatte — der Hochstapelei und der Unterschlagung verdächtig — Deutschland wieder verlassen müssen. An seiner Stelle begann sich der Schriftsteller Dietrich Eckart, der das antisemitische Schmähblatt „Auf gut deutsch" herausgab, für die DAP zu

78 Vgl. dazu *Petzold*, Theoretiker, S. 64ff.; *derselbe*, Wegbereiter, S. 89ff.

79 Vgl. dazu *Willi Krebs*, Deutschvölkischer Schutz- und Trutzbund (DSTB) 1919—1922, in: Die bürgerlichen Parteien in Deutschland, Bd. 1, S. 774ff.; *Uwe Lohalm*, Völkischer Radikalismus. Die Geschichte des Deutschvölkischen Schutz- und Trutz-Bundes 1919—1923, Hamburg 1970.

80 Vgl. dazu *Willi Krebs*, Der Alldeutsche Verband in den Jahren 1918 bis 1939 — ein politisches Instrument des deutschen Imperialismus, phil. Diss. Berlin 1970; *Brewster Searing Chamberlin*, The Enemy on the Right. The Alldeutscher Verband in the Weimar Republic, phil. Diss. University of Maryland (USA) 1972, Ann. Arbor, Mich. (USA) 1973. Die zuletzt genannte Dissertation wurde allerdings ohne Einsichtnahme in die Akten des Alldeutschen Verbandes geschrieben.

interessieren. Sein Redakteur war der baltendeutsche Emigrant Alfred Rosenberg, der in seinen Erinnerungen an die Anfänge der Nazibewegung berichtete: „Anfang Mai 1919 besuchte uns ein Mann, der sich Anton *Drexler* nannte." Er bat Dietrich Eckart „und mich, in der Deutschen Arbeiterpartei Vorträge zu halten".[81] Eckart, der voller Freude zustimmte, erkannte offensichtlich die Schwäche dieser Organisation und überhaupt aller ähnlichen Bestrebungen. Von ihm sind die Worte überliefert: „Ein Kerl muß an die Spitze, der ein Maschinengewehr hören kann. Das Pack muß Angst in die Hosen kriegen. Einen Offizier kann ich nicht brauchen, vor denen hat das Volk keinen Respekt mehr. Am besten wäre ein Arbeiter, der das Maul auf dem richtigen Fleck hat. Herrgott, wenn Noske nicht solch ein ... gewesen wäre ...! Verstand braucht er nicht viel, die Politik ist das dümmste Geschäft auf der Welt ... Ein eitler Affe, der den Roten eine saftige Antwort geben kann und nicht vor jedem geschwungenen Stuhlbein davonläuft, ist mir lieber als ein Dutzend gelehrte Professoren, die zitternd auf dem feuchten Hosenboden der Tatsachen sitzen ... Es muß ein Junggeselle sein! Dann kriegen wir die Weiber."[82]

Das war die Situation, in der Hauptmann Karl Mayr von der Nachrichten- und Pressestelle des Reichswehrgruppenkommandos IV (München) den Gefreiten Adolf Hitler beauftragte, sich einmal eine Versammlung der Deutschen Arbeiterpartei anzusehen und über die Absichten dieser kleinen Organisation zu berichten. Mayr verfolgte genauso wie der im gleichen Reichswehrgruppenkommando tätige Hauptmann Ernst Röhm über seine Dienstobliegenheiten hinaus ehrgeizige politische Pläne. Wie viele Offiziere der Reichswehr hatte er gewisse Schlußfolgerungen aus den Kriegs- und den Revolutionserfahrungen gezogen. Von den Streiks in der Rüstungsindustrie und den Vorgängen in der Armee belehrt, war man zu der Einsicht gelangt, ohne eine stärkere politische Einflußnahme auf Arbeiter und Soldaten könne kein Revanchekrieg vorbereitet und erfolgreich geführt werden.[83] Hitler war bei politischen Schulungskursen in seiner

81 BA Koblenz, NS 8, Nr. 20, Erinnerungen an die Anfänge der NS-Bewegung in München von Alfred Rosenberg (Bruchstück S. 49—76), Bl. 15.

82 *Konrad Heiden*, Adolf Hitler. Das Zeitalter der Verantwortungslosigkeit. Eine Biographie (Bd. 1), Zürich 1936, S. 57f.

83 Zu Karl Mayr und Ernst Röhm vgl. *Gossweiler*, Faschismus und Arbeiterklasse, S. 113.

Reichswehreinheit als Soldat aufgefallen, der nicht nur das alldeutsche und das antisemitische Gedankengut in sich aufgesogen hatte, sondern es auch in einer massenwirksamen Form zum Ausdruck zu bringen wußte.[84]

Die DAP-Versammlung fand am 3. Oktober 1919 im „Sternecker" statt. Der Besuch blieb mäßig. Referent war wieder einmal Gottfried Feder. Er sprach zum Thema „Wie und mit welchen Mitteln beseitigt man den Kapitalismus?" Hitler begnügte sich nicht mit der Beobachtung. Als er einen bayrischen Separatisten binnen 15 Minuten niederdiskutierte, flüsterte Drexler dem neben ihm sitzenden Schriftführer begeistert zu: „Mensch, der hat a Gosch'n, den kunnt ma braucha." Er drückte Hitler seine soeben erschienene Broschüre „Mein politisches Erwachen" in die Hand. Kurze Zeit später war der Reichswehrspitzel Parteimitglied.[85] Entgegen seiner Darstellung in „Mein Kampf" hatte er sich selbst darum sehr bemüht und auch die Zustimmung seines Vorgesetzten Hauptmann Mayr dafür eingeholt.[86] Er ergriff die Chance, sein Berufsziel „Werberedner auf politischem Gebiet" zu verwirklichen.

84 Vgl. dazu *Ernst Deuerlein*, Hitlers Eintritt in die Politik und die Reichswehr, in: Vierteljahrsh. Zeitgesch., 2/1959, S. 177ff. Vgl. dazu neuerdings *Hitler, Sämtliche Aufzeichnungen 1905—1924*. Hrsg. Eberhard Jäckel zus. mit Axel Kuhn, Stuttgart 1980, S. 87f.

85 *Franz-Willing*, Die Hitlerbewegung, Bd. 1, S. 66f.

86 Hitler hat in „Mein Kampf" den Eindruck zu erwecken gesucht, er habe nach schwerem innerem Ringen dem Wunsche der DAP-Führung entsprochen, Parteimitglied zu werden. Angeblich hätte man ihm zu seinem Erstaunen eine Postkarte des Inhalts zugeschickt, daß er ohne eigenen Antrag „in die Deutsche Arbeiterpartei aufgenommen wäre". In Wahrheit heißt es in seinem Bericht über die Versammlung vom 3. 10. 1919 an Mayr: „Ich bitte Herrn Hauptmann, diesem Verein oder Partei beitreten zu dürfen, da diese Männer den Gedanken des Frontsoldaten sprechen." (*Hitler. Sämtliche Aufzeichnungen*, S. 90ff.). Außerdem existiert ein Aufnahmegesuch vom 19. 10. 1919, in dem Hitler schrieb: „Ich bitte um Aufnahme in die Deutsche Arbeiterpartei . . . Mein Beruf ist Kaufmann, möchte aber Werberedner werden, man spricht mir diese Begabung zu. Da ich am 3. Okt[ober 1919] ihre Versammlung besuchte, bitte ich auch als zahlender Eingeschriebener aufgenommen zu werden." (Ebenda). Hitlers Schilderungen seines Lebensweges sind also mit größter Vorsicht zur Kenntnis zu nehmen. Das gilt übrigens auch für Angaben in der Literatur. So behaupten sowohl *Franz-Willing* (Die Hitlerbewegung, Bd. 1, S. 66f.) als auch *Maser* (Frühgeschichte, S. 158f.), die Versammlung im „Sterneckerbräu" habe am 12. 9. 1919 stattgefunden. Maser korrigiert zwar Hitlers Be-

hauptung, er hätte einen provisorischen Mitgliedsschein mit der Nummer 7 erhalten, durch den Faksimileabdruck der ersten Mitgliedsliste der NSDAP, die aus Reklamegründen mit der Nummer 500 begann und die Hitler als Nr. „555 Hittler (sic!) Adolf, Schriftsteller" auswies, aber sein Kommentar dazu ist ebenfalls unrichtig (ebenda, S. 167). Hitler war keineswegs das 55. Parteilmitglied, denn die erwähnte Mitgliedsliste war bis zur Nr. 592 alphabetisch geordnet, was beispielsweise dem Parteigründer Drexler die Nr. 526 einbrachte (BA Koblenz, NS 26, Nr. 111, unfol., Dok. 4). Richtig ist, daß Hitler als siebentes Mitglied dem Arbeitsausschuß der DAP beitrat und die Funktion eines Werbeobmanns übernahm. Wie viele Parteimitglieder es vor seinem Parteieintritt gab, ist nicht bekannt.

II. KAPITEL

Soziale Demagogie und alldeutsche Ideologie in der frühen Nazibewegung 1920—1922

Die Naziideologie war also bereits konzipiert und in ihren Grundzügen ausgearbeitet, als Hitler zu der ebenfalls schon geschaffenen Deutschen Arbeiterpartei stieß. Wenn er später vor seinen „Alten Kämpfern" sprach, hat er das gelegentlich auch eingeräumt. „Vieles von dem", erklärte er beispielsweise am 24. Februar 1938 im Münchner Hofbräuhaus, „was in unserem Programm damals stand, oder was ich in diesem Saale an dem heutigen Tage vor achtzehn Jahren verkündete, ist vorher auch schon längst gedacht worden."[1] Eigentlich hätte er sogar sagen müssen: nahezu alles. Aber dieses Eingeständnis war für einen Führer, der sich als Geschenk der „Vorsehung" für das deutsche Volk betrachtete, ebenso unmöglich wie für seinen Biographen Fest, dem es zuerst und vor allem um die Frage ging: „Soll man ihn ‚groß' nennen?" und der ihn unter anderem als „Schöpfer" der Naziideologie bezeichnete.[2]

Hitler war in Wirklichkeit nur der langgesuchte Manipulator, der bereits ausgeformte Ideen massenwirksam zu verbreiten wußte und von Anfang an seine Aufgaben zur Zufriedenheit seiner Auftraggeber zu erfüllen suchte. Das Hin- und Hergerissensein zwischen den Klassenfronten, das manchen „Linken" im rechten Lager in den Augen der Bourgeoisie unzuverlässig erscheinen ließ, hat er nie gekannt. Darin und in seinen überragenden Manipulationsfähigkeiten lagen die Ursachen seines persönlichen Aufstiegs. Sie machten ihn im Laufe der Zeit unentbehrlich und schließlich zum unumstrittenen „Führer". Seiner sozialen Herkunft nach war Hitler keineswegs dafür prädestiniert, in die herrschende Klasse aufzusteigen und schließlich zu einer Art Prokurist der Firma „Deutscher Imperialismus" zu

1 Zit. nach dem Geleitwort Philipp Bouhlers, in: *Alois Ciller*, Deutscher Sozialismus in den Sudetenländern und der Ostmark, Hamburg 1939.

2 *Fest*, Hitler, S. 17f.

werden. Er, der 1889 im österreichischen Braunau an der Grenze zu Bayern als Sohn eines Zollbeamten geboren wurde, entstammte dem Kleinbürgertum. Dessen Lebensweise und Vorstellungswelt blieb für ihn selbst dann noch bestimmend, als er nach dem Tode des Vaters in den Strudel des sozialen Abstiegs geriet und schließlich als Gelegenheitsarbeiter und Postkartenmaler im Lumpenproletariat landete.

Hitler war aber nicht nur ein Manipulator. Er war bereits ein Manipulierter. In seinem Buch „Mein Kampf" schildert er ausführlich, wie er von seinem alldeutschen Geschichtslehrer Dr. Leopold Pötsch an der Realschule zu Linz zum deutschen Nationalisten erzogen wurde. Die österreichischen Alldeutschen, deren Vorkämpfer Georg von Schönerer dem Naziführer noch 1925 als beispielhaft erschien, strebten nach einem Großdeutschen Reich, dem Österreich angehören sollte. Ihr Haß auf die Habsburgermonarchie, die angeblich den Ungarn und Slawen zu viele Rechte einräumte, ging selbst den meisten Alldeutschen in Deutschland zu weit. Hitlers Geschichtsbild war also von vornherein extrem chauvinistisch. Zugleich wurde es von völkischen Einflüssen bestimmt. Werner Maser hat einen Bucheinband bekannt gemacht, den Hitler lange vor dem ersten Weltkrieg bei seinen vergeblichen Versuchen entwarf, Zugang zur Wiener Kunstakademie zu finden. Der Buchtitel lautete bezeichnenderweise „Die germanische Revolution". Zur Illustration wurde bereits das Hakenkreuzsymbol verwendet.[3]

Hatte der Zollbeamtensohn und Realschulbesucher die alldeutschdeutschvölkische Ideologie in sich aufgesogen, so mußte sich der Gelegenheitsarbeiter mit der — wie er es selbst ausdrückte — „sozialen Frage" auseinandersetzen. Hitlers anerzogenes Bewußtsein kollidierte im wahrsten Sinne des Wortes mit dem ungewohnten Sein. Er selbst berichtet darüber: „Am Bau fand mein erstes Zusammentreffen mit Sozialdemokraten statt. Es war schon von Anfang an nicht sehr erfreulich. Meine Kleidung war noch etwas in Ordnung, meine Sprache gepflegt und mein Wesen zurückhaltend ... Jedenfalls war das, was ich da vernahm, geeignet, mich aufs äußerste aufzureizen. Man lehnte da alles ab: die Nation, als eine Erfindung der ‚kapitalistischen' — wie oft mußte ich nur allein dieses Wort hören — Klassen; das Vaterland, als Instrument der Bougeoisie zur Ausbeutung der Arbeiterschaft; die Autorität des Gesetzes als Mittel zur Unterdrückung

3 *Maser*, Hitlers Mein Kampf, S. 94.

des Proletariats; die Schule, als Institut zur Züchtung des Sklavenmaterials, aber auch der Sklavenhalter; die Religion, als Mittel der Verblödung des zur Ausbeutung bestimmten Volkes; die Moral, als Zeichen dummer Schafsgeduld usw."[4]

Ähnlich wie Drexler überwarf sich Hitler mit den sozialdemokratischen Arbeitern auf der Baustelle. Auch er suchte nach einer Möglichkeit, den mit alldeutschen Argumenten nicht zu beeindruckenden politischen Gegnern standhalten zu können und hoffte, sie im Antisemitismus zu finden. In Wien gab es damals sehr viele Juden, die größtenteils in bitterster Armut lebten, von denen einige es aber auch zu großen Vermögen gebracht hatten und insbesondere den Geldverleih betrieben. Die antisemitischen Vorurteile waren im Kleinbürgertum so stark und wurden so eifrig geschürt, daß sich politische Karrieren darauf gründen ließen. Die Christlich-Soziale Partei in Österreich und ihr Führer, Dr. Karl Lueger, der Hitler sehr beeindruckte,[5] riefen zum Kampf gegen den ständigen Zustrom von Juden aus Galizien und gegen die jüdischen Wucherer auf. Das verschaffte den Christlich-Sozialen zumindest in Wien die politische Majorität. Außerdem existierten obskure antisemitische Vereinigungen wie die des eng mit dem deutschen Germanenorden verbundenen Jörg Lanz von Liebenfels. Dieser gab von seiner Ordensburg Werfenstein aus die auch von Hitler gelesenen Ostara-Hefte heraus, in denen er für die Ausrottung der „jüdischen Tiermenschen" und die Entwicklung des „arischen Neumenschen" eintrat.[6]

Es bedurfte also keineswegs traumatischer Halluzinationen im Lazarett von Pasewalk während der letzten Kriegswochen, um aus Hitler einen Antisemiten zu machen, wie neuerdings in Amerika behauptet wurde.[7] Der Bewohner von Obdachlosenasylen hatte nach seiner Übersiedlung in die bayrische Landeshauptstadt auch in anderer Hinsicht schon Konsequenzen gezogen und sich sofort bei Kriegs-

4 *Hitler*, Mein Kampf, S. 40f.

5 Ebenda, S. 107ff.

6 Zu Jörg Lanz von Liebenfels vgl. *Wilfried Daim*, Der Mann, der Hitler die Ideen gab, München 1958; BA Koblenz, NS 26, Nr. 1229 (Sammlung von Ostaraheften).

7 *Rudolph Binion*, Hitler among the Germans, New York/Oxford/Amsterdam 1976. Deutsche Ausgabe: *derselbe*, . . . daß ihr mich gefunden habt. Hitler und die Deutschen, eine Psychohistorie. Aus dem Amerikanischen übers. v. Jürgen Abel/Annelise Dengler, Stuttgart 1978.

ausbruch freiwillig zum Dienst in einem bayrischen Regiment gemeldet. Daß ihm, der vom Krieg einen Sieg im alldeutschen Sinne erwartete, der militärische Zusammenbruch als Katastrophe ohnegleichen erschien, sei damit nicht bestritten. Er ließ ihn — wie zehn Jahre zuvor auf einer Wiener Baustelle — nach Erklärungen suchen, die im Einklang mit seiner politischen Vorstellungswelt standen.

Von einem einsamen Entschluß des vorübergehend durch Gaseinwirkung erblindeten „unbekannten Gefreiten", angesichts des Ausbruchs der Novemberrevolution „Politiker zu werden",[8] kann aber keine Rede sein. Erst bei der vom „Vaterländischen Unterricht" im kaiserlichen Heer ausgehenden politischen Erziehung in der Münchner Reichswehreinheit begann er sich seines rhetorischen Talentes bewußt zu werden. Zugleich wurde er durch Schulungskurse auf die Möglichkeit nationalsozialistischer Demagogie aufmerksam gemacht. In Zusammenarbeit mit reaktionären Universitätsprofessoren, alldeutschen und sonstigen konservativen Propagandisten fanden in München Lehrveranstaltungen statt, die auch von der dort stationierten Reichswehr genutzt wurden. Bei den Diskussionen fiel dem für die politische Beeinflussung der Soldaten zuständigen Hauptmann Mayr die alldeutsche und antisemitische Denkweise Hitlers auf. Er beauftragte ihn mit Schulungs- und Beobachtungsaufgaben. Noch bevor er ihn zum Besuch der DAP-Versammlung befahl, ließ sich Mayr von Hitler eine Stellungnahme zum Judenproblem ausarbeiten. Sie spiegelte sowohl dessen Vertrautheit mit der Problematik als auch die Fähigkeit wider, aus antisemitischen Vorurteilen politischen Nutzen zu schlagen.[9]

Nicht minder ausgeprägt war diese Fähigkeit bei Alfred Rosenberg, der zum wichtigsten Ideologen der Nazibewegung nächst Hitler werden sollte. Er wurde 1893 in Reval geboren und wuchs in einer wohlhabenden deutschbaltischen Familie auf. Den Krieg verbrachte er als Architekturstudent in Moskau, wo er die Oktoberrevolution erlebte. Das Ende der kapitalistischen Gesellschaftsordnung in Rußland, das sich auch auf das Baltikum auswirkte, veranlaßte ihn, nach Deutschland zu emigrieren. Er ging nach München und gehörte zu den dortigen russischen Emigrantengruppen, die von fanatischem Haß auf die Sowjetmacht erfüllt waren und die faschistische Bewegung in

8 *Hitler*, Mein Kampf, S. 225.

9 Abgedr. in *Deuerlein*, Hitlers Eintritt, S. 203ff., und in: *Hitler. Sämtliche Aufzeichnungen*, S. 88f.

Deutschland förderten, von der sie zunächst Schutz vor der Revolution und anschließend die Organisierung der Intervention in Rußland erhofften.

Rosenberg hat in bruchstückhaften „Erinnerungen an die Anfänge der NS-Bewegung in München" geschildert,[10] wie er Dietrich Eckart kennenlernte und zu dessen engstem Mitarbeiter bei der Herausgabe seines antisemitischen Schmähblattes „Auf gut deutsch" wurde. Er war noch vor Hitler in der faschistischen Bewegung tätig und beteiligte sich an den konterrevolutionären Aktivitäten gegen die Räterepublik. Vor allem beschäftigte er sich mit der Ausarbeitung und der Verbreitung antisemitischer Pamphlete. Dabei knüpfte er an Aufzeichnungen und Vorträge in Moskau und Reval an, die noch ganz im Zeichen der unter dem Zarismus üblichen Judenverfolgungen standen und stark von der protestantischen Erziehung geprägt waren. Rosenberg hatte frühzeitig versucht, seinen Antikommunismus mit dem Antisemitismus zu verbinden. Angesichts der sich trotz Konterrevolution und Intervention an der Macht behauptenden Bolschewiki schrieb er schon im Mai 1918: „Wie Rom durch ins Bürgerrecht erhobene afrikanische und syrische Sklaven zugrunde ging, so drohen uns dieselben Sendlinge aus Judäa mit einer ähnlichen Katastrophe."[11]

Da sich in seinem Reisegepäck die im Juni 1918 geschriebene Studie „Der Jude" befand, in der Rosenberg eine den neuen politischen Verhältnissen angepaßte antisemitische Strategie zu entwickeln suchte, die sich insbesondere an kleinbürgerlichen Vorurteilen in den Städten und auf dem Lande orientierte, erregte er nicht nur die Aufmerksamkeit Dietrich Eckarts, sondern auch die des überall nach massenwirksamen Propagandisten suchenden Hauptmann Mayr. „Er", so erinnerte sich Rosenberg, „saß außerordentlich oft bei Eckart herum und war auch damals durchaus bereit, das Seine für die antisemitische Bewegung beizutragen."[12] Diese Anerkennung war um so bemerkenswerter, als Mayr zu dem Zeitpunkt, da Rosenberg seine Erinnerungen

10 Das Manuskriptbruchstück (S. 49—76), nach dem zit. wird, befindet sich in: BA Koblenz, NS 8 (Kanzlei Rosenberg), Nr. 20, Bl. 1—27. Eine verkürzte Version ging 1934 unter dem Titel „Meine erste Begegnung mit dem Führer" an Heß (ebenda, Nr. 177, Bl. 216—218).

11 *Alfred Rosenberg*, Schriften und Reden. Mit einer Einleitung v. Alfred Baeumler, München 1943, Bd. 1: Schriften aus den Jahren 1917—1921, S. 74f.

12 BA Koblenz, NS 8, Nr. 20, Bl. 14.

niederschrieb, mit Hitler gebrochen und sein Ziel, die Arbeiterschaft im nationalistischen Sinne zu mobilisieren, im Reichsbanner zu realisieren gesucht hatte. Mayr stellte der Redaktion von „Auf gut deutsch" Fotoaufnahmen führender Kommunisten aus dem Archiv des bayrischen Kriegsministeriums zur Verfügung, damit diffamierende Karikaturen angefertigt werden konnten.[13]

Durch die schon erwähnte Einladung Drexlers wurden Eckart und Rosenberg auf die DAP aufmerksam. Bald lernten sie auch Hitler kennen, der zu ihrer Genugtuung versicherte, „daß man die Schande von 1918 nicht hinnehmen und nicht dulden könne, sondern daß ein fanatischer Wille geboren werden müsse, um dieser ganzen Judenherrschaft ein Ende zu setzen". Da sich Hitler als Leser von Eckarts Zeitschrift bekannte, überrascht die Übereinstimmung der Ansichten nicht.[14] Auch Rosenberg wurde Parteimitglied. Eckart betätigte sich als Mentor und Geldgeber Hitlers.

Rosenberg stand bei den Deutschvölkischen Münchens in dem Ruf, ein großer Kenner der jüdischen Geschichte zu sein. In kurzer Zeit veröffentlichte er verschiedene antisemitische Publikationen wie „Die Spur der Juden im Wandel der Zeiten" und „Unmoral im Talmud".[15] Später wurden von ihm auch die berüchtigten „Protokolle der Weisen von Zion" herausgegeben. Obwohl nachgewiesen werden konnte, daß sie eine im Auftrage der Ochrana, der ehemaligen zaristischen Geheimpolizei, angefertigte Fälschung waren, nahmen sie einen zentralen Platz in der faschistischen Hetze gegen die Juden ein. Ihr Inhalt war: Es gebe eine jüdische Weltverschwörung. Deren Ziel sei es, die Welt der Judenherrschaft zu unterwerfen. Ein geheimer Rat — die Weisen von Zion — habe ein entsprechendes Programm ausgearbeitet und die dazu notwendige Strategie festgelegt.[16]

Rosenberg war sich wohl bewußt, daß die antisemitische Propaganda bei Arbeitern kaum verfing. Er formulierte das so: „Wie dem auch sei, eines ist klar: daß das durch die Technik hervorgerufene Großstadtproletariat auf eine geistige Stufe gesunken ist, die es ihm unmöglich macht, sich über herantretende Fragen begründete Urteile zu bilden. Es ist ganz entschieden schwankender und unsicherer in

13 Ebenda.

14 Ebenda, Bl. 15/16.

15 *Rosenberg*, Schriften und Reden, Bd. 1, S. 125, 394.

16 Ebenda, Bd. 2: Schriften aus den Jahren 1921—1923, S. 249ff.

seinen Anschauungen als der Bauer." Folglich müsse sich die faschistische Bewegung in erster Linie an die Landbevölkerung und das Kleinbürgertum in den Städten wenden. Die „innere Wut der Arbeiter gegen die Person des Unternehmers" habe es Marx möglich gemacht, die Lehre vom Kampfe des Proletariats gegen die Kapitalisten zu verbreiten. Für die Arbeiter sei der Klassenkampf „der einzige bewegende Faktor der Weltgeschichte".[17] Für einen ganz im Zeichen des Antisemitismus stehenden Rassenkampf, der das Proletariat innerhalb völkischer Grenzen an die Bourgeoisie ketten und sein klassenkämpferisches Aufbegehren in Aggressionen gegen nationale Minderheiten wie die Juden oder andere Völkergruppen wie Slawen oder Romanen umwandeln sollte, gab es in der Arbeiterklasse wenig Widerhall. Das war auch das Dilemma aller antisemitischen Schöpfungen des Alldeutschen Verbandes.

Als Antwort auf die zum Kardinalproblem gewordene Frage „Was haben wir nach unten hin zu bieten?", die Claß am 13. September 1918 dem Geschäftsführenden Ausschuß stellte und mit den bezeichnenden Worten kommentierte: „Darüber haben wir uns seit 28 Jahren den Kopf zerbrochen",[18] hatte sich der Alldeutsche Verband im Oktober 1918 und im Februar 1919 vor allem auf eine Demagogie konzentriert, die alle Schuld an den Gebrechen des Kapitalismus, am verlorenen Krieg und an den revolutionären Ereignissen den Juden in die Schuhe schob. In der berüchtigten Bamberger Erklärung vom 16. Februar 1919 versicherte man, der Zusammenbruch wäre nicht auf das Versagen der Front, sondern auf den Dolchstoß der Heimat zurückzuführen. Als treibende Kräfte hätten sich überall die Juden erwiesen.[19]

Der im September 1918 auf dem alldeutschen Verbandstag in Hannover gegründete „Judenausschuß" unter Leitung des stellvertretenden Verbandsvorsitzenden General Konstantin von Gebsattel ver-

17 Ebenda, Bd. 1, S. 106f.

18 ZStA Potsdam, Alldeutscher Verband, Nr. 120, Bl. 40 (Sitzung des Geschäftsführenden Ausschusses am 13. 9. 1918).

19 Ebenda, Nr. 123, Bl. 17—22 (Sitzung des Geschäftsführenden Ausschusses am 16./17. 2. 1919). Diese Erklärung (ebenda, Bl. 48/49) wurde in rechtsstehenden Tageszeitungen veröffentlicht, z. B. in: Deutsche Tageszeitung, Nr. 115, 4. 3. 1919 (Beil.), sowie in: Alldeutsche Blätter, Nr. 9, 1. 3. 1919. Zur Problematik der Dolchstoßlegende vgl. *Joachim Petzold*, Die Dolchstoßlegende. Eine Geschichtsfälschung im Dienst des deutschen Imperialismus und Militarismus, Berlin 1963.

einte nicht nur die bisherigen Vorkämpfer der antisemitischen Bewegung in Deutschland wie Theodor Fritsch und Alfred Roth vom Reichshammerbund, Professor Paul Langhans vom Deutschbund, Professor Dr. Ferdinand Werner von der Deutschvölkischen Partei sowie den Privatgelehrten Professor Adolf Bartels, sondern betrieb auch die Gründung eines umfassenden „Deutschvölkischen Schutz- und Trutz-Bundes“.[20] Diese alldeutsche und deutschvölkische Kampforganisation gegen den jüdischen Einfluß hatte einen geheimen, weder der Öffentlichkeit noch den Mitgliedern des Bundes bekannten Führer, es war der eben erwähnte General von Gebsattel, der ganz unter dem Einfluß von Claß stand, und einen offiziellen Geschäftsführer, den in der deutschvölkischen Massenpropaganda erfahrenen Bundeswart des Reichshammerbundes, Roth. Als Hauptaufgabe wurde in den Satzungen genannt: „Der Bund erstrebt die sittliche Wiedergeburt des deutschen Volkes durch die Erweckung und Förderung seiner gesunden Eigenart. Er erblickt in dem unterdrückenden und zersetzenden Einfluß des Judentums die Hauptursache des Zusammenbruchs, in der Beseitigung dieses Einflusses die Vorbedingung des staatlichen und wirtschaftlichen Wiederaufbaues und Rettung deutscher Kultur. Der Schutz- und Trutz-Bund macht es sich zur Aufgabe, über Wesen und Umfang der jüdischen Gefahr aufzuklären und sie unter Benutzung aller politischen, staatsbürgerlichen und wirtschaftlichen Mittel zu bekämpfen.“[21]

Binnen eines Jahres verfügte der Deutschvölkische Schutz- und Trutz-Bund über 100000 Mitglieder. In ihm sammelten sich die Anhänger der verschiedenen antisemitischen Organisationen aus der Zeit vor 1919. Aber auch neue Sympathisanten wurden gewonnen, denn bis zur Auflösung Mitte 1922 kamen nochmals 60000 bis 80000 Mitglieder hinzu.[22] Dies bewies die Massenwirksamkeit der antisemitischen Parolen. Zugleich wurde aber deutlich, daß die Zielstellung des Alldeutschen Verbandes, ans Volk heranzukommen, damit nur ungenügend erreicht werden konnte. Uwe Lohalm hat die soziale Zusammensetzung der Mitglieder- und der Führerschaft des Deutschvölkischen Schutz- und Trutz-Bundes untersucht und kam zu folgenden

20 Vgl. dazu *Lohalm*, Völkischer Radikalismus, S. 19ff. Zum Deutschvölkischen Schutz- und Trutz-Bund vgl. BA Koblenz, NS 26, Nr. 846, 847; ZStA Potsdam, Film 4105.

21 Abgedr. in: *Lohalm*, Völkischer Radikalismus, S. 22.

22 Ebenda, S. 89ff.

Schlüssen: An der Basis überwog das kleinbürgerliche Element. Die Beamten, darunter allerdings viele Lehrer, und die Angestellten sowie die Gewerbetreibenden bildeten das Hauptkontingent. Arbeiter waren kaum vertreten. Auch die Bauernschaft wurde nur in geringem Maße erfaßt.[23]

Im Grunde handelte es sich also um Bevölkerungsgruppen, die zum traditionellen Wählerreservoir der Reaktion gehörten und auf die von den bürgerlichen Rechtsparteien seit jeher gezählt werden konnte. Bestenfalls gelang es, mit einer antisemitisch umfunktionierten Kapitalismuskritik deren Abwanderung nach links zu verhindern. Das eigentliche Ziel, um dessentwillen so große Anstrengungen unternommen wurden, die Arbeiter zu gewinnen, ließ sich auf diesem Wege nicht erreichen. Dazu war die antisemitische Propaganda zu primitiv und der Führerstab des Deutschvölkischen Schutz- und Trutz-Bundes zu offenkundig der herrschenden Klasse verbunden. Unter den 53 Mitgliedern des Bundesvorstandes gab es 15 Beamte, zehn Akademiker, sechs ehemalige Offiziere sowie jeweils vier leitende Angestellte, Gutsbesitzer und Kaufleute. Selbst der in bürgerlichen Organisationen vielfach übliche Renommierarbeiter fehlte. Ein Handwerker und ein Ingenieur hatten sich in dieses Gremium verirrt. Auf der Ortsgruppenebene nahm zwar die Zahl der Vertreter des Kleinbürgertums etwas zu, aber mindestens 80 Prozent der Führerschaft hätten es mit gutem Grunde abgelehnt, im sozialen Sinne zum Volke zu gehören und — wie einstmals in den Satzungen des Germanenordens gefordert wurde[24] — auf ihre „geordneten wirtschaftlichen Verhältnisse" verwiesen.

Bis zu einem gewissen Grade hat man im Alldeutschen Verband und in den deutschvölkischen Kreisen das daraus entspringende Dilemma erkannt. In München traten viele Schutz- und Trutzbündler der Drexlerschen Deutschen Arbeiterpartei bei, um einer Organisation den Rücken zu stärken, die schon vom Namen her mehr Aussicht zu bieten schien, an die Arbeiterklasser heranzukommen. Ideologisch hatte das weitreichende und prägende Konsequenzen. Für die Massengewinnung war es jedoch eher eine Belastung. Welcher Arbeiter konnte schon in einer Partei seine Interessenvertretung erblicken, zu deren Mitgliedern Dr. Ernst Boepple, Dr. Erich Kühn, Dr. Wilhelm Rohmeder, Dr. Ottmar Rutz, Dr.ing. Paul Tafel und Justizrat Willi-

23 Ebenda, S. 107ff.

24 BA Koblenz, NS 26, Nr. 851, unfol.

bald von Zezschwitz,[25] samt und sonders bekannte Alldeutsche und Deutschvölkische, sowie führende Mitglieder der Münchner Ortsgruppe des Schutz- und Trutz-Bundes gehörten?

Es war daher nur zu verständlich, daß das rhetorische Naturtalent aus der Reichswehrkaserne, der Gefreite Adolf Hitler, mit Begeisterung aufgenommen wurde. Endlich hatte man einen „Mann aus dem Volke", der das massenwirksam zu verbreiten wußte, was aus Akademikermund beim Volk Mißtrauen erweckte. Bei aller späteren Distanzierung von seinen Mentoren, die ihn mit antisemitischer und deutschvölkischer Literatur versahen und ihm die Schreibarbeiten abnahmen, hat Hitler dem seine Anerkennung gezollt: „So verfehlt der ‚*Schutz- und Trutz-Bund*' in seiner *organisatorischen* Anlage war, so groß war nichtsdestoweniger sein Verdienst, die Judenfrage als solche wieder aufgerollt zu haben."[26]

Offensichtlich erkannte Hitler aber von vornherein, daß man mit antisemitischen Parolen allein nicht aus- und an die Arbeiterklasse herankommen konnte. Wenige Monate nach seinem Eintritt in die DAP erfolgte deren Umbenennung in Nationalsozialistische Deutsche Arbeiterpartei. Diese Namensänderung entsprach einer alten deutschvölkischen Anregung.[27] Bisherige Vorbehalte gegen die Verwendung des Begriffs „nationalsozialistisch" im Parteinamen waren in München nicht zuletzt unter dem Eindruck des soeben erschienen Spengler-Buches „Preußentum und Sozialismus" geschwunden. Die damit verbundene soziale Demagogie wurde außerdem in einem Parteiprogramm verankert. Der Entwurf dazu stammte von Anton Drexler, der die Satzungen der Nationalsozialistischen Deutschen Arbeiterpartei im ehemaligen Habsburgerreich nutzte und genauso wie Hitler die deutschvölkischen und antisemitischen Literatursammlungen seiner Mentoren verwertete.

Das Parteiprogramm der NSDAP wurde in den Büroräumen des ersten Schriftführers der Partei, des Fabrikdirektors Ferdinand Wie-

25 *Lohalm*, Völkischer Radikalismus, S. 302.

26 *Hitler*, Mein Kampf, S. 628.

27 Vgl. dazu die Ausarbeitung von Wilhelm Bökenkamp über die Anfänge der Deutschsozialistischen Partei, in: BA Kohlenz, NS 26, Nr. 1371, unfol.; sowie ZStA Potsdam, Film 4105. Die Verwendung des Begriffs „sozialistisch" im schon erwähnten Brunner-Aufruf wurde im Dezember 1918 nicht nur durch den Germanenorden, sondern am 31. 5. 1919 auch durch den „Münchner Beobachter" der Öffentlichkeit bekannt (ebenda, Bl. 5/6).

gand, entworfen.[28] Es war von vornherein als „Zeit-Programm" konzipiert: „Die Führer" — so hieß es darin — „lehnen es ab, nach Erreichung der im Programm aufgestellten Ziele neue aufzustellen, nur zu dem Zwecke, um durch künstlich gesteigerte Unzufriedenheit der Massen das Fortbestehen der Partei zu ermöglichen."[29] Möglicherweise äußerte sich in dieser Festlegung die Sorge Drexlers, angesichts der schon vorhandenen Gruppenbildung in der Partei und der vielfältigen äußeren Beeinflussungsversuche in ständige Programmstreitigkeiten verwickelt und von seinem ursprünglichen Kurs abgedrängt zu werden. Auf jeden Fall hat Hitler, der 1926 das Parteiprogramm auch nach der Neugründung der Partei für unabänderlich erklärte, von diesem Grundsatz profitiert, erlaubte er es ihm doch, seine Kursänderungen unter alter Flagge zu vollziehen.

Das Parteiprogramm von 1920 suchte den Eindruck zu erwecken, die NSDAP sei eine Interessenvertreterin der deutschen Arbeiter, die eine nationalsozialistische Staats- und Gesellschaftsordnung anstrebe. In Punkt 1 wurde der Zusammenschluß aller Deutschen in einem Groß-Deutschland gefordert. Das war die alte alldeutsche Zielstellung, die auch in den Programmen der Nationalsozialistischen Deutschen Arbeiterpartei Österreich-Ungarns an erster Stelle gestanden hatte. Neu war lediglich der Zusatz: „auf Grund des Selbstbestimmungsrechts der Völker". Damit wurde geschickt ein Propagandaargument der Entente während des ersten Weltkrieges im Kampf gegen die Mittelmächte übernommen. Die Berufung auf das Selbstbestimmungsrecht der Völker spielte in der Argumentation der geschlagenen deutschen Imperialisten und Militaristen eine große Rolle, weil sie die Möglichkeit bot, die Existenz nationaler Minderheiten in den aus der Konkursmasse des Habsburgerreiches entstandenen Staaten Ost- und Südosteuropas als Sprengmittel einzusetzen und insbesondere mit Hilfe der sogenannten Auslandsdeutschen die alte Großdeutschland-Konzeption unter veränderten Bedingungen doch noch zu verwirklichen.

Daraus ergab sich als Punkt 2 die Forderung nach Gleichberechtigung des deutschen Volkes gegenüber den anderen Nationen und

28 *Franz-Willing*, Die Hitlerbewegung, Bd. 1, S. 78.

29 Das Parteiprogramm. Wesen, Grundsätze und Ziele der NSDAP. Hrsg. u. erläut. v. Alfred Rosenberg, München 1942, S. 15. Auch abgedr. in: *Maser*, Frühgeschichte, S. 468ff.

nach Aufhebung der Deutschland und Österreich betreffenden Friedensverträge von Versailles und St. Germain. Es gehörte zu den volksverhetzenden Kampfmethoden der Faschisten, aus dem Kriegsschuldparagraphen und anderen Bestimmungen der Nachkriegsordnung eine grundsätzliche Diskriminierung des deutschen Volkes abzuleiten, um so chauvinistische Leidenschaften anzustacheln. Nachdem die alldeutsche Forderung nach einem Siegfrieden mit maßlosen Annexions- und Kontributionsansprüchen, die Drexler als guten „deutschen Arbeiterfrieden" ausgegeben hatte, nicht realisiert werden konnte, sollten wenigstens die drückenden Friedensbestimmungen der erfolgreichen imperialistischen Konkurrenten beseitigt werden. Das war ein populäres und in mancher Hinsicht auch berechtigtes Verlangen, denn der erste Weltkrieg trug allseits ungerechten und räuberischen Charakter. Die Forderung wurde aber vor allem von jenen Kräften erhoben, die zum Kriege gehetzt und durch ihre Kriegszielpolitik Deutschland und Österreich erst in die Lage gebracht hatten, von den triumphierenden Westmächten einen Frieden diktiert zu bekommen, den sie diesen in weitgehenderen Formen aufzwingen wollten.

Das einstige alldeutsche Annexionsprogramm klang noch aus Punkt 3 heraus, in dem „Land und Boden (Kolonien) zur Ernährung unseres Volkes und Ansiedlung unseres Bevölkerungs-Überschusses" verlangt wurde. Dieses Ziel hatten jahrzehntelang der Alldeutsche Verband und die von ihm gelenkten Organisationen wie die Kolonialgesellschaft im Interesse des deutschen Monopol- und Agrarkapitals verfolgt. Seinetwillen war der erste Weltkrieg entfesselt worden. Durch die Verknüpfung mit der Ernährungsfrage und der angeblichen Überbevölkerung im Sinne geopolitischer und neomalthusianistischer Theorien sollte es den Volksmassen erneut schmackhaft serviert werden.

Von der vierten bis zur zehnten Programmforderung lassen sich deutlich die Anstrengungen verfolgen, der Nazipartei zu einer programmatischen Plattform zu verhelfen, die einerseits die Massengewinnung ermöglichte und andererseits die Klassenordnung nicht gefährdete. Während Claß in seinem inzwischen mehrfach aufgelegten „Kaiserbuch" ganz offen von einem angeblich naturgegebenen Gegensatz von „oben" und „unten" gesprochen hatte, suchte man diesen durch den gemeinsamen Begriff „Volksgenosse" für alle, die „deutschen Blutes" wären, zu verwischen. Begierig wurde dagegen die ideologische Wunderwaffe des Alldeutschen Verbandes, der

Antisemitismus, aufgegriffen und grundsätzlich formuliert: „Kein Jude kann daher Volksgenosse sein."

Öffentliche Ämter, gleich welcher Art, dürften nur durch Staatsbürger bekleidet werden. Diese müßten wiederum Volksgenossen sein. Also waren Juden, ganz wie es Claß 1912 gefordert hatte, von öffentlichen Ämtern ausgeschlossen. Sie sollten wie alle anderen Nicht-Deutschen höchstens als Gäste in Deutschland leben dürfen, wären unter Fremdenrecht zu stellen und gegebenenfalls auszuweisen, insbesondere wenn sie nach dem 2. August 1914 eingewandert seien. Die „korrumpierende Parlamentswirtschaft einer Stellenbesetzung nur nach Parteigesichtspunkten ohne Rücksicht auf Charakter und Fähigkeiten" wurde verworfen. Diese Formulierung, die nicht auf eine völlige Beseitigung des Parlamentarismus zielte, läßt erkennen, daß Drexler seinen Traum, einen wohldotierten Parlamentssitz zu erlangen, nicht aufgegeben hatte.

Alle Staatsbürger sollten gleiche Rechte und Pflichten haben. Von dem Claßschen Ideal eines Klassenwahlrechts war nicht die Rede. Der Müßiggang wurde demonstrativ verworfen. Erste Pflicht eines Staatsbürgers wäre es vielmehr, „geistig oder körperlich zu schaffen". Dabei dürfte die Tätigkeit des einzelnen „nicht gegen die Interessen der Allgemeinheit verstoßen", sondern müsse „im Rahmen des Gesamten und zum Nutzen aller erfolgen". Diese unverbindliche, aber ansprechende Programmerklärung gestattete es den Faschisten, von einer „Volksgemeinschaft" zu reden, die „Arbeitgeber" und „Arbeitnehmer" gleichermaßen einschlösse; denn selbst der größte Ausbeuter konnte als der Allgemeinheit dienend bezeichnet werden, weil er — wie Feder formulierte — „Hunderttausenden unserer Volksgenossen . . . Brot und Arbeit" und dem deutschen Volke „Wehr und Waffen" gebe.

Mit Rücksicht auf das angestrebte Ziel, Arbeiter zu gewinnen und den kleinbürgerlichen Massenanhang zu vergrößern, kamen die Programmatiker der NSDAP nicht umhin, durch konkretere Forderungen den Eindruck hervorzurufen, die Nazipartei wolle wirklich Volksinteressen vertreten und schrecke vor antikapitalistischen Maßnahmen nicht zurück. Punkt 7 wies in diese Richtung: „Wir fordern, daß sich der Staat verpflichtet, in erster Linie für die Erwerbs- und Lebensmöglichkeit der Staatsbürger zu sorgen." Er wurde jedoch sogleich in eine dem Kapitalismus ungefährliche Richtung umgebogen: „Wenn es nicht möglich ist, die Gesamtbevölkerung des Staates zu ernähren, so sind die Angehörigen fremder Nationen (Nicht-Staatsbürger) aus dem Reiche auszuweisen."

Die 11. Forderung lautete: „Abschaffung des arbeits- und mühelosen Einkommens, Brechung der Zinsknechtschaft." Das entsprach der Federschen Theorie und ließ sich im judenfeindlichen und unternehmerfreundlichen Sinne interpretieren. In der 12. Forderung wurde jedoch „die persönliche Bereicherung durch den Krieg als Verbrechen am Volke" bezeichnet und die „restlose Einziehung aller Kriegsgewinne" verlangt. Praktisch war das allerdings für die Rüstungsindustriellen als Hauptnutznießer des Krieges ungefährlich, weil durch die antisemitische Propaganda der Begriff Kriegsgewinnler längst mit den Juden in Verbindung gebracht und auf die „Neureichen" reduziert wurde. Die 13. und die 17. Forderung tangierten dagegen die Interessen des Monopolkapitals unmittelbarer. Sie lauteten: „Wir fordern die Verstaatlichung aller (bisher) bereits vergesellschafteten Betriebe (Trusts)", und „Wir fordern eine unseren nationalen Bedürfnissen angepaßte Bodenreform, Schaffung eines Gesetzes zu unentgeltlichen Enteignung von Boden für gemeinnützige Zwecke, Abschaffung des Bodenzinses und Verhinderung jeder Bodenspekulation."

Diese beiden Programmpunkte waren es, die vor allem bei vielen Sympathisanten und Mitgliedern der Nazibewegung Illusionen erweckten und sogar Großindustrielle und Großagrarier in Unruhe und Unklarheit über die wahren Ziele der Nazibewegung hielten. Sie wurden durch einige nicht unbedingt antikapitalistisch klingende, aber recht populäre Forderungen wie „Gewinnbeteiligung an Großbetrieben", „Ausbau der Altersversorgung" und „Schaffung und Erhaltung eines gesunden Mittelstandes" ergänzt. Gerade der propagandistische Kampf gegen die „Groß-Warenhäuser" durch die NSDAP beeindruckte die vielen kleinen Gewerbetreibenden, die zudem „schärfste Berücksichtigung . . . bei der Lieferung an den Staat, die Länder oder Gemeinden" finden sollten. Er verstärkte aber auch den Eindruck, als sei die Nazipartei dem Monopolkapital feindlich gesonnen. Die Hitler-Clique hat es viel Mühe gekostet, den Großindustriellen und den Großgrundbesitzern klarzumachen, daß eine partielle antikapitalistische Propaganda unumgänglich war, wenn man Masseneinfluß erlangen wollte. Der Widerspruch zwischen programmatischer Zielstellung und praktischer Politik blieb jedoch bis 1934 der neuralgische Punkt innerhalb der Nazibewegung.

In dieser Hinsicht ging die NSDAP über den Alldeutschen Verband hinaus. Obwohl Claß und seine Gesinnungsgenossen auch ihre Vorvorbehalte gegen die Entwicklung zum monopolistischen Kapitalismus hatten, weil sie genau spürten, daß dadurch Fundamente der kapitalistischen Gesellschaftsordnung überlastet wurden, haben sie nie Ähnliches zu Papier gebracht. Ihre Demagogie war anderer Art. Auch für die Jungkonservativen, die eine elitäre Variante des deutschen Faschismus verkörperten, blieben der 13. und der 17. Punkt im Parteiprogramm der NSDAP stets „Wechsel", die — wie es ihr führender Ideologe Edgar Julius Jung formulierte — einmal zur Einlösung präsentiert werden würden und die darum besser nicht hätten ausgestellt werden dürfen.[30] Drexler wußte aus eigener Erfahrung, daß ohne diese Forderungen bei Arbeitern kein Eindruck zu erzielen war. Hitler, der anscheinend nur an der Endredaktion des Parteiprogramms mitgewirkt hat, betrachtete die ganze Angelegenheit von vornherein als ein rein demagogisches Mittel zur Massenverführung ohne Verbindlichkeiten für die Zukunft. Als er — wovon noch zu sprechen sein wird — Ende 1920 Claß in Berlin besuchte, erklärte er nach den Aufzeichnungen von Claß, „daß er sein Programm so, wie er es mir vorgetragen hatte, aus Rücksicht auf die erhoffte Gefolgschaft aus den Massen gestaltet hatte, und daß er bereit war, es nach erreichtem Erfolg preiszugeben".[31]

Es versteht sich von selbst, daß Hitler dabei in erster Linie die beiden erwähnten Programmpunkte im Auge hatte, denn der Rest des 25-Punkte-Programms der NSDAP hätte durchaus auch vom Alldeutschen Verband stammen können. Im einzelnen waren das die Forderungen nach Todesstrafe für gemeine Volksverbrecher, Wucherer, Schieber usw., nach Ersetzung des römischen Rechts durch ein deutsches Gemein-Recht, nach Ausbau des staatlichen Volksbildungssystems und Gewährung von Stipendien für besonders veranlagte Kinder armer Eltern sowie nach Hebung der Volksgesundheit durch Schutz für Mutter und Kind, Verbot der Jugendarbeit und eine allgemeine körperliche Ertüchtigung. Der Passus über die Schaffung einer deutschen Presse, der sich gegen den angeblichen jüdischen Einfluß auf das Zeitungswesen richtete, lehnte sich sogar deutlich an Claßsche Formulierungen an. Die Bildung eines Volksheeres entsprach durchaus Reichswehrvorstellungen, die an die Weltkriegserfahrungen anknüpften und auf die Wiedereinführung der von den Siegermächten aufgehobenen allgemeinen Wehrpflicht hinausliefen.

Die beiden letzten Programmpunkte — das allgemeine Bekenntnis

30 *Edgar J. Jung*, Sinndeutung der deutschen Revolution, Oldenburg 1933, S. 29ff.
31 BA Koblenz, Kleine Erwerbungen, 499 F, Heinrich Claß, Anhang zum ungedruckten zweiten Band der Erinnerungen, S. 9.

zu positivem Christentum ohne Orientierung auf eine bestimmte Konfession sowie zu einer starken Zentralgewalt — riefen höchstens im katholischen Bayern mit seinen großen separatistischen Neigungen Einwände hervor. Der Alldeutsche Verband konnte es nur begrüßen, wenn in der bayrischen Metropole die Stimmen derer gemehrt wurden, die über konfessionelle und föderalistische Schranken hinweg den Reichsgedanken betonten und für die unbedingte Autorität der Reichsleitung, wenn auch zunächst nur in Gestalt eines politischen Zentralparlaments, eintraten. Schließlich hatte sich in der Novemberrevolution alles auf den Gegensatz „Rätemacht oder Nationalversammlung" zugespitzt. Nicht minder begrüßenswert vom Standpunkt des Alldeutschen Verbandes war, daß der inzwischen auf eigenen Beinen stehende Nazisprößling bei aller Betonung seiner Eigenständigkeit die Muttermilch in keiner Weise verleugnete. So hieß es im Parteiprogramm der Nazipartei in Übereinstimmung mit dem Deutschvölkischen Schutz- und Trutz-Bund: „Sie bekämpft den jüdisch-materialistischen Geist in und außer uns und ist überzeugt, daß eine dauernde Genesung unseres Volkes nur erfolgen kann von innen heraus auf der Grundlage: Gemeinnutz vor Eigennutz." Dergleichen klang vertrauenerweckend, behielt den angeblichen Rassenfeind im Visier, lenkte vom Klassenkampf ab und ließ Raum für das ständige Bestreben der herrschenden Klasse, das Volk zur Genügsamkeit und zur unverdrossenen Arbeit im Interesse des „Gemeinwohls" zu erziehen.

Hitler hatte schon vor der Umbenennung der DAP in NSDAP dafür gesorgt, daß in die Drexlersche Partei ein neuer Geist einzog. Der alte Mitgliederstamm operierte noch ganz im traditionellen bürgerlichen Vereinsstil und wollte sich weitgehend mit parteiinternen „Bildungsveranstaltungen" begnügen. Nur zögernd wagte man sich an die Öffentlichkeit. Der redebesessene Reichswehrspitzel, der mit seinen Kumpanen aus der Reichswehrkaserne bald den Ton angab und den ganz auf Geheimarbeit eingeschworenen Harrer aus der Partei drängte, forderte pausenlos Massenveranstaltungen. Am 16. Oktober 1919 kam es erstmals zu einer größeren Kundgebung im Münchner Hofbräuhauskeller. Als Hauptredner wurde jedoch noch der Schriftleiter der im Verlag von J. F. Lehmann erscheinenden alldeutschen Zeitschrift „Deutschlands Erneuerung", Dr. Erich Kühn, gewählt. Die ideologische Schirmherrschaft des Alldeutschen Verbandes über die Deutsche Arbeiterpartei blieb also offenkundig. Hitler durfte erst nach Kühn auftreten, erzielte aber sogleich eine starke Wirkung auf die 111 erschienenen Zuhörer, die sich sichtbar in einer anschließenden Geldsammlung niederschlug.[32] Noch im gleichen Jahr erhielt er daher die Möglichkeit, als Zugnummer bei Massenkundgebungen auf den Plakaten zu erscheinen. So sprach er am 10. Dezember 1919 über ein alldeutsches Propagandathema: „Deutschland vor seiner tiefsten Erniedrigung".[33]

Hitler begnügte sich aber keineswegs mit der Agitation. Er achtete darauf, daß die Versammlungen der DAP bzw. der NSDAP in jeder Hinsicht zu einem Spektakel wurden. Eine „Handvoll treuester Kriegskameraden und sonstige Anhänger" sorgten für „Ruhe und Ordnung". Sie prügelten mißliebige Personen und unerwünschte Zwischenrufer ganz einfach aus dem Saal. Wer in Naziveranstaltungen kam, konnte stets mit einem Schauspiel besonderer Art — erst einem fanatisierenden Redeschwall Hitlers und dann einer allgemeinen Prügelei nach dem Geschmack bayrischer Bierkellerstammgäste — rechnen. Das war ein neuer Versammlungsstil, der die Nazis ins Gespräch brachte und sie vor allem der wirklichen politischen Auseinandersetzung enthob. Ihre spezifische Versammlungspsychose und ihr typischer Versammlungsterror hatten aber keineswegs nur Unterhaltungszweck, sondern dienten konsequent der Manipulation und der Einschüchterung. Hitlers Auftreten in Massenkundgebungen wurde beispielgebend für den Propagandastil der Nazis. Aus den „Schutzabteilungen" zur angeblichen Sicherung von Massenveranstaltungen entwickelte sich schließlich die faschistische Terrororganisation SA.

Der ideologische Gehalt der Nazipropaganda war zunächst von der deutschvölkischen und alldeutschen Vorstellungswelt geprägt. Mit dem Hakenkreuz, den SS-Runen und anderen äußeren Kennzeichen übernahm man die Symbolik des Germanenordens. Zugleich wurde auf bestimmte Eigentümlichkeiten der italienischen Faschisten wie den auch in deutschvölkischen Kreisen üblichen Heilgruß zurückgegriffen. Hitler blieb jedoch sorgsam darauf bedacht, daß die bewährten Methoden Feders, progressive Assoziationen zu mißbrauchen, nicht in Vergessenheit gerieten und äußerlich der Eindruck einer Arbeiterpartei nicht völlig durch den dominierenden kleinbürgerlichen Massenanhang verwischt wurde. Die roten Fahnen mit dem

32 *Hitler*, Mein Kampf, S. 390f. Vgl. dazu *Hitler. Sämtliche Aufzeichnungen*, S. 91.

33 *Deuerlein*, Hitlers Eintritt, S. 209f.; *Hitler. Sämtliche Aufzeichnungen*, S. 96ff.

schwarzen Hakenkreuz im weißen Kreis und die Melodien alter Arbeiterlieder mit neuem faschistischem Text unterstrichen dieses grundsätzliche Anliegen und ließen noch nach vielen Jahren den ursprünglichen Zweck der Parteigründung sichtbar werden.

Die Arbeiterschaft jedoch wurde — von Grenzschichten zum Kleinbürgertum und lumpenproletarischen Elementen abgesehen — davon nicht irregeführt. Selbst Drexler, der besonders demonstrativ seinen Arbeiterstatus zur Schau stellte, konnte dabei kaum Erfolge aufweisen. Über eine Parteiversammlung am 13. November 1919 im Münchner Eberlbräukeller hieß es in der Berichterstattung für das Reichswehr-Gruppenkommando München bedauernd: „Leider waren nur 20 bis 30 Arbeiter da, sehr viele Studenten, Offiziere, Kaufleute und Soldaten."[34] Das erhellt schlaglichtartig die in Reichswehrkreisen gehegten Erwartungen und das noch später von den großindustriellen Geldgebern beklagte Dilemma. Bei dieser Gelegenheit trat übrigens Hitler erstmals als Hauptredner auf. Er zeigte, daß er noch ganz im Banne seiner alldeutschen Mentoren stand, und sprach zu seinem Lieblingsthema: „Brest-Litovsk". Er verglich den von Ludendorff diktierten und alldeutschen Geist atmenden Friedensvertrag von Brest-Litovsk, der Sowjetrußland drückende Bedingungen auferlegte und einen beträchtlichen Teil seines Territoriums raubte, mit dem Friedensvertrag von Versailles. Angeblich habe ersterer turmhoch über letzterem gestanden. Es ist verständlich, daß es selbst der Hitlerschen Rabulistik nicht gelingen konnte, dies zu beweisen und mit derart offenkundiger alldeutscher Argumentation Arbeiter zu beeindrucken. Die Annexionspolitik des deutschen Imperialismus im Osten hatte Drexler schon im Januar 1918 der Münchner Arbeiterschaft nicht schmackhaft machen können.

Die DAP vermochte ihre ideologische Abhängigkeit vom Alldeutschen Verband nicht zu verleugnen. Immer wieder griff man auf den alldeutschen Propagandisten Dr. Erich Kühn zurück, der ebenso unentwegt die deutschen Kriegszielpolitik im ersten Weltkrieg und damit die alldeutschen Forderungen im Interesse des deutschen Monopol- und Agrarkapitals zu rechtfertigen versuchte. Hitler sekundierte ihm, sofern er nicht selbst in diesem Sinne als Hauptredener fungierte, als Hauptdiskussionsredner — wie beispielsweise in der DAP-Versammlung am 26. November 1919 im Münchner Eberlbräukeller.[35]

34 *Deuerlein*, Hitlers Eintritt, S. 206.

35 Ebenda, S. 207f.; *Hitler. Sämtliche Aufzeichnungen*, S. 94f.

Erst allmählich begann man sich in der DAP auf eigene Füße zu stellen. Bahnbrechend wirkte weiterhin Feder, der zum Unbehagen der alldeutschen Hintermänner bei seinem Kampf gegen das — allerdings stets als jüdisch bezeichnete — Börsen- und Leihkapital sogar über das Ziel hinausschoß und beispielsweise auf der DAP-Versammlung vom 16. Januar 1920 nochmals für den Bankrott des Staates eintrat. Wenn das Reich seine Schulden nicht mehr verzinsen und zurückzahlen würde, könne man — so versicherte er seinen Zuhörern — die Steuern erheblich herabsetzen.[36] Solche und ähnliche kapital- und herrschaftsgefährdenden Schlußfolgerungen wollte man im Alldeutschen Verband, der zahlreiche Rentiers zu seinen Anhängern zählte und den Kampf gegen das Judentum nach den Worten von Claß demagogisch geführt zu sehen wünschte, nicht gezogen sehen. Diese Argumentation war zu sehr auf Kreise zugeschnitten, die kaum Kriegsanleihen gezeichnet hatten und die mehr oder minder verschuldet und von Steuerlasten bedrückt waren. Sie konnte unter Umständen den Kapitalprofit und die Staatsgewalt schlechthin in Frage stellen.

Da war Dietrich Eckart viel willkommener, der in seinem Vortrag über den deutschen Kommunismus behauptete, hinter der kommunistischen Bewegung stünden geheime Drahtzieher des Auslandes — natürlich Juden —, die schon Rußland zur Wüste gemacht hätten.[37] Am besten wußte jedoch Hitler den notwendigen Verselbständigungsprozeß der inzwischen mit dem Attribut „nationalsozialistisch" geschmückten DAP in den vom Alldeutschen Verband vorgezeichneten Bahnen zu halten. Viele seiner Reden im Münchner Hofbräuhaus im Jahre 1920 waren dem Thema Antisemitismus gewidmet. Aus seinem Munde kam keine Stellungnahme zu innen- oder außenpolitischen Fragen, die nicht zu einem Angriff auf das Judentum benutzt und damit kanalisiert wurde. Am 27. April 1920 unterstellte Hitler gar, ganz Deutschland werde von Juden regiert. Deshalb wolle er „den Kampf solange führen, bis der letzte Jude aus dem Deutschen Reich entfernt" sei.[38]

Kein Wunder, daß Claß frühzeitig auf Hitler aufmerksam wurde, der so ausgezeichnet zu praktizieren wußte, was er im Oktober 1918

36 *Deuerlein*, Hitlers Eintritt, S. 210.

37 Ebenda, S. 210f. Eine Mitschrift der Eckart-Rede findet sich in: BA Koblenz, NS 26, Nr. 111, Bl. 5—11.

38 *Deuerlein*, Hitlers Eintritt, S. 211f. (Datierungsfehler); *Hitler. Sämtliche Aufzeichnungen*, S. 129.

empfohlen hatte und vielfach unzulänglich — entweder zu unbedacht oder zuwenig massenwirksam — verwirklicht sah. Da Verleger Lehmann dem Geschäftsführenden Ausschuß des Alldeutschen Verbandes angehörte, war man in den alldeutschen Führungskreisen über die politische Entwicklung in München ohnehin genau im Bilde. Auch besaß Claß viele Vertrauensleute in der bayrischen Landeshauptstadt, die sich immer mehr zum deutschen Zentrum der faschistischen Konterrevolution entwickelte. Mit dem Mentor Drexlers, Dr. Paul Tafel, stand er auf vertrautem Fuße.[39]

Für Claß war an Hitler zweierlei bedeutsam: *erstens* sein Ruf, als Gefreiter jener langersehnte „Mann aus dem Volke" zu sein, der in der Lage sein könnte, dem demagogischen Anspruch der Nazipartei gerecht zu werden, eine Partei des Volkes, der Werktätigen und sogar der Arbeiter darzustellen, *zweitens* seine außerordentliche propagandistische Geschicklichkeit und seine offen bekannte Bereitschaft, alldeutsches Gedankengut in populärer Form zu verbreiten. Noch hatte Hitler nicht zu erkennen gegeben, daß er weit mehr sein wollte als ein Willensvollstrecker von Claß, Mayr, Tafel und Lehmann. Noch verstand er sich selbst lediglich als Gehilfe reaktionärer Kräfte oder — wie er 1922 im Gespräch mit Arthur Moeller van den Bruck und anderen Mitgliedern des Berliner Juniklubs formulierte — als „Trommler" der Nation.[40] Sein abenteuerlicher Flug gemeinsam mit Dietrich Eckart im März 1920 nach Berlin, um den Kapp-Putschisten seine Dienste anzubieten, hatte nicht nur einen politischen Standort, sondern auch seine anfängliche Selbstbescheidung unterstrichen. Zu diesem Zeitpunkt war Claß für Hitler ganz ohne Zweifel die überragende Persönlichkeit, die die Fäden aller konterrevolutionären Verschwörungen gegen die Weimarer Republik und die Arbeiterbewegung in den Händen zu halten schien und der er sich ganz selbstverständlich unterordnen mußte. Das hat er sogar in öffentlichen Versammlungen, wo dergleichen angesichts schlechter Erfahrungen mit dem Alldeutschen Verband wenig honoriert wurde, durchblicken lassen.

Als Hitler am 17. April 1920 im Münchner Hofbräuhaus zum Thema „Der Weltkrieg und seine Macher" sprach, nahm er ausdrücklich

39 Zu den Beziehungen zwischen dem Alldeutschen Verband und der NSDAP vgl. *Joachim Petzold*, Claß und Hitler. Über die Förderung der frühen Nazibewegung durch den Alldeutschen Verband und dessen Einfluß auf die nazistische Ideologie, in: Jahrb. Gesch., Bd. 21, Berlin 1980, S. 247ff.

40 *Rudolf Pechel*, Deutscher Widerstand, Erlenbach/Zürich 1947, S. 297f.

den Alldeutschen Verband in Schutz. Ganz in Übereinstimmung mit dessen Weltkriegspropaganda wurde der englische Handelsneid zur Hauptursache des Krieges erklärt und der Hauptstoß in der Kriegsschuldfrage gegen England gerichtet. Selbst der Konflikt mit den Vereinigten Staaten von Amerika sei keineswegs die Folge des von den Alldeutschen so beharrlich geforderten uneingeschränkten U-Boot-Krieges, sondern das Resultat von Intrigen des Weltjudentums gegen Deutschland gewesen. Wörtlich sagte Hitler: „Man schiebt immer den Alldeutschen die Schuld am Kriege in die Schuhe. Wer hat denn die letzten Jahre vor dem Kriege die deutsche Politik geleitet?" Erwartungsgemäß kam aus der Versammlung, die in diesem Sinne schon manipuliert war, der Zuruf: „Juden!" Das gab Hitler Gelegenheit zu der Versicherung: „Nicht Alldeutsche waren es, sondern Alljuden!"[41]

Hitler berücksichtigte auch die Bedenken der alldeutschen Verbandsführung gegen eine zu hemmungslose antikapitalistische Demagogie. Er folgte zwar — wie seine im Wortlaut überlieferte Rede vom 13. August 1920 im Großen Saal des Münchner Hofbräuhauses zur Judenfrage beweist — der Federschen Propaganda gegen die Zinsknechtschaft des jüdischen Börsen- und Leihkapitals, mied aber dessen Schlußfolgerung von der Notwendigkeit eines Staatsbankrotts und hob besonders die auch bei Feder vorhandene Unterscheidung zwischen dem internationalen Bank- und dem nationalen Industriekapital hervor. Nur ersteres müsse als Instrument des Judentums bekämpft, letzteres aber geschützt werden.[42]

Auf jeden Fall gab Hitler von Anfang an klar zu verstehen, welche Klassenposition er bezog und wie sehr er sich der Grenzen antikapitalistischer Kritik bewußt war. Er galt deshalb den alldeutschen Führern bald als Garant dafür, daß die Nazibewegung unter Kontrolle gehalten werden könnte. Denn bei aller Genugtuung darüber, daß endlich eine, wenn auch lokal begrenzte, massenwirksame Partei vorhanden war, die imperialistische und revanchistische Ziele popularisieren und dem Einfluß der Arbeitsorganisationen an der Basis entgegenwirken konnte, ganz war man die Sorge nie losgeworden, daß in der nationalsozialistischen Demagogie ein zu großes Risiko lag. Was,

41 *Reginald H. Phelps*, Hitler als Parteiredner im Jahre 1920, in: Vierteljahrsh. Zeitgesch., 3/1963, S. 297ff.; *Hitler. Sämtliche Aufzeichnungen*, S. 122ff.

42 *Reginald H. Phelps*, Hitlers „grundlegende" Rede über den Antisemitismus, in: Vierteljahrsh. Zeitgesch., 4/1968, S. 390ff., bes. S. 409; *Hitler. Sämtliche Aufzeichnungen*, S. 184ff.

so fragten sich die Alldeutschen immer wieder, würde geschehen, wenn zu viele Illusionen über die Möglichkeit einer nationalsozialistischen Entwicklung im Volke entstünden und die NSDAP dem daraus folgenden Druck nicht mehr standhielte? Oberfinanzrat Dr. Paul Bang, ein enger Vertrauter von Claß und von wachsender Bedeutung im Alldeutschen Verband, hat diese Furcht in die Worte gekleidet: Man sollte nicht die „Geister“ rufen, „die man später nicht mehr bannen kann!“[43] Sozialistische Demagogie zur Rettung kapitalistischer Eigentumsverhältnisse — das war eben nicht nur ein raffinierter Propagandatrick, sondern kam für viele auch einem riskanten Verzweiflungsschritt nahe.

Claß registrierte deshalb erleichtert, daß sich Hitler als ein so zuverlässiges und alle Schuldfragen auf die Juden abschiebendes Sprachrohr erwies. In seinen ungedruckten Memoiren beschreibt er seine Reaktion auf das ihm übersandte NSDAP-Programm: Das „erste, wonach ich sah“, war, „ob über die Judenfrage etwas gesagt sei“.[44] Er konnte zufrieden sein. Auch die weiteren Berichte aus München waren positiv. Am 10. August 1920 hatte ihm sein Informant und Agent in Bayern, Österreich und Italien, Dr. Otto Helmut Hopfen, altbewährt in der Wahrnehmung alldeutscher Interessen, mitgeteilt: Es sei ihm gelungen, in Salzburg den „Volkstribunen“ Hitler davon zu überzeugen, daß er den bayrischen Separatisten, die von der Bildung eines bayrisch-österreichischen Staatswesens mit französischer Rükkendeckung träumten, entgegentreten müsse und daß Hitler seinen Gegenstoß in brillanter Art durchgeführt habe.[45]

Offensichtlich sah Hopfen, der über die Salzburger Tagung rechtsradikaler Organisationen Deutschlands, Österreichs und der von Deutschen bewohnten Gebiete der Tschechoslowakei ausführlich in der „Deutschen Zeitung“ berichtete, in Hitler einen verlängerten Arm des Alldeutschen Verbandes bei der Verwirklichung alldeutscher, in diesem Falle gegen den bayrischen Separatismus und darüber hinaus gegen Frankreich gerichteter Ziele. Hitler war zu dieser Zeit durchaus bereit, diese Funktion zu übernehmen. Nachdem er in Salzburg seine üblichen Haßtiraden gegen die durch die Juden verursachte „Rassentuberkulose“ losgelassen hatte und demagogisch als Arbeitervertreter

43 ZStA Potsdam, Alldeutscher Verband, Bd. 254, Bl. 293verte Bang an H[ertzberg], 2. 8. 1921).
44 BA Koblenz, Kl. Erw., 499 F, Claß, Anhang, S. 8.
45 ZStA Potsdam, Alldeutscher Verband, Nr. 392, Bl. 134/135.

aufgetreten war, ging er mit den bayrischen Separatisten ins Gericht: „national sein, heißt deutsch sein, ohne Rücksicht auf Vorteile, und wenn Sie uns heute versichern wollten, wenn ihr nicht unter Frankreich geht, dann werdet ihr bolschewistisch. Ich lasse mich lieber in einem bolschewistischen Deutschland aufhängen als in einem französischen Süddeutschland selig machen."[46]

Es versteht sich, daß Hopfen bei dieser mit Beifall bedachten Redepassage „das Herz lachte", denn so erfreut die Alldeutschen über die politische Entwicklung in der bayrischen Landeshauptstadt und in Bayern überhaupt waren, der Triumph über die Münchner Räterepublik ging mit einem „Los von Berlin" einher. Die altbayerische Reaktion fürchtete die revolutionäre Arbeiterbewegung, wollte keinen sozialdemokratischen Reichspräsidenten und keinen Sozialdemokraten in der Reichsregierung akzeptieren — ein Standpunkt, der den Alldeutschen genehm war — und stellte deshalb — diesmal zum Entsetzen des Alldeutschen Verbandes — kurzerhand die Reichseinheit in Frage. Zugleich wurden aus dem Brief Hopfens an Claß gewisse Besorgnisse Hitlers über eine allzu sichtbare Anlehnung an den Alldeutschen Verband erkennbar. Als Hopfen sich vorsichtig erkundigte, ob der Naziführer nicht einmal durch „eine Gastrolle . . . auf einer alldeutschen Tagung" erfreuen möchte, meinte Hitler, daß „ein solches Auftreten von seinen Leuten falsch gedeutet werden könnte". Er hoffte aber auf finanzielle Unterstützung durch die „Deutsche Zeitung", damit er die ihm zugedachte Aufgabe zu erfüllen vermöge. „Wenn Sie" — so schrieb Hopfen abschließend an Claß — „wie ich hoffe, nächste Tage kommen, werden Sie die Geldfrage selber regeln und Hitler kennen lernen, der Ihnen gern vorgestellt sein möchte. Anderenfalls schreiben Sie mir bitte Ihre Entscheidung . . . Hitler ist zu jeder Folgerichtigkeit aus seinen Anschauungen entschlossen. So sieht er bereits sein Banner, das schwarze Hakenkreuz in weißer Scheibe auf roter Fahne von dem Schloß in Berlin wehen."[47]

Hitlers demonstratives Bekenntnis zum Alldeutschen Verband am 17. April 1920 und sein häufiges gemeinsames Auftreten mit alldeutschen Propagandarednern hatte bereits unerwünschte Folgen gehabt. Es mehrten sich sogar in den eigenen Reihen die Stimmen, die ihn als

46 BA Koblenz, NS 11, Nr. 28, Bl. 5 (Rede des Führers auf dem Salzburger Parteitag 1920); *Hitler. Sämtliche Aufzeichnungen*, S. 173ff.

47 ZStA Potsdam, Alldeutscher Verband, Nr. 392, Bl. 134/135.

verkappten Agenten der herrschenden Klasse anprangerten. Im Oktober 1920 schrieb der Vorsitzende des „deutsch-sozialistischen“ Konkurrenzunternehmens der NSDAP, Alfred Brunner, Hitler und Drexler hätten auf ihn „den Eindruck hinterhältiger Menschen gemacht, die sich auch von alldeutsch-kapitalistischer Seite einspannen lassen.“[48] Derartige Urteile konnten, wenn Beweise vorlagen, leicht das Ende der NSDAP bedeuten. Drexler hat jedenfalls immer höchst empfindlich reagiert, wenn ihm dergleichen vorgehalten wurde. Auch Hitler hielt es für ratsam, in Salzburg Brunner ostentativ die Zusammenarbeit anzubieten[49] und nicht auf einer alldeutschen Verbandstagung zu erscheinen.

Claß hatte dafür Verständnis. Ihm war vor allem wichtig, was Hauptmann Mayr in einem Brief vom 24. September 1920 an den wenige Monate zuvor gescheiterten Putschisten Wolfgang Kapp ankündigte: „Die nationale Arbeiterpartei muß die Basis geben für den starken Stoßtrupp, den wir erhoffen. Das Programm ist gewiß noch etwas unbeholfen und vielleicht auch lückenhaft. Wir werden es ergänzen. Sicher ist nur, daß wir unter dieser Fahne doch schon recht viele Anhänger gewonnen haben. Seit Juli vorigen Jahres schon suche soweit mir möglich auch ich die Bewegung zu stärken. Das Wesentliche in jeder politischen kurz- oder langfristigen Aktion scheint mir die Auswahl der Persönlichkeiten zu sein neben dem Hochhalten des eigenen persönlichen Gedankens und Entschlusses. Ich habe sehr tüchtige junge Leute auf die Beine gebracht. Ein Herr Hitler z. B. ist eine bewegende Kraft geworden, ein Volksredner 1. Ranges.“ Mayr versicherte Kapp seiner „unwandelbaren Verehrung“, „um für Zukunftspläne“ dessen „Rat“ und ”Förderung zu erbitten“. Zugleich rühmte er sich seiner „Drahtziehertätigkeit“ in Bayern. Auch der Flug von Eckart und Hitler nach Berlin zur Unterstützung der Kapp-Putschisten ging auf sein Konto. Nach der Versicherung „Wir arbeiten weiter. Wir schaffen die Organisation des nationalen Radikalismus“ teilte er mit, daß er nach seinem unvermeidlich gewordenen Austritt aus der Reichswehr alle Kraft auf das gemeinsame Ziel konzentriere, und fragte an, ob nicht eine Geldquelle zu erschließen wäre. Um den „Völkischen Beobachter“ für die NSDAP erwerben zu können, fehlten noch 45000 Mark. Mayr erhoffte von Kapp „Entscheidendes“ für die Zukunft und formulierte wörtlich, „daß unsere Bewegung, mit deren

48 *Franz-Willing*, Die Hitlerbewegung, Bd. 1, S. 105.
49 BA Koblenz, NS 11, Nr. 28, Bl. 8.

weiterer Entwicklung nach meiner felsenfesten Überzeugung das Schicksal des deutschen Volkes eng verknüpft ist, recht eigentlich erst durch Sie zu tätigem Leben erweckt wurde".[50]

Ähnlich wie Mayr äußerte sich der Münchner Polizeipräsident Ernst Pöhner in einem Empfehlungsschreiben vom 11. Dezember 1920 an Claß und Bang: „Der Überbringer gegenwärtigen Briefes, Herr Hitler, ist Ihnen bereits von Ihrem Aufenthalt in München her bekannt. Ich selbst habe mit Herrn Hitler bereits eingehend längere Unterredungen gepflogen und mich dabei überzeugt, daß er ein außerordentlich geschickter und tatkräftiger Verfechter unserer gemeinsamen Ideen ist. Er ist eine organisatorische und agitatorische Kraft ersten Ranges und als der beste Redner der nationalsozialistischen Deutschen Arbeiterpartei in ganz Bayern bekannt. Die Versammlungen, in denen er spricht, sind stets überfüllt. Herr Hitler ist, wie er mir erklärt hat, gerne bereit, falls er die nötige finanzielle Unterstützung findet, auch in Norddeutschland sich entsprechend zu bestätigen. Ich möchte Ihnen hiermit Herrn Hitler aufs wärmste empfehlen und bin gewiß, daß er Ihnen vorzügliche Dienste leisten wird."[51]

Claß, der die schon über Hopfen erbetene Reiseunterstützung gewährt hatte,[52] empfing Hitler im Dezember 1920 zu einer längeren Aussprache in Berlin. Seine diesbezüglichen Aufzeichnungen aus dem Jahre 1936 waren bereits von den persönlichen Enttäuschungen gekennzeichnet, lassen aber doch noch den starken Eindruck erkennen, den Hitler bei ihm hervorrief: „Alles in allem insoweit ein Mensch, der im politischen Leben unseres Volkes etwas ganz Neues war und von dem man, wenn es ihm gelang, an die marxistische Gefolgschaft heranzukommen, erwarten konnte, daß er die Bande, die sie an die Partei fesselten, mindestens lockern werde."[53]

Zweierlei will Claß stutzig gemacht haben. Zum einen die schon erwähnte unumwundene Erklärung Hitlers, daß er sein Parteiprogramm nur mit Rücksicht auf die erhoffte Gefolgschaft der Massen so sozial gestaltet habe und daß er bereit sei, es nach erreichtem Erfolge preiszugeben. Dies erschien ihm als ein Verstoß gegen die Wahrhaftigkeit. Besonders glaubwürdig ist diese Versicherung nicht.

50 Zentrales Staatsarchiv, Merseburg (im folgenden: ZStA Merseburg), Nachlaß Kapp, E II 26, Bl. 339—344.

51 ZStA Potsdam, Alldeutscher Verband, Nr. 258, Bl. 198 (Pöhner fügte merkwürdigerweise in den Namen Hitlers noch immer ein weiteres t ein).

52 Ebenda, Nr. 392, Bl. 142.

53 BA Koblenz, Kl. Erw., 499 F, Claß, Anhang, S. 8f.

Der alldeutsche Verbandsvorsitzende hatte selbst genügend Beispiele für List und Tücke gegeben und General Keim keineswegs widersprochen, als dieser auf der Oktobertagung des Geschäftsführenden Ausschusses im Jahre 1918 riet, den Löwenschwanz einzuziehen und den Fuchsschwanz herauszustecken. Allein die antisemitische Demagogie war ein Beweis für die Skrupellosigkeit von Claß, der natürlich viel zu intelligent war, um wirklich an die deutschvölkischen Märchen über die Juden zu glauben. Sicherlich hat ihn lediglich der hohe Aufwand an sozialer Demagogie im NSDAP-Programm gestört.

Zum anderen, und das klingt schon wahrscheinlicher, nahm er an Hitlers unbedingtem Glauben an sich selbst und der ganzen Art seines Auftretens Anstoß. Der alldeutsche Führer, der sich als Lenker und Leiter aller reaktionären und konterrevolutionären Umtriebe verstand, fürchtete, daß ihm der nazistische Führer eines Tages über den Kopf wachsen könnte. 1936 war das längst eingetreten.

Alfred Kruck beschrieb den Besuch Hitlers — gestützt auf persönliche Auskünfte von Claß — folgendermaßen: „In der überschwenglichen Art, die ihm in seinen jungen Jahren eigen war, küßte Hitler dem Justizrat die Hände und bekannte sich als seinen treuen Schüler. Er hätte mit innerer Erregung den ‚Einhart' (eine chauvinistische Darstellung der deutschen Geschichte von Claß — J. P.) gelesen und nach der Lektüre von ‚Wenn ich der Kaiser wär' die Überzeugung gewonnen, daß in diesem Buch alles für das deutsche Volk Wichtige und Notwendige enthalten sei."[54] Aus alldem folgt: Nicht nur die NSDAP ging politisch, organisatorisch und ideologisch auf Initiativen des Alldeutschen Verbandes und ihm nahestehender deutschvölkischer Organisationen zurück, auch Hitler sah sich als direkten Schüler von Claß und war geistig das Produkt alldeutscher Erziehung und Orientierung.

Claß seinerseits bemühte sich nach Kräften, dem Naziführer und der Nazipartei unter die Arme zu greifen und zu Geldgebern zu verhelfen. Der Alldeutsche Verband selbst verfügte nur über relativ bescheidene Mittel, hatte aber finanzkräftige Gönner und Förderer der von ihm verfolgten Bestrebungen. Der von Mayr und anderen Münchner Gesinnungsgenossen gewünschte Erwerb des „Völkischen Beobachters" für die NSDAP und seine Umwandlung in eine Tageszeitung

54 *Alfred Kruck*, Geschichte des Alldeutschen Verbandes 1890—1939, Wiesbaden 1954, S. 192.

konnten nicht aus dem alldeutschen „Wehrschatz“ finanziert werden. Claß wandte sich deshalb über Dr. Otto Gertung an das schon zu Rieppels Zeiten dem Alldeutschen Verband verbundene Direktorium der Maschinenfabrik Augsburg-Nürnberg (MAN). Dieses Großunternehmen war in den Einflußbereich des Haniel-Konzerns geraten, dessen die Oberhausener Gutehoffnungshütte leitender Chefmanager Paul Reusch reges Interesse an faschistischen Bestrebungen zeigte.

In dem aufschlußreichen Brief von Claß an Gertung vom 29. Januar 1921 heißt es: „Sie werden sich erinnern, daß ich Ihnen schon wiederholt von der nationalsozialistischen Bewegung gesprochen habe, die unter Drexlers und Hitlers Leitung in München und Südbayern große Erfolge und insbesondere, wie man mir versichert, den roten Terror in München gebrochen hat. Die Erfolge sind so groß, daß ich, wie ich streng vertraulich mitteile, mit den Herrn vereinbart habe, daß ihre Bewegung nach Norddeutschland, vor allem Berlin und Hamburg, ausgedehnt werde und daß die dazu erforderlichen Mittel von uns zur Verfügung gestellt würden. Ein anderes ist es jetzt, was Drexler und Hitler große Sorge macht. Die Partei hat den Völkischen Beobachter in München gekauft und will ihn in eine Tageszeitung umwandeln. Aus eigenen Mitteln und aus befreundeten Kreisen haben sie so viel aufgebracht, daß der erwartete Fehlbetrag des ersten Jahres bis auf 100000 Mk. gedeckt ist. An mich sind die Herren wegen dieses Fehlbetrages herangetreten; ich bin aber ganz außerstande, dabei zu helfen, und bitte zu überlegen, ob Sie, d. h. Ihr Werk dabei nicht in Frage käme. Daß die Sache jede Unterstützung verdient, ist außer Zweifel, und ich kann Ihnen vertraulich mitteilen, daß Polizeipräsident Dr. Pöhner in München den größten Wert darauf legt, daß die Bewegung vorankommt; damit ist gesagt, daß auch der Ministerpräsident den gleichen Wunsch hat. Ich nehme an, daß es, falls von Ihnen etwas geschehen kann, im beiderseitigen Interesse liegt, daß von der etwaigen Hilfeleistung gar nichts bekannt wird.“[55]

Diese sorgsame Verschleierung der politischen und vor allem der finanziellen Unterstützung der Nazipartei durch den Alldeutschen Verband und großindustrielle Kreise hat zusammen mit dem scheinbar antikapitalistischen Parteiprogramm in der Öffentlichkeit seinen Zweck nicht verfehlt. Zum Unterschied von den anderen Interessenvertretungen des deutschen Imperialismus erschien die NSDAP wenn schon nicht als eine Partei der Arbeiter, so doch wenigstens des Klein-

55 ZStA Potsdam, Alldeutscher Verband, Nr. 258, Bl. 238.

bürgertums, die — wie es später in einem ihrer Lieder hieß — den Kampf sowohl gegen „Rotfront" als auch gegen „Reaktion" führte. Da viele Akten über geheime Finanzierungen sorgsam vernichtet oder überhaupt gar nicht erst angelegt wurden, ist es schwer, Licht in das Dunkel zu bringen. Die relativ aufschlußreichen Unterlagen des Alldeutschen Verbandes sind deshalb gerade für die Anfangsphase der NSDAP, in der das Interesse des Ruhrkapitals an Hitler und seiner Nazipartei noch nicht geweckt war, von unschätzbarem Wert. Gertung teilte in seinem Antwortbrief an Claß vom 27. Februar 1921 mit, daß im Direktorium der Maschinenwerke Augsburg-Nürnberg die alldeutschen Bemühungen, mit Hilfe der NSDAP an die Arbeiter heranzukommen, sehr wohl gewürdigt wurden: „Ich habe die Frage bei uns vorgebracht, man war einer Unterstützung der Partei nicht abgeneigt. Wir müssen uns aber erst allgemein Gelder bewilligen lassen und dann die Frage nochmals im Vorstand besprechen."[56]

Claß informierte postwendend Tafel von der grundsätzlichen Unterstützungsbereitschaft des MAN-Direktoriums.[57] Der „Völkische Beobachter" war bereits von Eckart und mit Mitteln aus der Reichswehrkasse für die NSDAP angekauft worden.[58] Seine Unterhaltung als Tageszeitung erforderte jedoch laufende Zuwendungen. Als Hitler und der Hauptgeschäftsführer des „Völkischen Beobachters", Max Amann, Anfang Juni 1921 erneut bei Claß in Berlin vorsprachen, um Geld zu erlangen, setzte sich dieser „bei den entsprechenden Stellen" sofort dafür ein. Er mußte jedoch — wie er in einem Brief vom 8. Juni 1921 an Tafel mitteilte — sich mit „einem eigenartigen Erfolge" zufriedengeben: „Es wurde mir gesagt, es lägen Berichte urteilsfähiger Männer aus München vor, die sich dahin aussprächen, daß die Bewegung um Drexler und Hittler (so schrieb man damals oft in der alldeutschen Verbandsleitung — J. P.) dieselbe Entwicklung nehme wie bisher alle sogenannten nationalsozialistischen Versuche: Es gelinge nicht, aus der Arbeiterschaft in nennenswertem Maße Zuzug zu bekommen. Die Anhängerschaft beschränke sich auf kleinbürgerliche Kreise, und in München sei es besonders bedenklich, daß Beamte und vor allem Studenten irre gemacht und mit sozialistischen

56 Ebenda, Bl. 239.

57 Ebenda, Bl. 240.

58 Nach *Konrad Heiden* (Geschichte des Nationalsozialismus. Die Karriere einer Idee, Berlin 1932, S. 43) wurden für den Ankauf des „Völkischen Beobachters" notwendige Gelder aus Reichswehrmitteln mit Hilfe des Generals von Epp aufgebracht.

Gedankengängen verseucht würden. Man behauptete, daß diese Gefahr gerade in München sich schon stark gezeigt habe, und wollte deshalb von einer Unterstützung der Bewegung nichts wissen. Mein Einwand, daß es sich jetzt in der Hauptsache darum handele, die breiten Massen gegen das Judentum mobil zu machen und Bre[s]che in die sozialistischen Parteien zu legen, wurde mit dem Hinweis bekämpft, daß der Schaden einer etwaigen Verseuchung der Studentenschaft auf die Dauer schwerer wiege als die vorübergehende Erfüllung der beiden anderen Zwecke." Claß erkundigte sich besorgt bei Tafel, „ob die Entwicklung wirklich den Weg geht, der behauptet wurde". Er versprach aber, nochmals an Gertung nach Nürnberg zu schreiben, und verwies im übrigen auf potentielle Geldgeber in München selbst.[59]

Wer so, wie im Brief erwähnt, argumentiert hatte, ließ sich nicht ermitteln. Man kann ihn aber im Umkreis von Reusch und Spengler suchen. Beide hatten Vorbehalte gegen die Nazibewegung, weil sie einer betont elitären Faschismuskonzeption anhingen und Bedenken gegen die soziale Demagogie im Naziparteiprogramm und gegen die Federschen Vorschläge einer Wirtschaftsreform hegten. Sie wollten eine faschistische Diktatur, die Spengler Cäsarenherrschaft nannte, von oben durchsetzen. Erst als Reusch sich überzeugt hatte, daß dies unter den spezifischen Bedingungen der Weimarer Republik nicht möglich war und Hitler die Sozialdemagogen und Wirtschaftsreformer in seiner Partei zu zügeln wußte, schwenkte er auf dessen Linie ein, schloß er sich denjenigen Monopolkapitalisten an, die für eine Berufung Hitlers zum Reichskanzler eintraten.[60]

Die Angst vor zu viel sozialer Demagogie erklärt die anfängliche Unsicherheit großindustrieller Kreise gegenüber der Nazibewegung. Mayr glaubte daher in seinem Brief an Kapp betonen zu müssen, daß die von ihm mitgeschaffene „Organisation des nationalen Radikalismus . . . mit *Nationalbolschewismus* nichts zu tun hat".[61] Dem Monopolkapital behagte darüber hinaus nicht, daß im NSDAP-Parteiprogramm die Verstaatlichung der Trusts gefordert wurde. Infolgedessen zeigten sich mittelständische Unternehmer und Fabrikanten wie Bruckmann, Bechstein und andere zunächst zahlungsfreudiger.

59 ZStA Potsdam, Alldeutscher Verband, Nr. 258, Bl. 243 (Durchschlag des Briefes vom 8. 6. 1921).

60 Vgl. dazu *Anton Mirko Koktanek*, Oswald Spengler in seiner Zeit, München 1968, S. 431 f.

61 ZStA Merseburg, Nachlaß Kapp, E II 26, Bl. 341.

Bei ihnen saß der Schreck der Räteherrschaft noch tief, war eine weitere Monopolisierung der Wirtschaft unerwünscht, wurde das hohe Zinsen fordernde Bankkapital als schwere Belastung empfunden, konnten persönliche Verbindungen leichter angeknüpft werden als bei den ihrer Macht wieder recht sicheren und von vielen Seiten angesprochenen Großindustriellen.

Neben dem Druck von oben war die NSDAP aber auch einem Druck von unten ausgesetzt. Diejenigen, die der Gewinnung von Arbeitern den Vorrang gaben, hielten den Kurs der Hitlerclique für viel zu alldeutsch und unternehmerfreundlich. Einen ersten Ausdruck hatte diese Kritik, die oft mit persönlichen Rivalitäten und Intrigen verbunden war, in den Angriffen Brunners gefunden. Sie spielte auch bei den parteiinternen Auseinandersetzungen eine Rolle, die im Juli 1921 über das Flugblatt „Adolf Hitler Verräter?" entbrannten. Es kam zu einer außerordentlichen Mitgliederversammlung, die jedoch mit einem vollständigen Sieg Hitlers endete. Er hatte zum Zwecke der Erpressung seinen Parteiaustritt erklärt. Da jedermann wußte, wie schwer seine rhetorischen und propagandistischen Fähigkeiten wogen und welchen Rückhalt er hatte, war sein Manöver erfolgreich. Es wurden einschneidende Satzungsänderungen beschlossen, die ihm große Vollmachten gaben. So verschwand der vielgliedrige Leitungsausschuß. Hitler wurde zum 1. Vorsitzenden gewählt und Drexler als Ehrenvorsitzender in allen Parteiausschüssen abgeschoben. Diese hatten jedoch nur beratende Funktionen. Das Führerprinzip kam erstmals zur Anwendung, denn der Parteivorsitzende war nur noch der Mitgliederversammlung verantwortlich.

Die Münchner Alldeutschen in der NSDAP, insbesondere Tafel und Lehmann, waren sehr besorgt über die Möglichkeit einer Parteispaltung gewesen und zeigten sich — wie ein Informationsbrief an Claß vom 30. Juli 1921 beweist — über den in ihren Augen „guten Ausgang" sehr erfreut.[62] Hitler war ihr Mann geworden. Sein Sieg, selbst über Drexler, wurde von ihnen daher ganz folgerichtig als ihr Sieg empfunden. Man nahm in Kauf, daß seine Kumpane aus der Reichswehrkaserne in der Partei immer mehr an Boden gewannen und die grollenden und enttäuschten Drexler-Anhänger, die zum Teil noch aus den Eisenbahnhauptwerkstätten stammten, in den Hintergrund drängten. Man hoffte, der Hitlerschen Redegewandtheit werde es gelingen, wieder an die Arbeiter heranzukommen. Als sich Claß bei seinem

62 ZStA Potsdam, Alldeutscher Verband, Nr. 232, Bl. 1/2.

nächsten Aufenthalt in München herabließ, Hitler seinen Gegenbesuch in der Parteigeschäftsstelle zu machen, versäumte er nicht, dieses heikle Problem anzusprechen. Laut seinen ungedruckten Erinnerungen verlief diese Zusammenkunft durchaus freundschaftlich: „Ich beglückwünschte Hitler zu seinen Erfolgen und streifte die Frage, ob denn auch Arbeiter zu seinen Versammlungen kämen. Er antwortete, die Parteien, sowohl die Sozialdemokraten wie die Bayrische Volkspartei täten alles, um ihre Anhänger fernzuhalten; er sei aber sicher, daß dies nicht auf die Dauer gelingen werde."[63]

Hitler verstärkte in der Folgezeit seine Anstrengungen, persönlich Eindruck bei den Münchner Arbeitern zu erzielen. Am 22. Mai 1921 veröffentlichte er im „Völkischen Beobachter" einen Artikel unter der Überschrift „Einige Fragen an den deutschen Arbeiter", der deutlich die von Claß vorgeschlagene Methode erkennen läßt.[64] Er versuchte durch folgende Gegenüberstellung Sympathisanten im Proletariat zu finden: „Wieviel Prozent Juden sind in der *Gesamtbevölkerung*, wieviel Prozent sind unter den *Handarbeitern*, *Schlossern*, *Schmieden*, *Bergarbeitern*, *Müllkutschern*, *Straßenfegern*, *Schustern* usw. usw., *wieviel Prozent aber sind an Juden in der Führung der Arbeiterschaft*?" Der höhere Anteil von Menschen jüdischer Herkunft an der Intelligenz, der sich auf die sogenannten freien Berufe auswirkte — zu denen auch die Journalisten gehörten, die in der Arbeiterbewegung eine große Rolle spielten —, wurde zielbewußt genutzt, um die Auffassung zu suggerieren, „die Führer unserer deutschen Arbeiter" seien „fast ausnahmslos Angehörige der Nation, die man niemals arbeiten sieht" und in deren Hand angeblich das die Welt und insbesondere Deutschland ausbeutende „Börsen- und Leihkapital" sei.[65]

Im Grunde wiederholte Hitler, was die antisemitischen Organisationen und er selbst seit langem mit ungerechtfertigten Behauptungen und maßlos übertriebenem Zahlenmaterial sowie einer die Zusammenhänge demagogisch verfälschenden Interpretation zu beweisen suchten. Das Hauptanliegen seines offensichtlich auf die Unzufriedenheit der potentiellen Geldgeber und der bohrenden Fragen von Claß

63 BA Koblenz, Kl. Erw. 499 F, Claß, Anhang, S. 10.

64 Völkischer Beobachter, Nr. 40, 22. 5. 1921; *Hitler. Sämtliche Aufzeichnungen*, S. 404ff.

65 Rede Hitlers „Der Jude als Arbeiterführer" vom 1. 7. 1920 im Münchner Bürgerbräukeller laut Versammlungsbericht, in: Völkischer Beobachter, Nr. 53, 8. 7. 1920.

zurückgehenden Artikels vom 22. Mai 1921 im „Völkischen Beobachter", als eigentliche Nutznießer der Novemberrevolution die „*Schieber, Wucherer, Spekulanten, Valutaschwindler*, kurz das *Börsengesindel* im allgemeinen" herauszustellen und die Arbeiterführer als deren Werkzeuge zu diffamieren, wurde wenige Tage später von Hitler ganz im Sinne seiner früheren Ausführungen durch den Artikel „Das verratene Deutschland" noch verdeutlicht.[66] Wiederum appellierte er, der schon seinen vorangegangenen Aufsatz mit der Behauptung geschlossen hatte, daß es keine internationale Solidarität gebe, an den „*deutschen Arbeiter*". Diesmal nahm er ihn ostentativ vor dem Vorwurf in Schutz, er sei „*ein vaterlandsloser Geselle*". Wirklich vaterlandslos seien nur die „*Talmudjournalisten*", die „jüdischen *Preßcanaillen*", die keinen Finger für die Verteidigung Oberschlesiens gegen das „*polnische Banditengesindel*" rührten, während eine überwältigende Mehrheit der Arbeiterschaft im Weltkriege ihre Vaterlandstreue bewiesen habe.

Diese scheinbar auf Tatsachen beruhende und zugleich einschmeichelnde Propaganda verfehlte ihre Wirkung auf politisch zurückgebliebene, noch vom kleinbürgerlichen Bewußtsein geprägte oder ausgesprochen lumpenproletarische Randgruppen der Arbeiterklasse nicht. Ein sehr eingehender Bericht des Reichskommissars für Überwachung der öffentlichen Ordnung vom 27. Januar 1923 konstatiert rückblickend auf den Entwicklungsweg der NSDAP: „Ihre Anhänger setzen sich aus allen Bevölkerungsschichten zusammen, insbesondere sind es der Mittelstand, Beamten, Studenten, frühere Offiziere, die in der Partei zahlreich vertreten sind; während der Partei anfänglich nur wenige Arbeiter zugetan waren, hat sie nunmehr, insbesondere in Bayern, aus Arbeiterkreisen einen ganz erheblichen Zulauf bekommen".[67] Hierbei wirkte sich nicht zuletzt die von Clara Zetkin so eindringlich beschriebene Enttäuschung über die Politik der rechten sozialdemokratischen Führer aus, die ihre Regierungsübernahme in der Novemberrevolution mit so großen Versprechungen begleitet und vom angeblich nahe bevorstehenden Sozialismus gesprochen hatten.[68] Die Wirklichkeit sah ganz anders aus. Der dank des sozialdemokra-

66 Völkischer Beobachter, Nr. 41, 26. 5. 1920; *Hitler. Sämtliche Aufzeichnungen*, S. 414f.

67 ZStA Potsdam, Staatsgerichtshof zum Schutze der Republik, Nr. 43/1, Bl. 3 v.

68 *Clara Zetkin*, Ausgewählte Reden und Schriften, Bd. II: Auswahl aus den Jahren 1918 bis 1923, Berlin 1960, S. 695.

tischen „In-die-Bresche-Springens“ bestehengebliebene Kapitalismus wälzte alle Lasten des verlorenen Krieges nach Möglichkeit auf die Volksmassen ab und bewirkte durch die Inflation eine nie dagewesene Vermögensumschichtung. Das alles aber lastete die Reaktion, allen voran die Nazipartei, der Revolution und der Weimarer Republik an. Durch die jahrzehntelange antisemitische Propaganda fiel es relativ leicht, die Novemberrevolution als „Werk von Juden“ und den Weimarer Staat als „Judenrepublik“ zu diffamieren.

Als „offenkundig geworden war, daß Hitler auch auf einen wachsenden Teil der Münchner Arbeiterschaft Einfluß gewonnen hatte“, kam Claß „auf den Gedanken, ihm nahezulegen, daß er auch in Berlin auftrete und suche, die Partei dort aufzumachen. Ich ließ ihm dies etwa Mitte des Jahres 1921 durch Herren des Bayrischen Ordnungsblocks vorschlagen und bekam zur Antwort, er werde es sich überlegen und gelegentlich zur Rücksprache nach Berlin kommen. Vorher hatte ich in München zu tun. Bei dieser Gelegenheit besuchte er mich in meinem Gasthof und erklärte sich grundsätzlich bereit, einen Versuch zu machen; freilich müßten die Kosten vorher gedeckt sein. Er sprach von der Sicherstellung eines Betrages von 60000 M[ar]k, und ich erklärte mich bereit, zu sehen, ob ich das Geld auftreiben könne. Es gelang mir mit der Hilfe von Freunden, 30000 M[ar]k zu sichern.“

„Einige Zeit später“ — erinnerte sich Claß — „war Hitler in Berlin. Er besuchte mich, um meinen Vorschlag zu besprechen. Er nahm keinen Anstand daran, daß ich nur die Hälfte des verlangten Betrages aufgebracht habe, sondern erklärte, er habe sich die Sache genau überlegt und sei zu dem Ergebnis gekommen, daß er sie nicht machen dürfe. Zur Begründung führte er an: ‚es hat keinen Zweck, eine oder mehrere große Versammlungen in Berlin abzuhalten; ich müßte 3 Wochen oder einen Monat dort sein, um die Anfänge einer arbeitsfähigen Parteigruppe zu schaffen. Das kann ich aber nicht, weil ich so lange in München nicht fehlen kann . . . Wenn ich so lange von Müchen fortbleibe, wird alles drunter und drüber gehen und verfallen, was ich bisher erreicht habe. Ich bin mir ganz klar darüber geworden, daß ich mir in München meine Hausmacht schaffen muß. Erst wenn diese unerschütterlich dasteht, kann ich über München hinausgreifen.‘ “[69]

69 BA Koblenz. Kl. Erw., 499 F, Claß, Anhang, S. 10f. Daß Anfang 1922 eine derartige „vertrauliche Besprechung zwischen Adolf Hitler, Justizrat Claß, dem Geschäftsführer des Alldeutschen Verbandes, von Vietinghoff-Scheel“, und dem geschäftsführenden Vorsitzenden der Vereinigten Vaterländischen

Wenn Hitler auch die Gelegenheit nutzte, seine Unersetzbarkeit zu demonstrieren, so waren seine Argumente doch nicht aus der Luft gegriffen. Die parteiinternen Auseinandersetzungen waren noch längst nicht zu Ende. Das 1920 in Salzburg beschlossene enge Zusammengehen mit der Deutsch-Sozialistischen Partei, bei dem das Gebiet südlich der Mainlinie als Wirkungsbereich der NSDAP und das nördlich davon gelegene als Aktionsfeld der DSP festgelegt wurde,[70] hatte die Streitfragen nicht aus der Welt geschafft und mußte als gescheitert angesehen werden. Brunner, der sich außerdem mit der „Deutschsozialen Partei" von Richard Kuntze (dem sogenannten Knüppel-Kuntze) in Berlin auseinandersetzen mußte, faßte die vielen Vorbehalte in seiner DSP gegen die NSDAP in einem Brief vom 8. Januar 1922 folgendermaßen zusammen: „Nationalsozialisten Süddeutschlands (Münchner Richtung) werden abgelehnt. Grund: Grundlos ablehnendes und unvölkisches Benehmen uns gegenüber, ferner zu stark nationalistische Einstellung, drittens, da keine Klarheit über die Hintermänner zu bekommen ist."[71] Vor allem aber mußte auch Claß einsehen, daß Berlin ein viel zu schwieriges Pflaster für die Münchner Nazis war. In der Reichshauptstadt dominierten die Sozialdemokraten und Kommunisten, hatte sich die Arbeiterklasse viel stärker vom Kleinbürgertum geschieden als in der bayrischen Landeshauptstadt.

So wurde der Vorschlag, die NSDAP auf dem Berliner Asphalt, der allen Völkischen als Inbegriff des nationalen Verderbens galt, zu etablieren, zunächst aufgegeben. Aus dem Auge verlor ihn Hitler jedoch nicht. Berlin war schließlich der Dreh- und Angelpunkt des Deutschen Reiches. Wer über Bayern hinauswirken und die vom Alldeutschen Verband formulierten Ziele erreichen wollte, mußte früher oder später den Weg in die Reichshauptstadt antreten. Hitler hat daher schon in den Anfangsjahren seiner politischen Tätigkeit jede Gelegenheit genutzt, bei den für ihn maßgeblichen Kreisen in Berlin vorzusprechen und ihnen seine Dienste anzubieten. Im Siemens-Konzern, der seinen Hauptsitz in Berlin hatte, der aber auf Grund seiner bayrischen Niederlassungen die NSDAP in sein politisches

Verbände Deutschlands, Fritz Geisler, stattfand, geht auch aus dem Bericht des letzteren hervor (BA Koblenz, R 43 II, Nr. 883 a, Bl. 123, abgedr. in: *Hitler. Sämtliche Aufzeichnungen*, S. 530).

70 BA Koblenz, NS 26, Nr. 1371, Bl. 14.

71 ZStA Potsdam, Staatsgerichtshof, Nr. 70/15, Bl. 25/25 v.

Kalkül einbezog, war es insbesondere Direktor Dr. Burhenne, der auf Hitler seine Hoffnungen setzte und 1942 den Tod von dessen Verbindungsmann Dr. Emil Gansser zum Anlaß nahm, an Reichsminister Dr. Hans Heinrich Lammers zu schreiben: „am 14. März 1922, also vor fast 20 Jahren, sprach der Führer von Gansser begleitet im Siemenshaus in der Schönebergerstraße in Berlin vor, um mich in meiner Eigenschaft als Leiter der sozialpolitischen Angelegenheiten des Hauses u. a. vor die Frage zu stellen, wie die Möglichkeit eines Ausbaues der Bewegung in der Berliner Metallindustrie zu beurteilen sei. Ich konnte nur der Überzeugung Ausdruck geben, die Bewegung müsse von München aus vorerst im Reich vorwärts getrieben werden, ehe an Berlin, wo die Gegenkräfte noch übermächtig seien, gedacht werden könne. Die Begegnung war für mich eine Fanal in düsterer Zeit."[72]

Burhenne erwähnt ausdrücklich, daß er gemeinsam mit Ernst von Borsig handelte, dem mächtigen Berliner Metallindustriellen, der den Vorsitz in der Vereinigung Deutscher Arbeitgeberverbände innehatte, Präsidialmitglied des Reichsverbandes Deutscher Industrieller war und den Verein Deutscher Maschinenbau-Anstalten sowie den Gesamtverband Deutscher Metallindustrieller führte. Die Borsigs hatten es sich wie andere Konzernbesitzer zum Prinzip gemacht, in möglichst vielen bürgerlichen Parteien und Organisationen Einfluß zu erlangen.[73] Ernst von Borsig ließ sich nicht im geringsten von dem Namen „Arbeiterpartei" irritieren, unterstützte vielmehr Hitlers Bestrebungen, in der Arbeiterschaft Fuß zu fassen. Gansser hatte schließlich in einer Werbeschrift, die ausschließlich für Unternehmer bestimmt war, darauf hingewiesen, daß die NSDAP Streiks verhindern wolle.[74]

Es waren also keineswegs nur die Schwerindustriellen, die Interesse an der faschistischen Bewegung zeigten. Auch die Elektro- und Metallindustriellen suchten massenwirksame Interessenvertreter. Anfangs hatte fast jeder namhafte und politisch engagierte Großindustrielle seinen eigenen Faschisten: Hugo Stinnes setzte auf Dr. Eduard Stadtler, Paul Reusch befreundete sich mit Oswald Spengler, Vögler und Hugenberg hofften mit Professor Martin Spahn Wirkung ausüben zu können.[75] Alle mußten erst Erfahrungen sammeln und viele Vor-

72 BA Koblenz, NS 26, Nr. 1223, unfol. (Burhenne an Lammers, 30. 1. 1942).

73 Stadtarchiv Berlin, Akten des Borsig-Konzerns.

74 BA Koblenz, NS 26, Nr. 1223, unfol.

75 Vgl. dazu *Petzold*, Theoretiker; *derselbe*, Wegbereiter.

urteile überwinden. Konservativ eingestellte oder elitär gesinnte Faschisten wurden zunächst bevorzugt, die ausgesprochenen Sozialdemagogen vom Typus der Nazis mußten sich in der Gunst des Monokapitals Schritt für Schritt durchsetzen und manches Mißtrauen überwinden.

Hierbei spielte der alldeutsche Verbandsvorsitzende eine Vermittlerrolle. In einem Brief vom 11. März 1922 schrieb Claß an den noch immer als „Herr Hittler" bezeichneten Naziführer: „Es würde mir viel daran liegen, Sie noch im Laufe dieses Monats sprechen zu können. Dann ergäbe sich auch Gelegenheit und Möglichkeit, daß Sie an einer in den nächsten Wochen stattfindenden Besprechung wichtigster Fragen in engem Kreise vertrauter Gesinnungsfreunde teilnähmen. Ihre Fahrtkosten her und zurück werden wir Ihnen gern zu Verfügung stellen und hoffen, Ihnen dadurch das Herkommen, das ja heute mit großen Kosten verknüpft ist, zu erleichtern."[76] Vermutlich wird der immer selbstbewußter werdende Hitler diese an die Behandlung von Dienstboten erinnernde Umgangsart von Claß schon als Zumutung empfunden haben. Er kam jedoch eilends nach Berlin, um die gebotenen Möglichkeiten zu nutzen. Ganz gewiß hat er mit den alldeutschen Führern gesprochen. Außerdem traf er am 3. Juni mit den Vertretern des jungkonservativen Juniklubs, Heinrich von Gleichen, Dr. Eduard Stadtler, Max Hildebert Boehm, Artur Moeller van den Bruck, Dr. Rudolf Pechel und Franz Evers zusammen.[77] Vor allem aber sprach er am 29. Mai vor dem damals eine große Rolle spielenden Nationalen Klub in Berlin über die nationalsozialistische Arbeiterbewegung. Sein Agent Gansser, der für ihn auch Geldsammlungen erledigte, sorgte mit Hilfe des deutschvölkischen Buchhändlers Wilhelm Weicher durch „Vertrauliche Mitteilungen" an ausgesuchte Persönlichkeiten dafür, daß „Deutsche Männer von sozialpolitischer und wirtschaftlicher Bedeutung" zu diesem Vortrag kamen.[78]

Der im Herbst 1919 gegründete Nationale Klub in Berlin war ein

76 ZStA Potsdam, Alldeutscher Verband, Nr. 208, Bl. 221.

77 *Petzold*, Theoretiker, S. 262; *derselbe*, Wegbereiter, S. 380. Bei der Datierung durch *Volker Mauersberger* (Rudolf Pechel und die „Deutsche Rundschau". Eine Studie zur konservativ-revolutionären Publizistik in der Weimarer Republik (1918—1933), Bremen 1971, S. 333) handelt es sich offensichtlich um einen Druckfehler.

78 BA Koblenz, NS 26, Nr. 1223, unfol. (vervielfältigtes Einladungsschreiben v. 26. 5. 1922 „Vertrauliche Mitteilung" mit der Unterschrift Dr. Emil Gansser).

Versammlungszentrum der „nationalen Rechten". In ihm trafen sich zum vertraulichen Gespräch und zur gegenseitigen Information Politiker, Großindustrielle, Bankiers, Junker, Offiziere, Journalisten u. a. Das Präsidium des ungefähr 1800 Mitglieder zählenden Klubs bestand aus General a. D. Emil Oskar von Hutier als Vorsitzendem, dem Prinzen Karl zu Loewenstein-Wertheim-Freudenberg als 1. Stellvertreter und dem Konteradmiral Franz Willi Brüninghaus als 2. Stellvertreter. Zweigstellen des Klubs befanden sich u. a. in Hamburg, Dresden und Magdeburg.[79] Während der revolutionären Nachkriegskrise kann man den Nationalen Klub auf eine Stufe mit dem 1924 gegründeten Deutschen Herrenklub stellen, den Albert Norden als „Zirkel der wahren Herren Deutschlands" bezeichnete.[80] Hitler wurde also gewissermaßen in einen Salon des monopolkapitalistischen Herrschaftssystems in Deutschland geladen und zur Berichterstattung aufgefordert.

Über den Verlauf der Klubveranstaltung mit Hitler am 29. Mai 1922 ist leider nur wenig bekannt geworden. Wilhelm Weicher berichtete 1934 an ganz versteckter Stelle, daß „sich die Clubräume mit einer ungewöhnlich stattlichen Besucherzahl" gefüllt hätten. Die Versammlungsleitung habe in den Händen des Prinzen Karl zu Loewenstein gelegen. „Mit hinreißender Beredsamkeit und formvollendet" sei Hitler auf sein Parteiprogramm eingegangen. Ernst Graf Reventlow, der sich als erster zu Wort gemeldet habe, hätte den Antrag gestellt, „von jeder Diskussion absehen zu wollen, die den tiefen Eindruck des eben Gehörten nur verwässern könnte. Der Antrag wurde widerspruchslos angenommen, aber es bildeten sich kleine Gruppen, die den Vortrag lebhaft erörterten. Den Nagel auf den Kopf traf wohl ein alter General, der mir sagte: ‚Donnerwetter, das ist ein Kerl! Jetzt heißt es umlernen!' "[81] Als Stadtler — wie 1924 in der jungkonserva-

79 Die bürgerlichen Parteien in Deutschland, Bd. 2, S. 341ff.; ZStA Potsdam, Reichskommissar zur Überwachung der öffentlichen Ordnung, Nr. 3, Bl. 2, Nr. 368, Bl. 5; BA Koblenz, Nachlaß Traub, Nr. 8, Bl. 36/37.

80 *Albert Norden*, Die Nation und wir. Ausgewählte Aufsätze und Reden 1933 bis 1964, Bd. 1, Berlin 1964, S. 332.

81 *Wilhelm Weicher*, Wie ich Adolf Hitler kennenlernte, in: Der Türmer. Deutsche Monatshefte — Die Bergstadt, 7/1934, S. 90f. In einem Bericht von Fritz Geisler (BA Koblenz, R 43 II, Nr. 883 a, Bl. 123—126, abgedr. in: *Hitler. Sämtliche Aufzeichnungen*, S. 642f.) wird ein Teil dieser Angaben Weichers bestätigt und darüber hinaus erwähnt, daß Hitler sowohl seine Bereitschaft zur Zusammenarbeit mit den Rechtsparteien betont als auch deren Unzu-

tiven Zeitung „Gewissen“ berichtet wurde — bei der Wiederholung des Vortrags im Juni Hitler die „politisch wichtige Frage“ stellte, „von welcher Führerschicht der zum Erfolg schreitende Massenaktivismus politisch benützt und staatsmännisch gestaltet werden sollte“, habe dieser „mit einem für die anwesenden älteren Herren des Nationalen Klubs sehr schmeichelhaften Hinweis darauf“ geantwortet, „daß die erprobte Führerschicht der Vorkriegszeit noch lebe und mit Erfolg seine Arbeit in Staatskunst umsetzen werde“.[82]

Da Hitler ein Politiker war, der — wie in „Mein Kampf“ begründet — seinen Zuhörern unentwegt das Gleiche einhämmerte, und da eine Denkschrift vom 22. Oktober 1922 existiert, die er im Anschluß an zwei Reden vor dem Hamburger Nationalklub niedergeschrieben haben soll,[83] wird man kaum fehlgehen, wenn man in ihr auch die Quintessenz seiner Berliner Vorträge sieht. Auf jeden Fall hat diese Denkschrift als Modell für alle seine weiteren Reden vor Unternehmern gedient. Auch steht sie in direktem Zusammenhang mit dem, was er unentwegt mit Claß erörtert hatte und was offentlich sein Hauptanliegen an die Industriellen, Bankiers und Großgrundbesitzer

länglichkeiten hervorgehoben habe. Er sei für die nationale Diktatur und gegen die Erfüllungspolitik aufgetreten.

82 Das Gewissen, Nr. 12, 24. 3. 1924. Daß Hitlers Vortrag „auf Wunsch der außerordentlich begeisterten Mitglieder des Nationalen Klubs einige Zeit später [handschriftlich eingefügt: ‚vermutlich am 5. oder 12. Juni‘] im Nationalen Klub im wesentlichen wiederholt“ wurde und daß dabei eine Diskussion zwischen Stadtler und Hitler stattfand, geht aus dem Bericht Geislers (*Hitler. Sämtliche Aufzeichnungen*, S. 642f.) hervor.

83 Führer befiehl, S. 15, 45ff. Wahrscheinlich liegt eine Verwechslung vor, denn Hitler sprach 1922 zweimal vor dem *Berliner* Nationalen Klub. Vgl. dazu auch *Albrecht Tyrell*, Vom ‚Trommler‘ zum ‚Führer‘. Der Wandel von Hitlers Selbstverständnis zwischen 1919 und 1924 und die Entwicklung der NSDAP, München 1975, S. 259, Anm. 437. Eine erste Besprechung im Nationalen Klub von 1919 fand am 8. 12. 1921 statt, bei der Hitler laut Geisler die Notwendigkeit von Konzentrationslagern betonte (*Hitler. Sämtliche Aufzeichnungen*, S. 530). Nach *Maser* (Frühgeschichte, S. 266) war Hitler bereits im Frühsommer 1921 nach Berlin gereist, „wo er mit einflußreichen Gesinnungsgenossen (!), unter anderem mit Graf Yorck von Wartenburg und Graf Behr, Verbindung aufnahm. Seit Mitte 1920 interessierten Berliner Rechtsradikale sich für Hitler und die NSDAP.“ Als Quelle gibt Maser Eintragungen im Parteitagebuch vom 2. Juni und vom 12. Oktober 1920 an. 1921 soll Hitler volle sechs Wochen in Berlin gewesen sein. (Vgl. dazu aber S. 120.)

in den Nationalklubs war: Geld für den „Völkischen Beobachter“ als Propagandainstrument und für die SA als Terrororganisation.

Hitler führte in dieser Denkschrift, die auch ideologisch höchst aufschlußreich ist und den Beifall der Industrie- und der Landmagnaten erklärt, aus: „Die Frage einer Genesung unseres deutschen Volkes ist nicht die der Genesung unserer Wirtschaft, sondern die der Wiedergewinnung jeder inneren Einstellung unseres Volkes, die allein staatliche Größe, damit aber auch wirtschaftliche Wohlfahrt zu gewährleisten vermag . . . Solange auch nur bei einem Drittel unseres Volkes diese Verneinung des Staates und des eigenen Volkstums vorhanden ist, ist jeder Wiederaufstieg deshalb unmöglich, weil im Augenblick des von einer (angenommen rechtsstehenden) Regierung an das Volk gerichteten Appells die innere Zerrissenheit sofort wieder zur lebendigsten Gefahr werden würde. Tatsächlich stellt die Summe der ‚international-marxistisch‘ eingestellten Angehörigen unseres Volkes über 40% unserer Gesamtbevölkerung dar. Eine entsetzliche Wahrheit besonders deshalb, weil in diesen 40% die aktivsten, tatkräftigsten Elemente der Nation zur Zeit vereinigt sind . . . Die Bolschewisierung Deutschlands jedoch bedeutet die Vernichtung der gesamten christlich-abendländischen Kultur überhaupt. In der vorauszusehenden Erkenntnis dieser Katastrophe und der Unzulänglichkeit der Mittel zu ihrer Abwehr wurde vor drei Jahren, am 5. Januar 1919, die Nationalsozialistische Deutsche Arbeiterpartei gegründet. Ihr Ziel heißt ganz kurz: Vernichtung und Ausrottung der marxistischen Weltanschauung. — Mittel hierzu soll sein 1. eine unvergleichliche, genial aufgezogene Propaganda- und Aufklärungsorganisation, alle Möglichkeiten menschlicher Beeinflussung erfassend; 2. eine Organisation rücksichtslosester Kraft und brutaler Entschlossenheit, bereit, jedem Terror des Marxismus einen noch zehnfach größeren entgegenzusetzen, die sogenannte ‚Sturmabteilung‘ der Bewegung . . . Soll die Bewegung also in den kommenden Kämpfen mit Aussicht auf Erfolg Volkstum, Staat und damit aber auch Wirtschaft verteidigen, so ist ihre Organisation in den oben bereits gekennzeichneten zwei Richtungen mit äußerster Schnelligkeit auszubauen. Also: Vervollständigung und Vertiefung der Propagandaorganisation und zweitens äußerste Verstärkung derjenigen Machtmittel, die da, wo Propaganda versagt, allein in der Lage sind, den kommenden Terror niederzubrechen, die nationale Wirtschaft in Gang zu erhalten . . . Was der nationalen Seite heute fehlt, ist aber in erster Linie eine Presse, die nicht nur von Mittelstand und Intelligenz gelesen wird, sondern die in volkstümlichster Auffassung den nationalen Gedanken in die ärmste Hütte hineinzutragen geeignet erscheint . . . Der Ausbau des Völkischen Beobachters, der zur Zeit wöchentlich zweimal erscheint, zur Tageszeitung ist eine der wesentlichsten Aufgaben des Augenblicks."[84]

Es ist interessant, daß sich Hitler in dieser Denkschrift überhaupt nicht um die Interpretation seines Parteiprogramms bemühte. Auch die Juden wurden mit keinem Wort erwähnt. Das alles war für ihn offensichtlich nur Propaganda. Er konzentrierte sich genau auf das, was die herrschenden Kreise von ihm erwarteten, und bewies damit, wie genau er seine Aufgabe erkannt hatte. Darin lag eine Ursache für seine Überlegenheit gegenüber anderen, ähnlich gearteten Bestrebungen. Die Führung der Deutschsozialistischen Partei glaubte bis zu einem gewissen Grade selbst, was sie den Arbeitern einzureden suchte, und irritierte damit die potentiellen Geldgeber. Der Deutschvölkische Schutz- und Trutz-Bund sah überall nur Juden am Werke und galt bald als nicht mehr förderungswürdig. Als die Reichsregierung ihn unter dem Eindruck der Ermordung Rathenaus zusammen mit anderen antisemitischen Organisationen im Sommer 1922 verbot, fiel er ohne großes Aufsehen auseinander. Seine ideelle und personelle Hinterlassenschaft kam vornehmlich der NSDAP zugute.[85] Sie hatte inzwischen die erforderlichen Mittel für die Umwandlung des „Völkischen Beobachters" in eine Tageszeitung und für den Aufbau der SA erhalten.

In seiner Denkschrift vom 22. Oktober 1922 für die Industriellen machte Hitler eine ganz konkrete Rechnung auf: „Es beträgt somit das Gesamterfordernis zu einem augenblicklich durchzuführenden großzügigen Ausbau der Bewegung: *53 240 000 Mark*, das sind in Friedenswährung rund 95 000 Mark, ein lächerlicher Betrag einer Sache gegen-

84 Führer befiehl, S. 47ff.; auszugsweise abgedr. in: *Ulrike Hörster-Philipps*, Wer war Hitler wirklich? Großkapital und Faschismus 1918–1945, Dokumente, Köln 1978, S. 35ff., und neuerdings vollständig in: *Hitler. Sämtliche Aufzeichnungen*, S. 702ff. Daß diese Denkschrift im Anschluß an seine Vorträge vor dem Berliner Nationalen Klub entstanden sein dürfte, kann auch aus dem schon wiederholt erwähnten Geisler-Bericht geschlossen werden. Hitler hatte vor seinen Berliner Zuhörern eingehend über die SA und den Terror gesprochen (*Hitler. Sämtliche Aufzeichnungen*, S. 643).

85 Bei der Auflösung des Deutschvölkischen Schutz- und Trutz-Bundes wurde den Mitgliedern durch die Bundesführung (Frhr. von Gebsattel und Hertzberg) ausdrücklich nahegelegt, sich der NSDAP anzuschließen (*Kruck*, Der Alldeutsche Verband, S. 133).

über, die so oder so von größter Bedeutung für die Zukunft unseres Vaterlandes sein wird.“[86] Bei solchen Summen, die ausdrücklich als augenblicklich gekennzeichnet wurden, kam der Alldeutsche Verband nicht mehr mit. Dergleichen hatte er selbst nur in seinen besten Zeiten während des ersten Weltkrieges erhalten. Im Juli 1922 konnte Claß lediglich knapp die Hälfte der von Gansser geforderten 400 000 Mark zusagen, um dem vorübergehend wegen Verstoßes gegen die Republikschutzgesetze eingesperrten Hitler „sofort eine großzügige Neuaufnahme seiner jetzt doppelt wirksamen Arbeit zu ermöglichen.“[87] Nun mußte Claß sehen, daß der Naziführer offensichtlich den direkten Zugang zu den geheimen Geldquellen gefunden hatte, über die man in der damaligen Presse unentwegt rätselte, weil jedermann klar war, daß der Propagandarummel und die Bürgerkriegsarmee der Nazis unmöglich nur aus Versammlungsspenden und Mitgliederbeiträgen finanziert werden konnten.[88] Bald sollte die Alldeutsche Verbandsführung auch erkennen, daß sie keineswegs mehr die Zügel in der Hand hatte und nach Belieben mit dem NSDAP-Gespann kutschieren konnte.

86 Führer befiehl, S. 54.

87 ZStA Potsdam, Alldeutscher Verband, Nr. 208, Bl. 316.

88 Mit den Geldquellen der NSDAP beschäftigten sich auch die bayrischen Regierungsbehörden (Bayerisches Hauptstaatsarchiv, Abt. I, Allgemeines Staatsarchiv, Ministerium des Inneren, z. B. Nr. 81 595 f.), die sozialdemokratische Presse (Berliner „Vorwärts“, „Münchner Post“) sowie der Vertreter der Reichsregierung in München (ZStA Potsdam, Vertretung der Reichsregierung München, Nr. 40, Bl. 60/61, 69—70 v.). Dabei wurden insbesondere der Bayrische Industriellenverband und sein Geschäftsführendes Präsidialmitglied Dr. Kuhlo genannt (vgl. zu diesem Problemkreis *Gossweiler*, Kapital, Reichswehr und NSDAP).

III. KAPITEL

Die ideologische Begründung und die politische Realisierung der faschistischen Putschpläne 1922—1924

Überblickt man die propagandistische Tätigkeit der Nazipartei in ihren Anfangsjahren, die hauptsächlich von Hitler als Versammlungsredner und Artikelschreiber im „Völkischen Beobachter" sowie von Publikationen Rosenbergs geprägt wurde,[1] so werden auf der Grundlage des prinzipiellen Antikommunismus und Antibolschewismus drei Schwerpunkte sichtbar: die mit sozialdemagogischen Mitteln geführte und durch Versammlungsterror unterstützte Auseinandersetzung mit den Arbeiterparteien, die ganz im alldeutschen Sinne betriebene Kampagne gegen die Versailler Friedensbestimmungen und die ständig zunehmenden Attacken gegen das sogenannte Weimarer System. Vordergründig erschien alles als ein Kampf gegen das Judentum. Dahinter aber stand die Absicht, die marxistisch-leninistische Ideologie zu vernichten und die Arbeiter ins nationalistische Fahrwasser zu ziehen, den Revanchismus zu schüren und zum Generalangriff auf die Errungenschaften der Novemberrevolution und die bürgerlich-demokratische Weimarer Staatsordnung überzugehen.

Die Nazipartei ordnete sich dabei durchaus in die strategische Konzeption der Reaktion in Deutschland ein, bemühte sich aber von vornherein, einen besonders radikalen Ton anzuschlagen. Sofern dieser sich auf soziale Forderungen erstreckte und gelegentlich antikapitalistisch ausgedeutet werden konnte, wurde er von den Regisseuren der sozialismus- und republikfeindlichen Umtriebe mit Unbehagen zur Kenntnis genommen und sogar abgelehnt. Solange er sich aber auf die Problematik Versailles und Weimar bezog, fand er im Lager der Rechten einhellige Zustimmung.

Im ersten Halbjahr 1919 hatten die konservativen Kräfte — ge-

1 Eine Zusammenstellung der Reden und Aufsätze Hitlers und Rosenbergs aus den Jahren 1919 bis 1921 findet sich in: BA Koblenz, NS 26, Nr. 51, unfol.; alle Aufzeichnungen Hitlers bis 1924 in: *Hitler*, *Sämtliche Aufzeichungen*.

schart um die Deutschnationale Volkspartei (DNVP) — versucht, die Annahme der von den imperialistischen Siegermächten diktierten Friedensbedingungen zu verhindern. Als es jedoch in der Nationalversammlung zur entscheidenden Abstimmung kam, brach die Front der Neinsager auseinander, weil es keine reale Möglichkeit gab, den Worten Taten folgen zu lassen. Die Regierung des sozialdemokratischen Gewerkschaftsführers Gustav Bauer bekam die Vollmacht, den Friedensvertrag in Versailles zu unterzeichnen. Ausdrücklich wurde denen, die sich dafür aussprachen, moralische Sanktion erteilt.

Die DNVP und die sogenannten nationalen Verbände hielten sich jedoch nicht an diese Zusicherung. Sie sahen es — wie ihre Pressekommentare beweisen — nur zu gern, wenn die propagandistisch so rührige Nazipartei, die nicht im Parlament vertreten war, eine Verleumdung nach der anderen gegen die Jasager ausspie. Auf die schon erwähnten Versuche Hitlers, den Versailler Friedensvertrag ausgerechnet durch Hinweise auf den Brest-Litovsker Diktatfrieden zu bekämpfen, denen er bis Mitte 1920 mindestens sechs Versammlungen widmete, folgte eine systematische Kampagne gegen die „Erfüllungspolitik" der von der SPD, der bürgerlichen Deutschen Demokratischen Partei (DDP) und dem katholischen Zentrum getragenen Reichsregierungen.

Dieser Propagandafeldzug wurde von den gleichen Unterstellungen geprägt, die damals im gesamten deutschvölkischen Lager üblich waren. Gemeinsam mit den „Katastrophenpolitikern" der DNVP und der besonders als Repräsentant des Ruhrkapitals auftretenden Deutschen Volkspartei (DVP) forderte die NSDAP im März 1921 den Abbruch der Reparationsverhandlungen in London. Gegebenenfalls sollte ein neuer Krieg riskiert oder zumindest der Einmarsch alliierter Truppen in deutsches Reichsgebiet provoziert werden. Man erhoffte sich davon eine „nationale Erhebung" im Stile von 1813, vor allem aber die Möglichkeit, mit den gegen diese Katastrophenpolitik auftretenden Arbeiterparteien und den Erfüllungspolitikern blutig abzurechnen. Unermüdlich wurde behauptet, Juden seien am Werke. Die einen plünderten in Gestalt der internationalen Hochfinanz das deutsche Volk bis aufs Hemd aus. Die anderen reichten dazu als Regierungsmitglieder oder Arbeiterführer in dieser oder jener Form die Hand. Ihr gemeinsames Ziel wäre es, Deutschland für alle Zeiten der Judenherrschaft zu unterwerfen und das deutsche Volk zum Kuli des Weltjudentums zu machen.

Im wüsten Chor der Antisemiten, die sich insbesondere den Reichsfinanzminister Matthias Erzberger (Zentrum) und den Reichsaußenminister Walther Rathenau (DDP) auf der Regierungsseite zur Zielscheibe gewählt hatten, konnte sich Hitler bald als Solist betätigen. Die Ermordung Erzbergers (der überhaupt kein Jude war, dem aber — weil es ins politische Konzept paßte — eine illegitime jüdische Abstammung unterstellt wurde) durch Angehörige der rechtsradikalen Terrororganisation Consul (OC) am 26. August 1921 kommentierte er unter Anspielung auf dessen Geburtsort zynisch mit „Matthias von Buttenhausen, sein Geist und sein Werk".[2] Rathenau, der von den Antisemiten geradezu zum lebendigen Symbol des jüdischen Einflusses in Deutschland gemacht und am 24. Juni 1922 ebenfalls von der OC ermordet wurde, waren nicht minder gehässige Reden und Aufsätze Hitlers gewidmet.[3] Rosenberg kannte anscheinend überhaupt nur das Thema Antisemitismus, das er je nach Bedarf in Artikeln wie „Der Zionismus", „Über Rußland und Bolschewismus", „Deutsche Freimaurerei", „Eine Antisemitische Internationale", „Der große Weltbetrug", „Bismarck, das deutsche Reich und die Juden", „Walther Rathenau" usw. abhandelte.[4]

Das Rezept zur Bekämpfung der Arbeiterparteien entsprach dem aufs Haar. Einige Namen von Arbeiterführern, die auf jüdische Vorfahren schließen ließen, wurden herausgegriffen, um zu behaupten, es handle sich um Abgesandte oder Beauftragte des internationalen Judentums. Seit 1920 hatte Hitler wiederholt das Thema „Der Jude als Arbeiterführer" variiert und seinen Zuhörern zu suggerieren gesucht, zwischen dem Herrn Cohn an der New Yorker Börse und dem Herrn Cohn in der Unabhängigen Sozialdemokratischen Partei (USPD) gebe es eine direkte Arbeitsteilung zum Schaden des deutschen Volkes. Genauso wie im Falle Erzberger scheuten sich die Nazis nicht, Arbeiterführer wie Max Levin völlig grundlos als Juden abzustempeln.

Um des Hauptzieles willen, die marxistische Ideologie zu diskriminieren und die von ihr beeinflußte Arbeiterbewegung zu bekämpfen, war jedes Mittel recht. Wie eng der Antisemitismus mit dem Antimarxismus verknüpft wurde, demonstrierte Julius Streicher, der in

2 Völkischer Beobachter, Nr. 68, 28. 8. 1921; Nr. 70/73, 14. 9. 1921.

3 Z. B. ebenda, Nr. 21, 13. 3. 1921 (Rathenau und Sancho Pansa).

4 Ebenda, Nr. 14, 17. 2. 1921; Nr. 22, 15. 3. 1921; Nr. 23, 20. 3. 1921; Nr. 28, 10. 4. 1921; Nr. 29, 14. 4. 1921; Nr. 34, 1. 5. 1921; Nr. 40, 22. 5. 1921; Nr. 60, 31. 7. 1921.

Nürnberg eine Ortsgruppe der Deutschsozialistischen Partei aufgezogen hatte und mit seinem fränkischen Anhang 1922 zur NSDAP stieß. Streicher war der widerwärtigste Antisemit, den man sich vorstellen kann. Seine Privatzeitschrift „Der Stürmer“ war eine ekelerregende Mischung zwischen verleumderischen antisemitischen Skandalgeschichten und sadistischer Pornographie. Es ist bezeichnend, daß sie zur Lieblingslektüre Hitlers zählte.

Obwohl Streicher der Prototyp jener Nazis zu sein schien, für die der Antisemitismus so sehr zur fixen Idee geworden war, daß alles andere in den Hintergrund trat, beweist sein Nachlaß das Gegenteil. Gleich das erste Blatt, auf dem Streicher sein politisches Credo verewigte, beginnt mit den Worten: „Schuld an unserem Elend war der Jude Marx und seine Lehre ... Deswegen ist identisch mit der Bekämpfung des Marxismus die Bekämpfung des Juden.“[5] Der Antisemitismus diente von vornherein grundsätzlicheren Zielen, auch wenn er sich schließlich im Bewußtsein einiger seiner Vertreter verselbständigt hat. Er half, die eigentlichen Absichten des deutschen Imperialismus zu verschleiern und zu verknüpfen. Immer wieder ist an die Regieanweisung von Claß im Oktober 1918 zu erinnern, den Antisemitismus praktisch-demagogisch einzusetzen.

Angesichts des verlorenen Krieges und seiner unausweichlichen Folgen kam es der herrschenden Klasse darauf an, die Ursachen zu verwischen und die Urheber zu schützen. Wenn die historische Wahrheit Allgemeingut geworden wäre, konnte an keine Restauration und keinen Revanchekrieg gedacht, sondern mußte mit einer weiteren Vertiefung der revolutionären Nachkriegskrise gerechnet werden. An sich lag es auf der Hand, daß es ohne die Entfesselung des Krieges im Sommer 1914 und die Verfolgung maßloser Kriegsziele nicht zum militärischen Zusammenbruch im Herbst 1918 gekommen wäre. Also galt es, diesen ursächlichen Zusammenhang aus dem Bewußtsein der Menschen zu verdrängen.

Der Alldeutsche Verband hatte deshalb gleich nach Kriegsende die Dolchstoßlegende verbreitet und in seiner „Bamberger Erklärung“ die Parole ausgegeben, die Novemberrevolution sei an allem schuld. Wenn die „Heimat“ nicht dem im Felde angeblich unbesiegten Heer den Dolch in den Rücken gestoßen hätte, wäre es niemals zur Kapitulation gekommen. Bewußt wurden die der alldeutschen Verbandsführung genau bekannten Tatsachen verfälscht und mit der antisemi-

5 BA Koblenz, Nachlaß Streicher, Nr. 1, Bl. 1.

tischen Propaganda in Verbindung gebracht. Das Nazischlagwort von der „Judenrevolution" entsprach dieser grundsätzlichen Orientierung.

Das gleiche läßt sich von der Parole „Judenrepublik" in der Nazipropaganda sagen. Die Reaktion verwand es nicht, sowohl militärisch geschlagen und außenpolitisch geschwächt als auch innenpolitisch in die Opposition gedrängt zu sein. Da die Weimarer Republik zu den Ergebnissen der Novemberrevolution gehörte, wurde sie sogleich als Novemberprodukt und als Judenwerk gebrandmarkt. Man konnte in Rechnung stellen, daß sie das schwere Erbe eines verlorenen Krieges mit seinen Reparationsverpflichtungen und Inflationserscheinungen antreten mußte. Außerdem standen der Reaktion die materiellen Mittel zur Verfügung, um den Weimarer Staat zu verunglimpfen. Die Regierungsparteien hatten schließlich die Novemberrevolution abgewürgt und die ökonomischen Machtgrundlagen des Monopol- und Agrarkapitals unangetastet gelassen. Sie duldeten nicht nur, daß ihnen die Schuld an der Inflation in die Schuhe geschoben wurde, sondern auch noch, daß die eigentlichen Verursacher der inflationären Entwicklung in einem beispiellosen Maße davon profitierten. Während die Arbeiter unter elenden Bedingungen leben und arbeiten mußten, der sogenannte Mittelstand durch die rasante Geldentwertung um seine Ersparnisse gebracht wurde und in eine schwere Existenzkrise geriet, rissen Großindustrielle wie Hugo Stinnes, Otto Wolff, die Gebrüder Haniel und viele andere Fabriken und Rittergüter an sich, bauten gewaltige Konzerne auf und vollendeten auf ihre Weise den Übergang zu monopolkapitalistischen Gesellschaftsordnung.

Die Interessenvertreter des Monopolkapitals dagegen behaupteten unentwegt, alles Nachkriegselend lasse sich sofort beseitigen, wenn nur mit den Novemberverbrechern abgerechnet und die Novemberrepublik beseitigt würde. Diese konterrevolutionäre Propaganda fiel im Kleinbürgertum und bei der Bauernschaft auf fruchtbaren Boden. Sie knüpfte an eine jahrzehntelange Verhetzung und kaum erträgliche Lebensbedingungen an. Viele Menschen wollten zurück in die „gute alte Zeit". Gemessen an den Kriegs- und Nachkriegsbedingungen erstrahlten die Jahre vor dem Krieg in einem ungerechtfertigten Glanz. In politisch zurückgebliebenen Gebieten wie Bayern wurde der Ruf nach Wiedereinführung der Monarchie laut. Auf jeden Fall sollte das Weimarer Staatswesen mit seinen ständig wechselnden Regierungen und seiner unermüdlichen Notenpresse verschwinden. Der Weg dazu schien ganz einfach zu sein.

Krieg und Konterrevolution hatten die ohnehin in Deutschland weitverbreitete Auffassung gestärkt, in der Politik genügten ein fester Wille und entschlossenes Handeln. Die Freikorpssöldner, die nichts außer dem Kriegshandwerk gelernt hatten und in Scharen in die faschistische Bewegung strömten, waren überzeugt, daß sich mit Maschinengewehren alle Probleme lösen ließen. Der faschistischen Ideologie wohnte daher von Anfang an die Verherrlichung der brutalen Gewalt und des offenen Terrors inne. Darin wurde geradezu der Schlüssel für die Überwindung der revolutionären Nachkriegskrise sowie des Weimarer und Versailler „Systems" gesehen. Konzentrierter Ausdruck dieser Einstellung war zunächst der Gedanke, durch einen Putsch an die Macht zu kommen. Die Auffassung, man brauche nur zu marschieren und der ganze „Novemberspuk" sei vorbei, bestimmte auch das Denken jener Teile der herrschenden Klasse, die im Frühjahr 1920 hinter dem ostpreußischen Generallandschaftsdirektor Wolfgang Kapp standen. Diese Überzeugung war keineswegs auf Deutschland beschränkt. Ähnlich dachten die konservativen und die faschistischen Kreise in anderen krisengeschüttelten Ländern Europas, und dementsprechend wurde von ihnen gehandelt.

Admiral Nikolaus Horthy hatte sich 1919 in Ungarn im Kampf gegen die Räteherrschaft nicht nur auf rumänische Waffenhilfe, sondern auch auf faschistische Söldnertypen stützen können. Der ungarische Faschistenführer, langjährige Kriegsminister und schließliche Ministerpräsident des „Reichsverwesers" Horthy, Gyula Gömbös, gehörte zu ihnen. In Bulgarien bildeten die Reserveoffiziersvereinigung und die IMRO, die terroristische Innere Makedonische Revolutionäre Organisation, den Rückhalt aller faschistischen Bestrebungen. Ähnliches läßt sich für Italien, Jugoslawien, die Türkei und später für Spanien, Portugal und andere europäische Staaten sagen.[6] Horthys konterrevolutionärer Putsch diente Kapp sogar als Vorbild und wurde darüber hinaus von den konservativen und den elitären Faschisten in Deutschland als beispielhaft betrachtet.

Die Nazis dagegen zeigten sich mehr von Benito Mussolini beeindruckt, der ihrer eigenen Mentalität stärker entgegenkam als der ungarische Aristokrat und der ihnen einen erfolgreichen Putsch vorexerziert hatte. Auch in Italien bildeten Söldner den Kern des faschistischen Aktivismus. Am 12. September 1919, nach den für die italienischen Nationalisten enttäuschenden Friedensverträgen, war

6 *Mària Ormos/Miklós Incze*, Európai fasizmusok 1919—1939 Budapest 1976.

der faschistische Schriftsteller Gabriele D'Annunzio an der Spitze mehrerer tausend aus der Armee entlassener Soldaten und Offiziere in die dem neuentstandenen jugoslawischen Königreich zugesprochene Adriastadt Fiume eingedrungen, um sie — wie er pathetisch vorgab — aus Gewissensgründen dem italienischen Staat einzuverleiben und Italien gegen die Flut slawischer Barbaren zu verteidigen. Die Regierungsbehörden förderten in jeder Hinsicht den Eintritt von Soldaten und Offizieren in die faschistischen Organisationen. Am 20. Oktober 1920 erließ Kriegsminister Bonomi eine Verfügung, laut der demobilisierte Offiziere, die den „Fasci di Combattimento" beitraten und wichtige Stellungen in ihnen einnahmen, vier Fünftel ihres bisherigen Gehaltes beziehen würden.[7] Das trug maßgeblich dazu bei, daß Mussolini seine Terrorbanden, von denen sich der Name Faschismus ableitete, aufbauen und Ende Oktober 1922 seinen „Marsch auf Rom" durchführen konnte.

Das dreiste, vielfältig unterstützte und erfolgreiche Vorgehen der italienischen Faschisten goß Wasser auf die Mühlen der Nazis. In ihren Reihen, insbesondere in der SA, sammelten sich die gleichen Typen wie in den „fasci", war in den Jahren 1922 und 1923 nur noch von einem unmittelbar bevorstehenden Putsch gegen die Weimarer Republik und der blutigen Abrechnung mit den „Roten" die Rede. Die Kommunistische Internationale hat diese Bewegung und Entwicklung von vornherein sehr aufmerksam verfolgt. Im Juni 1923 wurde eine Konferenz der Erweiterten Exekutive der KI einberufen, auf der die Vertreter der kommunistischen Parteien grundsätzlich zum Problem Faschismus Stellung nahmen.[8] Clara Zetkin erklärte in ihrem Hauptreferat unmißverständlich: „Das Proletariat hat im Faschismus einen außerordentlich gefährlichen und furchtbaren Feind vor sich. Der Faschismus ist der stärkste, der konzentrierteste, er ist der klassische Ausdruck der Generaloffensive der Weltbourgeoisie in diesem Augenblicke. Ihn niederzuringen ist eine elementare Notwendigkeit."

Von Clara Zetkin wurden auch die Gründe analysiert, die den Faschismus zu einer Massenbewegung machten. Als erstes nannte sie

7 Zit. in: *Francis L. Carsten*, Der Aufstieg des Faschismus in Europa, Frankfurt a. M. 1968, S. 59 f., 65.

8 Protokoll der Konferenz der Erweiterten Exekutive der Kommunistischen Internationale, Hamburg 1924. Das Referat von Clara Zetkin findet sich auf S. 204ff. sowie in: *Clara Zetkin*, Ausgewählte Reden und Schriften, Bd. II, S. 689ff.

die Existenzunsicherheit breiter sozialer Schichten, zum zweiten die Enttäuschung über die Ergebnisse reformistischer Politik. So konnte der Faschismus zu einem „Asyl für politisch Obdachlose, für sozial Entwurzelte, für Existenzlose und Enttäuschte" werden, der, „mag er sich noch so kraftmeierisch gebärden, ein Ausfluß der Zerrüttung und des Zerfalls der kapitalistischen Wirtschaft und ein Symptom der Auflösung des bürgerlichen Staates ist". Clara Zetkin erwog sehr wohl die innere Widersprüchlichkeit der faschistischen Bewegung und die dadurch bedingten Gefahrenmomente für die bürgerliche Gesellschaft, aber sie unterstrich nachdrücklich, daß „sich die breiten Massen der Faschisten dahin geschlagen" hätten, „wo die meisten ihrer Führer von Anfang an — bewußt oder unbewußt — standen: auf die Seite der Bourgeoisie".

Im Verhalten der Reichs- und Landesbehörden in Deutschland spiegelte sich diese grundsätzlich richtige Beurteilung der faschistischen Bewegung in einer ganz eigentümlichen Weise wider. Einerseits kam man nicht umhin, sich mit dem Verbot rechtsradikaler und faschistischer Organisationen zu befassen. Das auslösende Moment war die Ermordung Rathenaus, die derartige Maßnahmen auch gegen den ideologischen Drahtzieher — den Alldeutschen Verband — unumgänglich machte. Das am 18. Juli 1922 beschlossene Gesetz zum Schutz der Republik wurde jedoch andererseits gegen Rechts sehr behutsam und befristet herangezogen. Die reaktionäre Beamtenschaft in den Staatsorganen sorgte dafür, daß es vornehmlich gegen Links zur Anwendung kam. Zunächst bildete es aber die Rechtsgrundlage für ein Verbot der NSDAP in verschiedenen Ländern Deutschlands, so in Preußen, Baden, Thüringen, Mecklenburg-Schwerin und dem Stadtstaat Hamburg. Sonderlich wurden die Nazis davon nicht getroffen; denn ihr Betätigungsfeld war vor allem Bayern. Die Münchner Landesregierung weigerte sich nicht nur, das Republikschutzgesetz in der Reichsfassung zu übernehmen, sie lehnte sogar ausdrücklich ab, die NSDAP zu verbieten. Der Vertreter der Reichsregierung in der bayrischen Landeshauptstadt berichtete am 4. November 1922 treffend nach Berlin: „Ein Bündnis der Kahr-Xylander-Gruppe" — die die Münchner Landesregierung beherrschte — „mit den Hitler-Leuten besteht zweifellos seit längerer Zeit."[9]

Der Reichskommissar für Überwachung der öffentlichen Ordnung hat am 27. Januar 1923 den Reichsbehörden eine eingehende Studie

9 ZStA Potsdam, Vertretung der Reichsregierung München, Nr. 40, Bl. 17.

über die politische Tätigkeit der NSDAP vorgelegt und in diesem Zusammenhang zahlreiche Beispiele über deren republikfeindliche Propaganda zusammengetragen.[10] So hatte Hitler laut „Völkischer Beobachter" in verschiedenen Versammlungen des Jahres 1922 erklärt, daß die Demokratie eine verschleierte Judenherrschaft sei.[11] Hermann Esser, der wohl rüdeste Nazi-Wanderredner, sprach schon 1921 in Zwickau von einer „saumäßigen Schieberrepublik" und gab auf die Frage „Wer sei schuld an unserem heutigen Elend?" folgende Antwort: „Die falsche Demokratie und unsere heutige Kultur, die eine 'Saukultur' sei, weil sie nicht gestatte, daß man die Juden aus dem Lande hinausjage."[12] Im „Völkischen Beobachter" wurde Berlin als „jüdischer Wasserkopf" Deutschlands bezeichnet, vom „Börsen- und Sowjetjuden Rathenau" gesprochen und dem Reichskanzler Dr. Wirth die „Gummizelle" empfohlen.[13]

Es bestand also volle Klarheit darüber, daß die NSDAP an der Mordkampagne gegen Erzberger und Rathenau mitgewirkt hatte, die bürgerliche Demokratie zu vernichten suchte und einer ausgesprochenen Putschideologie huldigte. Typisch für dieses — für viele rechtsradikalen Organisationen der damaligen Zeit bis hinein in die Deutschnationale Volkspartei charakteristische — Denken war ein Kommentar des „Völkischen Beobachters" zur „jüdischen Revolution von 1918", die angeblich „von einer entschlossenen kleinen Gruppe gemacht" worden sei: „Das ist der Gang noch einer jeden Umwälzung gewesen, nach dieser Erkenntnis hat einst Bismarck als einzelner Mann das deutsche Volk hochgerissen. Wir Nationalsozialisten wollen uns dieses politische Naturgesetz zu eigen machen und die Stoßtrupps bilden, die das Schicksal des Volkes in die Hand" nehmen, um es angeblich „aus dem Sumpf heraus in eine bessere Zukunft zu führen." „In Italien" — so wurde Mussolinis erfolgreicher Marsch nach Rom kommentiert — „ist der Fascistenführer Herr des Landes geworden. Nicht durch 20 Mandate mehr oder weniger . . ., sondern kraft seiner Energie, kraft lodernden Willens seiner Scharen."[14]

10 Ebenda, Staatsgerichtshof, Nr. 43/1, Bl. 1—10 v.

11 Völkischer Beobachter, Nr. 32, 22. 4. 1922; Nr. 87, 1. 11. 1922; Nr. 88, 4. 11. 1922.

12 Information der Polizeidirektion Dresden, in: ZStA Potsdam, Staatsgerichtshof, Nr. 43/1, Bl. 5.

13 Völkischer Beobachter, Nr. 23, 22. 3. 1922; Nr. 32, 22. 4. 1922; Nr. 33, 26. 4. 1922.

14 Ebenda, Nr. 87, 1. 11. 1922.

Wenige Tage später fügte Esser im „Völkischen Beobachter" schlußfolgernd hinzu: „Was eine Schar beherzter Männer in Italien gekonnt hat, das können wir in Bayern auch. Den Mussolini Italiens haben wir auch, er heißt Adolf *Hitler*. Der parlamentarische Schwindel muß verschwinden, weil er einer allgemeinen Volksbewucherung Tür und Tor öffnet. An seine Stelle muß eine nationale Diktatur treten."[15] Immer deutlicher ließ man durchblicken, daß nach italienischem Beispiel an einen „Marsch nach Berlin" gedacht wurde. Schon beim sogenannten Deutschen Tag in Koburg am 14. und 15. Oktober 1922 hatte Esser die Hoffnung ausgesprochen, „daß wir einmal, wie heute von einer Seite in Koburg, von allen Seiten in die Stadt einziehen werden, die heute die Metropole des Ausbeutertums ist".[16] Selbst für Drexler, dem die bürgerliche Geschichtsschreibung gern honorige Absichten unterstellt, war es eine ausgemachte Sache, „daß 2000 Lumpen hängen" werden.[17]

Der Vertreter der Reichsregierung in München hatte recht, wenn er in seinem Bericht vom 4. November 1922 darauf hinwies: „Daß die italienischen Ereignisse den bayerischen Desperados den Kamm geschwellt haben, liegt natürlich auf der Hand." Fünf Tage später fügte er warnend hinzu: „Die nationalsozialistische Bewegung in Bayern, die noch vor verhältnismäßig kurzer Zeit keine bedeutende Rolle spielte, ist allmählich zu einem ernste Besorgnisse einflößenden Faktor herangeschwollen." Er unterstrich erneut, daß sie „unter der wohlwollenden Duldung der Regierung Kahr herangewachsen" sei, und machte auf die „Verzweiflung des verelendenden Mittelstandes" aufmerksam, die den wachsenden Nazieinfluß begünstige, „wenn auch ein etwaiges Losbrechen eines Putsches sich lediglich auf die Erringung der Macht seitens der verschiedenen Führer richten würde".[18]

Der sächsische Geschäftsführer in München, der lange die Bedeutung der NSDAP „als augenblicklich nicht groß hingestellt" hatte, kam im Oktober 1922 unter Berücksichtigung „der Not unserer Zeit" zu anderslautenden Schlußfolgerungen.[19] Es sei allgemein bekannt,

15 Ebenda, Nr. 89, 8. 11. 1922.

16 Ebenda, Nr. 83, 18. 10. 1922.

17 Ebenda.

18 ZStA Potsdam, Vertretung der Reichsregierung München, Nr. 40, Bl. 17, 20/21.

19 Staatsarchiv Dresden, Sächsische Gesandtschaft für Bayern in München, Nr. 397, Bl. 86 (Geschäftsträger von Dziembowski am 21. 10. 1922 an das Außenministerium in Dresden).

daß es in Bayern „sogar hohe Beamte gebe, die mit der nationalsozialistischen Bewegung stark liebäugelten". Insbesondere der bayrische Ministerpräsident von Kahr wurde in diesem Zusammenhang genannt.[20] In ähnlichem Sinne berichtete der württembergische Geschäftsträger an seine Landesregierung in Stuttgart.[21] Die Sympathien Kahrs und des Münchner Polizeipräsidenten Pöhner für die Nazibewegung waren nur zu verständlich. Beide betrachteten sich als langjährige Gesinnungsgenossen des alldeutschen Verbandsvorsitzenden Claß und standen in regem Kontakt mit ihm.[22]

Der ausgesprochen reaktionäre Flügel der deutschen Bourgeoisie bereitete sich im zweiten Halbjahr 1922 auf allen Ebenen darauf vor, die politische Macht an sich zu reißen. Der Alldeutsche Verband, der noch viele Fäden in der Hand hatte, gab die Parole „Nationale Diktatur" aus, die von der NSDAP aufgegriffen wurde. Auch die deutschvölkischen Geheimorden wollten dazu ihren Beitrag leisten. Schon im Jahre 1921 war es zu einem Zusammenschluß des Germanen- und des Wälsungenordens gekommen. Aus einem geheimen Sitzungsprotokoll des zu diesem Zweck einberufenen „Things" geht jedoch hervor, daß inzwischen die alldeutschen Führer, insbesondere General von Gebsattel, ihre Ordensmitgliedschaft aufgegeben hatten. Sie betrachteten offensichtlich die Hauptaufgabe der Orden — „Schaffung großer organischer Verbände" und Gewinnung von „Brüdern", „die die Führer irgend eines Verbandes, sei es welcher Art er auch sei, sind" — für erfüllt. Auf jeden Fall aber war ihnen, wie es auf dem erwähnten „Thing" hieß, zuviel Rasseschnüffelei in den eigenen Reihen unerwünscht.[23]

Der Alldeutsche Verband glaubte, daß die Zeit wieder gekommen sei, da man den „Fuchsschwanz" einziehen und den „Löwenschwanz" herausstrecken könne. Das war im Herbst 1922 die allgemeine Überzeugung im reaktionären Lager. Am 14. November gelang es, die Regierung des „Erfüllungspolitikers" Joseph Wirth zu stürzen und

20 Ebenda, Bl. 92 (Dziembowski am 23. 11. 1922 an das Außenministerium in Dresden).

21 Politik in Bayern 1919—1933. Berichte des württembergischen Gesandten Carl Moser von Filseck. Hrsg. u. komment. v. Wolfgang Benz, Stuttgart 1971.

22 BA Koblenz, Kl. Erw., 499 F, Claß, Anhang.

23 BA Koblenz, NS 26, Nr. 852, unfol. (Das Protokoll, dem ein Namensverzeichnis vorangestellt ist, gibt einen seltenen Einblick in die Arbeitsweise der völkischen Geheimorden).

eine Woche später eine Regierung unter Führung des Großreeders von der Hamburg-Amerika-Paketfahrt-Aktiengesellschaft (HAPAG), Wilhelm Cuno, durchzusetzen. Obwohl ihr nach wie vor Minister aus den Reihen der Rathenau-Partei, der DDP, angehörten, wurde nicht nur das innen-, sondern auch das außenpolitische Steuer herumgerissen. Man begann eine „Katastrophenpolitik" zu betreiben, indem die vertraglich festgelegten Reparationsverpflichtungen nicht erfüllt wurden. Das nahmen Frankreich und Belgien zum Anlaß, um am 11. Januar 1923 mit der Besetzung des Ruhrgebietes zu antworten.

Die Reichsregierung hatte das durchaus einkalkuliert. Sie hoffte, dadurch die schon erwähnte nationalistische Woge zu erzeugen, die zur Abschüttelung der Versailler Vertragsbestimmungen führen sollte. Dieser illusionäre Plan erwies sich als eine Fehlrechnung mit katastrophalen Folgen. Der von der Reichsregierung ausgerufene „passive Widerstand" gegen die Ruhrbesetzung beeindruckte Frankreich wenig und versandete allmählich. Der Wert der deutschen Mark stürzte jedoch ins Bodenlose. Als Cuno Reichskanzler wurde, mußte man im Devisenhandel für einen amerikanischen Dollar 4430 Mark zahlen, an sich schon tausendmal mehr als vor dem ersten Weltkrieg. Nach dem Ruhreinmarsch der Franzosen und Belgier waren es 49000 Mark. In der Zeit des passiven Widerstands kletterte der Dollarkurs in astronomische Höhen: 24. Juli — 414000 Mark; 8. August — 4860000 Mark; 7. September — 53000000 Mark.[24]

Dem deutschen Industriekapital kam diese rapide Geldentwertung nicht unerwünscht. Es entledigte sich genauso wie der Großgrundbesitz aller seiner Schulden und trieb den Monopolisierungsprozeß enorm voran. Aber die angestrebte nationalistische Einheitsfront konnte nicht verwirklicht werden. Die Arbeiterklasse antwortete mit machtvollen Streikbewegungen, für die die Kommunistische Partei Deutschland die Parole ausgegeben hatte: „Schlagt Poincaré" — den französischen Präsidenten — „und Cuno" — den Vertrauensmann des deutschen Monopolkapitals im Reichskanzlerpalais — „an der Ruhr und an der Spree". Angesichts eines allgemeinen Generalstreiks mußte das total abgewirtschaftete Cuno-Kabinett am 12. August 1923 zurücktreten.

24 *Manfred Nussbaum*, Wirtschaft & Staat in Deutschland während der Weimarer Republik, Berlin 1978, S. 22. Der Höhepunkt der Inflation wurde im November 1923 erreicht, als für eine Goldmark 1000000000000 Papiermark oder für einen Dollar 4200000000000 Papiermark gezahlt werden mußten.

Für den Alldeutschen Verband und das gesamte konservative Lager war diese politische Entwicklung eine schwere Enttäuschung. Statt des erhofften dauerhaften Rechtsrucks drohte eine Wendung nach links. Schon zeichnete sich in Sachsen und Thüringen die Bildung von Arbeiterregierungen ab. Hinzu kamen wachsende Schwierigkeiten, die eigenen Kräfte zusammenzuhalten und auf eine einheitliche Linie festzulegen. Besonders unzufrieden war man mit der NSDAP.

Hitler hatte sich schon bei der Ausrufung des passiven Widerstands grundsätzlich geweigert, seine Partei in die sogenannte nationale Einheitsfront einzuordnen. Er ließ Claß wissen und brachte auf Versammlungen offen zum Ausdruck, daß er nicht Seite an Seite mit den „Novemberverbrechern" — er meinte damit die rechten Sozialdemokraten, die den nationalistischen Kampfparolen bereitwilligst folgten — gegen Frankreich kämpfen werde. Er wolle erst die innenpolitischen Verhältnisse geändert sehen, bevor er sich an außenpolitischen Aktionen beteilige.[25] Die alldeutsche Verbandsführung fand das Verhalten der NSDAP höchst befremdlich, zumal bald von französischen Bestechungsgeldern die Rede war.[26] Sie sah nicht, daß der Naziführer im Grund noch konsequenter als sie selbst seine Politik auf das Klasseninteresse der Bourgeoisie, insbesondere der reaktionärsten und aggressivsten Kräfte des Monopolkapitals, ausrichtete. Frankreich war zwar damals der gefährlichste und am wenigsten kompromißbereite äußere Feind, aber schließlich ein monopolkapitalistisches Land, mit dessen Großkapitalisten sich die Ruhrindustriellen schon mehr als einmal zur beiderseitigen Zufriedenheit arrangiert hatten. Eine politische Kampagne, die die Klassenfronten in Deutschland verwischte, ohne dauerhaft unter reaktionärer Führung zu bleiben, mußte über kurz oder lang gerade dem Monopolkapital unangenehm werden. Auf jeden Fall machte der Alldeutsche Verband erstmals die ihn schockierende Erfahrung: Das Münchner Ziehkind ging

25 München-Augsburger Abendzeitung, Nr. 10, 12. 1. 1923 (Zusammenfassung der Hitler-Rede vom 11. 1. 1923 im Münchner Zirkus Krone). Vgl. dazu *Hitler*, Mein Kampf, S. 769ff.

26 Vorwärts, Nr. 271, 13. 6. 1923; Nr. 281, 19. 6. 1923; Nr. 283, 20. 6. 1923 (Kommentare zum Fuchs-Machhaus-Prozeß). Auf die Möglichkeit französischer Zuwendungen an die NSDAP hat auch Marcel Cachin als Sprecher der französischen Kommunisten am 30. November 1923 in der Deputiertenkammer hingewiesen (Bayerisches Hauptstaatsarchiv München, Abt. I, Ministerium des Innern, Nr. 81 559, unfol.).

nicht nur eigene Wege, es konnte auch nicht mehr ohne weiteres zur Räson gerufen werden.

Als Claß sich im Frühjahr 1923 mit seinen Münchner Gesinnungsfreunden — insbesondere mit Pöhner und Kahr — beriet, stellte er zwar Übereinstimmung fest, „daß in München, d. h. in Bayern nichts unternommen werden sollte, bevor wir in Berlin und Preußen ganz bereit seien". Er mußte sich jedoch von Pöhner, der im Rahmen des alldeutschen Diktaturstrebens als Zivildiktator für Bayern vorgesehen war, sagen lassen: „Ohne Hitler könne er in Bayern nichts machen." Bei der gemeinsamen Planbesprechung am Pfingstsonntag in Berlin wurde Claß von dem Naziführer darauf hingewiesen, daß er ein großer Illusionist sei, wenn er glaube, im Ernstfall im Ruhrgebiet über ein nationales Arbeiterheer von mindestens 42000 Mann verfügen zu können, „das mit allem wohl ausgerüstet sei, darauf brenne, gegen die Franzosen loszuschlagen". Ein solches Arbeiterheer sei nicht vorhanden. Er habe ausgezeichnete Informanten in diesem Industriezentrum, denen nichts verborgen bliebe und die ihn mit Sicherheit davon informiert hätten. Außerdem konnte er darauf verweisen, inzwischen selbst zweimal mit dem Chef der Heeresleitung, General Hans von Seeckt, der keineswegs optimistisch gestimmt sei, Gespräche geführt zu haben.[27]

Zu Beginn des Jahres 1923 wurde die NSDAP also von der Reichswehrführung als verhandlungswürdiger Machtfaktor angesehen. Dazu trug nicht nur ihr wachsender Masseneinfluß, sondern auch das aufsehenerregende Bündnis Hitlers mit General Ludendorff bei. Im Bestreben, sich der Bestrafung für Kriegsverbrechen und wegen seiner Beteiligung am Kapp-Putsch zu entziehen, sowie in der Absicht, politisch erneut zum Zuge zu kommen, hatte sich das einstige Idol der Deutschen Vaterlandspartei in München niedergelassen und war auf Hitler aufmerksam geworden. Endlich hoffte er den Mann gefunden zu haben, der ihm die notwendigen Massen zur Verwirklichung seiner Pläne zur Verfügung stellen konnte. Die Beachtung, die Ludendorff der NSDAP zukommen ließ, stärkte deren Ansehen in den Augen der herrschenden Klasse ungemein und erschloß Geldquellen, die Hitler zur damaligen Zeit noch nicht zugänglich waren.

Trotz dieser persönlichen Aufwertung, die innerhalb der Partei längst byzantinistische Kultformen angenommen hatte, hielt Hitler es für angebracht, es nicht mit dem noch einflußreichen und sogar

27 BA Koblenz, Kl. Erw., 499 F, Claß, Anhang, S. 13ff.

maßgebend erscheinenden alldeutschen Verbandsführer zu verderben. Nach dessen Erinnerungsbericht an die Pfingstberatung erklärte der Naziführer, als Claß emphatisch von der „sittlichen Notwendigkeit" gesprochen hatte, „sich mit den äußersten Mitteln gegen die Scheinherrschaft der November-Verbrecher aufzulehnen", begeistert: „Sie haben mich überzeugt, Sie haben mich gewonnen. Ich bin Ihr Mann und gehe mit Ihnen durch dick und dünn."[28] Die materielle Grundlage für diese ideelle Eintracht war die vom Geschäftsführer des Alldeutschen Verbandes, von Vietinghoff-Scheel, zu Beginn des Jahres 1923 angebotene Unterstützung in Höhe von einer Million Mark, die Hitler mit folgenden Worten an den Vermittler kommentierte: „Wenn Sie statt einer Million zehn Millionen bekommen können, um so besser! Es sind dies ja die gleichen Quellen, aus denen auch ich zum Teil schöpfe. Politisch stehen wir ja alle auf den Schultern des ‚A.V.', dem wir nur vorzuwerfen haben, daß er bei seiner richtigen Erkenntnis und dem jahrzehntelangen Bestehen seiner so überaus einflußreichen Organisation bis jetzt noch gar keine praktische Arbeit geleistet hat. Dies können wir jetzt mit seinen Mitteln nachholen."[29]

Als es jedoch zwei Tage nach dem Berliner Zusammentreffen in München zu konkreten Festlegungen kommen sollte, zog Hitler es vor, sich durch Göring vertreten zu lassen. Dieser verbindungsreiche letzte Kommandeur des Jagdgeschwaders Richthofen und „Pour-le-Mérite"-Träger war 1922 zur NSDAP gestoßen und hatte das Kommando über die SA erhalten. Seine Anwesenheit fand wiederum Pöhner unzureichend, weil es um grundlegende politische Angelegenheiten ging. Göring durfte nur an der Beratung militärischer Fragen teilnehmen. Zu Vereinbarungen kam es nicht. Er konnte, so schrieb Röhm später, sich „des Eindruckes aber nicht erwehren", daß Claß „damals, um sich unserer Bundesgenossenschaft zu versichern, übertriebene Hoffnungen in uns nährte, von denen er vielleicht doch selbst nicht ganz überzeugt war. Denn das berühmte ‚Ruhrwunder', das

28 Ebenda, S. 18.

29 *Georg Franz-Willing*, Krisenjahr der Hitlerbewegung 1923, Preußisch Oldendorf 1975, S. 204. Die genannte Million Mark Inflationsgeld war schon auf der Sitzung des Geschäftsführenden Ausschusses des Alldeutschen Verbandes am 27./28. 5. 1922 in Berlin erwähnt worden (ZStA Potsdam, Alldeutscher Verband, Nr. 134, Bl. 39/40). Sie wurde „im Februar 1923 . . . von Herrn von Vietinghoff als Dispositionsfonds" übergeben, „um nat[ional]soz[ialistische] Propaganda zu treiben" (BA Koblenz, NS 26, Nr. 893, unfol.).

er uns Hoffenden und Harrenden vorzauberte, stellte sich doch später als eine Fata Morgana heraus und versank in wesenlosem Nebel."[30]

Trotz aller Enttäuschung setzte die alldeutsche Verbandsführung im völkischen Lager weiterhin mehr als auf die NSDAP auf ihre inzwischen in Norddeutschland gegründete Schwesterpartei. Auf dem Görlitzer Parteitag der Deutschnationalen Volkspartei im Oktober 1922 war es zur Abspaltung einer völkischen Gruppe um Albrecht von Graefe, Reinhold Wulle und Ernst Henning gekommen, der die konservative DNVP-Führung viel zu unbeweglich bei der Massengewinnung erschien und die sich daher zwei Monate später zusammen mit Ernst Graf Reventlow als Deutsch-Völkische Freiheitspartei (DVFP) formierte. Obwohl Wulle wichtige Funktionen im Alldeutschen Verband bekleidet hatte — er war einige Zeit Chefredakteur der „Deutschen Zeitung" gewesen —, lehnte man die Zusammenarbeit mit Claß ab. Hinter den persönlichen Querelen, die bis zu Prozessen führten, stand die Angst, in der Öffentlichkeit durch den wegen seiner reaktionären und massenverachtenden Gesinnung bekannten alldeutschen Verbandsvorsitzenden diskreditiert zu werden.

Zwischen den beiden faschistischen Parteien — der bayrischen NSDAP und der norddeutschen DVFP — gab es von Anfang an große Spannungen. Zunächst ging es um den Führungsanspruch. Die DVFP wähnte sich gegenüber der NSDAP erfahrener und überlegener. Man betonte zwar das „*Verwandte, im wesentlichen sogar Gleichartige*",[31] fand jedoch die Radaupropaganda in der Art Essers unerträglich und trat auch für die Beteiligung an Wahlen ein. Hitler wiederum dachte auf der Woge der Erfolge nicht daran, seine Spitzenposition in der NSDAP aufs Spiel zu setzen und der vielfach gewünschten Vereinigung beider Parteien zuzustimmen.

So wurde das gemeinsame Ziel — die faschistische Diktatur — auf verschiedenen Wegen und ohne wirkliche Koordinierung an-

30 *Ernst Röhm*, Die Geschichte eines Hochverräters, München 1928, S. 189f.

31 Vorwärts, Nr. 188, 23. 4. 1923 (Brief Wulles an Erich Rudolf, Geschäftsführer der Dresdner Geschäftsstelle der DVFP). Vgl. zur DVFP *Manfred Weißbecker*, Deutschvölkische Freiheitspartei (DVFP) 1922—1933, in: Die bürgerlichen Parteien in Deutschland, Bd. 1, S. 765ff.; BA Koblenz, NS 26, Nr. 839—843, unfol.; ZStA Potsdam, Film 4105; sowie den Nachlaß von Reinhold Wulle im BA Koblenz, der allerdings fast ausschließlich die Zeit nach 1933 betrifft, und die Akte des Thüringer Gauleiters Sauckel in: BA Koblenz, NS 20, Nr. 123, unfol.

gestrebt. Die in dem Berliner Juniklub und dem aus ihm hervorgegangenen Politischen Kolleg vereinten jungkonservativen Ideologen versuchten zwar immer wieder, eine Zusammenarbeit herbeizuführen, scheiterten aber an unterschiedlichen Interessen und parteipolitischen Gegensätzen. Als die Regierung Cuno zurücktreten mußte und der in Rechtskreisen recht skeptisch bewertete Gustav Stresemann von der Deutschen Volkspartei eine neue Regierung bildete, kam ein „Direktorium" ins Gespräch. Es sollte unter Ausschaltung des Parlaments eingesetzt werden und dem Parlamentarismus ein Ende bereiten. In deutschnationalen, alldeutschen und elitär-faschistischen Kreisen ging man davon aus, daß dessen Einsetzung durch die Reichswehr oder wenigstens mit ihrer Hilfe erfolgen sollte. Aller Augen richteten sich auf General von Seeckt, der aber das damalige Kräfteverhältnis in Deutschland realistischer einschätzte und sich nicht zu einem militärischen Staatsstreich verleiten ließ. Das Fiasko des Kapp-Putsches und der Sturz der Regierung Cuno waren für ihn lehrreich gewesen.

Ohne die Mitwirkung der Reichswehr oder wenigstens ihre Rückendeckung wagten die konservativen Staatsstreichplaner jedoch nicht zu handeln. Selbst in München, wo das örtliche Reichswehrkommando unter Führung des Generals Otto von Lossow zum Losschlagen bereit war, wollte man erst warten, bis die geplante Aktion in Berlin begonnen hatte, obwohl Kahr in den Claßschen Direktoriumsplänen die Führungsrolle zugedacht war und er auch bei anderen als Kandidat für das Reichspräsidentenamt galt.[32] Das Signal aus der Reichshauptstadt kam jedoch nicht. Der alldeutsche Verbandsvorsitzende eilte vielmehr wiederholt nach München, um vor lokalen Voreiligkeiten zu warnen. Auch der von Hugenberg abhängige Leiter des Politischen Kollegs, Professor Dr. Martin Spahn, schloß sich diesen Bemühungen an.[33] Man wußte, daß es in München starke Kräfte gab, die sich nicht an die gemeinsame Marschroute halten, die Reichswehrführung vor vollendete Tatsachen stellen und von Bayern aus den Umsturz im Reiche durchführen wollten.

Das war auch den Regierungsbehörden und der Reichswehrgeneralität genau bekannt. Der Geschäftsträger der Reichsregierung in München — seit 1923 gewiß nicht zufällig ein Diplomat aus der sich stark in Bayern engagierenden Unternehmerfamilie Haniel —

32 *Franz-Willing*, Krisenjahr, S. 362, 374.

33 BA Koblenz, R 118, Nr. 35, Bl. 113; Nr. 56, Bl. 32/33.

sowie die Beauftragten der sächsischen und der württembergischen Landesregierung hatten das ganze Jahr über darauf hingewiesen, wie groß die Putschgefahr in der bayrischen Metropole geworden war. Als zum Jahresbeginn die inzwischen umgebildete Landesregierung versuchte, eine die angestrebte nationale Einheitsfront gegen die Franzosen und die Belgier schädigende Naziveranstaltung zu verbieten, weil sie unter der Parole „Nieder mit den Novemberverbrechern“ stattfinden sollte, wurde „dem Minister des Innern seitens der Hitler-Partei die Antwort zuteil, daß man Gewalt gegen Gewalt setzen, daß eine rote Welle über Bayern hinwegfluten und die Staatsregierung binnen 2 Stunden erledigt sein werde!“[34]

Am 1. Mai 1923 zeigte sich allerdings, daß die Nazis den Mund zu voll genommen hatten. Ihrer Ankündigung entsprechend, keine Maidemonstration zuzulassen, bereiteten sie mit ihren Bundesgenossen, den sogenannten Vaterländischen Kampfverbänden Münchens, eine Gegenaktion vor, die vielfach als Auftakt zum Putsch betrachtet wurde. Göring versicherte großsprecherisch: „Die Kampfverbände können es unter keinen Umständen dulden, daß die Sozialisten mit roten Fahnen durch die Stadt ziehen, das wird unter allen Umständen verhindert und wenn es nicht anders geht mit Gewalt. Es wird eben dann geschossen.“[35] Man wagte jedoch nicht, den auf dem Oberwiesenfeld versammelten bewaffneten Faschistenverbänden den Befehl zum Angriff zu geben, weil angesichts der 30000 Menschen zählenden Maikundgebung die Polizei- und die Reichswehrkommandos die schon ausgehändigten Waffen zurückforderten.[36]

Die Führung der „Arbeitsgemeinschaft vaterländischer Kampfverbände“ mußte einsehen, daß gegen den Willen der Münchner Reichswehrführung und ohne Mitwirkung der bayrischen Konservativen nichts zu machen war. Ihr damals wichtigster Verbindungsmann im Reichswehrgruppenkommando, Hauptmann Röhm, geriet in Schwierigkeiten. Er hatte in einer Denkschrift dem neuen Landeskommandanten General von Lossow offen bekannt: „Ich will unter schroffer Ablehnung jeder Politik der Erfüllung, der Verständigung, des Ausgleichs, den schärfsten Kampf mit allen Mitteln gegen den

34 Staatsarchiv Dresden, Sächsische Gesandtschaft für Bayern in München, Nr. 397, Bl. 123.

35 *Wilhelm Hoegner*, Der schwierige Außenseiter. Erinnerungen eines Abgeordneten, Emigranten und Ministerpräsidenten, München 1959, S. 24.

36 *Franz-Willing*, Krisenjahr, S. 82f. (Polizeibericht vom 28. 5. 1923).

inneren und gegen den äußeren Feind ... Ich bin auch ein politischer Soldat und ... habe die Überzeugung, daß der Kampf, den wir um unsere nationale Existenz führen müssen, nur gelingen kann, wenn wir den Arbeiter national gemacht haben. Da ich der Überzeugung bin, daß keine bürgerliche Partei oder nationale Bewegung dazu imstande ist, erscheint mit die Stärkung der nationalsozialistischen Bewegung eine wesentliche Voraussetzung und Kraftquelle der vaterländischen Kampffront zu sein."[37]

Es charakterisiert die Reichswehrgeneralität, daß dieses offene Bekenntnis eines Offiziers zu einer nach dem Republikschutzgesetz in vielen Ländern verbotenen Partei mit unverhohlenem Wohlwollen zur Kenntnis genommen wurde. Schließlich zeigte sich auch General von Seeckt bei seinen Märzgesprächen mit Hitler von dem Naziführer beeindruckt. Sein Kommentar lautete: „Im Ziele waren wir uns einig, nur der Weg war verschieden."[38] Am 3. Mai 1923 kam jedoch die bayrische Reichswehrführung nicht umhin, Hauptmann Röhm mitzuteilen, er sei dem Reichswehrministerium in Berlin zu weit gegangen und solle als Kompaniechef nach Bayreuth versetzt werden. Der Reichswehrminister Otto Karl Geßler hatte sogar seine Verabschiedung verlangt. Das ignorierte aber General von Lossow. Röhm wurde schließlich nach einem „Krankheitsurlaub" auf eigenen Wunsch abkommandiert. Ende September 1923 schied er freiwillig aus der Reichswehr aus, um sich ganz auf die Vorbereitung des geplanten Faschistenmarschs nach Berlin zu konzentrieren.[39]

Was Röhm in seiner Denkschrift zu Papier gebracht hatte, entsprach dem Geist der Nazipartei. Jeder Nazi rechnete mit einem unmittelbar bevorstehenden gewaltsamen Sturz der Weimarer Republik. An die Eroberung der Parlamentsmehrheit durch Wahlen dachte niemand. Dieser „legale Weg zur Macht" wurde sogar prinzipiell verworfen und als Anerkennung des Weimarer „Systems" gebrandmarkt. Trotz gelegentlicher Kritik an den Methoden der Kapp-Putschisten bewegte sich die NSDAP noch im Jahre 1923 auf der gleichen Linie. Im gesamten reaktionären Lager träumte man von Staatsstreichen und radikalen Regierungsveränderungen. Selbst altkonservative Kreise und führende Vertreter der Deutschnationalen

37 *Röhm*, Die Geschichte eines Hochverräters, S. 164f.

38 *Friedrich von Rabenau*, Seeckt. Aus seinem Leben 1918—1936, Leipzig 1940, S. 347f.

39 *Röhm*, Die Geschichte eines Hochverräters, S. 182ff.

erörterten im Stile von Verschwörern, wie über Nacht die Weimarer Republik beseitigt und eine Diktatur errichtet werden könnte.[40] In Küstrin putschten am 1. Oktober unter Führung von Major Bruno Buchrucker Einheiten der „schwarzen Reichswehr", die illegal neben dem in Versailles gestatteten 100000-Mann-Heer bestanden. Die abenteuerlichsten Putschpläne wurden jedoch in München geschmiedet.

In den Kampfbünden und insbesondere in der SA herrschte eine regelrechte Putschpsychose. Hitler fachte nahezu pausenlos die Hysterie an. Am 5. September sprach er beispielsweise zum Thema „Deutschlands Leidensweg von Wirth bis Hilferding". Er führte dabei aus: „Nicht für eine Wahl sind wir gegründet worden, sondern um als letzte Hilfe in der größten Not einzuspringen, wenn dieses Volk angstvoll und verzweifelt das rote Ungeheuer herankommen sieht. Die Aufgabe unserer Bewegung liegt damit heute nicht darin, uns vorzubereiten für eine kommende Wahl, sondern vorzubereiten für den kommenden Zusammenbruch des Reiches, auf daß, wenn der alte Stamm fällt, die junge Tanne schon dasteht ... Wir wollen Träger werden der Diktatur der nationalen Vernunft, der nationalen Energie, der nationalen — Brutalität und Entschlossenheit ... Es gibt nur zwei Möglichkeiten: *entweder marschiert Berlin und endet in München, oder München marschiert und endet in Berlin*! ... An und in Bayern liegt es heute, zur Wiedergenesungszelle des anderen Reiches zu werden."[41] Ganz im gleichen Sinne äußerte er sich eine Woche später im überfüllten Zirkus Krone zum Thema „Der Zusammenbruch der Novemberrepublik und die Mission unserer Bewegung".[42]

Dazu erklärte Kahr, der inzwischen auf Vorschlag des bayrischen Ministerpräsidenten zum Generalstaatskommissar in Bayern ernannt worden war und die vollziehende Gewalt übernommen hatte, einem italienischen Korrespondenten: „Wir sind durchaus keine Feinde; wir haben beide dasselbe Ziel, nur sind unsere Methoden verschieden. Hitler ist ein Demagoge im besten Sinne des Wortes, der absolut das Gute will. Aber ich meine, daß nicht immer außerordentliche

40 BA Koblenz, R 118, Nr. 36, Bl. 35 (Spahn an Hugenberg, 28. 8. 1923).

41 Völkischer Beobachter, Nr. 182, 7. 9. 1923, abgedr. in: Adolf Hitlers Reden. Hrsg. Ernst Boepple, München 1933, S. 80ff., sowie in: *Hitler. Sämtliche Aufzeichnungen*, S. 998ff.

42 Völkischer Beobachter, Nr. 188, 14. 9. 1923; *Hitler. Sämtliche Aufzeichnungen*, S. 1007ff.

Methoden notwendig sind, auch in außergewöhnlichen Zeiten können wir oft normale Maßnahmen gebrauchen. Meine Politik ist energisch, aber ruhig, ich will mit Ruhe vorgehen, ohne Hysterie." In ähnlichem Sinne äußerte sich Ministerpräsident Eugen Ritter von Knilling.[43] Auch der mächtigste aller Ruhrindustriellen, Hugo Stinnes, der nach treffenden zeitgenössischen Urteilen ganz Deutschland in ein Stinnesien verwandeln wollte, ließ am 20. September dem amerikanischen Botschafter gegenüber folgende aufschlußreiche Bemerkung fallen: Um die Arbeiter wieder zum Zehnstundentag zu zwingen, müsse ein Diktator mit allen Vollmachten ernannt werden. „So ein Mann muß die Sprache des Volkes reden und selbst bürgerlich sein, und so ein Mann steht bereit. Eine große, von Bayern ausgehende Bewegung, entschlossen die alten Monarchien wieder herzustellen, sei nahe." Alle Rechtsparteien würden sich ihr anschließen, „und eine ansehnliche Gruppe gemäßigter Männer in der Mitte, und sie würde in erster Linie einen Kampf gegen den Kommunismus bedeuten, da der kommunistische Flügel die Arbeiter zur Opposition treiben würde". Selbstverständlich — so schloß Stinnes vielsagend — würden sich die Industriellen mit dieser Bewegung vereinen.[44]

Vier Tage später überzeugte sich Claß jedoch in einem Gespräch mit Seeckt endgültig davon, daß der Chef der Heeresleitung das Risiko eines Staatsstreiches für zu hoch hielt. Der alldeutsche Verbandsführer hatte darauf hingewiesen, „daß er aus den verschiedensten Teilen des Reiches Nachrichten von Putschplänen habe und von seinen politischen Freunden ständig gefragt werden, wie sie sich verhalten sollten, falls es zu deren Verwirklichung komme. Der Alldeutsche Verband könne nicht anders als in Übereinstimmung mit der Heeresleitung handeln." Der General räumte ein, daß er ähnliche Nachrichten habe, und nannte unter anderem die Namen Ludendorff und Hitler. Mit Rücksicht auf die innenpolitischen Machtverhältnisse werde er im Putschfalle jedoch „auf rechts genau so schießen lassen wie auf links".[45]

43 Völkischer Beobachter, Nr. 222, 31. 10. 1923.

44 *George W. F. Hallgarten*, Hitler, Reichswehr und Industrie. Zur Geschichte der Jahre 1918—1933, Frankfurt a. M. 1955, S. 9ff., 47ff., 67f.

45 *Kruck*, Geschichte des Alldeutschen Verbandes, S. 147f.; Hitler und Kahr. Die bayerischen Napoleonsgrößen von 1923. Ein im Untersuchungsausschuß des bayerischen Landtags aufgedeckter Justizskandal, 2 Teile, München 1928. Hrsg. Landesausschuß der SPD in Bayern, T. II, S. 41.

Claß versuchte deshalb mit Wehrkreiskommandeuren in Kontakt zu kommen, um Seeckt auszuschalten. Er trug sich sogar mit Attentatsplänen. So gestand sein bayrischer Verbindungsmann, der Augsburger Fabrikant Gottfried Grandel, dem Untersuchungsrichter: „Ich gebe zu, an einer *Mordverabredung gegen den General v. Seeckt teilgenommen* zu haben . . . Der Plan zur Ermordung Seeckts ist mir im Oktober 1923 von Claß in seiner Wohnung in der Rauchstraße dargelegt worden. *Claß hat dabei Seeckt als Schädling bezeichnet*, der das Emporkommen Deutschlands verhindere . . . Die Ermordung Seeckts sei nur ein Teil eines großen politischen Planes mit dem Endziel der *Errichtung der nationalen Diktatur* . . . Claß wollte im Auftrag des Generals von Below die politische Leitung übernehmen. Für die Diktatur selbst sollte General von Below beauftragt werden . . . Die Namen Ludendorff und Ehrhardt hat Claß nicht genannt, dagegen sprach er davon, daß er in Verbindung stehe mit dem *General v. Möhl* in Kassel und dem *General v. Lossow* in München, sowie mit *Kahr*. Mit den beiden letzteren hätte er ganz feste Verabredungen, sagte Claß. Diese Verabredungen seien maßgebend gewesen für das Verhalten Kahrs und Lossows beim Hitler-Putsch. — Ich fand in den letzten Monaten des vorigen Jahres keine geeigneten Leute zur Ausführung der Tat."[46]

Obwohl Grandel dieses aufsehenerregende Geständnis später widerrief, muß es durchaus nicht unglaubwürdig sein. Am 22. Oktober 1923 besprach Claß in München mit Kahr „die einzelnen Maßnahmen für den großen Schlag". Lossow sollte zusammen mit dem Landespolizeichef Oberst Hans Ritter von Seißer in Bayern und Ernst von Below in Berlin „in der Nacht vom 8. auf den 9. November" losschlagen.[47] Auf Grund der schlechten Erfahrungen im Frühjahr wurde Hitler in dieses Komplott nicht eingeweiht. Da die Putschpropaganda der Nazis längst auf Hochtouren lief, konnte man seiner Mitwirkung sicher sein. Angesichts der wenig ermutigenden Nachrichten aus Berlin wurden Kahr und Lossow jedoch unsicher. Ersterer erklärte sich zwar bereit, „an die Spitze eines in Berlin auf legalem oder illegalem Wege zu errichtenden Reichsdirektoriums zu treten, das unabhängig vom

46 Attentäter, Spitzel und Justizrat Claß. Der Seeckt- und Harden-Prozeß. Bearb. Karl Brammer (Politische Prozesse, Heft V, Berlin 1924), S. 10f.

47 *Kruck*, Geschichte des Alldeutschen Verbandes, S. 197f.

48 *Franz-Willing*, Krisenjahr, S. 376. Nach der 18. Sitzung des Untersuchungsausschusses des Landtags vom 16. 2. 1928.

Parlament und scharf rechts regieren sollte".[48] Letzterer beteuerte ebenfalls: „Ich will ja marschieren, Herrgott, ich will ja marschieren, aber nur, wenn ich 51 Prozent Wahrscheinlichkeit habe."[49] Man hatte für den Abend des 8. November eine Versammlung führender Vertreter der sogenannten Vaterländischen Verbände Bayerns in den Bürgerbräukeller einberufen, damit Kahr eine Rede halten konnte, die der Auftakt für den Staatsstreich sein sollte.

In diese Versammlung platzte ein SA-Kommando, brachte ein Maschinengewehr in Stellung und bereitete Hitlers Auftritt vor. Kahr hatte gerade erklärt: „Heute vor fünf Jahren ist Deutschland zusammengebrochen, heute und auf diesen Grundsätzen der nationalen Freiheit soll Deutschland wieder auferstehen", als der Naziführer sich mit seinen Begleitern Graf, Scheubner-Richter und Rosenberg — alle mit entsicherter Pistole — nach vorn drängte, erst einen Stuhl und dann das Podium bestieg. Hitler feuerte einen Pistolenschuß in die Decke und schrie: „Die nationale Revolution ist ausgebrochen. Der Saal ist von 600 Schwerbewaffneten besetzt. Wenn nicht sofort Ruhe eintritt, kommt ein Maschinengewehr auf die Galerie. Die bayrische Regierung ist abgesetzt, eine provisorische Reichsregierung wird gebildet. Die Kasernen der Reichswehr und der Landespolizei sind besetzt. Reichswehr und Landespolizei rücken bereits unter Hakenkreuzfahnen heran. Ich schlage daher vor: bis zum Ende der Abrechnung mit den Verbrechern, die heute Deutschland tief zugrunde richten, übernehme die Leitung der Politik der provisorischen Nationalregierung ich."[50]

Das hatte nicht im Konzept Kahrs gestanden. Selbstverständlich sollte Hitler mitmachen, aber für die Führung der neuen Reichsregierung war er nicht vorgesehen. General von Lossow konnte den Eindringling nur fragen: „Ist es in Berlin und im Norden auch losgegangen?", dann wurde er mit Kahr und Seißer schon von Hitler in ein Nebenzimmer zur Beschlußfassung gebeten. Da auf ihren Wunsch erst Ludendorff — der sich allerdings schon bereithielt — herbeigeholt werden mußte, gab Hitler der Versammlung seine Regierungsliste bekannt: Kahr sollte Landesverweser und Pöhner Ministerpräsident in Bayern werden. Von Ludendorff wurde das Kommando über die

49 Ebenda, S. 379, 18. Sitzung; außerdem Lossow am 14. 3. 1924 im Hitler-Prozeß.

50 Die Szene wird in vielen Darstellungen und auch von Augenzeugen geschildert. Ein erster Abdruck der Hitler-Rede findet sich in: Münchner Neueste Nachrichten, Nr. 304, 9. 11. 1923. Hitler hat die richtige Wiedergabe im Hitler-Prozeß bestätigt.

Reichswehr verlangt, was Seeckt befürchtet hatte, und Hitler wollte die Leitung der vorläufigen Reichsregierung übernehmen. Seine Vorschläge und seine Ankündigung quittierten die Versammelten mit brausenden Heilrufen. Obwohl Kahr, Lossow und Seißer später vor Gericht beteuerten, sie hätten nur „Komödie spielen" wollen, fanden sie sich in Wirklichkeit zu allem bereit. Hitler versicherte Kahr, daß ihm der „Dank Bayerns" für immer gewiß sei, und stellte Lossow das Reichswehrministerium und Seißer ein Reichspolizeiministerium in Aussicht. Beide versprachen, daß sie die vorgesehenen Aufgaben restlos erfüllen würden. Ludendorff äußerte sich im gleichen Sinn.[51]

Symptomatisch für den Geist, der die konservative Reaktion um Kahr bewegte, war eine Rede, die sein Stellvertreter Baron Aufseß am 20. Oktober 1923 gehalten hatte: „Im Namen und Auftrag Sr. Exz., des Herrn Generalstaatskommissar Dr. v. Kahr, der durch dringende Abhaltungen nicht in der Lage ist, Ihrer Einladung Folge zu leisten, spreche ich Ihnen seinen Dank und seine Wünsche aus. Er wäre sicher gerne gekommen, aber Sie müssen ihn entschuldigen, *er sitzt mit der Lunte vor dem offenen Pulverfaß*. Auch ich konnte ihrer Einladung nicht früher Folge leisten, da ich als *stellvertretender Staatskommissar* ebenfalls sehr in Anspruch genommen bin und mich nicht früher losmachen konnte ... *Der Bruch zwischen Bayern und Berlin ist heute abend 8 Uhr30 erfolgt* (er spielte damit auf die spektakuläre Inpflichtnahme der bayrischen Reichswehrverbände durch die bayrische Regierung und den Generalstaatskommissar an, die mit Recht als schwerer Affront gegen den Reichspräsidenten Friedrich Ebert, den Reichskanzler Gustav Stresemann und den Chef der Heeresleitung, General von Seeckt, empfunden wurde — J. P.), und wir sind froh, daß er erfolgt ist. Es heißt für uns nicht los von Berlin, wir sind keine Separatisten, er heißt für uns: Auf nach Berlin. Wir sind seit Wochen von Berlin in einer unerhörten Weise belogen worden, das ist auch nicht anders zu erwarten von dieser Judenregierung, an deren Spitze ein Matrazeningenieur steht. Ich habe seinerzeit gesagt: In Berlin ist alles verebert und versaut, und ich halte das auch heute noch aufrecht ... Der ‚Völkische Beobachter' darf wieder erscheinen. Wir haben auch keine Veranlassung, einen Ehr-

51 *Georg Franz-Willing*, Putsch und Verbotszeit der Hitlerbewegung. November 1923—Februar 1925, Preußisch Oldendorf 1977, S. 84f. In einer vor S. 33 eingebundenen Proklamation „An alle Deutschen" wurde Ludendorff als Reichsverweser bezeichnet.

hardt zu verhaften. Auch die Erzbergermörder können hier ruhig ihrem Beruf nachgehen; wir werden sie niemals ausliefern ... Heute gehen wir mit Hitler zusammen."[52]

Später — insbesondere beim sogenannten Hitler-Prozeß im Frühjahr 1924 — wurde bekannt, daß die Hauptakteure dieses Operettenputsches im Münchner Bürgerbräukeller viele Einzelheiten schon längst zuvor abgesprochen hatten. Der Regisseur auf seiten der Nazis war Dr. Max Erwin von Scheubner-Richter gewesen, der als „Geschäftsführer" des Kampfbundes den politischen Generalstabschef Hitlers spielte.[53] Er stammte wie Rosenberg aus dem Baltikum, war im Kampf gegen die revolutionäre Bewegung 1905/06 aktiv gewesen, hatte aber bereits während des ersten Weltkrieges im deutschen Heer gedient. Zumeist wurde er in geheimen Missionen in der Türkei, in Persien, in Schweden und schließlich wiederum im Baltikum eingesetzt. Das hätte ihn beinahe das Leben gekostet, denn die Sowjetmacht bekämpfte erfolgreich die konterrevolutionäre Agententätigkeit. Nach Deutschland zurückgekehrt, engagierte er sich sogleich als Pressechef beim Kapp-Putsch. In München traf er seinen alten Bekannten aus der Studentenzeit, Rosenberg, wieder und wurde im November 1920 zusammen mit seiner Frau, der er den Adelsnamen von Scheubner verdankte, NSDAP-Mitglied.

Sein eigentliches politisches Betätigungsfeld war jedoch die Unterstützung der russischen Emigranten und die Förderung der russischen Konterrevolution. Zusammen mit anderen Baltendeutschen und aus Rußland geflohenen Feinden der Sowjetmacht gründete er eine deutsch-russische Gesellschaft. Er leitete deren Büro und gab die „Wirtschaftspolitische Aufbau-Korrespondenz über Ostfragen und ihre Bedeutung für Deutschland" heraus. Die russischen Emigrantengruppen ließen sich nicht durch die nationalsozialistische Fassade der NSDAP irritieren. Gerade Scheubner-Richter, der General Wrangel aus deutschen Heeresbeständen versorgt und über eine spezielle

52 Ebenda, S. 370; sowie BA Koblenz, Nachlaß Traub, Nr. 57, Bl. 90.

53 So bezeichnete sich Scheubner-Richter selbst gegenüber dem Kabinettschef des bayrischen Kronprinzen. Näheres zu ihm: *Franz-Willing*, Putsch, S. 10ff.; J[ames] & S[uzanne] Pool, Hitlers Wegbereiter zur Macht. Die geheimen deutschen und internationalen Geldquellen, die Hitlers Aufstieg zur Macht ermöglichten, Bern/München 1978, S. 53ff.; Erinnerungen von Frau Mathilde von Scheubner-Richter, in: BA Koblenz, NS 26, Nr. 1197 und Nr. 1263, unfol.; Bayerische Staatszeitung, Nr. 276, 28. 11. 1922.

Europa-Asien-Gesellschaft den Handel zwischen Deutschland und den von weißen konterrevolutionären Banden beherrschten Gebieten Rußlands vermittelt hatte, bot ihnen genügend Gewähr. Er erhielt Zuwendungen von Adligen wie Baron Koeppen und dem Herzog von Leuchtenberg sowie Großindustriellen wie Nobel. Auch vermochte er deutsche Monopolkapitalisten wie Thyssen und Reusch für seine Pläne zu interessieren und zu Spenden zu veranlassen. Ende Mai 1921 organisierte er für die russischen Emigranten einen großen Sammlungskongreß in Bad Reichenhall. In seiner „Aufbau-Korrespondenz" hetzte er ununterbrochen gegen die Sowjetmacht. Die „*größte Gefahr, die Deutschland droht,*" seien „*nicht die schwarzen und weißen Franzosen*", „*sondern der jüdische Bolschewismus*". Diejenigen deutschen Nationalisten, die glaubten, sich im Kampf gegen Frankreich oder Polen mit Sowjetrußland verbünden zu können, nannte er kurz und bündig „*Politische Toren*!"[54]

Scheubner-Richter war für Hitler als Geld- und Verbindungsvermittler im wahrsten Sinne des Wortes unbezahlbar. Wenn wiederholt Nazi-Großveranstaltungen in Coburg stattfinden konnten, hing das mit der Gunst des Herzogs Karl Eduard von Coburg zusammen, der auf seinem Schloß nicht nur den aus dem Lande gejagten Zar Ferdinand von Bulgarien aus der Coburger Dynastie, sondern auch den als Anwärter auf die Zarenkrone geltenden Großherzog Kyrill, einen Vetter Nikolaus II., aufgenommen hatte. Diese monarchistischen Emigrantenkreise hatten ein besonderes Interesse an den faschistischen Bewegungen in Europa, weil sie genau erkannten, daß der Faschismus die radikalste Form des Antikommunismus und der Demokratiefeindlichkeit war. Von Coburg aus wurden nicht nur Aktionen gegen die Regierung Stambolijski in Bulgarien unternommen, sondern auch Fäden zu faschistischen Verschwörergruppen in anderen Ländern gesponnen.[55] Der Eifer, mit dem die Nazis ihre Putschvorbereitungen betrieben, paßte ausgezeichnet in das Konzept der zur Abdankung oder zur Emigration gezwungenen Fürsten und Monarchen. Alle, die in Rußland Fabriken und Bodenschätze verloren hatten — unter ihnen der Ölkönig Sir Henri Deterding —, wünschten, daß die konservativ-faschistische Reaktion in Deutschland so rasch wie möglich ans Ruder kommen möge, damit sich die Chancen für eine erfolg-

54 Wirtschaftspolitische Aufbau-Korrespondenz über Ostfragen und ihre Bedeutung für Deutschland, III. Jg., Nr. 39, 29. 9. 1923.

55 ZStA Potsdam, Vertretung der Reichsregierung München, Nr. 120, Bl. 63—65.

reiche Intervention in Sowjetrußland vergrößerten. Sie gaben daher nicht nur bereitwillig Geld, sondern bestärkten über ihre Vertrauensleute in der Nazipartei auch deren Putschabsichten.

In seiner „Aufbau-Korrespondenz“ und bei seinen vielen Geheimgesprächen wurde Scheubner-Richter nicht müde, seinem Leser- und Zuhörerkreis das Schreckgespenst eines sprungbereiten Bolschewismus an die Wand zu malen oder die Interessen der russischen Emigranten zu vertreten.[56] Außerdem war vor allem er es, der das Zusammengehen zwischen Ludendorff und Hitler vermittelte und das Mißtrauen der bayrischen Monarchisten um Kronprinz Rupprecht von Bayern gegenüber der NSDAP zu zerstreuen suchte.[57] Das erklärt, warum Hitler den Tod Scheubner-Richters bei der Schießerei am 9. November 1923 vor der Feldherrnhalle mit den Worten kommentierte: „Alle sind ersetzbar, nur einer nicht, nämlich Scheubner-Richter.“[58] Dabei hatte der chauvinistisch und deutschvölkisch eingestellte Physiker Professor Dr. Johannes Stark ein „offenes Wort über Herrn v. Scheubner im Interesse der deutschen Sache“ an Hitler geschrieben und im einzelnen ausgeführt: „Wenn Herr v. Scheubner auch tatsächlich kein jüdisches Blut in den Adern hat, so sieht er doch äußerlich wie ein Jude aus und scheint mir aus diesem Grunde nicht geeignet zu sein, den Deutschen Kampfbund nach außen hin zu vertreten.“[59]

Dergleichen Beobachtungen enthüllen die ganze Fragwürdigkeit der auf Kirchenregister und standesamtliche Eintragungen gestützten Rasseneinteilung in „Arier“ und „Juden“. Schließlich stimmten amtliche Angaben mit den tatsächlichen Gegebenheiten nicht immer überein, war es im Verlaufe der Jahrhunderte in Europa zu einer Vermischung der Rassen und Völker gekommen. Insofern ist der Gebrauch derartiger Begriffe zur Charakterisierung von Menschengruppen innerhalb eines Volkes an sich schon problematisch. Wenn es um die Vertretung von Klasseninteressen und die Erschließung von Finanzquellen ging, nahmen die Faschisten auch ein sicher nicht auf

56 Wirtschaftspolitische Aufbau-Korrespondenz, II. Jg. Nr. 9, 3. 3. 1922 (Deutschlands Bolschewisierung); Nr. 16, 21. 4. 1922 (Deutsch-russischer Vertrag von Rapollo); Nr. 30., 26. 7. 1922 (Im Eilmarsch zum Abgrund).

57 *Franz-Willing*, Putsch, S. 15f.

58 Ebenda, S. 15. Mündliche Mitteilung von Frau von Scheubner-Richter.

59 BA Koblenz, Nachlaß Hitler, Nr. 3, Stark an Hitler, 29. 9. 1923 (abgedr. in: *Franz-Willing*, Putsch, S. 384).

die Teutonen und Cherusker zurückzuführendes semitisches Aussehen in Kauf. Wer Jude ist, bestimme ich, soll Göring einmal gesagt haben. Auch General von Gebsattel, das alldeutsche Oberhaupt der Antisemiten, hatte aus gutem Grund geraten, es in den eigenen Reihen mit dem „Blutsbekenntnis" nicht so genau zu nehmen.[60] Schließlich war fast die gesamte Naziführung mit Hitler an der Spitze keineswegs dem angeblich allein kulturbringenden und zur Weltherrschaft bestimmten „nordisch-germanischen Rassetypus" zuzuordnen.

Wie wenig man in den Naziführungskreisen die eigene Ideologie zur Richtschnur des persönlichen Verhaltens machte, bewies in besonders auffälliger Form Feder, der sich ansonsten als Gralshüter der politischen Moral verstand und gelegentlich sogar Hitlers fragwürdigen Lebenswandel und Führungsstil kritisierte.[61] Dieser Vorkämpfer gegen das Börsenkapital und Leiter eines speziellen Kampfbundes zur Brechung der Zinsknechtschaft des Kapitals unterhielt bei einer Münchner Bank ein zinsbringendes Geld- und Aktiendepot. Er hatte auch nie Anstoß daran genommen, daß ausgerechnet der Direktor der Bayerischen Handelsbank, Wilhelm Freiherr von Pechmann, zu den ersten Förderern der Nazibewegung gehörte und gebeten wurde, „unsere diesbezügl[ichen] Bestrebungen nach Kräften zu unterstützen".[62] Feder wußte von den Putschabsichten. Er war als „Reichsfinanzminister" vorgesehen und hatte folgende „Bekanntmachung" ausgearbeitet, die am 9. November 1923 im „Völkischen Beobachter" erschien: „Bis zur gesetzlichen Regelung des gesamten Geld- und Kreditwesens werden alle Banken und sonstigen Geldinstitute ihres privatrechtlichen und privatwirtschaftlichen Charakters entkleidet und unter Staatsaufsicht gestellt. Jede Veränderung oder Verschiebung der Vermögensbestände wird bestraft. Das Finanzkomitee: gez. Gottfried Feder."[63] Am Mittag des 8. November verte er jedoch vorsorglich, sein eigenes Bankkonto aufzulösen, und zeigte sich höchst empört, als ihm das nicht sogleich gelang.[64] Am

60 BA Koblenz, NS 26, Nr. 852, unfol. (Mitteilung des Reichs-Sippenwahrers Agobard [bürgerlicher Name im Protokoll nicht vermerkt] auf dem Vereinigungs-Thing des Germanen- und des Wälsungen-Ordens).

61 Veröffentlicht von *Oron H. Hale*, in: The Journal of Modern History, Vol. XXX, 1958, S. 360ff. Nachgedr. in *Franz-Willing*, Krisenjahr, S. 145ff.

62 BA Koblenz, NS 26, Nr. 111, Bl. 1.

63 Völkischer Beobachter, Nr. 230, 9. 11. 1923.

64 Der Vorgang ist ausführlich belegt in den Personalakten der Polizeidirektion München, in: Staatsarchiv München, Nr. 10045, Gottfried Feder, Bl. 35/36.

Rande sei erwähnt, daß die Inflation zu diesem Zeitpunkt schon jedes Maß überschritten hatte. Das Groschenblatt „Völkischer Beobachter" kostete 5 Milliarden Mark.

In der Nacht zum 9. November hatten Kahr, Lossow und Seißer zu ihrem Entsetzen erfahren, daß es in Berlin und im Norden keineswegs „losgegangen" war und der Münchner Bürgerbräukellerputsch keinerlei Aussicht auf Erfolg haben konnte. Sogleich versuchten sie, sich selbst aus der Schlinge zu ziehen. Der Generalstaatskommissar ließ in den Morgenstunden folgenden Aufruf an die Litfaßsäulen anschlagen: „Trug und Wortbruch ehrgeiziger Gesellen haben aus einer Kundgebung für Deutschlands nationales Wiedererwachen eine Szene widerwärtiger Vergewaltigung gemacht. Die mir, dem General Lossow und dem Obersten von Seißer mit vorgehaltener Pistole abgepreßten Erklärungen sind null und nichtig. Ein Gelingen des sinn- und ziellosen Umsturzversuches hätte Deutschland samt Bayern in den Abgrund gestoßen. An der Treue und dem Pflichtbewußtsein der Reichswehr und der Landespolizei ist der Verrat gescheitert. Auf diese Getreuen gestützt, ruht die vollziehende Gewalt fest in meiner Hand. Die Schuldigen werden rücksichtslos der verdienten Strafe zugeführt."[65]

Mit dieser Absage an den Bundesgenossen von gestern, die auch die Auflösung der NSDAP sowie der Bünde Oberland und Reichskriegsflagge einschloß, gelang es Kahr, zunächst das rettende Ufer zu erreichen. Die herrschenden Kreise in Deutschland übersahen geflissentlich, daß er ein Hauptkandidat in der faschistischen Putschplanung gewesen und nach dem allgemeinen Eindruck der Versammlungsteilnehmer durchaus nicht widerwillig das Bündnis mit Hitler eingegangen war. Der Naziführer aber vergaß den Kurswechsel nicht. 1934 bekam Kahr zu spüren, daß er mit diesem Aufruf sein eigenes Todesurteil unterschrieben hatte.

Der sozialdemokratische Reichspräsident Ebert und die von Stresemann geführte Reichsregierung nahmen die Nachrichten vom Münchner Putsch zum Anlaß, den Oberbefehl über die Reichswehr auf den Chef der Heeresleitung, General von Seeckt, zu übertragen und ihm gleichzeitig die vollziehende Gewalt im Reiche anzuvertrauen. Damit war Seeckt auf legale Weise praktisch zum Diktator Deutschlands

65 Münchner Neueste Nachrichten, Nr. 305, 10. 11. 1923. Nach *Franz-Willing*, Putsch, S. 107f., hat die „Münchner Zeitung" den Aufruf bereits am 9. 11. 1923 veröffentlicht.

geworden. Er benutzte diese Machtstellung, um die schon am 21. Oktober begonnene Ausschaltung der verfassungsgemäß zustande gekommenen Arbeiterregierungen in Sachsen und Thüringen zu sichern. Darin bestand der eigentliche Zweck seiner Beauftragung. Den rechtsradikalen Umsturzversuchen schenkte er kaum Aufmerksamkeit. Das gleiche läßt sich von der Regierung Stresemann sagen, der deshalb selbst die sozialdemokratische Reichstagsfraktion das Mißtrauen aussprechen mußte.[66] Zur Erleichterung Seeckts und Stresemanns hatte sich das Münchner Putschabenteuer fast von selbst erledigt.

Von den ratlosen Putschisten wurde in den Mittagsstunden des 9. November noch ein Demonstrationszug durch München veranstaltet. An der Feldherrenhalle stießen die Demonstranten auf die Postenkette eines Polizeikommandos. Nach dem Polizeibericht schoß ein Nazi auf den kommandierenden Offizier und tötete einen hinter ihm stehenden Unterwachtmeister. Daraufhin eröffnete das Kommando seinerseits das Feuer.[67] Dem kurzen Schußwechsel fielen 4 Polizisten und 14 Demonstranten, unter ihnen Scheubner-Richter, zum Opfer. Zwei weitere Nazis kamen andernorts ums Leben. Unter den Faschisten brach Panik aus. Der legendenumwogene „Marsch zur Feldherrenhalle" endete aufs kläglichste. Wer von den Naziführern nicht sogleich verhaftet wurde, floh aus München. Hitler, der sich zum Unterschied von Ludendorff beim ersten Schußwechsel sogleich zu Boden geworfen hatte, verbarg sich in Uffing. Er war nervlich völlig zusammengebrochen und wollte seinem Leben ein Ende setzen. Selbst nach seiner Verhaftung und seiner Einlieferung in das Gefängnis Landsberg äußerte er noch Selbstmordabsichten. Anton Drexler und Hans Knirsch — der erwähnte Vertrauensmann von Claß — gaben sich mit anderen viel Mühe, ihm diese auszureden.[68]

Die Nazibewegung schien erledigt zu sein. Mit Hitler waren die

66 Verhandlungen des Reichstags. Stenographische Berichte, 1. Wahlperiode 1920, Bd. 361, Berlin 1924, S. 12161f.

67 Bayerisches Geheimes Staatsarchiv, MA 104221, Bericht des Obltn. Frhr. von Godin „Die Vorgänge vom 9. November. Eine amtliche Darstellung". Zit. bei *Franz-Willing*, Putsch, S. 119.

68 *Franz-Willing*, Putsch, S. 121f. Auf die Rolle von Hans Knirsch verweist Claß im Anhang zu seinem ungedruckten Erinnerungsteil, in: BA Koblenz, Kl. Erw., 499 F, Claß, Anhang, S. 23ff.

meisten Putschisten in Haft. Göring, Esser und einige andere konnten nach Österreich entweichen. Rosenberg blieb in München unbehelligt. In der alldeutschen Verbandsleitung grollte man Hitler, weil er sein Versprechen nicht gehalten habe und immer eigenmächtiger und primadonnenhafter aufgetreten sei. Der Chefredakteur der „Deutschen Zeitung", Max Maurenbrecher, nahm schon am 10. November die öffentliche Abrechnung vor. Er erklärte rundheraus, daß Hitlers „*politische Rolle ausgespielt ist*". Er habe sich nicht an das gehalten, was er ihm selbst im Mai 1921 in Gegenwart Drexlers versichert hätte, nämlich „daß er *nicht* der Führer und Staatsmann sei, der das im Chaos versinkende Vaterland zu retten vermöge. Er sei wohl der *Agitator*, der Menschen zu sammeln verstehe. Aber er sei nicht der Baumeister, der Plan und Aufriß des neuen Gebäudes bildhaft klar vor seinen Augen sieht und mit ruhiger Festigkeit in schöpferischer Arbeit einen Stein auf den anderen zu legen vermag. Er brauche den *Größeren* hinter sich, an dessen *Befehl* er sich anlehnen dürfe. Wir waren beide *damals* einig darin, daß er diesen Größeren hinter sich *hatte*, und daß er so, wie dargestellt, seine Aufgabe *richtig* umschrieb."

Maurenbrecher, der aus der evangelisch-sozialen Kongreßbewegung hervorgegangen war und in der NSDAP eine Fortsetzung dessen sah, „was reichlich 20 Jahre zuvor *Friedrich Naumann* und seine Freunde begonnen hatten", schloß seinen Artikel aber nicht nur mit der Feststellung, „ein Mann, der in solcher Stunde so zu handeln vermag, hat für die Öffentlichkeit ausgespielt", sondern auch mit der Ankündigung: „Aber die *Bewegung*, die er entfesselt hat, *bleibt deshalb doch notwendig und gut . . . Und dieses Werk darf mit der Person nicht untergehen*!"[69] Einen Schritt weiter ging schon der Hugenberg und dem Alldeutschen Verband nahestehende Herausgeber der „München-Augsburger Abendzeitung", Gottfried Traub, indem er schrieb: „*Hitler* ist persönlich zugrunde gegangen an seinen Anbetern. Er ist in fantastische Pläne geraten. Aber er bleibt unersetzlich als Trommler, und es wäre falsch, wollten wir uns einfach gegen die Hitlerleute als Ganzes wenden."[70] Claß, der offensichtlich der von Maurenbrecher genannte und von Hitler anerkannte „Größere" war, eilte sogar sofort nach dem gescheiterten Putsch zusammen mit Bang nach München, um bei Kahr — allerdings vergeblich — eine sofortige Amnestie für

69 Deutsche Zeitung, Nr. 498, 10. 11. 1923. Der Artikel Maurenbrechers „Adolf Hitler" ist auszugsweise abgedr. in: *Petzold*, Claß und Hitler, S. 284f.

70 BA Koblenz, Kl. Erw., 499 F, Claß, Anhang, S. 27ff.

die Putschteilnehmer zu erreichen.[71] Offensichtlich fürchtete er, im Falle eines Prozesses mitbelastet zu werden. Er betrachtete aber auch Hitler als unersetzbar. In der 7. Auflage seines Buches „Wenn ich der Kaiser wär' ", die 1925 erschien, hatte er die NSDAP ausdrücklich als neuen Helfer bei der Verwirklichung seiner jahrzehntelangen Bestrebungen begrüßt, „die durch *Adolf Hitlers* Wirksamkeit ins Große wuchs".[72]

Der Hitlerprozeß im März 1924 bestätigte sowohl die Befürchtungen von Claß als auch seine Meinung über die rhetorischen Fähigkeiten Hitlers. Der Naziführer, der sich wieder in seinem Element fühlte und sich einem mehr als wohlwollenden Gericht gegenübersah, vermochte die schwere politische Niederlage des Novembers 1923 nachträglich in einen großen propagandistischen Sieg umzuwandeln. Während die als Zeugen auftretenden Kahr, Lossow und Seißer sich bemühten, ihren eigenen Anteil an der allgemeinen Putschvorbereitung zu verleugnen, nahm Hitler demonstrativ die volle Verantwortung auf sich. Immer wenn er in Schwierigkeiten geriet, gab er Beweise für deren Mitwisserschaft und schonte auch Claß nicht.[73] Das Gericht ging daraufhin eilends zu unverfänglichen Erörterungen über. Es ließ ausdrücklich Hitlers hinterhältige Frage an Lossow nicht zu, wer der geistige Vater der Direktoriumspläne gewesen sei, und begnügte sich mit der schriftlichen Erklärung von Claß, er habe keine Verträge mit Kahr abgeschlossen.

So wurde der Prozeß zu einer Blamage für Kahr und Lossow, die schon im Februar von ihren Posten zurücktreten mußten, und zu einer Belastung für Claß. Für Hitler aber stellte er ein einzigartiges Propagandaforum dar. Erst jetzt wurde er in Deutschland wirklich bekannt, erregte er Aufsehen in der Weltöffentlichkeit. Vom Gericht ungerügt konnte sich der Verfassungsbrecher zu seiner Tat bekennen.

71 Ebenda, Nachlaß Hugenberg, Nr. 29, Bl. 119.

72 *Frymann*, Wenn ich der Kaiser wär', 7. Aufl., Leipzig 1925, S. 215.

73 Für Claß war das „eine große Enttäuschung ... Meine Freunde waren insbesondere erbittert darüber, daß Hitler mich und den Alldeutschen Verband in dieser Weise beschuldigte, als er vor dem Volksgericht in München stand, dessen wohlwollende Haltung ihm gegenüber aus dem Verhalten des Vorsitzenden und des Generalstaatsanwaltes hervorging, während ich, wenn der Oberreichsanwalt zum Eingreifen veranlaßt worden wäre, vor den politischen Staatsgerichtshof in Leipzig gestellt worden wäre" (BA Koblenz, Kl. Erw., 499 F, Claß, Anhang, S. 33).

Es gebe — so führte er aus — keinen Hochverrat gegen die „Landesverräter" von 1918, die einen „Dolchstoß" gegen das deutsche Volk geführt hätten.[74] Hitler wußte genau, daß er damit kein Risiko einging. Sein Geldvermittler Gansser hatte 1922 ungestraft Reichspräsident Ebert auf dem Bahnhofsvorplatz in München mit dem Rufe „Landesverräter" empfangen können. Es wurde nur ein Prozeß gegen den Redakteur Erwin Rothardt angestrengt, der zu diesem skandalösen Vorfall einen ebenso beleidigenden „Offenen Brief" Ganssers in einer Staßfurter Zeitung veröffentlicht hatte. Das zuständige Magdeburger Gericht verhängte im Dezember 1924 wegen formaler Beleidigung in Nebensächlichkeiten die lächerlich geringe Gefängnisstrafe von drei Monaten gegen den Angeklagten. Obwohl der Reichspräsident die selbstentlarvende Erklärung abgegeben hatte, er sei im Januar 1918 nur deshalb in die Streikleitung der Rüstungsarbeiter eingetreten, um „*den Streik zum schnellsten Abschluß zu bringen und eine Schädigung des Landes zu verhüten*", hielt das Magdeburger Gericht den Nachweis für erbracht, daß Friedrich Ebert „*im strafrechtlichen Sinne Landesverrat begangen hat*".[75]

Natürlich konnte auch das Münchener Gericht nicht gänzlich auf eine Verurteilung verzichten. Schließlich war es zu einem Putsch gekommen, der Menschenleben gefordert hatte. Ludendorff wurde allerdings am 1. April 1924 auf Kosten des Staates freigesprochen. Hitler, Kriebel, Dr. Weber und Pöhner erhielten eine fünfjährige Festungshaft zuerkannt, bekamen jedoch Bewährungsfrist nach sechs Monaten in Aussicht gestellt. Frick, Röhm, Brückner und zwei andere Mitangeklagte konnten sogleich auf Bewährung in die Freiheit zurückkehren.

Der Propagandarummel um den Hitlerprozeß, Hitlers provokatorisches Auftreten und der spektakuläre Freispruch Ludendorffs zahlten sich bei den Reichstagswahlen am 4. Mai 1924 aus. Der Block der völkischen Organisationen, in den die verbotene NSDAP einbezogen wurde, erhielt fast zwei Millionen Stimmen. Es zeigte sich, daß die faschistische Propaganda eine beträchtliche Anzahl von Menschen

74 Der Hitler-Prozeß vor dem Volksgericht in München. Erster Teil: Die Anklage — Die Vernehmung der Angeklagten — Die Beweisaufnahme, München 1924, S. 28, 18. Hitlers Äußerungen im Prozeß sind nach dem amtlichen Protokoll abgedr. in: *Hitler. Sämtliche Aufzeichnungen*, S. 1123ff.

75 Der Prozeß des Reichspräsidenten. Bearb. Karl Brammer, Berlin 1925, S. 21, 126.

erreicht und irregeführt hatte. Die bürgerliche DDP mit ihren 1,7 Millionen Wählern war bereits überflügelt. Der eigentliche Wahlsieger, die DNVP, kam mit 5,7 Millionen Stimmen der nach wie vor führenden SPD mit ihrem Sechs-Millionen-Anhang nahe. Die von allen anderen Parteien und der Staatsgewalt bekämpfte KPD erreichte mit 3,7 Millionen fast das Wählerreservoir des Zentrums (3,9 Millionen) und überholte die von der Großindustrie besonders geförderte DVP Stresemanns klar (2,7 Millionen).

Der Wahlerfolg der Faschisten täuschte jedoch. Die faschistische Bewegung befand sich in einer schweren Krise. Die Führer der beiden Hauptparteien — NSDAP und DVFP — stritten um die Führung. Hitler hatte kurz vor seiner Verhaftung Rosenberg mit der Leitung der verbotenen Nazipartei beauftragt, „den die Herren Esser, Streicher und Amann unterstützen sollten".[76] Dieser vermochte sich jedoch nicht durchzusetzen. Bald standen sich zwei Gruppen in erbitterter Fehde gegenüber: zum einen die fast ausschließlich auf Bayern orientierte Esser-Streicher-Clique und zum anderen der mehr in Norddeutschland verankerte Anhang Ludendorffs. Der General unterhielt Verbindungen zu Graefe und Wulle. Am liebsten hätte er NSDAP und DVFP zu einer faschistischen Partei unter seiner Führung verschmolzen.

Hitler hatte Schwierigkeiten, während der Festungshaft seinem grundsätzlichen Führungsanspruch Geltung zu verschaffen. Er war sich auch über die zukünftige politische Strategie noch nicht im klaren. Deshalb teilte er am 16. Juni 1924 brieflich mit, es sei ihm „unter solchen Verhältnissen nicht mehr möglich, von hier aus irgendwie einzugreifen oder gar eine Verantwortung zu übernehmen. Ich habe deshalb beschlossen, mich auf solange von der ganzen öffentlichen Politik zurückzuziehen, bis mir die wiedergegebene Freiheit auch die Möglichkeit eines *tatsächlichen* Führens *bietet*. Ich muß Ihnen deshalb erklären, daß ab jetzt niemand mehr das Recht besitzt, in meinem Namen zu handeln, sich auf mich zu berufen oder in meinem Namen Erklärungen abzugeben. Ebenso bitte ich von jetzt ab keine Briefe politischen Inhalts mehr an mich zu richten."[77]

76 *Franz-Willing*, Putsch, S. 193.

77 ZStA Potsdam, Alldeutscher Verband, Nr. 232, Bl. 33. Auch *Franz-Willing*, Putsch, S. 254f., druckt den Brief Hitlers vom 16. 6. 1924 an Haase ab, der anscheinend eine Abschrift an Claß übersandte. Er findet sich außerdem in: *Hitler. Sämtliche Aufzeichnungen*, S. 1238f.

Wahrscheinlich wollte Hitler abwarten, bis sich beide Hauptgruppen und vor allem ihre Führer im Rivalitätenstreit aufgerieben und als unfähig zur Parteiführung erwiesen hatten. Allerdings war auch offensichtlich, daß sich hinter allem persönlichen Zwist tiefere Gegensätze verbargen. Die Esser-Streicher-Gruppe repräsentierte das kleinbürgerlich-lumpenproletarische Element in Bayern. Sie lehnte jede parlamentarische Betätigung ab und hielt an der Schläger-, Schmäh- und Putschstrategie fest. Unter den norddeutschen Nazis gab es einige Intellektuelle, viele Offiziere und Studenten sowie ehemalige Mitglieder der Deutschsozialistischen Partei. Bei aller Betonung sozialer und völkischer Gesichtspunkte war die Grundeinstellung elitärer und konservativer.

Viele Beobachter, unter ihnen besonders der Vertreter der Reichsregierung in München, der Gesandte Haniel von Haimhausen, versuchten zu ergründen, mit welchem Parteiflügel Hitler sympathisiere und welche Aussichten Ludendorff habe, an der Spitze der faschistischen Bewegung zu bleiben. Bald wurde klar, daß letzterer denkbar ungeschickt operierte und nicht mehr als Parteiführer in Frage kam, daß ersterer allen Parteivereinigungstendenzen, die seinen Führungsanspruch bedrohten, ablehnend gegenüberstand und seine bayrische Hausmacht nicht preisgeben wollte.[78] Es schien, als hätte sich Hitler auf Gedeih und Verderb mit den Münchner Radau- und Putschnazis verbunden. Zugleich sickerten Nachrichten durch, der Naziführer habe sich entschlossen, ein grundsätzliches Buch über seine politische Tätigkeit und die Nazibewegung überhaupt zu schreiben.

78 ZStA Potsdam, Vertretung der Reichsregierung München, Nr. 57, Bl. 7—9 (Haniel am 14. 1. 1925 an die Reichsregierung).

IV. KAPITEL

Adolf Hitlers „Mein Kampf"

Die etwa einjährige Festungshaft in Landsberg, die mehr einem Sanatoriumsaufenthalt glich[1] und selbst von Hitler als seine „Hochschule auf Staatskosten" bezeichnet wurde,[2] gab dem Naziführer Gelegenheit, „nicht nur die Ziele unserer Bewegung klarzulegen, sondern auch ein Bild der Entwicklung derselben zu zeichnen".[3] Es entstand ein Buchmanuskript, das schon im Sommer 1925 im Münchner Verlag Franz Eher Nachfolger unter dem Titel „Mein Kampf" erschien und im Jahr darauf durch einen zweiten Teil ergänzt wurde. Die Mentoren Hitlers hatten eine „reichhaltige Bibliothek" zusammengestellt[4] und so Einfluß auf die Gestaltung des Werkes genommen. Da Rudolf Heß und seine Frau Ilse Hitler zur Hand gingen,[5] liegt der Schluß nahe, daß insbesondere geopolitische Literatur nach Landsberg gelangte, denn Heß war ein Schüler des in München ansässigen Generals und Geopolitikers Professor Dr. Karl Haushofer, der ebenfalls ein häufiger Besucher in der Haftanstalt war.[6] Auf jeden Fall geht aus „Mein

1 *Maser*, Hitlers Mein Kampf, S. 18ff. Jedem Häftling standen anfangs zwei Räume zur Verfügung. Hitler konnte zeitweilig täglich 6 Stunden lang Besucher empfangen. Neuankömmlinge mußten sich bei ihm zum Rapport melden.

2 *Hans Frank*, Im Angesicht des Galgens, Deutung Hitlers und seiner Zeit auf Grund eigener Erlebnisse und Erkenntnisse, München-Gräfling 1953, S. 46f.

3 *Hitler*, Mein Kampf, Vorwort.

4 *Otto Lurker*, Hitler hinter Festungsmauern. Ein Bild aus trüben Tagen. Miterlebt und nach amtlichen Aktenstücken hrsg., Berlin 1933, S. 52.

5 *Maser*, Hitlers Mein Kampf, S. 23.

6 *Jacobsen*, Karl Haushofer, Bd. 1, S. 239ff. Insgesamt war Haushofer 22 Stunden bei Heß. Er hat bei diesen Gelegenheiten auch Hitler gesprochen und beiden bestimmte geographische Fragen anhand von Ratzels „Politischer Geographie" erläutert. Haushofer betonte, daß 1924 ein „zerlesener Band seiner (d. h. Ratzels) ‚*Politischen Geographie*' eines der wirkungsvollsten, viel verarbeiteten Stücke der mit heiliger Glut gelesenen kleinen Bücherei des Festungsgefängnisses in

Kampf“ eindeutig hervor, daß Hitler stark von geopolitischen Auffassungen beeinflußt wurde.

Da es sich später als unerwünscht und sogar lebensgefährlich erwies, eigenen Anteil an der Ausarbeitung des Standardwerkes der Naziliteratur hervorzuheben, ist vieles im dunkeln geblieben. Hitler hat großen Wert darauf gelegt, daß möglichst alles, was er zu Papier gebracht oder in seinen Reden formuliert hatte, als seine alleinige geistige Schöpfung erschien. Pater Bernhard Stempfle, der Herausgeber des antisemitischen „Miesbacher Anzeigers“, wurde im Rahmen der sogenannten Röhmaffäre ermordet. Er galt als derjenige, der das Manuskript von „Mein Kampf“ stilistisch bearbeitet hatte.[7] Inwieweit er sich dessen rühmte und ob er deshalb sterben mußte, ist nicht bekannt. Haushofer und andere hüteten sich wohlweislich, ihren Beitrag zum „Werk des Führers“ an die große Glocke zu hängen. Nach 1945 konnte daran erst recht niemand Interesse haben. Wie hoch man allerdings in der Familie des Münchner Geopolitikers den eigenen Einfluß bewertete, hat der Sohn Albrecht Haushofer, der 1944 von den Nazis ermordet wurde, in seinem Moabiter Sonett „Der Vater“ zum Ausdruck gebracht:

„Für meinen Vater war das Los gesprochen.
Es lag einmal in seines Willens Kraft,
den Dämon heimzustoßen in die Haft.
Mein Vater hat das Siegel aufgebrochen.
Den Hauch des Bösen hat er nicht gesehen.
Den Dämon ließ er in die Welt entwehen.“[8]

Noch merkwürdiger ist die unterschiedliche Bewertung, die Hitlers „Mein Kampf“ im Laufe der Zeit erfahren hat. Als das Buch erschien, fand es geringe Beachtung und war nur für die fanatischsten Anhänger des Naziführers eine Offenbarung. Die elitären Faschisten im jungkonservativen Lager waren eher peinlich berührt und sahen ihren grundsätzlichen Überlegenheitsanspruch bestätigt. Viele Gegner der Nazibewegung konnten mit Recht auf den Eklektizismus und

Landsberg“ gewesen sei (*Friedrich Ratzel*, Erdenmacht und Völkerschicksal. Eine Auswahl aus seinen Werken. Hrsg. Karl Haushofer, Stuttgart 1940, S. XXVI).

7 *Bullock*, Hitler, S. 130.

8 *Jacobsen*, Karl Haushofer, Bd. 1, S. 1.

die Primitivität von Hitlers Auslassungen verweisen. Sie zogen daraus aber oft den Schluß, man könne sich die Auseinandersetzung ersparen. Sicherlich wurde diese „weltanschauliche Grundlegung“ der Nazibewegung nicht in dem Maße gelesen, wie das Buch Verbreitung fand.

Als jedoch die Politik des faschistischen deutschen Imperialismus scheinbar ganz in den Bahnen des von Hitler vorgezeichneten Weges verlief, änderte sich das Bild erneut. „Mein Kampf“ wurde zum „unheimlichsten Buch der Neuzeit“ erklärt.[9] Der US-amerikanische Historiker W. L. Shirer schrieb gar, die weltgeschichtliche Katastrophe des zweiten Weltkrieges hätte verhindert werden können, wenn Hitlers Buch „*vor* 1933 . . . sorgfältig studiert“ worden wäre.[10] Nicht nur Fest, sondern auch eigene Quellenforschung betreibende Historiker der BRD haben sich an dieser Dämonisierung von „Mein Kampf“ beteiligt. Es paßte vortrefflich in die Hitler-Welle der siebziger Jahre und das für sie typische bewundernde Schaudern, wenn Hitler als der Mann erschien, der ganz aus sich heraus 1924 ein Programm formulierte, das er mit nachtwandlerischer Sicherheit allen Widerständen zum Trotz Schritt für Schritt realisierte und das selbst den Selbstmord einkalkulierte. Sebastian Haffner hat dieses „Männer machen Geschichte“ bis zur äußersten Konsequenz getrieben und praktisch alles neben und hinter Hitler verschwinden lassen.[11]

In Wahrheit ist es ganz anders gewesen. Es dürfte schwerfallen, in Hitlers „Mein Kampf“ einen Gedanken zu finden, der wirklich originär und orginell war. An geistiger Primitivität und Brutalität sucht das Buch unter politischen Programmschriften seinesgleichen. Über weite Strecken ähnelte es einem Stammtischmonolog. Gerade in der außenpolitischen Bündnisfrage wurden Prinzipien formuliert, die im absoluten Gegensatz zur späteren Realität standen. Selbst Hitler soll einmal gesagt haben: „Wenn ich 1924 geahnt hätte, Reichskanzler zu werden, dann hätte ich das Buch nicht geschrieben.“[12] Aber die Bierkellerargumentation sprach ein Bierkellerpublikum an. Hitler faßte in einprägsamer, an der Reklame geschulter Form zusammen, was in tausendfacher Weise seit Jahrzehnten in die Köpfe

9 So auf dem Schutzumschlag von *Maser*, Hitlers Mein Kampf.

10 *William L. Shirer*, Aufstieg und Fall des Dritten Reiches, Köln/Berlin (West) 1961, S. 79.

11 *Sebastian Haffner*, Anmerkungen zu Hitler, München 1978.

12 *Frank*, Im Angesicht des Galgens, S. 46.

von Millionen eingehämmert wurde und was das Kleinbürgertum angesichts sozialer und wirtschaftlicher Nöte für erstrebenswert hielt. Das erklärt seine Wirkung.

Hitler orientierte sich konsequent an dem, was die herrschende Klasse in der Periode des Imperialismus anstrebte und wofür sie Massen zu gewinnen suchte. Immer wieder wird dabei sichtbar: Der Manipulator war selbst ein Manipulierter. Die von ihm in „Mein Kampf" formulierten innenpolitischen Absichtserklärungen gingen auf alte Forderungen aus der Zeit vor dem ersten Weltkrieg und auf neue Schlußfolgerungen nach der Novemberrevolution zurück. Die viele so frappierende Vorwegnahme von Methoden und Zielen faschistischer Außenpolitik in seinen Aufzeichnungen von 1924 entpuppt sich — bei Licht betrachtet — als Fortsetzung dessen, was bereits 1914 angestrebt wurde. Die Kriegszielpolitik im zweiten Weltkrieg hat ihre Wurzel keineswegs in „Mein Kampf", sondern im Streben des deutschen Imperialismus seit der Jahrhundertwende nach einer territorialen und ökonomischen Neuaufteilung der Welt und wurde inhaltlich in den großen Kriegszieldenkschriften des deutschen Monopolkapitals von 1915 weitgehend vorweggenommen. Hitler stellt keinen „Betriebsunfall" in der deutschen Geschichte dar, sondern er bildet ein Glied in der Kette der imperialistischen Politik des deutschen Monopolkapitals. Er war dessen wirksamstes Sprachrohr und radikalster Willensvollstrecker. Das erklärt seine Förderung.

Jeder Politiker — auch der primitivste — gibt den politischen Planungen und Entscheidungen eine bestimmte persönliche Färbung. Indem Hitler all das zusammenfaßte, was ihm bemerkenswert, zur Massengewinnung nützlich und zur Verfolgung seiner Ziele notwendig erschien, drückte er dem faschistischen Geist seinen Stempel auf. In Entscheidungssituationen orientierte er sich als Reichskanzler und Oberster Befehlshaber, der lange von Erfolg zu Erfolg geeilt war, an dem, was er selbst zum Programm erklärt hatte und was ihm als Ursache seiner Erfolge erschien. Daß er sich dabei nicht an Versprechen gebunden fühlte, wurde bereits am Beispiele seiner Gespräche mit Claß deutlich. Er setzte sich auch rigoros über eigene Schlußfolgerungen hinweg, wie noch deutlich werden wird. An dieser Stelle sei lediglich auf den Widerspruch zwischen der scharfen Kritik an den Machthabern des Kaiserreiches, die einen Zweifrontenkrieg nicht zu vermeiden wußten, und dem eigenen Entschluß verwiesen, 1941 noch vor Beendigung des in „Mein Kampf" für unerwünscht erklärten Krieges mit Großbritannien über die Sowjetunion herzufallen.

Gerade das totale Scheitern der Hitlerschen Konzeption unterstreicht, wie eingebunden der Politiker in die realen Gegebenheiten bleibt. Der deutsche Imperialismus hatte objektiv nicht die Möglichkeit, die Vorherrschaft in der Welt zu erringen. Zwei verlorene Weltkriege haben dafür den Beweis erbracht. Der weltweite revolutionäre Übergangsprozeß vom Kapitalismus zum Sozialismus ließ sich weder durch Unterdrückungsmaßnahmen im Innern Deutschlands noch durch Überfälle auf Sowjetrußland 1918 bzw. auf die Sowjetunion 1941 aufhalten. Wenn Hitler diese Ziele anstrebte, so entsprach er damit zwar den Wünschen der deutschen Imperialisten und Militaristen, mußte aber zwangsläufig das Schicksal derer teilen, die bereits vor ihm danach trachteten. Ähnlich Ludendorff, der im ersten Weltkrieg alles Mögliche unternahm, um sich militärisch und politisch über die objektiven Grenzen des deutschen Imperialismus hinwegzusetzen, war auch Hitler bestrebt, Unmögliches zu erreichen. Da das in einer viel brutaleren und rücksichtsloseren Form geschah, mußte es zu einer viel größeren Katastrophe für das deutsche Volk kommen. Hitler wollte nicht wie 1918 fünf Minuten vor zwölf aufhören. Er konnte es auch nicht mehr. Diese Alternativ- und Ausweglosigkeit war bereits in „Mein Kampf“ vorgezeichnet.

Hitler begann sein Buch mit einer Beschreibung des Elternhauses und der Wiener Jugendjahre. Von Anfang an wird deutlich, wie er die einleitend erwähnten imperialistischen Mobilisierungsideologien in sich aufsog und daraus eine „Weltanschauung“ zusammenfügte. Der erste und zugleich grundlegende Impuls, der ihn bewegte und prägte, war der Nationalismus. Dieses übersteigerte Nationalbewußtsein spielte in Österreich-Ungarn um die Jahrhundertwende eine besondere Rolle. Das Habsburgerreich war ein Nationalitätenstaat, in dem die deutschsprachige Bevölkerung Privilegien genoß. Durch den österreichisch-ungarischen Ausgleich von 1867 wurden diese zwar geschmälert, aber noch nicht ernsthaft bedroht. Nach wie vor galt es als selbstverständlich, daß die Amtssprache in der Donaumonarchie deutsch war und deutsche Beamte dominierten. Das erwachte Nationalbewußtsein der Tschechen, Polen, Slowaken, Kroaten und Rumänen, das sich auf eine zahlenmäßige Majorität und die beginnende Industrialisierung stützen konnte, begann jedoch den Vorherrschaftsanspruch der Deutschen und der Ungarn in Frage zu stellen. Es wurde bereits gezeigt, wie sich dies selbst auf die deutsche Arbeiterschaft auswirkte und zu einer „nationalsozialistischen“ Bewegung führte.

Den stärksten Widerhall fand der Nationalismus jedoch im Kleinbürgertum. Angesichts der Möglichkeit eines neuerlichen „Ausgleichs", der den slawischen Volksgruppen die Rechte der Ungarn eingeräumt und die Deutschösterreicher höchstens zu Ersten unter Gleichen gemacht hätte, wurde vielfach Rückhalt beim deutschen Kaiserreich gesucht. Die meisten derjenigen, die weiterhin das Deutsche in der Habsburgermonarchie vorherrschen lassen wollten, glaubten diese Absicht nur in einem „Großdeutschland" verwirklichen zu können. Notfalls sollte sogar auf die slawischen und ungarischen Reichsteile verzichtet werden. In der Regel war ihnen jedoch eine Art Kolonialstatus zugedacht, etwa in dem Sinne, wie es das Zarenreich mit den nichtrussischen Randgebieten praktizierte.

Hitler brauchte also nicht erst für den deutsch-völkischen Nationalismus gewonnen zu werden. Er brachte ihn in einer ausgeprägt „großdeutschen" Form aus seiner deutsch-österreichischen Heimat mit. Wer so nationalistisch dachte und handelte, war für die Vertretung kapitalistischer Klasseninteressen brauchbar, dessen Weltbild orientierte sich zwangsläufig auf das der Bourgeoisie, die mit chauvinistischen Parolen die inneren Klassengegensätze zu übertünchen und ihre äußeren Klassenziele zu verwirklichen suchte. Hitlers Übersiedlung nach München, seine Kriegsbegeisterung, die Meldung als Freiwilliger zu einem bayrischen Regiment, die Auszeichnung mit dem Eisernen Kreuz, die Entrüstung über den Ausbruch der Revolution, die Spitzeldienste in der Reichswehr und seine parteipolitische Tätigkeit waren durchaus folgerichtige Schritte auf diesem Wege. Sie gingen einher mit einer entschiedenen Ablehnung des proletarischen Internationalismus, die alle „nationalsozialistischen" Bestrebungen charakterisierte, und des Marxismus, der das Proletariat zur Überwindung des bürgerlichen Nationalismus und der kapitalistischen Ausbeutung befähigte.

Hitler gibt in „Mein Kampf" klar zu erkennen, daß seinen schon erwähnten antisemitischen Äußerungen eine ganz bestimmte politische Funktion zugrunde lag. Während der Hetze gegen die Juden in der zweiten Hälfte des 19. Jahrhunderts eine gewisse antikapitalistische Kritik innewohnte, die bis in die Weimarer Republik fortwirkte und auch Feders „Manifest zur Brechung der Zinsknechtschaft des Geldes" beeinflußte, hat Hitler in der Rückschau auf seinen bisherigen Lebensweg bekannt, daß er die antijüdischen Parolen vor allem zur Bekämpfung des marxistischen Einflusses auf die Arbeiterbewegung benutzte: „*Nur die Kenntnis des Judentums allein bietet den Schlüssel zum Erfassen der inneren und damit wirklichen Absichten der Sozialdemokratie.*"[13] Die Gleichsetzung von Antisemitismus und Antimarxismus — denn wenn Hitler in diesem Zusammenhang von Sozialdemokratie sprach, meinte er die an den Lehren von Marx und Engels orientierte Politik der Sozialdemokratischen Partei vor dem Kriege — beweist, wie sich der Naziführer auf die Bedürfnisse des deutschen Monopol- und Agrarkapitals zu orientieren wußte. Mancher Mitkonkurrent um die Gunst der Geldgeber hatte zu dieser Zeit noch immer nicht begriffen, welche Art von Antisemitismus von der herrschenden Klasse gefragt war.

Zusammen mit Dietrich Eckart bemühte sich Hitler in der revolutionären Nachkriegskrise, den gegen den Marxismus gerichteten Antisemitismus in den Dienst von Antikommunismus und Antibolschewismus zu stellen, um damit noch mehr dem aktuellen Bedürfnis der Interessenten an der faschistischen Bewegung zu entsprechen. 1924 — wenige Monate nach Eckarts Tod — erschien dessen letzte Schrift „Der Bolschewismus von Moses bis Lenin — Zwiegespräch zwischen Adolf Hitler und mir".[14] Man kann in diesem Machwerk so etwas wie eine Lehrschrift für die Nazibewegung sehen. In der Sache knüpfte ihr Verfasser an den schon von Lagarde geäußerten Gedanken an, im abendländischen Christentum beider Konfessionen dominierten die jüdischen Elemente. Martin Luther, der ansonsten als gewaltiger Gegner der Judenheit dargestellt wurde, habe sich durch seine Bibelübersetzung unbewußt als „ihr verhängnisvollster Wegbereiter" erwiesen. Es sei „kein Zufall", „daß dessen eigene Heimat Sachsen sich heute so haltlos dem Sowjetstern" zuneige. Der Apostel Paulus wäre der eigentliche Verfälscher der Lehre von Jesus Christus gewesen, der einer vom Judentum grundverschiedenen Welt angehört hätte.

Derartige theologische Exkurse und die Bibelzitate stellen jedoch nur die Einführung dar, um das eigentliche Anliegen der Zwiegespräche zwischen Eckart und Hitler vorzubereiten, nämlich den Bolschewismus zum Judenwerk zu erklären. Schon im Altertum hätten die Juden kapitalistische Wirtschaftsmethoden praktiziert, die die Unzufriedenheit schürten und die Lebenskraft ihrer Wirtsvölker untergruben, um in doppelter Weise davon zu profitieren: als Wucherer

13 *Hitler*, Mein Kampf, S. 54.

14 *Ernst Nolte*, Eine frühe Quelle zu Hitlers Antisemitismus, in: Hist. Z., Bd. 192, 1961, S. 584ff.

und als Aufrührer. Der Bolschewismus lasse sich bis auf den alttestamentarischen Gesetzesstifter Moses zurückführen. Nach Eckart soll Hitler eine direkte Verbindung zwischen dem Verhalten der Juden unter Führung von Moses im ägyptischen Pharaonenreich und dem Leitspruch des Kommunistischen Manifests „Proletarier aller Länder, vereinigt euch!" gezogen haben. Der Kampf gegen die regierende Oberschicht und der Appell an das „Pöbelvolk" seien typisch jüdisch.

Um eine derartige Traditionslinie des Bolschewismus zu begründen, scheute man sich nicht, die Behauptung aufzustellen, Lenin sei Jude. Bereits 1920 hatte Eckart in der Zeitschrift „Auf gut deutsch" von der „christenschächterischen Diktatur des jüdischen Weltheilands Lenin" geschrieben.[15] Der amerikanische Großindustrielle und Autofabrikant Henry Ford, ein fanatischer Antisemit in den USA und Geldgeber Hitlers, gehörte zu den ersten, die das behauptet hatten.[16] Für Hitler und viele seiner Anhänger wurde der angebliche Zusammenhang zwischen Judentum und Bolschewismus, der als politische Diffamierung, als Mittel zum Zweck, konstruiert wurde, immer mehr zu einer „Weltanschauungsfrage". Der Naziführer hütete sich zwar, in der Öffentlichkeit direkt auf die in den Zwiegesprächen mit Eckart behauptete Verbindungslinie von Moses bis Lenin zurückzukommen, weil er um die Unhaltbarkeit der Prämisse, Lenin sei Jude gewesen, wußte und auch eine Brüskierung traditioneller christlicher Vorstellungen fürchtete. Die überlieferten „Tischgespräche im Führerhauptquartier" nach dem Überfall auf die Sowjetunion beweisen jedoch, wie sehr er von dieser fixen Idee beherrscht wurde und seine Umgebung schließlich zu immer verbrecherischeren Konsequenzen veranlaßte.[17]

Aber schon in „Mein Kampf" sind zahlreiche direkte und indirekte Anweisungen enthalten, die unter der Naziherrschaft verwirklicht und von fanatischen Hitleranhängern wie Eichmann zur Richtschnur ihres Handelns gemacht wurden. So schrieb Hitler rückblickend auf den ersten Weltkrieg, man hätte die Führer der ganzen Arbeiterbewe-

15 Auf gut deutsch, 35—36/1920, S. 402.

16 Vgl. dazu *Pool*, Hitlers Wegbereiter zur Macht, S. 80ff. (Ford und Hitler).

17 *Henry Picker*, Hitlers Tischgespräche im Führerhauptquartier, Stuttgart 1976, z. B. S. 448, 495. *Adolf Hitler. Monologe im Führerhauptquartier 1941—1944.* Die Aufzeichnungen Heinrich Heims hrsg. v. Werner Jochmann, Hamburg 1980, z. B. S. 41 (11./12. 7. 1941).

gung „sofort hinter Schloß und Riegel setzen, ihnen den Prozeß machen und sie der Nation vom Halse schaffen“ müssen.[18] Auch wäre es notwendig und rettend gewesen, wenn man „zu Kriegsbeginn und während des Krieges einmal zwölf- oder fünfzehntausend dieser hebräischen Volksverderber ... unter Giftgas gehalten“ und „zur rechten Zeit beseitigt“ hätte.[19]

Hitlers Sinnen und Trachten kreiste ständig um die möglichst wirksame Bekämpfung des Marxismus. Faschistisches Denken und Handeln richtet sich überhaupt in erster Linie gegen die marxistische Ideologie und gegen die Organisationen der Arbeiterklasse, in denen sie wirkt. Dabei wußte Hitler sehr wohl zu unterscheiden. Obwohl die sozialdemokratische Bewegung weiterhin angegriffen wurde, erkannte er genau, daß nur noch die Kommunisten konsequente Marxisten waren. Er bemühte sich deshalb, der faschistischen Bewegung eine betont antikommunistische Stoßrichtung zu geben. Eckart, mit dessen Würdigung „Mein Kampf“ schloß, hat ihn offensichtlich dabei beraten und, wie das publizierte „Zwiegespräch“ beweist, Argumente geliefert.

Wenn Hitler in „Mein Kampf“ den Marxismus gegen das angeblich „aristokratische Prinzip der Natur“ gerichtet sah, weil „an Stelle des ewigen Vorrechtes der Kraft und Stärke die Masse der Zahl und ihr totes Gewicht“ gesetzt werde,[20] so war das nicht nur eine verzerrende Interpretation, sondern auch eine Rechtfertigung des Herrschaftsanspruchs von Eliten. Von dieser Position aus konnte sich Hitler leichter gegen alle demokratischen Bestrebungen und parlamentarischen Regierungsformen wenden. Die Demokratie betrachtete er als Nährboden des Marxismus, „der ohne sie gar nicht denkbar wäre“.[21] Dem demokratischen Mehrheitsprinzip setzte Hitler das aristokratische Führerprinzip entgegen. Er entsprach damit auf seine Weise der dem Imperialismus immanenten Negation der Demokratie des auf autoritäre Herrschaft bedachten Monopolkapitals und der am Militär orientierten Befehls- und Gliederungsstruktur faschistischer Bewegungen.

Die besondere Aufmerksamkeit Hitlers war in „Mein Kampf“ der Frage gewidmet, wie man zum Ziele kommen konnte. Obwohl er

18 *Hitler*, Mein Kampf, S. 186.
19 Ebenda, S. 772.
20 Ebenda, S. 69.
21 Ebenda, S. 85.

immer wieder betonte, es käme ihm auf Gewinnung der Arbeiter an, waren ihm offensichtlich die Grenzen seiner demagogischen Verführungskünste bewußt geworden. Er erinnerte an die Erfolge des Wiener Bürgermeisters Karl Lueger, der seine christlich-soziale Partei „in erster Linie auf den vom Untergange bedrohten Mittelstand" eingestellt und „sich dadurch eine nur sehr schwer zu erschütternde Anhängerschaft" gesichert habe.[22] Zugleich kritisierte er in der Person des alldeutschen Führers im Habsburgerreich, Georg von Schönerer, das ungenügende Verständnis der herrschenden Kreise „für die Bedeutung der unteren Volksschichten" und für die „soziale Frage".[23] Die alldeutsche Bewegung sei zu „bürgerlich, vornehm, gedämpft radikal" gewesen.[24] Man müsse aber den Weg zu den Massen finden und sich dabei vor allem auf „die Zauberkraft des gesprochenen Wortes" verlassen.[25]

Hitler stützte sich bei seinen Ausführungen über Propagandatechnik auf Schlußfolgerungen zur damaligen Zeit führender Psychologen, die ihrerseits wiederum stark von den Auffassungen des Wiener Psychiaters Siegmund Freud beeinflußt wurden. So waren für ihn die Publikationen des Franzosen Gustave LeBon[26] und des Schotten William McDougall[27] bedeutsam. Ob er sie allerdings gelesen und ausgewertet hat, wie Maser behauptet,[28] ist ungewiß. Wahrscheinlich hat Hitler seinen Gepflogenheiten gemäß mehr aus vermittelnden populärwissenschaftlichen Quellen geschöpft. So erschien 1919 in München eine Broschüre des Arztes Dr. J. R. Roßbach, die sich unter dem Eindruck der Novemberrevolution mit der sogenannten Massenseele befaßte.[29]

Die propagandistische Massenverführung nach den Prinzipien der kapitalistischen Werbung war zudem das einzige Gebiet, auf dem Hitler selbst zur Meisterschaft gelangte und eigenständige Wege zu gehen

22 Ebenda, S. 109.

23 Ebenda, S. 108.

24 Ebenda, S. 111.

25 Ebenda, S. 116.

26 *Gustave LeBon*, Psychologie der Massen, 2. Aufl., Stuttgart 1912.

27 *William McDougall*, The Group Mind. A sketch of the principles of collective psychology with some attempt to apply them to the interpretation, Cambridge 1920.

28 *Maser*, Hitlers Mein Kampf, S. 54, 106f.

29 *J. R. Roßbach*, Die Massenseele. Psychologische Betrachtungen über die Entstehung von Volks-(Massen-)Bewegungen (Revolutionen), München 1919.

vermochte. Schon bei seiner Warnung, sich nicht in religiöse Streitigkeiten zu verzetteln, ließ er durchblicken, daß die „Kunst aller wahrhaft großen Volksführer zu allen Zeiten in erster Linie mit darin" bestanden habe, „die Aufmerksamkeit eines Volkes nicht zu zersplittern, sondern immer auf einen einzigen Gegner zu konzentrieren."[30] Wenn es den Juden nicht gebe, äußerte er einmal zu Rauschning, hätte man ihn erfinden müssen.[31] Der Antisemitismus hatte in der Naziideologie also nicht nur die Funktion eines Blitzableiters, sondern auch die einer Sammellinse.

Mit Bewunderung äußerte sich Hitler über die Propaganda der Westmächte im ersten Weltkrieg, die stets „den Deutschen als Barbaren und Hunnen" bezeichnet habe.[32] Die allererste Voraussetzung jeder erfolgreichen propagandistischen Tätigkeit sei schließlich „die grundsätzlich subjektiv einseitige Stellungnahme". Ausdrücklich berief er sich auf die Reklametechnik: „Was würde man zum Beispiel über ein Plakat sagen, das eine neue Seife anpreisen soll, dabei jedoch auch andere Seifen als ‚gut' bezeichnet?" Genauso verhalte es sich mit der politischen Reklame. Ihre Aufgabe sei „nicht ein Abwägen der verschiedenen Rechte, sondern das ausschließliche Betonen des einen eben durch sie zu vertretenden. Sie hat nicht objektiv auch die Wahrheit, soweit sie den anderen günstig ist, zu erforschen, . . . sondern ununterbrochen der eigenen zu dienen. Es war grundfalsch, die Schuld am Kriege von dem einen Standpunkt aus zu erörtern, daß nicht nur Deutschland allein verantwortlich gemacht werden könnte für den Ausbruch dieser Katastrophe, sondern es wäre richtig gewesen, diese Schuld restlos dem Gegner aufzubürden."[33]

Zugleich müsse bei der Propaganda „ein fundamentaler Grundsatz immer gleich scharf berücksichtigt" werden: „Sie hat sich auf wenig zu beschränken und dieses ewig zu wiederholen . . . Jede Abwechslung darf nie den Inhalt des durch die Propaganda zu Bringenden verändern, sondern muß stets zum Schlusse das gleiche sagen . . . Jede Reklame, mag sie auf dem Gebiete des Geschäftes oder der Politik liegen, trägt den Erfolg in der Dauer und gleichmäßigen Einheitlichkeit ihrer Anwendung."[34] Dabei — so gab er an anderer Stelle zu

30 *Hitler*, Mein Kampf, S. 129.

31 *Hermann Rauschning*, Gespräche mit Hitler, New York 1940, S. 223.

32 *Hitler*, Mein Kampf, S. 199.

33 Ebenda, S. 200.

34 Ebenda, S. 202f.

verstehen — könne man von „dem sehr richtigen Grundsatze" ausgehen, „daß in der Größe der Lüge immer ein gewisser Faktor des Geglaubtwerdens liegt, da die breite Masse eines Volkes . . . einer großen Lüge leichter zum Opfer fällt als einer kleinen . . . Eine solche Unwahrheit wird ihr gar nicht in den Kopf kommen, und sie wird an die Möglichkeit einer so ungeheuren Frechheit der infamsten Verdrehung auch bei anderen nicht glauben können, ja selbst bei Aufklärung darüber noch lange zweifeln und schwanken und wenigstens irgendeine Ursache doch noch als wahr annehmen; daher denn auch von der frechsten Lüge immer noch etwas übrig und hängen bleiben wird."[35]

Dieser Grundsätze wird sich erinnern müssen, wer nach dem Wahrheitsgehalt der Hitlerschen Behauptungen und Überzeugungen fragt. Um der marxistischen Lehre vom Klassenkampf entgegentreten zu können, griff Hitler auf die Rassentheorie zurück. Gegenüber Rauschning gestand er jedoch ein, „daß es im wissenschaftlichen Sinne keine Rassen" gäbe. Als Politiker brauche er jedoch diesen Begriff, um eine „Neuordnung der Welt" durchführen zu können.[36] In seinen Reden und Schriften erweckte Hitler den Eindruck, das deutsche Volk verkörpere insgesamt eine höhere Rasse. Es wurde jedoch bereits erwähnt, daß er sich in seiner Auseinandersetzung mit Otto Straßer am Gobineauschen Rassebegriff orientierte: „Was wir brauchen, das ist eine Auslese: Männer, aus einer neuen Schicht von Herrenmenschen ausgewählt, die sich nicht — wie Sie — von einer Mitleidsmoral treiben lassen. Diese Herrenschicht muß wissen, daß sie das Recht hat zu befehlen, und zwar eben auf Grund der Tatsache, daß sie einer höheren Rasse angehört. Sie muß dieses Recht verteidigen und rücksichtslos aufrechterhalten und sichern."[37] Er werde — so ließ er um 1933 seine engsten Mitarbeiter wissen — sich nicht durch einen engen Nationalismus davon abhalten lassen, „in den neu entstehenden Herrenstand auch Vertreter anderer Nationen auf[zu]nehmen, die sich um unseren Kampf verdient gemacht haben". Das Rassisch-Biologische sei nur eine Seite des ganzen Prozesses. Weltimperien

35 Ebenda, S. 252f.

36 *Rauschning*, Gespräche mit Hitler, S. 219f.

37 *Otto Straßer*, Hitler und ich, S. 136ff. Eine noch unmittelbarere Darstellung dieser Auseinandersetzung ist enthalten in: *derselbe*, Ministersessel oder Revolution?

entstünden „zwar auf einer nationalen Basis, aber sie lassen diese sehr bald weit unter sich".[38]

Von Anfang an gab Hitler vor, alles für das deutsche Volk tun zu wollen. Doch schon auf dem Höhepunkt der Erfolge im zweiten Weltkrieg erklärte er, wie ein ausländischer Diplomat berichtete: „Wenn das deutsche Volk einmal nicht mehr stark und opferbereit genug sei, sein eigenes Blut für seine Existenz einzusetzen, so soll es vergehen und von einer anderen, stärkeren Macht vernichtet werden ... Er würde dann dem deutschen Volke keine Träne nachweinen."[39] Hitlers sogenannter Nerobefehl vom 19. März 1945, der rücksichtslose Zerstörungen im Reichsgebiet vorsah, hatte selbst Rüstungsminister Speer veranlaßt, Bedenken zu äußern. Ihm wurde von dem Naziführer folgende Antwort „in eisigem Ton" zuteil: „Wenn der Krieg verlorengeht, wird auch das Volk verloren sein. Es ist nicht notwendig, auf die Grundlagen, die das deutsche Volk zu seinem primitivsten Weiterleben braucht, Rücksicht zu nehmen. Im Gegenteil ist es besser, selbst diese Dinge zu zerstören. Denn das Volk hat sich als das schwächere erwiesen, und dem stärkeren Ostvolk gehört ausschließlich die Zukunft."[40]

Diese Skrupellosigkeit war keineswegs nur eine individuelle Eigenschaft. Das bedenkenlose „Alles-auf-eine-Karte-Setzen", das bewußte Einkalkulieren des Untergangs und die gewissenlose Mißachtung selbst des eigenen Volkes gehört zum Wesen des Faschismus. Auch Artur Moeller van den Bruck hatte sein Buch „Das dritte Reich", das 1923 erschien und der Naziherrschaft als Namensgeber diente, mit folgender Einführung versehen: „Wenn wir ... von einem dritten Reich sprechen, dann müssen wir uns eine klare und kalte Rechenschaft darüber geben, daß auch nicht die geringste Gewißheit besteht, die mit ihm verbunden wäre ... Das deutsche Volk ist nur zu geneigt, sich Selbsttäuschungen hinzugeben. Der Gedanke des dritten Reiches könnte die größte aller Selbsttäuschungen werden, die es sich je gemacht hat ... Es könnte an ihm zu Grunde gehen." Aber, so behauptete er am Ende seines Buches: „Für alle Völker kommt die Stunde, in der sie durch Mord oder Selbstmord sterben."[41] Ähnlich hatte

38 *Rauschning*, Gespräche mit Hitler, S. 41 ff.

39 Staatsmänner und Diplomaten bei Hitler. Vertrauliche Aufzeichnungen über Unterredungen mit Vertretern des Auslandes 1939—1941. Hrsg. u. erläut. v. Andreas Hillgruber, Frankfurt a. M. 1967, S. 657, 661.

40 *Albert Speer*, Erinnerungen, Berlin(West) 1969, S. 445f.

41 *Artur Moeller van den Bruck*, Das dritte Reich, Berlin 1923, Vorwort, S. 245.

schon Ludendorff im Frühjahr 1918 gedacht, als er die Frage des Prinzen Max von Baden „Was geschieht, wenn die Offensive mißlingt?" mit den Worten beantwortete: „Dann muß Deutschland eben zugrunde gehen."[42]

Zur Begründung derartiger „Alles oder Nichts"-Strategie und überhaupt zur Rechtfertigung kriegerischer Auseinandersetzungen zog Hitler schon in „Mein Kampf" die Argumente der Sozialdarwinisten heran: „Die Natur ... setzt die Lebewesen zunächst auf diesen Erdball und sieht dem freien Spiel der Kräfte zu. Der Stärkste an Mut und Fleiß erhält dann als ihr liebstes Kind das Herrenrecht des Daseins zugesprochen ... Am Ende siegt ewig nur die Sucht der Selbsterhaltung. Unter ihr schmilzt die sogenannte Humanität als Ausdruck einer Mischung von Dummheit, Feigheit und eingebildetem Besserwissen wie Schnee in der Märzensonne. Im ewigen Kampfe ist die Menschheit groß geworden — im ewigen Frieden geht sie zugrunde."[43]

Es fällt nicht schwer, hinter diesem angeblichen Grundgesetz des Lebens die Methoden rücksichtslosen kapitalistischen Konkurrenzkampfes und das imperialistische Interesse an Unterdrückung und Krieg zu erkennen. Von Hitler wurde es vornehmlich neomalthusianistisch und geopolitisch interpretiert. Er benutzte dazu Reflexionen über die Politik des deutschen Kaiserreiches. Sein Ausgangspunkt war die Behauptung: „Deutschland hat eine jährliche Bevölkerungszunahme von nahezu 900000 Seelen. Die Schwierigkeit der Ernährung dieser Armee von neuen Staatsbürgern muß von Jahr zu Jahr größer werden und einmal bei einer Katastrophe enden, falls eben nicht Mittel und Wege gefunden werden, noch rechtzeitig der Gefahr dieser Hungerverelendung vorzubeugen."[44]

Nach Hitler hätte es für die deutschen Vorkriegsregierungen vier Wege gegeben, um dieser Entwicklung zu entgehen. Die erste Möglichkeit wäre die künstliche Geburtenbeschränkung gewesen. Das wurde von ihm ausdrücklich verworfen. Während die Natur rücksichtslos alles minder Starke und weniger Gesunde ausmerze und durch brutale Auslese die Rasse und Art stärke, würde sich der Mensch von humanen Überlegungen leiten lassen. Infolgedessen träte „an Stelle des natürlichen Kampfes um das Dasein, der nur den Allerstärksten und Ge-

42 *Prinz Max von Baden*, Erinnerungen und Dokumente, Stuttgart/Berlin/Leipzig 1927, S. 235.

43 *Hitler*, Mein Kampf, S. 147ff.

44 Ebenda, S. 143f.

sündesten am Leben läßt, die selbstverständliche Sucht, auch das Schwächlichste, ja Krankhafteste um jeden Preis zu ‚retten', womit der Keim zu einer Nachkommenschaft gelegt wird, die immer jämmerlicher werden muß, je länger diese Verhöhnung der Natur und ihres Willens anhält. Das Ende aber wird sein, daß einem solchen Volke eines Tages das Dasein auf dieser Welt genommen werden wird."

Als zweiter Weg wäre die innere Kolonisation in Frage gekommen. Diese, die letztlich auf Kosten des Großgrundbesitzes gehen mußte, wurde von ihm ebenfalls abgelehnt. Sie hätte zwar die Ertragfähigkeit des Bodens bis zu einer bestimmten Grenze erhöht, könne aber auf die Dauer nicht befriedigen. Schließlich gebe es in der Welt ungeheure Flächen außerhalb der Grenzen des Deutschen Reiches, deren Eroberung sich lohne. Auf die dort wohnenden Rassen brauche keine Rücksicht genommen zu werden. Das Gerede von der inneren Kolonisation und vom ewigen Frieden stamme vom Juden, der dadurch nur die Lebenskraft des deutschen Volkes schwächen wolle. Die Selbstbeschränkung auf das deutsche Reichsgebiet hätte die außerordentlich ungünstige militärische Lage des deutschen Volkes fortbestehen lassen. Die Art und Weise, wie man eine Bodenreform im Kaiserreich abgelehnt habe, wäre jedoch nicht sehr geschickt gewesen und dem Volke lediglich als Verteidigung des Großgrundbesitze erschienen.

Im Grunde hätten der Vorkriegspolitik nur zwei Möglichkeiten offengestanden: „3. Man konnte entweder neuen Boden erwerben, um die überschüssigen Millionen jährlich abzuschieben, und so die Nation auch weiter auf der Grundlage einer Selbsternährung erhalten, oder man ging 4. dazu über, durch Industrie und Handel für fremden Bedarf zu schaffen, um vom Erlös das Leben zu bestreiten. Also: entweder Boden — oder Kolonial- und Handelspolitik. Beide Wege wurden von verschiedenen Richtungen ins Auge gefaßt, geprüft, empfohlen und bekämpft, bis endlich der letzte endgültig gegangen wurde. Der gesündere Weg von beiden wäre freilich der erstere gewesen."[45]

Es geht nicht darum, die von Hitler genannten vier Möglichkeiten zu diskutieren. Es sollte lediglich gezeigt werden, wie er die imperialistischen Mobilisierungsideologien in seine „Weltanschauung" einzufügen wußte, wie ihn die Claßschen Überlegungen in „Wenn ich der Kaiser wär'" leiteten und wie wenig er in außenpolitischer Hinsicht zur Herausbildung der faschistischen Ideologie beitragen mußte. Dabei

45 Ebenda, S. 151f.

übernahm er jedoch auch Argumente, die auf den ersten Blick nicht recht ins monopolkapitalistische System zu passen schienen und die daher mit Vorliebe benutzt werden, ihn als Gegner der modernen industriellen Entwicklung darzustellen. So hatte er gefordert, daß „Industrie und Handel ... von ihrer ungesunden führenden Stellung" zurücktreten und „sich in den allgemeinen Rahmen einer nationalen Bedarfs- und Ausgleichswirtschaft" einordnen sollten. Seine Meinung, daß ein „fester Stock kleiner und mittlerer Bauern ... noch zu allen Zeiten der beste Schutz gegen soziale Erkrankungen" war,[46] wurde jedoch gerade von den Schwerindustriellen geteilt, für die außerdem der Erwerb von Land eine Rohstofffrage war.

In der Gegenüberstellung von Bodenpolitik einerseits und Kolonial- und Handelspolitik andererseits spiegelten sich die Interessengegensätze zwischen verschiedenen Monopolgruppen wider. Die Kohle- und die Stahlindustriellen, die zusammen mit den Großgrundbesitzern vornehmlich die Rechtsparteien favorisierten und finanzierten, waren weitaus weniger am Welthandel interessiert als die Gebrauchswaren- und Elektroindustriellen, die sich in den ersten Jahren der Weimarer Republik mehr auf die bürgerlichen Parteien der Mitte orientierten und für eine Zusammenarbeit mit opportunistischen Arbeiterführern eintraten. Der Erwerb oder die Rückgewinnung von Kolonien wurde angesichts der unübersehbar gewordenen Krise des Kolonialwesens von keiner Fraktion der herrschenden Klasse mehr als Hauptanliegen betrachtet. Schon im ersten Weltkrieg hatte sich gezeigt, wie nutzlos im Falle des militärischen Konflikts die deutschen Kolonien gewesen waren.

Hitler entsprach also nicht nur schwerindustriellen und großagrarischen Bedürfnissen, sondern berücksichtigte auch Weltkriegserfahrungen, wenn er formulierte: „Allerdings eine solche Bodenpolitik kann nicht etwa in Kamerun ihre Erfüllung finden, sondern heute fast ausschließlich nur mehr in Europa."[47] Ähnlich hatte der Alldeutsche Verband bereits bei der Kriegszieldiskussion im ersten Weltkrieg argumentiert, obwohl von ihm noch der Ausbau und die Zusammenfassung des deutschen Kolonialreichs gefordert wurden.[48] 1924, in „Mein Kampf", war Hitler in dieser Hinsicht rigoroser. Er warf dem

46 Ebenda, S. 151f.
47 Ebenda, S. 152.
48 Vgl. dazu Weltherrschaft im Visier und Europastrategien.

Kaiserreich geradezu vor, daß es nicht auf Kolonien und Seegeltung verzichtet habe.

Vor allem aber trat Hitler für eine andere Stoßrichtung der deutschen Außenpolitik ein: „Wollte man in Europa Grund und Boden, dann konnte dies im großen und ganzen nur auf Kosten Rußlands geschehen, dann mußte sich das neue Reich wieder auf der Straße der einstigen Ordensritter in Marsch setzen, um mit dem deutschen Schwert dem deutschen Pflug die Scholle, der Nation aber das tägliche Brot zu geben. Für eine solche Politik allerdings gab es in Europa nur einen einzigen Bundesgenossen: England. Nur mit England allein vermochte man, den Rücken gedeckt, den neuen Germanenzug zu beginnen . . . Nur unbedingte klare Einstellung allein konnte zu einem solchen Ziele führen: Verzicht auf Welthandel und Kolonien, Verzicht auf eine deutsche Kriegsflotte, Konzentration der gesamten Machtmittel des Staates auf das Landheer."[49]

Diese Kritik, die auch dem Alldeutschen Verband galt, der bei allem Interesse an einer neuen Ostexpansion doch stets England als Hauptfeind betrachtete, darf keineswegs überbewertet werden. Sie ist bestenfalls als zeitweilige Überzeugung Hitlers zu betrachten. Als er schließlich selbst die Politik des deutschen Reiches zu bestimmen vermochte, ist er sogleich ins alte Fahrwasser des deutschen Imperialismus zurückfallen. Sicherlich hätte er 1939 gern einen militärischen Konflikt mit Großbritannien vermieden, aber auf Welthandel, Kolonien und Kriegsschiffe hat er ebenfalls nicht verzichtet. Seine Politik entsprach nur dann seinen Ankündigungen in „Mein Kampf", wenn diese mit den allgemeinen Zielen des deutschen Imperialismus übereinstimmten.

Die Erwägung einiger konservativer Ideologen, daß man — wenn schon Kolonial- und Welthandelspolitik betrieben wurde — dann konsequenterweise mit Rußland gegen England gehen mußte, war 1924 in den Augen Hitlers längst keine brauchbare Alternative mehr. Er hatte nie zu jenen „politischen Toren" im völkischen Lager gehört, die — wie Scheubner-Richter unentwegt kritisierte — über imperialistische Gegensätze den grundlegenden Klassengegensatz zwischen einem sozialistischen und einem kapitalistischen Staat vergaßen und noch über die Rapallo-Politik hinausgehen wollten. Deshalb kündigte er schon im ersten Teil von „Mein Kampf" an, daß er auf die von ihm für richtig gehaltene Ostpolitik zurückkommen werde.

49 *Hitler*, Mein Kampf, S. 154.

Zuvor jedoch nahm er seine Abrechnung mit dem deutschen Kaiserreich zum Anlaß, um auch seine innenpolitischen Vorstellungen darzulegen. Er habe, schon als er 1912 nach München übersiedelte, nicht nur mit der an Österreich-Ungarn geketteten deutschen Außenpolitik, sondern gleichfalls „mit der, wie mir schien, unglaublich leichtfertigen Art“ gehadert, „in der man das wichtigste Problem, das es überhaupt für Deutschland damals gab, den Marxismus, behandelte“. Nach seiner Auffassung trug der Kampf gegen den Marxismus vor 1918 „nur den Wert einer kurpfuscherischen Salbaderei“. Er kritisierte sogar Bismarck, der sein Sozialistengesetz nicht mit geistigen Mitteln ergänzt und es noch dazu in die Hände des Parlaments gelegt habe. Wenn man der Sozialdemokratie, die bis in den ersten Weltkrieg hinein in Deutschland den Marxismus repräsentierte, die Massen wegnehmen wollte, mußte man diesen einen Ersatz geben, durfte man sie nicht ständig im Bewußtsein der Klassengegensätze leben lassen. Damit begründete Hitler die Notwendigkeit seiner Partei.[50] Immer wieder wird deutlich, wie genau Hitler die Notwendigkeit nationalsozialistischer Demagogie zu erfassen und zu begründen vermochte.

Zugleich läßt sich erkennen, warum ihm, der sich unter dem Eindruck der Novemberrevolution entschlossen haben wollte, „Politiker zu werden“, die Federsche Argumentation wie gerufen kam: „Die scharfe Scheidung des Börsenkapitals von der nationalen Wirtschaft bot die Möglichkeit, der Verinternationalisierung der deutschen Wirtschaft entgegenzutreten, ohne zugleich mit dem Kampf gegen das Kapital überhaupt die Grundlage einer unabhängigen völkischen Selbsterhaltung zu bedrohen.“[51] Hitler brauchte nicht zu fürchten, daß die Schwerindustriellen an Rhein und Ruhr, auf deren Gunst und Geld es von Jahr zu Jahr mehr ankam, ihm die ohnehin nur noch abgeschwächt vorgetragenen Angriffe auf das Bankkapital und die Aktiengesellschaften sonderlich verargen würden. Die ständige rühmende Erwähnung von Krupp und die unermüdlichen Hinweise auf die Unerläßlichkeit sozialer Demagogie beugten dem nachhaltig vor. Außerdem konnte er in Rechnung stellen, daß gerade die Schwerindustriellen, ähnlich den Großagrariern, keineswegs reibungslos mit den Banken zusammenarbeiteten. Ihr hoher Kreditbedarf und ihr ständiger Kapitalmangel führten zu permanentem Streit um Zins-

50 Ebenda, S. 170f., 186ff., 190.
51 Ebenda, S. 232f.

sätze und Rückzahlungsbedingungen. So hatten die Disconto-Gesellschaft und die Darmstädter- und Nationalbank die Expansion des gigantischen Stinnes-Konzerns zwar lange und intensiv gefördert, ihn aber nach dem Tod von Hugo Stinnes am 10. April 1924 entsprechend der veränderten Wirtschafts- und Währungslage rigoros und rücksichtslos liquidiert.[52] Die Rolle, die der Bankier Jacob Goldschmidt dabei und bis in die Weltwirtschaftskrise hinein spielte, goß Wasser auf die Mühle der Antisemiten.

Schließlich waren gerade viele Konzerne im Bereich der Schwerindustrie Familienunternehmen, die sich gegen die von den Banken gewünschte Umwandlung in Aktiengesellschaften mehr oder minder erfolgreich stemmten. Die Krupps, Haniels, Mannesmanns, Poensgens, Thyssens usw. sahen sich in ihrem Anliegen unterstützt, wenn Hitler schrieb: „Die Internationalisierung der deutschen Wirtschaft war schon vor dem Kriege über dem Umwege der Aktie in die Wege geleitet worden. Freilich versuchte ein Teil der deutschen Industrie, sich noch mit Entschiedenheit vor diesem Schicksale zu bewahren. Sie fiel schließlich aber auch dem vereinigten Angriff des gierigen Finanzkapitals, das diesen Kampf besonders mit Hilfe seines treuesten Genossen, der marxistischen Bewegung, ausfocht, zum Opfer."[53] Es war zur damaligen Zeit also keineswegs ein Angriff auf das Monopolkapital als Ganzes, wenn die Faschisten in der Traditionslinie des Alldeutschen Verbandes neben den Großbanken auch die Aktiengesellschaften als schädlich bezeichneten.

Es ließ sich sogar als Beweis für die Geschicklichkeit des Demagogen Hitler auslegen, wenn er dabei noch den Marxismus ins Spiel zu bringen wußte und im Sinne seiner Überzeugung, daß die große Lüge leichter geglaubt werde, behauptete, Marx habe sich für die Interessen des Bankkapitals eingesetzt und ausschließlich das Industriekapital bekämpft. Dergleichen Unsinn hatte schon Feder verbreitet. Er wurde in „Mein Kampf" in der Form wiederholt, daß der „dauernde Krieg gegen die deutsche ‚Schwerindustrie'" ein sichtbarer „Beginn der durch den Marxismus erstrebten Internationalisierung der deutschen Wirtschaft" gewesen wäre, die „durch den Sieg des Marxismus in der Revolution" zu Ende geführt worden sei.[54]

Seine entschiedene Parteinahme für die Schwerindustriellen hin-

52 Vgl. dazu *Gossweiler*, Großbanken, S. 294ff.

53 *Hitler*, Mein Kampf, S. 257.

54 Ebenda.

derte Hitler nicht an gelegentlicher Kritik. So wies er die keineswegs nur von Walther Rathenau, sondern auch von Hugo Stinnes vertretene Auffassung zurück, daß die Wirtschaft der Nation und dem Staate ihren Stempel aufpräge und ihre Geschicke bestimme. Auch in jungkonservativen Kreisen nahm man an dieser vermeintlichen Überhebung der Wirtschaft Anstoß. Die Priorität des Staates sollte gewahrt bleiben. Hitler wagte sogar die von Stinnes geäußerte Meinung, daß die Wirtschaft allein in der Lage wäre, Deutschland wieder aufzurichten, als Unsinn zu bezeichnen,[55] allerdings erst nach dessen Tode und im Chor anderer posthumer Kritiker. Gerade angesichts des offensichtlichen Verfalls der Nazibewegung kam es ihm darauf an, ihre Unersetzbarkeit zu demonstrieren und so neue Geldgeber zu gewinnen.

Ansonsten vermied Hitler sorgsam die damals im völkischen Lager noch üblichen persönlichen Vorwürfe gegen die Repräsentanten des Kaiserreichs und die Inflationsgewinnler. Er hütete sich sogar, das monarchistische Regierungssystem direkt anzugreifen, sondern erweckte vielmehr den Eindruck, daß er es ungeachtet der unter Wilhelm II. aufgetretenen Mängel für eine geeignete Staatsform hielt, weil das monarchische Prinzip der Staatsführung Stabilität verliehen habe und von hohem moralischem Wert gewesen sei. Als größten Wertfaktor des Kaiserreiches betrachtete Hitler jedoch das kaiserliche Heer. Es sei „die Hohe Schule der deutschen Nation“ gewesen, habe zu Verantwortlichkeit, Entschlußkraft und Idealismus erzogen und sei im Grunde das eigentliche Gegengewicht „gegenüber dem jüdisch-demokratischen Gedanken“ geblieben. Auch der „unvergleichliche Beamtenkörper des alten Reiches“ wurde von Hitler gerühmt. Die Regierungen hätten es verstanden, weitgehend ihre Unabhängigkeit gegenüber parlamentarischen Einflüssen zu wahren.[56]

Diese von jungkonservativen Kritikern der Wilhelminischen Zeit abweichende Einschätzung gipfelte in den Worten: „Auf der Staatsform, dem Heere und dem Beamtenkörper beruhte die wundervolle Kraft und Stärke des alten Reiches“. Hitler verfolgte mit dieser Lobpreisung verschiedene Ziele. Einmal sollte die Weimarer Republik vor dem Hintergrund der „guten alten Zeit“ besonders düster und verwerflich erscheinen. Zum anderen wollte er sich das Vertrauen seiner Gönner in monarchistischen, militärischen und bürokratischen

55 Ebenda.
56 Ebenda, S. 307ff.

Kreisen, das durch seine mißglückte Putschaktion ins Wanken gekommen war, erhalten. Und zum dritten deutete er einen Wandel an, der schließlich in den sogenannten Legalitätskurs der NSDAP mündete. Um aber kein neues Mißtrauen in den eigenen Reihen zu wecken, äußerte er abschließend seinen üblichen, ebenso grundsätzlich klingenden wie keine Klasseninteressen berührenden Einwand: „Der tiefste und letzte Grund des Unterganges des alten Reiches lag im Nichterkennen des Rasseproblems und seiner Bedeutung für die geschichtliche Entwicklung der Völker.“[57]

Auf Hitlers Ausführungen über „Volk und Rasse“, die in der gewohnten Gegenüberstellung des kulturbringenden und zur Weltherrschaft berufenen Ariers und des kulturzerstörenden und menschheitsbedrohenden Juden bestanden, folgte eine Darstellung der ersten Entwicklungszeit der NSDAP. Sie wurde benutzt, um zu erörtern, wie die breite Masse des deutschen Volkes wieder zum Nationalismus erzogen und den marxistischen Einflüssen entzogen werden könnte.[58] Obwohl Hitler ausdrücklich den „Wiederaufstieg des deutschen Volkes . . . durch Wiedergewinnung äußerer Macht“ als sein Endziel bezeichnete, erklärte er die Frage „Wie fabrizieren wir Waffen?“ für voreilig. Erst müsse man die Frage beantworten: „Wie erzeugen wir den Geist, der ein Volk befähigt, Waffen zu tragen?“ Es müßte doch jedem Offizier „bei einigem Nachdenken einleuchten, daß man einen Kampf nach außen mit Studentenbataillonen nicht zu führen vermag“.

„Um die Masse der nationalen Erhebung zu gewinnen“ — also für einen neuen Krieg reif zu machen —, dürfe „kein soziales Opfer zu schwer“ sein. „Nur kurzsichtige Borniertheit, wie man sie leider häufig in unseren Unternehmerkreisen findet“, könne „verkennen, daß es auf die Dauer keinen wirtschaftlichen Aufschwung für sie gibt und damit auch keinen wirtschaftlichen Nutzen mehr, wenn die innere völkische Solidarität unserer Nation nicht wiederhergestellt wird.“ Die „nationale Erziehung der breiten Masse“ könne „nur über den Umweg einer sozialen Hebung stattfinden“ und müsse mit einer rücksichtslos den Gegner vernichtenden Erziehung zum Fanatismus einhergehen. Dabei hätten die Rassenlehre und der Antisemitismus eine entscheidende Rolle zu spielen.

Natürlich würde die „Eingliederung der heute im internationalen

57 Ebenda, S. 310.

58 Ebenda, S. 363ff. (365, 368ff., 372f., 374ff., 377f.).

Lager stehenden breiten Masse unseres Volkes in eine nationale Volksgemeinschaft ... keinen Verzicht auf die Vertretung berechtigter Standesinteressen“ bedeuten. Die Klassenprivilegien, von Hitler als Standes- und Berufsinteressen umschrieben, seien „selbstverständliche Folgeerscheinungen unseres wirtschaftlichen Lebens“. Es gehe überhaupt nicht um das „Herabsteigen höherer Klassen“, sondern um das „Hinaufheben der unteren“. Das Bürgertum habe dafür in den vergangenen Jahrhunderten selbst ein Beispiel gegeben. „Dieser Umwandlungs- und Annäherungsprozeß wird nicht in zehn oder zwanzig Jahren beendet sein, sondern umschließt erfahrungsgemäß viele Generationen.“

Die NSDAP wende sich in erster Linie an die „Masse unserer Arbeitnehmer“ und setze sich nicht das „Gewinnen des bürgerlichen Wahlstimmviehs“ zum Ziele. Auch diese Versicherung sollte die Zweifler in der eigenen Partei zum Verstummen bringen und vor allem die Gönner und die Bundesgenossen im bürgerlichen Lager beruhigen. Zugleich wollte Hitler damit das Verständnis für gewisse einseitige und radikale Propagandamethoden bei den herrschenden Kreisen erhöhen: „Die Propaganda ist in Inhalt und Form auf die breite Masse anzusetzen und ihre Richtigkeit ist ausschließlich zu messen an ihrem wirksamen Erfolg.“

Aber die Massengewinnung sei nur die Voraussetzung für die „Erringung der politischen Macht“. Diese wäre der Schlüssel, um die eigentlichen Ziele zu erreichen. Die Nazibewegung sei „ihrem Wesen und ihrer inneren Organisation nach antiparlamentarisch, d. h. sie lehnt im allgemeinen wie in ihrem eigenen inneren Aufbau ein Prinzip der Majoritätsbestimmung ab, in dem der Führer nur zum Vollstrecker des Willens und der Meinung anderer degradiert wird“. Die Beteiligung an einer parlamentarischen Institution habe nur deren Zertrümmerung zu dienen. Eine Stellungnahme zu den beiden christlichen Konfessionen wurde ebenso verworfen wie die Festlegung auf eine bestimmte Staatsform. Die äußere Gestaltung des Staates wie die innere Organisation der Bewegung habe lediglich nach den Gesichtspunkten der Zweckmäßigkeit zu erfolgen. Es gehe nicht um religiöse Reformation, sondern um politische Reorganisation. Eine Vereinigung der NSDAP mit Gebilden ähnlicher Art dürfe nicht erfolgen, da sie nur zur inneren Schwächung führe. Mit Fanatismus und Unduldsamkeit habe man die Nazibewegung als die allein richtige zu vertreten und dem Persönlichkeitsprinzip Geltung zu verschaffen. Mit der nahezu ausschließlichen Betonung der eigenen Rolle, die sogar den Eindruck erweckte, er habe das Parteiprogramm verfaßt, beendete Hitler den ersten Band von „Mein Kampf".

Der zweite Band, der bis 1930 immer getrennt vom ersten erschien, wurde nach der Landsberger Festungshaft im Sommer 1925 von ihm auf dem Obersalzberg bei Berchtesgaden Heß diktiert. Er erschien im Dezember 1926, also 17 Monate nach dem ersten Band. Das gab Hitler Gelegenheit, die Stoßrichtung zu präzisieren. Im ersten Band hatte er sich gegen den Begriff „völkisch" gewandt. Das war zwar bedeutsam für die Abgrenzung von der Deutschvölkischen Freiheitspartei gewesen, drohte aber auch potentielle Anhänger und alte Bundesgenossen vor den Kopf zu stoßen. Deshalb bekannte er sich nunmehr ausdrücklich zu einer völkischen Weltanschauung, die auf der Rassenlehre beruhe und das absolute Gegenstück zur marxistischen Weltanschauung darstelle. Außerdem erläuterte er seine Auffassung vom Staat als einem „Mittel zum Zweck". Er habe „alle Deutschen" zu „umschließen mit der Aufgabe, aus diesem Volke die wertvollsten Bestände an rassischen Urelementen nicht nur zu sammeln und zu erhalten, sondern langsam und sicher zu beherrschender Stellung emporzuführen". Angesichts der nicht zu übersehenden Völkervermischung erklärte er einen natürlichen Regenerationsprozeß der Rassen für möglich.[59]

Nach zahlreichen Wiederholungen und eingestreuten Episodenschilderungen, die das ganze Werk zu einer literarischen Mißgeburt stempelten, gelangte Hitler zum Hauptanliegen des zweiten Bandes: der Darlegung seines außenpolitischen Programms. Auf eine ausführliche Begründung, warum es seiner Meinung nach für Deutschland angesichts der französischen „Herrschgelüste" in „*absehbarer Zukunft nur zwei Verbündete geben*" könne: „*England und Italien*",[60] folgten seine richtungweisenden Äußerungen über das Verhältnis zur Sowjetunion.[61] Er nannte es „die vielleicht entscheidendste Angelegenheit der deutschen Außenpolitik überhaupt" und den „Prüfstein für die politische Fähigkeit der jungen nationalsozialistischen Bewegung". Seine speziellen Besorgnisse galten nach wie vor bestimmten Erwägungen im völkisch-konservativen Lager, bei der Sowjetunion, die entschieden den Diktatfrieden von Versailles verurteilte, Rückhalt zu suchen. Bevor er auf die Konsequenzen zu sprechen kam,

59 Ebenda, S. 433, 439, 443ff.
60 Ebenda, S. 705.
61 Ebenda, S. 726ff.

die sich aus den unterschiedlichen Gesellschaftsordnungen ergaben, zog er noch einmal alle Register der Rassenlehre, des Neomalthusianismus und der Geopolitik.

Solange Deutschland auf kaum 500000 Quadratkilometer beschränkt sei, könne es keine Weltmachtansprüche erheben. Sinn und Zweck der nationalsozialistischen Bewegung müsse es daher sein, „*durchdrungen von der Erkenntnis und erfüllt vom Schmerz über seine wirkliche Lage auf dieser Erde, kühn und zielbewußt den Kampf aufzunehmen gegen die Ziellosigkeit und Unfähigkeit, die bisher unser deutsches Volk auf seinen außenpolitischen Wegen leiteten. Sie muß dann, ohne Rücksicht auf ‚Traditionen' und Vorurteile* (gemeint war offensichtlich die auf Bismarck zurückgehende Auffassung, Deutschland müsse immer an guten Beziehungen zu Rußland interessiert sein — J. P.), *den Mut finden, unser Volk und seine Kraft zu sammeln zum Vormarsch auf jener Straße, die aus der heutigen Beengtheit des Lebensraumes dieses Volk hinausführt zu neuem Grund und Boden und damit auch für immer von der Gefahr befreit, auf dieser Erde zu vergehen oder als Sklavenvolk die Dienste anderer besorgen zu müssen. Die nationalsozialistische Bewegung muß versuchen, das Mißverhältnis zwischen unserer Volkszahl und unserer Bodenfläche — diese als Nährquelle sowohl wie auch als machtpolitischer Stützpunkt angesehen —, zwischen unserer historischen Vergangenheit und der Aussichtslosigkeit unserer Ohnmacht in der Gegenwart zu beseitigen.*"

Aus dem von Hitler proklamierten Ziel der Nazi-Außenpolitik, den „*Boden in Einklang zu bringen mit der Volkszahl*", ergab sich folgerichtig, daß ihm die Forderung nach Wiederherstellung der Grenzen von 1914 nicht ausreichte. Um deren Behauptung willen hatten die deutschen Imperialisten und Militaristen auch nicht den ersten Weltkrieg provoziert. Abgesehen davon, daß durch eine derartige Forderung alle deutschen Nachbarn zur gleichen Zeit beruhigt worden wären, was Hitler in den zwanziger Jahren noch vermeiden wollte, hätte sich der Abstand zu den eigentlichen Weltmächten dadurch nicht wesentlich verringert. Er wollte deshalb „*bewußt einen Strich unter die außenpolitische Richtung unserer Vorkriegszeit*" ziehen.

„*Wir setzen dort an, wo man vor sechs Jahrhunderten endete. Wir stoppen den ewigen Germanenzug nach dem Süden und Westen Europas und weisen den Blick nach dem Land im Osten. Wir schließen endlich ab die Kolonial- und Handelspolitik der Vorkriegszeit und gehen über zur Bodenpolitik der Zukunft.* Wenn wir aber heute in Europa von neuem Grund und Boden reden, können wir in erster Linie nur an

Rußland und die ihm untertanen Randstaaten denken." Es ist in diesem Zusammenhang belanglos, daß Hitler den falschen Eindruck erweckte, es habe in Deutschland seit dem Mittelalter keinen „Drang nach dem Osten" mehr gegeben. Gerade Preußen war unentwegt bestrebt, sich möglichst große Teile Polens anzueignen. In der Kriegszielplanung des deutschen Imperialismus während des ersten Weltkrieges hatte der Landgewinn im Osten eine ständig wachsende Rolle gespielt. Wiederum entsprach Hitler nur einer bereits eingetretenen Neuorientierung in der Außenpolitik des deutschen Imperialismus, die er allerdings intensiv zu stärken suchte.

Der Naziführer war sich bewußt, daß er mit diesem Expansionsprogramm nicht nur geopolitischen und neomalthusianistischen Erwägungen Rechnung trug, sondern dem zentralen Anliegen des Weltimperialismus entsprach, die sozialistische Weltrevolution aufzuhalten und den ersten sozialistischen Staat der Welt zu vernichten. Er sah darin eine Möglichkeit, die deutschen Aggressionsziele mit stillschweigender Duldung oder gar aktiver Unterstützung der Westmächte zu erreichen. Außerdem wollte er die Nazibewegung nicht nur innen-, sondern auch außenpolitisch als Vorkämpfer der Konterrevolution erscheinen lassen. In seiner Terminologie liest sich das so: „Das Schicksal selbst scheint uns hier einen Fingerzeig geben zu wollen. Indem es Rußland dem Bolschewismus überantwortete, raubte es dem russischen Volke jene Intelligenz, die bisher dessen staatlichen Bestand herbeiführte und garantierte. Denn die Organisation eines russischen Staatsgebildes war nicht das Ergebnis der staatspolitischen Fähigkeiten des Slawentums in Rußland, sondern vielmehr nur ein wundervolles Beispiel für die staatenbildende Wirksamkeit des germanischen Elementes . . ."

In deutschvölkischen Kreisen und einer germanophilen Geschichtsschreibung hatte man aus den frühmittelalterlichen Normannen- und Warägerzügen den die Slawen dikriminierenden Schluß gezogen, daß es ohne diese nordgermanischen Einflüsse in Rußland überhaupt zu keiner Staatenbildung gekommen wäre. Außerdem wurde ständig auf den starken Anteil deutscher Fürstenhäuser an der Romanov-Dynastie verwiesen. Das griff Hitler auf: „Seit Jahrhunderten zehrte Rußland von diesem germanischen Kern seiner oberen leitenden Schichten. Er kann heute als fast restlos ausgerottet und ausgelöscht angesehen werden. An seine Stelle ist der Jude getreten . . . Das Riesenreich im Osten ist reif zum Zusammenbruch. Und das Ende der Judenherrschaft in Rußland wird auch das Ende Rußlands als Staat sein. Wir sind vom Schicksal ausersehen, Zeugen einer Katastrophe zu werden, die die gewaltigste Bestätigung für die Richtigkeit der völkischen Rassentheorie sein wird."

Die Alternative des ersten Weltkrieges — mit England gegen Rußland oder mit Rußland gegen England — gebe es nicht mehr. Wie solle man — fragte Hitler — in Deutschland den Bolschewismus bekämpfen, wenn man ein Bündnis mit der bolschewistischen Sowjetunion schließe? Der Kampf gegen die sozialistische Weltrevolution — von Hitler „jüdische Weltbolschewisierung" genannt — erfordere „eine klare Einstellung zu Sowjet-Rußland".

Als ob Hitler seiner eigenen Prognose vom baldigen Zusammenbruch der Sowjetunion mißtraut hätte, formulierte er abschließend in einem „*politischen Testament*" großsprecherisch: „*Duldet niemals das Entstehen zweier Kontinentalmächte in Europa! Seht in jeglichem Versuch, an den deutschen Grenzen eine zweite Militärmacht zu organisieren, und sei es auch nur in Form der Bildung eines zur Militärmacht fähigen Staates, einen Angriff gegen Deutschland und erblickt darin nicht nur das Recht, sondern die Pflicht, mit allen Mitteln, bis zur Anwendung von Waffengewalt, die Entstehung eines solchen Staates zu verhindern, beziehungsweise einen solchen, wenn er schon entstanden, wieder zu zerschlagen!*"[62]

Das kam einer permanenten Kriegserklärung nicht nur an die Sowjetunion, sondern auch an Frankreich gleich. Dieser angebliche „*Todfeind*" des deutschen Volkes sollte durch ein Bündnis mit England und Italien isoliert und schließlich unschädlich gemacht werden. Die „*Erwerbung der notwendigen Scholle*" im Osten wäre zwangsläufig mit einer Auseinandersetzung mit Frankreich verbunden, die auf die Dauer nicht immer abwehrend geführt werden dürfe wie während des Ruhrkonflikts und die auch nicht in einer Einheitsfront mit marxistischen Parteien erfolgen könne. Erst wenn „*in Deutschland der Marxismus zerbrochen wird*", werde der Weg für eine aktive Außenpolitik im vorgezeichneten Sinne frei.[63]

Die außenpolitische Zielstellung beschäftigte Hitler Mitte der zwanziger Jahre derart, daß er nach der Fertigstellung von „Mein Kampf" ein weiteres Buch schrieb. Es wurde jedoch nicht gedruckt, weil es nur eine Wiederholung der bereits zu Papier gebrachten Behauptungen und Forderungen war. Hitler hatte vermutlich selbst eingesehen, daß sein rhetorisches Grundprinzip, einige Thesen ständig zu wiederholen,

62 Ebenda, S. 754.

63 Ebenda, S. 757, 775.

nicht uneingeschränkt auf die Literatur übertragen werden konnte. Außerdem war es zweifelhaft, ob er auf dem Höhepunkt der außenpolitischen Erfolge Stresemanns damit bereits Anklang gefunden hätte. Erst 1961 wurde sein „Zweites Buch" der wissenschaftlichen Forschung zugänglich.[64] Es ist daher lediglich für das Verständnis der Hitlerschen Gedankengänge und im Zusammenhang mit seinen ständigen Anbiederungsversuchen an die herrschende Klasse interessant.

In noch größerem Maße als bei „Mein Kampf" wird im „Zweiten Buch" deutlich, daß eine wissenschaftliche Analyse der Publikationen Hitlers bereits eine ungerechtfertigte Überhöhung des Forschungsgegenstandes zur Folge haben kann. Bei seinen Ausführungen handelt es sich nicht um eine systematische Darlegung diskussionswürdiger Anschauungen, sondern um ein willkürliches Gemisch von irrationalen und nur auf dieser Grundlage folgerichtigen Annahmen und Vorurteilen. Begriffe wie „Rassekern" und „Blutsgemeinschaft" sowie die Dämonisierung der Juden beweisen das zu Genüge. Die Pseudowissenschaftlichkeit, die Hitler mit philosophischen Scharlatanen und medizinischen Quacksalbern gemein hat, wird auch in seinen „Tischgesprächen" während des zweiten Weltkrieges deutlich. Es sei durchaus denkbar — hat er einmal behauptet —, „daß wir in 100 Jahren Krieg gegen Italien und Nordafrika führen müßten, wenn das Aufforstungsprogramm des Duce...durchgeführt werde. Eine derartige Aufforstung Italiens und Nordafrikas habe nämlich unweigerlich erhebliche klimatische Veränderungen für uns zur Folge. Denn Italien sei dann nicht mehr die Röst-Platte, die ihre Sonnen-Wärme an uns abgebe und uns dadurch warme Regen beschere. Es entstehe für uns sogar die Gefahr, wieder ein regenreiches nebliges Klima zu erhalten, wie es heute Rußland habe."[65] Ein Politiker, der von solchen Vorstellungen ausging, kann nur wegen der Wirkung ernst genommen werden, die er auszulösen vermochte.

Außerdem ist besonders der erste Teil von „Mein Kampf" — so die Abschnitte über die Syphilis und die angeblich blutschänderischen Absichten der Juden — von einer „neurotischen Ausdünstung" durchzogen,[66] die Ekel erregt. Sie muß aber registriert werden, nicht weil sie — wie eine psychologisierende Geschichtsdeutung meint — die

64 Hitlers zweites Buch, München 1961. Vgl. dazu *Martin Broszat*, Betrachtungen zu „Hitlers zweitem Buch", in: Vierteljahrsh. Zeitgesch., 4/1961, S. 417ff.

65 *Picker*, Hitlers Tischgespräche, S. 281 (11. 5. 1942 abends).

66 *Fest*, Hitler, S. 294.

Naziideologie zu erklären vermag,[67] sondern weil sie zu ihr gehört. Das Perverse, das schon dem Menschenzuchtgedanken innewohnte, und das Verbrecherische, das in der millionenfachen Menschenvernichtung gipfelte, sind Wesenseigenschaften des Faschismus. In ihnen drückt sich die Fäulnis des untergehenden Kapitalismus aus. Nach der Lektüre von „Mein Kampf" konnte kein Zweifel bestehen, daß der Naziführer vor keinem Verbrechen zurückschrecken würde.

Es ist jedoch eine grobe Irreführung, diejenigen, die Hitler und seine Clique dennoch an die Regierung brachten und ihm freie Hand ließen, mit dem Argument zu entschuldigen, sie hätten „Mein Kampf" nicht gelesen oder nicht ernst genommen. Gerade die herrschenden Kreise Deutschlands wußten genau, daß ihre Ziele nur mit brutalen und verbrecherischen Mitteln verfolgt werden konnten. Sie hatten bereits im ersten Weltkrieg ein Vabanquespiel betrieben und sich von Ludendorff vorexerzieren lassen, was Hitler mit den Worten ausdrückte: „Ich werde . . . versuchen, das was an Erfolgswahrscheinlichkeit . . . fehlt, durch größere Entschlossenheit noch aufzuwiegen und diesen Geist auf die von mir geführte Bewegung zu übertragen."[68] Ludendorff war dabei gescheitert, weil er — wie in alldeutschen Kreisen kritisiert wurde — die Nerven verloren habe und nicht rücksichtslos genug vorgegangen sei. Daß Hitler diese Fehler nicht wieder begehen wollte, fand man höchst begrüßenswert.

Wenn es um die deutsche Weltmachtstellung ging, hatte sogar Friedrich Naumann es als „Zimperlichkeit" empfunden, sich über die berüchtigte „Hunnenrede" Wilhelms II. aufzuregen. Vom Kaiser war am 27. Juli 1900 dem zur Niederschlagung des chinesischen Nationalaufstandes bestimmten Truppenkontingent zugerufen worden: „Kommt Ihr vor den Feind, so wird derselbe geschlagen! Pardon wird nicht gegeben! Gefangene werden nicht gemacht! Wer Euch in die Hände fällt, sei Euch verfallen! Wie vor 1000 Jahren die Hunnen unter ihrem König Etzel sich einen Namen gemacht, der sie noch jetzt in Überlieferung und Märchen gewaltig erscheinen läßt, so möge der Name Deutsche in China auf 1000 Jahre durch Euch in einer Weise bestätigt werden, daß niemals wieder ein Chinese es wagt, einen Deutschen auch nur scheel anzusehen!"[69] Warum sollte man sich da über Hitler aufregen?

67 Vgl. dazu neuerdings *J. Sydney Jones*, Hitlers Weg begann in Wien 1907—1913, Wiesbaden/München 1980.

68 Hitlers zweites Buch, S. 77.

69 Die Rede Wilhelms II. ist abgedruckt in: Dokumente zur deutschen Geschichte 1897/98—1904. Hrsg. u. bearb. v. Dieter Fricke, Berlin 1976, S. 55f.

V. KAPITEL

Alfred Rosenbergs „Mythus des 20. Jahrhunderts“

Nächst Adolf Hitlers „Mein Kampf“ war Alfred Rosenbergs „Der Mythus des 20. Jahrhunderts“ das zweite Standardwerk der Naziideologie. Mehr als eine Million Exemplare wurden davon gedruckt und verbreitet. Es gehörte ebenfalls in das Lehr- und Prüfungsprogramm der „Adolf-Hitler-Schulen“, der „Nationalpolitischen Erziehungsanstalten“ und sämtlicher Schulungseinrichtungen der NSDAP.[1] Sein Verfasser galt als die „weltanschauliche Autorität“ der Partei. Als „Erstem unter den Lebenden“ — so formulierte Joseph Goebbels in seiner Laudatio — wurde Rosenberg der 1937 gestiftete Deutsche Nationalpreis verliehen.[2] Hitler soll ihm sogar einmal gesagt haben: „Glauben Sie, daß es zufällig ist, wenn ich Sie auf dem Parteitag *zweimal* in großen Reden herausstelle? Es ist mir schwer, Ihnen gerade dies zu sagen: aber wenn mich jemand nach Ihnen fragt, so sage ich, daß Sie der tiefste Kopf der Bewegung sind. Sie sind der Kirchenvater des Nationalsozialismus.“[3]

1 *Raimund Baumgärtner*, Weltanschauungskampf im Dritten Reich. Die Auseinandersetzung der Kirchen mit Alfred Rosenberg, Mainz 1977, S. 261.

2 Ebenda, S. 110f. „Als Erstem unter den Lebenden hat der Führer den Deutschen Nationalpreis dem P[artei]g[enossen] *Alfred Rosenberg* verliehen. Alfred Rosenberg hat in seinen Werken in hervorragendstem Maße die Weltanschauung des *Nationalsozialismus wissenschaftlich und intuitiv begründen* und festigen geholfen. In einem unermüdlichen Kampf um die Reinerhaltung der nationalsozialistischen Weltanschauung hat er sich ganz besondere Verdienste erworben. Erst eine spätere Zeit wird wohl zu ermessen vermögen, wie tief der Einfluß dieses Mannes auf die geistige und weltanschauliche Gestaltung des nationalsozialistischen Reiches ist“ (Völkischer Beobachter, Berliner Ausgabe Nr. 251, 8. 9. 1937).

3 Robert M. W. Kempner, (Hrsg.), Der Kampf gegen die Kirche. Aus unveröffentlichten Tagebüchern Alfred Rosenbergs, in: Der Monat, Berlin, 10/1949, Juli, S. 26ff. (Rosenbergs Eintragung vom 25. 4. 1936, S. 28).

Diese hohe Bewertung ist auf den ersten Blick erstaunlich. Selbst in Parteikreisen galt das Rosenbergsche Buch als kaum lesbar und im Verhältnis zu den Kirchen sogar als Belastung. Hitler hatte, als Rosenberg um die Druckgenehmigung nachsuchte, erklärt: Das Buch „sei sehr geistvoll, nur frage er sich, wieviele Parteigenossen fähig wären, es zu lesen“.[4] Da es gegen den in „Mein Kampf“ postulierten Grundsatz verstieß, sich in Religionsfragen nicht einzumischen, hatte Rosenberg angeboten, es anonym zu veröffentlichen. Schließlich erschien es mit dem Vermerk, daß „die in dieser Schrift vorgetragenen Gedanken und Schlußfolgerungen . . . durchaus *persönliche* Bekenntnisse, nicht Programmpunkte der politischen Bewegung“ seien.[5] Diese Einschränkung hatte jedoch zur Folge, daß das Buch weit mehr als „Mein Kampf“ Gegenstand öffentlicher Auseinandersetzungen wurde und auch nach 1933 blieb.

Von Zeit zu Zeit hielt es Hitler für geraten, sich von der umstrittenen Publikation zu distanzieren. Anfang 1934 gab er seinem Wegbereiter und Vizekanzler Franz von Papen, der enge Beziehungen zum katholischen Klerus unterhielt, zu verstehen, er habe sich der Veröffentlichung dieser „privaten Arbeit“ schlecht widersetzen können. Sie sei aber „ohne jegliches Niveau“ und würde nicht einmal von tausend Menschen gelesen werden. Der „Ruhm, dieses an sich wertlose Buch dem Schicksal des völlig Unbeachtetseins entrissen zu haben“, gebühre allein dem Kardinal Michael von Faulhaber, der ihm auf einer katholischen Bischofskonferenz so viel Beachtung geschenkt hätte.[6] Es konnte dem Naziführer kaum erwünscht sein, daß „Der Mythus des 20. Jahrhunderts“ auf den Index, die Verbotsliste der päpstlichen Zensurbehörde, gesetzt wurde und die Beziehungen zwischen Nazistaat und katholischer Kirche störte. Besonders besorgt brauchte er allerdings darüber nicht zu sein. Dafür war die Bereitschaft des Episkopats zur Zusammenarbeit mit den Faschisten viel zu groß. Das hatte sich nicht nur in Italien, sondern auch in Deutschland durch den Abschluß des Konkordats von 1934 erwiesen.

4 BA Koblenz, NS 8, Nr. 22, Bl. 71 (maschinenschriftliche Aufzeichnung Rosenbergs vom November 1935 „Wie der ‚Mythus‘ entstand“, Bl. 33—74).

5 *Alfred Rosenberg*, Der Mythus des 20. Jahrhunderts. Eine Wertung der seelisch-geistigen Gestaltenkämpfe unserer Zeit, München 1930, S. 22.

6 *Bernhard Stasiewski*, Akten deutscher Bischöfe über die Lage der Kirche 1933 bis 1945, Bd. 1: 1933—1934, Mainz 1968, S. 879 (Franz von Papen an Bischof Dr. Karl Joseph Schulte, 9. 2. 1934).

Die durch Papen sofort an Bischof Schulte weitergeleiteten Bemerkungen Hitlers sollten die Verständigung mit der katholischen Kirche erleichtern. Sie waren aber nicht nur ein taktischer Schachzug. Noch beim abendlichen Gespräch im Führerhauptquartier „Wolfsschanze" während des zweiten Weltkrieges hat sich Hitler in ähnlichem Sinne geäußert. „Rosenbergs ‚Mythus'" könne „nicht als ein parteiamtliches Werk angesehen werden ... Er ... habe es seinerzeit ausdrücklich abgelehnt, diesem Buch parteipäpstlichen Charakter zu geben, da schon sein Titel schief sei. Denn man könne nicht sagen, daß man den ‚Mythus des 20. Jahrhunderts', also etwas Mystisches, gegen die Geistesauffassungen des 19. Jahrhunderts stellen wolle, sondern müsse als Nationalsozialist sagen, daß man den Glauben und das Wissen des 20. Jahrhunderts gegen den Mythus des 19. Jahrhunderts stelle."

Da Hitler bei dieser Gelegenheit hinter die Kulissen blicken ließ, sind auch seine weiteren Ausführungen aufschlußreich: „Bemerkenswert sei, daß die Hauptleserschaft dieses Rosenbergschen Werkes nicht unter den Altparteigenossen zu suchen sei. Man habe in der ersten Zeit nach dem Erscheinen sogar die größten Schwierigkeiten gehabt, um überhaupt die Erstlingsauflage absetzen zu können. Erst als das Werk in einem Hirtenbrief erwähnt worden sei, sei es gelungen, die ersten 10000 Exemplare loszuwerden. Daß der Münchner Kardinal Faulhaber so dumm gewesen sei, auf einer Bischofskonferenz Zitate aus dem ‚Mythus' anzuführen und anzugreifen, habe erst die zweite Auflage ermöglicht. Als das Buch dann auf den Index gekommen sei, da man eine Häresie der Partei unterstellt habe, sei die Nachfrage nach dem Buch weiter gestiegen. Und als dann von der Katholischen Kirche all die Kampfschriften gegen die Rosenbergschen Gedankengänge mit all ihren Erwiderungen herausgekommen seien, sei die Auflage auf 170000 beziehungsweise 200000 hinaufgeklettert. Er ... freue sich immer, wenn er feststellen müsse, daß eigentlich nur unsere Gegner in dem Buch richtig Bescheid wüßten. Ebenso wie viele Gauleiter habe auch er es nämlich nur zum geringen Teil gelesen, da es seines Erachtens auch zu schwer verständlich geschrieben sei."[7]

Sicher hat die Aufmerksamkeit, die die katholische Kirche dem „Mythus des 20. Jahrhunderts" widmete, zu seiner Verbreitung beigetragen. Aber damit wird nicht die Frage beantwortet, warum das

7 *Picker*, Hitlers Tischgespräche, S. 213 (11. 4. 1942 abends).

in Parteiführungskreisen recht geringschätzig bewertete Buch trotz beträchtlicher Bedenken von Hitler zum Druck freigegeben wurde und einen solchen Rang einnehmen konnte. Die vordergründige Ursache lag in der besonderen Stellung Rosenbergs innerhalb der NSDAP. Das verborgenere und durch zahllose Mängel und Schwächen verdeckte Motiv lag im Inhalt des Buches selbst.

Rosenberg war von Anfang an in der NSDAP tätig. An sich wäre das für Hitler — wie das Schicksal von Drexler, Feder und Röhm beweist — kein Hinderungsgrund gewesen, sich von ihm in der Öffentlichkeit zu distanzieren. Aber Rosenberg hatte sich auf das Gebiet „Weltanschauung" spezialisiert und nahm hier eine Art Monopolstellung ein. Er war der einzige Naziführer, der in dem Ruf stand, Philosoph und Theoretiker zu sein. Er gab dem Antisemitismus der Nazifaschisten einen pseudowissenschaftlichen Anstrich und vermochte die Brücke zu den geistigen Wegbereitern des Faschismus im 19. Jahrhundert und zu Beginn des 20. Jahrhunderts — insbesondere zu Lagarde und Chamberlain — zu schlagen. Nur er konnte auf eine lange Reihe von Veröffentlichungen verweisen.

Als enger Mitarbeiter von Dietrich Eckart hatte Rosenberg am ideologischen und politischen Aufbau des Parteiführers Hitler seinen Anteil. Seit 1921 war er in der Redaktion des „Völkischen Beobachter" tätig, dessen „Schriftleitung" er 1923 übernahm und bis 1945 ununterbrochen innehatte. Während Hitlers Haftzeit sollte er die verbotene Partei leiten. Er scheiterte dabei zwar, erwies sich jedoch politisch als richtungweisend und als unbedingt gefolgstreu. Diese Ergebenheit Hitler gegenüber vergrößerte seine Unersetzbarkeit. 1928 gründete er außerhalb der offiziellen Organisation der NSDAP den „Kampfbund für deutsche Kultur", der auch Nichtparteimitglieder aus deutschvölkischen Kreisen vereinte. Zugleich entwickelte sich Rosenberg zum außenpolitischen Experten der Nazipartei, der nicht nur dem Außenpolitischen Ausschuß des Reichstags angehörte, sondern auch politische Aufträge Hitlers in Rom erfüllte.

Nach Errichtung der faschistischen Diktatur wurde Rosenberg mit der Leitung des Außenpolitischen Amtes der NSDAP betraut, das eine Art Kontrollinstanz für das Auswärtige Amt sein und ihm ideologische Richtlinien geben sollte. Während des zweiten Weltkrieges übertrug Hitler Rosenberg zunächst die „zentrale Bearbeitung der Fragen des osteuropäischen Raums" und ernannte ihn schließlich am 17. Juli 1941 zum Reichsminister für die besetzten Ostgebiete. Der für ideologische Fragen jedoch wichtigste Auftrag war die „Überwachung der gesamten geistigen und weltanschaulichen Schulung und Erziehung der NSDAP", die schon im Jahre 1934 erfolgte.

In all diesen Funktionen hatte Rosenberg heftige Rivalitätskämpfe mit den zu kontrollierenden Instanzen und ihren jeweiligen Leitern auszufechten.[8] Obwohl er sich dabei keineswegs immer durchsetzen konnte, oft sogar den kürzeren zog, gaben ihm seine vielen Funktionen auf verschiedenen Gebieten ein beachtliches Gewicht innerhalb der NSDAP. Er und seine Dienststellen waren maßgeblich an den faschistischen Verbrechen beteiligt, die von der ideologischen Begründung und Rechtfertigung der Judenverfolgungen bis zum organisierten Kunstraub reichten. Rosenberg gehörte zu den Hauptkriegsverbrechern und wurde 1946 durch den Strang gerichtet.

Es ist klar, daß Rosenbergs Publikationen, insbesondere sein „Mythus des 20. Jahrhunderts", unter diesen Umständen in hohen Auflagen gedruckt und verbreitet werden konnten. Wer als Beauftragter des Führers das gesamte Schulungs- und Erziehungssystem zu überwachen hatte, konnte dafür Sorge tragen und auf zahlreiche Lobredner und Interpreten rechnen. Selbst in den letzten Jahren des zweiten Weltkrieges, als mit den Rohstoffen auch Papier immer knapper wurde und bereits viele Druckereien durch Bombenangriffe zerstört waren, erschienen noch die gesammelten „Schriften und Reden" Rosenbergs aus den Jahren 1917 bis 1923 mit einer Einleitung von Alfred Baeumler.[9] Nahezu alles, was Rosenberg zu dieser Zeit geschrieben hatte, trug antisemitischen und antibolschewistischen Charakter. Er hat den Sturz der russischen Gutsbesitzer- und Bourgeoisieherrschaft, an der seine baltendeutsche Familie und die seiner Frau teilhatte, nie verwunden. „Der Rosenberg", meinte Hitler einmal, „ist ja nur darum so gegen die Bolschewisten, weil sie es ihm unmöglich machen, ein Russe zu sein."[10] Wie viele Naziführer hatte er große Mühe, die problematischen Stellen in seinem Familienstammbaum zu vertuschen.[11]

8 Vgl. z. B. die diese Konflikte zwar überbewertende, aber doch aufschlußreiche Untersuchung von *Reinhard Bollmus*, Das Amt Rosenberg und seine Gegner. Zum Machtkampf im nationalsozialistischen Herrschaftssystem, Stuttgart 1970.

9 *Alfred Rosenberg*, Schriften und Reden, Bd. 1: Schriften aus den Jahren 1917 bis 1921, Bd. 2: Schriften aus den Jahren 1921—1923, München 1943.

10 *Rauschning*, Gespräche mit Hitler, S. 125.

11 So wurde in Rosenbergs Heimatstadt Reval festgestellt, „daß der Großvater Martin Rosenberg Lette und die Mutter, Elfriede Luise Karoline Siré, Fran-

1922 veröffentlichte Rosenberg das verleumderische Pamphlet „Pest in Rußland. Der Bolschewismus, seine Häupter, Handlanger und Opfer".[12] Es entsprach den faschistischen Bemühungen, den Antikommunismus in den Vordergrund der Propaganda zu rücken. Rosenberg erkannte an, daß die Bolschewiki sich, „durchaus mit Recht, als die eigentlichen Ausführer der Marxschen Weltanschauung" betrachten. So habe Lenin in seiner Schrift „Staat und Revolution" die von den sozialdemokratischen Führern „vergessenen" Worte von Marx zitiert, nach denen das Proletariat seine politische Herrschaft benutzen werde, um der Bourgeoisie nach und nach alles Kapital zu entreißen und die Produktionsmittel in die Hände des sozialistischen Staates zu überführen.

Seine Erfahrungen in Rußland hatten Rosenberg in der Einsicht bestärkt, daß die allgemeine Industrialisierung die Grundlage für die Verbreitung des Marxismus und die Entwicklung der marxistischen Arbeiterbewegung gebildet habe. Er beschäftigte sich deshalb immer wieder mit der in alldeutschen und deutschvölkischen Kreisen viel diskutierten Frage, wie man Deutschland entproletarisieren könne. Vom Proletariat ging schließlich — das war nicht nur im Kommu-

zösin war. Die Großmutter des Großvaters, Sally Rosenberg, sei Jüdin und der Großvater der Großmutter väterlicherseits, H. Sram, Mongole und Leibeigener gewesen" (*Baumgärtner*, Weltanschauungskampf im Dritten Reich, S. 7). Immerhin konnten dafür standesamtliche Belege beigebracht und Zeugen genannt werden. Das wurde von katholischen Kreisen — z. B. Kärntner Tageblatt, Nr. 208, 10. 9. 1937 — gegen Rosenberg verwertet. Selbst die faschistischen Einwanderungsbehörden mußten am 29. 4. 1942 beim Schwiegervater Rosenbergs, Kommerzienrat Leesmann, feststellen, daß er „zu 75% fremder (estnischer) Abstammung ist und nur ein Großelternteil deutsch ist. Er bekannte sich zum estnischen Volkstum und erklärte, keinen Einbürgerungsantrag zu stellen." Das war um so bemerkenswerter, da er dieses Bekenntnis nach dem faschistischen Überfall auf die Sowjetunion ablegte. Erst nach Zureden konnte er zu einer Änderung seiner Haltung bewogen werden, wie Himmler nicht ohne Schadenfreude an Bormann und Lammers berichtete. Besagter Schwiegervater verwies in diesem Zusammenhang auf seinen Millionenbesitz in Estland und dem früheren zaristischen Rußland, den er nicht aufgeben wollte (*Baumgärtner*, Weltanschauungskampf im Dritten Reich, S. 8). Derartige Feststellungen und Vorkommnisse werfen ein bezeichnendes Licht auf die Hauptverfechter der faschistischen Rassentheorie. Wie viele Naziführer war Rosenberg selbst ein „Produkt des Rassenchaos", wie er sich in anderen Zusammenhängen auszudrücken pflegte.

12 *Rosenberg*, Schriften und Reden, Bd. 2, S. 187ff.

nistischen Manifest nachzulesen, sondern auch täglich im politischen Leben festzustellen — die tödliche Bedrohung der kapitalistischen Gesellschaftsordnung und der Ausbeutung überhaupt aus. Die Rettung wurde im Abbau der Großstädte und der industriellen Ballungsgebiete sowie in einem umfassenden Siedlungsprogramm gesehen. Die im Unterschied zu Elektrotechnik und Maschinenbau weniger auf hochqualifizierte Facharbeiter angewiesenen Schwerindustriellen und Bergwerksbesitzer hatten die geringsten Schwierigkeiten mit jenen Arbeitern, die aus der Landwirtschaft kamen oder auf dem Dorfe wohnten. Deren Klassenbewußtsein war weniger entwickelt, ihr Bildungsstand und der kirchliche Einfluß auf sie behinderten eine politische Erziehung im Sinne des Marxismus. Somit ließen sie sich leichter für reaktionäre Interessen mißbrauchen.

Rosenberg hat diesem Bedürfnis nach politisch zurückgebliebenen und manipulierbaren Arbeitern auf verschiedene Weise zu entsprechen gesucht. Er verwies auf die militärischen Vorteile industrieller Dezentralisierung. Im nächsten Krieg würden die Großstädte und Industriezentren unweigerlich bequeme Angriffsziele der Luftflotte sein.[13] Um die Hemmnisse gegen ein umfassendes Siedlungsprogramm aus dem Wege zu räumen, hat er sich besonders eingehend mit dem kritischen 17. Punkt des Parteiprogramms befaßt, der eine den nationalen Bedürfnissen angepaßte Bodenreform und die Schaffung eines Gesetzes zur unentgeltlichen Enteignung von Boden für gemeinnützige Zwecke vorsah. In seinem 1922 als erste parteiamtliche Schrift erschienenen Kommentar zum Parteiprogramm gab er zu verstehen, daß es keineswegs um eine Abkehr von der kapitalistischen Entwicklung gehe, sondern um Maßnahmen zu ihrer Rettung und Erhaltung.[14] Das alles zeigt, wie sehr der nächst Hitler führende Naziideologe Schlußfolgerungen aus den Revolutionen am Ende des ersten Weltkrieges gezogen hatte und wie er den Faschismus vor allem als Vorkämpfer des Antikommunismus begriff.

Rosenbergs Frühschriften erwiesen sich als eine wahre Fundgrube für antisowjetische Verleumdungen aller Art. So war darin vom jüdischen Charakter des Bolschewismus, vom tatarisch-nomadischen Orientalenblut in einer angeblich antieuropäischen Oktoberrevolution und sogar von einem auf die Spitze getriebenen Kapitalistenstaat der Sowjetmacht die Rede. Das alles trug dazu bei, die Bedeutung der

13 *Derselbe*, Mythus, S. 520ff.

14 *Derselbe*, Schriften und Reden, Bd. 2, S. 113ff.

Rosenbergschen Arbeiten in Nazikreisen zu erhöhen und ihren Verfasser als theoretische Autorität erscheinen zu lassen, die auch dann respektiert wurde, wenn sie sich in bestimmte Thesen von politischer Zweischneidigkeit verrannte oder wenn man den Argumentationen nicht mehr folgen konnte.

Das war in gewisser Hinsicht beim „Mythus des 20. Jahrhunderts" der Fall. Dieses Werk, von dem Spötter meinten, das einzige, was wirklich von Rosenberg stamme, sei die Schreibweise Mythus statt Mythos, erschien 1930. Im „Kern" wäre es jedoch, so bemerkte Rosenberg 1935 in einer Aufzeichnung „Wie der Mythus entstand", Ende 1925 fertig gewesen.[15] Es mag sein, daß er Wert darauf legte, zumindest gleichzeitig mit Hitlers „Mein Kampf", von dessen Publikationsabsichten er übrigens schon zu Beginn des Jahres 1923 wußte,[16] die „weltanschauliche Grundlage" der Partei gelegt zu haben. Er räumt zudem selbst ein, „daß die Polemik der Jahre 1925—1930 dann vielfach ihren geformten Niederschlag in dem sich von einem Kern ausweitenden 'Mythus' gefunden" hätte.[17] Trotzdem gehört das Buch seiner Entstehungsgeschichte entsprechend in die Anfangsjahre der Nazibewegung, zumindest in jenen Zeitraum, da auch Hitler, dem das öffentliche Auftreten in Versammlungen verboten war, sich auf Bücherschreiben verlegt hatte.

Die Gründe, derentwegen das Rosenbergsche Buchmanuskript jahrelang ungedruckt blieb, lagen einmal in der Verworrenheit des Textes und zum anderen in dem während der Jahre der relativen Stabilisierung geringer gewordenen Interesse an faschistischer Literatur. Selbst Hitlers „Mein Kampf", dessen erste Auflage von 10000 Exemplaren 1925 noch rasch verkauft werden konnte, hatte zwischen 1926 und 1928 als nunmehr zweibändiges Werk nur einen bescheidenen Absatz von insgesamt 5822 Exemplaren.[18] Unter diesen Umständen wagten

15 BA Koblenz, NS 8, Nr. 22, Bl. 63. Die gleiche Feststellung findet sich in der Einleitung: „Die Schrift, deren Grundgedanke auf 1917 zurückgeht, war bereits 1925 im wesentlichen abgeschlossen" (*Rosenberg*, Mythus, S. 23).

16 So Rosenberg im Vorwort zur 1. Auflage von „Wesen, Grundsätze und Ziele der Nationalsozialistischen Deutschen Arbeiterpartei", geschrieben im Januar 1923: „das Werk Adolf Hitlers" sei „noch nicht so weit fortgeschritten ..., daß seine Drucklegung in baldiger Aussicht stände" (*derselbe*, Schriften und Reden, Bd. 2, S. 117).

17 BA Koblenz, NS 8, Nr. 22, Bl. 63.

18 *Fest*, Hitler, S. 352.

sogar ausgesprochen nazifreundliche Verlage nicht, ein so wenig massenwirksames Buch herauszubringen. Hugo Bruckmann fand zwar schmeichelhafte Worte für den Verfasser, verwies aber auf den kulturkämpferischen Ton des Manuskriptes, der zwangsläufig die Gegnerschaft einflußreicher katholischer Kreise herausfordern würde und deshalb als Widerspruch zu der von Hitler betonten Neutralität in religiösen Fragen empfunden werden müßte. Auch der alldeutsche Verleger Lehmann hatte Bedenken, ob man mit den „katholischen Brüdern“ so ins Gericht gehen solle, wenngleich dies durchaus seinen eigenen Ansichten entspreche, und verwies auf Hitlers Politik, es mit Rom nicht zum offenen Bruch kommen zu lassen.[19]

Einerseits hat Rosenberg durchaus versucht, dieser Kritik Rechnung zu tragen. Andererseits bestärkten ihn ideologische Richtungskämpfe im faschistischen Lager, an bestimmten Angriffen auf die katholische Glaubens- und Staatslehre festzuhalten. Der Wiener Professor Othmar Spann, der in konservativ-faschistischen Kreisen als große Autorität galt und für einen ständischen Aufbau der Gesellschaft plädierte, wollte über seine Anhänger auch in der NSDAP Fuß fassen. Rosenberg stellte das folgendermaßen dar: „Auf einem ganz sonderbaren Umweg versuchte in dieser Zeit die mittelalterliche Scholastik bei uns Fuß zu fassen. Auf dem Parteitag in Weimar 1926 erklärte einer unserer Redner, der Nationalsozialismus sei der schönste Niederschlag des (von Spann vertretenen — J. P.) universalistischen Gedankens. Mich durchfuhr es bei diesem unkritischen Versuch, das Oberste unseres Denkens zu unterst zu kehren.“[20]

In derartigen Reaktionen, die in den Publikationen Rosenbergs ihren greifbaren Niederschlag fanden, hat die bürgerliche Geschichtsschreibung nicht nur den Kulturkampf Bismarcks gegen das katholische Zentrum, sondern sogar Luthers Aufstand gegen Rom fortleben sehen. Sicher hat die protestantische Erziehung Rosenbergs in seiner baltischen Heimat zu seiner geistigen Orientierung und zur Ablehnung katholischer Einflüsse beigetragen. Bei vielen norddeutschen Faschisten sind derartige konfessionelle Abneigungen unver-

19 ZStA Potsdam, Film 11036, Aufnahmenr. 5474988-991 (Bruckmann an Rosenberg, 19. 10. 1926); 5475123-128 (Lehmann an Rosenberg, 28. 2. 1927).

20 BA Koblenz, NS 8, Nr. 22, Bl. 65. Vgl. dazu auch die entsprechende Polemik im „Mythus“, S. 652ff. (Offensichtlich wurde die Auseinandersetzung mit Othmar Spanns Universalismus erst spät in das Manuskript eingeschoben, denn im Personenregister wird der Name Spann nicht erwähnt).

kennbar. Ludendorff verrannte sich nach dem mißglückten Novemberputsch von 1923 gänzlich in ein an Don Quichottes Kampf mit den Windmühlen erinnerndes Ringen mit den drei überstaatlichen Mächten: Juda, Rom und Freimaurerei. Gerade in der faschistischen Ideologie sind derartige traditionelle und irrationalistische Wahnvorstellungen zu berücksichtigen. Bei genauerem Hinsehen jedoch werden reale Gegensätze erkennbar.

Rosenberg war durchaus kein blindwütiger Gegner faschistischer Bestrebungen, die sich an der katholischen Vorstellungswelt orientierten oder ein enges Bündnis mit dem Vatikan anstrebten. Er fand auch die von Othmar Spann in seinem Buch „Der wahre Staat" und in anderen Publikationen „faßlich dargestellte Widerlegung des Liberalismus und Marxismus ganz in Ordnung".[21] Spann hatte erklärt, es widerspreche dem von der katholischen Kirche vertretenen universalistischen Gemeinschaftsgedanken, wenn sich Unternehmer und Arbeiter feindlich im Klassenkampf gegenüberstünden. Es sei verderblich, daß traditionelle Volksteile wie die des Handwerks, des Kleinhandels und der Bauernschaft durch eine falsche Wirtschafts- und Sozialpolitik ihre Existenzgrundlage verlören und ins Proletariat gestoßen würden. Es wäre aber auch in höchstem Maße schädlich, die internationale Sozialdemokratie weiter zum Klassenkampf aufrufen und so die „Volksgemeinschaft" untergraben zu lassen. Nicht der Kapitalismus und erst recht nicht der Sozialismus, sondern eine an feudalistischen Vorbildern orientierte, auf Privateigentum an Produktionsmitteln beruhende „ständisch gegliederte" Gesellschaft im Geiste des Universalismus sei der Idealzustand.

Spann reflektierte auf seine Weise den gesellschaftlichen Auflösungsprozeß im untergegangenen Habsburgerreich und ergriff in besonderem Maße Partei für das Kleinbürgertum. Bei ihm waren konservative und konfessionelle Bindungen stark ausgeprägt. Da Spann in Österreich als geistiger Vorkämpfer gegen den Marxismus galt und da Rosenberg 1928 noch größte Mühe hatte, für die Veranstaltungen seines „Kampfbundes für Deutsche Kultur" Universitätsprofessoren

21 *Othmar Spann*, Der wahre Staat. Vorlesungen über Abbruch und Neubau der Gesellschaft, 2., durchges. Aufl., Leipzig 1923. Vgl. zu Spann *Klaus-Jörg Siegfried*, Universalismus und Faschismus. Das Gesellschaftsbild Othmar Spanns. Zur politischen Funktion seiner Gesellschaftslehre und Ständestaatkonzeption, Wien 1974; *Petzold*, Theoretiker, S. 177ff.; *derselbe*, Wegbereiter, S. 255ff., 326f.

zu gewinnen, ließ er ihn über die „Krise der Kultur" sprechen. Rosenbergs Eindruck war: „Glatt und elegant, aber ohne jene Substanz, die wir erwartet hatten ... Dann ließ er aber unvorsichtigerweise die Katze aus dem Sack: da der Geist das Führende sei, so sei, rein theoretisch gesprochen, der geistigste Mensch auch der eigentliche Führer, d. h. der Priester. Diese Überlegungen seien jedoch nicht aktuell, vielleicht erst nach hundert Jahren."[22]

Sie genügten aber, um bei Rosenberg entschiedene Ablehnung auszulösen. Er studierte Spanns Werke und fand dort eine Ständeordnung entwickelt, in der einer Pyramide gleich auf der untersten Stufe die Bauern und Arbeiter standen und deren Spitze die „Weisen des schöpferischen höheren Lehrstandes" bildeten. Dergleichen Gesellschaftskonstruktion paßte nicht zur nationalsozialistischen Demagogie. 1938 — als nach der Besetzung Österreichs die Auseinandersetzung mit der Spann-Schule ihren Höhepunkt erreichte — erklärte „Das schwarze Korps", die Zeitschrift der SS: „Die Spannsche Rangordnung steht in einem unüberbrückbaren Gegensatz zu unserer nationalsozialistischen Auffassung", die den Bauern über alles stelle und auch den Arbeiter gewinnen wolle.[23] Für Rosenberg war schon 1928 unerträglich, daß Spann den gesellschaftlichen Führungsanspruch nicht einer faschistischen Elite, sondern der katholischen Priesterschaft zuerkannte. Er wußte sich dabei in voller Übereinstimmung mit Hitler. Außerdem war er eifersüchtig auf die Wahrung der „weltanschaulichen Grundlagen der NSDAP" und damit seines persönlichen Rufs als „nationalsozialistischer Kirchenvater" bedacht: „Es erschien mir wesentlich, in das sich festigende geistige Gefüge der NSDAP keine geschlossene ‚Schule' hereinzulassen, mit ganz anderen Voraussetzungen und einer ganz anderen Terminologie, und die anstelle des politischen Machtstaates einen Ständestaat errichten wollte".[24]

Als seine eigenen geistigen Anstöße nannte Rosenberg die Auseinandersetzung mit der protestantischen Orthodoxie in Reval, die ihn bei allen kritisierten patriarchalischen Gepflogenheiten im antikatholischen Sinne geprägt hatte, die Beschäftigung mit germanischen Heldensagen und das Studium des Chamberlain-Buches „Die Grund-

22 BA Koblenz, NS 8, Nr. 22, Bl. 67.
23 Das schwarze Korps, Nr. 51, 22. 12. 1938.
24 BA Koblenz, NS 8, Nr. 22, Bl. 68.

lagen des neunzehnten Jahrhunderts".[25] Frühzeitig befaßte er sich mit der altindischen Philosophie und antisemitischen Schriften. Aus all dem und seinen politischen Erfahrungen formte er seinerseits ein Buch, das er zunächst unter dem Titel „Rasse und Ehre" veröffentlichen wollte, das aber schließlich unter dem Titel „Der Mythus des 20. Jahrhunderts" erschien. Diese Änderung ließ erkennen, wie sehr er sich als Fortsetzer des Werkes von Houston Stewart Chamberlain betrachtete.

Rosenbergs Ausgangspunkt war: „Sämtliche heutigen äußeren Machtkämpfe sind Auswirkungen eines inneren Zusammenbruchs. Eingestürzt sind bereits *alle* Staatssysteme von 1914, ob sie auch teilweise formal noch weiterbestehen. Zusammengebrochen sind aber auch soziale, kirchliche, weltanschauliche Erkenntnisse und Werte. Kein oberster Grundsatz, keine höchste Idee beherrscht unbestritten das Leben der Völker. Gruppe ringt gegen Gruppe, Partei gegen Partei, nationaler Wert gegen internationale Lehrsätze, starrer Imperialismus gegen um sich greifenden Pazifismus. Die Finanz umschlingt mit goldenen Stricken Staaten und Völker, die Wirtschaft wird nomadisiert, das Leben entwurzelt."[26] Das klang einsichtig und vielversprechend. In Wirklichkeit diente die düstere, teilweise übertriebene Zeitbeschreibung Rosenberg nur dazu, den Faschismus als rettenden Ausweg erscheinen zu lassen.

Die Beurteilung des ersten Weltkrieges durch Rosenberg „als Beginn einer Weltrevolution auf allen Gebieten" zeigt jedoch, daß sich dieser faschistische Ideologe sehr wohl der 1914 einsetzenden allgemeinen Krise des Kapitalismus bewußt war. Aber während die Kommunisten daraus den Schluß zogen, daß historisch der Sturz der kapitalistischen Gesellschaftsordnung auf der Tagesordnung stand und die Klassenspaltung durch Aufhebung ihrer sozialökonomischen Ursachen im Geiste des Kommunistischen Manifestes notwendig und möglich geworden war, kam es Rosenberg gerade darauf an, dieses Vernunftgebot durch irrationale Orientierung zu bekämpfen. Er konnte nicht umhin, die „tragische Tatsache" anzuerkennen, „daß zwar Millionen ihr Leben opferten, dies Opfer aber anderen Kräften zugute gekommen ist, als wofür die Heere zu sterben bereit waren". Aber er versuchte die „Toten des Krieges" nicht nur als „Opfer der

25 Ebenda, Bl. 34—41; *Alfred Rosenberg*, Letzte Aufzeichnungen, Göttingen 1956, S. 27.

26 *Rosenberg*, Mythus, S. 21.

Katastrophe einer wertelos gewordenen Epoche" zu bezeichnen, sondern als „die Märtyrer eines neuen Tages, eines neuen Glaubens" darzustellen: „Das Blut, welches starb, beginnt lebendig zu werden. In seinem mystischen Zeichen geht ein neuer Zellenbau der deutschen Volksseele vor sich. Gegenwart und Vergangenheit erscheinen plötzlich in einem neuen Licht und für die Zukunft ergibt sich eine neue Sendung. Geschichte und Zukunftsaufgabe bedeuten nicht mehr Kampf von Klasse gegen Klasse, nicht mehr Ringen zwischen Kirchendogma und Dogma, sondern die Auseinandersetzung zwischen Blut und Blut, Rasse und Rasse, Volk und Volk. Und das bedeutet: Ringen von Seelenwert gegen Seelenwert . . . *Seele aber bedeutet Rasse von innen gesehen. Und umgekehrt ist Rasse die Außenseite einer Seele.*"[27]

Man kann angesichts solcher Formulierungen durchaus mit Karl Kraus von „Sachlichkeit aus Dunst" sprechen und sich darüber wundern, daß dieser Unsinn überhaupt gedruckt und gelesen werden konnte.[28] Aber man darf zweierlei nicht vergessen: Dergleichen Irrationalismus war vielen Menschen durchaus geläufig. Es wurde mit Begriffen wie „Geist" und „Seele" seit Jahrtausenden in den Religionsgemeinschaften operiert. Sie spielten bei vielen Ereignissen im menschlichen Leben eine Rolle. Geburt, Taufe, Konfirmation auf der einen, Tod und Beerdigung auf der anderen Seite verbanden sich traditionell mit immateriellen Assoziationen. Aus diesen religiösen Gebräuchen und Gesinnungen bezogen die faschistischen Ideologen nicht nur die Begriffe, sondern auch einen guten Teil ihrer Wirkungskraft. In vieler Hinsicht knüpften sie an Religionsrituale und die dabei angewandte Sprache an. Außerdem war eine gegen den gesellschaftlichen Fortschritt gerichtete Ideologie und Bewegung notwendigerweise auf diesen mythischen „Dunst" angewiesen. Es gab rationale Gründe, warum der Irrationalismus zum Leitmotiv gemacht wurde. Deshalb hat Hitler sich auch nie grundsätzlich von Rosenberg distanziert. In seiner Auseinandersetzung mit Otto Straßer erklärte er sogar zu Rosenbergs höchster Befriedigung, daß er „den 'Mythus' für größer und folgenschwerer als die ‚Grundlagen des 19. Jahrhunderts'" halte.[29]

27 Ebenda, S. 21f.

28 *Karl Kraus*, Die dritte Walpurgisnacht, München 1952, S. 18.

29 BA Koblenz, NS 8, Nr. 22, Bl. 74. Die von Otto Straßer überlieferte Formulierung Hitlers lautete: „Wenn Sie einmal das neue Buch Rosenbergs lesen,

Chamberlain hatte zwar die allgemeine Richtung angegeben, in der die Naziideologie ihren Anspruch, eine Weltanschauung zu sein, verwirklichen konnte. Er war aber auf halbem Wege stehen- und vielfach inkonsequent geblieben. Rosenberg dagegen kochte aus den gleichen Essenzen einen ideologischen Sud, der brauchbarer und folgerichtiger war. Er ersetzte den Klassen- durch den Rassenkampf und suchte mit dem Rassebegriff nicht nur das gegenwärtige Jahrhundert und die Entwicklung Europas, sondern die ganze Weltgeschichte zu erklären. Aus der „rassischen Geschichtsbetrachtung" sollte ein „neues Weltbild" und aus einem „neuen Lebens-Mythus" ein „neuer Menschentypus" entstehen.[30]

Die Lehre von der Rolle des Mythos in der Geschichte ist keineswegs eine Erfindung Rosenbergs. Sie ging auf Georges Sorel zurück, der schon um die Jahrhundertwende damit die marxistische Klassenkampftheorie zu überwinden gesucht hatte.[31] Nach Sorel, der sich wiederum an Pierre-Joseph Proudhon und Michail Bakunin orientierte, würden die Menschen nicht in erster Linie durch rationale Einsichten und Überzeugungen, sondern durch irrationale Glaubensvorstellungen und Mythen bewegt. Es bestätigt die Verwurzelung des faschistischen Denkens in der irrationalistischen bürgerlichen Lebensphilosophie, daß Sorel und Vilfredo Pareto, der „Eliten" zu den treibenden Kräften der Menschheitsentwicklung erklärte, zu ideologischen Stammvätern des italienischen Faschismus wurden.[32] Mussolini hat sich stets als Träger eines „Mythos" und als Repräsentant einer „Elite" verstanden.

Eine derart unmittelbare Einwirkung von Sorel und Pareto auf den deutschen Faschismus ist nicht erkennbar. Beide wirkten mehr über das Beispiel Mussolinis. Es ist nicht einmal sicher, ob Rosenberg

dann werden Sie diese Dinge begreifen, denn dieses Buch ist das gewaltigste seiner Art, größer noch als Chamberlains ‚Grundlagen des 19. Jahrhunderts' " (*Straßer*, Ministersessel oder Revolution?, S. 13).

30 *Rosenberg*, Mythus, S. 22.

31 Vgl. dazu *Helmut Berding*, Rationalismus und Mythos. Geschichtsauffassung und politische Theorie bei Georges Sorel, München/Wien 1969. Lenins Urteil über Sorel lautet: „Beweis, daß es Leute gibt, die nur Unsinn denken können. Zu diesen gehört auch der bekannte Wirrkopf Georges Sorel ..." (*W. I. Lenin*, Werke, Bd. 14, Berlin 1962, S. 294 [Materialismus und Empiriokritizismus]).

32 *Berding*, Rationalismus und Mythos, S. 11ff., 42ff. Vgl. dazu *Nolte*, Der Faschismus in seiner Epoche.

die Sorelschen Arbeiten kannte. Zitiert hat er sie nicht. Aber das muß nicht viel bedeuten, denn auch Hitler hat in „Mein Kampf" nur sehr summarisch die Quellen angegeben, aus denen er schöpfte. Es ist eher anzunehmen, daß Rosenberg auf anderen Wegen mit der Mythen-Lehre vertraut wurde. Auf jeden Fall hat er ihr eine ganz spezifische Form gegeben.

Im ersten Buchkapitel „Rasse und Rassenseele" umschrieb Rosenberg das neue Geschichtsbild des Nazifaschismus näher: „Rassengeschichte ist deshalb Naturgeschichte und Seelenmystik zugleich; die Geschichte der Religion des Blutes aber ist, umgekehrt, die große Welterzählung vom Aufstieg und Untergang der Völker, ihrer Helden und Denker, ihrer Erfinder und Künstler."[33] Es gebe keine Menschheit, keine Gleichheit der Rassen, sondern allein eine höherwertige nordische und viele andere minderwertige Rassen, deren kulturelle Entwicklung vom Kontakt zu den nordischen Menschen abhänge. Deren Vermischung mit den niedrigerstehenden Menschenrassen bedeute aber auf die Dauer mit naturgeschichtlicher Gesetzmäßigkeit eine Entwertung der höheren Rasseeigenschaften, führe zwangsläufig zum Untergang der jeweiligen nordischen Völkergruppen und müsse daher als Blutschande betrachtet werden.

Rosenberg knüpfte also wie Hitler an Gobineau an und bediente sich sozialdarwinistischer Argumentationen. Da als Ursprungsgebiet des arischen Menschentyps Zentralasien galt, mußte er jedoch wie andere völkische Rassentheoretiker auch eine plausible Erklärung finden, warum diese Arier ausgerechnet nordische Menschen sein sollten. Er verwies auf die von Naturwissenschaftlern nachgewiesenen Polwanderungen, auf das sagenumwobene Atlantis und scheute sich nicht einmal, literarische Fiktionen als Beweise anzuführen. Der Legende nach habe Ahura Mazda zu Zarathustra gesagt: „Einmal nur im Jahr sieht man untergehen und aufgehen Sterne und Mond und Sonne; und die Bewohner halten für einen Tag, was ein Jahr ist." Das sei nach Rosenberg „eine ferne Erinnerung an die nordische Heimat des persischen Lichtgottes, denn nur im Polargebiet dauerten Tag und Nacht je sechs Monate, das ganze Jahr aber ist nur hier ein Tag und eine Nacht." Vom indischen Helden Ardschuna wisse das legendäre Mahabaratam zu berichten, „daß bei seinem Besuch beim Berge Meru die Sonne und der Mond täglich von links nach rechts herum gingen, eine Vorstellung, die nie im tropischen Süden entstanden sein kann,

33 *Rosenberg*, Mythus, S. 29.

denn nur im hohen Norden rollte das Sonnenrad am Horizont entlang".[34]

Solcherart Beweisführung wurde von vielen durchaus ernst genommen. Der alldeutsche Verleger Lehmann sah darin den „seelenverwandten Geist" des Buches, das „zum großen Teil auf Grund von Lehren entstanden ist, die ich in meinem Verlag herausgegeben habe".[35] In Deutschland gab es einen regelrechten Kult um den arisch-indischen Lichtgott, der vom Bund der Artamanen betrieben wurde. Sinn und Zweck der Verherrlichung des Ariers und der Lehre von der kulturellen Überlegenheit der nordischen Menschenrasse waren aber durchaus nicht mystisch. Alles stand im Dienste des Weltherrschaftsanspruchs des deutschen Imperialismus.

Chamberlains Methode der Geschichtsdeutung wurde von Rosenberg bis zur letzten Konsequenz weiterentwickelt. Aus einer eurozentrischen Apologie des Germanischen entstand das Bild einer die Weltgeschichte bestimmenden Mission des Arischen. Der „Sinn der Weltgeschichte" lag nach Rosenberg darin, daß mehrere große Wellen „von Norden ausstrahlend über die ganze Erde gegangen" seien, „getragen von einer blauäugigblonden Rasse", die „das geistige Gesicht der Welt" bestimmt habe. Als Beweise führte er an: „den Zug der Atlantier zum Meer über Nordafrika; den Zug der Arier nach Persien-Indien, gefolgt von Dorern, Mazedoniern, Latinern; den Zug der germanischen Völkerwanderung; die Kolonisierung der Welt durch das germanisch bestimmte Abendland".[36]

Solange sich die blauäugig-blonde Menschenrasse der Rassenmischung widersetzt hätte, sei ihre Herrschaft und ihre Kultur unangefochten gewesen. Die Kastenordnung in Indien erinnere noch an die alte Rassenscheidung, denn das indische Wort Varna für Kaste bedeute auch Farbe. Im Iran hätte Zarathustra vergeblich für die Reinerhaltung des arischen Bluts gekämpft und so als Mythos, der Nietzsche beflügelt habe, den Untergang des arischen Perserreichs überdauert. Die das Christentum prägende Heilandsidee vom Weltfriedensfürsten sei persischen Ursprungs. Die ganze griechische Kultur wäre nur auf das wellenartig in den östlichen Mittelmeerraum einströmende nordische Menschentum zurückzuführen. Homer habe in seinen

34 Ebenda, S. 31.

35 ZStA Potsdam, Film 11036, Aufnahmenr. 5475123 (Lehmann an Rosenberg, 28. 2. 1927).

36 *Rosenberg*, Mythus, S. 34.

Dichtungen die tiefe Religiosität dieser nordischen Einwanderer zum Ausdruck gebracht. Mit gutem Grund hießen die Lichtgestalten der griechischen Götterwelt Apollon der „Goldhaarige" und Pallas Athene die „Blauäugige". Allen Ernstes verwies Rosenberg darauf, daß die Argonauten, „wie die Sage berichtet, mit *nordischem* Winde" fuhren.[37]

Die Rassenvermischung in Hellas hätte zuerst die Moral, dann die Kultur und schließlich die griechische Staatsordnung untergraben. Das Aufkommen der Demokratie sei sichtbarer Ausdruck des Verfalls gewesen und habe den rassischen Sieg Vorderasiens über das nordische Menschentum bedeutet. Aus den stolzen Griechen und Mazedoniern wären die schwächlichen Levantiner geworden. Die nordische Kultur der Hellenen habe jedoch ihre glänzenden Gaben über alle Welt zerstreut und über die nordischen Römer auf das germanische Abendland eingewirkt. Die gewaltigste Rassenauseinandersetzung der antiken Welt sei schließlich im Kampf zwischen Rom und Karthago zur Austragung gekommen. Die nordische Völkerwelle, die sich lange vor den Germanen und Galliern in das fruchtbare Tal südlich der Alpen ergoß, hätte erst die vorderasiatische Herrschaft der Etrusker gebrochen und dann von Rom aus ein Weltreich errichtet. „Die Zerstörung Karthagos war eine rassengeschichtlich ungeheuer wichtige Tat: dadurch wurde auch die spätere mittel- und westeuropäische Kultur von den Ausdünstungen dieses phönizischen Pestherdes verschont." Leider hätten die Römer aber die „Zerstörung aller anderen syrischen und vorderasiatischen semitisch-jüdischen Zentralen" nicht zur rechten Zeit erreicht. Als endlich Jerusalem dem Erdboden gleichgemacht wurde, wäre es zu spät gewesen: Der „vorderasiatische Schmarotzer saß nicht mehr in Jerusalem selbst, sondern hatte bereits seine stärksten Saugarme von Ägypten und 'Hellas' aus gegen Rom ausgestreckt."[38]

Vergeblich habe der große Cato „wie ein einsamer Fels in diesem immer mehr verschlammenden Gewoge" der Rassenvermischung gestanden. Seine altrömische Gesinnung, die ihn sich nach vergeblichem Kampfe ins eigene Schwert stürzen ließ, sei wesensgleich mit nordisch. Der fremdrassige Zuzug eines gesinnungslosen, verlumpten Menschenhaufens wäre zu einer ständigen Bedrohung des römischen Stadtstaates geworden. Den Keim dazu hätte bereits die im 5. Jahr-

37 Ebenda, S. 40ff.
38 Ebenda, S. 56ff.

hundert vor unserer Zeitrechnung gestattete Mischehe zwischen den als nordisch zu betrachtenden Patriziern und den einheimischen Plebejern gelegt. Rosenberg setzte also ganz selbstverständlich die besitzende Herrenschicht mit rassischer Überlegenheit gleich. Er sah aber auch in der nach der Zeitenwende einsetzenden Ausbreitung des Christentums eine rassische Verfallserscheinung. Im römischen Papsstum sei der Priestergott Haruspex wieder zur Macht gelangt.

Eine konsequent zu Ende gedachte Apologie der arischen Rasse mußte, genauso wie der völkische Germanenkult, mit der christlichen Religion kollidieren und zur Auseinandersetzung mit den offiziellen Kirchenlehren führen. Die Bibel als ideologisches Fundament aller christlichen Konfessionen war untrennbar mit der jüdischen Geschichte und dem jüdischen Volk verbunden. Das Alte Testament ließ sich beim besten Willen nicht als nordisch oder germanisch interpretieren. Vor diesem Dilemma hatten bereits Lagarde und Chamberlain gestanden. Sie versuchten einen Ausweg zu finden, indem sie die Möglichkeit andeuteten, Christus sei gar kein Jude gewesen. Die Christenlehre hätte der Jude Saulus, der zur Täuschung bei der Taufe den Namen Paulus annahm, ins Jüdische umgesetzt und damit verfälscht. Das Neue Testament trage keineswegs wie das Alte Testament jüdischen Charakter, sondern müsse ursprünglich als Auseinandersetzung mit dem Judentum angesehen werden. Christus sei schließlich auf Wunsch der Juden von den Römern ans Kreuz geschlagen worden.[39]

Rosenberg folgte der vorgezeichneten Linie: „Die große Persönlichkeit Jesu Christi, wie immer sie auch gestaltet gewesen sein mag, wurde gleich nach ihrem Hinscheiden mit allem Wust des vorderasiatischen, des jüdischen und afrikanischen Lebens beladen und verschmolzen." Er ging in seinen Konsequenzen aber noch weiter: „Die christliche, die alten Lebensformen aufwühlende Strömung erschien dem Pharisäer Saulus vielversprechend und ausnutzbar. Er schloß sich mit plötzlichem Entschluß an und, ausgerüstet mit einem unzähmbaren Fanatismus, predigte er die internationale Weltrevolu-

39 Es ist aufschlußreich, wie sehr die Behauptungen von Lagarde, Chamberlain und Rosenberg Hitler beschäftigt haben. So äußerte er beispielsweise bei einem Tischgespräch in der Wolfsschanze am 12. 12. 1941: „Christus war ein Arier ... Aber Paulus hat seine Lehre benutzt, die Unterwelt zu mobilisieren und einen Vor-Bolschewismus zu organisieren" (*Picker*, Hitlers Tischgespräche, S. 80f.; unter dem Datum 13. 12. 1941 mittags findet sich das Zitat in: *Adolf Hitler. Monologe im Führerhauptquartier*, S. 150).

tion gegen das römische Kaiserreich. Seine Lehren bilden bis auf heute, trotz aller Rettungsversuche, den jüdischen geistigen Grundstock, gleichsam die talmudistisch-orientalische Seite der römischen, aber auch der lutherischen Kirche."[40]

Es trifft nicht zu, wenn Raimund Baumgärtner behauptet, Rosenbergs „Mythus des 20. Jahrhunderts" sei ein „Dokument unversöhnlicher Feindschaft gegenüber dem Christentum in allen seinen Erscheinungsformen".[41] Die Nazis haben vielmehr mit wohlwollender Unterstützung Rosenbergs versucht, eine „Deutsche Christen"-Bewegung ins Leben zu rufen. Seine Angriffe auf die alttestamentarischen Grundlagen und die auf Paulus zurückgehende Kirchentradition ergaben sich vielmehr aus der Interpretation der menschlichen Geschichte als Kampf zwischen der nordisch-arisch-germanischen und der vorderasiatisch-semitisch-jüdischen Rasse. Wenn Rosenberg konsequent seine Geschichtsdeutung zu Ende führen wollte, mußte er sich notwendigerweise gegen offizielle Kirchenlehren wenden und insbesondere den Konflikt mit der katholischen Kirche in Kauf nehmen.

Mit den evangelischen Kirchen hatte Rosenberg weniger Reibungsflächen. Das hing mit seiner Einschätzung der reformatorischen Bestrebungen zusammen. Da Rosenberg nicht die gesamte christliche Lehre verwarf, sondern die angeblich nordischen Elemente herauszudestillieren suchte, hat er die mittelalterliche Ketzerbewegung als aufflammendes nordisches Rassebewußtsein gegen die jüdische Überwucherung des Urchristentums dargestellt. In Anlehnung an Gobineau sah er in den Waldensern und den Hugenotten das germanische Element im französischen Volk sich gegen die niederrassigen Bevölkerungsteile — ideologisch von der römisch-katholischen Kirche repräsentiert — zur Wehr setzen und im Kampfe untergehen. Die Folge dieses Blutverlustes sei eine Änderung des französischen Nationalcharakters gewesen. Die 300000 Hugenotten, die nach Deutschland und wie einige Ahnen Rosenbergs ins Baltikum auswanderten, hätten „nordisches Blut" mitgebracht. Was davon in Frankreich zurückgeblieben sei, habe die Revolution von 1789 durch die Guillotine ausgelöscht.[42] Auch Luthers Thesenanschlag in Wittenberg dürfe keineswegs als theologische Auseinandersetzung, sondern müsse als

40 *Rosenberg*, Mythus, S. 73f.

41 *Baumgärtner*, Weltanschauungskampf im Dritten Reich, S. 2.

42 *Rosenberg*, Mythus, S. 85ff.

„das Aufbrausen eines immer von neuem unterdrückten Rassebewußtseins“ angesehen werden.[43]

Selbstverständlich wurde die Hussitenbewegung aus dieser Traditionslinie ausgeklammert. Sie war viel zu sehr mit dem erwachenden tschechischen Nationalbewußtsein und der sozialen Rebellion verknüpft. Nach Rosenberg habe es zwar einen nordisch-slawischen Adel gegeben, aber die unteren Schichten der Tschechen seien alpindinarischer Herkunft gewesen. Ihr Haß hätte den Höherrassigen gegolten. Von den Niederrassigen wären chiliastische Parolen aus dem Alten Testament gesogen worden. Infolgedessen seien die „taboritischen Eiferer“ — wie von einem vorderasiatischen Wahnsinn getrieben — aufgestanden und hätten die Burgen ihrer Herren verwüstet.[44] Zur deutschen frühbürgerlichen Revolution, insbesondere zum Bauernkrieg von 1524/25, hat sich Rosenberg in diesem Zusammenhang vorsichtshalber nicht geäußert. Seine skrupellose Verfälschung der Geschichte stieß hier auf unüberwindliche Schranken, zumal, wenn sie mit andersartigen Bestrebungen, die Geschichte zu mißbrauchen, kollidierte. Rosenberg wußte schließlich, daß im völkisch-faschistischen Lager ein Kult um Florian Geyer, den ritterlichen Bauernführer, getrieben wurde und daß durch die Berufung auf Thomas Müntzer die Bauernschaft beeindruckt werden sollte.

Dem Konflikt mit der katholischen Kirche konnte er dagegen nicht ausweichen. Es war für den katholischen Klerus unannehmbar, wenn mit Paulus einer der in der Kirchengeschichte bedeutsamsten Apostel als Verfälscher des Christentums dargestellt und das Alte Testament verworfen wurde. Es mußte Proteste hervorrufen, wenn die Albigenser, Waldenser, Katharer, Arnoldisten, Stedinger, Hugenotten, Reformierten, Lutheraner, die samt und sonders vom römischen Papsttum der Ketzerei beschuldigt und verfolgt worden waren, als nordische Gegenkräfte der „römisch-vorderasiatischen Hypnose“ dargestellt wurden.[45] Der Bruch mit der katholischen Lehre hatte aber

43 *Derselbe*, Schriften und Reden, Bd. 1, S. 404 (Rosenbergs Schrift „Das Verbrechen der Freimaurerei. Judentum, Jesuitismus, Deutsches Christentum“ aus dem Jahre 1921 enthielt bereits viele Grundgedanken des „Mythus“ und beweist, wie stark er ideologisch dem Protestantismus verhaftet war und wie früh der Antisemitismus sein Verhältnis zur katholischen Kirchenlehre bestimmte).

44 *Derselbe*, Mythus, S. 105f.

45 Ebenda, S. 86f.

für Rosenberg auch den Vorteil, daß er mit scharfen Worten gegen Rituale, Hexenwahn, Inquisition, Jesuitenorden zu Felde ziehen und Bacon, Kopernikus, Kant, Goethe als rassische Gegenspieler darstellen und „*die* Wissenschaft“ überhaupt als „ureigenste germanische Rasseschöpfung“ bezeichnen konnte.[46] Um derartigen Mißbrauch war Rosenberg nie verlegen. Die „Börsen- und Finanzwissenschaft“, ihr „Spiel mit vorgetäuschten (fiktiven) Werten“ führte er auf die vorderasiatische Zahlenzauberei zurück und fügte so die Federsche Unterscheidung zwischen dem „schaffenden arischen und dem raffenden jüdischen Kapital“ in sein rassisches Geschichtsbild ein. Selbstverständlich wurde der Marxismus als „jüdisch“ qualifiziert, weil er angeblich nur gegen den schöpferischen, werteschaffenden „Kapitalismus“ kämpfe, die „Börsen-Finanz“ aber unberührt lasse.[47]

Inmitten wirrer Betrachtungen über Liebe und Ehre, die als Gegensatz zwischen kirchlichem Mitleid und germanischem Heldentum gedeutet wurden, über Mystik und Tat, in deren Mittelpunkt der mittelalterlichen Mystiker Eckehart stand, ist Rosenberg immer wieder auf Marxismus und Bolschewismus zu sprechen gekommen. Marx habe dem Industriearbeiter eingeredet, „durch Klassenkampf, d. h. durch Zerstörung einer Hälfte seines eigenen Körpers, 'frei‘ werden zu können“. Das sei typisch jüdisch gedacht.[48] Im Jahre 1917 wäre der „russische Mensch“ in zwei Teile zerfallen. Das noch auf die Wikinger und Waräger zurückgehende „nordisch-russische Blut gab den Kampf auf, das ostisch-mongolische schlug mächtig empor, berief Chinesen und Wüstenvölker; Juden, Armenier drängten sich an die Führung und der Kalmücko-Tatare Lenin wurde Herr“. Der Bolschewismus sei nur „*inmitten eines rassisch und seelisch kranken Volkskörpers*“ möglich gewesen, der sich von einer Mitleidsmoral beherrschen ließ. Wer ein neues Deutschland wolle, müsse daher „auch die russische Versuchung“ von sich weisen.[49]

Selbst die Erörterung der Unterschiede zwischen germanischem und jüdischem Unsterblichkeitsglauben wurden zur Auseinandersetzung mit dem Marxismus herangezogen. Das jüdische Paradies sei keine germanische Heldenversammlung, sondern ein Schlaraffenland, das „im jüdischen Marxismus und seinem herrlichen 'Zukunfts-

46 Ebenda, S. 118.
47 Ebenda, S. 120.
48 Ebenda, S. 192.
49 Ebenda, S. 201f.

staat' seine Wiederauferstehung" feiere.[50] Als ob nicht die großen Utopisten und insbesondere Kant, die samt und sonders für die nordische Rasse reklamiert wurden, von einer Welt des Wohlstandes und des Friedens geträumt hätten! Immer wieder zeigt sich, daß Rosenberg bedenkenlos die größten Widersprüche in Kauf nahm, um die Geschichte den politischen Bedürfnissen entsprechend zu interpretieren. So rühmte er an einer Stelle den „großen nordischen Italiener" Dante. An anderer Stelle dagegen wird dieser als Vermittler „des altetruskisch-vorderasiatischen Satanismus, verbunden mit dem Christentum", bezeichnet.[51]

Wirklich konsequent und folgerichtig verhielt sich Rosenberg nur in den Grundfragen des Klassenkampfes. So sprach er sich entschieden für die Aussperrung als Unternehmerwaffe im Streikkampf aus.[52] Das Kapitel über das nordisch-deutsche Recht benutzte er, um ein grundsätzliches Bekenntnis zum kapitalistischen Privateigentum abzulegen: „*Im wahren, echten Sinne ist Besitz* (im Sinne von Eigentum) *gar nicht anderes als geronnene Arbeit. Denn jede wirkliche schöpferische Arbeitsleistung, gleich auf welchem Gebiete, ist nichts weiter als Besitzbildung*." Natürlich gebe es auch ein Kapital besonderer Art, das auf Schiebergeschäften beruhe und dessen Eigentümer die Juden seien. Hier werde man sich „das Wort Lagardes über die Juden zueigen machen müssen, daß man Trichinen nicht erziehen kann, sondern so schnell als möglich unschädlich zu machen hat".[53] Ganz im Sinne Scheubner-Richters und Hitlers nahm Rosenberg scharf gegen diejenigen nationalistischen Deutschen Stellung, die sich schematisch an die Gegenüberstellung eines „westlichen" und eines „östlichen Geistes" klammerten und über die Möglichkeit einer Zusammenarbeit mit der Sowjetunion gegen die Versailler Siegerstaaten des Westens meditierten.[54]

So schält sich aus dem Wust irrationalistischer Behauptungen und willkürlicher Beweisführungen, aus grotesker Scharlatanerie und pseudowissenschaftlicher Anmaßung insgesamt eine für den deutschen Faschismus brauchbare Geschichtskonzeption heraus. Ähnliches hatte vom jungkonservativen Standpunkt aus Oswald Spengler mit seinem

50 Ebenda, S. 344.
51 Ebenda, S. 278, 71f.
52 Ebenda, S. 550.
53 Ebenda, S. 548, 556.
54 Ebenda, S. 603f.

Buch „Der Untergang des Abendlandes" versucht. Formal das Rosenbergsche Machwerk weit überragend, teilte es dessen irrationalistische Willkür der Geschichtserklärung.[55] Der abendländische Kulturkreis, der von einem angeblich faustischen Menschentypus geprägt würde, hatte viel mit der kulturschöpferischen Rolle des Germanen bei Chamberlain und dem weltbestimmenden nordisch-germanischen Rasseeinfluß Rosenbergs gemeinsam. Die ihrem Wesen nach irrationalistische faschistische Ideologie bedurfte offensichtlich derartiger Geschichtsdeutungen. Das unterschiedliche intellektuelle Niveau der Bücher „Mythus des 20. Jahrhunderts" und „Untergang des Abendlandes" darf nicht darüber hinwegtäuschen, daß Rosenberg und Spengler dem gleichen Ziele dienten.

In einem Grundanliegen war Rosenberg sogar Spengler klar überlegen. Letzterer hatte zu beweisen gesucht, daß sich die abendländische Kultur unweigerlich ihrem Ende nähere, weil Kulturkreise wie biologische Lebewesen nur ein bestimmtes Alter erreichen könnten. Das wurde zwar von der im ersten Weltkrieg gescheiterten und vom Beginn der sozialistischen Weltrevolution erschreckten deutschen Bourgeoisie wie eine Offenbarung und als Trost am Grabe gescheiterter Hoffnungen empfunden. Für eine Aktivierung von Massen im faschistischen Sinne war diese pessimistische Gegenwartsbetrachtung jedoch nicht förderlich. Selbst die Entschlossenheit des Monopolkapitalismus, ein faschistisches Diktaturregime zu errichten, das Spengler ausdrücklich forderte und mit dem Begriff Cäsarenherrschaft umschrieb, wurde dadurch nicht gestärkt. Rosenberg, der manches von Spengler übernommen hat, polemisierte deshalb gegen allen Fatalismus, der sogenannte Kulturkreise nach einem unabänderlichen Fatum entstehen und vergehen lasse, und nannte ihn semitisch.[56] Der Optimismus, den er zu verbreiten suchte, schlug politisch mehr zu Buche als die literarische Brillanz Spenglers. In diesem Sinne ist der alldeutsche Verleger Lehmann zu verstehen, wenn er vom Rosenbergschen Buchmanuskript sein erstes Ziel erreicht sah, „den Gesinnungsfreunden eine Stütze und ein Stab zu sein in ihrem Kampf um eine deutsche Weltauffassung".[57]

55 Vgl. zu Spengler *Joachim Petzold*, Das politische Programm Oswald Spenglers im System der imperialistischen Ideologie, in: Jahrb. Gesch., Bd. 5, Berlin 1971, S. 175ff.

56 *Rosenberg*, Mythus, S. 381f.

57 ZStA Potsdam, Film 11036, Aufnahmenr. 5475123 (Lehmann an Rosenberg, 28. 2. 1927).

Nachdem sich Rosenberg im zweiten Teil seines Buches mit dem Wesen der germanischen Kunst befaßt hatte, kam er im dritten auf „Das kommende Reich“ zu sprechen. Abgesehen von laienhaften Urteilen über die Kulturgeschichte und ausführlichen Beschreibungen des nordischen Schönheitsideals, versuchte er für seinen Rassemythos den entsprechenden Menschentyp zu finden. Seiner Meinung nach hätten immer Männergemeinschaften die Geschichte bestimmt. Folglich müsse auch das kommende Reich das Werk eines zielbewußten Männerbundes sein und vom Typ des deutschen Soldaten geprägt werden. Der angestrebte Ordensstaat habe ganz von einem Zusammengehörigkeitsbewußtsein durchdrungen zu sein, dessen Ursprung in den religiösen Mythen der Germanen liege. Insbesondere Odin, der ewige Wanderer, sei das Spiegelbild der seelischen Urkräfte des nordischen Menschen. Den Untergang des ganzen Göttergeschlechts vor Augen, hätte er zum letzten Entscheidungskampf aufgerufen.

Der Geist Odins habe die Ostgoten bewegt, er sei in den Schlachten Friedrichs des Einzigen (so bezeichnete Rosenberg Friedrich II. von Preußen) bei Hohenfriedberg und Leuthen lebendig gewesen und in der Seele Bachs und Goethes wiedergeboren worden. „Von diesem Standpunkt aus wird die Behauptung tief gerechtfertigt erscheinen, daß eine nordische Heldensage, ein preußischer Marsch, eine Komposition Bachs, eine Predigt Eckeharts, ein Faustmonolog nur verschiedene Äußerungen ein und derselben Seele, Schöpfungen des gleichen Willens sind, ewige Kräfte, die *zuerst* unter dem Namen Odin sich vereinten, in der *Neuzeit* in Friedrich und Bismarck Gestalt gewannen. Und solange diese Kräfte wirksam sind, solange, und nur solange, wirkt und webt noch nordisches Blut mit nordischer Seele in mystischer Vereinigung, als Voraussetzung jeder artechten Schöpfung.“[58]

Dieser haarsträubende Unsinn, von dem Rosenberg stolz sagte: „So klar wie hier ist es noch nirgends ausgesprochen worden“,[59] wird zitiert, weil er etwas von dem Geist des Buches vermittelt, dem eine kritische Analyse nur mühsam Substanz entringt, das aber in Hunderttausenden Exemplaren verbreitet und durch systematische Schulung dem faschistischen Führernachwuchs eingepaukt wurde. Es hat einen Irrationalismus züchten helfen, der viele Deutsche die Augen vor Tatsachen und Vernunftgründen verschließen ließ. Es war kein

58 *Rosenberg*, Mythus, S. 637f.

59 Ebenda, S. 643.

Zufall, daß Rosenberg immer wieder von den Freiwilligenregimentern schrieb, die sich im Herbst 1914 mit dem Liede „Deutschland, Deutschland über alles!“ für die Sache des deutschen Monopol- und Agrarkapitals in den Tod stürzten. Der seinem „Mythus“ gemäße „Typus“ war der „Matrose, welcher, auf dem Kiel der ‚Nürnberg‘ stehend, vor den Augen des Feindes mit der wehenden deutschen Kriegsflagge in der Hand in den Fluten versank, der namenlose Offizier von der ‚Magdeburg‘, der die Geheimchiffre zu sich steckte und sich mit ihr ertränkte“.[60]

An der Manipulation von Menschen dieses Schlags, die sich in blindem Fanatismus in den Dienst des deutschen Imperialismus und Militarismus stellten und im zweiten Weltkrieg zum Schrecken der Völker wurden, hat Rosenberg maßgeblich mitgewirkt. Er war zusammen mit Hitler und Eckart bestimmend für die konsequent antikommunistische und antisemitische Ausrichtung der Naziideologie. Von ihm stammte jene scheinwissenschaftliche und irrationale Begründung des faschistischen Denkens und Handelns, die zwar auf den Rassenlehren des 19. Jahrhunderts fußte, aber eine spezifische Ausprägung erhielt. In Rosenbergs „Mythus des 20. Jahrhunderts“ offenbart sich zugleich die ganze grundsätzliche Erbärmlichkeit und Hohlheit der „Weltanschauung“ des Nazifaschismus.

60 Ebenda, S. 657f.

VI. KAPITEL

Die taktische Neuorientierung der Nazibewegung und ihre Widerspiegelung in der Naziideologie 1924—1926

1923 ging die revolutionäre Nachkriegskrise zu Ende. Die kapitalistische Welt trat in eine Periode relativer Stabilisierung ein. In Deutschland äußerte sich diese Veränderung in der Währungsumstellung und dem ihr folgenden Wirtschaftsaufschwung. Damit wurde auch der rechtsradikalen Putschtaktik der Boden entzogen. Im reaktionären Lager begriff man das keineswegs sofort. Die alldeutschen Führer schmiedeten nach wie vor Umsturzpläne und verstanden nicht, daß die herrschende Klasse daran immer weniger Gefallen fand. In den Direktionen der Großbanken und der Konzerne stellte man erleichtert fest, den Ansturm des revolutionären Proletariats erst einmal abgewehrt zu haben und wieder mit den Westmächten ins Gespräch gekommen zu sein. Die Arbeiterregierungen in Sachsen und Thüringen waren beseitigt und der Hamburger Aufstand niedergeschlagen. Der amerikanische Präsident Coolidge hatte das Interesse der USA an einer Ordnung der europäischen Verhältnisse signalisiert, um endlich die finanziellen Früchte des Sieges ernten zu können. Damit die europäischen Westmächte ihre riesigen Kriegsschulden an die Amerikaner zurückzahlten, mußten sie die Wiedergutmachungsleistungen der geschlagenen Mittelmächte erhalten. Das war nur möglich, wenn deren Wirtschaft wieder leistungsfähig wurde und sich die politische Lage beruhigte. Die maßgebenden Kreise in allen kapitalistischen Ländern wünschten zunächst keine neuerliche Zuspitzung der äußeren Beziehungen und der inneren Verhältnisse. Putschisten waren nicht mehr gefragt.

Der Naziführung ist diese Einsicht leichter gefallen als den alldeutschen Führern. Sie hatte bei ihrem Putschversuch eine blamable Niederlage erlitten und auf absehbare Zeit keine Möglichkeit, dergleichen zu wiederholen. Sie konnte also aus der Not eine Tugend machen. Trotzdem bedurfte es auch bei ihr heftiger Auseinandersetzungen, bevor das Steuer vom Putsch- auf den Legalitätskurs umgelegt wurde.

Hitler ist dabei keineswegs führend vorangegangen. Sein Auftreten im Münchner Prozeß war noch vom Bekenntnis zur Putschtaktik und ihrer Rechtfertigung getragen. Die Kursänderung wurde von jenen eingeleitet, die in Freiheit blieben und die verbotene Nazipartei zusammenhalten sollten. Den Anlaß bildeten die bayrischen Landtagswahlen im April und im Mai 1924. Sie zwangen insbesondere Alfred Rosenberg, den Hitler beauftragt hatte, in enger Zusammenarbeit mit Hermann Esser und Julius Streicher die NSDAP zu führen, zu einer grundsätzlichen Stellungnahme.

Eine Wahlbeteiligung wurde von Putschisten im allgemeinen verworfen. Wer als Abgeordneter in ein Parlament der Weimarer Republik einziehen wollte, war in ihren Augen schon in die Fänge des Parlamentarismus geraten, hatte das „Weimarer System" anerkannt. Es fiel Rosenberg sehr schwer, die Teilnahme an den bayrischen Landtagswahlen durchzusetzen. Esser und Streicher leisteten ihm erbitterten Widerstand. Selbst nach dem Wahlerfolg hat er in einer ausführlichen politischen Lageanalyse vom 1. Mai 1924 um Verständnis für seine Motive ringen müssen.[1]

Rosenberg nannte darin den Parlamentarismus zwar nach wie vor „den Krebsschaden Deutschlands", verwies aber zugleich darauf, daß „die völkische Erhebung am Vormittag des 9. November 1923" zusammengebrochen sei. „Nach der Verhaftung Adolf Hitlers zerriß das äußere, zusammenfassende Band und die Partei fiel — die Wahrheit zu sagen — in einen Haufen Spreu auseinander." Bei den wochen-

1 ZStA Potsdam, Film Nr. 11036, Aufnahmenr. 5475064-073. Interessant ist, daß die bayrischen Behörden Rosenberg ungestört wirken ließen, obwohl ihnen sicher nicht entgangen sein konnte, daß er von Hitler mit der Parteiführung beauftragt worden war. Seine innerparteilichen Gegner, insbesondere Amann, Esser und Hanfstängel, haben denn auch nicht versäumt, „ihre Verwunderung über die Tatsache" zum Ausdruck zu bringen, „daß Herr *Rosenberg* bis jetzt *nie verhaftet* worden sei, sich vielmehr ganz frei in München habe bewegen können". Der diese „Verwunderung" am 13. 5. 1924 zu Papier bringende Gansser fügte hinzu: „Aus diesen Worten gewann ich persönlich den Eindruck, daß Herr *Rosenberg* ohne weiteres der stillen Zusammenarbeit mit der Münchener Polizei beschuldigt wurde. Auch wurde ein Zusammenarbeiten des Herrn *Rosenberg mit der Polizei in Salzburg* als wahrscheinlich angenommen, welche zur Ausweisung des Herrn Esser geführt habe" (ebenda Aufnahmenr. 547034). Vgl. zu dieser Problematik *Joachim Petzold*, Zwischen Putsch und Legalität. Die taktische Neuorientierung der NSDAP im Jahre 1924 (Dokumentation), in: Jahrb. Gesch., Bd. 26, Berlin 1982.

langen Auseinandersetzungen habe man sich immer wieder besorgt gefragt, „ob nach dem jahrelangen erbitterten Kampf gegen den Parlamentarismus es möglich sei“, daß die Nazis sich in ein Parlament wählen lassen könnten, „ohne ihren bisherigen Kampfboden aufzugeben“. Außerdem wäre ein Mißerfolg nicht auszuschließen gewesen, der dem Ansehen der NSDAP schwer schaden konnte. Wenn man sich dennoch zur Wahlbeteiligung entschlossen habe, so hätte sich das aus den völlig veränderten Kampfbedingungen ergeben. Es wäre nicht vorauszusehen, wann die verhafteten faschistischen Führer wieder ihre politische Tätigkeit aufzunehmen vermöchten. Das Wählerpotential dürfe nicht anderen politischen Kräften zugute kommen. Schließlich habe der Wahlkampf die Chance zur politischen Betätigung geboten. Der Auflösungsprozeß der NSDAP hätte deutlich gezeigt, „wie viel einander widerstrebende Elemente die Persönlichkeit Hitlers gebunden hatte, aber nicht genug, um sie später noch zusammenzuhalten“.

Den Gegnern einer Wahlbeteiligung der NSDAP im Rahmen eines „Völkischen Blocks“ bei den bayrischen Landtagswahlen hielt Rosenberg entgegen, daß diese „*Wahl*vereinigung . . . eine Interimserscheinung“ sei, „welche in dem Augenblick verschwindet, da sie ihre Hauptaufgabe, die Freimachung unserer Bewegung (das heißt die Aufhebung des NSDAP-Verbotes — J. P.) erfüllt hat“. Darüber hinaus aber müsse sich „jeder verantwortliche Politiker“ sagen, „daß ein naheliegender Termin“ für einen erneuten Putsch „nicht in Frage kommt“. Diese Möglichkeit trete erst ein, „wenn Adolf Hitler wieder in Freiheit ist und auch dann wird noch eine längere, vorbereitende Periode vergehen müssen. Heute liegt die Hauptaufgabe der N[ational] S[ozialistischen] Arbeit in dem Schärfen des Instruments, nicht im Herumfuchteln mit einem schartig gewordenen Schwert . . . Die Volksseele hat sich auf eine längere Zeit der Arbeit eingestellt, sie nur aufzupeitschen und das bisher Geleistete daheim und draußen als ‚Verrat an der reinen n[ational] s[ozialistischen] Idee‘ hinzustellen, bedeutet ein engstirniges Verkennen der politischen Lage und zeigt Mangel an tieferem politischen Instinkt.“ Ferner käme noch in Betracht, daß „ein stellvertretender Heerführer vorsichtiger operieren wird, wenn der eigentliche Feldherr fehlt . . . Ist Hitler frei, *dann* wird ein anderes Lied geblasen.“

Rosenberg hatte also die eingetretenen Veränderungen durchaus erkannt und war persönlich auch bereit, entsprechende Schlußfolgerungen zu ziehen. Wenn er dennoch Hitler die letzte Entscheidung überließ, so geschah das aus dem Bewußtsein seiner eigenen umstrittenen Führungsposition heraus. In seinen „Letzten Aufzeichnungen" während des Nürnberger Prozesses von 1945/46 bekannte Rosenberg: „Hitler erklärte sich scharf gegen jede Wahlbeteiligung. Er schrieb mir dann einen langen Brief, in dem er alle Punkte anführte, die gegen den Eintritt ins Parlament sprachen. Ich antwortete, auch wenn die Gefahren vorhanden wären — eine Wahl sei die einzige Möglichkeit, aktiv zu werden . . . Ich müsse angesichts der Lage also für eine Beteiligung eintreten und bäte Hitler, mich später dafür verantwortlich zu machen."[2] Zu einem derartigen Schuldspruch ist es allerdings nicht gekommen, denn Rosenbergs Empfehlung erwies sich als äußerst vorteilhaft. Hitler hat sie sich zu eigen gemacht und daraus den größten politischen Nutzen gezogen. Er galt sogar als Urheber des sogenannten Legalitätskurses der NSDAP, in dem die Ausnutzung von Wahlen eine zentrale Rolle spielte, während er in Wirklichkeit noch nach den Wahlerfolgen in Bayern und im Reich sein Gegner gewesen war. So schrieb er am 23. Juni 1924 an einen norddeutschen Nazi: „Ich brauche Ihnen auch weiter nicht zu versichern, daß die von Ihnen geschilderte Entwicklung der Bewegung weder mein Ziel noch mein Wille ist. Ich sehe den Weg, den die Bewegung heute läuft, und der sie immer mehr zu einer reinen bürgerlichen Konkurrenzpartei abstempeln wird. Leider bin ich augenblicklich nicht in der Lage, von hier aus das Steuer herumzureißen und die Front wieder in die alte Richtung zu bringen."[3]

Rosenbergs Meinung, daß die Wahlbeteiligung unter Umständen nur eine vorübergehende Zwischenlösung sein könnte, teilte die Schwesterpartei der NSDAP in Norddeutschland, die Deutschvölkische Freiheitspartei, nicht. Ihre aus der deutschnationalen Reichstagsfraktion hervorgegangenen Führer Graefe, Wulle und Henning traten ohne diese Einschränkung für die Teilnahme an Wahlen ein. Sie, denen es an einem festen Mitgliederstamm mangelte, hofften, den desolaten Zustand der NSDAP nach dem gescheiterten Novemberputsch ausnutzen und ihre eigene Massenbasis erweitern zu können. Kurzfristig setzten sie ein Wahlbündnis mit der Nazipartei

2 *Rosenberg*, Letzte Aufzeichnungen, S. 109.

3 BA Koblenz, NS 26, Nr. 893, unfol. (Hitler an Stier, 23. 6. 1924). Kein Wunder, daß Volck noch am 27. Oktober 1924 in einem Rundschreiben erklärte: „Wir sind für völlige Wahlenthaltung, lehnen auch *jede* Wahlarbeit ab. Damit handeln wir im Sinne Hitlers" (ebenda).

durch. Langfristig strebten sie sogar die organisatorische Vereinigung an, zumindest wollten sie, wie schon vor ihnen Alfred Brunner, eine geographische Arbeitsteilung erreichen: den Naziführern Bayern und eventuell Süddeutschland, ihnen alle Gebiete nördlich des Mains.

Gegen diese Absichten opponierten einige norddeutsche Naziführer, die konsequente Gegner einer Wahlbeteiligung waren. Adalbert Volck (Lüneburg), Ludolf Haase (Göttingen) und Reinhard Sunkel (Greifswald) bildeten ein norddeutsches Direktorium der NSDAP und gaben an, in Hitlers Auftrag zu handeln. Ihre Hauptgegner sahen sie in der Führung der DVFP und in zunehmendem Maße in Erich Ludendorff. Hitler war nicht umhin gekommen, das im Münchner Prozeß demonstrativ freigesprochene Idol aller Imperialisten und Militaristen in Deutschland als Gesamtführer der faschistischen Bewegung anzuerkennen. Gleiches geschah durch die Repräsentanten der DVFP, die einen starken Einfluß auf den General ausübten. Ludendorff ignorierte sowohl Rosenberg als auch die Esser-Streicher-Gruppe und berief Gregor Straßer, einen Apotheker aus dem nordbayrischen Landshut, in die Reichsleitung der Nazibewegung. Straßer war bisher lediglich als Gauleiter Niederbayerns und als SA-Führer, der mit seinem „Sturmbataillon Landshut" am Münchner Putsch teilgenommen hatte, bekannt geworden. Als Naziabgeordneter im bayrischen Landtag wurde er sofort aus der Haft entlassen und zum Fraktionsvorsitzenden des „Völkischen Blocks" in Bayern gewählt.

Da sich die verschiedenen Gruppen in der NSDAP alle mit mehr oder weniger Recht darauf berufen konnten, von Hitler beauftragt oder wenigstens legitimiert zu sein, verschärfte sich der sachliche und persönliche Streit rasch. Hitler, der auch in der Frage einer Vereinigung mit der DVFP widersprüchliche Standpunkte äußerte, wich zunächst einer klaren Entscheidung aus und gab in dem bereits erwähnten Brief vom 16. Juni 1924 an den politischen Leiter der NSDAP im Bezirk Hannover, Ludolf Haase, seinen Entschluß bekannt, sich für die Zeit seiner Inhaftierung „von der ganzen öffentlichen Politik zurückzuziehen".

Diese Taktik erwies sich als vorteilhaft. Zunächst konnte Hitler in Ruhe abwarten, wie sich die politische Lage entwickeln und die Wahlteilnahme auswirken würde. Dem beachtlichen Wahlerfolg des „Völkischen Blocks" in Bayern, der 23 von 128 Abgeordnetensitzen einbrachte, war ein durchaus vergleichbarer im Reiche gefolgt. Bei den Reichstagswahlen im Mai 1924 erreichten die Rechtskräfte mehr als 25 Prozent der abgegebenen Stimmen. Die Deutschnationalen kamen mit 19,5 Prozent den Sozialdemokraten nahe, und der „Völkische Block“ konnte 6,6 Prozent der Stimmen auf sich vereinen.[4] Für Hitler war das allerdings keine reine Freude, denn diese Erfolge wurden bis zu einem gewissen Grade ohne ihn errungen und ließen das Gewicht von Ludendorff, Straßer und Graefe, die bei den Wahlen das faschistische Lager repräsentierten, ansteigen. Unter diesen Umständen mußte es ihm geradezu willkommen sein, daß die „Nationalsozialistische Vertretertagung“ in Weimar am 20. Juli 1924 eine in sich völlig zerstrittene Naziführerschaft offenbarte.[5]

Straßer bezeichnete sich als Treuhänder Hitlers. Er fand dabei die Unterstützung Rosenbergs, der von seinem Amt als Beauftrager Hitlers zurückgetreten war. Auch Straßer geriet sogleich in einen heftigen Konflikt mit Streicher und Esser. Volck wiederum bezeichnete das norddeutsche NSDAP-Direktorium als Platzhalter Hitlers und lehnte jede Majorisierung durch Abstimmungen ab. Der Rechenschaftsbericht Rosenbergs entsprach seiner Mai-Analyse und war mit heftigen Angriffen gegen die DVFP-Führung verbunden, der er politische Falschmünzerei vorwarf. Er hätte sich in einem ausführlichen Bericht an Hitler gegen jede Vereinigung ausgesprochen.[6] Ludendorff, der für den Zusammenschluß eintrat und dabei von Feder unterstützt wurde, kam auf das ständige Schwanken des Naziführers zu sprechen: Hitler „habe in der Verschmelzungsfrage 3 Mal seine Meinung gewechselt und ihn in die Rolle eines Märchenerzählers gebracht“.

4 Bei den bayrischen Landtagswahlen am 6. 4. 1924 erzielten die katholische Bayrische Volkspartei 919587 Stimmen, der Völkische Block 491862, die SPD 433821, die Bayrische Bauern- und Mittelstandspartei 207422, die KPD 203017, die Vereinigte Nationale Rechte 197509 und der Deutsche Block 73818. Nach den Wahlen in der bayrischen Pfalz am 4. 5. 1924, die für den faschistischen Völkischen Wahlblock weniger günstig verliefen, ergab sich folgende Mandatsverteilung im Landtag: BVP 46, VB 23, SPD 23, BBMP 10, KPD 9, VNR 11, DB 2 und Splittergruppen 4. Mandatsverteilung bei den Reichstagswahlen am 4. 5. 1924: SPD 100, DNVP 95, Zentrum 65, KPD 62, DVP 45, VB 32, DDP 28, BVP 16, Wirtschaftspartei 10 sowie Splitterparteien 19.

5 ZStA Potsdam, Alldeutscher Verband, Nr. 232, Bl. 42—44 (Vervielfältigung eines Rundschreibens mit dem Stempel der Magdeburger Geschäftsstelle der Großdeutschen Volksgemeinschaft).

6 Wahrscheinlich handelt es sich um die Ausarbeitung „Nationalsozialismus und deutsch-völkische Freiheitspartei“, in: BA Koblenz, NS 26, Nr. 1259, unfol.

Obwohl angenommen werden kann, daß Hitler von sich aus unbedingt seinen Führungsanspruch wahren wollte, ist es glaubwürdig, wenn Ludendorff am 28. Juni 1924 an Volck schrieb: „Mitte Mai hat mir Herr Hitler in Gegenwart von Kriebel, Rosenberg, Dr. Weber, Hptm. Weiß erklärt, er wünsche die Verschmelzung. Wenn Hitler später schwankend geworden ist, so ist das auf die Tätigkeit gewissenloser Saboteure zurückzuführen."[7] Zu diesen gehörten aber gerade die norddeutschen Nazis um Volck, Haase und Sunkel, die sich zusammenschlossen, „um einen einheitlichen Druck auf München und Landsberg auszuüben". Sie fürchteten mit gutem Grund, von der in Norddeutschland stärkeren Deutschvölkischen Freiheitspartei an die Wand gedrückt zu werden. „Die Unterredung mit Adolf Hitler, die am 25. Mai 1924 stattfand, verlief durchaus günstig. Hitler erkannte die Gefahren der DVFP an, erklärte, immer wieder vor vollendete Tatsachen gestellt zu sein (Wahl, Verträge usw.) und befahl das Aufziehen rein nationalsozialistischer Organisationen." Als im Juni die Nachricht eintraf, er sei wiederum schwankend geworden und habe die Verschmelzung mit der DVFP angeordnet, bestand für das norddeutsche Direktorium kein Zweifel, daß „er dazu gepreßt" wurde.[8] Einen Monat später hatte sich die Lage erneut verändert. Die Gegner des Parteizusammenschlusses konnten triumphieren und sich offensichtlich auf eine Hitlerentscheidung berufen. In seinem Haß auf Rosenberg setzte sich aber Esser für Straßer, Ludendorff und Graefe ein und brachte dadurch die Fronten völlig durcheinander.

Das Ergebnis der Weimarer Führertagung war verheerend. Ludendorff reiste „auf das Tiefste enttäuscht" ab, versicherte jedoch, „weiter für die Vereinigung kämpfen" zu wollen. Volck hatte sich zwar für ihn persönlich, aber gegen Feders Anspruch, daß „der Wunsch von E[xzellenz] Ludendorff in dieser ganzen Frage Befehl" sei, ausgesprochen. Der thüringische Naziabgeordnete Artur Dinter wollte Rosenberg nicht verzeihen, daß er ihm sein Reichstagsmandat hintertrieben hatte: „In seinen Büchern stehe alles", erklärte er anmaßend, „was Feder und Rosenberg erst lange nachher geschrieben" hätten.

7 Ebenda, NS 20, Nr. 11, unfol.

8 Ebenda, NS 26, Nr. 893, unfol. (20. 6. 1924). Die Akten Nr. 893—901 geben einen interessanten Einblick in die Auseinandersetzung aus der Sicht des norddeutschen Nazi-Direktoriums. Sie befinden sich auch im Archiv des Instituts für Zeitgeschichte München, Film MA 742. Das gleiche gilt für die Akten Nr. 839—843. Sie finden sich auch in: ZStA Potsdam, Film 4105.

„Im übrigen sei er für Esser und Streicher, Ludendorff und Graefe, außerdem Hitler ‚unmittelbar unterstellt'." Sunkel fand die Angriffe auf Rosenberg größtenteils unbegründet. Sein „*Wahlbefehl*" habe aber „das ganze Unheil, nicht zuletzt das traurige Bild dieser Tagung heraufbeschworen". In dieser Frage halte man sich besser an Hitler, der seines Wissens „auch heute noch gegen die Wahl sei". Die Wahlbeteiligung wäre nach der vierjährigen antiparlamentarischen Propaganda Hitlers für Bayern kaum tragbar. In Norddeutschland hätte sie die Bewegung an der Quelle vergiftet. Rosenbergs, Dr. Römers und Kapitänleutnant Hellmuth von Mückes Berichte verdeutlichten, „daß ein ferneres Zusammengehen mit der Freiheitspartei ein Verrat an der Bewegung sei. Wir lehnten jede Reichsführerschaft ab, in der Graefe sei, das Direktorium sei Platzhalter Hitlers." Eine Einigung über die strittigen Fragen kam nicht zustande. Nicht zu Unrecht bemerkte Sunkel in seinem Tagungsbericht abschließend: „Die Weimarer Tagung bedeutet somit: *Die innere und äußere Auflösung der alten Nat*[*ional*] *Soz*[*ialistischen*] *Deutschen Arbeiterpartei.*"

Im August 1924 kam es zu einem „Einigungsparteitag" in Weimar, auf dem sich die zur Vereinigung mit der DVFP entschlossenen Naziführer mit Graefe, Wulle und Henning zusammenfanden. Im Präsidium saß neben Ludendorff und Graefe als Repräsentant der NSDAP Gregor Straßer. Es wurde eine Nationalsozialistische Freiheitsbewegung gegründet, die NSDAP und DVFP vereinen und alle faschistischen Gruppen umfassen sollte. Eine Stellungnahme Hitlers dazu lag nicht vor. Die Spannung, die sein Verhältnis zu Straßer in der Folgezeit bestimmen sollte, hatte hier ihre Wurzel, denn etwa zur gleichen Zeit formulierte Hitler in „Mein Kampf", daß es „der größte Fehler" sei „zu glauben, daß die Stärke einer Bewegung zunimmt durch die Vereinigung mit einer anderen, ähnlich beschaffenen ... Dem Naturgesetz aller Entwicklung aber entspricht nicht das Verkuppeln zweier eben nicht gleicher Gebilde, sondern der Sieg des stärkeren und die durch den dadurch bedingten Kampf allein ermöglichte Höherzüchtung der Kraft und Stärke des Siegers."[9]

Hitler räumte zwar ein, daß aus derartigen Vereinigungen augenblickliche Vorteile erwachsen können. Das gemeinsame Vorgehen bei den Reichstagswahlen war schließlich erfolgreich gewesen. Auf die Dauer würden sich jedoch innere Schwächen zeigen und die Erfolge zunichte machen. Das Wahlergebnis bei den Reichstagswahlen

9 *Hitler*, Mein Kampf, S. 384.

am 7. Dezember 1924, mit denen eine rein bürgerliche Reichsregierung ermöglicht werden sollte, schien das zu bestätigen. Der von der Nationalsozialistischen Freiheitsbewegung repräsentierte Völkische Wahlblock vermochte nur noch 900000 Stimmen auf sich zu vereinen und 14 Reichstagsabgeordnete durchzubringen. Das war weniger als die Hälfte im Vergleich zu den Reichstagswahlen vom Mai 1924.[10] Sicher haben dabei die Querelen im völkisch-faschistischen Lager eine Rolle gespielt. Entscheidend war jedoch, daß die inzwischen eingetretenen ökonomischen Veränderungen den Resonanzboden des Faschismus in Deutschland beträchtlich reduziert hatten.

Im übrigen war den in Deutschland herrschenden Kreisen nicht entgangen, daß der zur Führung einer vereinigten faschistischen Partei vorgesehene Ludendorff eine Politik betrieb, die an den entscheidenden Klassenfragen vorbeiging und keinen Widerhall im Volke fand. Er verrannte sich immer mehr in seinen Wahn von den drei Weltmächten — Juda, Rom und Freimaurerei —, die ihm den Sieg im Weltkrieg entrissen hätten und die es in erster Linie zu bekämpfen gelte. Zu den Spannungen mit dem Chef der Heeresleitung, General Hans von Seeckt, und dem Kronprinzen Rupprecht von Bayern kamen Differenzen mit Generalfeldmarschall Paul von Hindenburg, die sich um Fragen der Kriegsführung und des Anteils an militärischen Siegen drehten. Der Vertreter der Reichsregierung in München, der Gesandte Haniel von Haimhausen, hob in seinem Bericht vom 8. Juli 1924 nach Berlin das „bemerkenswerte Geschick" hervor, „mit dem sich General Ludendorff bemüht, alle von ihm noch nicht attackierten Fensterscheiben zu zerschlagen". So hätte er ein Gespräch mit dem Generalvertreter einer amerikanischen Großbank, die sehr großzügige Kredite nach Deutschland vergab, mit den Worten abgelehnt: Er „habe für Bankiers keine Verwertung".[11] Als Ludendorff sich in völliger Überschätzung seiner Person ein dreiviertel Jahr später zur Reichspräsidentenwahl stellte, bekam er so wenig Unterstützung, daß er nur 200000 Stimmen erhielt. Selbst die Masse der faschistischen Wähler hatte sich von ihm abgewandt. Er war damit als Politiker restlos gescheitert und für Hitler kein Konkurrent mehr.

10 Prozentualer Stimmenanteil bei den Reichstagswahlen am 7. 12. 1924: SPD 26%, DNVP 20,5%, Zentrum 13,6%, DVP 10,1%, KPD 9%, DDP 6,3%, BVP 3,7%, Wirtschaftspartei 3,3%, Völkischer Block 3%, Splitterparteien 4,5%.

11 ZStA Potsdam, Vertretung der Reichsregierung München, Nr. 41, Bl. 121 verte.

Eine faschistische Gesamtpartei unter seiner, Graefes und Straßers Führung hatte es ohnehin nur als Wahlblock gegeben. Sie war schon nach den Dezemberwahlen 1924 weitgehend von der politischen Bildfläche verschwunden.

Die Probleme hatten sich jedoch nicht in gleicher Weise verflüchtigt. Sie wirkten noch lange in den ideologischen und den politischen Auseinandersetzungen innerhalb der Nazipartei weiter. Dabei ging es um weit mehr als um Personenfragen. Das war auch dem Gesandten Haniel klar, der in einer durchaus sachkundigen, wenngleich terminologisch den großbürgerlichen Klassenstandpunkt verratenden Analyse vom 4. November 1924 auf die Gegensätze innerhalb der NSDAP einging und sie auf unterschiedliche soziale Gruppen zurückführte.[12] Zu diesem Zeitpunkt hatte sich die Gruppe um Esser, Streicher und Dinter, die die alte NSDAP unter dem Namen Großdeutsche Volksgemeinschaft weiterführen wollte, offen geweigert, dem Völkischen Block in Gestalt der Nationalsozialistischen Freiheitsbewegung beizutreten. Esser und Streicher wurden daraufhin aus der völkischen Bewegung ausgeschlossen und ihre Anhänger zur bedingungslosen Unterwerfung aufgefordert. Beide Seiten bekämpften sich nunmehr in aller Öffentlichkeit.

Die Linie Ludendorffs, Graefes und Straßers vertraten in Bayern insbesondere die Landtagsabgeordneten Dr. Rudolf Buttmann und Dr. Hermann Glaser, von den „Altnationalsozialisten" Esser und Streicher als „Doktorenpartei" beschimpft. Es standen sich demnach die Wortführer des lumpenproletarischen Flügels in der NSDAP und die Repräsentanten von Beamten, Offizieren und gehobenem Mittelstand innerhalb der Nazipartei gegenüber. Die einen wollten das Naziparteiprogramm wörtlich nehmen und ihren Anteil vom Tisch der Reichen haben. Die anderen orientierten sich mehr an den nationalistischen Parolen und wünschten Privilegien und Standesvorrechte gewahrt zu sehen. Haniel vermerkte dazu: „Es fanden sich also in dieser Bewegung Personen aus ganz verschiedenen Kreisen mit grundverschiedenen Weltanschauungen, die lediglich die Unzufriedenheit mit der Vergangenheit zusammenführte."

Nach Haniels Meinung konnte die Kluft zwischen den beiden Gruppen nur durch Hitler überbrückt werden, den er durchaus nicht so selbstverständlich der Esser-Streicher-Gruppe zuzählte, wie das oft in

12 Ebenda, Nr. 42, Bl. 20/21, 174—179 (der Bericht ist nicht zusammenhängend gebunden).

der zeitgenössischen Presse geschah und in der bürgerlichen Geschichtsschreibung wiederholt wird. Schon früher hatte Haniel darauf hingewiesen, daß Hitler „mit beiden Lagern sehr unzufrieden ist. Verurteilt er auf der einen Seite . . . die allzu parlamentarische Tendenz der völkischen Landtagsfraktion, so ist ihm das kulturkämpferische, revolutionäre Gebaren Essers und Streichers gleichfalls zuwider." In der Öffentlichkeit hütete sich Hitler aber, letzteres zum Ausdruck zu bringen, denn nach wie vor wurde von ihm erwartet, daß er Massen mobilisiere und dem Anspruch der NSDAP, eine „nationalsozialistische Arbeiterpartei" zu sein, entspreche. Esser sah geradezu eine seiner „Hauptaufgaben" darin, „ihn wieder in die alten Bahnen zurückzuführen".[13]

Genau das aber wollte Hitler nicht. Offensichtlich kam er im Verlauf des Jahres 1924 zu dem Schluß, daß der von Rosenberg vollzogene Kurswechsel nicht vorübergehender Natur sein konnte, wenn die NSDAP wieder die Gunst der herrschenden Klasse finden wollte. Der Gesandte Haniel, dessen Berichte über die Entwicklung der Nazibewegung den Argwohn der Besitzenden und seine eigene deutschnationale Gesinnung widerspiegelten, sprach bereits die Hoffnung aus, „daß aus beiden Lagern mancher durch den Bruderzwist angeekelt und ernüchtert den Weg zu der Partei zurückfindet, der er vor noch nicht allzu langer Zeit, von den Sirenenklängen der völkischen Idee berauscht, den Rücken gekehrt hatte".[14] Die Konservativen wandten sich allerdings durchaus nicht grundsätzlich und unwiderruflich von den Faschisten ab. Sie wünschten nur keine neuerliche Radikalisierung des reaktionären Massenanhangs, die die endlich eingetretene politische und ökonomische Stabilisierung gefährden konnte. Selbst Rosenberg soll, wie Haniel vertraulich erfuhr, geäußert haben, „daß man beabsichtige, Hitler fallen zu lassen, falls er nicht die Angriffe gegen Ludendorff einstelle und sich weiterhin lediglich auf die Unterstützung der Esser-Streicher- und Dinter-Anhänger beschränke".[15]

Es ist natürlich fraglich, ob Rosenberg so weit gegangen wäre. Seine Äußerung ist auch nicht anderweitig als authentisch belegt.

13 Ebenda, Nr. 41, Bl. 130 (Haniel-Bericht vom 13. 7. 1924 an die Reichsregierung).

14 Ebenda, Nr. 42, Bl. 179.

15 Ebenda, Nr. 57, Bl. 7—9 (Haniel-Bericht vom 14. 1. 1925 an die Reichsregierung).

Aber es dürfte kaum zufällig gewesen sein, daß sie Haniel zugetragen und von diesem prompt nach Berlin weitergegeben wurde. Der Gesandte gehörte schließlich zu jener Unternehmerfamilie, die sich während der Inflationszeit in Bayern etablierte und deren Beauftragte besonderes Interesse an einer Nazibewegung zeigten, die nicht — wie es in dem schon zitierten Brief Gertungs an Claß hieß — Beamte, Angestellte und Studenten mit zu radikalen Parolen verwirre.[16] Inzwischen hatte man sich schließlich einen Rechtsstaat im doppelten Sinne des Wortes aufgebaut, der zwar noch lange nicht wunschgemäß funktionierte, aber politische und juristische Garantien zur Aufrechterhaltung der eigenen Klassenherrschaft bot und nicht leichtfertig aufs Spiel gesetzt werden sollte.

Hitler hatte noch ganz persönliche Gründe, sich von der früheren illegalen Putschtaktik zu distanzieren. Bei der Urteilsverkündung im Münchner Prozeß wurde ihm eine vorzeitige Entlassung aus der Haft in Aussicht gestellt, wenn er sich den Gesetzen entsprechend verhalte. Die bayrischen Behörden ließen es an Entgegenkommen nicht mangeln. Auf Ersuchen der Staatsanwaltschaft stellte der Gefängnisdirektor schon am 15. September 1924 ein Zeugnis aus, das den Naziführer als Mann der Ordnung und der Disziplin rühmte und in dem es abschließend hieß: „Hitler wird die nationale Bewegung in seinem Sinne neu zu entfachen suchen, aber nicht mehr wie früher mit gewalttätigen, im Notfalle gegen die Regierung gerichteten Mitteln, sondern in Fühlung mit den berufenen Regierungsstellen."[17] Schon die Diktion verrät die Gesinnung des Justizbeamten und die Erwartung der Justizbehörden. Deshalb war auch die Sorge Hitlers, den gesetzlichen Bestimmungen entsprechend als staatenloser Gesetzesbrecher aus Deutschland ausgewiesen zu werden, unbegründet. Die reaktionären Kreise brauchten den massenwirksamen Demagogen viel zu sehr.

Am 20. Dezember 1924 wurden Hitler und der Leiter der faschistischen Kampfverbände, Oberstleutnant Hermann Kriebel, aus der Haft entlassen. Das kennzeichnete die politischen Verhältnisse in Bayern und in der Weimarer Republik. Schließlich handelte es sich um Putschisten, die einen Staatsstreich durchgeführt hatten und für den Tod von Menschen Verantwortung trugen. Aber für die Justizorgane in München war dergleichen offensichtlich nebensächlich.

16 Ebenda. Alldeutscher Verband, Nr. 258, Bl. 239 (Direktor Dr. Otto Gertung vom MAN-Direktorium an Claß, 27. 2. 1921). Vgl. dazu Kapitel IV, S. 115f.

17 *Lurker*, Hitler hinter Festungsmauern, S. 61.

Schon während des Prozesses hatten sie ihre Sympathie für Hitler bekundet und nur dem formalen Zwang gehorchend eine Haftstrafe ausgesprochen. Nun gaben sie ihm eiligst die Freiheit zur weiteren politischen Betätigung wieder.

Angesichts der totalen Verwirrung im faschistischen Lager und der miteinander verfeindeten Gruppen fiel es Hitler leicht, seinen unbedingten Führungsanspruch durchzusetzen. „Was sonst nie möglich gewesen wäre, konnte ich damals allen in der Partei sagen: *Es wird jetzt so gekämpft, wie ich es will und nicht anders.*“[18] Auf Rat Pöhners gehörte zu seinen ersten politischen Handlungen ein Besuch beim bayrischen Ministerpräsidenten Held. Ihm versicherte er ausdrücklich, er wolle sich künftig legal verhalten, der Putsch vom 9. November 1923 sei ein Fehler gewesen. Er hätte inzwischen erkannt, daß die Autorität des Staates respektiert werden müsse, und wolle sich ihm als deutscher Patriot im Kampf gegen den Marxismus zur Verfügung stellen. Allerdings benötige er dafür wieder seine Partei und den „Völkischen Beobachter“. Ausdrücklich distanzierte er sich von Ludendorffs Attacken auf die katholische Kirche. Er stehe dem General skeptisch gegenüber und habe nichts mit diesen Angriffen zu schaffen.[19] Bereitwillig hob Held das Verbot der NSDAP und des „Völkischen Beobachters“ auf. Hitler hatte insbesondere im bayrischen Justizminister Franz Gürtner, der ihm nach 1933 als Reichsjustizminister zur Verfügung stand, einen einflußreichen Fürsprecher und unermüdlichen Beschützer.

Sodann brachte Hitler die Nazi-Landtagsfraktion zur Räson. Er warf ihr insbesondere vor, daß sie die von Held angebotene Regierungsbeteiligung abgelehnt hätte. Mit Rücksicht auf die „Altnationalsozialisten“ um Esser und Streicher wurde dieses Angebot von der „Doktorenpartei“ um Buttmann und Glaser nicht einmal ernsthaft erörtert. Hitler störte es nicht, daß nach seinem schockierenden Auftreten nur noch sechs Abgeordnete zu ihm hielten und die anderen 18 — wie von Haniel vorausgesagt — ins konservative Lager überliefen.[20] Viel wichtiger war für ihn, daß er der Nationalsozialistischen Freiheitsbewegung den Todesstoß versetzen konnte. Die Münchner Ortsgruppe, die den Kern in Süddeutschland bildete, erklärte sofort

18 Rede Hitlers vom 9. 11. 1934, in: Völkischer Beobachter, Berliner Ausgabe, Nr. 314, 10. 11. 1934.

19 *Straßer*, Hitler und ich, S. 81f.; *Heiden*, Adolf Hitler, Bd. 1, S. 196f.

20 *Fest*, Hitler, S. 319.

deren Auflösung. Am 12. Februar 1925 mußten Ludendorff, Graefe und Straßer das offiziell akzeptieren.[21]

In dem am 26. Februar 1925 erstmals wieder erscheinenden „Völkischen Beobachter" verkündete Hitler seinen alleinigen Führungsanspruch in der faschistischen Bewegung.[22] Zugleich wurde zu einer Versammlung am folgenden Tage aufgerufen, die Hitler zur Neugründung der Partei nutzen wollte. Im allgemeinen Jubel seiner Anhänger fiel nicht sonderlich auf, daß sowohl der Begründer der DAP und Ehrenvorsitzende der NSDAP, Drexler, als auch Straßer fehlten. Schließlich zeigte sich Hitler versöhnlich. Der Gesandte Haniel berichtete nach Berlin: „Immer wieder betonte Hitler, daß er nicht gewillt sei, nachträglich Kritik an der Vergangenheit zu üben, daß ihm lediglich daran gelegen sei, nunmehr neu aufzubauen und die Bewegung zur einheitlichen Waffe zu formen, ohne Rücksicht auf Interessen einzelner. Der Bruderkampf müsse endgültig aufhören. Im übrigen forderte er unbedingte Unterordnung unter seine Person. Die Bereitwilligkeit Hitlers, die Vergangenheit zu begraben, erleichterte es der parlamentarischen Buttmanngruppe, Anschluß an die Nationalsozialistische Arbeiterpartei zu finden. Als . . . Hitler seine Rede . . . beendet hatte, fand eine offizielle Verbrüderung der verschiedenen Richtungen statt. Buttmann, Esser, Streicher und Dinter reichten sich auf dem Podium des Saales die Hände, ergriffen nacheinander das Wort und brachten zum Ausdruck, daß sie die vergangenen Streitigkeiten bedauerten, ihre Sonderorganisationen auflösten und sich geschlossen hinter Hitler stellten. An der Verbrüderungsfeier nahmen ferner noch der Reichstagsabgeordnete Dr. Frick und Dr. Feder teil."[23]

Die Neugründung der Partei bestätigte, daß die alte NSDAP praktisch zerfallen war, sie erwies sich aber zugleich als geschickter Schachzug Hitlers. Den Behörden gab er zu verstehen, daß es sich nicht um die Fortführung der alten Politik, sondern um einen Neubeginn entsprechend der Zusage an Held handelte. Damit erleichterte er es der bayrischen Landesregierung und auch der Reichsregierung, ihm größtmöglichen Spielraum zu gewähren. Der Nationalsozialistischen Freiheitsbewegung wurde die Basis entzogen, ohne daß eine

21 ZStA Potsdam, Vertretung der Reichsregierung München, Nr. 57, Bl. 16 (Bericht des Haniel-Vertreters Wallraf vom 21. 2. 1925 nach Berlin).

22 Völkischer Beobachter, Nr. 1, 26. 2. 1926.

23 ZStA Potsdam, Vertretung der Reichsregierung München, Nr. 57, Bl. 25—27.

formelle Absage an alle Vereinigungstendenzen erfolgen mußte. Frühere Zusagen waren gegenstandslos geworden. Widerstrebende Gruppen innerhalb der eigenen Partei konnten je nach Belieben in die neue Partei aufgenommen oder von ihr ferngehalten werden. Das bekam insbesondere Drexler zu spüren, dessen alte Vorrechte hinfällig geworden waren und der deshalb den aussichtslosen Versuch unternahm, sich und seinen Anhängern wieder eine selbständige Organisation zu schaffen. Sein „Nationalsozialer Volksbund" wurde als Spalterpartei binnen kurzer Zeit und unter Anwendung von Gewalt zerschlagen. Entsprechend dem von ihm proklamierten und in faschistischen Organisationen üblichen Führerprinzip hatte sich Hitler noch in weit höherem Maße als 1920 die Möglichkeit geschaffen, seinen Willen in der Partei durchzusetzen und seine Konkurrenten vor die Alternative gestellt: Unterwerfung oder Ausschluß. Das war in Hinblick auf die eingeleitete Kursänderung von großer Bedeutung.

Durch ihre Münchner Gesandtschaft wurde der Reichsregierung die neue taktische Orientierung der Nazibewegung zur Kenntnis gebracht: „Der Wiederaufbau der Nationalsozialistischen Arbeiterpartei ist im ‚Völkischen Beobachter' und in der gestrigen Rede Hitlers in großen Zügen niedergelegt. Der Kampf gelte dem Juden als Person und dem Marxismus als Sache. Das Parlament wurde in eine wenig freundliche Parallele zu einem Bierlokal gestellt, wenn auch nicht so klar wie bisher eine Ablehnung des Parlamentarismus durch Hitler erfolgte. Auf das schärfste wandte Hitler sich gegen jeden Versuch, religiöse Streitigkeiten in die neue Bewegung hineinzuzerren. Um auch äußerlich zu dokumentieren, daß die Vergangenheit begraben ist, kann die Mitgliedschaft der neuen Partei nur durch Neuaufnahme erfolgen. Hitler hat ferner die strengsten Anordnungen getroffen gegen jedes provokatorische Vorgehen von Verbänden oder Einzelpersonen, die den Behörden insbesondere bezüglich der neuen Verordnung über einstweilige Maßnahmen zum Schutze und zur Wiederherstellung der öffentlichen Sicherheit und Ordnung Unterlagen zu einer neuen Verfolgung der Bewegung in die Hand geben könnten. Das Verbot jeglicher religiöser Streitigkeiten sowie andere Äußerungen . . . bestätigen . . . die Vermutung, daß der Kampf gegen den Ultramontanismus von Hitler einstweilen wenigstens aufgegeben worden ist."[24]

Die Ludendorffanhänger hatten also zu Recht befürchtet, daß

24 Ebenda.

Hitler von ihren Auseinandersetzungen mit der katholischen Kirche nichts wissen „und sich lediglich auf den Kampf gegen den Marxismus und das Judentum" beschränken wollte.[25] Darin lag ja gerade seine Überlegenheit über die Konkurrenten im Ringen um die Führung in der faschistischen Bewegung, daß er zu unterscheiden wußte, was unerläßlich und was nebensächlich für die herrschende Klasse war. Die überwiegend evangelische Bevölkerung in Norddeutschland nahm zwar keinen Anstoß an Ludendorffs Ausfällen gegen das Papsttum. Im katholischen Bayern aber mußte ein Konflikt mit Rom der Nazipartei schaden. Dessen war sich Hitler bewußt. Der sächsische Geschäftsträger in München hatte schon 1922 darauf hingewiesen, daß die katholische Kirche und der Föderalismus jene „zwei Punkte" seien, „die, wenn er sie falsch anfaßt, ihn um alle Erfolge bringen . . . können".[26]

Ungleich schwieriger war es, die veränderte politische Taktik den jahrelang im putschistischen Sinne aufgehetzten Anhängern zu erläutern und diese durch den neuen Legalitätskurs nicht abzuschrecken. Noch in Landsberg hatte Hitler Besuchern erklärt: „Wenn ich meine Tätigkeit wiederaufnehme, werde ich eine neue Politik befolgen müssen. Statt die Macht mit Waffengewalt zu erobern, werden wir zum Verdruß der katholischen und marxistischen Abgeordneten unsere Nasen in den Reichstag stecken. Zwar mag es länger dauern, sie zu überstimmen als sie zu erschießen, am Ende aber wird uns ihre eigene Verfassung den Erfolg zuschieben. Jeder legale Vorgang ist langsam."[27] Was rückblickend als Schlüssel zum Erfolg erscheint, rief seinerzeit den Argwohn vieler Anhänger hervor. Nach Ansicht Essers war „Hitler sich selbst untreu geworden".[28] Der Naziführer kam daher nicht umhin, radikal klingende Töne anzuschlagen, die an 1923 erinnerten und die Behörden irritierten. So erklärte er auf der ersten Massenversammlung der NSDAP nach der Neugründung: „Und es ist mein einziger Wunsch, daß das Hakenkreuzbanner, wenn

25 Ebenda, Nr. 57, B. 12—13 (Bericht des Haniel-Vertreters Wallraf vom 6. 2. 1925 an die Reichsregierung).

26 Staatsarchiv Dresden, Sächsische Gesandtschaft für Bayern in München, Nr. 397, Bl. 95 (Dziembowski am 1. 12. 1922 nach Dresden).

27 *Kurt G. W. Ludecke* (gemeint ist Luedecke), I knew Hitler. The story of a nazi who escapted the blood purge, London 1938, S. 217f.

28 ZStA Potsdam, Vertretung der Reichsregierung München, Nr. 41, Bl. 130 verte.

der Kampf mich das nächste Mal niederstreckt, mein Leichentuch werden soll!"[29] Solche Formulierungen wurden allgemein als Beweis dafür angesehen, daß Hitler es mit dem Legalitätskurs nicht ernst meinte. Infolgedessen erhielt er polizeiliches Redeverbot in öffentlichen Versammlungen. Es sollte zu keiner neuerlichen Aufputschung seiner Anhänger kommen.

Diese Entscheidung bedeutete jedoch auch den Verlust seiner wirksamsten Waffe bei der Massenverführung. Das wog um so schwerer, als weitere Probleme von grundsätzlicher Bedeutung auf die NSDAP zukamen. Das katastrophale Ergebnis, das Ludendorff, den man noch am 27. Februar 1925 heuchlerisch hoch gerühmt hatte, einen Monat später bei den Reichspräsidentenwahlen erzielte, deckte nicht nur den weiteren Verfall des faschistischen Wählerblocks auf, sondern vertiefte die bereits vorhandenen Gegensätze weiter. Es kam zum offenen Bruch zwischen Ludendorff und Hitler. Bei dem notwendig gewordenen zweiten Wahlgang rief der Naziführer im „Völkischen Beobachter" zur Stimmabgabe für den gemeinsamen Kandidaten der bürgerlichen Rechtsparteien, Hindenburg, auf.[30] Das brachte Hitler neue Sympathien im konservativen Lager ein.

Die Unterstützung Hindenburgs und die damit einhergehende Würdigung der zahlreichen bürgerlichen Wehrverbände ließ sich noch relativ leicht mit chauvinistischen Parolen und militaristischen Reminiszenzen rechtfertigen. Die von der KPD Ende 1925 initiierte Kampagne für die entschädigungslose Enteignung der Fürsten zwang die Hitlerclique weit mehr, Farbe zu bekennen. Für viele Nazianhänger, die das alte, für unabänderlich erklärte Parteiprogramm der NSDAP und die vielen demagogischen Kampfparolen für bare Münze nahmen, war es ganz selbstverständlich, daß der Riesenbesitz der Fürsten enteignet werden müsse. Sogar innerhalb der Naziführung gab es eine Gruppe, die meinte, man habe bei dieser Gelegenheit seine soziale Gesinnung unter Beweis zu stellen und dürfe sich nicht von einer Volksbewegung distanzieren. Auch die SPD-Führung, die ursprünglich den KPD-Aufruf zu einem Volksentscheid abgelehnt hatte, wagte — als sie die Resonanz im Volk erkannte — nicht, das dazu laut Verfassung notwendige Volksbegehren zu boykottieren. Selbst in bürgerlichen Kreisen waren Sympathien dafür unverkennbar.

29 Völkischer Beobachter, Nr. 2, 7. 3. 1925. Vgl. dazu *Fest*, Hitler, S. 323.

30 Völkischer Beobachter, Nr. 12, 10. 4. 1925 (Für den Generalfeldmarschall des Weltkrieges).

In großagrarischen und monopolkapitalistischen Kreisen wurde der Versuch, die Fürsten zu enteignen, als gefährlicher Angriff auf das Privateigentum und als möglicher Auftakt zur Verstaatlichung der großen Besitztümer betrachtet. Für Hitler war klar, daß er seine Verbindungen aufs Spiel setzen und seiner Aufgabe nicht gerecht werden würde, wenn er in dieser Frage die Grenzen der Demagogie überschritt. Er wußte, wie bedenklich großindustrielle und großagrarische Geldgeber auf die Formulierungen im Parteiprogramm reagierten, in denen von der Vergesellschaftung der Trusts und der Möglichkeit der Enteignung von Grund und Boden die Rede war. Was aber noch als Jugendsünde und als Erbe Drexlers abgetan werden konnte, war bei einer eventuellen Fürstenenteignung zum unausweichlichen Test geworden. Hitler entschied sich ohne Zögern für eine Ablehnung. Das Problem lag für ihn nur darin, wie er seine Haltung möglichst geschickt rechtfertigen konnte. Er bediente sich dabei folgender fadenscheiniger Argumentation: Da das Bankwesen in jüdischer Hand sei, würde ein enteigneter Fürstenbesitz über kurz oder lang zum Spekulationsobjekt der Juden werden. Das müsse man verhindern. Deshalb dürfe kein deutsches Familieneigentum angetastet werden. Ähnlich äußerten sich Feder und Esser im „Völkischen Beobachter".[31] Es zeugt vom Unbehagen Hitlers, sich einer populären Losung im Klasseninteresse der Bourgeoisie entgegenstemmen zu müssen, daß er das ganze Problem möglichst herunterspielen und aus dem innerparteilichen Streit heraushalten wollte. Das aber gelang ihm nicht.

Für die NSDAP wurde die Frage der Fürstenenteignung zu einer politischen und ideologischen Belastungsprobe. Die Befürworter in den Führungskreisen scharten sich um Gregor Straßer. Dieser hatte, als er erkannte, daß mit Ludendorff und der vereinigten Nationalsozialistischen Freiheitsbewegung nichts zu erreichen war, den Weg zurück zu Hitler gefunden. Er wurde mit offenen Armen empfangen, weil er — wie Esser auf der Weimarer Vertretertagung von 1925 formulierte — „etwas hinter sich" hatte.[32] Als Reichtagsabgeordneter genoß er Immunität, konnte ungehindert als Redner auftreten und über die Grenzen Bayerns hinaus wirken. Seine gemeinsame Tätigkeit mit Ludendorff und Graefe hatte ihn in faschistischen Kreisen

31 Ebenda, Nr. 58, 11. 3. 1926; Nr. 60, 13. 3. 1926 (Enteignet die Fürsten, der Jude braucht's Geld).

32 ZStA Potsdam, Alldeutscher Verband, Nr. 232, Bl. 42.

Nord- und Westdeutschlands bekannt gemacht. Nur wenn er mitwirkte, konnte Hitler hoffen, die NSDAP auf das ganze Reichsgebiet auszudehnen. Als Gegenleistung für sein Ausscheiden aus der Nationalsozialistischen Freiheitsbewegung bot Hitler ihm die weitgehend selbständige Führung der NSDAP im gesamten nord- und westdeutschen Raum an.[33] Binnen kurzem konnte Gregor Straßer die Bildung von sieben neuen Parteigauen nördlich der Mainlinie melden und damit auf eine ansehnliche Hausmacht verweisen. Er war zum wichtigsten Mann neben Hitler geworden. Zu ihm stießen viele, die einstmals zur Deutschsozialistischen Partei Brunners gehört oder sich von der deutschvölkischen Clique Graefes, Wulles und Hennings abgewandt hatten. Damit übernahm er aber auch deren Anliegen und Illusionen.

Die faschistische Bewegung in Nord- und Westdeutschland unterschied sich nicht unwesentlich von der Bayerns. Zunächst war das preußische Traditionsbewußtsein ein ins Auge springendes Element. Viele Offiziere, Beamte und sonstige Angehörige herrschender Kreise hatten sich in ihrer Erbitterung über den verlorenen Krieg und den Sturz der Hohenzollernmonarchie rechtsradikalen Organisationen zugewandt. Außerdem besaß die völkisch-faschistische Bewegung bereits eine eigene Traditionslinie, die ins neunzehnte Jahrhundert zurückreichte und mit Namen wie Stoecker und Lagarde verknüpft war. Schließlich wurden in den industriellen Ballungszentren schon vor dem ersten Weltkrieg Möglichkeiten getestet, mit national-sozialer Demagogie die Arbeiter zu verwirren. Es gelang jedoch weit weniger als in Bayern, der faschistischen Bewegung den Anstrich einer Volksbewegung zu geben und die Tatsache zu verwischen, daß es bestimmte Kreise der herrschenden Klasse waren, die den Faschismus ins Leben gerufen und begründet hatten. Das äußerte sich schon in der Personenwahl: einerseits der General Ludendorff, der in München immer ein Fremder blieb, der Rittergutsbesitzer von Graefe, der alldeutsche Redakteur Wulle und der Offizier Henning — andererseits der Werkzeugausgeber Drexler, der Gefreite Hitler, der berufslose Wanderredner Esser und der Volksschullehrer Streicher.

Wenn die nord- und westdeutschen Faschisten Masseneinfluß erringen wollten, durften sie noch viel weniger als die bayrischen ihre

33 *Fest*, Hitler, S. 325. Vgl. dazu aber *Udo Kissenkoetter*, Gregor Straßer und die NSDAP, Stuttgart 1978, S. 20. Kissenkoetter hält ein derartiges Abkommen für nicht bewiesen und nimmt eine mehr pragmatische Arbeitsteilung an.

Klassenfunktion durchblicken lassen. Sie hatten es zudem mit wesentlich industrialisierteren Gebieten zu tun, wenn man von Niedersachsen, Schleswig-Holstein, Hinterpommern und Ostpreußen absieht, wo die faschistische Bewegung zunächst keine besondere Rolle spielte. Das erwies sich als tiefere Ursache dafür, daß Straßer und seine Unterführer weit mehr als die Hitlerclique die soziale Demagogie betonen mußten und darüber in Konflikt mit der Münchner Zentrale gerieten. Das Milieu, in dem politisch gearbeitet wurde, wirkte zwangsläufig auf die ideologische Haltung der Naziführer zurück. Im Ruhrgebiet, dem größten industriellen Ballungszentrum Deutschlands, erwarteten die Interessenten an nationalsozialistischer Demagogie eine intensive Beeinflussung der Industriearbeiterschaft. Sie gaben sich mit einer Mobilisierung des Lumpenproletariats nicht zufrieden. Angesichts der enttäuschenden Erfahrungen in Bayern, wo die Versuche Drexlers, in Arbeiterkreisen Fuß zu fassen, 1923 endgültig gescheitert waren und ihn sogar seinen Arbeitsplatz in den Eisenbahnwerkstätten gekostet hatten, stand im Ruhrgebiet von vornherein außer Zweifel, daß noch geschickter vorgegangen werden mußte und die Münchner Methoden nicht ohne weiteres angewandt werden konnten. Dem trug Gregor Straßer nicht nur persönlich Rechnung; er wählte auch seine Mitarbeiter entsprechend aus.

Geschäftsführer des Gaues Rheinland-Nord wurde Joseph Goebbels, der als junger Intellektueller auf der Suche nach einer Karriere war. Er hatte sich als Schriftsteller und Börsenausrufer versucht und gefiel sich in betonter Scheinradikalität, verbunden mit skrupellosem Opportunismus. Anfangs hegte er die Hoffnung, Elberfeld zum Zentrum der Nazibewegung machen und die Münchner Zentrale ausschalten zu können. Als Gregor Straßer die nord- und westdeutschen Gauleiter am 22. November 1925 zu einer Tagung nach Hannover berief, um über die offensichtlich gewordenen Differenzen mit dem „Papst in München“ zu diskutieren, soll Goebbels gefordert haben, „daß der kleine Bourgeois Adolf Hitler aus der Nationalsozialistischen Partei ausgeschlossen“ werde.[34] Bezeichnenderweise fand sich von den 25 Teilnehmern der Beratung nur der Kölner Gauleiter Robert Ley bereit, den Münchner Kurs zu verteidigen und dem Abgesandten Hitlers, Gottfried Feder, zur Seite zu treten. „Kein Mensch glaubt mehr an München. Elberfeld soll das Mekka des

34 *Straßer*, Hitler und ich, S. 113. Vgl. dazu die Erläuterungen von *Fest*, Hitler, S. 1075.

deutschen Sozialismus werden", schrieb Goebbels triumphierend in sein Tagebuch.[35]

In ideologischer Hinsicht wurden zwei Hauptgegensätze sichtbar. Die Mehrheit der norddeutschen Faschisten hielt mehr soziale Demagogie als die Münchner Parteizentrale für notwendig, insbesondere im Hinblick auf das Industrieproletariat, also im Sinne des ursprünglichen „Nationalsozialismus". Zugleich übte sie Kritik an einem ängstlichen Legalitätskurs und wollte ihn durch eine aggressive, zum Äußersten entschlossene „Katastrophenpolitik" ersetzt sehen. Jedes den Staat schädigende, die Ordnung zersetzende Mittel, wic Putsche, Straßenschlachten, Krawalle und sogar Streiks, sollte der direkten Machteroberung dienen. Die Beteiligung an Wahlen und die Eroberung von Abgeordnetenmandaten wurde aber nicht verworfen.[36] Insgesamt gesehen ergab sich das eigentümliche Bild, daß sich alte Gegensätze mit neuen vermischt hatten oder durch letztere modifiziert wurden. Die antiparlamentarische Fronde des norddeutschen Faschistendirektoriums war einerseits in den Hintergrund gedrängt; denn Gregor Straßer trat für die Wahlbeteiligung ein. Andererseits erwies sich der nach wie vor lautstark vorgetragene Protest gegen den Einfluß von Esser als fragwürdig; denn Goebbels argumentierte und agitierte in ähnlicher Weise. All das unterstreicht nur, wie widersprüchlich die Nazibewegung blieb. Es ging stets um ein möglichst wirkungsvolles persönliches Durchsetzen und um ein opportunistisches Suchen nach erfolgversprechenden Methoden unter Berücksichtigung der lokalen Kampfbedingungen. Das hatte sogar direkte Rückwirkungen auf die ideologische Konzeption, in der lediglich Grundsätze unbestritten blieben.

Die nord- und westdeutschen Faschisten hatten gegen Ende des Jahres 1925 nicht nur eine eigene „Arbeitsgemeinschaft der nord- und westdeutschen Gaue der NSDAP" gebildet, sondern sich auch mit der Überarbeitung des alten Parteiprogramms befaßt. Von Gregor Straßer wurde ein entsprechender Entwurf vorgelegt. Goebbels beschäftigte sich ebenfalls damit.[37] Zum Unterschied von Drexler

35 Das Tagebuch von Joseph Goebbels 1925/26, mit weiteren Dokumenten hrsg. v. Helmut Heiber, Stuttgart 1973, S. 59.

36 *Fest*, Hitler, S. 332.

37 Vgl. dazu *Reinhard Kühnl*, Die nationalsozialistische Linke 1925—1930, Meisenheim am Glan 1966, S. 18. Kühnl hat den Programmentwurf veröffentlicht in: Vierteljahrsh. Zeitgesch., 3/1966, S. 324ff.

und Hitler, denen bei der Formulierung des Parteiprogramms von 1920 noch kaum theoretische Vorarbeiten zur Verfügung standen und die sich bestenfalls an programmatischen Vorlagen der österreichischen Nationalsozialisten und an völkischen Publikationen orientierten, konnten Straßer und Goebbels die inzwischen erschienenen Veröffentlichungen jungkonservativer Theoretiker des Faschismus nutzen. Insbesondere die Werke von Oswald Spengler und Arthur Moeller van den Bruck dienten ihnen als Quelle.[38] Zugleich verarbeiteten sie Erfahrungen im politischen Kampf, insbesondere beim Umgang mit Arbeitern.

Die bei Drexler und seinen alldeutschen Mentoren noch spürbare Scheu, von Sozialismus zu reden und zu schreiben, war seit dem Erscheinen von Oswald Spenglers Buch „Preußentum und Sozialismus" geschwunden. Gregor Straßer nannte als Ziel der faschistischen Bewegung schon ganz selbstverständlich die Errichtung eines „nationalen Sozialismus". Er konnte gewiß sein, daß das weder besonderes Aufsehen erregen noch unzumutbare Verpflichtungen einschließen würde. Die von Feder in seiner Programmerläuterung und in anderen Veröffentlichungen als „Herzstück" bezeichnete „Brechung der Zinsknechtschaft" wurde für die Gewinnung von Arbeitern als nicht ausreichend erkannt und durch schärfer klingende „antikapitalistische" Formulierungen ergänzt. Es gab Versammlungen, die unter der demagogischen Parole standen: „Die Front gegen den Kapitalismus, das Gebot der Stunde."[39] Die Programmverbesserungen beschränkten sich in staats- und gesellschaftspolitischer Hinsicht allerdings nur auf einige Präzisierungen und Konkretisierungen. Das ehemalige Mitglied des norddeutschen Nazidirektoriums, Haase, vermerkte enttäuscht dazu: „Es erhebt sich beim Durchlesen die Frage, ist denn der nationalsozialistische Staat gar nichts anderes als der heutige Staat, nur mit einer gewissen Umorganisierung der Altersversorgung, der Steuergesetze usw.?"[40]

Eine gewisse Ausnahme stellten die Überlegungen zum Punkt 17 des Parteiprogramms dar, der das Problem einer Bodenreform ansprach und die Möglichkeit unentgeltlicher Enteignung von Grund und Boden andeutete. Für bayrische Verhältnisse hatte das durch-

38 *Kühnl*, Die nationalsozialistische Linke, S. 20.

39 Ebenda, S. 23 (Flugblatt über eine Versammlung des hannoverschen Gauleiters Rust am 9. 2. 1926 in Erfurt, in: BA Koblenz, NS 26, Bd. 160, unfol.).

40 BA Koblenz, NS 26, Nr. 896, unfol.

aus genügt. In Nord- und Ostdeutschland mit seinen großen Gütern und zahlreichen Landarbeitern mußte man massenwirksamer argumentieren. Im Straßerschen Programmentwurf wurde der Grund und Boden formell zum Eigentum der Nation erklärt und die Verwandlung aller Bauernhöfe in unverkäufliche „Erblehen“ verlangt. Gregors Bruder und ideologischer Ratgeber Otto Straßer hat das rückblickend als „staatliches Lehnswesen“ bezeichnet.[41] Es hieß sogar im Programmentwurf: „Die über tausend Morgen großen Güter werden in Bauerngüter von 50 bis 200 Morgen aufgeteilt, nachdem vorher die landwirtschaftlichen Arbeiter des Gutes deutscher Nationalität mit je 2 Morgen belehnt worden sind.“ Das war eine Forderung, die, wenn sie parteioffiziell geworden wäre, der Adel aufs äußerste bekämpft hätte.

Auch der den Industriellen ohnehin unsympathische Gedanke einer Gewinnbeteiligung wurde aufgegriffen und präzisiert: Alle „lebenswichtigen Industrien“ sollten in Aktiengesellschaften umgewandelt werden und nur noch zu 49 Prozent im Besitze ihrer Eigentümer verbleiben. 51 Prozent der Aktien wären so „in den Besitz der Allgemeinheit“ zu überführen, daß zehn Prozent in die Hand der Belegschaft kämen, 30 Prozent aber Reichseigentum würden und der Rest zwischen „Gemeinde“ und „Landschaft“ aufgeteilt werden konnte. Bei den „nicht lebenswichtigen Industrien“ war der Schlüssel geringfügig verändert. Hier sollten die Eigentümer 51 Prozent der Aktien behalten können. Es steht dahin, wie ernst diese Zahlenspielerei gemeint war. Selbst im Falle der Verwirklichung wäre nur eine staatskapitalistische Neuordnung herausgekommen. Aber der eigentliche Zweck derartiger Überlegungen blieb stets, die Nazipropaganda wenigstens etwas den Erwartungen der Arbeiter und der Bauern anzupassen. Mit Recht befürchtete die Straßer-Gruppe, daß die allgemein chauvinistischen und primitiv antisemitischen Tiraden der Münchner Hitlerclique bei diesen nicht verfangen würden.

Wesentlich ernster waren offenbar die Maßnahmen zum Schutze des Mittelstandes gemeint. Auf diesem Gebiet wurden wenigstens später Verwirklichungsversuche unternommen. Außer dem auch im alten Parteiprogramm geforderten „Kampf gegen die Warenhäuser“ regte man „Zwangsinnungen“ und „Werksgemeinschaften“ nach dem Vorbild mittelalterliche Zünfte an, die Handel und Gewerbe vor der Übermacht des Kapitals schützen sollten. Für kleinere Betriebe

41 *Straßer*, Hitler und ich, S. 107.

waren weder Arbeiter- noch Staats- bzw. Gemeindeanrechte vorgesehen. Das ständische Gliederungssystem ließ die Einflüsse von Othmar Spann deutlich erkennen.

Viel Aufmerksamkeit wurde der Stärkung der Staatsgewalt geschenkt. Die sozialen und die wirtschaftlichen Probleme sollten letzten Endes durch die regulierende Hand des Staates gelöst werden. Von einer eventuellen Rückkehr zur Monarchie, die im Volke kaum noch Sympathien genoß, war nicht die Rede. An die Stelle des Parlamentarismus habe eine ständische Staatsordnung mit jeweils auf sieben Jahre gewähltem Reichspräsidenten an der Spitze zu treten. Um die angestrebten politischen, sozialen und wirtschaftlichen Veränderungen zu sichern, sollte der erste nach dem neuen System gewählte Reichspräsident eine „nationale Diktatur" ausüben. Nach außen hätte der Staat für „Autarkie" zu sorgen.

Mit dem bewußten „Zurückgehen auf germanisches Rechtsempfinden" war nicht nur die traditionelle Ablehnung des römischen Rechts gemeint, sondern auch der bei deutschen Faschisten der damaligen Zeit übliche Katalog antisemitischer Maßnahmen verbunden. Die primitive Münchner Formel, daß der Marxismus Judenwerk sei, wagte man allerdings nicht zu Papier zu bringen. Auf außenpolitischem Gebiet gab es keine wesentlichen Programmunterschiede. Die von Hitler, Rosenberg und Scheubner-Richter so bekämpfte „Ostorientierung" im Kampf gegen die Versailler Siegerstaaten wurde nicht gefordert, obwohl in Publikationen des Straßer-Kreises in Anlehnung an Moeller van den Bruck gelegentlich davon die Rede war. Dafür spielte das Projekt „Vereinigte Staaten von Europa" unter Einschluß Frankreichs, aber unter Führung eines machtvollen und rassisch zusammengefaßten Großdeutschen Reiches, eine wichtige Rolle.

Es ist Reinhard Kühnl zuzustimmen, „daß die Unterschiede zwischen den 25 Punkten und dem Straßer-Entwurf nicht eben fundamental sind".[42] Sie — und die Tatsache, daß es überhaupt einen neuen Programmentwurf gab — genügten aber in München, um Aufregung auszulösen. Hitler sah offensichtlich seine Führungsautorität bedroht. Er spürte, daß die Präzisierungen und Konkretisierungen das Doppelspiel um die Massengewinnung und um das Vertrauen der herrschenden Klasse nur erschweren konnten. Er veranlaßte Gregor Straßer, den Programmentwurf als „*unverbindl*[iche] Samm-

42 *Kühnl*, Die nationalsozialistische Linke, S. 39.

lung von Punkten“ zu bezeichnen[43], und berief sich im übrigen auf die ausdrückliche Kennzeichnung des alten 25-Punkte-Parteiprogramms als nicht mehr veränderbares Zeitprogramm.

Für die Münchner Parteiführung, insbesondere für Hitler, kam es vor allem darauf an, die gesamte Partei auf den neuen Legalitätskurs festzulegen und diesen der herrschenden Klasse als glaubwürdig darzustellen. Beides wurde im Februar 1926 durch zwei wichtige Zusammenkünfte versucht und im wesentlichen auch erreicht. Um die „Arbeitsgemeinschaft der nord- und westdeutschen Gaue der NSDAP“ nicht zu selbständig werden zu lassen, hatte Hitler zum 14. Februar 1926 eine Führertagung der NSDAP nach Bamberg einberufen. Ihr Ergebnis zeigt, daß die aufgetretenen sachlichen und persönlichen Gegensätze nicht überbewertet werden dürfen. Wenn der „Völkische Beobachter“ am Ende der Beratung „völlige Einmütigkeit der Auffassungen“ behauptete,[44] war das zwar Schönfärberei, aber die Straßer-Gruppe hatte keinen ernsthaften Widerstand geleistet und sich offensichtlich rasch von den Vorteilen der neuen Nazistrategie überzeugt.

In einer nahezu fünfstündigen Rede behauptete Hitler, die Befürworter der Fürstenenteignung würden nicht nur das Eigentum der jüdischen Bank- und Börsenfürsten verschonen, sondern es auch noch vergrößern. Er beteuerte, die ehemaligen Landesherren sollten nichts erhalten, worauf sie keinen Anspruch hätten. Es dürfe ihnen jedoch auch nichts genommen werden, was ihnen gehöre. Die NSDAP verteidige das Privateigentum und das Recht. Allen Versuchen, am Parteiprogramm von 1920 etwas zu ändern, trat er entgegen. Es handle sich schließlich um „die Gründungsurkunde unserer Religion, unserer Weltanschauung“.[45] Das sollte sowohl diejenigen besänftigen, die ihn bezichtigten, Verrat begangen zu haben, als auch diejenigen zurückweisen, die durch präzisere Programmformulierungen den Kurswechsel noch mehr erschwert hätten.

Die Wirkung des Hitler-Referats auf die nord- und westdeutschen Naziführer hat Goebbels in seinem Tagebuch festgehalten: „Ich bin wie geschlagen. Welch ein Hitler? Ein Reaktionär? Fabelhaft unge-

43 *Werner Jochmann*, Nationalsozialismus und Revolution. Ursprung und Geschichte der NSDAP in Hamburg 1922—1933. Dokumente, Frankfurt a. M. 1963, S. 220 (Gregor Straßer an Goebbels, 8. 1. 1926).

44 Völkischer Beobachter, Nr. 38, 17. 2. 1926.

45 *Fest*, Hitler, S. 338.

schickt und unsicher. Russische Frage: vollkommen daneben. Italien und England naturgegebene Bundesgenossen. Grauenhaft! ... Fürstenabfindung! ... Grauenvoll! Programm genügt. Zufrieden damit. Feder nickt. Ley nickt. Streicher nickt. Esser nickt. Es tut mir in der Seele weh, wenn ich Dich in der Gesellschaft seh!!! Kurze Diskussion. Straßer spricht. Stockend, zitternd, ungeschickt, der gute, ehrliche Straßer, ach Gott, wie wenig sind wir diesen Schweinen da unten gewachsen! ... Ich kann kein Wort sagen! Ich bin wie vor den Kopf geschlagen."[46] Straßer verpflichtete sich, den Entwurf für ein neues Parteiprogramm zurückzuziehen. Die Teilnahme an der Kampagne für die Fürstenabfindung wurde abgelehnt. Eine Arbeitsgemeinschaft der nord- und westdeutschen Gauleiter existierte praktisch nicht mehr. Beeindruckt vom offensichtlichen Wohlergehen der im Auto vorfahrenden bayrischen Parteiprominenz, das auf bessere Geldquellen schließen ließ, suchten alle mehr oder minder ausgeprägt die Gunst Hitlers zu erlangen. Die Ursachen dafür, warum es zu Meinungsverschiedenheiten gekommen war, ließen sich allerdings nicht so leicht aus der Welt räumen und führten auch in Zukunft zu Auseinandersetzungen über die bessere Strategie und Taktik.

Nicht minder aufschlußreich als die Bamberger Führertagung war das nur wenige Tage später erfolgte Auftreten Hitlers im Hamburger Nationalklub.[47] Bereits 1922 hatte er vor dessen Berliner Schwestergesellschaft seine Absichten dargelegt und um Unterstützung nachgesucht. Die Nationalklubs vereinten nach wie vor führende Vertreter der herrschenden Klasse und standen untereinander in engen Beziehungen. Es kann deshalb keineswegs als zufällig angesehen werden, wenn Hitler angesichts des bevorstehenden Volksentscheids über die Fürstenabfindung zum Vortrag eingeladen wurde. Im Hamburger Nationalklub von 1919 organisierten sich Reeder, Kaufleute und Industrielle der Hansestadt, die zwar politisch rechts standen, aber mehr konservative Positionen bezogen und — wie in den Nationalklubs üblich — vor allem der Deutschnationalen Volkspartei zuneigten. Man wollte hören, welche Schlußfolgerungen der Rechtsaußen im Parteienspektrum der Weimarer Republik aus der veränderten politischen Lage gezogen hatte.

Hitler hielt sich weitgehend an seine Denkschrift von 1922, die

46 Das Tagebuch von Joseph Goebbels 1925/26, S. 60.

47 *Werner Jochmann*, Im Kampf um die Macht. Hitlers Rede vor dem Hamburger Nationalklub von 1919, Frankfurt a. M. 1960, S. 70ff.

vermutlich bereits seinen Ausführungen vor dem Berliner Nationalklub zugrunde gelegen hatte. Er demonstrierte damit, wie konstant seine politische Grundkonzeption geblieben war. Auffällig ist der Unterschied zu seinen Reden auf Massenversammlungen. Vom Antisemitismus war kaum die Rede. Als sein Hauptanliegen bezeichnete Hitler den Kampf gegen den Marxismus. Der äußere Anlaß für den Niedergang Deutschlands sei zwar das Jahr 1918 gewesen. Die Ursachen hätten jedoch weit davor gelegen. Der „Untergang war in dem Augenblick praktisch bestimmt, in dem man der lebendigsten Gefahr, die das deutsche Volk erfaßte, nicht die notwendige Aufmerksamkeit schenkte ... der marxistischen Bewegung".

Hitler berief sich auf das Jahr 1871, als zugelassen worden sei, daß im Reichstag drei sozialdemokratische Abgeordnete feierlich gegen die Umwandlung des gerechten und nationalen Verteidigungskrieges in einen ungerechten nationalistischen Eroberungskrieg Protest erhoben. 1914 wäre das Bekenntnis der sozialdemokratischen Reichstagsfraktion zur sogenannten Vaterlandsverteidigung nur ein Trick gewesen, um ungestört den Kampf gegen den Krieg organisieren zu können. Dergleichen Behauptungen konnten seine Zuhörer auch in „Mein Kampf" nachlesen. Hitler führte ihnen aber ihren Interessen entsprechend noch prononcierter vor Augen, daß infolgedessen alle koloniale Übersee-Expansion auf tönernen Füßen gestanden hätte. Ein Krieg könne nur dann mit Aussicht auf Erfolg geführt werden, wenn es keine gegen den Krieg kämpfende marxistische Arbeiterbewegung mehr gebe. Die anfängliche Reserviertheit der Versammlungsteilnehmer wich, als Hitler die Hauptaufgabe im ersten Weltkrieg umriß: auf „der einen Seite eine berechtigte Ursache für den Krieg schaffen, auf der anderen Seite die (marxistischen — J. P.) Hetzer unbarmherzig an den Strang liefern". Das Protokoll vermerkt an dieser Stelle ausdrücklich ein „Bravo!"

Großen Raum widmete Hitler der Frage, wer der „großen, breiten, trägen Masse" Führer sein könne. Als ein wesentlicher Grund, „warum Deutschland zusammenbrechen mußte", wurde von ihm die Ohnmacht der Rechtsparteien bezeichnet. Politik dürfe nicht als eine Sache betrachtet werden, die mit geistigen Waffen auszufechten wäre. Ihr letztes Ziel sei nun einmal der Krieg. Selbst durch eine kleine Minorität — entschlossen, mit brutalster Gewalt ihre Herrschaft durchzusetzen — könne „der ganze Demokratie-Wahnsinn praktisch erledigt" werden. Das Bürgertum habe dazu die Kraft nicht aufgebracht. Die Unterschätzung der Machtfrage sei ihm zum

Verhängnis geworden. Hitler gab damit seinen Zuhörern zu verstehen, daß ihre Interessen am besten durch die Nazipartei vertreten würden, die allein die nötige Brutalität und den unbedingten Machtwillen aufzubringen vermöge.

Wiederum warnte Hitler vor der Vorstellung, durch wirtschaftlichen Aufschwung allein könne es zu einer neuerlichen Blüte des Reiches kommen: „Auf den französischen Schlachtfeldern wurde eine wundervolle Periode des Aufstiegs begründet, und auf den französischen Schlachtfeldern fand der Zusammenbruch der Wirtschaft statt." Wer das anders sehe, denke marxistisch. In der Weimarer Republik sei es ständig bergab gegangen: Was „man bei uns gemeiniglich als die Wiedergenesung des deutschen Wirtschaftskörpers bezeichnet, das ist in Wirklichkeit nur Organisation der deutschen Kolonie." Obwohl auch diese Behauptung nicht der Wirklichkeit entsprach und mit einer Verurteilung des Dawesplans verbunden wurde, quittierte man sie mit „Sehr richtig!"-Zwischenrufen. Darin spiegelte sich die Spaltung des konservativen Lagers wider. Ein Teil der deutschnationalen Reichstagsabgeordneten hatte dem Dawesplan, der die deutschen Zahlungsverpflichtungen an die Siegermächte regelte, zugestimmt, und die DNVP war erstmals mit Ministern in eine Regierung der Weimarer Republik eingetreten. Das hatte innerparteilichen Widerspruch gefunden, den Hitler offensichtlich stärken wollte, weil von dessen politischem Gewicht die weitere Zusammenarbeit mit der NSDAP abhing.

Um dieser Absicht willen erweckte er gelegentlich sogar den Eindruck, als verwerfe er das Ringen um Wahlerfolge. In Wahrheit wandte er sich nur dagegen, Abgeordnetensitze und Regierungsbeteiligungen als Endzweck zu betrachten, betonte er die Unterschiede in der Zielstellung. Die von der Nazipartei angestrebte „Zertrümmerung und Vernichtung" des Marxismus sei „etwas wesentlich anderes als das, was die bürgerlichen Parteien als Ziel vor Augen haben. Den bürgerlichen Parteien schwebt als Ziel nicht die Vernichtung vor, sondern nur ein Wahlsieg." Die NSDAP müsse selbstverständlich auch die „breite sture Masse" gewinnen, sogar noch in einem viel höheren Maße. Dafür wäre jedes Mittel recht, dürfte kein Opfer zu groß sein. Hitler spielte offensichtlich auf die soziale Demagogie der Nazipartei an, die bei vielen Vertretern des Bürgertums Bedenken ausgelöst hatte, was in seinen Augen engstirnig war und — urteilt man nach den Bravo-Rufen und dem stürmischen Beifall zu dieser Redepassage — im Hamburger Nationalklub auch so betrachtet wurde.

„Die Frage des Entgegenkommens in allen sozialen Dingen“ müsse letzten Endes vom wirtschaftlichen Gesamtinteresse aus bestimmt werden. Gewiß seien die Forderungen der Gewerkschaften im Weltkrieg hoch gewesen, ihre Befriedigung hätte aber in keinem Verhältnis zum Nutzen gestanden, wenn man dadurch den Sieg erringen konnte. Wer nicht den Eindruck erwecken könne, er sei sozial und gerecht eingestellt, der vermöge die Masse nicht zu erobern. Es müsse schließlich für sie die Hoffnung bestehen, etwas von dem abzubekommen, wofür sie sich einsetzen solle. Vor seinem Hamburger Auditorium griff Hitler also geschickt auf die sozialimperialistischen Mobilisierungsideen zurück. Zugleich signalisierte er der herrschenden Klasse, daß man es sich schon etwas kosten lassen müsse, wenn wieder eine Massenbasis zur Durchsetzung expansionistischer Ziele gewünscht werde.

Vor allem aber kam es Hitler darauf an, die Notwendigkeit einer Förderung der faschistischen Bewegung und einer Unterstützung der starken Führerpersönlichkeit zu unterstreichen. Ansonsten könne die Vernichtung der marxistischen Weltanschauung nicht erreicht werden. Der italienische Faschismus habe ein Beispiel gegeben, „nicht dank der Genialität eines Mannes, der die Gefahr begriff, sondern dank der Einsicht jenes Teils der italienischen Nation, die lernte, daß jede Blüte von Wirtschaft, Handel usw. lächerlich ist, solange dieses Gift grassiert, und das rückhaltlos den Mann forderte, der dem Gift zu Leibe rückte“.

Hitler erzielte mit dieser Rede bei seinen Zuhörern einen bedeutenden Erfolg, erntete stürmische Ovationen und viele Bravo- und Heilrufe. Er hatte persönlich in Norddeutschland Anklang gefunden und damit die Positionen der norddeutschen Frondeure in der NSDAP weiter geschwächt. Er empfahl sich nachdrücklich als Beschützer des bürgerlichen Eigentums und bewies dies durch die Ablehnung der Fürstenenteignung. Die nach wie vor vorhandenen Bedenken gegen eine zu demagogische Kampfführung wurden von ihm durch die klare Erfassung seiner Klassenaufgabe entkräftet: „Wenn eine Bewegung aber an die breite Masse appellieren will, in der Erkenntnis, daß man nur mit ihr allein das machen kann, und wenn die gestellte Aufgabe die Lebensfrage der Nation an sich ist, tritt das große Recht in Erscheinung, daß dann jedes Mittel zu verantworten ist, das zum Ziele führt ... wenn wir siegen, wird der Marxismus vernichtet, und zwar ... restlos ...; wir haben nicht eher Ruhe, bis die letzte Zeitung vernichtet ist, die letzte Organisation erledigt ist, die letzte Bildungsstätte beseitigt ist und der letzte Marxist bekehrt oder ausgerottet ist ..."

Im Sommer 1926 wagte sich Hitler auch erstmals ins Ruhrgebiet,[48] für dessen Gewinnung die Straßer-Gruppe die Münchner Propagandamethoden als ungeeignet bezeichnet hatte. Seine Schwierigkeit bestand darin, daß er bei öffentlichen Versammlungen Massenbesuch nachweisen sollte und bei vertraulichen Unterredungen mit Ruhrindustriellen Geldquellen erschließen wollte. Das zu vereinen war nicht leicht. Seinen rhetorischen Fähigkeiten entsprach aber auch das gewachsene Verständnis in monopolkapitalistischen Kreisen für soziale Demagogie. Von Straßer und Goebbels war man in dieser Hinsicht schon einiges gewöhnt. Außerdem zahlte sich gerade bei den konservativen Schwerindustriellen aus, daß die Nazipartei sich für die Wahl Hindenburgs zum Reichspräsidenten und gegen die Fürstenenteignung ausgesprochen hatte.

Selbstverständlich war den Ruhrkapitalisten bekannt, daß sich der Alldeutsche Verband einstmals entschieden für die NSDAP eingesetzt hatte und weiterhin auf ihre Einbindung in die sogenannte nationale Opposition Wert legte. Nicht nur Hugo Stinnes hatte 1923 hoffnungsvoll nach Bayern geblickt, auch der Kohlemagnat Emil Kirdorf — übrigens ein fanatischer, wenn auch nicht immer mit Claß konform gehender Alldeutscher — war begeistert von einer Naziversammlung aus München zurückgekehrt.[49] Da Stinnes durch seinen Tod im Jahre 1924 als interessierter Beobachter und Förderer faschistischer Kreise und Bestrebungen ausfiel und seine ebenfalls stark am Faschismus interessierten Söhne angesichts des zusammenbrechenden Stinnes-Konzerns nicht über die Autorität ihres Vaters verfügten, übernahm es Kirdorf, für Hitler an der Ruhr zu werben. Der Bergbaumanager stand zu dieser Zeit im Konflikt mit der deutschnationalen Parteiführung, weil sie 1925 in eine Regierung der Weimarer Republik eingetreten war und dergleichen bei passender Gelegenheit zu wiederholen gedachte.

Die „Rheinisch-Westfälische Zeitung" in der Krupp-Stadt Essen, die von Theodor Reismann-Grone geleitet wurde, der wegen der zu habsburgfreundlichen Politik von Claß aus der Führung des Alldeutschen Verbandes ausgeschieden war, gab folgende begeisterte

48 Vgl. dazu *Kurt Gossweiler*, Hitler und das Kapital 1925—1928, in: Blätter für deutsche und internationale Politik, 7/1978, S. 842ff.; 8/1978, S. 993ff.

49 Rheinisch-Westfälische Zeitung, Nr. 515, 28. 7. 1935.

Beschreibung vom Auftreten Hitlers in den Massenversammlungen: *„Staatsgefährlich und volksvergiftend ist . . . keines seiner Worte, aber von einer ungeahnten Art, die Seele zu fassen und hinzureißen* . . . was Hitler predigt, das ist nicht Klassenkampf . . . *Unsere Nationalen haben es nicht fertig gebracht, den nationalen Gedanken aus seiner Isolierung zu erlösen . . . Nationalist ist, sagt Hitler, in Wahrheit nicht der, der den Arbeiter lehrt, patriotische Lieder zu singen und Hurra zu rufen, sondern der für sein Volkstum die Waffen schafft, die es auf allen Gebieten des Lebens zum Lebenskampf braucht* . . . Sozialist sein aber ist dasselbe."[50] Die gleiche Zeitung teilte auch mit: „Ein Kreis westdeutscher Wirtschaftler hatte Adolf Hitler gebeten, vor geladenen Wirtschaftsführern des Bezirks einen Vortrag über ‚Deutsche Wirtschafts- und Sozialpolitik' zu halten. *Die Tatsache, daß man der Einladung zu diesem Vortrag seitens der ersten Wirtschaftskreise zahlreich gefolgt war, beweist am besten, zu welcher Bedeutung die nationalsozialistische Bewegung unter der Führung Hitlers bereits gelangt ist.* Sie muß um so mehr auch von der Wirtschaft beachtet werden, als sie sich ja in erster Linie auf den Arbeiter erstreckt und um dessen deutsche Seele ringt."[51]

Doch nicht nur in der Redaktion der „Rheinisch-Westfälischen Zeitung" wußte man das Anliegen Hitlers richtig einzuschätzen, auch Kirdorf war am Schluß der Rede Hitlers vor Unternehmern impulsiv aufgestanden und hatte ihm begeistert die Hand gedrückt.[52] Angesichts des tags zuvor nur halb gefüllten Essener Vereinshauses und der stark zurückgegangenen Stimmenanteile bei Wahlen mag sein Enthusiasmus noch manchen Ruhrindustriellen voreilig erschienen sein. Aber ein neuer Anfang war gemacht, der sich bald als kassenfüllend erweisen sollte und zu dem der von der Hitlerclique vollzogene Kurswechsel wesentlich beigetragen hatte.

50 Adolf Hitler und seine Bewegung im Lichte neutraler Beobachter und objektiver Gegner, 2. Aufl., München 1928, S. 12f. (Rheinisch-Westfälische Zeitung, Nr. 415, 18. 6. 1926).

51 Adolf Hitler und seine Bewegung, S. 13 (Rheinisch-Westfälische Zeitung, Nr. 422, 20. 6. 1926).

52 Rheinisch-Westfälische Zeitung, Nr. 515, 28. 7. 1935.

VII. KAPITEL

Ideologische Spannungen und politische Auseinandersetzungen in der Nazibewegung 1926—1930

So bedeutsam die politische Kursänderung der NSDAP auf dem Wege zur Regierungsübernahme auch werden sollte, zunächst mußten sich die Naziführer mit der Rolle von Reservisten begnügen. Das deutsche Monopolkapital hatte in den Jahren der relativen Stabilisierung des kapitalistischen Systems keinen Anlaß, die Beseitigung der Weimarer Republik zu forcieren. Vieles funktionierte zunächst wunschgemäß. Der mit den amerikanischen Krediten beschleunigte und verstärkte Wirtschaftsaufschwung erlaubte eine grundlegende Modernisierung der deutschen Industrie. Der Vorkriegsstand wurde trotz des Verlustes wichtiger Rohstoffgebiete und bedeutender Produktionsstätten nicht nur wieder erreicht, sondern sogar übertroffen. Mit der Aufnahme Deutschlands in den Völkerbund war seine Diskriminierung im Versailler Vertrag im wesentlichen beseitigt. Die geschickte Außenpolitik Gustav Stresemanns erhöhte den Handlungsspielraum der deutschen Imperialisten beträchtlich. Schon wurde Deutschland wieder als führende Macht in Mitteleuropa anerkannt, konnte sich seine herrschende Klasse aussichtsreiche Positionen in Südosteuropa sichern. Der Vertrag von Locarno garantierte zwar die deutschen Westgrenzen, ließ aber bewußt die endgültige vertragliche Anerkennung der deutschen Ostgrenzen offen. Mit dem Panzerkreuzerbau wurde demonstrativ die Wiederaufrüstung begonnen. Man konnte in den Kreisen des deutschen Monopolkapitals schon ganz zufrieden sein mit dieser Weimarer Republik. Sie hatte sich als Schutzwall gegen die revolutionäre Arbeiterbewegung erwiesen, einen preußischen Generalfeldmarschall zum Reichspräsidenten bekommen und eine Reichsregierung mit deutschnationalen Ministern erhalten.

Unter diesen Umständen waren die Nazis weit weniger als in den ersten kritischen Jahren nach dem Weltkrieg gefragt. Sie hatten auch geringere Chancen, Massen zu mobilisieren. Mit dem Wirtschaftsaufschwung ging die Existenzangst des Kleinbürgertums, das sich allen Versicherungen zum Trotz doch als Hauptrekrutierungsfeld der NSDAP erwiesen hatte, zurück. Der Vorkriegslebensstandard wurde zwar nicht wieder erreicht, die Verbesserungen gegenüber den schrecklichen Inflationsjahren empfand jedoch gerade der Kleinbürger doppelt. Die demagogischen Naziparolen kamen nicht mehr wie vorher an. Die Sorge, die Faschisten würden wieder putschen und damit das Erreichte in Frage stellen, ließ viele ehemalige Wähler des Völkischen Blocks ins konservative Lager zurückkehren. Obwohl große Unterschiede zwischen den verschiedenen Reichsteilen bestanden, gaben die Reichstagswahlen vom 20. Mai 1928, bei denen die NSDAP nur 2,6 Prozent der abgegebenen Stimmen erhielt,[1] doch ein reales Bild von der relativen Bedeutungslosigkeit der Nazibewegung zu dieser Zeit.

Es hatte sich in aller Deutlichkeit erwiesen: Die faschistische Demagogie vermochte keine Wirkung zu erzielen, wenn der Resonanzboden in Gestalt allgemeiner Unzufriedenheit fehlte. Der Naziideologie wohnte keineswegs eine unwiderstehliche Massenanziehungskraft inne. Sie bedurfte nicht nur eines beträchtlichen finanziellen Aufwands, um an den Mann gebracht zu werden, sie brauchte auch Menschen, die Grund zur Verzweiflung hatten. Weder raffinierte Propagandatechnik noch suggestive Rhetorik konnten daran etwas ändern. Wer aber keinen Erfolg hatte, dessen Kassen wurden auch nicht im gleichen Maße gefüllt wie die erfolgreicherer Konkurrenten. Als besondere Schwierigkeit kam bei den Nazis noch hinzu, daß sie demagogische Kampfmethoden praktizierten, die der herrschenden Klasse nach wie vor nicht ganz geheuer waren. Es mußten schon gewichtige Gründe dafür sprechen, um die politischen Rechtsaußen in weniger krisenhaften Zeiten zu fördern.

Diese besonderen Motive gab es jedoch auch in den Jahren der relativen Stabilisierung des kapitalistischen Systems. Einmal waren sich die großindustriellen und die großagrarischen Kreise stets der Tatsache bewußt, daß die tieferen Ursachen der revolutionären Nachkriegskrise weiterwirkten. Die Existenz der Sowjetunion, des ersten sozialistischen Staates in der Welt, signalisierte unübersehbar, daß der Kapitalismus nicht mehr uneingeschränkt die Welt beherrschte. Der einsetzende Zerfall des Kolonialsystems, der den deutschen Imperialismus zwar weniger berührte, ließ sich ebenfalls nur als An-

1 Zum Vergleich: SPD 29,8 %, DNVP 14,2 %, Zentrum 12,1 %, KPD 10,6 %, DVP 8,7 %, DDP 4,9 %, Wirtschaftspartei 4,5 %, Bayrische Volkspartei 3,1 %.

zeichen einer allgemeinen Krise des Kapitalismus deuten. Am meisten bewegte die deutschen Imperialisten und Militaristen jedoch das Bewußtsein, den Kampf um die Vorherrschaft in Europa und der Welt verloren zu haben.

Die Weimarer Republik wurde daher von ihnen auf die Dauer als unzulänglich betrachtet. Sie war schließlich auch eine Folge der revolutionären Erhebung des Volkes und bot demokratischen Bestrebungen einen gewissen Spielraum. Die Monopol- und die Agrarkapitalisten konnten nicht mit Sicherheit davon ausgehen, daß immer und ausschließlich ihre Vertrauensleute in das Reichspräsidentenpalais und in die Regierungsämter einzogen. Die Reichstagswahlen von 1928 brachten zum Beispiel für die Deutschnationale Volkspartei eine schwere Niederlage und machten eine Reichsregierung unter Führung des sozialdemokratischen Parteivorsitzenden Hermann Müller unvermeidlich. Die in der Novemberrevolution erkämpften demokratischen Freiheiten erlaubten den Kommunisten, sich legal zu organisieren und von Wahl zu Wahl mehr Stimmen zu gewinnen. Die Monopol- und die Agrarkapitalisten wollten aber unbedingt die Arbeiterbewegung niederhalten und möglichst ausschalten, um ihre Herrschaft zu behaupten und verlorene Privilegien zurückzugewinnen. Sie strebten darüber hinaus entsprechend den ökonomischen Monopolisierungstendenzen nach der uneingeschränkten politischen Machtausübung in Gestalt einer offenen Diktatur. Die reaktionärsten und aggressivsten Gruppierungen orientierten sich dabei in zunehmendem Maße am ungarischen Beispiel Horthys und am italienischen Vorbild Mussolinis. Sie hatten also faschistische Herrschaftsformen zu ihrem politischen Ideal erhoben, wenn auch zunächst in mehr konservativem und elitärem Gewand.

Für das Diktaturstreben gab es nicht nur innen-, sondern auch außenpolitische Gründe. Wenn das Versailler Nachkriegssystem überwunden und der Kampf um die Neuaufteilung der Welt wieder aufgenommen werden sollte, so konnte das nicht vom Boden der Weimarer Staatsordnung aus geschehen. So bereitwillig die rechte SPD-Führung sich in den Dienst des Antikommunismus gestellt hatte, die bürgerliche Klassenherrschaft stabilisieren half und die ersten Wiederaufrüstungsmaßnahmen unterstützte, die offene Vorbereitung und Entfesselung eines Revanchekrieges war von ihr nicht zu erwarten. Sie mußte schließlich auf ihr Wählerpotential in der Arbeiterschaft Rücksicht nehmen. Von den Kommunisten wurde ohnehin erbitterter Widerstand gegen alles geleistet, was den Interessen des Monopol-

und des Agrarkapitals diente, und die Beseitigung der kapitalistischen Gesellschaftsordnung angestrebt. Wer an die imperialistische Vorkriegs- und Kriegszielpolitik anknüpfen wollte, mußte also nicht nur eine neue militärische Auseinandersetzung ins Auge fassen, sondern hatte auch politische Unterdrückungsmaßnahmen größten Stils ins Visier zu nehmen.

Je aggressiver in außenpolitischer Hinsicht vorgegangen werden sollte, desto reaktionärer war die innenpolitische Einstellung. Sie reichte von Versuchen, die Rückkehr zu monarchistischen Regierungsformen zu ermöglichen oder unter dem Deckmantel einer Reichsreform systematisch die demokratischen Errungenschaften abzubauen, bis zu dem Plan, mit Hilfe von Präsidialkabinetten, die vom Reichstag unabhängig waren, den Weg zu offenen Diktaturen zu finden. Im Grunde wurde nur mit anderen Mitteln fortgesetzt, was 1923 mit der Putschmethode nicht erreicht werden konnte. Genauso wie während der revolutionären Nachkriegskrise gab es unterschiedliche Meinungen über die Art und Weise, zum Ziele zu kommen. Angesichts der Chancen, die die Weimarer Verfassung der Reaktion bot, wurden aber immer mehr die Anhänger legaler Unterwanderung der Weimarer Republik favorisiert und die Verfechter illegaler Aktionen zum Zwecke der Regierungseroberung fallengelassen. Auch über die genaue Bestimmung des zu erreichenden Ziels gab es innerhalb des Monopol- und des Agrarkapitals verschiedene Auffassungen. Einigkeit bestand lediglich darüber, daß die Weimarer Republik auf die Dauer nicht fortbestehen sollte. Was einmal an ihre Stelle treten und die äußere Form der angestrebten Diktatur bilden würde, blieb den handelnden politischen Kräften überlassen und hing vom Ausgang der politischen Auseinandersetzungen ab.

Unter diesen Bedingungen kam es der Naziführung vor allem darauf an, das Vertrauen möglichst großer Teile der herrschenden Klasse zu gewinnen. Das war letztlich der Sinn des neuen Legalitätskurses gewesen. Hitler hatte offensichtlich erkannt, daß die NSDAP am ehesten Rückhalt und Hilfe bei den rheinischen Schwerindustriellen und eventuell bei den ostelbischen Junkern finden konnte; denn diese beiden Gruppen der herrschenden Klasse bildeten den Kern der ultrareaktionären Fraktion und waren besonders an einer diktatorischen Innen- und einer aggressiven Außenpolitik interessiert. Schon 1925 fiel das Bedauern auf, das im „Völkischen Beobachter“ über den Zusammenbruch des Stinnes-Konzerns geäußert wurde.[2]

2 Völkischer Beobachter, Nr. 64, 14./15. 6. 1925.

Gregor Straßer schrieb einen speziellen Artikel über „Die Lehren des Stinneskrachs". Darin hieß es: „Dieser Kampf des Dr. Edmund Stinnes mit dem Bankenkonsortium unter Führung des Herrn Jakob Goldschmidt von der Darmstädter- und Nationalbank *ist nichts anderes als die letzte verzweifelte Phase des Ringens eines selbständigen deutschen Industrie-Konzerns gegen die Polypenarme des Finanzkapitals!*"[3] Hitler reiste seit 1926 regelmäßig ins Ruhrgebiet, um vor Industriellen seine Pläne darzulegen und dafür Unterstützung zu erlangen.[4] Schon ein halbes Jahr nach seinem erstmaligen Auftreten in Essen sprach er in Königswinter und wiederum in der Krupp-Stadt Essen. Zugleich erschien im „Völkischen Beobachter" eine Parteinahme für den Krupp-Konzern.[5]

Über den zuletzt genannten Vortrag am 3. Dezember 1926 berichtete der „Essener Anzeiger", daß ein „stattlicher Besuch" verzeichnet werden konnte. Hitler hatte sich das unverfänglich klingende Thema „Volksgesundung auf nationaler Grundlage" gewählt. Er benutzte die Gelegenheit, seinen Zuhörern Kerngedanken aus „Mein Kampf" und die Überzeugung zu vermitteln, die Nazibewegung werde sich für eine entschiedene Expansionspolitik einsetzen: „Die ursprünglichste und segenreichste Art, Politik zu treiben, sei *die Herstellung eines vernünftigen Ausgleichs zwischen Grundfläche und Volkszahl*, mit anderen Worten: *die Steigerung der Volkszahl bedinge ein natürliches Anrecht auf Bodenzuwachs.*" Der „*Erwerb von weiterem Grund und Boden*" werde auch „der deutschen Wirtschaft neue Absatzgebiete" eröffnen. Um diesen Weg gehen zu können, sei jedoch „*eine starke Machtstellung*" des deutschen Reiches erforderlich.

Natürlich hütete sich Hitler, zu diesem Zeitpunkt schon konkrete Expansionsziele zu nennen. Daß sie vor allem im Osten liegen würden, war in „Mein Kampf" nachzulesen. Er hatte aber auch in Rechnung zu stellen, wie sehr gerade die Ruhrindustriellen im ersten Weltkrieg um die Annexion des französischen Erzbeckens von Briey und Longwy sowie um die Angliederung Belgiens an das deutsche Reich gekämpft hatten. Es genügte, daß er aus seinem ideologischen Waffenarsenal die „Volk-ohne-Raum"-Theorie hervorholte. Die Zuhörer zeigten sich vollauf befriedigt. Der „Essener Anzeiger", der den Inhalt der Hitler-Rede zusammenfassend überlieferte, wußte auch folgendes zu

3 Ebenda, Nr. 124, 25. 8. 1925.

4 Vgl. *Gossweiler*, Hitler und das Kapital.

5 Völkischer Beobachter, Nr. 280, 3. 12. 1926.

berichten: „*Den ersten Teil seines Vortrages nahm die Versammlung abwartend und zurückhaltend entgegen, später aber unterbrach sie ihn wiederholt mit Zustimmungsäußerungen, die sich am Schluß in anhaltendem Beifall kundgaben.*“[6]

Gut vier Monate später — am 27. April 1927 — referierte Hitler erneut vor geladenen „Wirtschaftsführern“ in Essen. Es sollen bereits zweihundert Zuhörer erschienen sein, um sich darlegen zu lassen, wie die NSDAP das Problem „Führer und Masse“ lösen wollte. Nähere Einzelheiten über seine Ausführungen sind leider nicht bekannt geworden. Inzwischen hatte sich Emil Kirdorf jedoch bereits für die Nazipartei verwandt. Er war zu dieser Förderung nicht nur aus eigenem Antrieb gelangt, sondern wurde auch von verschiedener Seite darum gebeten, so zum Beispiel von der alten Gönnerin Hitlers, Elsa Bruckmann, die wiederum vom Geschäftsführer des Berliner Nationalen Klubs, Prinz Karl zu Loewenstein, den Hinweis erhalten hatte, „der einzige Mann, der Adolf Hitler in der Industrie von Nutzen sein könne, sei Emil Kirdorf“.[7] Auch Theodor Reismann-Grone und sein Schwiegersohn Otto Dietrich, der bald Hitlers Pressechef werden sollte, haben sich um eine persönliche Aussprache zwischen Hitler und Kirdorf bemüht.[8]

Diese für die NSDAP hochbedeutsame Besprechung fand im Frühjahr 1927 statt. Kirdorf selbst hat davon folgenden Bericht gegeben: „Die Unterredung dauerte $4^1/_2$ Stunden. Adolf Hitler hat mir damals sein Programm, das mir in großen Zügen durch sein Buch ‚Mein Kampf‘ schon bekannt war, im einzelnen entwickelt. Als er geendet hatte, konnte ich mich ... nur völlig einverstanden erklären mit allem, was er gesagt hatte ... Wir kamen überein, daß der Führer die Gedanken, die er mir vorgetragen hatte, in einer kleinen Schrift zusammenfassen solle. Ich versprach ihm, diese Schrift in meinem Namen zu verbreiten. Es wurde weiter vereinbart, daß Adolf Hitler ins Gebiet (Ruhrgebiet — J. P.) kommen solle, daß ich dort leitende Persönlichkeiten der Industrie einladen würde, damit er ihnen seine Gedanken auch mündlich vortragen könne. Auch diese Zusammenkunft fand statt, und es nahm eine Reihe von Herren daran teil.“[9]

6 Adolf Hitler und seine Bewegung, S. 19f. (Essener Anzeiger, Nr. 285, 5. 12. 1926).

7 Rheinisch-Westfälische Zeitung, Nr. 515, 28. 7. 1935.

8 *Hallgarten*, Hitler, Reichswehr und Industrie, S. 97.

9 Rheinisch-Westfälische Zeitung, Nr. 515, 28. 7. 1935.

Kirdorf ging noch weiter. Am 1. August 1927 trat er offiziell der NSDAP bei. Damit hatte sich der erste Ruhrindustrielle offen zur Nazipartei bekannt. Er unternahm unter seinesgleichen eine regelrechte Werbeaktion und verbreitete die ihm von Hitler geschriebene Denkschrift „Der Weg zum Wiederaufstieg".[10] Darin äußerte der Naziführer Zweifel an dem Optimismus, die Wirtschaft habe sich konsolidiert. Er griff offensichtlich Überlegungen Kirdorfs auf, der seit der Niederlage im ersten Weltkrieg zu einer pessimistischen Betrachtung der Lage neigte. Es lag schließlich auf der Hand, daß die hohe Auslandsverschuldung Deutschlands nicht nur zu ständig wachsenden Zinsenlasten führen würde, sondern im Falle einer weltweiten Wirtschaftskrise katastrophale Folgen zeitigen konnte.

Überhaupt war auffallend, wie sorgfältig sich Hitler auf die Vorstellungswelt der Schwerindustriellen einzustellen wußte und wie genau er ihren Erwartungen zu entsprechen suchte. Als potentielle Rüstungsproduzenten, als im ersten Weltkrieg nicht zum Ziele gekommene und durch die Versailler Friedensbestimmungen mehr als andere Industrielle geschädigte Monopolkapitalisten hatten sie ein besonderes Interesse an militärischer Macht und an kriegerischen Auseinandersetzungen. Die düstere Beschreibung der Wirtschaftslage durch Hitler mag ihnen 1927 vielleicht noch nicht voll eingeleuchtet haben und als Zweckpessimismus erschienen sein. Eine Schlußfolgerung fand aber mit Sicherheit ihre Zustimmung: „Und die letzte Entscheidung in Wirtschaftskämpfen lag in dieser Welt noch niemals in der mehr oder minder bedeutenden Tüchtigkeit der einzelnen Konkurrenten als vielmehr in der Kraft des Schwertes, das sie für ihr Geschäft und damit für ihr Leben in die Waagschale zu werfen hatten."

Nach 1806 hätten sieben Jahre genügt, „den preußischen Staat aus der Niederlage herauszureißen und ihn politisch und wirtschaftlich soweit zu ordnen", daß er auf dem Wege des Krieges die französische Vorherrschaft beseitigen konnte. Das zu wiederholen wäre so lange unmöglich, wie das deutsche Volk „in zwei sich todfeindlich gegenüberstehende Lager" zerfalle. Erst durch die „*Wiedergewinnung der inneren Kraft*" könne der Satz „Am deutschen Wesen soll die Welt genesen" wieder seinen Sinn bekommen. Drei große Grundsätze würden den Bestand und die Zukunft von Völkern dieser Erde bestimmen: 1. ihr

10 Die Denkschrift wurde von *Turner jr.* gefunden und publiziert in: *derselbe*, Faschismus und Kapitalismus, S. 41 ff. Vgl. dazu auch: *derselbe*, Emil Kirdorf und die NSDAP, in: ebenda, S. 60 ff.

rassischer Wert, 2. die Einschätzung der Bedeutung der Persönlichkeit, 3. die Erkenntnis, daß alles Leben in diesem Universum Kampf heiße. Gegen diese „drei großen Gesetze“ werde in Deutschland durch den Gedanken der Internationalität, die widersinnige Demokratie und die Theorie des Pazifismus, der Völkerversöhnung und des ewigen Weltfriedens verstoßen. Von diesen „Lastern“, deren „eifrigster Propagandist der internationale Jude“ sei und die „die charakteristischsten Merkmale des unser Volk immer mehr beherrschenden Marxismus“ wären, müsse Deutschland befreit werden.

Da diese Möglichkeit bestünde, könne er sich „aber auch nicht den Reihen der hoffnungslosen Pessimisten anschließen“. Das deutsche Volk habe im ersten Weltkrieg seinen rassischen Wert bewiesen und verfüge über die entsprechenden Persönlichkeiten. Außerdem gebe es die nationalsozialistische Bewegung, die sich zur Rasse, zur Persönlichkeit und zum Kampf bekenne und in diesem Geiste wirke. Sie lehne „*kategorisch jede Standes- und Klasseneinteilung ab*“ und proklamiere „*an deren Stelle eine zusammenfassende deutsche Einstellung*“. Sein Bekenntnis zu unbedingtem Nationalismus verband Hitler mit einer Verbeugung vor der preußischen Tradition. Zugleich erinnerte er daran, daß der sogenannte vierte Stand in die Volksgemeinschaft einbezogen werden müsse und daß sich seine Partei das Ziel gestellt habe, diese „Millionenmasse . . . aus den Händen ihrer derzeitigen internationalen, meist undeutschen Verführer und Leiter“ zu reißen. Die NSDAP habe aus den „beiden bisher mißverständlich aufgefaßten und daher trennenden Begriffen ‚Nationalismus‘ und ‚Sozialismus‘“ einen neuen, gleichsetzenden formuliert. Das werde es ihr ermöglichen, „*die Besten unseres Volkes aus allen Lagern zu vereinigen*“. Sie repräsentiere „weltanschaulich und politisch das Preußen der kommenden Zeit“.

Die von Kirdorf erwähnte Zusammenkunft 14 führender Ruhrindustrieller mit Hitler fand am 26. Oktober 1927 statt. Aufzeichnungen darüber sind bisher nicht bekannt geworden. Selbst die Namen der Teilnehmer blieben ungenannt. Die Folgen des Kirdorf-Engagements für Hitler und dessen Treffen mit den „Wirtschaftsführern“ lassen sich jedoch in einem Zeitungsbericht über die schon am 5. Dezember 1927 stattgefundene nächste Veranstaltung mit Hitler im Ruhrgebiet erkennen: „Vor zwei Jahren in einem kleinen Hinterzimmer des Vereinshauses der erste Vortrag vor geladenem Publikum, man konnte höchstens 40 Personen zählen, und am gestrigen Montag wieder geladenes Publikum, aber der Kruppsaal brechend voll von Hörern, mindestens 600 an der Zahl, herbeigeströmt aus Essen, Bochum, Gelsenkirchen, Duisburg, aus dem ganzen Industriebezirk.“[11] Hitler hatte das Interesse des rheinischen Monopolkapitals für seine politischen Absichten geweckt. Das war um so bedeutsamer, da die Nazipartei zur gleichen Zeit den Tiefpunkt ihres Masseneinflusses erreicht und mit ständigen Geldsorgen zu kämpfen hatte. Es mag durchaus sein, daß die finanziellen Zuwendungen sich noch nicht einmal annähernd mit denen vergleichen ließen, die das Ruhrkapital anderen Parteien, insbesondere der DNVP und der DVP, zukommen ließ. Aber daß sich der im Verhältnis zur Mitgliederzahl ungewöhnlich große Organisations- und Propagandaapparat der NSDAP und die kostspielige SA nur mit Mitgliederbeiträgen finanzieren ließ, kann nur der behaupten, der die Unterlagen über industrielle Zuwendungen — sofern sie schriftlich überhaupt festgehalten wurden — entweder vernichtet oder in Konzernarchiven gut gesichert weiß.

Hitler bemühte sich jedoch nicht nur um die Gunst der Ruhrindustriellen. Er suchte auch Kontakte zu anderen Industriegruppen. Dabei war ihm der Direktor der Odinwerke — eines Chemieunternehmens — in Eberbach, Wilhelm Keppler, besonders behilflich. Er verschickte beispielsweise 800 Einladungen zu einer Versammlung besonderer Art am 5. März 1928 in der Heidelberger Stadthalle. Nach polizeilichen Ermittlungen kamen 670 Besucher zu dem Hitler-Vortrag „Die Weltwirtschaft und das deutsche Schicksal“, viele davon aus Nachbarstädten: „Bei diesen Persönlichkeiten handelte es sich fast ausschließlich um Industrielle“. Außerdem seien sehr viele Beamte dagewesen. „Auffallenderweise wurde zu diesem Vortrag keinerlei Reklame gemacht, weder durch Zeitungsannonce, Plakatanschlag, noch sonst irgendwie. Auch erschien zu dem Vortrag kein einziges Mitglied in Uniform. Die Versammlung wurde von dem Landesführer Robert *Wagner* — Karlsruhe eröffnet, der nach kurzen Begrüßungsworten Hitler das Wort erteilte.“ Die Rede des Naziführers entsprach in ihrem Inhalt jenen vor Ruhrindustriellen. Verwundert registrierte ein Berichterstatter, der offensichtlich ganz andere Hitler-Reden gewohnt war: „Seine Ausführungen waren keine Wahlrede, Hitler versprach nichts und griff auch niemanden an, keine Person, keine Partei, keine Konfession, selbst die Judenfrage wurde kaum erörtert.“ Obwohl der sehr gute Besuch auf großes Interesse schließen ließ, sei

11 Adolf Hitler und seine Bewegung, S. 39 (Rheinisch-Westfälische Zeitung, Nr. 726, 6. 12. 1927).

Hitler nicht wie üblich mit brausendem Jubel begrüßt worden; „die Einstellung der Versammlung war zum großen Teil von Anfang an abwartend". Schließlich hätten jedoch Beifallsbezeugungen eingesetzt, „und am Schluß des Vortrages gab es nur begeisterte und dankbare Zuhörer".[12] Die Ausführungen waren also ganz nach dem Geschmack der anwesenden Industriellen und Beamten gewesen und zahlten sich aus.

Der Naziführer suchte auch die Hindernisse aus dem Wege zu räumen, die einer Zusammenarbeit mit den Interessenvertretern des Großgrundbesitzes im Wege standen. Dabei ging es weniger um die Erschließung von Finanzquellen. Die für die ostelbischen Junker so goldenen Inflationsjahre, in denen sie ihren oft total verschuldeten Besitz mit wertloser Papiermark sanieren konnten, waren vorbei, und neue Schuldenberge hatten sich angehäuft. Der Adel lebte traditionell über seine Verhältnisse, ganz abgesehen davon, daß der Wirtschaftsaufschwung in den Jahren der relativen Stabilisierung die chronische Agrarkrise nicht behob, sondern eher verschärfte, weil die wiedergewonnene Währungskraft den billigen Import landwirtschaftlicher Produkte gestattete. Die Bedeutung guter Beziehungen der Nazis zu den Großgrundbesitzern beruhte vielmehr auf deren überragenden Positionen in der Armee und der Bürokratie. Gegen den Widerstand der adligen Generale und Staatsbeamten mit dem Generalfeldmarschall Paul von Hindenburg als Reichspräsidenten an der Spitze wäre es für die Nazipartei unmöglich gewesen, jemals eine führende politische Rolle in Deutschland spielen zu können. Auch die Kontakte zur konservativen DNVP ließen sich nicht verbessern und zu einem Bündnis ausbauen, wenn von den Großagrariern befürchtet werden mußte, daß ihr Eigentum an Grund und Boden durch die Nazis nicht respektiert würde.

Die scharfe Ablehnung, die der Straßersche neue Programmentwurf durch Hitler erfahren hatte, erklärt sich nicht zuletzt aus der Sorge des Naziführers, die mit dem Bekenntnis zu Hindenburg eingeleitete Annäherung an die ostelbischen Junker könnte dadurch gefährdet werden. Hitler wußte nur zu genau, daß bereits der Punkt 17 im Parteiprogramm für Großgrundbesitzer indiskutabel war.[13] Obwohl Hitler

12 BA Koblenz, NS 26, Nr. 52, Bl. 62—65, 70/71.

13 So schrieb Frhr. von Gebsattel am 26. 7. 1923 an Claß: „Aber deren Programm hat ein einziges Wort, das ihnen Tausende von Anhängern des Mittelstandes kostet und schließlich unweigerlich zum Bürgerkrieg führen wird", die For-

ansonsten jede Programmänderung strikt ablehnte, gab er am 13. April 1928 folgende Erklärung ab: „Gegenüber den verlogenen Auslegungen des Punktes 17 des Programms der NSDAP von seiten unserer Gegner ist folgende Feststellung notwendig: Da die NSDAP auf dem Boden des Privateigentums steht, ergibt sich von selbst, daß der Passus ‚Unentgeltliche Enteignung' nur auf die Schaffung gesetzlicher Möglichkeiten Bezug hat, Boden, der auf unrechtmäßige Weise erworben wurde oder nicht nach den Gesichtspunkten des Volkswohls verwaltet wird, wenn nötig, zu enteignen. Das richtet sich in erster Linie gegen die jüdischen Grundspekulationsgesellschaften."[14]

Mit dieser Erklärung war das Haupthindernis für eine Zusammenarbeit mit der DNVP und dem von Großagrariern geführten sehr einflußreichen „Reichslandbund" beseitigt. Zugleich benutzte Hitler die Gelegenheit, sich demonstrativ „auf den Boden des Privateigentums" zu stellen. In dieser für die herrschende Klasse entscheidenden Frage hatten die Nazis ihre Demagogie zwar stets gezügelt, aber bestimmte Programmformulierungen und Äußerungen einzelner Redner ließen bei den ängstlich auf Wahrung ihrer Eigentumsrechte bedachten Fabrik- und Gutsbesitzern immer wieder Bedenken aufkommen. Nunmehr wurden von Hitler durch eine Programmerläuterung der antikapitalistischen Demagogie Grenzen gesetzt.

Überblickt man die politisch-ideologische Entwicklung der Nazipartei von 1924 bis 1928, so fügen sich alle derartigen Aktivitäten und Richtigstellungen zu einer Gesamtkonzeption, hinter der die Absicht der Hitlerclique stand, in den Augen der herrschenden Klasse auf allen Gebieten vertrauenswürdig und bündnisfähig zu werden. Der scheinbar radikale Bruch mit der eigenen Vergangenheit war eine Anpassung an die veränderten Verhältnisse. Die Naziführung wollte beweisen, daß sie aus den Fehlschlägen von 1923 gelernt hatte und sich notfalls von ideologischem Ballast aus der Frühzeit der Nazibewegung trennen konnte. Das wurde vom Monopol- und Agrarkapital sehr wohl erkannt und entsprechend honoriert. Schon 1926 erregte es allgemeines Aufsehen, daß auf dem Weimarer Parteitag zwei besonders prominente Gäste anwesend waren: der Führer der Militaristen-Organisation „Stahlhelm", Theodor Duesterberg, und der jüngste Sohn des Exkaisers, Prinz August Wilhelm.

derung nach „unentgeltlicher Enteignung von Grund und Boden" (ZStA Potsdam, Alldeutscher Verband, Nr. 205, unfol.).

14 *Maser*, Frühgeschichte, S. 470.

Es zahlte sich also aus, daß der „Völkische Beobachter“ zur Wahl Hindenburgs zum Reichspräsidenten aufgerufen hatte und die bürgerlichen Wehrverbände mit Anerkennung bedacht wurden. Die Nazipartei war sogar für die Hohenzollernfamilie interessant geworden. Da die NSDAP in zunehmendem Maße über Bayern hinaus wirken wollte und infolge der Querelen Ludendorffs bei den Wittelsbachern in Mißkredit geraten war, erhoffte man sich von den Nazis eine Unterstützung des Plans, die Weimarer Republik wieder durch eine Hohenzollernmonarchie zu ersetzen. Es wurde genau registriert, daß sich die Hitlerclique in der Frage der Staatsform noch nicht festgelegt hatte und ungeachtet der antipreußischen Volksstimmung in Bayern den preußischen Militarismus verherrlichte. Prinz August Wilhelm zögerte deshalb auch nicht lange, Parteimitglied und SA-Führer Hitlers zu werden.[15]

Die Wertschätzung, die die noch unbedeutende Partei eines wegen Hochverrats verurteilten Putschisten durch den zahlenmäßig stärksten Wehrverband und ein Mitglied der Hohenzollernfamilie erfuhr, war zugleich symptomatisch für das ungebrochene Interesse der reaktionärsten Gruppen der herrschenden Klasse an einer Massenverführung selbst mit den Mitteln nationalsozialistischer Demagogie. Da die DNVP durch die partielle Zustimmung zum Dawesplan und die Regierungsbeteiligung im Reich nicht mehr als unangefochtener Repräsentant des konservativen Lagers angesehen wurde, stieg der Wert einer konsequent reparations- und systemfeindlichen Partei, die noch dazu den Eindruck zu erwecken wußte, es könne mit ihrer Hilfe zu einer Wiederherstellung der Hohenzollernmonarchie kommen. Obwohl München der Sitz der Naziparteiführung und Bayern das Kernland der Nazibewegung blieb, faßte die NSDAP rasch in Preußen Fuß und konnte sich mit wohlwollender Unterstützung preußischer Junker auch in ausgesprochenen Agrargebieten etablieren. Diejenigen Naziführer, die vorbehaltlos den Hitlerkurs unterstützten, wurden in monarchistischen Adelskreisen als „salonfähig“ angesehen und in das politische Intrigenspiel einbezogen. Das galt im besonderen Maße für Göring.

Eine wichtige Rolle spielte dabei nach wie vor die alldeutsche Verbandsführung. Sie hatte sich überzeugt, daß ihre Pläne mit einer

15 Zu dieser Problematik vgl. *Willibald Gutsche/Joachim Petzold*, Das Verhältnis der Hohenzollern zum Faschismus (Dokumentation), in: Zeitschr. Gesch.-wiss., 10/1981, S. 917ff.

DNVP unter Führung von Kuno Graf Westarp nicht zu verwirklichen waren und daß sie Hitler unter dem Eindruck des Münchner Putsches zu voreilig verurteilt und abgeschrieben hatte. Die Claß-Clique strebte deshalb zweierlei an: zum einen die Ausschaltung der als zu republikfreundlich angesehenen DNVP-Führung und die Lancierung des eigentlichen Verbandsgründers Alfred Hugenberg an die Spitze der DNVP, zum anderen eine enge Zusammenarbeit zwischen der auf neuen Kurs gebrachten DNVP und der nunmehr für zuverlässiger erachteten NSDAP.

Schon Anfang 1925 berichtete der alte Förderer der Nazibewegung, der Verleger Lehmann, dem Geschäftsführenden Ausschuß des Alldeutschen Verbandes, er „habe mit Hitler gesprochen. Dieser habe gesagt, es falle ihm gar nicht ein, die Erbschaft seiner politischen Nachfolger anzutreten. Er werde seinen alten Laden wieder aufmachen und als ersten und einzigsten Angriffspunkt die marxistische Bewegung betrachten." Bisher „habe Hitler noch nicht die Kraft gefunden, sich von einigen üblen Persönlichkeiten zu trennen". Das schwäche die Bewegung außerordentlich. „Wenn es aber dazu komme, werde er in München wieder den gleichen Zulauf bekommen wie früher, und nicht nur in München, sondern auch im übrigen Reiche. Dann könnte er" — so hoffte Lehmann — „der Trommler werden, der die Sozialdemokraten in das nationale Lager bringe." Zu diesem Zeitpunkt war Claß allerdings noch der skeptischen Ansicht, „daß eine solche Sache, die so groß war und jetzt am Boden liege, nicht mehr zum Leben zu erwekken sei". Er hielt es insbesondere „für ausgeschlossen, daß die hierzu erforderlichen großen Mittel zusammenkommen" würden. Claß hatte auch Bedenken, „besonderen Wert auf die Behandlung der sozialen Frage zu legen", wollte aber darüber mit Oberfinanzrat Bang sprechen.[16]

16 ZStA Potsdam, Alldeutscher Verband, Nr. 141 (Sitzung des Geschäftsführenden Ausschusses am 31. 1./1. 2. 1925 in Berlin). Bl. 52/53. Als Vermittler zwischen Claß und Bang einerseits sowie Hitler andererseits trat auch Kurt Luedecke auf, der in einem Brief vom 30. 10. 1925 an Generalkonsul Georg de Pottere schrieb: „In zwei vertraulichen Unterredungen mit Claß und Finanzrat Bang habe ich mich — auf eigene Initiative — bemüht, verschiedene Mißverständnisse zwischen dem AV und der NSDAP zu beseitigen ... Ich hatte damals den bestimmten Eindruck, daß beide Herren ebenso wie ich die gegenseitigen Anfeindungen aufs tiefste bedauerten" (ZStA Potsdam, Film 11036, Aufnahmenr. 5475102).

Bang unterhielt persönliche Beziehungen zu Hitler und wurde von ihm wiederholt besucht. Der Naziführer — berichtete Claß rückblikkend — „kam dabei auf den Bruch zu sprechen, den er mit Ludendorff, Graefe und Wulle während seiner Haft vollzogen hätte, und bekannte, daß er dem Alldeutschen Verband und mir Unrecht getan habe; er sei von Graefe und Wulle belogen worden und habe erst später, als er diese Leute genau kennen gelernt hatte, gemerkt, daß man ihn gegen mich aufgehetzt habe".[17] Bang stellte auch die Verbindung zwischen Hugenberg und Hitler her. Angesichts der schweren Niederlage der Deutschnationalen bei den Reichstagswahlen von 1928 gelang es dem Alldeutschen Verband, seinen Plan zu verwirklichen und Hugenberg zum Parteivorsitzenden der DNVP wählen zu lassen. Da aber von vornherein die Opposition in der Partei groß und die Parteispaltung wahrscheinlich war, kam es zu einem Meinungsaustausch über mögliche Bundesgenossen außerhalb der Partei.

Claß vertrat den Standpunkt: „‚Wenn der frühere deutschkonservative Schiele Ihnen wirklich die Partei zerschlägt, zwingt er Sie, zu äußersten Mitteln zu greifen. Dann bleibt Ihnen nur übrig, das Bündnis mit Adolf Hitler zu suchen.' Jetzt fragte Hugenberg, ob dies nach allem, was ich mit Hitler erlebt habe, mein Ernst sei. Ich bejahte dies, und es wurde die Frage besprochen, wie man vorgehen solle." Claß verwies auf Bang, der sehr wohl vermitteln könnte und sich dazu auch bereit erklärt hatte. Hugenberg ließ sich herbei, Hitler auf dessen inzwischen erworbenem Landsitz bei Berchtesgaden aufzusuchen. „Es geschah wie verabredet, und von der ersten Aussprache kam Hugenberg mit dem Ergebnis zurück, daß eine dauernde Fühlungnahme vorgesehen war; sein Eindruck von Hitler war damals durchaus günstig, und er nahm an, daß eine gewisse Zusammenarbeit wohl möglich sei."[18]

Die ideologische Plattform für das gemeinsame Vorgehen wurde rasch gefunden. Sie bestand in der Absicht, den Chauvinismus zu entfachen und den sogenannten Young-Plan zu Fall zu bringen. Es war der Stresemannschen Außenpolitik gelungen, das Versailler Nachkriegssystem in Deutschland zu durchlöchern und die Reparationsfrage erneut zur Sprache zu bringen. Da beim Dawes-Abkommen von 1924 noch viele Fragen offengeblieben waren und die Siegermächte des ersten Weltkrieges den inzwischen eingetretenen Verände-

17 BA Koblenz, Kl. Erw., 499 F, Claß, Anhang, S. 34.

18 Ebenda, S. 35, 37.

rungen Rechnung tragen mußten, hatte der amerikanische Unterhändler Young einen Kompromißvorschlag vorgelegt. Er sah Reparationszahlungen bis zum Jahre 1988 in einer Gesamthöhe von 116 Milliarden Mark vor. Das war zwar weit weniger, als man einstmals in Frankreich, England und Belgien erhoffte, und wurde zudem seitens der deutschen Regierung nur mit der Absicht akzeptiert, weitere Verbesserungen herauszuschlagen oder eines Tages den Vertrag überhaupt zu brechen, aber die Vorstellung, über zwei Generationen hinweg gewaltigen Tributverpflichtungen unterworfen zu sein, bewegte das deutsche Volk tief. Die Begründung war schließlich die Behauptung, daß der deutsche Imperialismus und seine Verbündeten allein für die Entfesselung des ersten Weltkrieges verantwortlich gewesen seien. Aus diesem Kriegsschuldparagraphen wurde die Verpflichtung des deutschen Volkes abgeleitet, für die Kriegsschäden der Siegermächte aufzukommen.

Die Erörterungen über die Vorschläge Youngs entfachten die Empörung über die Ungerechtigkeiten des Versailler Vertrages von neuem. Das hoffte die Reaktion ausnutzen und in eine chauvinistische Woge ummünzen zu können. In dieser Absicht ließ sich leicht eine Basis für das gemeinsame Handeln aller Rechtskräfte finden. Es wurde klar, warum die Hitlerclique sich so intensiv um außenpolitische Probleme gekümmert hatte und warum Hitler sein 1928 geschriebenes, allerdings ungedruckt gebliebenes zweites Buch ganz dem Thema Außenpolitik widmete. Solange die relative Wirtschaftsprosperität anhielt, sah man in der Naziführung keine Notwendigkeit, die der herrschenden Klasse unangenehme soziale Demagogie in den Vordergrund zu rücken. Ihr Vertrauen ließ sich am besten mit nationalistischen Parolen gewinnen.

Am 9. Juli 1929 bildeten die DNVP, die NSDAP, der „Stahlhelm“ und die sogenannten nationalen Verbände einen Reichsausschuß für die Einleitung und Durchführung eines Volksbegehrens gegen den Young-Plan. Dabei erwies sich, daß — wie es Claß formulierte — „Hitler und ich die schärfsten Flügel im Präsidium bildeten und immer einer Meinung waren“.[19] Zugleich wurde offiziell dokumentiert, daß man im konservativen und militaristischen Lager die kleine und noch über wenig Massenanhang bei Wahlen verfügende Nazipartei sowohl für bündnisfähig als auch für bündniswichtig hielt. Das war ein beträchtlicher Prestigegewinn, der noch größere finanzielle Vorteile zur

19 Ebenda, S. 40.

Folge hatte. Diejenigen großindustriellen Kreise, die — allen voran die Mehrheit der Ruhrindustriellen — eine radikale innen- und außenpolitische Kursänderung wünschten, stellten dem Reichsausschuß gegen den Young-Plan umfangreiche Mittel zur Verfügung. Hugenberg verwaltete ohnehin einen Reptilienfonds des Ruhrkapitals, der zur Unterstützung publizistischer Interessenvertretungen gegründet worden war. Er hatte sich auch ein mächtiges Presseimperium um den Scherl-Verlag mit verschiedenen Tageszeitungen aufgebaut und die neuentstandene Filmindustrie größtenteils in seine Hand gebracht.[20]

Diese geballte Macht konnte von den Nazis genutzt werden. Dabei war es zweitrangig, daß das Volksbegehren sein unmittelbares Ziel nicht erreichte. Die herrschende Klasse war in der Frage des taktischen Vorgehens ohnehin keiner einheitlichen Meinung. Selbst Unternehmer wie Abraham Frowein, die ansonsten hinter der DNVP standen, und Paul Silverberg aus dem Ruhrrevier hatten sich gegen das Volksbegehren ausgesprochen, weil sie einen abrupten Abbruch der Reparationszahlungen zu dieser Zeit noch für zu riskant und eine allmähliche Zerstörung des Versailler Vertragswerkes auf der Linie Stresemannscher Außenpolitik für zweckmäßiger hielten.

Obwohl der kleinste Partner im reaktionären Bunde, machte die NSDAP den bei weitem größten Lärm. Sie hatte seit dem Jahre 1926 auf speziellen Rednerschulen zahlreiche Propagandisten ausgebildet, verfügte in Hitler — dessen Redeverbot 1927 Schritt für Schritt von den einzelnen Ländern aufgehoben wurde —, Straßer und Goebbels über wirkungsvolle Redner und kombinierte die suggestive Propaganda von vornherein mit rücksichtslosem Terror gegen Andersdenkende. Die Erfolge waren unübersehbar. Schon bei den sächsischen Landtagswahlen vom 12. Mai 1929 hatte sie ihre Abgeordnetenzahl von zwei auf fünf erhöhen können. Bei den thüringischen Landtagswahlen am 8. Dezember 1929 stieg der Stimmenanteil von 4,6 auf 11,3 Prozent. Eine Analyse dieser Wahlen macht deutlich, daß die NSDAP den bürgerlichen Parteien der Mitte und der Rechten die Stimmen entzog. Bei den Wahlen zum Allgemeinen Studentenausschuß an den Universitäten, die ihr vielerorts sogar die absolute Mehrheit einbrachten,[21] wurde noch faßbarer, wer sich zur Nazipartei

20 Vgl. dazu *Georg Honigmann*, Kapitalverbrechen oder Der Fall des Geheimrats Hugenberg, Berlin 1976.

21 *Anselm Faust*, Der Nationalsozialistische Deutsche Studentenbund. Studenten und Nationalsozialismus in der Weimarer Republik, Düsseldorf 1973, Bd. 1, S. 99; Bd. 2, S. 140ff. (Statistischer Anhang).

bekannte. Es waren jene Kreise des Bürgertums und des Kleinbürgertums nationalistischer Gesinnung, die den Stresemann-Kurs in der Außenpolitik als zu umständlich und nachgiebig empfanden und denen Hugenberg zu unbeweglich und der Vergangenheit verbunden erschien. Die Nazipartei hatte es verstanden, mit ihrem lärmenden Aktivismus einen großen Teil der bürgerlichen Jugend an den höheren Schulen und den Universitäten anzusprechen. Sie verfügte auch über die materiellen Mittel, um diesen Einfluß weiter auszubauen.

Die Gelder, die der NSDAP im Zusammenhang mit dem Volksbegehren gegen den Young-Plan zuflossen, wurden durch jene Unternehmerspenden ergänzt, die den Erfolg honorierten. Kirdorf hatte zwar im Herbst 1928 die NSDAP wieder verlassen, weil seine alte Hoffnung, die DNVP auf früheren Kurs gebracht und in alldeutscher Hand zu sehen, mit der Wahl Hugenbergs zum Parteivorsitzenden erfüllt war. Er blieb aber ein Förderer Hitlerscher Bestrebungen und insbesondere der Fürsprecher eines dauerhaften Bündnisses zwischen DNVP und NSDAP. Der finanzielle Hauptspender aus den Kreisen des Ruhrkapitals war ohnehin Fritz Thyssen geworden, der den Nazis insgesamt etwa eine halbe Million Mark zukommen ließ und mit dessen Hilfe Hitler ein repräsentatives Haus in München erwerben und zum sogenannten Braunen Haus umgestalten konnte.[22] Auch aus anderen Industriezweigen flossen der NSDAP in wachsendem Maße Mittel zu. Insbesondere die Zigarettenindustrie zeigte sich höchst spendabel. Ihr führender Vertreter Philipp Reemtsma konzentrierte sich dabei, wie andere Unternehmer auch, auf Göring, der auf Grund seiner Herkunft, seiner Verbindungen und seiner Bestechlichkeit in den Augen des Großbürgertums als ein weiterer Sicherheitsgarant in der NSDAP galt und sich ungeniert seinen aufwendigen Lebensstil bezahlen ließ.[23] Doch auch der Straßer-Kreis erhielt Geldbeträge.[24] Das scheint auf den ersten Blick verwunderlich.

Gregor Straßer und seine Anhänger hatten sich zwar im Februar 1926 widerspruchslos der Münchner Parteiführung unterstellt. Aber ihre Bedenken gegen eine — wie sie meinten — zu sehr auf die Denkweise und die Zielvorstellungen des Bürgertums zugeschnittene Politik

22 *Thomas Trumpp*, Zur Finanzierung der NSDAP durch die deutsche Großindustrie, in: Geschichte in Wissenschaft und Unterricht, 4/1981, S. 228; *Fest*, Hitler, S. 374; *Pool*, Hitlers Wegbereiter zur Macht, S. 142ff.

23 Neues Deutschland, Nr. 117, 21./22. 5. 1946.

24 *Stegmann*, Großindustrie und Nationalsozialismus, S. 116ff.

und Propaganda blieben bestehen. Sie wurden durch die anfängliche Stagnation des faschistischen Masseneinflusses verstärkt und durch das offene Bündnis mit reaktionären Organisationen von der Art der DNVP, des Reichslandbundes und des Stahlhelms vertieft. Wie sollte unter diesen Umständen die ursprüngliche Aufgabe der Nazibewegung, Arbeiter zu gewinnen und den marxistischen Einfluß in den Industriezentren zu brechen, erfüllt werden?

Es waren also vor allem ernste Besorgnisse über die Folgen des Hitlerkurses, die den Straßer-Kreis immer wieder auf den alten Anspruch der Nazis, eine „Nationalsozialistische Deutsche Arbeiterpartei" zu sein, zurückkommen und mehr soziale Demagogie fordern ließen. Das fand man sogar in einigen Unternehmerkreisen einleuchtend, denn was war gewonnen, wenn es nur zu einer Umverteilung des bürgerlichen Stimmenanteils bei Wahlen kam? Die Geldzuwendungen an den Straßer-Flügel in der NSDAP erfolgten also in der wohlerwogenen Absicht, jene Kräfte in der NSDAP zu stärken, die in der Lage zu sein schienen und zumindest die Absicht hatten, diejenigen Volksschichten anzusprechen, die nicht zum bürgerlichen Wählerreservoir gehörten oder daraus auszuscheren drohten, weil sie mit dem Kapitalismus überhaupt oder mit dem Übergewicht monopolkapitalistischer Institutionen wie Warenhäuser und Trusts unzufrieden waren.

Natürlich spielten auch persönliche Gegensätze und Rivalitäten eine Rolle. Es gab viele Naziführer, die innerhalb der Partei nach oben und damit zur Kasse strebten. Wenn man schon die Hoffnung aufgegeben hatte, Hitler von der Spitze zu verdrängen und den eigenen Amtssitz zum „Mekka" der Nazibewegung zu machen, so wollte man doch wenigstens die Rivalen im Kampf um die nächsthöheren Parteiämter ausstechen. Hitler hat das sehr geschickt zur Spaltung des Straßer-Flügels ausgenutzt. Er berief Goebbels auf den für künftige Entwicklungen so wichtigen Gauleiterposten in Berlin und entzog die Parteiorganisation der Reichshauptstadt der Oberhoheit von Gregor Straßer. Die erhoffte Wirkung trat ein. Goebbels notierte in sein Tagebuch über Hitler: „Er ist ein Genie . . . Ich stehe vor ihm erschüttert. So ist er: wie ein Kind, lieb, gut, barmherzig. Wie eine Katze, listig, klug und gewandt, wie ein Löwe, brüllend-groß und gigantisch. Ein Kerl, ein Mann . . . Er verhätschelt mich wie ein Kind. Der gütige Freund und Meister! . . . Diese Tage waren mir Richtung und Weg! . . . Ihm fühle ich mich bis zuletzt verbunden . . . Heil Hitler!"[25]

25 Das Tagebuch von Joseph Goebbels 1925/26, S. 92ff.

Goebbels wurde bald der wichtigste Gauleiter in Norddeutschland. Seinen Fähigkeiten entsprechend konzentrierte er sich auf die Propaganda. In dieser Beziehung blieb er jedoch untergeordnet, denn Hitler hatte zunächst Gregor Straßer zum Reichspropagandaleiter ernannt, sicher vor allem aus der Einsicht heraus, daß die Massenmobilisierung nur unter Betonung sozialer Demagogie gelingen konnte, aber auch in dem Bestreben, selbst vom Rivalitätskampf zu profitieren. Er konnte bei Meinungsverschiedenheiten den Schiedsrichter spielen und einer übermäßigen Machtkonzentration in den Händen einzelner Unterführer vorbeugen. Praktisch besaßen die Differenzen aber bei weitem nicht jene Bedeutung, wie es Goebbels nach dem Sturz von Gregor Straßer darzustellen suchte und wie es oft in der bürgerlichen Geschichtsschreibung erscheint. Im zeitgenössischen Urteil wurde Goebbels weiterhin in einem Atemzug mit Gregor Straßer genannt. Beide bedienten sich ähnlicher Methoden, die scheinbar im Widerspruch zur Münchner Legalitäts- und Bündnistaktik standen, sie in Wirklichkeit aber ergänzten und abschirmten. Ohne bestimmte ideologische Akzentuierungen war das nicht möglich. Selbst Hitler konnte nicht immer zu gleicher Zeit sowohl die Industrieführer zufriedenstellen als auch Arbeiterkreise in seinen Bann ziehen. Ersteres hat er sich ausdrücklich vorbehalten, zu letzterem brauchte er nicht nur die prinzipienlosen Aktivitäten Goebbels' — dem ein Wahlspruch „auf immer unvergeßlich geblieben" war: „Gott gebe Euch Ziele, gleichgültig, welche!"[26] —, sondern auch die organisatorischen und demagogischen Fähigkeiten Straßers.

Gregor Straßer wurde in die Lage versetzt, einen eigenen „Kampfverlag" zu gründen, der Tageszeitungen und Wochenschriften sowie zahlreiche Broschüren herausgab. Daß die dazu notwendigen Mittel aus der Verpfändung seiner Landshuter Apotheke stammen sollten, gehört ins Reich der Legenden. Wer das Geld dazu gegeben hat, wird am Beispiele des jüngeren Bruders Otto deutlich, der nach nur kurzer Tätigkeit als juristischer Berater in einem „großen Industrieunternehmen" eine „bedeutende Abfindung" dafür erhielt, daß er sich voll und ganz dem politischen Tageskampf widmen wollte.[27] Kurt Gossweiler vertritt die Ansicht[28], daß die Straßers insbesondere vom

26 *Joseph Goebbels*, Kampf um Berlin, München 1943, S. 54.

27 *Straßer*, Hitler und ich, S. 118. Vgl. dazu: BA Koblenz, NS 26, Nr. 1176, unfol.

28 *Kurt Gossweiler*, Die Rolle der deutschen Monopolbourgeoisie bei der Herbeiführung der Röhm-Affäre, S. 287ff.

IG-Farben-Konzern protegiert wurden. Es gab aber auch Förderer im Ruhrrevier, unter ihnen Fritz Thyssen und andere Schwerindustrielle.[29]

Gregor Straßer beklagte von vornherein das „grauenhaft tiefe Niveau" des „Völkischen Beobachters" und das „egozentrische, aber gewandte Maulheldentum" von Esser und Streicher.[30] Reinhard Kühnl hat eingehend untersucht, wie er mit Hilfe seines schreibgewandten Bruders Otto durch seine Pressepublikationen andere Töne in die Nazipropaganda brachte.[31] Ab 1. März 1926 gab er die Zeitung „Der Nationale Sozialist" heraus, die bald in fünf Regionalausgaben erschien und Rosenbergs Empörung hervorrief. Der Chefredakteur des „Völkischen Beobachters" sah darin nicht nur ein Konkurrenzunternehmen, sondern auch eine Abweichung von der Linie Hitlers, der stets von Nationalsozialismus gesprochen habe und gegen eine Unterordnung des Nationalen unter den Begriff Sozialismus gewesen sei.[32] Hitler selbst hat sich dazu weniger prononciert geäußert. Er betrachtete offensichtlich Straßers Betonung des Wortes Sozialismus als notwendige Ergänzung der nationalistischen Propaganda. Er hat auch lange hingenommen, daß die Straßers recht nachdrücklich ins antikapitalistische Horn stießen. Es kam aber zu einer regelrechten Polemik zwischen dem „Völkischen Beobachter" und den „Nationalsozialistischen Briefen".[33]

Der dritte Jahrgang dieser „NS-Briefe", die einst als theoretisches Verständigungsorgan gegründet und von Gregor Straßer im Auf-

29 *Derselbe*, Faschismus und Arbeiterklasse, S. 120.

30 BA Koblenz, NS 1, Nr. 340, Bl. 208 (Gregor Straßer an Goebbels, 11. 11. 1925).

31 *Kühnl*, Die nationalsozialistische Linke, S. 48ff.

32 BA Koblenz, NS 8, Nr. 22, Bl. 38f.

33 *Kühnl*, Die nationalsozialistische Linke, S. 58; Rosenberg in: Völkischer Beobachter, Reichsausgabe, Nr. 25, 1. 2. 1927; Antwort Gregor Straßers in: Nationalsozialistische Briefe, Nr. 33, 15. 2. 1927. Letztere ist bei *Kühnl*, Die nationalsozialistische Linke, S. 370, abgedruckt. Man darf die Gegensätze aber auch nicht aus der Sicht späterer Abgrenzungsversuche sehen. Rosenberg hat sich in einem Privatbrief vom 24. 2. 1927 an Gregor Straßer recht versöhnlich geäußert und von bedauerlichen Mißverständnissen gesprochen: „Ich hoffe selbst, daß Ihnen bei näherer Überlegung diese Veröffentlichung leid tun wird." Meinungsverschiedenheiten grundsätzlicher Art wurden von Rosenberg allerdings auch nicht geleugnet. Er wolle — so führte er aus — in der Nazibewegung das Nationalistische, Straßer dagegen das Sozialistische betont sehen (BA Koblenz, NS 8, Nr. 143, Bl. 97—103).

trage der Arbeitsgemeinschaft der nordwestdeutschen Gaue der NSDAP herausgegeben wurden, begann mit einer vielzitierten und besonders irreführenden Versicherung: „*Wir sind Sozialisten*, sind Feinde, Todfeinde des heutigen kapitalistischen Wirtschaftssystems mit seiner Ausbeutung der wirtschaftlich Schwachen, mit seiner Ungerechtigkeit der Entlohnung . . . wir sind entschlossen, dieses System unter allen Umständen zu vernichten!"[34] Der Artikel ist von Gregor Straßer gezeichnet. Viele seiner damaligen Publikationen wurden jedoch von seinem Bruder Otto geschrieben. So hat sich die Hitlerclique in München nie geäußert, wurde im „Völkischen Beobachter" zu keiner Zeit formuliert. Kühnl meint daraus auf grundsätzlichere Gegensätze schließen zu können und die „subjektive Ehrlichkeit der Straßer-Leute" hervorheben zu müssen.[35] Aber dem stehen nicht nur deren späteres Verhalten, sondern auch das zeitgenössische Urteil genauer Kenner gegenüber. Für Oswald Spengler, der als elitärer Faschist besonders empfindlich auf soziale Demagogie reagierte und von dieser Warte aus sogar die Münchner Naziführung kritisierte, war Gregor Straßer „nächst Hugo Stinnes der klügste Kerl, den ich je in meinem Leben getroffen habe".[36] Da Spengler selbst ein Meister des Mißbrauchs sozialistischer Vorstellungen gewesen ist, hat er offensichtlich auch die Geschicklichkeit bewundert, mit der Gregor Straßer und seine Anhänger den Begriff Sozialismus im faschistischen Sinne zu verfälschen wußten.

Goebbels hatte schon in seiner Elberfelder Zeit unermüdlich den Gegensatz zwischen Nationalsozialismus und Kommunismus herauszuarbeiten gesucht.[37] Von ihm stammen Artikel im „Völkischen Beobachter" wie „Lenin oder Hitler".[38] Die Behauptung, der Straßer-Flügel habe es sogar an einer klaren Abgrenzung zur kommunistischen Bewegung fehlen lassen und verkörpere eine Art „Nationalbolsche-

34 Nationalsozialistische Briefe, Nr. 1, 1. 7. 1927 (abgedr. bei *Kühnl*, Die nationalsozialistische Linke, S. 283ff., als Dok. Nr. 2).

35 *Kühnl*, Die nationalsozialistische Linke, S. 39.

36 *Koktanek*, Oswald Spengler in seiner Zeit, S. 432.

37 Völkischer Beobachter, Nr. 79, 8. 4. 1926 (Es wird auf einen Vortrag von Goebbels in Elberfeld zum Thema „Nationalsozialismus oder Kommunismus" verwiesen). Goebbels selbst hat dazu in: Nationalsozialistische Briefe, Nr. 2, 15. 10. 1925, geschrieben.

38 Völkischer Beobachter, Nr. 79, 8. 4. 1926. Über dieses Thema hat Goebbels weitere Versammlungen bestritten (ZStA Potsdam, Reichskommissar zur Überwachung der öffentlichen Ordnung, Nr. 564, unfol.).

wismus", ist völlig abwegig. Wenn gelegentlich Verständnis für die Haltung von Kommunisten geäußert wurde, so geschah das in der Absicht, Verwirrung unter den noch nicht in ihrer Überzeugung gefestigten Anhängern der KPD zu stiften. Typisch war dafür Goebbels' honigsüßer Artikel in den „Nationalsozialistischen Briefen": „Mein Freund von der Linken!"[39]

Ernst Graf Reventlow, der Anfang 1927 von der immer bedeutungsloser werdenden DVFP zur NSDAP übertrat und von Hitler trotz früherer Meinungsverschiedenheiten mit offenen Armen empfangen wurde, weil auch er „etwas hinter sich hatte", gab eine aufschlußreiche Definition von Sozialismusvorstellungen, wie sie im Straßer-Lager weit verbreitet waren: „Sozialisierung ... bedeutet ... nicht die ‚Vergesellschaftung', welche enteignet ..., sondern im Gegenteil: die tunliche Vermehrung des kleinen und mittleren Privatbesitzes und seine Sicherung für den Besitzer und im Sinne des Nutzens des Volksganzen durch die Aufsicht des Staates."[40] Letztlich wandte sich der Straßer-Flügel innerhalb der NSDAP betont an jene kleinbürgerlichen und halbproletarischen Schichten, die sich auf Grund ihrer Lebensbedingungen oder ihrer sozialen Herkunft an den Eigentumsbegriff klammerten. Es gab also eine deutliche Verwandtschaft zu dem, was ursprünglich Drexler wollte und was in völkischen Kreisen angestrebt wurde. Die stärkere Betonung des Staates hing mit der Tatsache zusammen, daß sich die angesprochenen Schichten ihrer eigenen Ohnmacht im Konkurrenzkampf mit dem großen Kapital bewußter geworden waren und die preußische Tradition bei den norddeutschen Faschisten eine größere Rolle spielte als bei den bayrischen.

Im Kreis um Gregor Straßer gab es viele ehemalige Offiziere — die Straßers selbst gehörten dazu —, die unter Kapitalisten Juden und Kriegsgewinnler verstanden. Diese Art Antikapitalismus hatte kaum etwas mit gesellschaftlichen Veränderungen zu tun. Er orientierte sich an Weltkriegserfahrungen. Im Interesse der Kriegführung war eine gewisse Reglementierung der Wirtschaft notwendig gewesen, die wieder aufgegriffen und weiterentwickelt werden sollte. Selbst hohe, mit der herrschenden Klasse eng verbundene Offiziere wie General Wilhelm Groener hatten es als unerträglich empfunden, daß sich pro-

39 Nationalsozialistische Briefe, Nr. 2, 15. 10. 1925, abgedr. in: Völkischer Beobachter, 14. 11. 1925, Beil. Nr. 27; *Kühnl*, Die nationalsozialistische Linke, Dok. Nr. 44, S. 356ff.

40 Ebenda, S. 62f. (Der Nationale Sozialist, 5. 6. 1930).

fitgierige Kapitalisten bereits während des Krieges, der doch um das kapitalistische Gesamtinteresse geführt wurde, gesundstoßen wollten.[41] Ihr Ideal war eine staatsmonopolistische Neuordnung, in der die Priorität der Staatsgewalt gesichert sein sollte.

Gegen eine Betonung der Staatsautorität hatten jene Kapitalgruppen nichts einzuwenden, die wie die Rüstungs- und zum Teil auch die Chemieindustriellen auf Staatsaufträge, staatliche Zuwendungen und eine nachdrückliche politische Interessenvertretung angewiesen waren. Der Unterschied bestand aber darin, daß viele Militärs und mit ihnen die meisten faschistischen Führer den Staat beherrschen und dadurch auch Einfluß auf die Wirtschaft nehmen wollten. Das theoretische Modell dafür glaubten sie in Oswald Spenglers Buch „Preußentum und Sozialismus" gefunden zu haben.[42] Dem Monopolkapital ging es jedoch — wie Lenin nachwies — um „die Vereinigung der Riesenmacht des Kapitalismus mit der Riesenmacht des Staates zu einem einzigen Mechanismus",[43] die seine eigene Vorherrschaft garantierte.

Aus dieser unterschiedlichen Interessenlage ergaben sich Spannungen. In militärischen und faschistischen Kreisen hatte man weniger Scheu, von einem „Staatssozialismus" zu sprechen und damit auch die Beschneidung maßloser kapitalistischer Profitansprüche zu meinen. Das Monopolkapital wollte von dieser Art staatlich reglementiertem Kapitalismus nichts wissen und keineswegs — wie der Hamburger Großreeder Albert Ballin einmal formulierte — „Volkswirtschaft und Weltwirtschaft im Kasernenhof betreiben".[44] Es trachtete stets danach, selbst die entscheidenden Machtpositionen zu kontrollieren oder wenigstens in der Hand ganz zuverlässiger Interessenvertreter zu wissen. Da sowohl Militärs wie Faschisten sich zur herrschenden Schicht zählten oder in sie aufzusteigen hofften, ließ sich relativ leicht Übereinstimmung erzielen, entpuppte sich das ganze Gerede vom Staatssozialismus bestenfalls als eine Umschreibung staatsmonopolistischer Entwicklungen.

Komplizierter war es dagegen, die Stoßrichtung der sozialen De-

41 Vgl. *Gossweiler*, Großbanken, S. 78ff.

42 Vgl. *Petzold*, Theoretiker, S. 52ff.; *derselbe*, Wegbereiter, S. 73ff.

43 *W. I. Lenin*, Werke, Bd. 24, Berlin 1959, S. 401 (Krieg und Revolution).

44 *Heinz Henning*, Die Situation der deutschen Kriegswirtschaft im Sommer 1918 und ihre Beurteilung durch Heeresleitung, Reichsführung und Bevölkerung, phil. Diss. Hamburg 1957, S. 194.

magogie zu bestimmen. Die Hitlerclique in München hatte die Juden sowohl für die Gebrechen des Kapitalismus als auch für revolutionäre Umsturzversuche verantwortlich gemacht. Der Antisemitismus wurde von ihr benutzt, um in der politischen Arbeit den Problemen des Klassenkampfes auszuweichen und sie in einen Rassenkampf umzudeuten. Die Straßer-Gruppe sah sich in den Industriezentren mit Realitäten konfrontiert, die eine simple Gegenüberstellung vom schlechten jüdischen Finanz- und vom guten deutschen Industriekapitalisten nicht gestatteten. Man war zwar ebenfalls judenfeindlich eingestellt, konnte aber an dem rasseunabhängigen Gegensatz zwischen „besitzendem Bürgertum" und „besitzloser Arbeitnehmerschaft" nicht vorübergehen. Diese „Tatsache", so schrieb Gregor Straßer, müssen „wir ändern ..., um überhaupt zu einer wahren Volksgemeinschaft zu kommen".[45] Sein Bruder Otto forderte geradezu, daß die NSDAP während aller „gegenwärtigen und kommenden Wirtschaftskämpfe ... *stets an der Spitze der ‚Partei der Arbeit'*" zu stehen habe.[46]

Aus dieser auf Gewinnung von Arbeitern für die Nazibewegung ausgerichteten Demagogie ergaben sich einige für die herrschende Klasse unangenehme Konsequenzen. Wenn es zu Streikkämpfen kam, mußten die Straßerschen und Goebbelsschen Presseorgane notwendigerweise Sympathie mit den Streikenden demonstrieren, gelegentlich gar für die Beteiligung an der Arbeitsniederlegung eintreten. Hitler hat zwar auch in „Mein Kampf" nicht gewagt, die Berechtigung von Gewerkschaften und Streikaktionen zu bestreiten.[47] Er war aber ständig darauf bedacht, daß das möglichst ohne praktische Folgerungen blieb. Die Kompromißformel auf dem Nürnberger Parteitag von 1929 lautete: „Wer Streikbruch begeht, wird mit Schimpf und Schande aus der NSDAP hinausgejagt."[48] Zu ihrer Anwendung ist sie jedoch nie gekommen. Wie heikel die gesamte Problematik für die Naziführung war, zeigte sich, als 1930 ein Streik der sächsischen Metallarbeiter zur Diskussion stand. Hitler wollte eine Beteiligung der im Wahlkampf erfolgreich gewesenen NSDAP in einer Bürgerblockregierung in Sachsen erreichen und konnte daher keinerlei Beun-

45 *Kühnl*, Die nationalsozialistische Linke, S. 71 (Nationalsozialistische Briefe, 15. 8. 1926).

46 Berliner Arbeiter-Zeitung, Nr. 42, 21. 10. 1928.

47 *Hitler*, Mein Kampf, S. 48ff., 670ff.

48 *Kühnl*, Die nationalsozialistische Linke, S. 78.

ruhigung der sächsischen Wirtschaftskreise gebrauchen. Als man ihn ultimativ aufforderte, die Nazibewegung aus einem Streikkampf herauszuhalten, verbot er, die Streikfrage weiter zu erörtern. Er konnte sich jedoch nicht durchsetzen.[49]

Derartige innerparteiliche Auseinandersetzungen irritierten zwar die herrschende Klasse, ließen aber auch ihr Vertrauen zu Hitler ansteigen. Er konnte in vertraulichen Gesprächen darauf hinweisen, daß er sich bemüht habe, seine Unterführer zu bremsen. Auf jeden Fall entstand der Eindruck, Hitler sei der Hauptgarant dafür, daß die Nazipartei nicht zu sehr ins sozialdemagogische Fahrwasser abgleite. Diejenigen Wirtschafts- und Parteiführer, mit denen Hitler im ständigen persönlichen Kontakt stand, wußten ohnehin um seine entschiedene Bereitschaft, die Interessen der herrschenden Klasse wahrzunehmen. Bezeichnend dafür ist ein Brief des alldeutschen Führers und Verbindungsmanns Hugenbergs zu Hitler, Paul Bang, vom 8. April 1930 an Herrn von Lüttichau auf Schloß Bärenstein im Bezirk Dresden, der als sächsischer Deutschnationaler seine Zweifel an der Zuverlässigkeit der Naziparteiführung geäußert hatte. Dieser Brief besitzt für das Verhältnis alldeutscher und deutschnationaler Führungskreise zur NSDAP zu dieser Zeit große Aussagekraft und gibt zugleich einen Einblick in die Beurteilung der Nazibewegung durch konservative Kreise der herrschenden Klasse.[50]

Bang, der im Parteivorstand der DNVP saß und einer ihrer Reichstagsabgeordneten war, verwies zunächst darauf, daß das politische Verhältnis zwischen NSDAP und DNVP lokal sehr verschieden sei. Völlig verdorben wäre es lediglich in Schleswig-Holstein und in der Stadt Dresden. Auch in Schlesien gebe es Reibereien. Man könne nicht sagen, daß die Agitation der Nazis überall auf den Ton der Ruppigkeit abgestimmt sei. Vor allem aber müsse man zwischen der Münchner Parteileitung und der Agitation lokaler Organisationen unterscheiden. Hitler habe „sich wiederholt in schärfster Weise gegen die Tonart verschiedener nationalsozialistischer Schreib- und Maulhelden gewendet“. Die Deutschnationalen hätten „selbstverständlich ein Interesse daran, den Versuch zu machen, die Bewegung auf Bahnen zu halten, die nicht im Marxismus auslaufen. Hitler hat volles Verständnis dafür. Es wird wahrscheinlich darauf ankommen, ob

49 Ebenda.

50 ZStA Potsdam, Alldeutscher Verband, Nr. 232, Bl. 90—93 (abgedr. in: *Petzold*, Claß und Hitler, S. 285ff.).

Hitler die Bewegung in der Hand behält oder nicht. Wenn gegen die Nationalsozialisten gekämpft werden muß, geschieht es am besten in der Weise, daß nicht der Nationalsozialismus als solcher bekämpft wird, sondern daß auf das Abwärtsgleiten bestimmter Richtungen in der nationalsozialistischen Partei hingewiesen wird."

Im übrigen sei es „nicht richtig, wenn die Behauptung aufgestellt wird, daß der Nationalsozialismus schlechthin Marxismus sei oder unter allen Umständen in die marxistische Bahn führe". Bang spielte damit auf die in konservativen Kreisen weitverbreitete Meinung an, jede propagandistische Form der Vertretung von Interessen der unteren Bevölkerungsschichten wäre Marxismus. „Über die wirtschaftlichen Dinge herrscht bei den Nazis völlige Unklarheit. Die Dinge haben sich noch nicht gesetzt. Auch das Programm ist unklar. Man kann aus der nationalsozialistischen Literatur sowohl marxistische wie antimarxistische Auffassungen herauslesen und zusammenstellen. Es geht also nicht an, alles in einen Topf zu werfen. Gottfried Feder, dessen wirtschaftliche Auffassungen z. T. geradezu barer Unsinn sind, ist nicht der Nationalsozialismus. Was den Unsinn der sogen. Bodenreform im Sinne Damaschke's anlangt, so mache ich darauf aufmerksam, daß ihm nicht nur einzelne nationalsozialistische Kreise, sondern leider auch streng konservative Kreise anhängen." Er habe vertraulich erfahren, „daß sich in steigendem Maße führende Nationalsozialisten bei uns in wirtschaftlichen Dingen Rat holen". Das sei „natürlich zu unterstützen".

Die „grundsätzliche Auseinandersetzung mit den Nationalsozialisten auf wirtschaftlichem und sozialpolitischem Gebiet" werde kommen. „Sie muß kommen, wenn marxistisch eingestellte Kreise im Nationalsozialismus die Oberhand gewinnen sollten." Bang meinte damit offensichtlich die Straßer-Gruppe, der er im oben erwähnten konservativen Sinne marxistische Ziele unterstellte. „Diese Auseinandersetzung wird sehr ernst werden." Sie werde von Männern wie Hugenberg und ihm zu leisten sein, „denen unverständige Leute in unserer eigenen Partei offen und versteckt vorwerfen, daß sie die Partei an die Nazis hängen. Wir haben aber im Interesse der gesamten nationalen Bewegung und besonders im Interesse der Partei allen Anlaß, diese Auseinandersetzung nicht vorzeitig und in der Weise vor sich gehen zu lassen, daß das Kampffeld vom wirtschaftlichen auf das nationalpolitische Gebiet verschoben wird. Wenn eine solche Verschiebung erzwungen werden sollte, würde die Auseinandersetzung auf einem Gebiet erfolgen, auf dem wir beim jetzigen Zustande der Partei geschlagen werden müßten. Auf nationalpolitischem Gebiet haben wir noch heute von den Nazis zu lernen." In der Praxis äußerte sich diese Erkenntnis darin, daß die DNVP unter Hugenbergs Führung die NSDAP geradezu zu kopieren suchte, den Führerkult übernahm, eine eigene Wehrorganisation nach dem Muster der SA aufbaute und auch bestimmte Propagandamethoden nachahmte. Da das bei einer konservativen Honoratiorenpartei mit offensichtlicher Verwurzelung im Großkapital und im Großgrundbesitz nicht gelingen konnte, wurden die Spaltungstendenzen in der Partei verstärkt und die politisch-ideologische Überlegenheit der NSDAP unterstrichen.

Bang wandte sich gegen ungeschickte und törichte Bekämpfungsversuche der Nazipartei durch bestimmte deutschnationale Kreise in Sachsen: „Eine Bewegung, an deren Spitze der Prinz August Wilhelm von Preußen marschiert, kann man nicht als national unzuverlässig abtun. Es geht auch nicht an, eine Bewegung, in der der Großteil der akademischen Jugend steht, in der Kirdorf mit maßgeblich ist und in der, wie ich weiß, ein Großteil der Söhne der führenden Industriemagnaten aus dem Westen, bespielsweise Vöglers, tätig sind, als rein marxistisch abzutun. Es geht auch nicht an, die Partei (bisher als einzigste in Deutschland), die täglich ihre Knochen im Kampf gegen den Kommunismus riskiert, als bolschewistisch abzutun. Hier liegen für jeden Denkenden so offenbare Widersprüche vor, daß eine Kampfmaßnahme mit dieser Spitze von vornherein zur Erfolglosigkeit verurteilt ist."

Aus diesem Brief wird deutlich, wie genau man in den alldeutschen und deutschnationalen Führungskreisen das Wesen der NSDAP einzuschätzen wußte. In einem noch viel weitgehenderen Maße als während der revolutionären Nachkriegskrise wurde Hitler als Vertrauensmann angesehen. Seine Kursänderungen, die Werbefeldzüge bei den rheinischen Industriellen, das demonstrative Bekenntnis zum Privateigentum und seine genau registrierten Versuche, die soziale Demagogie des Straßer-Flügels zu zügeln, zahlten sich aus. In alldeutschen Kreisen nahm man sogar hin, daß Alldeutsche nicht mehr wie früher NSDAP-Mitglied werden oder bleiben konnten, weil Hitler die Doppelmitgliedschaft untersagt hatte.[51] Major a. D. Eisenstecken kommentierte dieses Verbot Hitlers in einem Brief vom

51 Ebenda, Bl. 85—89 (Heß an Major Eisenstecken, 25. 3. u. 8. 4. 1930 — mit Bestätigung Hitlers —).

12. April 1930 an Baron von Vietinghoff-Scheel folgendermaßen: „Mag die unliebsame Entscheidung auch auf den Einfluß der nationalsozialistischen ‚Linken' zurückzuführen sein, deren Führer nach meinen Erfahrungen der Berliner Gauleiter Dr.Goebbels sein dürfte, uns bleibt nichts anderes übrig, als die Folgerungen daraus zu ziehen, daß die Nationalsozialisten sich schon so stark fühlen, daß sie nicht zögern, den früheren Freunden aus der Einheitsfront den Fehdehandschuh hinzuwerfen. — Die Kunst der Nationalsozialisten ist das Lavieren zwischen den Gefühlen der ehemaligen Rechtser und Linkser ihrer Partei. Da die Linkser unduldsamer und fanatischer sind (leider!), so bleibt der Führung nichts anders übrig, als von Zeit zu Zeit einen Rechtser zu schlachten, als Beweis, daß die Partei beileibe nicht ‚reaktionär' ist."[52]

Das Dilemma bestand aber vor allem darin, daß von 1929 zu 1930 wirtschaftliche Veränderungen eingetreten waren, die es der Naziführung weniger denn je gestatteten, den Kampf nur auf — wie Bang formulierte — „nationalpolitischem Gebiet" zu führen. Am 25. Oktober 1929 war es zu einem gewaltigen Börsenkrach in New York gekommen. Er bildete den Auftakt zur schwersten und umfassendsten Wirtschaftskrise, die die kapitalistische Welt bis dahin kennengelernt hatte. Fast über Nacht brach die Legende von der immerwährenden Prosperität des amerikanischen Wirtschaftswunders zusammen. Es hatte zwar schon seit geraumer Zeit Anzeichen dafür gegeben, daß sich eine Überproduktionskrise anbahnte, aber sie waren weitgehend ignoriert worden. Erst als die riesigen Lagerbestände, die sich angesichts der begrenzten Kaufkraft der Volksmassen als unabsetzbar erwiesen, zur Produktionsdrosselung führten, war bei den Börsenspekulanten schließlich Panik ausgebrochen, die die Aktienkurse ins Bodenlose stürzen ließ.

Durch den Börsenkrach in der Wallstreet wurde die Periode der relativen Stabilisierung des Kapitalismus in Europa beendet. Insbesondere jene Länder, die den ersten Weltkrieg verloren und seine Folgen am stärksten zu tragen hatten, sahen sich mit der Wirtschaftskrise konfrontiert. Das galt in erster Linie für Deutschland. Um die Wirtschaft wieder in Gang zu bekommen, hatte man enorme Kredite aus dem Ausland aufgenommen. Das meiste Kapital war aus den USA nach Deutschland geflossen, weil einerseits die deutschen Reparationszahlungen von den europäischen Siegermächten zur Schul-

52 Ebenda, Bl. 95.

dentilgung herangezogen wurden und den amerikanischen Reichtum vermehrten und weil andererseits in der deutschen Wirtschaft infolge eines beachtlichen Produktionsniveaus und niedriger Löhne gute Gewinnaussichten bestanden.

Der Hauptteil dieser Kredite wurde nur kurzfristig den deutschen Banken zur Verfügung gestellt. Diese hatten jedoch in der Regel das Geld langfristig an die Industrie und die Kommunen weiterverliehen. Als die nunmehr um ihr Geld besorgten amerikanischen Kapitalbesitzer sofortige Rückzahlung forderten, geriet das gesamte deutsche Wirtschaftsgefüge durcheinander. Selbst Großbanken kamen in größte Schwierigkeiten. Die Konzerne drosselten ihre Produktion. Unter den deutschen Sparern brach ebenfalls Panik aus. Ein Sturm auf die Banken setzte ein, der die Lage nur noch verschärfte. Die auch in den relativ guten Wirtschaftsjahren über der Millionengrenze liegende Zahl von Arbeitslosen verdoppelte sich in kurzer Zeit. Von 1929 zu 1930 verringerte sich die deutsche Industrieproduktion um 13 Prozent. Die Konkursverfahren nahmen von 1928 zu 1930 um ein Drittel zu.[53]

All das zusammen wirkte wie ein gewaltiger Schock in Deutschland. Plötzlich wurde den Menschen wieder die ganze Existenzunsicherheit im Kapitalismus bewußt. In den Familien der Erwerbslosen herrschte die größte Not, nur wenige Monate durch verschiedene Formen einer Arbeitslosenunterstützung gemindert. Die ständig sinkende Kaufkraft zog Handel und Gewerbe in Mitleidenschaft. Die permanente Agrarkrise spitzte sich zu. Die Absatzmöglichkeiten der Bauern, die unter dem Druck der billigeren Agrarimporte ohnehin nur mühsam die Rentabilitätsgrenze erreichen konnten, schwanden rapide und führten in zunehmendem Maß zu Zwangsversteigerungen. Die Konkurse brachten auch wohlhabendere Bevölkerungsschichten um ihr Vermögen. Aus der allgemeinen Not erwuchsen Erbitterung und Unzufriedenheit. Es waren wieder jene Bedingungen gegeben, unter denen die Nazipartei schon einmal einen bedeutenden Aufschwung genommen hatte. So verschiedenartig die Gründe auch gewesen sein mögen, die die Menschen während der Inflationszeit und angesichts der Weltwirtschaftskrise an den Rand der Verzweiflung trieben, für Demagogen war eine gleich günstige Lage entstanden.

Allerdings, mit nationalistischen Parolen allein konnte nichts mehr ausgerichtet werden. Das kapitalistische Wirtschaftssystem selbst war

53 *Nussbaum*, Wirtschaft & Staat, S. 255 ff.

schließlich die Krisenursache. Das bekamen die bürgerlichen Parteien und mit ihnen die DNVP zu spüren. Es mußte wieder mehr denn je auf der sozialdemagogischen Tonleiter gespielt werden. Das war keineswegs nur die Meinung der Straßer-Anhänger, sondern wurde auch von Goebbels in Berlin virtuos praktiziert und von Hitler in München zumindest geduldet. Das, was in der Öffentlichkeit oft als Ausdruck echter Meinungsverschiedenheiten zwischen den Naziführern erschien und Goebbels scheinbar im Straßerschen Fahrwasser festhielt, waren nicht mehr nur unterschiedliche lokale Kampfbedingungen, sondern die Auswirkungen einer veränderten wirtschaftlichen und sozialen Gesamtsituation. Wenn die Nazipartei unter den Bedingungen der Weltwirtschaftskrise Massen mobilisieren und auf dem Wege über Wahlen an die Regierung kommen wollte, dann mußte sie mit scheinbar antikapitalistischen Parolen operieren.

Goebbels hat in seinem Buch „Kampf um Berlin" eingehend geschildert, wie aussichtlos die Position der NSDAP in der hochindustrialisierten Reichshauptstadt gewesen wäre, wenn er diesem Erfordernis nicht schon seit seiner Ernennung zum Gauleiter Rechnung getragen hätte.[54] In der von ihm herausgegebenen Zeitung „Der Angriff" scheute er sich nicht, revolutionär klingende Parolen zu verkünden: „Rücksichtslosen Kampf gegen das Schmarotzertum! Krieg den Raffern, Frieden den Schaffern! Ausschaltung aller wirtschaftskapitalistischen Einflüsse auf die Gestaltung der Politik des Volkes."[55] Zugleich erweckte er den Eindruck, als käme es ihm vor allem auf das Sozialistische im Parteinamen an, als würde er dem betont nationalistischen Kurs der Münchner Parteiführung nicht folgen.[56] Aber es war keineswegs nur eine spätere literarische Pflichtübung, wenn er rückblickend schrieb: „Man hat damals schon und später sehr oft einen politischen und persönlichen Gegensatz zwischen Adolf Hitler und mir wahrhaben wollen. Von einem solchen Gegensatz konnte weder zu jener Zeit noch heute und jemals die Rede sein. Ich habe niemals Politik auf eigene Faust gemacht und würde das auch heute unter keinen Umständen wagen oder nur versuchen. Dazu veranlaßte und veranlaßt mich nicht allein die Parteidisziplin ... ich fühle mich

54 *Goebbels*, Kampf um Berlin, S. 21ff., 46, 61.

55 Abgedr. in: *derselbe*, Der Angriff. Aufsätze aus der Kampfzeit, München 1935, S. 171.

56 Vgl. dazu die Artikelserie im Abschnitt „Das sozialistische Wort", in: ebenda, S. 219ff.

darüber hinaus dem Führer der Bewegung von dem Tage an, da ich das große Glück hatte, ihn persönlich kennen und — ich darf wohl sagen — schätzen und lieben zu lernen, politisch und menschlich so tief verbunden, daß es für mich niemals in Frage kommt, irgend etwas ohne seine Billigung, geschweige gegen seinen Willen zu unternehmen."[57]

Etwas anders lagen die Verhältnisse bei einer kleinen Gruppe von Intellektuellen um Otto Straßer, die eine Zeitlang dem Straßerschen Kampf-Verlag ihr Gepräge zu geben vermochte. Sie war der Meinung, daß der Hitlersche Kurs über kurz oder lang in eine Sackgasse führen würde, weil ohne sozialistische Parolen die Massen nicht gewonnen und bei der Stange gehalten werden konnten. „Wenn man nun aber mit Adolf Hitler *die Überwindung des Marxismus* für die wichtigste, ja — nehmt alles nur in allem — für die *einzige Aufgabe des Nationalsozialismus* hält", dann sei das Ergebnis der Reichstagswahlen von 1928 „kein Grund der Befriedigung", denn man habe nur wenige Arbeiterstimmen erlangt, lautete eines der kritischen Urteile Otto Straßers.[58] Die Nazipartei müsse sich positive Ziele stellen und dürfe das grundsätzliche Interesse des Proletariats am Sozialismus nicht ignorieren. Graf Reventlow, der im Straßer-Lager eine große Rolle spielte, erklärte geradezu: „Die Gewinnung eines einzigen Arbeiters für die nationalsozialistische Bewegung ist unendlich wertvoller als Beitrittserklärungen von einem Dutzend Exzellenzen, überhaupt von ‚gehobenen' Persönlichkeiten!"[59]

Es mag sein, daß hinter derartigen Äußerungen Illusionen standen, es könne einen preußischen „Sozialismus" à la Spengler geben, oder sich Hoffnungen verbargen, das von Moeller van den Bruck Sozialismus genannte sozialimperialistische Gesellschaftsmodell würde sich verwirklichen lassen. Viel schwerer wog die Erwartung, selbst an Stelle Hitlers zum Zuge kommen und das Vertrauen der herrschenden Kreise erlangen zu können, weil letztlich allein zählte, wer etwas zu bieten hatte. Wie stark sein Selbstbewußtsein war, hat Otto Straßer wiederholt demonstriert. Seine beiden wichtigsten Publikationen nach dem zweiten Weltkrieg nannte er „Hitler und ich" und „Mein Kampf". Im übrigen offenbarte er darin einen derartigen Antikommunismus

57 *Goebbels*, Kampf um Berlin, S. 39.

58 Nationalsozialistische Briefe, Nr. 24, 15. 6. 1928, abgedr. in: *Kühnl*, Die nationalsozialistische Linke, Dok. Nr. 34, S. 344f.

59 Ebenda, S. 61 (Der Nationale Sozialist, 17. 5. 1930).

und Antisowjetismus, daß zur Charakteristik seiner Klassenposition Begriffe wie „links“ oder „revolutionär“ völlig unangebracht sind. Es handelte sich bei ihm um einen faschistischen Politiker, der zeitweise auf sozialdemagogischere Weise als Hitler zum Ziele kommen und sich nicht wie Goebbels unterordnen wollte.

Auf dieser Unterordnung wurde jedoch von Hitler bestanden, sowohl wegen seines persönlichen Führungsanspruchs als auch aus gesamtpolitischen Erwägungen. Er konnte zwar nicht ignorieren, daß die Straßersche Sozialdemagogie Wirkung erzielte und besonders während der Weltwirtschaftskrise für die Massenbeeinflussung angebracht war; er wußte aber auch, daß Kirdorf nicht nur wegen der Wahl Hugenbergs zum Parteivorsitzenden zur DNVP zurückkehrte, sondern von den Propagandamethoden eines Gauleiters der Straßer-Richtung abgestoßen wurde. „Ich habe mich“ — so schrieb der Ruhrindustrielle 1930 — „im Jahre 1927 öffentlich zur Nationalsozialistischen Partei bekannt, zu einer Zeit, in der die *Deutschnationale Volkspartei* unter der *damaligen* Führung in meinen Augen vollständig versagte . . . Schon im folgenden Jahr aber mußte ich mich trotz meiner warmen Freundschaft und Hochschätzung für Adolf Hitler *von seiner Partei loslösen*, da sein Vertreter hier im Revier eine Richtung einschlug, gegen die ich mich wenden mußte.“[60]

Hitlers neuer Freund und Gönner Fritz Thyssen hatte angesichts der bevorstehenden Wirtschaftskrise im Mai 1929 bei einem Treffen der Ruhrindustriellen mit Reichsbankpräsident Hjalmar Schacht in der Kruppschen Villa Hügel ganz offen erklärt: „Diese Krise brauche ich jetzt! Nur dann sind Lohnfragen und Reparationsfragen auf einmal zu beseitigen.“[61] Dem Ruhrkapital kam es also keineswegs auf eine Massenmobilisierung um jeden Preis an. Es wollte nicht nur die Reparationen beseitigt, sondern auch die Löhne gedrückt und die Arbeitslosenunterstützung eingeschränkt sehen. Letzteres war bereits Ende März 1930 der Anlaß gewesen, das Hermann-Müller-Kabinett zu stürzen und die Sozialdemokratie aus der Reichsregierung zu drängen. Es bestand also keine Aussicht für die NSDAP, bündnisfähig zu bleiben und regierungsfähig zu werden, wenn an Streikkämpfen teilgenommen und für die Beibehaltung der Arbeitslosenunterstützung eingetreten wurde. Selbst der auf Feder zurückgehende Kampf gegen die Zinsknechtschaft des Kapitals hatte in den Hinter-

60 Berliner Lokalanzeiger, Nr. 397, 23. 8. 1930.

61 *Bernhard Menne*, Krupp — Deutschlands Kanonenkönige, Zürich 1938, S. 357.

grund zu treten; denn kein geringerer als Schacht bekundete sein Interesse an der Nazibewegung. Von 1925 bis 1927 wurde er im „Völkischen Beobachter" noch als Repräsentant der Zinssklaverei und als Hauptschuldiger für die Annahme des Dawes-Plans attackiert.[62] Ab 1929 galt er als gleichgesinnter Mitstreiter und hochgeschätzter Patriot, obwohl gerade er das System der Sozialversicherung als eine Schwächung des Willens zum Sparen und als Förderung des verschwenderischen Konsums bekämpfte.[63]

Hitler hatte also zu entscheiden, ob er den Straßerschen Kampf-Verlag mit seinen Publikationen weiterhin unkontrolliert massenwirksame Parolen verbreiten lassen oder den Wünschen des Monopolkapitals entgegenkommen wollte. Wie immer in derartigen Situationen schwankte Hitler nicht. Am 21. Mai 1930 ließ er Otto Straßer durch Rudolf Heß telefonisch ins Berliner Hotel „Sanssouci" zu einer Rücksprache bitten.[64] Er empfing ihn „mit einer Flut von *Vorwürfen über die Haltung der Kampf-Verlags-Presse*" und erklärte, „daß er lange genug dem *parteischädigenden Verhalten des Kampf-Verlages* zugesehen habe, daß seine Geduld nunmehr aber am Ende sei". Da Otto Straßer sich weiterhin weigerte, seine Zustimmung zur Auflösung des Kampf-Verlages zu geben, lenkte Hitler scheinbar ein. Er hatte es ohnehin vorgezogen, nur zwei Artikel zu beanstanden, von denen der eine Kunstfragen betraf, der andere in theoretischer Form „*die Idee höher stellte als den Führer*". Zu letzterem bemerkte er, daß es in der NSDAP nicht anginge, „darüber zu entscheiden, ob der Führer noch der sogenannten Idee treu ist oder nicht ... *Bei uns ist Führer und Idee eins und jeder Parteigenosse hat das zu tun, was der Führer befiehlt*, der die *Idee verkörpert* und allein ihr letztes Ziel kennt."

Obwohl Otto Straßer dem widersprach, erinnerte ihn Hitler daran, daß er ihm schon „*verschiedene hohe Posten* in der Partei angeboten" habe, und fügte hinzu: „*ich biete Ihnen noch einmal an, sofort den Posten eines Reichspressechefs zu übernehmen*, zu mir nach München zu kommen und dann direkt unter meiner Leitung Ihre von mir so hoch geschätzte Arbeitskraft und Intelligenz in den Dienst der Be-

62 Völkischer Beobachter, Nr. 73, 25. 6. 1925 (Fort mit Schacht!); Reichsausgabe, Nr. 277, 1. 12. 1927 (Schacht als Kritiker des parlamentarischen Systems); Nr. 278, 2. 12. 1927 (Schachts „Wandlungen").

63 *Hjalmar Schacht*, Das Ende der Reparationen, Oldenburg 1931, S. 181ff.

64 Es wird nach der unmittelbarsten Darstellung *Otto Straßers* in: Ministersessel oder Revolution? zitiert; vgl. auch *derselbe*, Hitler und ich, S. 129ff.

wegung zu stellen." Hitler wandte also die gleiche Methode an, mit der er bei Goebbels vier Jahre zuvor Erfolg gehabt hatte. Er gab zu verstehen, daß es ihm keineswegs um eine Personen-, sondern um eine Sachfrage ging. Der Straßersche Propagandastil war Hitler nicht generell unerwünscht. Er sollte lediglich seiner Aufsicht unterstellt werden. Gregor Straßer — so belehrte er dessen Bruder — habe sich bereits dieser Disziplin unterworfen, auch wenn er nicht immer seiner Meinung sei.

Vergeblich versuchte Otto Straßer Zeit zu gewinnen und eine Aussprache mit Hitler und Rosenberg über Fragen der Außenpolitik und des Sozialismus in München anzuregen. Er hielt schließlich den Schriftleiter des „Völkischen Beobachters" für „den stärksten geistigen Gegenpol" seiner Anschauungen. Hitler verlangte sofort eine Entscheidung, anderenfalls werde er den Kampf-Verlag zum parteischädigenden Unternehmen erklären, allen Parteimitgliedern den Vertrieb der und die Propaganda für die Zeitungen des Kampf-Verlags verbieten und Otto Straßer samt seinem Kreis aus der Partei ausschließen. Er ließ sich jedoch auf eine grundsätzliche Auseinandersetzung ein, die für die Beurteilung der beiderseitigen ideologischen Positionen höchst aufschlußreich ist.

Otto Straßer gab zu verstehen, daß er die bisher vorgebrachten Argumente gegen bestimmte Artikel nur als Scheingründe betrachte. Er habe vielmehr den Eindruck, „als ob *der Hauptgrund der von Ihnen abgelehnte, von uns gepredigte revolutionäre Sozialismus wäre, den Sie im Interesse der Legalität der Partei und der Zusammenarbeit mit der bürgerlichen Rechten (Hugenberg, Stahlhelm usw.) abdrosseln möchten*". Das hätte Hitler mit heftigen Worten zu leugnen gesucht: „Ich bin Sozialist, ganz anders als z. B. der hochvermögende Herr Graf Reventlow. Ich habe als einfacher Arbeiter angefangen. Ich kann heute noch nicht sehen, wenn mein Chauffeur ein anderes Essen hat als ich. Aber *was Sie unter Sozialismus verstehen, das ist einfach krasser Marxismus*. Sehen Sie, *die große Masse der Arbeiter will nichts anderes als Brot und Spiele, die hat kein Verständnis für irgendwelche Ideale* und wir werden nie damit rechnen können, die Arbeiter in erheblichem Maße zu gewinnen. Wir wollen eine Auswahl der *neuen Herrenschicht, die nicht wie Sie von irgendeiner Mitleidsmoral getrieben wird*, sondern die sich darüber klar ist, daß sie auf Grund ihrer besseren Rasse *das Recht hat, zu herrschen* und die diese Herrschaft über die breite Masse rücksichtslos aufrechterhält und sichert."

Otto Straßer war der Meinung, daß die faschistische Bewegung von dieser ideologischen Plattform aus ihr Ziel nicht erreichen könnte. Er fand insbesondere die von Rosenberg vertretene Form der Rassentheorie unhaltbar und ungeeignet. Er sah zugleich, wie sehr sich Hitler konservative Vorurteile zu eigen gemacht hatte und ausschließlich den Standpunkt der herrschenden Klasse vertrat. Dessen Bekenntnis zur Rassentheorie und zu Rosenberg lautete: „*Es gibt überhaupt keine anderen Revolutionen als rassische, es gibt keine wirtschaftliche, keine politische, keine gesellschaftliche Revolution, sondern es gibt immer nur den Kampf der niederrassischen Unterschicht gegen die herrschende höhere Rasse.*" Es sei grundfalsch gewesen, wenn sich Otto Straßer „offen für die sogen. *indische Freiheitsbewegung* ausgesprochen" habe. Es sei doch offensichtlich, „daß es sich um eine *Rebellion der niederen indischen Rasse gegen die hochwertige englisch-nordische Rasse handelt*". Die nordische Rasse habe aber „ein Recht darauf, die Welt zu beherrschen und *wir müssen dieses Recht der Rasse zum Leitstern unserer Außenpolitik machen*". Deshalb könne „für uns auch *nie irgendein Zusammengehen mit Rußland* in Frage kommen".

Otto Straßer plädierte demgegenüber rein opportunistisch. Er wollte außenpolitische Bündnisse unter dem Gesichtspunkt „Vernichtung von Versailles" abgeschlossen wissen. Das Zentralproblem blieb jedoch die Bestimmung des Wesensgehaltes der sozialistischen Demagogie. Um dabei zu einer Klärung zu kommen, wurde zwischen ihm und Hitler eine weitere Zusammenkunft für den folgenden Tag vereinbart. Otto Straßer arbeitete dafür ein 5-Punkte-Programm aus, das er auch seinem Bruder Gregor zur Kenntnis brachte. Er wollte 1. das Recht, „*die deutsche Revolution*" zu fordern, gewahrt und 2. den Schluß, „daß wir *gleich gegnerisch gegenüberstehen: dem bürgerlichen Kapitalismus*, wie dem internationalen Marxismus", bestätigt wissen; 3. sollte es „*keine, Unantastbarkeit des heiligen ‚Privateigentums'*" geben, „sondern wir wollen den deutschen Sozialismus, d. h. Anteil der Gesamtheit an Besitz, Leitung und Gewinn der gesamten Volkswirtschaft". Aus dieser „revolutionären Einstellung" ergebe sich 4. „die Forderung *keiner Beteiligung an einer Koalitionsregierung*" und 5. „*keinen Interventionskrieg gegen Rußland*". Dieses 5-Punkte-Programm läßt erkennen, daß Otto Straßer den Bruch mit Hitler bereits für vollendete Tatsache hielt und sich einen Abgang verschaffen wollte, der ihm Sympathien in Arbeiterkreisen einbringen sollte. Er wußte schließlich, daß das der ursprüngliche politische Auftrag war, den die Faschisten erfüllen sollten. Von dessen Bewältigung hing seiner Meinung nach Erfolg und Mißerfolg ab.

Aber auch Hitler war angesichts der Widerspenstigkeit Otto Straßers zur Radikallösung entschlossen. Er versprach sich davon, daß er einen Demagogen, der kein Maß zu halten wußte und sich nicht von Illusionen zu trennen vermochte, abschüttelte, neue Vertrauensbeweise der herrschenden Klasse. Er hatte längst eingesehen, daß die Arbeiterklasse insgesamt nicht für den Faschismus zu gewinnen war und daher auch nicht mehr vorrangig angesprochen zu werden brauchte. Ihm kam es vor allem darauf an, sich der kleinen Gruppe um Otto Straßer in einer Form zu entledigen, die keine zu große Belastung der Partei darstellen und keine größere Zahl von Anhängern kosten würde. Um dem ideologischen Widersacher seine Isolierung vor Augen zu führen, hatte er zum abschließenden Gespräch seinen Privatsekretär Rudolf Heß, den Direktor des „Völkischen Beobachters", Max Amann, sowie Gregor Straßer und den Teilhaber des Kampf-Verlages, Hans Hinkel, hinzugezogen. Otto Straßer versuchte noch einmal, den seiner Meinung nach notwendigen „*Kampf für den deutschen Sozialismus*" zu begründen. Die Befreiung Preußens sei 1813 ohne die Befreiung der Bauernschaft nicht möglich gewesen. Das Deutschland von 1930 könne die Fesseln des Versailler Vertrages nicht abschütteln ohne die Befreiung der deutschen Arbeiterschaft.

Hitler wies diesen Vergleich als völlig abwegig zurück: „Sie können doch nicht die komplizierte heutige Industriewirtschaft einfach mit der damaligen Bauernbefreiung gleichsetzen. Den Boden kann man natürlich aufteilen und ihn dem einzelnen geben, aber das kann man eben nicht bei einer modernen Fabrik." Als Otto Straßer auf den alten Vorschlag von 1925 zurückkam, den Besitz- und Gewinnanteil der Unternehmer auf 49 Prozent zu beschränken, und gar die Leitungsrechte zu gleichen Teilen zwischen Besitzer, Staat und Belegschaft aufgespaltet sehen wollte, sah sich Hitler zu einer grundsätzlichen Verteidigung der kapitalistischen Wirtschaftsweise herausgefordert: „Das ist reiner Marxismus ... das ist gerade Bolschewismus ... *Mit welchem Recht verlangen diese Leute Anteil am Besitz oder gar an der Leitung? ... Der Unternehmer, der die Verantwortung für die Produktion trägt, der schafft auch den Arbeitern Brot.* Gerade unseren großen Unternehmern kommt es nicht auf das Zusammenraffen von Geld an, auf Wohlleben usw., sondern denen ist die Verantwortung und die Macht das wichtigste. Sie haben sich *auf Grund ihrer Tüchtigkeit* an die Spitze gearbeitet und auf Grund dieser Auslese, die wiederum nur *die höhere Rasse* beweise, haben sie ein Recht zu führen."

Als Otto Straßer noch dazu das kapitalistische Rentabilitäts- und Profitsystem angriff und für eine so rigorose Wirtschaftsautarkie eintrat, daß „*uns der sogenannte ‚Weltmarkt' überhaupt nicht interessiert*", nutzte Hitler sofort die Gelegenheit, um ihm übelsten „Dilettantismus" vorzuwerfen. Man könne sich niemals von der Weltwirtschaft loslösen; „*unsere Aufgabe*" sei es, „*eine großartige Organisation der ganzen Welt vorzunehmen, so daß jedes Land das produziert, was ihm am meisten liegt, während die weiße Rasse, die nordische Rasse, dann die Organisation dieses gigantischen Planes vornimmt.*" Der „*ganze Nationalsozialismus wäre nichts wert, wenn er sich nur auf Deutschland beschränkt und nicht mindestens 1—2000 Jahre lang die Herrschaft der hochwertigen Rasse über die ganze Welt besiegelt.*" Die Frage, ob er bei einer Regierungsübernahme Besitz, Gewinn und Leitung beispielsweise bei Krupp unverändert lassen werde, beantwortete Hitler mit: „*Aber selbstverständlich. Glauben Sie denn, ich bin so wahnsinnig, die Wirtschaft zu zerstören?*" Er werde sich an das italienische Vorbild halten. In einem Nazistaat würden „*Unternehmertum und Arbeiterschaft gleichberechtigt nebeneinanderstehen, während der starke Staat bei Streitigkeiten die Entscheidung fällt*". Auf den Einwand Otto Straßers, daß das kapitalistische System in Italien unangetastet geblieben sei, erklärte Hitler: „*Dieses System ist durchaus richtig, und es kann gar kein anderes geben.*" Mitbesitz und Mitbestimmung — „*das ist ja eben Marxismus*, während ich nur dem von einer höheren Schicht geleiteten Staat das Recht der Einflußnahme gebe".

Mit dieser Erklärung Hitlers endete die hochbedeutsame Diskussion. Die sofortige Veröffentlichung der Aufzeichnung durch Otto Straßer bewahrt die Unmittelbarkeit ihrer Wiedergabe. Obwohl er damit eigene politische Ziele verfolgte, sind seine sachlichen Angaben richtig. Die Äußerungen Hitlers decken sich mit dem, was er in vertraulichen Gesprächen mit Hermann Rauschning, bei Interviews durch Richard Breiting und in seiner gedruckten Rede vor den Industriellen im Düsseldorfer Industrieklub ausführte. Sie beweisen, daß man in der Naziideologie sorgsam zwischen dem zu unterscheiden hat, was in der Öffentlichkeit zur Massenbeeinflussung verkündet wurde, und dem, was man insgeheim dachte und wollte. Selbstverständlich gab es dazwischen keine unübersteigbare Mauer. Vieles von dem, was Hitler Otto Straßer entgegenhielt, ließ sich schon in „Mein Kampf" nachlesen. Aber es wurde viel unverhüllter dargeboten und blieb vom sonstigen demagogischen Ballast frei. Von Juden war beispielsweise überhaupt nicht die Rede, obwohl die Rassenproblematik zur Diskussion stand. Dafür fällt auf, wie klar Hitler seine Klassenfunktion erfaßte und wie sehr Otto Straßer zwischen Teilerkenntnissen und Illusionen hin und her schwankte. Das sollte entscheidend für den Ausgang der Auseinandersetzung werden.

Nachdem Hitler sein „Bekenntnis zur höheren Rasse der Fabrikdirektoren“[65] abgelegt hatte, ließ er wochenlang nichts von sich in dieser Angelegenheit verlauten. Ihm kam es darauf, Otto Straßer und seinen kleinen Anhängerkreis zu isolieren und möglichst ohne großes Aufsehen aus der Partei zu entfernen. Er konnte sich darauf verlassen, daß Gregor Straßer, der bei der Auseinandersetzung am 22. Mai geschwiegen hatte, seinen Anweisungen folgen würde. Auch der dritte Teilhaber des Kampf-Verlages, Hans Hinkel, stand auf seiner Seite. Als Otto Straßer Ende Juni 1930 in einer Zeitung öffentlich gegen die Beteiligung der NSDAP an einer „Bürgerblock“-Regierung in Sachsen nach dem Thüringer Vorbild auftrat, wurde der verantwortliche Redakteur aus der Partei ausgeschlossen. Hitler forderte Goebbels brieflich auf, „die *rücksichtslose Säuberung* der Partei von allen jenen Elementen in Berlin durchzuführen“. Die NSDAP werde, solange er sie führe, „kein Debattierklub wurzelloser Literaten oder chaotischer Salon-Bolschewisten“ sein.[66] Goebbels sorgte dafür, daß die Anhänger Otto Straßers in der Berliner Parteiorganisation gar nicht mehr zu Worte kamen, und gab deren bevorstehenden Ausschluß bekannt. Daraus zogen diese die Konsequenz und veröffentlichten ihrerseits eine Austrittserklärung unter der Überschrift „Die Sozialisten verlassen die NSDAP“.[67] Es zeigte sich jedoch, daß es nur ein kleines Häuflein war, das sich dazu entschloß. Goebbels ließ zynisch verlauten, man werde „diesen Sabotageversuch ausschwitzen“.[68] Das fiel um so leichter, da nur ganz wenige Anhänger Otto Straßers — wie z. B. Bodo Uhse — sich von den faschistischen Positionen trennten und wirklich zur Arbeiterbewegung übergingen.

Die übergroße Mehrheit derer, die zum Straßer-Flügel gezählt wurden, bekannte sich zu Hitler. Gregor Straßer veröffentlichte im „Völ-

65 *Heiden*, Der Nationalsozialismus, S. 281.

66 *Kühnl*, Die nationalsozialistische Linke, Dok. Nr. 53, S. 374.

67 Dieser Aufruf ist abgedr. in: ebenda, Dok. Nr. 5, S. 292ff. Er trug nur 25 Unterschriften.

68 Ebenda, S. 372 (das Dok. Nr. 52 entstammt dem ZStA Merseburg, Rep. 77, Tit. 4043, Nr. 68 a, Bl. 80).

kischen Beobachter" folgende Erklärung: „Ich stehe dem Vorgehen des Kreises um den Kampfverlag unter Führung meines Bruders Dr. Otto Straßer gegen die Nationalsoz[ialistische] Deutsche Arbeiterpartei in schärfster Verurteilung und Opposition gegenüber . . . Ich stehe nach wie vor in vollster Loyalität hinter Herrn Adolf Hitler und der von ihm geführten Nationalsozialistischen Deutschen Arbeiterpartei."[69] Dabei haben sicher die finanziellen Zuwendungen eine Rolle gespielt. Entscheidend war jedoch, daß es nie eine geschlossene Opposition in der NSDAP gab, die sich durch mehr als taktische Meinungsverschiedenheiten von der Münchner Parteiführung getrennt sah. Reinhard Kühnl hat recht, wenn er sein Urteil über die „gesamte Wirtschaftskonzeption des Nationalsozialismus . . . in Grenzen auch für die des linken Flügels" gelten ließ: „Mit möglichst schroffen und brutalen Wendungen wird die Entschlossenheit kundgetan, alles Bestehende umzustürzen; eine sachliche Prüfung aber ergibt, daß, von einigen Randkorrekturen abgesehen, strukturell fast alles beim alten bleibt, Unzufriedenheit und Aggressionen durch sadistischen Terror gegen Minderheiten aufgefangen werden." Es wird jedoch problematisch, wenn Kühnl von einer Linken in der NSDAP spricht, die „die realen Interessen der nationalsozialistischen Anhängerschaft zu vertreten gewillt war — wobei sie diese subjektiv mit den Interessen der Arbeiterschaft identifiziert hat —, während die Parteiführung um jeden Preis an die Macht kommen wollte und daher die Interessen ihrer Anhängerschaft für ein Bündnis mit den sozial herrschenden Kräften aufzugeben bereit war".[70]

Hätte es diesen „linken Flügel" in der NSDAP gegeben, dann wäre sowohl die Bamberger Führertagung von 1927 als auch die Auseinandersetzung mit der Otto-Straßer-Gruppe 1930 anders verlaufen. Ende 1932 sah es sogar eher danach aus, daß Gregor Straßer „um jeden Preis" an die Regierung kommen wollte. Wirklich greifbar blieb lediglich der Meinungsstreit über die richtige Taktik, um sowohl Massen zu mobilisieren als auch monopolkapitalistische Interessen zu vertreten, und ein bei Otto Straßer und Adolf Hitler besonders stark ausgeprägtes Bewußtsein, dabei auf dem richtigen Wege zu sein. Objektiv überwog ohnehin das Zusammenspiel der Propagandamethoden. Die Straßers haben wesentlich dazu beigetragen, daß die Hitlerclique ihr Werben um die Gunst der herrschenden Klasse durch

69 Völkischer Beobachter, Bayernausgabe, Nr. 158, 5. 7. 1930.

70 *Kühnl*, Die nationalsozialistische Linke, S. 80, 89.

den Nachweis eines Millionenanhangs untermauern konnte. Da sich Gregor Straßer demonstrativ zu Hitler bekannte und seinen Bruder Otto widerspruchslos fallenließ, verhallte dessen Erklärung „Die Sozialisten verlassen die NSDAP" und sein scheinbares Alternativprogramm „Ministersessel oder Revolution" weitgehend ungehört. Es blieb die Unzufriedenheit derer, die die demagogischen Naziparolen wörtlich genommen hatten, und die Erleichterung jener, denen sie stets ein Dorn im Auge gewesen waren.

VIII. KAPITEL

Die ideologischen und propagandistischen Methoden der Massenmobilisierung 1930—1932

Als die Ergebnisse der Reichstagswahl vom 14. September 1930 bekannt wurden, war ein politischer Erdrutsch unverkennbar. Die Nazis hatten, scheinbar über Nacht, ihren Stimmenanteil — verglichen mit den Reichstagswahlen von 1928 — von 2,6 auf 18,3 Prozent und die Zahl ihrer Abgeordneten von 12 auf 107 gesteigert. Dieses Ergebnis kam selbst der Naziführung überraschend. Hitler hatte 50, bestenfalls 60 bis 80 Mandate für möglich gehalten[1] und dementsprechend die Zahl der Anwärter auf der NSDAP-Wahlliste bemessen. Man mußte also nachträglich Abgeordnete benennen. Nur die KPD erreichte noch einen Zuwachs von 10,6 auf 13,1 Prozent der Wählerstimmen. Alle anderen Parteien erlitten Verluste, zum Teil niederschmetternde. Der SPD-Anteil ging von 29,8 auf 24,5 Prozent zurück. Das Zentrum, dessen Wählerschaft stark religiös motiviert war, konnte zwar einige Mandate gewinnen, verlor prozentual aber auch an Stimmen. Die übrigen namhaften bürgerlichen Parteien erlebten ein „Waterloo". Der Stimmenanteil der DNVP wurde glatt halbiert und lag nur noch bei 7 Prozent. Ende 1924 waren es 20,5 Prozent gewesen. Das gleiche Schicksal widerfuhr der DVP, die lediglich 4,5 Prozent der Wähler auf sich vereinigen konnte. Die DDP, die sich von 1930 ab Deutsche Staatspartei nannte — einstmals eine Säule des Weimarer Regierungssystems mit 18,6 Prozent —, befand sich schon lange in einer tiefen Krise, so daß ihre 3,8 Prozent kaum überraschten. In ihrer Gesellschaft waren die Wirtschaftspartei (3,9 Prozent), die Bayerische Volkspartei (3 Prozent), der Christlichsoziale Volksdienst (2,5 Prozent) und die Deutsche Landvolkbewegung (3,2 Prozent).[2]

Der Stimmenzuwachs der Nazipartei kam also ganz eindeutig aus dem traditionellen Wählerreservoir der bürgerlichen Parteien. Außer-

1 *Fest*, Hitler, S. 400.

2 Statistisches Jahrbuch für das Deutsche Reich, Berlin 1931, S. 546f.

dem wurden Wählermassen mobilisiert, die bisher nicht an Wahlen teilgenommen hatten. Die Zahl derer, die KPD oder SPD wählten, blieb dagegen annähernd konstant. Obwohl Wahlergebnisse keinen absoluten Aussagewert für das reale Kräfteverhältnis im Klassenkampf haben, so sind sie doch als politisches Stimmungsbarometer aufschlußreich und spiegeln vor allem die Wirkung der politischen Propaganda, der dafür einsetzbaren Geldmittel und der ihr zugrunde liegenden ideologischen Mobilisierungsmethoden wider. Der Trend, der bei den Reichstagswahlen von 1930 zum Ausdruck gekommen war, setzte sich bei den Landtagswahlen der folgenden Jahre fort und erreichte bei den Reichstagswahlen im Sommer 1932 seinen Höhepunkt. Zuvor hatten die Reichspräsidentenwahlen vom Frühjahr 1932 bereits signalisiert, daß aus den 6,4 Millionen, die 1930 die NSDAP wählten, 13,4 Millionen geworden waren, die im zweiten Wahlgang Hitler ihre Stimme gaben.

Diese hohe Zahl wurde bei den Reichstagswahlen vom 31. Juli 1932 bestätigt. Die NSDAP erhielt 13,7 Millionen Stimmen — geringfügig mehr als die nach wie vor konstant gebliebene Zahl der KPD- und SPD-Wähler —; es waren 37,4 Prozent der Stimmen (230 Mandate). Die entsprechenden Zahlen der SPD gingen auf 21,6 Prozent und 133 Abgeordnete zurück. Der KPD-Stimmenanteil stieg auf 14,6 Prozent, dem entsprachen 89 Mandate. Außer dem Zentrum, das sich gegenüber 1930 leicht verbessern konnte, und der DNVP, die weitere Verluste hinnehmen mußte, spielten die anderen Parteien und Wählervereinigungen praktisch keine Rolle mehr.[3]

Detaillierte Wahlanalysen ergaben folgende Erkenntnisse[4]: Die Nazipartei hatte ihre größten Wahlerfolge in ländlichen Gebieten mit vorwiegend evangelischer Konfession. In Schleswig-Holstein wurde im Juli 1932 sogar die 50-Prozent-Marke überschritten, in den Wahlbezirken Osthannover, Frankfurt/Oder, Liegnitz, Pommern und Ostpreußen nahezu erreicht. In Industrieregionen und Industriestädten war sie zum Teil beträchtlich unter dem Reichsdurchschnitt geblieben. Das Haupteinflußgebiet der NSDAP hatte sich nach Norddeutschland verschoben. Das hing — von lokalen Besonderheiten

3 Ebenda, 1932, S. 547, 542f.

4 Vgl. dazu außer dem Statistischen Jahrbuch die detaillierten Wahlanalysen in: *Karl Dietrich Bracher*, Die Auflösung der Weimarer Republik. Eine Studie zum Problem des Machtverfalls in der Demokratie, 2., verb. u. erw. Aufl., Stuttgart/Düsseldorf 1957, S. 645ff.

abgesehen — in erster Linie mit der Sozialstruktur zusammen, wirkte aber wie eine Bestätigung der von den norddeutschen Faschisten angewandten Propagandamethoden und erklärt nicht zuletzt den nach wie vor großen Einfluß Gregor Straßers in der Partei. Goebbels hatte in Berlin, wo die Arbeiterparteien zusammen absolut und die KPD allein relativ dominierten, stets eines der schlechtesten Wahlergebnisse aufzuweisen. Selbst das Ursprungsland der NSDAP — Bayern — lag unter dem Reichsdurchschnitt.

Es bestand also bei Bauern und Kleinbürgern, die nicht aus religiösen Gründen von dem katholischen Zentrum bzw. der katholischen Bayerischen Volkspartei gebunden wurden, eine latente Aufnahmebereitschaft für die nazistische Ideologie. Das hatte sowohl traditionelle wie zeitbedingte Gründe. Die Bevölkerung auf dem Lande und in den Kleinstädten war politisch rückständiger als die in den Industriegebieten und Großstädten. Sie stand noch weitaus stärker unter dem Einfluß reaktionärer Leitbilder. Primitive Demagogie fand relativ leicht Widerhall. Bezeichnend dafür war die Resonanz auf den Antisemitismus. Juden in Gestalt von Wucherzinsen verlangenden Geldverleihern, von preisdrückenden Viehhändlern, von rücksichtslosen Grundstückaufkäufern und von feilschenden Kleinhändlern galten vielen nicht als Begleiterscheinung des kapitalistischen Wirtschaftssystems und der Judendiskriminierung, sondern als eigentliche Ursache der eigenen Misere. Die permanente kapitalistische Agrarkrise und die akute allgemeine Wirtschaftskrise ließen sich daher leicht in Verbindung mit dem Judentum bringen. Der objektive Antikapitalismus konnte gerade auf dem Lande in subjektiven Antisemitismus umgemünzt und abgewiegelt werden.[5]

Außerdem hatten sich die Nazis seit Mitte der zwanziger Jahre mehr um die Landbevölkerung gekümmert und einen regelrechten Bauernkult betrieben. Während der Anfänge der Nazibewegung in München fehlten dafür die notwendigen Voraussetzungen. Man sollte und wollte sich in erster Linie an Arbeiter und von der Revolution und der Inflation aufgeschreckte Kleinbürger in der Stadt wenden. Erst als sich zeigte, daß das Proletariat für die Faschisten weitgehend unzugänglich blieb, wurden die Schwerpunkte der Massenpropaganda verschoben. Neben das Kleinbürgertum als Hauptadressaten der faschistischen Propaganda traten in ständig zunehmendem Maße der Bauer

5 Vgl. dazu Bayern in der NS-Zeit II. Herrschaft und Gesellschaft im Konflikt, Teil A. Hrsg. Martin Broszat/Elke Fröhlich, München/Wien 1979, S. 281ff. (*Ian Kershaw*, Antisemitismus und Volksmeinung).

und der Tagelöhner. Den norddeutschen Nazis ist diese Umstellung leichter gefallen als manchem „alten Kämpfer" in München. Sie wußten, daß die Landbevölkerung für sie ansprechbarer war als die Stadtbevölkerung, und hatten demgemäße Schlußfolgerungen gezogen. Hitler erkannte die daraus entspringende Überlegenheit an und entschloß sich, die Propaganda unter den Bauern in die Hand eines Spezialisten zu legen, der durchaus nicht zur Münchner Führerclique gehörte, sondern erst sehr spät zur NSDAP gestoßen war.

Am 25. August 1930 wurde Richard Walther Darré zum Referenten für landwirtschaftliche Fragen bei der Parteiführung in München ernannt. Er war wie Hitler, Heß und Rosenberg ein sogenannter Auslandsdeutscher, denn er wurde 1895 in der Nähe von Buenos Aires als Sohn eines bedeutenden Import- und Exportkaufmannes in Südamerika geboren. Darré erhielt eine sorgfältige Ausbildung in Heidelberg und Wimbledon. Von Ostern 1914 ab besuchte er die deutsche Kolonialschule in Witzenhausen. Bei Kriegsausbruch meldete er sich, der ursprünglich Offizier werden wollte, sofort als Kriegsfreiwilliger und avancierte schließlich zum Leutnant. Nach Kriegsende schloß er zunächst seine Kolonialausbildung ab. Angesichts der Deutschland im Friedensvertrag von Versailles abgesprochenen Kolonien nahm er jedoch ein zusätzliches Landwirtschaftsstudium auf und spezialisierte sich auf dem Gebiet der Tierzüchtung. Zugleich befaßte er sich intensiv mit der völkisch-faschistischen Literatur über Rassenkunde. Angeregt von Houston Stewart Chamberlains „Grundlagen des neunzehnten Jahrhunderts", versuchte er aus seinen tierzüchterischen Spezialkenntnissen Schlußfolgerungen für die menschliche Gesellschaft zu ziehen. Darré, der vorübergehend als landwirtschaftlicher Sachverständiger des Reichsministerium für Ernährung und Landwirtschaft im Baltikum tätig war, erregte damit die Aufmerksamkeit der Naziführung. Mit Rücksicht auf seine Berufskarriere hatte er es bisher vermieden, der NSDAP beizutreten, wohl aber war er im „Stahlhelm" und im „Bund der Artamanen" tätig. Als sich eine erfolgversprechende Beamtenlaufbahn jedoch nicht abzeichnete, nahm er im Frühjahr 1930 im Hause eines gemeinsamen Gönners, des rassentheoretisch engagierten Professors Paul Schultze-Naumburg, das Angebot Hitlers „Organisieren Sie mir die Bauern, ich lasse Ihnen freie Hand!" an.[6]

6 Vgl. dazu die ausgesprochen apologetische Darré-Biographie seines Mitarbeiters *Hermann Reischle*, Reichsbauernführer Darré, der Kämpfer um Blut

Darré war seit Mitte der zwanziger Jahre literarisch tätig.[7] 1927 veröffentlichte er seine erste größere Arbeit zum Thema „Das Schwein als Kriterium für Nordische Völker und Semiten". Er versuchte darin nachzuweisen, daß die Schweinehaltung und der Genuß von Schweinefleisch als rassische Erkennungszeichen betrachtet werden könnten. Den semitischen Nomadenvölkern und unter ihnen den Juden sei es unmöglich gewesen, Schweine zu hegen. Wildschweine wären an den Wald gebunden und könnten in der Wüste nicht existieren. Daraus habe sich die Verachtung des Schweins und das Verbot ergeben, Schweinefleisch zu essen. Ernährungsphysiologische Gründe allein seien nicht maßgebend, obwohl bei nordischen Menschen ein höherer Fettbedarf vorhanden wäre. Beides — der Wald und die Kälte — erklärten deren Interesse am Schwein. Dieses wiederum beweise, daß die nordischen Menschen wirklich aus den kühlen Laubwaldregionen Nordeuropas stammten. Sie wären Bauern und keine Nomaden gewesen. Das bei den alten Griechen und Römern übliche Schweineopfer lasse zudem auf deren nordischen Ursprung schließen. Was Rosenberg ideengeschichtlich zu begründen suchte, wurde von Darré zoologisch untermauert.

Die pseudowissenschaftliche Art Darrés, wie die Sozialdarwinisten Rückschlüsse aus Naturerscheinungen auf gesellschaftliche Verhältnisse zu ziehen, zeigt sich noch deutlicher in dem Aufsatz „Das Gesetz des Minimums und seine Bedeutung für das staatliche Leben". Justus von Liebig hatte erkannt, daß das Wachstum einer Pflanze von dem Nährstoff bestimmt wird, der in verhältnismäßig geringster Menge zur Verfügung steht, und diese Erkenntnis das Gesetz des Minimums genannt. Darré scheute sich nicht, eine biologische Beobachtung ohne weiteres auf das moderne Staatsleben zu übertra-

und Boden, Berlin 1933 (Zitat S. 48), und den Lebenslauf Darrés in: BA Koblenz, Nachlaß Darré I, Nr. 9, unfol. Allgemein zur nazistischen Bauernpolitik vgl. *Horst Gies*, R. Walther Darré und die nationalsozialistische Bauernpolitik in den Jahren 1930 bis 1933, phil. Diss. Frankfurt a. M. 1966; *derselbe*, NSDAP und landwirtschaftliche Organisationen in der Endphase der Weimarer Republik, in: Vierteljahrsh. Zeitgesch., 4/1967, S. 341 ff.

7 Eine Sammlung der frühen Aufsätze Darrés ist unter dem Titel erschienen: *R. Walther Darré*, Erkenntnisse und Werden. Aufsätze aus der Zeit vor der Machtergreifung, Goslar 1940. Ihr sind die folgenden Zitate aus den erwähnten Artikeln entnommen. Einige Aufsätze hat Darré später zu Büchern und Broschüren umgearbeitet, wie z. B. „Das Schwein als Kriterium für nordische Völker und Semiten", München 1933.

gen. Er behauptete, der Wert eines Parlaments würde durch das niedrigste Abgeordnetenniveau bestimmt, und leitete daraus die Forderung ab, für eine bessere Auslese zu sorgen. Seinen Vorstellungen entsprach nicht einmal das preußische Dreiklassenwahlrecht. Ihm schwebte vielmehr ein „stufenweises Sieben der wählenden und der ins Parlament wählbaren Volksgenossen“ vor, damit dessen „*Schöpferkraft*“ gewährleistet sei. Fast zur gleichen Zeit hatte ein jungkonservativer Faschist — Edgar Julius Jung — sein gerade von Ruhrindustriellen wie Paul Reusch und Fritz Springorum viel beachtetes und auch von Darré geschätztes Buch „Die Herrschaft der Minderwertigen“ veröffentlicht, in dem er nachzuweisen suchte, daß das parlamentarische System notwendigerweise den Durchschnitt dominieren lasse und damit zur Minderwertigkeit führen müsse.

So lächerlich die Methoden Darrés auch anmuten, wirkungslos blieben sie nicht. Sie leiteten politische Schlußfolgerungen aus Produktionserfahrungen und Fachschulerkenntnissen der Bauern ab. In seinen Aufsätzen sind regelrechte Abhandlungen über chemische Vorgänge in Pflanzen mit zahlreichen Formeln eingestreut, um beispielsweise den „*Lebensbaum*“ als „Kernstück und Symbol aller germanischen Weltanschauung“ zu erklären. Besonders makaber waren seine Versuche, Grundsätze der Tierzucht auf den Menschen zu übertragen: Er bejahte ausdrücklich den schon 1904 durch einen Grafen Wartensleben geäußerten Standpunkt, daß es vor allem auf „Züchtung“ ankomme, wenn „die Deutschen im großen Weltkampf der Völker siegreich bestehen“ wollten.[8]

Der Rassenlehre und der Menschenzucht waren zwei Bücher gewidmet, die Darré im Verlag von J. F. Lehmann in München herausbrachte. Der alldeutsche Verleger lieferte damit weitere Bausteine für die faschistische Ideologie. Das erste Buch erschien Ende 1928 mit dem Titel „Das Bauerntum als Lebensquell der Nordischen Rasse“ und hat offensichtlich das Interesse der Naziführung an Darré geweckt. Es war gegen die damals in Deutschland vorherrschende Auffassung gerichtet, die indogermanische oder nordische Rasse sei als reine Herrenrasse nomadenartig aus den Steppengebieten Rußlands gekommen und habe auf ihren Wanderzügen andere Rassen und Völker überschichtet und sich unterworfen. Diese elitäre Konzeption knüpfte an Gobineau an, der immer behauptet hatte, die bis zur bür-

8 *Darré*, Erkenntnisse und Werden, S. 203.

gerlich-demokratischen Revolution in Frankreich herrschenden Klassen wären höherrassige germanische Einwanderer gewesen und hätten eine niederrassige Urbevölkerung vorgefunden. Es wurde bereits darauf hingewiesen, daß diese den Bauern verachtende und den Adel verklärende Theorie nicht in das völkische Geschichtsbild von Deutschland paßte. Dagegen hatte bereits der Rasseforscher Hans F. K. Günther Stellung genommen. Darré versuchte nun seinerseits zu beweisen, daß die „Nordische Rasse" keine eingewanderte nomadisierende Oberschicht gewesen sei, sondern die seßhafte Bauernschaft in Nordeuropa verkörpere. Er zog zu diesem Zwecke sowohl die griechisch-römische Überlieferung, die Sagen und die Rechtsauffassungen der Germanen als auch die Haustierforschung heran. Das gab seinem Buch einen wissenschaftlichen Anstrich, der über den politischen Zweck hinwegtäuschte.

Darré ging es zumindest um zweierlei. Zum einen wollte er den fundamentalen Gegensatz zwischen dem Bauerntum der „Nordischen Rasse" und dem Nomadentum der semitischen Juden entwicklungsgeschichtlich begründen und damit — wie sein engster Mitarbeiter und Biograph Hermann Reischle betonte — eine unerschütterliche „Ausgangsstellung für den von ihm vorausgeahnten und gewollten Entscheidungskampf des germanischen Volkstums gegen das Judentum" schaffen.[9] Zum anderen sollte der Bauernschaft geschmeichelt und ihre rassebildende Bedeutung auch gegenüber dem noch überwiegend im konservativen Lager stehenden Adel hervorgehoben werden. Die zuletzt genannte Absicht wurde durch eingestreute Zitate aus dem Werk Heinrich von Treitschkes deutlich, der als sächsischer Nationalliberaler den preußischen Junkern und adligen Territorialherren nicht sehr wohlgesinnt war. So schrieb Darré: „Man sei doch mit vorschnellen Urteilen über die Kriegsfreudigkeit des deutschen Adels nordischer Rasse und der friedfertigen Schlafmützigkeit des deutschen Bauern aus angeblich anderem Rassenblut etwas vorsichtiger. Jedenfalls haben die brandenburgischen Bauern des Großen Kurfürsten etwas weniger Schlafmützigkeit, dafür aber sehr viel mehr Stolz und Waffenfreudigkeit aufgebracht als die hochedlen und hochgeborenen Rhein-Dynasten im Jahre 1802. ‚In der Raserei der Angst ging aller Stolz und alle Scham verloren', sagt *Treitschke* von diesen und fährt mit beißendem Spott fort: ‚Wie das Geschmeiß hung-

9 *Reischle*, Reichsbauernführer Darré, S. 42.

riger Fliegen stürzte sich Deutschlands hoher Adel auf die blutigen Wunden seines Vaterlandes.'"[10]

Darré war dabei keineswegs grundsätzlich adelsfeindlich. Er heiratete in zweiter Ehe die Tochter des baltischen Gutsbesitzers Rudolf Frhr. von Vietinghoff-Scheel und rühmte die alten Adelsgeschlechter. Er konnte aber nicht übersehen, daß speziell in Ostelbien auf dem Lande Zustände herrschten, die es völlig unmöglich machten, das Trugbild einer „Volksgemeinschaft" zu zeichnen.[11] Zugleich blieben seiner bauernfängerischen Demagogie objektive und subjektive Grenzen gesetzt. Er durfte die Angriffe auf den Großgrundbesitz nicht zu weit treiben. Er wollte die Eigentumsverhältnisse auf dem Lande auch keineswegs grundlegend verändern. Die Bauern sollten vielmehr dadurch geködert werden, daß ihre Höfe für unantastbar erklärt und ihnen persönlich Adelsrechte eingeräumt wurden.

Dieser Absicht war das zweite Buch Darrés gewidmet, das er bereits als engagierter Nazi im Hause von Paul Schultze-Naumburg fertigstellte und das 1930 unter dem Titel „Neuadel aus Blut und Boden" erschien. Es bildete zusammen mit dem zuvor genannten Werk das ideologische Fundament der faschistischen „Blut und Boden"-Propaganda. Darré entwickelte darin ein regelrechtes Menschenzuchtprogramm, das die deutschen Faschisten schließlich mit Hilfe der SS zu verwirklichen suchten, und zwar im doppelten Sinne: durch die Vernichtung der angeblich rassisch minderwertigen Elemente bis hin zur Ausrottung der Juden und durch eine innerorganisatorische Erbmasselenkung mit Hilfe von Heiratsbedingungen und ähnlichen Maßnahmen. Darré machte kein Hehl daraus, daß ihm als Orientierungspunkte die Erfahrungsregeln der Tierzüchter dienten: „1. Man *stellt* ein *Auslese-Vorbild auf*, um zunächst das *Ziel festzulegen* ... 2. Man *paart das Beste mit dem Besten* ... 3. Man *wählt* nach *Abstammung* aus ... 4. Man *unterwirft* jedes für die Zucht in Frage kommende *Tier* einer *Leistungsprüfung* ... 5. Man *prüft* genau die *Leistungen des Nachwuchses* ..."[12]

10 *R. Walther Darré*, Das Bauerntum als Lebensquell der Nordischen Rasse, München 1929, S. 63.

11 Vgl. dazu Darrés Aufsatz „Ostelbien" vom 1. 6. 1934, in: *derselbe*, Um Blut und Boden. Reden und Aufsätze, München 1939, S. 249ff.

12 *Derselbe*, Neuadel aus Blut und Boden, München 1930. Es wird nach der 3. Aufl. 1943 zit., S. 178ff. Dieser Frage hat Darré eine spezielle Veröffentlichung „Das Zuchtziel des deutschen Volkes", München 1931, gewidmet (abgedr. in: *derselbe*, Um Blut und Boden, S. 30ff.)

Vorsichtshalber zitierte Darré aber auch den für Hitler, Goebbels und viele andere Naziführer wichtigen Satz des Rasseforschers Hans F. K. Günther: „Die Erscheinung eines Menschen mag ein Hinweis auf seine rassische Zugehörigkeit sein, ein voller Ausweis ist sie nicht." Es ergebe „sich so die ganz einfache Folgerung, daß unser Volk in züchterischen Dingen seine *Männer* vor allem nach ihren Leistungen bewerten sollte, ihnen aber anempfehlen müßte, sich bei der Wahl ihrer *Frauen* nach dem nordischen Auslesevorbild zu richten. Damit könnte sowohl der *Leistungs-* als auch der rassische *Zucht*-Gedanke in sehr einfacher und zweifellos verwirklichungsfähiger Form in unser Volksempfinden eingegliedert und damit lebendig gemacht werden."[13]

Obwohl Darré „eine Frau nicht *nur* nach ihrem Rassenwert" beurteilt sehen wollte — „Blonde Hülsen ohne Kern und Erbwert können wir nicht gebrauchen" —, so schlug er doch eine in der Rinder- und Pferdezucht übliche Klasseneinteilung vor: Der Klasse I sollten diejenigen Mädchen zugerechnet werden, deren Verehelichung in jeder Beziehung wünschenswert erscheine, die also dem Herdbuchvieh gleichzusetzen wären und aus Qualitätsgründen nur etwa 10 Prozent der zur Ehe Tauglichen ausmachen dürften. Die Klasse II würde den großen Rest derer umfassen, „deren Verehelichung im Hinblick auf die Nachkommenschaft keinerlei grundsätzliche Bedenken entgegenstehen". Da diese Klasse sehr zahlreich belegt wäre, könnte man eine Untergliederung in IIa und IIb wie bei Gemüse- und Obstsorten in Erwägung ziehen. Die Klasse III umfasse jene Mädchen, gegen deren Verehelichung zwar keine Bedenken vorlägen, „deren erbwertlicher Zustand aber in jedem Falle eine Unterbindung von Nachkommenschaft verlangt. Diesen Mädchen wird man die Ehe gestatten, wenn die Kinderlosigkeit ihrer Ehe gewährleistet ist (Sterilisation!)". Zur Klasse IV gehörten Mädchen, durch deren Heirat der „Begriff einer *deutschen* Ehe entwürdigt würde". Außer Geisteskranken, öffentlichen Dirnen, „denen ihre Ahnentafel das Gewerbe schon vorzeichnet", rückfälligen Verbrecherinnen zählte er aus „Gründen der Folgerichtigkeit . . . alle unehelichen Kinder *unbekannter* Herkunft" hinzu.[14] Das zuletzt genannte Prinzip hätte sich insbesondere in der Hundezucht bewährt.

Diese im wahrsten Sinne des Wortes unmenschlichen Zuchtrezepturen veröffentlichte Darré nicht nur ungeniert unter dem Beifall der

13 *Darré*, Neuadel, S. 198.

14 Ebenda, S. 198, 170f.

Faschisten. Er wies auch darauf hin, daß sie ganz folgerichtig aus dem Weltbild Lagardes und Nietzsches abgeleitet wurden, die zwar noch nicht an die biologische Zuchtmethode gedacht hätten, mit ihrem Idealbild von einem neuen deutschen Adel (Lagarde) und der „Großen Gesundheit" des Leibes und der Seele (Nietzsche) aber für das angestrebte Zuchtmodell maßgeblich wären.[15] Außerdem gab es schon vor Darré eine umfangreiche Literatur zur sogenannten Rassenhygiene, die zu einem erheblichen Teil im Münchner Verlag J. F. Lehmann erschienen war. Nächst Hans F. K. Günther[16] ist hierbei der Münchner Universitätsprofessor Max von Gruber zu nennen[17]

Darré ließ es schon vor 1933 keineswegs bei der Theorie bewenden. Als ihn der Danziger Senatspräsident Hermann Rauschning einmal in seinen Münchner Arbeitsräumen besuchte, zeigte er ihm stolz seine große Erbmassekartei: „Hier entsteht der neue Adel. Wir werden das beste Blut sammeln", sagte er, indem er auf die eisernen Kartothekschränke hinwies. „Wie wir unser altes hannöver'sches Pferd aus wenigen reingebliebenen Vater- und Muttertieren wieder herausgezüchtet haben, so werden wir aus dem besten deutschen Blut durch Verdrängungskreuzungen im Laufe der Generationen wieder den reinen Typ der nordischen Deutschen züchten. Vielleicht werden wir nicht mehr das ganze deutsche Volk reinzüchten können. Aber der neue deutsche Adel wird eine Hochzucht im buchstäblichen Sinne des Wortes sein ... Aus dem Menschenreservoir der SS werden wir den neuen Adel züchten. Wir werden das planmäßig und nach wissenschaftlichen biologischen Erkenntnissen tun."[18]

Die SS (Schutzstaffel) war aus der im März 1923 gebildeten „Stabswache" hervorgegangen, die einige Zeit „Stoßtrupp Adolf Hitler" hieß. Ihre eigentliche Gründung erfolgte im Frühjahr 1925. In den ersten Jahren ihrer Existenz spielte sie nur eine bescheidene Rolle. Das änderte sich, als Hitler am 6. Januar 1929 Heinrich Himmler zum

15 Ebenda, S. 223f.

16 *H. F. K. Günther*, Rassenkunde des deutschen Volkes, München 1922; *derselbe*, Deutsche Rassenbilder, München 1926; *derselbe*, Adel und Rasse, München 1927; *derselbe*, Der Nordische Gedanke unter den Deutschen, München 1925; *derselbe*, Platon als Hüter des Lebens, München 1928.

17 *Max v. Gruber*, Fortpflanzung, Vererbung, Rassenhygiene, München 1911; *derselbe*, Ursachen und Bekämpfung des Geburtenrückgangs im Deutschen Reich, München 1914.

18 *Rauschning*, Gespräche mit Hitler, S. 36.

neuen Reichsführer der SS berief. Sie wurde systematisch zu einer Eliteorganisation der Nazibewegung ausgebaut und angesichts der nicht für völlig zuverlässig erachteten SA zum unbedingten Gehorsam gegenüber Hitler verpflichtet.[19]

Der 1900 geborene Himmler war der Sohn eines Geheimen Studienrates und Prinzenerziehers in München. Er wurde ganz im Sinne der Wittelsbacher Geschichtsromantik erzogen. Sein Berufsziel — Offizier — konnte er nicht verwirklichen. Er blieb Fahnenjunker und schaffte den Übertritt in die Reichswehr nicht. Daraufhin studierte er Landwirtschaft, hoffte aber noch immer auf militärische Betätigung. Bereits am 22. November 1921 schrieb er in sein Tagebuch: „Wenn im Osten wieder ein Feldzug ist, so gehe ich mit. Der Osten ist das Wichtigste für uns. Der Westen stirbt leicht. Im Osten müssen wir kämpfen und siedeln."[20] Wiederum wird deutlich, wie stark das Denken und das Streben faschistischer Führer vorgeprägt waren. Himmler trat der von Röhm gegründeten militaristischen Kampforganisation „Reichsflagge" bei und wurde von diesem im Herbst 1923 für die NSDAP gewonnen. Zwei Jahre später nahm er das Angebot Gregor Straßers an, dessen Sekretär zu werden. Im Verlauf der Auseinandersetzungen zwischen der Münchner Parteiführung und den nord- und westdeutschen Faschisten neigte er jedoch immer mehr zu Hitler und sah schließlich seine Ergebenheit mit der Berufung zum SS-Führer belohnt. Zuvor war er kurze Zeit Gregor Straßers Nachfolger im Amt des Reichspropagandaleiters gewesen. Ähnlich wie Goebbels, der endlich diese einflußreiche Funktion von Himmler übernehmen konnte, entwickelte er sich zum Gegner derer, die ihn ursprünglich protegiert hatten.

Ideologisch stand Himmler an der Seite Darrés.[21] Beide waren gelernte Landwirte und betrieben einen am Germanentum orientierten Bauernkult. Frühzeitig fanden sich großzügige Gönner ein, die über ihre Sympathie für völkische Ideologie das Interesse an der faschisti-

19 Zu Himmler vgl. *Bradley F. Smith*, Heinrich Himmler 1900—1926. Sein Weg in den deutschen Faschismus, München 1979; *Josef Ackermann*, Heinrich Himmler als Ideologe, Göttingen/Zürich/Frankfurt a. M. 1970; *Heinz Höhne*, Der Orden unter dem Totenkopf. Die Geschichte der SS, München 1979.

20 *Ackermann*, Heinrich Himmler als Ideologe, S. 198.

21 Ebenda, S. 112f. Auch persönlich standen sich beide sehr nahe, wie die brieflichen Anreden „Lieber Heini" — „Lieber Richard" belegen (BA Koblenz, Nachlaß Darré II, Nr. 24, unfol.).

schen Bewegung und aussichtsreichen Führeranwärtern bekundeten. Dem noch nicht einmal dreißigjährigen Himmler wurde in Niederbayern ein Bauerngut gekauft,[22] damit er seine Ideen von einer germanischen Bauernhofschule verwirklichen und seine politischen Aufgaben erfüllen konnte. Drei Ziele beherrschten sein Denken: erstens der Kampf gegen das Judentum, das angeblich in Gestalt des internationalen jüdischen Kapitals durch Spekulation und Börsenspiel für niedrige Erzeuger- und hohe Verbraucherpreise sorge.[23] Zweitens die rücksichtslose Zurückdrängung des Slawentums: „Namentlich im Osten stehen heute gewaltige Landmassen aus dem Besitzstand der großen Güter zum Verkauf. Ihre Besiedlung mit Bauern- und Landarbeitersöhnen ist notwendig, damit nicht, wie bisher, die 2. und 3. Söhne der deutschen Landwirte zur Abwanderung in die Städte gezwungen werden. Nur durch starke Siedlung kann es erreicht werden, daß das Landvolk wieder zu entscheidendem Einfluß in Deutschland kommt."[24] Drittens die Idee der rassischen Reinzucht des deutschen Volkes.

Als Landwirt hatte Himmler ein Spezialgebiet: die Hühnerzucht. Daraus leitete er viele seiner Schlußfolgerungen ab. Als Faschist, der besonders intensiv den germanischen Bauernkult betrieb, war er ideologisch weniger auf die ursprüngliche Nazipropaganda, sondern weit mehr auf eine der vielen präfaschistischen Organisationen — den Bund der Artamanen — orientiert. Diese Vereinigung ging aus dem völkischen Flügel der deutschen bürgerlichen Jugendbewegung hervor, betrieb einen Kult um den arischen Sonnengott und versuchte die Schlagworte „Blut und Boden" und „Kampf um die eigene Scholle" soweit wie möglich in die Tat umzusetzen. Von 1924 ab schwärmten Hunderte Jugendliche auf ostdeutsche Bauernhöfe aus und formierten sich zu einem „Abwehrkampf" gegen die Slawen.[25] Diese von Germanenkult und Rassenlehre verwirrten Artamanen

22 *Höhne*, Der Orden unter dem Totenkopf, S. 47.

23 Ebenda, S. 47f.

24 Ebenda.

25 *Walter Z. Lacqueur*, Die deutsche Jugendbewegung. Eine historische Studie, Köln 1962, S. 174f. Der Name Artamanen leitete sich ab von den mittelhochdeutschen Worten art = Ackerbau und manen = Männer. Der Bund „Artam e.V." wurde 1923 gegründet und 1931 größtenteils in den „Nationalsozialistischen Bund der Artamanen" übergeführt. Zum ursprünglichen „Bund der Artamanen" vgl. ZStA Merseburg, Rep. 77, Tit. 4043, Nr. 419, unfol.

wurden von den Gutsbesitzern als Arbeitskräfte und als Vorläufer des von den Faschisten angekündigten „Arbeitsdienstes“ gern gesehen, obwohl selbstverständlich das Saisonarbeitersystem mit Polen vorteilhafter blieb. Das wachsende Interesse der ostelbischen Junker am Faschismus erklärt sich aber auch aus derartigen Erfahrungen und erzeugte Aufmerksamkeit für Himmler, der bis zum bayerischen Gauführer des „Bundes der Artamanen“ aufstieg, dessen Führer Georg Kenstler überdies selbst NSDAP-Mitglied war.

Im Artamanenbund wurde Himmler mit Darré bekannt, dessen Menschenzuchtprinzipien er mit den seinen verband und den er in die Nazibewegung einführte. Er beschloß, die SS zu jener Sammelstätte des „besten rassischen Erbguts“ zu machen, aus dem „das Nordische im Deutschen“ wieder heraus„gemendelt“ werden sollte: „Wir gingen so wie der Saatzüchter, der eine alte, gute Sorte, die vermischt und abgebaut ist, wieder rein züchten soll, zuerst über das Feld zur sogenannten Staudenauslese geht, zunächst daran, rein äußerlich die Menschen abzusieben, die wir glaubten für den Aufbau der Schutzstaffel nicht brauchen zu können.“[26] Zunächst verlangte er die Mindestgröße von 1,70 Meter, weil „Menschen, deren Größe über einer bestimmten Zentimeterzahl liegt, das erwünschte Blut irgendwie haben müssen“.[27]

Im SS-Befehl A Nr. 65 vom 31. Dezember 1931 führte Himmler „für alle unverheirateten Angehörigen der SS die ‚Heiratsgenehmigung‘ ein ... Das erstrebte Ziel ist die erbgesundheitlich wertvolle Sippe deutscher nordisch-bestimmter Art ... Die Heiratsgenehmigung wird einzig und allein nach rassischen und erbgesundheitlichen Gesichtspunkten erteilt oder verweigert.“[28] Es ist überliefert, daß er selbst mit der Lupe die angeforderten Bilder der Bewerber und Bewerberinnen so lange beäugte, bis er sicher zu sein glaubte, „gutes Blut“ zur Vermehrung freigeben zu können.[29]

Bei aller ideologischen Verranntheit, die für Himmler ohne Zweifel charakteristisch war, bewahrte aber selbst er etwas von jener zynischen Distanz, die die Naziführer im vertraulichen Gespräch gegenüber der

26 *Höhne*, Der Orden unter dem Totenkopf, S. 53.

27 Der Prozeß gegen die Hauptkriegsverbrechen vor dem Internationalen Militärgerichtshof, Nürnberg 14. November 1945—1. Oktober 1946, Nürnberg 1947ff., Bd. XXIX, S. 208.

28 *Darré*, Neuadel, S. 228.

29 Der Prozeß gegen die Hauptkriegsverbrecher, Bd. XXIX, S. 208.

eigenen Ideologie an den Tag legten. Als ein Professor in der Zeit der faschistischen Diktatur die Auffassungen von der germanischen Vorgeschichte nicht genügend gesichert fand, erklärte Himmler unmißverständlich: Diese Leute würden schließlich dafür bezahlt, politisch verwertbare geschichtliche Vorstellungen zu schaffen. „Wir haben bei diesem ganzen zweifelhaften Betrieb nur das einzige Interesse, daß wir das, was wir als Zukunftsbild für unser Volk hinstellen, in die graue Vergangenheit hineinprojizieren. Der ganze Tacitus mit seiner Germania ist eine Tendenzschrift. Unsere Wissenschaft vom Deutschtum hat jahrhundertelang von einer Fälschung gelebt. Wir haben das Recht, dasselbe jederzeit zu wiederholen."[30]

Für Hitler, der die Rassenlehre und den Antisemitismus als Mittel zum Zweck betrachtete,[31] waren die Überlegungen zur Herausbildung eines neuen deutschen Adels brauchbare Umschreibungen seines Ziels. Als Darré im engeren Führerkreis der NSDAP seine Ideen über den neuen sozialen Aufbau des kommenden Deutschlands und ganz Europas entwickelte und dabei erklärte, „es gelte bewußt eine Klassenordnung wiederherzustellen oder vielmehr eine hierarchische Ordnung", meinte Hitler kurz und bündig: „Darré hat recht." Er fügte hinzu: Obwohl das Bürgertum seine Rolle ausgespielt habe, seien die Marxisten im Irrtum, „wenn sie meinen, daß es der Arbeiter sein wird, der anstelle der Junker die neue, führende Gesellschaftsmacht" bilden würde. Die Herrenschicht der Zukunft werde „eine historisch gewordene, aus den verschiedensten Elementen durch Kampf erlesene" sein. Dabei dürfe man sich nicht durch einen engen Nationalismus davon abhalten lassen, „in den neuentstehenden Herrenstand auch Vertreter anderer Nationen auf[zu]nehmen, die sich um unseren Kampf verdient gemacht haben". Das Rassisch-Biologische sei nur eine Seite des ganzen Prozesses. Weltimperien entstünden „zwar auf einer nationalen Basis, aber sie lassen diese sehr bald weit unter sich". Die „Menge der hierarchisch geordneten Parteimitglieder" werde in diesem deutschen Weltimperium „den neuen Mittelstand abgeben". Darunter befinde sich die große Masse der Dienenden, „der ewig Unmündigen" aller Gesellschaftsschichten. Ihr sei das moderne Sklaventum, „die Schicht der unterworfenen Fremdstämmigen", untergeordnet.[32]

30 *Rauschning*, Gespräche mit Hitler, S. 214.

31 Ebenda, S. 219f., 223.

32 Ebenda, S. 40ff.

Natürlich waren die Menschenzuchtvorstellungen Darrés und Himmlers keine Ursache dafür, daß die Nazis so große Wahlerfolge bei der Bauernschaft zu erzielen vermochten. Es schmeichelte lediglich einer Bevölkerungsschicht, die so schwer um ihre Existenz zu ringen hatte und die sich von der Stadtbevölkerung mißachtet fühlte, daß sie an erster Stelle in einem Nazistaat stehen sollte. Insofern hat die Rassenpropaganda schon vor 1933 eine gewisse Massenwirkung gehabt. Diese wuchs im zweiten Weltkrieg an, als über Kriegsgefangene verfügt werden konnte und Aussicht auf Landzuteilung in den eroberten Gebieten bestand. Für die Mobilisierung der Landbevölkerung zugunsten der faschistischen Wahllisten waren aber andere Versprechungen und Ankündigungen Darrés viel wichtiger, die von ihm als Voraussetzung für die Verwirklichung seiner Menschenzuchtpläne angesehen wurden und die unmittelbare Bedürfnisse der Bauern und der Landarbeiter ansprachen. In seinem Buch „Neuadel aus Blut und Boden", dem zahlreiche Einzelveröffentlichungen in Zeitschriften und Zeitungsartikeln zum gleichen Thema vorausgingen und folgten, hatte er Vorschläge entwickelt, die später zum Teil in das sogenannte Reichserbhofgesetz vom 29. September 1933 Eingang fanden.[33] Um einen echten deutschen Adel im germanischen Sinne „*auf Grund ausgelesener Erbmasse*" herauszüchten zu können, sollten „*Hegehöfe*" — die späteren „Erbhöfe" — eingerichtet werden. Aus dem germanischen Wort „odal" für Erbgut habe sich schließlich der Begriff „Adel" für eine bestimmte Menschengruppe freier Erbgutbesitzer ergeben.[34]

Es ist in diesem Zusammenhang nebensächlich, daß Darré ein verzerrtes Bild vom Leben der germanischen Bevölkerung und insbesondere vom Zerfall der Gentilgesellschaft zeichnete, indem er beispielsweise behauptete: „*Die Bekehrung der Germanen zum Christentum . . . entzog dem germanischen Adel seine sittlichen Grundlagen.*"[35] Dergleichen löste höchstens Diskussionen über die Wiedereinführung des germanischen Götterglaubens aus und wurde vielfach als unnötige Belastung der Beziehungen zu den christlichen Kirchen betrachtet. Hitler hat auch die Verurteilung Karls des Großen als „Sachsen-

33 Reichsgesetzblatt 1933, I. S. 685. Das Gesetz ist auch in: *Darré*, Neuadel, S. 229ff., abgedruckt.

34 *Darré*, Neuadel, S. 44, 54, 86ff.

35 Ebenda, S. 19.

schlächter" verworfen.[36] Selbst in Nazikreisen wurde über Darrés Vorschlag gelächelt, alle Erbhofbauern künftig nach dem Modell „Adolf Wenck, Edelmann auf Hegehof Eikelberg" zu benennen und ihren Ehefrauen durch den Titel „Edelfrau" einen „seelischen Halt" zu geben.[37] Im Grunde war Darré auf agrargesellschaftlichem Gebiet der gleiche Scharlatan wie Feder im Bereich der kapitalistischen Finanzwirtschaft. Aber wie dieser den Wünschen des Kleinbürgertums und der proletarischen Grenzschichten entgegenkam, so erzeugte Darré Illusionen und Erwartungen bei der Landbevölkerung, die ebenfalls der Nazipartei zugute kamen.

Man las in Bauernkreisen nicht ungern, wenn Darré ohne Umschweife schrieb: „*Die lebensgesetzliche Unterlage der Stadt ist ihr Schmarotzertum.* Jedes Schmarotzertum stirbt, sowie man ihm die Ernährungsgrundlage entzieht. Will also ein Volk einen Adel schaffen, der auf Wurzelhaftigkeit und Beständigkeit aufgebaut sein soll..., so wird es seinen Adel nicht ausgerechnet auf die schwankende und unsichere Unterlage eines städtischen Zuhause aufbauen." Das für sie eigentlich Interessante war jedoch die Erläuterung des Begriffs „Hegehof". Er sollte so groß sein, daß er eine „*in sich ruhende Wirtschaftseinheit darstellen*" könne. Davon träumten viele Kleinbauern, die zum Nebenerwerb gezwungen waren. Die Mittelbauern verlockte die Andeutung Darrés, es könnte sich auch um einen „*Großbauernhof*" oder eine „kleine bis mittlere *Gutswirtschaft*" handeln.

Die Kardinalfrage war jedoch: „*Wie kann Neuland für Hegehöfe gewonnen werden*? Denn es sollen ja nicht nur heute bereits auf dem Lande sitzende Familien zu Edelleuten gemacht werden, sondern auch das nicht mit Land ausgestattete bewährte Führertum soll auf Hegehöfen dem Volke erhalten bleiben, damit der Grundsatz gewahrt werde: *Führerschaft durch Geblüt, ergänzt aus dem Verdienst.*" Darré warnte zwar vor „*jeder Gedankenspielerei mit staatlicher Enteignung*" aufs Nachdrücklichste. Er mußte schließlich Hitlers Programmerläuterung respektieren. Jedoch führte er einige Beispiele von Riesen-

36 Ebenda, S. 27. Dagegen Hitler: „Karl der Große war einer der größten Menschen der Weltgeschichte, da er es fertiggebracht hat, die deutschen Querschädel zueinander zu bringen ... Er habe deshalb auch Rosenberg gewarnt, die großen deutschen Kaiser zugunsten von Eidbrüchigen verblassen zu lassen und einen Heroen wie Karl den Großen als Karl den ‚Sachsenschlächter' zu bezeichnen." (*Picker*, Hitlers Tischgespräche, S. 100, 166).

37 *Darré*, Neuadel, S. 58.

gütern mit über 10000 Hektar an, wie die der Arnims in Brandenburg, der Schaffgotschs in Schlesien, der Fincks in Ostpreußen und der Fürsten Thurn und Taxis in Württemberg, um dann hinzuzufügen: „Es ist kein Zweifel, daß solche Besitzungen bei einem Volke, welches man das ‚Volk ohne Raum' nennt, dem Maße *gesunder* Bodenverteilung nicht entsprechen. Die Besitzer solcher Güter werden sich kaum dem Zuge der Zeit zur Neuregelung des Besitzverhältnisses an Grund und Boden entziehen können; auf der Grundlage des Vorschlages des Verfassers hätten diese Familien aber Aussicht, durch Überführung von Teilen ihres Großgrundbesitzes in Hegehöfe der Gefahr völliger Entwurzelung zu entgehen." Daß die Größtgrundbesitzer von dieser Ankündigung nicht begeistert waren, wußte Darré natürlich, aber die Gewinnung der Bauern war ihm wichtiger. Ihnen sicherte er auch zu, daß weiterhin Landarbeiter zur Verfügung stehen würden, die wie die Artamanen nicht nach „dem Brauche eines heutigen seelenlosen Arbeitsmarktes", sondern nur nach „sittlichen Grundsätzen" entlohnt werden müßten. Im allgemeinen aber habe der Staat ein Vorkaufsrecht auf Land zu erhalten oder könne durch Geldbeihilfen die Einrichtung von Hegehöfen erleichtern. Auch Volksspenden oder Stiftungen wären dafür geeignet.[38]

Im übrigen wurde die Nazipropaganda nicht müde, von dem unbegrenzten Land im Osten zu sprechen, das angeblich nur des deutschen Pfluges harre. Der landarme Bauer oder der landlose Tagelöhner, der sich von Darrés „Hegehöfen" verlocken ließ, konnte aus Hitlers „Mein Kampf" erfahren, was von den Nazis außenpolitisch geplant wurde. Darré hat auf das Beispiel Horthys verwiesen, der in Ungarn „*bewährte* Frontsoldaten des Weltkrieges" in eine „Heldengenossenschaft" aufnehmen und „mit einem kleinen Landgut, einer sog. Helden- oder Adelsdomäne" belehnen ließ.[39] Derartige Andeutungen haben gewisse Illusionen und Erwartungen in der Landbevölkerung geweckt, die sich zunächst bei Wahlen durch Stimmabgabe für die NSDAP niederschlugen und sich im zweiten Weltkrieg in Hoffnungen auf einen „Erbhof" im Osten äußerten.

Auf jeden Fall hat Darré viel dazu beigetragen, daß Hitler am 5. April 1933 vor dem Deutschen Landwirtschaftsrat erklären konnte: „Und glauben Sie mir, diese Erhebung, die hinter uns liegt, wäre überhaupt nicht möglich gewesen, wenn wir nicht immer — Gott sei Lob

38 Ebenda, S. 91ff.
39 Ebenda, S. 48ff.

und Dank — einen bestimmten Prozentsatz unseres Volkes auf dem Lande gehabt hätten. Denn wenn wir heute ganz nüchtern die Erhebung übersehen, müssen wir feststellen, daß von den Städten aus diese Erhebung nicht möglich gewesen wäre. In den Städten hätten wir nicht diese Ausgangsstellungen erobern können, die uns auch in unserem Handeln das Gewicht der Legalität gegeben haben. Da sind in manchen Gebieten — wir können ruhig sagen — bis zu 95 vom Hundert, wenn auch in verschiedenen Lagern, aber doch bis zu 95 vom Hundert, für die nationale Erhebung eintretende Bauern gewesen."[40]

Selbstverständlich stand Darré bei der faschistischen Bauernfängerei nicht allein. Um ihn gruppierte sich ein ganzer Mitarbeiterstab. Er selbst hat insbesondere Werner Willikens hervorgehoben, der ihm zunächst Geltung innerhalb der NSDAP verschafft hätte. Da er selbst „ein unbeschriebenes Blatt" gewesen sei, habe für „die agrarpolitische Linie der NSDAP eine riesengroße Gefahr" bestanden. „Denn hätte sich Willikens damals auf den Mentalitäts-Standpunkt des ‚alten Kämpfers' gestellt, wie es unzählige andere Parteigenossen mir gegenüber zu tun für richtig befunden haben, die mit einer durch wirklich keinerlei Sachkenntnis getrübten Energie meiner Arbeit — Verständnislosigkeit entgegenbrachten, dann wäre in die Agrarpolitik der NSDAP ein Spalt hineingebracht worden, den wohl auch ich nicht so ohne weiteres hätte überwinden können."[41]

Unter den Bedingungen der Weltwirtschaftskrise mit ihren Bankzusammenbrüchen und Kreditschwierigkeiten waren auch die spezifischen Propagandamethoden Gottfried Feders wieder gefragt. Um den Wortführer eines Kampfes zur „Brechung der Zinsknechtschaft des Geldes" war es in den Jahren der relativen Stabilisierung stiller geworden. Seine Aufwertungsparolen zogen zwar bei den durch die Inflation ruinierten Kapitaleigentümern, besaßen aber für die Gewinnung breiter Massen keine nennenswerte Bedeutung und waren in industriellen Kreisen sogar unerwünscht. Die größten Schwierigkeiten hatte Feder jedoch mit den intensiven Bemühungen der Hitler-Göring-Clique, sich dem Finanzkapital als zuverlässiger Interessenvertreter zu empfehlen und dabei das Bankkapital nicht auszuschließen. Seine Angriffe galten nach wie vor den Kreditinstituten und Zinsverpflichtungen. Insbesondere Reichsbankpräsident Hjalmar

40 Abgedr. in: *Reischle*, Reichsbauernführer Darré, S. 7.

41 BA Koblenz, NS 35, Nr. 8, Rundschreiben der Abt. für Agrarpolitik, Nr. 6, 11. 4. 1933.

Schacht als führender Repräsentant des Bankwesens, der die Entwertung des alten Geldes durch die Einführung einer neuen Währung endgültig gemacht und die Reparationsabkommen mit durchgesetzt hatte, wurde von ihm aufs Korn genommen. So erklärte er 1925 auf einer öffentlichen Versammlung, der „Reichsbankpräsident sei ein ausgesprochener Lump. Er, Feder, habe ihm das im Reichstag selbst gesagt, und es sei ihm nicht einmal die Immunität entzogen worden. Dr. Schacht habe 200000 M Gehalt. Dafür könne er sich schon einmal beleidigen lassen."[42]

Da Hitler immer weniger von derartigen Anrempeleien führender und zur Zusammenarbeit mit der NSDAP bereiter Vertreter der herrschenden Klasse wissen wollte und die Klagen der Gauleiter über das Gebaren von Feder zunahmen, sah sich dieser erneut zu Beschwerden bei Hitler veranlaßt: „Die Folge war natürlich" — so schrieb er beispielsweise am 21. Dezember 1928 — „wiederum eine Entfremdung zwischen Ihnen und mir — ich weiß nicht warum, kann mich nicht rechtfertigen und stehe vor einer wachsenden Wand des Mißtrauens." Da Feder sehr selbstbewußt war und sich, wie Hitler in „Mein Kampf" anerkannt hatte, als grundlegender Theoretiker des Nationalsozialismus verstand, erlaubte er sich sogar Kritik am „Führer": „Nun, lieber Herr Hitler, brechen Sie mit diesen Methoden, Sie züchten nur Denunzianten heran und setzen die Anständigen ins Unrecht!"[43]

In faschistischen Kreisen spürte man sehr wohl, worum es in Wirklichkeit ging: Die Naziparteiführung orientierte sich in Wirtschaftsfragen — wie Bang in seinem schon zitierten Brief durchblicken ließ — auf die Wünsche der Kapitalisten. In einer faschistischen Zeitschrift wurde recht offen geschrieben: „Adolf Hitler hält Bang für eine wirkliche finanzpolitische Leuchte, von der er (zumal er an unseres ‚Repräsentanten' Gottfried Feder Fähigkeiten auf diesem Gebiete irre geworden zu sein scheint) mancherlei für den Aufbau . . . unseres Staates zu profitieren hofft."[44] Die leichte Unsicherheit, die aus diesem Artikel über die Bewertung Feders durch Hitler spricht, ergab sich daraus, daß der „Aufwertungskaktus" — wie Goebbels Feder verächtlich nannte[45] — nach wie vor in der Öffentlichkeit eine beträchtliche

42 Staatsarchiv München, Polizeidirektion München, Personalakten, Nr. 10045, Gottfried Feder, Bl. 73 (Münchner Polizeigericht vom 21. 11. 1925).

43 Ebenda, Bl. 186; Der Nationale Sozialist, Nr. 171, 13. 9. 1930.

44 Staatsarchiv München, Polizeidirektion München, Personalakten, Nr. 10045, Gottfried Feder, Bl. 240; Die Deutsche Revolution, Nr. 30, 26. 7. 1931.

45 *Fest*, Hitler, S. 331.

Rolle spielen durfte. Feder schrieb viele Artikel im „Völkischen Beobachter“, unternahm Vortragsreisen, die allerdings keine ungeteilte Zustimmung fanden, und wurde von Hitler sogar zum Vorsitzenden eines „Reichswirtschaftsrates“ der NSDAP ernannt. Dabei hatte der Naziführer schon zu Rauschning über Feder und seinen Freund Lawczek geäußert: „Sie mögen reden, was sie wollen, wenn ich an der Macht bin, werde ich dafür sorgen, daß sie keinen Unfug anrichten.“[46]

Der Grund für diese äußerliche Wertschätzung lag in der Massenwirksamkeit seiner Parole von der „Brechung der Zinsknechtschaft des Geldes“. Sie kam im Kleinbürgertum und auch bei der Bauernschaft vortrefflich an und ließ sich von den zahlreichen, nur notdürftig ausgebildeten und ganz auf Wirkung orientierten Nazipropagandarednern auf lokaler Ebene leicht verwerten. Ihr großer Vorzug war nach wie vor, daß sie eng mit dem Antisemitismus verbunden blieb und den während der Weltwirtschaftskrise sprunghaft angewachsenen Antikapitalismus auf die Juden im Wirtschaftsleben ablenken konnte. Das leuchtete selbst in konservativen und großindustriellen Kreisen ein, die deshalb — genauso wie Hjalmar Schacht — sich von den Federschen Tiraden nicht abhalten ließen, die Nazibewegung zu fördern und die Nazipropaganda zu finanzieren. Wie von Bang geraten, wurde die große Abrechnung auf später verschoben.

Mit Feder trat auch ein anderer „alter Kämpfer“ wieder in den Vordergrund: Julius Streicher. Zwischen beiden bestand zwar ein heftiger Rivalitätsstreit. Feder wollte sich in Franken etablieren und fand — wie viele seriöser auftretende Nazis — den „Stürmer“ und das sonstige Gebaren seines Herausgebers, der in Nürnberg als Gauleiter residierte, unzumutbar. Doch auch der Antisemitismus in seiner ekelerregendsten und sadistischen Form hatte seine Funktion: Er half jene Brutalität entwickeln, die die Mordbanden der Nazis charakterisierte. Der skrupellose Verbrecher, den Nietzsche im großen so gerühmt und gefordert hatte, wurde von Streicher im kleinen herangezüchtet. Das Kriminelle und das Perverse sind ein Charakterzug des Faschistischen. Sein Weg durch die Geschichte wird stets von Terror und Verbrechen begleitet, denen eine ganz besondere Grausamkeit innewohnt. Der Faschismus mobilisiert den Abschaum der Menschheit. In den Schlägerkolonnen der SA und später in den Lager- und den Mordkommandos der SS sammelten sich Sadisten. Man kann das — wie Ernst Jünger in seinen Kriegsbüchern — scheinbar ästhe-

46 *Rauschning*, Gespräche mit Hitler, S. 30.

tisch sublimieren und in einen „Genuß" an denen umdeuten, die mit „tiefer Leidenschaft ... geplündert, geschändet, gesengt und gesotten" haben.[47] Man kann es aber auch — wie Streicher im „Stürmer" — unverhohlen in Wort und Bild zum Ausdruck bringen. Sein Antisemitismus operierte pausenlos mit perversen Wunschvorstellungen. In fast jeder Nummer der Zeitschrift war von gierigen „Juden" die Rede, die unschuldige arische Mädchen mißbrauchten. Ähnlich hatte sich Hitler bereits in „Mein Kampf" ausgelassen. Darüber hinaus hämmerte Streicher seinen von mannigfachen Wirtschaftsnöten bedrängten Lesern ein, an allem seien nur die Juden schuld. Wie erfolgreich diese Propaganda in kleinbürgerlichen und kleinbäuerischen Gebieten Deutschlands war, zeigt sich darin, daß die NSDAP im unmittelbaren Wirkungskreis Streichers eine überragende Position erlangte,[48] so daß Hitler Nürnberg zur „Stadt der Reichsparteitage" machen konnte.

Der Naziführung war aber auch klar, daß weder Feders unhaltbare antisemitische Wirtschaftstheorien noch Streichers primitive Judenhetze auf die Dauer eine Millionenarmee von kleinbürgerlichen Wählern zusammenhalten und erweitern konnten. Deshalb wurden — wie schon im Falle Darré für die Landwirtschaft — angesehenere und sachkundigere Spezialisten für die propagandistische Bearbeitung des sogenannten Mittelstandes in maßgebliche Stellungen gebracht. Bereits auf dem Parteitag in Nürnberg 1929 hatte der Organisationsleiter der NSDAP, Gregor Straßer, erreicht, daß unter seiner Gesamtführung eine Organisationsabteilung II aufgebaut wurde, „die den Zweck hat, alle Aufbaufragen der Bewegung und der nationalsozialistischen Staatsauffassung zusammenzufassen, zu studieren und einzuordnen".[49] Man wollte sich also mit ihrer Hilfe gleichsam generalstabsmäßig auf die kommenden Aufgaben als Regierungspartei vorbereiten und der Propaganda zu einer theoretischen Grundlage verhelfen. Zum Leiter der Organisationsabteilung II, in der später

47 *Ernst Jünger*, Der Kampf als inneres Erlebnis, 2., neubearb. Aufl., Berlin 1926, S. 55.

48 Vgl. dazu *Rainer Hambrecht*, Der Aufstieg der NSDAP in Mittel- und Oberfranken (1925—1933), Nürnberg 1976. Material über Streicher ist ferner enthalten in: BA Koblenz, Nachlaß Streicher; Staatsarchiv Nürnberg; Stadtarchiv Nürnberg; Staatsarchiv München, Polizeidirektion München, Personalakten, Nr. 10156, Julius Streicher.

49 Völkischer Beobachter, Reichsausgabe, Nr. 211, 12. 9. 1929.

auch Darré als Chef der Hauptabteilung V (Landwirtschaft) wirkte, wurde Oberst a. D. Konstantin Hierl ernannt.

Hierl war ein enger Vertrauter Gregor Straßers. Er stand einstmals Ludendorff sehr nahe und leitete dessen „Tannenbergbund“ in Süddeutschland. Erst kurz vor seiner Ernennung wurde er Mitglied der NSDAP. Er hatte aber schon zu Beginn der zwanziger Jahre zu jenen Militärs gehört, die höchst interessiert an dem Versuch waren, mit Hilfe der Nazipartei Einfluß auf die Arbeiterschaft zu gewinnen. Als sich herausstellte, daß die NSDAP-Versammlungen kaum von Industriearbeitern besucht wurden, monierte der damalige Major im Berliner Reichswehrministerium dies ausdrücklich bei Hitler. Er bekam vom Naziführer am 3. Juli 1920 folgende aufschlußreiche Antwort: „Ihre Ansicht, daß unsere Versammlungen zu wenig Besuch erhielten aus den Kreisen der industriellen Arbeiterschaft, ist nur bedingt richtig. Wir verkennen nicht die Schwierigkeit, Arbeiter, die zum Teil schon jahrzehntelang Organisationen angehörten, ohne weiteres zu uns bekehren zu können. Voraussetzung hierzu war zunächst die Abhaltung großer Massenversammlungen, um damit ein wirkungsvolles Propagandamittel gerade für die große Masse in die Hand zu bekommen. Denn als Kind des Volkes wird der Arbeiter stets nur Achtung besitzen für eine Bewegung, die sich ihm achtunggebietend zeigt. Schon das aber stellte uns vor die Notwendigkeit, um den ruhigen Verlauf unserer Verhandlungen zu garantieren, uns an eine gewisse Mittelschicht zu wenden, von der wir wußten, daß sie innerlich national dachte und fühlte, und die nur zum Teil infolge unseres heutigen Parteielendes politisch obdachlos war.“[50]

Die Berufung Hierls in eine wichtige Funktion des Nazi-Parteiapparates bedeutete also, daß einer der frühesten militärischen Interessenten an einer politischen Bewegung, die den Arbeiter für kriegerische Belange disziplinieren sollte, in die Parteiführung eintrat. Er wurde im faschistischen Deutschland nicht zufällig zum Führer des Reichsarbeitsdienstes ernannt, der maßgeblich an der Wiederaufrüstung beteiligt war. In seinem Wirken kam der ursprüngliche Auftrag an die Nazipartei, die Arbeiter für den deutschen Imperialismus und Militarismus zu mobilisieren, besonders deutlich zum Ausdruck. Es kennzeichnet jedoch das gewachsene Eigengewicht der

50 *Herbert Erb/Hans Henning Freiherr Grote*. Konstantin Hierl. Der Mann und sein Werk, München 1939, S. 40f. Über Hierl gibt es im Staatsarchiv München, Polizeidirektion München, eine Personalakte (Nr. 10080).

NSDAP, daß einer der militärischen Auftraggeber Hitlers sich nunmehr selbst in den Parteiapparat einordnete und nach dessen Anweisungen arbeitete.

Hierl zeigte sich sogar als gelehriger Schüler. Entsprechend dem Brief Hitlers von 1920, den er offensichtlich als eine Art Richtschnur betrachtete, wandte er seine Aufmerksamkeit zunächst weniger der Arbeiterklasse, sondern vor allem dem sogenannten Mittelstand zu. Seine rechte Hand dabei war ein ehemaliger Generalstabsoffizier und Freikorpsführer, der als ein in wirtschaftliche Schwierigkeiten geratener kleiner Nähmaschinenfabrikant sehr wohl die Sorgen der Gewerbetreibenden, Kaufleute und sonstigen selbständigen Unternehmer kannte: Dr. h.c. Wilhelm Otto Wagener. Diesem zur Seite wiederum stand der gerade erst von der Universität gekommene und mit bürgerlichen Wirtschaftstheorien vollgestopfte Dr. Adrian von Renteln. Beide hatten sich im Unterschied zu Hierl bereits ihre Sporen innerhalb der NSDAP verdient. Wagener kommandierte zeitweilig sogar die SA; Renteln war Jugendführer gewesen. Sie verfügten also über vielfältige Kontakte zu lokalen Parteiorganisationen und galten als Verfechter von Mittelstandsinteressen. Ihr Anliegen wird aus den Protokollen von Wirtschaftsbesprechungen der Organisationsabteilung II deutlich, an denen Hitler selbst teilnahm und bei denen besonders die Absicht zum Ausdruck kam, sich auf die Regierung vorzubereiten. Daß derartige Beratungen stattgefunden haben, ist bekannt.[51] Protokollartige Mitschriften konnten jedoch erst kürzlich aufgefunden werden.[52]

51 Hitler aus nächster Nähe, Aufzeichnungen eines Vertrauten 1929—1932. Hrsg. H. A. Turner. jr., Frankfurt a. M./Berlin (West)/Wien 1978, S. XIV. (Turner: Einleitung). Ähnlich *Avraham Barkai*, in: Geschichte und Gesellschaft. Zeitschrift für Historische Sozialwissenschaft, 3. Jg. 1977. (Diskussionsforum: Sozialdarwinismus und Antiliberalismus in Hitlers Wirtschaftskonzept. Zu: *Henry A. Turner* jr., „Hitlers Einstellung zu Wirtschaft und Gesellschaft vor 1933“), S. 406ff.

52 Diese Protokolle befinden sich als handschriftliche, zum geringsten Teil stenographische Mitschriften in: ZStA Potsdam, Kanzlei des Führers der NSDAP, Nr. 110, Bl. 39–50, und werden vom Verfasser im „Jahrbuch für Wirtschaftsgeschichte“, Berlin 1982, Teil II, S. 181ff., veröffentlicht (Die Wirtschaftsbesprechungen der NSDAP in den Jahren 1930 und 1931). Von wem die Mitschrift stammt, konnte nicht ermittelt werden. Auch ließen sich nicht alle Kurzformen der Namen von den Diskussionsteilnehmern, wohl aber die der wichtigsten entschlüsseln. Der von Avraham Barkai angekündigte Abdruck einer

Für eine zweitägige Beratung im August 1930 hatte der faschistische Philosoph Dietrich Klagges, der einstmals zum Straßer-Flügel zählte und anderthalb Jahre später als Innenminister im Lande Braunschweig Hitler zur deutschen Staatsbürgerschaft verhelfen sollte, eine Denkschrift über „Nat. soz. Wirtschaftsphilosophie, Wirtschaftslehre und Wirtschaftsordnung" vorgelegt. In dieser an sich banalen Ausarbeitung sind lediglich die Grundgedanken bemerkenswert: 1. Zwischen den Völkern herrsche ein rücksichtsloser Kampf ums Dasein: „Dem Walde gleich, der aus den verschiedenartigsten Lebewesen gebildet ist, setzt sich die Menschheit aus Nationen zusammen. Im Walde sind die Pflanzenarten Mitbewerber um Platz, um Nahrung und Licht. Zwischen ihnen herrscht Kampf und das rücksichtslose Recht des Starken ... Das Zusammenleben der Nationen untersteht denselben Gesetzen. Unter ihnen ist keine ordnende und schlichtende Hand möglich. Infolge ihres natürlichen Wachstums ist der Kampf um den Lebensraum zwischen ihnen unvermeidlich. Mag er auch lange nur unter der Decke schwelen, so bricht er doch von Zeit zu Zeit offen hervor. In ihm muß sich das Recht der höheren Art bewähren." 2. Innerhalb eines Volkes aber müsse der Staat den rücksichtslosen Daseinskampf begrenzen: „*Das Grundgesetz dieser organischen Volksordnung lautet: Gemeinnutz vor Eigennutz.* Es gilt auf allen Lebensgebieten. Weil die Nation der eigentliche menschliche Lebensorganismus ist, so steht das nationale Gemeinwohl höher als alles andere. Die Volksgenossen sind die unentbehrlichen Glieder des Volkskörpers. Ihr Streben nach Eigenwohl ist deshalb solange berechtigter Selbsterhaltungswille, wie er sich im Rahmen des Gemeinwohls hält."

Zu dieser pseudotheoretischen Grundlage, die im übrigen die

parteiamtlichen Kundgebung über die „Wirtschaftspolitischen Grundanschauungen und Ziele der NSDAP" vom März 1931 ist im Jahrbuch des Instituts für deutsche Geschichte der Universität Tel-Aviv 1978 erfolgt (S. 355ff.). Die Vermutung in den „Deutschen Führerbriefen" v. 6. 2. 1931, daß die bald wieder in der Schublade verschwundene Kundgebung im Zusammenhang mit diesen Wirtschaftsbesprechungen ausgearbeitet wurde, dürfte zutreffen. Allerdings hat sie vermutlich nicht die Zustimmung Hitlers, wie Barkai meint, gefunden. Zur Gesamtproblematik vgl. noch *A[vraham] Barkai*, Die Wirtschaftsauffassung der NSDAP, in: Aus politik und zeitgeschichte, beilage zur wochenzeitung das parlament, B 9/75, v. 1. 3. 1975. Grundsätzlich ferner: *Werner Krause*, Wirtschaftstheorie unter dem Hakenkreuz. Die bürgerliche politische Ökonomie in Deutschland während der faschistischen Herrschaft, Berlin 1969.

bekannten Vorwürfe gegen das Judentum und die Demokratie wiederholte, hatte Renteln eine mehr auf die praktische Politik gerichtete Denkschrift ausgearbeitet, die von der Prämisse ausging: „*Die Wirtschaftspolitik des nationalsozialistischen Staates* hat zu ihrem obersten Grundsatz den Sozialismus, d. h. in seiner letzten wirtschaftlichen Konsequenz die Forderung: 1. Schaffung ausreichender Arbeitsplätze, 2. Schaffung eines vom bevölkerungspolitischen Standpunkt aus ausreichenden Lebensstandards der auf diesen Arbeitsplätzen Beschäftigten, 3. Sicherung der Kontinuität der Arbeit und des Erwerbes (im wesentlichen also Rückführung des Proletariats zum Besitz)."

Als „*Voraussetzung*" für die Durchsetzung dieses obersten Grundsatzes nannte Renteln „die Wiedererlangung der absoluten Oberhoheit des Staates über die Wirtschaft". Darin sah er den „revolutionären Kern (im Sinne eines Herrschaftsumsturzes) des Nationalsozialismus, denn heute beherrschen unbestreitbar Wirtschaftsgruppen im Wege über ihre Exponenten im Reichstag, der höchsten legislativen Instanz, den deutschen Staat. Eine Abweichung von dieser revolutionären Richtschnur auch nur um Haaresbreite müßte den nationalsozialistischen Staat unvermeidlich in das Schicksal des gleichen Machtverfalls treiben, wie die voraufgegangenen Staatssysteme." Renteln gehörte also zu jenen zahlreichen Illusionisten, die das Propagandawort Nationalsozialismus für bare Münze nahmen und die Wirtschaft mit Hilfe des Staates beherrschen wollten. Obwohl er über volkswirtschaftliche Kenntnisse verfügte, wiederholte er jedoch auch kritiklos die Schlagworte von der unbedingt notwendigen Wirtschaftsautarkie und der „Brechung der Zinsknechtschaft des Geldes". Letzteres hatte bei ihm eine ausgesprochene Schutzfunktion für den Mittelstand: „Dem Hochkapitalismus wohnt die Tendenz zur *Enteignung* des *Kapitals* inne." Dem müsse durch „die Befreiung der Wirtschaft von der Herrschaft des Geldkapitals" entgegengewirkt werden.

Der nationalsozialistische Staat habe „sich an die Stelle der heutigen Geldkapitalmachthaber" zu setzen durch „1. Sozialisierung (Verstaatlichung) des Bank- und Kredit*wesens*. 2. Sozialisierung (Verstaatlichung) des Bankkapitals. 3. Sozialisierung (Verstaatlichung) von Monopolen und Stellung unter Staatsführung von monopolartigen Wirtschaftsunternehmungen. 4. Sozialisierung (Verstaatlichung) und starke Einschränkung des Börsenwesens." Die „*Sozialisierung des Bankwesens*" könne am besten durch die Gründung einer Staatsbank erfolgen. Gefährlicher wäre die direkte staatliche Einmischung in die Geschäftsführung der Banken, weil das zur plötzlichen Kreditsperrung durch das Ausland führen dürfte. Die Kapitalbeschaffung sei aber gerade der schwierigste Punkt in der Wirtschaftspolitik des kommenden nationalsozialistischen Staates. Zinslose Staatskassenscheine oder andere Formen der Zahlungsmittelerweiterung würden lediglich eine Inflation bewirken. Folglich müsse der Verbrauch entbehrlicher Konsumgüter möglichst eingeschränkt und die Produktion auf wirtschaftliche Werte schaffende Güter hingelenkt werden.

Die scharfe „Heranziehung der erhöhten Einkommen" sei eine ethische Notwendigkeit. Aber es sei ein Irrtum zu glauben, „daß eine Fortsteuerung der hohen Einkommen und ihre Verteilung zur ‚Aufwertung' der rassenhygienisch ungenügenden Einkommen einen Erfolg zeitigen kann, der wirtschaftlich irgendwie von Bedeutung wäre". Eine für Groß-Berlin angestellte Berechnung habe ergeben, „daß, wenn man selbst alle Einkommen über 500 Mark monatlich restlos fortsteuern und auf die Personen mit ungenügendem Einkommen verteilen wollte, auf jede von ihnen 3 Mark entfallen würde". Auch eine Gewinnbeteiligung der Arbeiter wäre „wirtschaftlich fast ohne Bedeutung" und betrage selbst in einer normal funktionierenden Volkswirtschaft bestenfalls 1 bis 1,5 Prozent der Lohnhöhe. Die Gewinnbeteiligung des Staates würde dagegen die Schaffung ausreichender Arbeitsplätze und die Rückführung der Besitzlosen zum Besitz auf dem Wege über Siedlungsprogramme ermöglichen.

Aus den sehr knappen und nicht immer eindeutig lesbaren handschriftlichen Aufzeichnungen über die Wirtschaftsbesprechungen am 16./17. Februar und am 9./10. März 1931 kann geschlossen werden, daß Wagener und Renteln ihre Auffassungen auch gegenüber Hitler zur Geltung zu bringen suchten. Als ersterer das „Existenzminimum" zur „Grundlage einer Lohnfixierung" gemacht sehen wollte, warf der Naziführer ihm vor, eine „geistige Begründung des Kommunismus" zu liefern. Hitler hielt eine Stufenleiter des gegliederten Reichtums für notwendig. Ein „Kerl, der, wenn auch brutal, großes Vermögen schafft", sei „nicht schädlich". Wenn man z. B. dem alten Thyssen Vermögen genommen und „Beamte eingesetzt" hätte, so wäre „keine Änderung" der Verhältnisse eingetreten, „außer daß Beamte bald nicht mehr fähig zur wirklichen Leitung" gewesen wären. Als Wagener bei seinen Vorschlägen zur Überwindung des Arbeitslosenproblems mit Hilfe einer allgemeinen Arbeitsdienstpflicht auch auf die Förderung des von Darré und Renteln so nachdrücklich geforderten Siedlungswesens zu sprechen kam, lehnte Hitler ausdrücklich eine Parzellierung der großen Güter ab: „Ohne Großgrundbesitz Unmöglichkeit d[es] Durchhaltens [19]14—18. Kleinbesitz konsumiert zu viel für sich." Durch eine sofortige Beendigung der Reparationspolitik könnten 1 bis 2 Milliarden Reichsmark für die deutsche Wirtschaft frei gemacht und auch für Löhne und Gehälter verwendet werden. Es sei nicht die Aufgabe, „Siedlungsversuche am untauglichen Objekt" zu unternehmen. Statt dessen sollten durch die Baukunst große Kulturdokumente in den Zentren des Landes geschaffen und Arbeitskräfte gebunden werden. Ohne eine wirkliche Raumerweiterung sei das Problem überhaupt nicht zu lösen, werde die Situation immer kritischer. Nur wenn zwischen der Land- und der Industriebevölkerung ein Verhältnis von 70 zu 30 Prozent bestünde, sei eine Gesundung möglich.

Rosenberg griff diesen Gedanken sofort auf und empfahl zur Vorbereitung einer nationalsozialistischen Außenpolitik genau zu ermitteln: „Wer hat in der Welt Interesse an Raum-Gewinnung Deutschlands im Osten?" Feder hatte schon zuvor eine Handelspolitische Abteilung gefordert, weil er beispielsweise die freie Einfuhr von Lebensmitteln als eine Katastrophe für das Land ansah. Renteln versuchte dagegen wieder die „Fehlleitung von Kapital" im eigenen Lande zur Sprache zu bringen und das „Eigentum an mobilem Kapital" (Leihkapital) als „*zu groß*" darzustellen. Aber Hitler ging darauf nicht mehr ein. Er nannte als Eckpfeiler für das von Feder geforderte „Sofort-Programm" lediglich „1. Hebung des Binnenmarktes, 2. Herausziehung durch Arbeitsdienst". Hierl wollte unter einer allgemeinen Arbeitsdienstpflicht nicht nur eine „Behebung der Arbeitslosigkeit", sondern ein „Erziehungs-Problem" verstanden wissen. Dem stimmte Hitler ohne weiteres zu. Ein derartiges Arbeitsheer werde im „Krieg der Zukunft" eine „große Rolle" spielen.

Das „Sofortprogramm" der NSDAP zur Überwindung der Wirtschaftskrise ließ jedoch auf sich warten. Solange die Rezession ihren Tiefpunkt nicht erreicht und überschritten hatte, gab es kein zuverlässig wirkendes Heilmittel, konnte sich die Nazibewegung mit ihren Heilungsvorschlägen nur selbst in Schwierigkeiten bringen. Finanzfachleute wie Schacht und andere Wirtschaftsvertreter warnten unaufhörlich vor zu konkreten Festlegungen. Außerdem zeigten sie sich höchst beunruhigt darüber, daß Wagener und Renteln mehr den Erfordernissen einer massenwirksamen Propaganda als den bei den Wirtschaftsbesprechungen deutlich gewordenen Einschränkungen

Hitlers Rechnung tragen wollten. Wagener nahm zu ständigen Bemühungen, die Unterstützung des Monopolkapitals zu gewinnen, sogar höchst kritisch Stellung. Am 14. Januar 1932 legte er eine grundsätzliche Stellungnahme vor, in der es hieß[53]: „Die Bearbeitung der Industrie und ihrer Führer sowie die Bearbeitung der sonstigen an sich bedeutenden Wirtschaftskreise wie Bankwesen, Schiffahrt, Versicherungswesen, Verkehr usw. erscheint mir für den kommenden Entscheidungskampf unwesentlich. Die Zahl der Persönlichkeiten, die gewonnen werden könnten, ist gering. Die Mittel, die für die Gewinnung dieser Kreise aufgewendet werden müßten, schädigen die Arbeit bei den drei wichtigsten großen Wirtschaftsgruppen, dem Landvolk, der Arbeiterschaft und dem Mittelstand."

Wagener gab auch Empfehlungen, die der höheren Beamtenschaft sehr unangenehm waren. Er verlangte die „Herabsetzung der hohen Gehälter und Pensionen" und die „Einschränkung der Diäten der Landtagsabgeordneten". Das nahm man ihm sogar in den eigenen Reihen übel. Die Forderung, „selbst den Ministern nur ein Höchstgehalt von 1000 Mark monatlich zukommen zu lassen" und „bei allen denjenigen Beamten die Gehälter entsprechend zu reduzieren, die laut Beamtengesetz mehr als tausend Mark monatlich zu fordern haben", kam jedoch propagandistisch beim Kleinbürgertum gut an.

Noch wirksamer aber war, daß Wagener den „Schutz des Mittelstandes" forderte und sogar Profitquellen des Monopolkapitals begrenzen wollte. Das von ihm verlangte Warenhaus- und Filialsteuergesetz sollte den Einzelhandel stützen, „dessen Existenz durch die größeren Unternehmungen in immer stärkerem Umfang bedroht wird". Dabei war nicht einmal von jüdischen Warenhausbesitzern die Rede. Wagener wußte nur zu gut, daß Warenhäuser nicht zum Judentum, sondern zum monopolkapitalistischen Wirtschaftssystem gehörten. Er trat auch für ein „Vergebungsgesetz" ein, nach dem „staatliche oder gemeindliche Aufträge, Aufträge der Reichswehr sowie Großaufträge von Privatunternehmungen, soweit sie durch Handwerk und Gewerbe ausgeführt werden können, nicht auf Grund öffentlicher Ausschreibung an einzelne Unternehmer gegeben werden dürfen, sondern durch Vermittlung der betreffenden Innungen oder

53 BA Koblenz, NS 22, Nr. 359, unfol., Dr. Otto Wagener am 14. Januar 1932 an die Organisationsabteilung II (es wird nach der von Gregor Straßer abgezeichneten Durchschrift zitiert).

Verbände vergeben werden müssen". Prinzip sollte sein, „daß der Handwerker am eigenen Ort jedem anderen Lieferanten vorzuziehen ist". Die Massenfabrikation durch die Industrie sei bewußt zurückzudrängen.

Es sollte infolgedessen noch einige Monate dauern, bevor das Arbeitsbeschaffungs- und Wirtschaftsprogramm der NSDAP der Öffentlichkeit bekanntgegeben wurde. Die Naziführung wollte möglichst unverbindlich bleiben und in sehr allgemeiner Form allen alles versprechen, um so zu einer Sammelpartei aller Unzufriedenen zu werden und kein neues Mißtrauen bei der herrschenden Klasse aufkommen zu lassen. Der „*Nationalsozialismus*" — so hat Gregor Straßer in diesem Sinne zu verstehen gegeben — würde am besten als „*Gegenteil von dem*" definiert, „*was heute ist*".[54] Goebbels, der diese Propagandamethode bis zur äußersten Perfektion trieb, vertrat den Standpunkt, „Ein Nationalsozialist muß in allen Sätteln reiten können"[55], und bedauerte geradezu, daß die Partei überhaupt ein Programm habe.[56] Sein Hauptversprechen lautete: „Jedem das Seine."[57]

Selbst ausgesprochene Sozialdemagogen waren also bemüht, die soziale Demagogie in Grenzen zu halten und die angesichts der verheerenden Folgen der Wirtschaftskrise unerläßliche Kritik am Kapitalismus zu entschärfen. Typisch dafür war ein Artikel von Goebbels am 22. April 1931 im „Angriff" unter der Überschrift „*Unser Sozialismus*". Darin hieß es: „*Wir deutschen Sozialisten* haben es nicht nötig, uns gegen den Anwurf zu verwahren, wir seien Knechte des Kapitals und Hörige des Geldes. *Nicht dem Kapital*, aber *dem Kapitalismus* haben wir den Kampf geschworen. Daß es Bergwerke, daß es Fabriken, Eisenbahnen, daß es Geld und andere Werte gibt, das ist nicht Ursache unseres sozialen Verfalls, vielmehr die Tatsache, daß es, ohne daß der Staat oder die verantwortlichen Parteien dagegen einschreiten, in Deutschland möglich ist, *die Schätze, die Produktionsmittel, das Geld — kurz gesagt, das Kapital, zum Schaden und Verhängnis des Volkes zu mißbrauchen.* Diesen *Mißbrauch* nennen wir

54 Das wirtschaftliche Aufbauprogramm der NSDAP. Eine Rede Gregor Straßers. Gehalten vor 15000 nationalsozialistischen Betriebszellenmitgliedern am 20. Oktober 1932 im Berliner Sportpalast, Berlin 1932, S. 7.

55 Der Angriff, Nr. 57, 1. 12. 1929.

56 Vossische Zeitung, Nr. 158, 4. 7. 1931.

57 Der Angriff, Nr. 52, 14. 11. 1929.

Kapitalismus, und ihn wollen wir als Idee mit all ihren macht- und wirtschaftspolitischen Folgerungen *beseitigen*."[58]

Aus diesem Goebbels-Artikel sprach die Angst, die Enthüllungen über die Komplicenschaft zwischen NSDAP und Monopolkapital, die insbesondere der KPD und teilweise auch der SPD zu danken waren, könnten Folgen für den Masseneinfluß der Nazipartei haben. Zugleich werden die ideologischen Verrenkungen deutlich, die von den ausgesprochenen Sozialdemagogen in der NSDAP vollzogen werden mußten, um sich antikapitalistisch zu drapieren und doch die Interessen des Kapitals zu vertreten. In monopolkapitalistischen Kreisen hat man das sehr wohl erkannt und entsprechend honoriert. So übermittelte der Geschäftsführer des Langnamvereins und der Nordwestlichen Gruppe des Vereins deutscher Eisen- und Stahlindustrieller, Max Schlenker, dem Generaldirektor der Gutehoffnungshütte, Paul Reusch, am 7. Januar 1932 einen Brief aus Unternehmerkreisen, in dem davon die Rede war, „daß unter dem ‚Sozialismus' der Nationalsozialisten ein anderer gemeint ist als der, den wir gemeinhin als solchen bezeichnen . . . es ist wohl oberstes Gesetz bei den Nationalsozialisten, den Begriff Sozialismus . . . stehen zu lassen und ihn nicht mit irgendwelchen anderen Inhalten auszufüllen, um die Einwirkung auf die Arbeitermassen nicht zu vermindern. Theoretisch ließe es sich schon unter den Nationalsozialisten leben."[59] Die Wahlergebnisse im Frühjahr 1932 zeigten jedoch, daß es trotz der Goebbelsschen „Hib-Aktion" (Hinein in die Betriebe) und der Straßerschen Lockungen nicht gelungen war, einen nennenswerten Einbruch in die Reihen der Arbeiterklasse zu erzielen. Das verschärfte die Auseinandersetzungen innerhalb der Naziführung und ließ neue Zweifel an der eingeschlagenen Propagandataktik aufkommen.

Drei Tage nach den preußischen Landtagswahlen am 24. April 1932, die trotz großer Stimmengewinne der Nazis deren Unfähigkeit demonstriert hatten, aus eigener Kraft die Regierungsgewalt über das größte Land der bundesstaatlich organisierten Weimarer Republik zu erlangen,[60] trat der sogenannte Reichswirtschaftsrat der NSDAP

58 Ebenda, Nr. 84, 22. 4. 1931 (abgedr. in: *Stegmann*, Großindustrie und Nationalsozialismus, S. 442; *Hörster-Philipps*, Wer war Hitler wirklich?, S. 115f.).

59 Abgedr. in: *Stegmann*, Großindustrie und Nationalsozialismus, S. 449; *Hörster-Philipps*, Wer war Hitler wirklich?, S. 124. Das Original befindet sich im Archiv der Gutehoffnungshütte.

60 Verteilung der Mandate: NSDAP 162, SPD 94, Zentrum 67, KPD 57, DNVP 31, Staatspartei 2, DVP 7, übrige 3.

unter dem Vorsitz von Feder und in Anwesenheit von Oberst Hierl in München zusammen.[61] Es ging um die Frage, ob die Auffassungen Wageners in einer Broschüre mit dem Titel „Das Wirtschaftsprogramm der NSDAP“ erscheinen sollten. Dagegen nahm Feder Stellung, der an seinem Ruf, der oberste Wirtschaftstheoretiker der Nazipartei zu sein, nicht rütteln lassen wollte und auch in Einzelheiten mit dem sachkundigeren Wagener nicht konform ging. Er verwies darauf, daß sowohl der Chef der Führerkanzlei, Rudolf Heß, als auch Gregor Straßer „die Schrift von Herrn Dr. Wagener entschieden ablehnen“. Oberst Hierl begrüßte dagegen deren Veröffentlichung. Ähnlich hatten sich bereits zuvor drei der anwesenden sieben Mitglieder dieses Reichswirtschaftsrates geäußert. Seinen Widersachern hielt Wagener entgegen, „daß der Nationalsozialismus nicht vor der Übernahme der Macht stünde, sondern daß sich diese nach dem Ausgang der letzten Wahlen um mehrere Jahre verzögern dürfte“. Er verwahrte sich dagegen, „daß ihm eine Änderung des bestehenden Parteiprogramms unterschoben“ werde, und gab weiterhin bekannt, „daß er eine Unmenge Zuschriften erhalten habe, die ihm Beweis dafür seien, daß die Erfolge der letzten Wahlen nicht zuletzt auch auf seine Vorträge über das Wirtschaftsprogramm zurückzuführen seien“. Schließlich sprach er sich „energisch dagegen aus, daß ein Sofort-Programm der NSDAP veröffentlicht werde“. Der Gegner sei dann jederzeit in der Lage, „sämtliche angeführten Zahlen als falsch hinzustellen und dies auch zu beweisen“.

Dieser indirekte Hinweis auf die Notwendigkeit, sich weiterhin intensiv um den sogenannten Mittelstand zu bemühen, entsprechende Programmpunkte zu formulieren, sich aber nicht zu sehr festzulegen, konnte nicht verhindern, daß Feder am Ende der Besprechung zu folgender Zusammenfassung kam: „In der vorliegenden Form darf die Schrift nicht erscheinen, auch dann nicht, wenn der Titel in irgendeiner Form abgeändert werden sollte. Auch wendet sich der Reichswirtschaftsrat dagegen, daß das Buch als ‚Rednermaterial‘ an die Beauftragten der Wirtschaftspolitischen Abteilung hinausgegeben wird.“ Wagener, der das nicht nur akzeptiert, sondern der zuvor aus-

61 BA Koblenz, NS 22, Nr. 11, Bl. 110–115. (Sitzungsbericht vom 27. 4. 1932) Abgedr. in: *Joachim Petzold*, Monopole–Mittelstand–NSDAP. Zu ideologischen Auseinandersetzungen zwischen den Interessenvertretern des Mittelstandes und des Monopolkapitals in der faschistischen Partei 1932, in: Z. Gesch. wiss, 9/1980, S. 862ff.

drücklich erklärt hatte, daß „nach der sich nun ergebenden Sachlage eine Veröffentlichung nicht mehr . . . nötig" sei, hielt sich aber nicht an den Beschluß. Am 29. April 1932 teilte er seinen Gauwirtschaftsreferenten mit, daß die Schrift „Das Wirtschaftsprogramm der NSDAP", die aus „grundsätzlichen Gründen . . . zunächst zurückgestellt" worden sei, in einer Ausgabe, „die sich mit der vorangezeigten Schrift in ihrem Inhalt deckt", mit dem Titel „Grundlagen und Ziele der nationalsozialistischen Wirtschaftspolitik" erscheinen werde: „Die weitere Aufgabe der Wirtschaftspolitischen Abteilungen der Gaue muß es sein, den Mittelstand für unsere Bewegung zu erobern, das heißt also: Handwerk, Gewerbe und Einzelhandel."[62]

Innerhalb des Straßerschen Organisationsapparates war man offensichtlich zu dem Schluß gekommen, daß die propagandistischen Anstrengungen zur Erweiterung der Massenbasis verstärkt werden müßten. Gregor Straßer nahm die Reichstagssitzung vom 10. Mai 1932 zum Anlaß, das lange erörterte und immer wieder aufgeschobene Arbeitsbeschaffungs- und Krisenbekämpfungsprogramm der NSDAP vorzulegen.[63] Er sprach dabei von der großen antikapitalistischen Sehnsucht, „die durch unser Volk geht, die heute vielleicht schon 95 Prozent unseres Volkes bewußt oder unbewußt erfaßt hat". Diese antikapitalistische Sehnsucht „ist . . . der Protest des Volkes gegen eine entartete Wirtschaft, und sie verlangt vom Staat, daß er, um das eigene Lebensrecht zu sichern, mit den Dämonen Gold, Weltwirtschaft, Materialismus, mit dem Denken in Ausfuhrstatistik und Reichsbankdiskont bricht und ehrliches Auskommen für ehrlich geleistete Arbeit wiederherzustellen in der Lage ist".

Die staatlichen Arbeitsbeschaffungsaufträge, mit denen der Wirtschaftsmotor wieder in Gang gebracht werden sollte, hatten die gleichen Gebiete zum Ziele, die Wagener vor Jahresfrist auf den Wirtschaftsbesprechungen mit Hitler genannt hatte: 1. Bodenerschließung, 2. Errichtung von Eigenheimen und 3. Straßenbau. Alles sollte mit Hilfe des Arbeitsdienstes erfolgen und die Erwerbslosigkeit reduzieren. Der Siedlungsgedanke, der Großgrundbesitzerinteressen berührte und von Hitler beanstandet wurde, erschien aber nur noch in stark verwässerter Form. Zur Finanzierung derartiger Vorhaben hielt

62 BA Koblenz, NS 22, Nr. 10, Bl. 107—110.

63 Verhandlungen des Reichstags, Bd. 446, Sp. 2510ff.; abgedr. in: *Gregor Straßer*, Kampf um Deutschland. Reden und Aufsätze eines Nationalsozialisten, München 1932, S. 345ff.

Straßer eine Vermehrung des Umlaufgeldes in bestimmten Grenzen für erforderlich. Udo Kissenkoetter hat nachgewiesen, daß sich diese inflationsfördernde Maßnahme an der Freigeld-Theorie Silvio Gesells orientierte, der schon vor dem ersten Weltkrieg für die Lösung des Geldwertes vom Goldstandard eingetreten war und den Staat als Wirtschaftsregulator betrachtete.[64] Hinter Straßers Ausführungen verbargen sich also kapitalistische Reformideen, die insbesondere dem mittleren Unternehmertum eine Fortexistenz mit Staatshilfe ermöglichen und die sozialen Gegensätze mindern sollten. Gesell hatte auch eine Freiland-Theorie vertreten, die auf Kosten des Großgrundbesitzes die Zahl der Klein- und der Mittelbauern vermehren und das Arbeitslosenheer in den Großstädten reduzieren sollte. Sie wurde insbesondere durch den früheren Kreisleiter von Breslau und stellvertretenden Gauleiter von Schlesien, Dr. Erich Rosikat, vertreten, den Hitler bereits 1927 aus der Partei ausgeschlossen hatte, weil selbst Ansätze zu einer Bodenreform den Interessen des Agrarkapitals widersprachen. Gregor Straßer vermied es, auf der gleichen Linie zu operieren, zog sich aber die Feindschaft noch weit mächtigerer Gruppen der herrschenden Klasse zu. Das Monopolkapital spendete seinem rhetorischen Glanzstück keinen Beifall. Die Wendung von der antikapitalistischen Sehnsucht ging ihm zu weit. Es wünschte auch keinen wie immer gearteten Staatskapitalismus, sondern wollte die staatsmonopolistische Entwicklung in den vorgezeichneten Bahnen gesichert sehen.

Gregor Straßer ließ seine Rede stichpunktartig zusammenfassen und als „‚Wirtschaftliches Sofortprogramm der NSDAP‘. Ausgearbeitet von der Hauptabteilung IV (Wirtschaft) der Reichsorganisationsabteilung der NSDAP“ allen Rednern der NSDAP für die Vorbereitung der Reichstagswahl am 31. Juli 1932 zustellen. Ausdrücklich wurde vermerkt: „Alle Äußerungen von Parteigenossen, die von diesem Material abweichen oder ihm widersprechen, sind lediglich als private Meinungsäußerung zu betrachten!“ Kissenkoetter hat in dieser Tatsache, „die offensichtlich von Hitler stillschweigend anerkannt wurde“, etwas für die „Machtverhältnisse in der Partei“ Bezeichnendes sehen wollen.[65] In Wirklichkeit konnte Gregor Straßer, der auch zwei große Rundfunkreden im Wahlkampf hielt, die sogleich als Schallplatten verbreitet wurden, in den Vordergrund treten,

64 *Kissenkoetter*, Gregor Straßer und die NSDAP, S. 94ff.
65 Ebenda, S. 119.

weil eine weitere Massenmobilisierung mehr antikapitalistische Demagogie erforderte und weil in der Organisationsabteilung II, speziell in der Wirtschaftspolitischen Abteilung, die für die Gewinnung des „Mittelstandes“ geeigneten Fachleute saßen und die Straßerschen Parolen noch am ehesten die Möglichkeit boten, die Arbeiterschaft, insbesondere das riesige Arbeitslosenheer, zu beeindrucken.

Im Sommer des Jahres 1932 erreichte die Weltwirtschaftskrise in Deutschland ihren Höhepunkt. Gegenüber 1928 war die industrielle Produktion auf 59 Prozent gesunken. Besonders schwer wurden die Roheisen- und Stahlerzeugung erfaßt, die auf durchschnittlich ein Drittel absanken. Im Vergleich zu 1913 verringerten sich das Volkseinkommen und damit der Lebensstandard um 28 Prozent. Das Existenzminimum für eine Familie mit zwei Kindern, das nach offiziellen Berechnungen bei wöchentlich 39,05 Mark lag, wurde mit 21,75 Mark in katastrophaler Weise unterschritten. 44,4 Prozent der Arbeiter waren arbeitslos, 22,6 Prozent mußten von Kurzarbeit leben. Die durchschnittlichen Unterstützungssätze für Arbeitslose schwankten 1932 zwischen 16,44 Mark in den Großstädten und 13,14 Mark in kleinen Gemeinden. 14 Prozent der Arbeitslosen, vor allem Frauen und Jugendliche, blieben ohne jede staatliche Unterstützung. Dabei ist zu berücksichtigen, daß eine Zweizimmerwohnung etwa 25,50 Mark Monatsmiete kostete und für den Zentner Kartoffeln mindestens 3,30 Mark, für das Vierpfundbrot wenigsten 64 Pfennige verlangt wurden. 1932 kamen über 7000 Bauernhöfe, zumeist unterhalb der 20-Hektar-Grenze, zur Versteigerung. Die Konkursrate stieg gegenüber 1928 um fast 50 Prozent. Über 5000 kleine und mittlere Betriebe waren so total bankrott, daß ein Konkursverfahren mangels Masse überhaupt nicht mehr eingeleitet werden konnte.[66] Der amerikanische Journalist Knickerbocker, der die Elendsgebiete Deutschlands, darunter vornehmlich die Region des Thüringer Waldes, bereiste, kam zu dem Schluß, daß die Unterstützungssätze nur soweit das Leben fristen konnten, weil die Empfänger zehn Jahre brauchen würden, um damit nicht zu verhungern.[67]

Vor diesem Hintergrund wird verständlich, warum es die Hitler-

66 Eine Zusammenstellung dieser Daten in: Dokumente zur deutschen Geschichte 1929—1933, Hrsg. Wolfgang Ruge/Wolfgang Schumann, Bearb. Kurt Gossweiler/Margarete Piesche, Berlin 1975, S. 97ff.; *Hörster-Philipps*, Wer war Hitler wirklich?, S. 73f. 109ff.

67 *H. R. Knickerbocker*, Deutschland so oder so?, Berlin 1932, S. 15f.

clique für geraten hielt, die Zügel zu lockern, die der antikapitalistischen Demagogie in den Jahren zuvor angelegt wurden. Diesen Agitationsspielraum haben Straßer und Goebbels ebenso ausgenutzt wie viele Propagandaredner auf der mittleren und der unteren Ebene. Obwohl mit General Kurt von Schleicher ein regelrechtes Tolerierungsabkommen zugunsten der am 1. Juni 1932 neuernannten Regierung Franz von Papens abgeschlossen wurde, das der NSDAP die Auflösung des Reichstages, die Aufhebung des SA- und des SS-Verbotes und die gewaltsame Absetzung der verfassungsgemäß regierenden preußischen Landesregierung einbrachte, wurde mit Beginn des Wahlkampfes eine scheinradikale Kampagne gegen das „Kabinett der Barone" und seine volksfeindlichen Notverordnungsmaßnahmen eingeleitet. Zugleich instruierte die Wirtschaftspolitische Abteilung ihre Mitarbeiter, mehr denn je die Interessenvertretung des Mittelstandes gegenüber dem Monopolkapital hervorzukehren. So entstand — keineswegs zufällig oder nur von Gregor Straßer und seinen Anhängern gewollt — bei vielen Menschen der Eindruck, die Nazipartei sei wieder zu ihrer alten Zielstellung zurückgekehrt und habe neben dem Kampf „gegen das System" auch den Kampf „gegen den Kapitalismus" auf ihre Fahnen geschrieben.

Das bedeutet selbstverständlich nicht, daß die Naziideologie eine derartige Einengung erfahren hätte und die übrigen Propagandaschlager der zwanziger Jahre völlig in den Hintergrund getreten wären. Nach wie vor dominierte der Nationalismus. Nirgends wird das greifbarer als bei Hitler, der im Propagandafeldzug der NSDAP die Hauptrolle spielte und infolgedessen für die zahlreichen Propagandaredner der Partei tonangebend wirkte.[68] Typisch für seine Argumentation ist die im Wortlaut überlieferte Rede vom 5. November 1930 in Mannheim.[69] Sie war auf den bevorstehenden 12. Jahrestag des Beginns der Novemberrevolution abgestimmt. Ausdrücklich leugnete Hitler, daß der Zerfall von Staatskörpern durch verlorene Kriege oder schlechte Friedensverträge verursacht werden könne. Es handle sich dabei vielmehr um die Folge eines inneren Haders. Wenn sich „die ganze Kraft

68 Es gibt noch keine Zusammenstellung der zahllosen Hitler-Reden zwischen 1925 und 1932. Eine vollständige inhaltliche Wiedergabe ist ohnehin unmöglich, da über die meisten nur Zeitungsnotizen existieren. Für das „Nationalsozialistische Hauptarchiv" wurden jedoch vorhandene stenographische Mitschriften gesammelt, die sich im BA Koblenz, NS 26, Nr. 52—59, befinden.

69 Von dieser Rede gibt es mehrere Überlieferungen. Es wird nach der genauesten Mitschrift zit. (ebenda, Nr. 57, Bl. 26—43).

der Nation im Innern" austobe „statt im Kampf nach außen", komme zwangsläufig der Zusammenbruch und schließlich der wirtschaftliche Ruin. Nur wer seinen Lebensraum erweitere, sich die Welt erschließe und den Weg zu den Rohstoffquellen notfalls mit dem Schwert öffne, könne im Kampf ums Dasein bestehen.

Als vor Jahrhunderten die erste große Weltverteilung stattgefunden habe, sei Deutschland durch einen dreißigjährigen Konfessionskrieg so geschwächt gewesen, daß es sich nicht daran beteiligen konnte. Dabei hätte kein Volk auf Grund seiner Tüchtigkeit und seiner Volkszahl „mehr Anrecht gehabt auf den Begriff Weltherrschaft als das deutsche Volk". Im 20. Jahrhundert vollzöge sich eine neue große Umwälzung dieser Welt: „. . . das Horoskop der Zeit, das steht nicht auf Frieden, sondern auf Krieg, wie nie zuvor." Wiederum wäre eine Glaubensspaltung — diesmal in eine internationale marxistische und eine bürgerlich-nationalistische Weltanschauung — dem deutschen Volk zum Verhängnis geworden. Der preußische Staatsgedanke habe diese Gegensätze nicht überbrücken können. Die ganze Zukunft Deutschlands hänge davon ab, ob das einer dritten, noch unverbrauchten Kraft, eben dem Nationalsozialismus, gelingen werde. Nur er vermöge die beiden verfeindeten Lager des Proletariats und des Bürgertums zu vereinen. Dabei sei der Sozialismus zu Ende gedachter Nationalismus: „. . . die Hingabe des eigenen Ichs zu Gunsten der Gesamtheit".

Diese demagogische Wendung gestattete es Hitler, gleichsam alle Klassenunterschiede aufzuheben und unter stürmischem Beifall sein politisches Credo zu formulieren: „Ob ich Schriftsteller bin, ist gar nicht wichtig, ob Du ein Bauernjunge bist, . . . das ist alles gar nicht wichtig, wichtig aber ist, daß ich ein Deutscher bin, und daß du ein Deutscher bist . . . Wir sind Deutsche und sonst nichts!" Im Grunde hatte der Naziführer kaum Konkretes gesagt, ja nicht einmal versprochen, sondern ganz einfach auf der nationalistischen Tonleiter in einer Form gespielt, die jeder Zuhörer ganz nach seinen Wünschen ausdeuten konnte. Das nationale Zusammengehörigkeitsgefühl wurde von Hitler wie ein Rauschgift eingesetzt und in Aggressionen gegen die angeblichen inneren und äußeren Feinde der Nation umgemünzt. Er konnte dabei an längst vorbereitete Stimmungen anknüpfen, die in der Nationalhymne „Deutschland, Deutschland über alles in der Welt" zum Ausdruck kamen oder in den Massenmedien gepflegt wurden. Wiederum zeigte sich, daß der Nazifaschismus auf virtuose Weise erntete, was andere längst vor ihm gesät hatten.

Selbstverständlich versäumte auch Hitler nicht, die sozialen Probleme seiner Zuhörer anzusprechen. Selbst zu Zeiten, da das kapitalistische Wirtschaftssystem noch florierte, fand er gelegentlich kritische Worte über die gesellschaftlichen Verhältnisse: „Gewiß, in einem Staat hat man begonnen, den Kapitalismus zu zertrümmern, in Deutschland aber den Kapitalismus jener ganz kleinen Menschen, die ihre Spargroschen einst in Friedensjahren zusammengetragen haben, den Kapitalismus dieser ganz kleinen Sparer hat man vernichtet. Kein Mensch glaubt, daß das Großkapital zerschmettert worden ist. Es herrscht heute . . . unverschämter als jemals vordem."[70] Aber stets suchte er den Eindruck zu erwecken, daß das eine Schuld des Weimarer Systems sei. Ansonsten begnügte er sich mit ganz unverbindlichen Wendungen. So wandte er sich in seiner Mannheimer Rede an diejenigen, die nur an das Materielle dächten und dem angeblichen Idealismus der Nazibewegung skeptisch gegenüberstünden: „Mein lieber Freund, wenn Du Dich nicht damit abfinden kannst, dann wird auch Dein Nachbar sich nicht damit abfinden. Wenn Du glaubst, nur in Dividenden allein Dein Dasein zu verbringen, dann wird der Nachbar nur an Gebühren und Lohn denken." Es war Demagogie im höchsten Grade und bereits für den kommenden Krieg gedacht, wenn der Naziführer den kleinen Musketier, „der sein Leben für sein Volk hingibt", tausendmal höher stellte als einen Faulpelz, einen Taugenichts, einen Feigling, „und wenn er Millionen besitzen sollte".

Eine Analyse der Reden Hitlers auf dem Wege zur faschistischen Diktatur zeigt deutlich, daß er sich wohlweislich hütete, wirkliche Kritik am Wirtschaftssystem seiner Auftrag- und Geldgeber zu üben. Während Gregor Straßer seine zweischneidige Rede von der antikapitalistischen Sehnsucht des deutschen Volkes im Reichstag hielt und in der Folgezeit wiederholt variierte, formulierte Hitler in seinem „Appell an die Nation"[71], der auf Schallplatten gepreßt wurde: „Die große Zeit der Entscheidung ist nunmehr gekommen. Über 13 Jahre hat das Schicksal den heutigen Machthabern zu ihrer Erprobung und Bekämpfung zugemessen . . . Sie wollten einst Deutschland für die Zukunft besser regieren als in der Vergangenheit . . . Der deutsche Bauer verelendet, der Mittelstand ruiniert, die sozialen

70 Ebenda, Nr. 55, Bl. 24.

71 *Max Domarus*, Hitler. Reden und Proklamationen 1932—1945, Bd. 1, Würzburg 1962, S. 115ff. (auszugsweise abgedr. in: *Hörster-Philipps*, Wer war Hitler wirklich?, S. 123f.).

Hoffnungen vieler Millionen Menschen vernichtet, ein Drittel aller im Erwerbsleben stehenden deutschen Männer und Frauen ohne Arbeit und damit ohne Verdienst, das Reich, die Kommunen und Länder überschuldet, sämtliche Finanzen in Unordnung und alle Kassen leer!" Er führte also wiederum das wirtschaftliche und das soziale Elend der Zeit ausschließlich auf das politische System und die bisher Regierenden zurück. „Nun, nach 13 Jahren, da sie alles in Deutschland vernichteten, ist endlich die Zeit ihrer eigenen Beseitigung gekommen. Ob die heutigen parlamentarischen Parteien leben, ist nicht wichtig, aber notwendig ist es, daß verhindert wird, daß die deutsche Nation vollkommen zugrunde geht." Keine Wirtschafts- und Gesellschaftsveränderungen, sondern die Überwindung des Parteiensystems, das die Nation angeblich in Interessengruppen zerreiße — das war es, was Hitler in Umkehrung der Tatsachen für unerläßlich erklärte.

Hitler hielt sich vornehmlich an die ursprüngliche, hauptsächlich von Feder ausgearbeitete Propagandamethode, die nach wie vor am besten die Klippen zwischen Kapitalismuskritik und Kapitalismusverteidigung zu umschiffen half. Im übrigen beschwor er mit mystischen Worten und auf bewährte Weise die Einheit des Volkes und der Nation: „Eine gläubige Gemeinschaft von Menschen ist entstanden, die langsam die Vorurteile des Klassenwahnsinns und des Standesdünkels überwinden wird. Eine gläubige Gemeinschaft von Menschen, die entschlossen ist, den Kampf für die Erhaltung unserer Rasse aufzunehmen." Gerade im ersten Halbjahr 1932 kam es ihm weniger darauf an, was er im einzelnen sagte, sondern vor allem darauf, wie wirksam und wie oft er die gleichen Allgemeinheiten verbreiten konnte.

Um Millionen Menschen in einen rauschartigen Zustand zu treiben, der sich in Wahlprozenten niederschlagen und den Nazis den Weg zur Regierung ebnen sollte, wurden alle Register moderner Propagandatechnik gezogen und neue Formen der Massenbeeinflussung entwickelt. Bereits beim zweiten Gang zu den Reichspräsidentenwahlen im April 1932 hatte Hitler ein Flugzeug benutzt und seinen ersten „Deutschlandflug" begonnen. Für die notwendigen Geldmittel wurde gesorgt. So war es ihm möglich, mitunter an einem Tag in vier bis fünf Städten zu sprechen und die Menschen nicht mit inhaltlichen Aussagen, sondern mit technischen Kunststücken zu beeindrucken. Das gleiche wiederholte er beim Reichstagswahlkampf im Sommer. Sein Leibfotograf und die zahlreichen Presseorgane der NSDAP sorgten dafür, daß Hitler im wahrsten Sinne des Wortes

„über Deutschland“ im Bilde festgehalten wurde. Zehntausende harrten oft bis in die tiefe Nacht aus, um das noch nie gesehene Schauspiel zu erleben, daß ein politischer Wahlredner mit einem oft von Scheinwerfern angestrahlten Flugzeug gleichsam vom Himmel herabkam. Sie vergaßen darüber für einen Augenblick die eigene Not, vor allem aber das Nachdenken darüber, was ihnen der Naziführer wirklich gesagt und versprochen hatte.

So kam es, daß die Reichstagswahlen vom 31. Juli 1932 der Nazipartei den größten Erfolg einbrachten, den sie unter bürgerlich-demokratischen Bedingungen je zu erzielen vermochte. Sie konnte auf rund 13746000 Wähler verweisen und war damit zur absolut stärksten Partei im neugewählten Reichstag geworden. Ihre 37,4 Prozent reichten aber nicht im entferntesten dafür aus, auf legalem Wege allein an die Regierung zu kommen. Trotzdem wurde im Nazilager fest damit gerechnet, daß Hindenburg Hitler zum Reichskanzler ernennen würde. Einigen Mitarbeitern in der Wirtschaftspolitischen Abteilung erschien es daher möglich und notwendig, ihren Forderungen Nachdruck zu verleihen. Wagener gab am 4. August eine Ausarbeitung Rentelns an Gregor Straßer mit der Bemerkung weiter, daß sie sich völlig mit der seinen decke.[72] „Angesichts der Möglichkeit einer Regierungsbeteiligung durch die NSDAP“ — so hieß es darin — stünde man „vor der *absoluten* Notwendigkeit, schon in den ersten Wochen *entscheidende* Maßnahmen zu treffen, die eine *wirtschaftliche* Besserung einleiten und uns durch ihre *propagandistische Wirkung* eine erhebliche Machtstärkung und eine große Resonanz im Volke verschaffen“. Insbesondere gehe es um einen „*konzentrischen Angriff gegen die Arbeitslosigkeit*“. Das setze jedoch die Besetzung des Reichswirtschaftsministeriums und der Reichsbank durch Nationalsozialisten voraus.

Wagener und Renteln strebten also nach den Schlüsselstellungen des Monopolkapitals und wollten dessen direkte Interessenvertreter davon ferngehalten wissen: „Die Besetzung der Reichsbank durch Herrn Hjalmar Schacht würde zum Beispiel die völlige Zerschlagung unserer wirtschaftlichen und sozialpolitischen Absichten bedeuten, wie aus seinen seit jeher und wiederum neuerdings (seine Rede in Hannover) vertretenen Anschauungen eindeutig hervorgeht. Dasselbe gilt vom gegenwärtigen Reichswirtschaftsminister Dr. *Warmbold*

72 BA Koblenz, NS 22, Nr. 359, unfol.; abgedr. in: *Petzold*, Monopole — Mittelstand — NSDAP, S. 873f.

(der von den IG-Farben in die Reichsregierung delegiert wurde — J. P.). Abgesehen davon, daß Herr Dr. Warmbold unseren Wirtschaftsprinzipien ebenso feindlich gegenübersteht (noch heute gibt er eine offizielle Erklärung gegen die Zinskonversion heraus!), also deshalb schon fort muß, können wirtschaftspolitische Maßnahmen ohne den Reichswirtschaftsminister in größerem Umfange gar nicht durchgeführt werden." Außerdem sollte ein „*Wirtschaftlicher Generalstab*" bei der Regierung geschaffen und ein Reichskommissar für Arbeiter-Siedlung „(sachlich zwecks Entproletarisierung, propagandistisch im Hinblick auf die Arbeiter-Politik *von entscheidender Bedeutung*)" berufen werden und in die Hand der NSDAP kommen. So könne man den „*endgültigen Durchbruch*" weit wirksamer sicherstellen, als das eine bewaffnete Truppe je zu tun vermöge.

Ähnliche Forderungen hatte Darré bereits vor Jahresfrist auf seinem Arbeitsgebiet erhoben. Am 24. Juli 1931 schrieb er an Hitler, die „Möglichkeit für die NSDAP, in nächster Zeit gezwungen zu werden, in eine Rechtskoalition einzutreten", veranlasse ihn zur „Unterbreitung folgender Angelegenheit". Da das Reichsministerium für Ernährung und Landwirtschaft nur repräsentative Bedeutung habe und die süddeutschen Länder auf Landwirtschaftsministerien überhaupt verzichtet hätten, beherrsche das preußische Landwirtschaftsministerium praktisch die Agrarpolitik des Reiches. Diese Schlüsselstellung dürfe möglichst nicht in der Hand des Zentrums bleiben, auf keinen Fall aber noch an die Deutschnationalen fallen, weil sie dann immer die Möglichkeit hätten, sich innenpolitisch durch geeignete Maßnahmen zu stabilisieren. Wenn die NSDAP im Bereiche der Landwirtschaft nicht zum Zuge käme, würde das „psychologisch und propagandistisch eine Riesengefahr" bedeuten.[73]

Darrés Überlegungen waren in der Öffentlichkeit bekannt geworden. In den Kreisen des Monopolkapitals wußte man auch von den Ambitionen der Wirtschaftspolitischen Abteilung. Vor allem aber hatte die äußerst demagogische Wahlpropaganda der Nazis Unruhe in der herrschen Klasse ausgelöst. Gregor Straßers Reichstagsrede vom Mai 1932 wurde von zahlreichen Propagandisten der NSDAP als Freibrief betrachtet, um Kritik an der kapitalistischen Gesellschaftsordnung zu üben. Das Wagenersche Rednermaterial und das „Wirtschaftliche Sofortprogramm" wirkten in der gleichen Richtung.

73 Staatsarchiv München, Polizeidirektion München, Personalakten, Nr. 10029, Darré, Bl. 11/12, Abschrift des Briefes Darrés vom 24. 7. 1931 an Hitler.

Außerdem hatte die Naziführung das Abkommen mit Schleicher nicht eingehalten. Die Papen-Regierung erfüllte zwar ihre Verpflichtungen, wurde dafür aber von der NSDAP nicht toleriert. Goebbels zog mit scharfen Worten gegen das „Kabinett der Barone" zu Felde. Gregor Straßer bestritt überhaupt, daß die Nazipartei sich zur Tolerierung verpflichtet habe.[74]

Das alles trug dazu bei, daß sich die herrschenden Kreise im Sommer 1932 noch nicht dazu entschließen konnten, Hitler die Regierungsgewalt anzuvertrauen. Man fürchtete, er würde sich nicht gegen seine Unterführer durchsetzen können und Personen an die Schalthebel der Macht gelangen lassen, die sich in der Theorie besonders radikal gebärdeten und deren Bereitschaft, in der Praxis zurückzustecken, noch ungeprüft war. Zudem empfand man das Papen-Kabinett, was dessen Willen betraf, den Forderungen des Industrie- und Agrarkapitals zu entsprechen, als geradezu ideal. Diese Stimmung wurde von der Naziführung offensichtlich unterschätzt. Da sie unbedingt die Wahlen mit einem möglichst hohen Stimmenanteil gewinnen wollte, war sie bis zu einem gewissen Grade Gefangener der eigenen Demagogie geworden. Auf jeden Fall konnte sie sich nicht schnell genug aus diesen Fesseln befreien und das Mißtrauen innerhalb der herrschenden Klasse zerstreuen.

Als Hitler am 13. August 1932 das Angebot Hindenburgs, an der gegenwärtigen Papen-Regierung beteiligt zu werden, ablehnte und „die Führung einer Regierung und die Staatsführung im vollen Umfange für sich und seine Partei" verlangte, erklärte der Reichspräsident: „Er könne es vor Gott, seinem Gewissen und dem Vaterlande nicht verantworten, einer Partei die gesamte Regierungsgewalt zu übertragen, noch dazu einer Partei, die einseitig gegen Andersdenkende eingestellt wäre."[75] Die Enttäuschung der Nazis kannte kaum Grenzen. Ein besseres Wahlergebnis ließ sich schwerlich wieder erzielen. Alle Register der Massenverführung wurden bereits gezogen. Man war damit bis ans Tor der Reichskanzlei in der Berliner Wilhelmstraße gelangt. Warum — so fragte man sich in der Nazibewegung bestürzt — ist man dann aber nicht hineingekommen?

74 BA Koblenz, NS 26, Nr. 58, Bl. 42 (Gregor Straßer am 23. 7. 1932 in Dresden).

75 ZStA Potsdam, Büro des Reichspräsidenten, Bd. 47, Bl. 183 (abgedr. in: Dokumente zur deutschen Geschichte 1929—1933, S. 72).

IX. KAPITEL

Ideologische und politische Meinungsverschiedenheiten auf dem Wege zur Regierungsübernahme 1930—1932

Er zahle keinen roten Heller — will Paul Reusch Hitler erklärt haben, als ihn dieser um Geld für die Nazibewegung ersuchte —, solange in der Partei bolschewistische Tendenzen herrschten: „... nur die allerdümmsten Kälber wählten ihre Metzger selber“.[1] Das ist natürlich nicht wörtlich zu nehmen. Zumindest 1929 sind im Rahmen des Kampfes gegen den Young-Plan bereits Reusch-Gelder in die Kassen der Nazis geflossen. Aus der berüchtigten „Ruhrlade“, die zur finanziellen Unterstützung von Interessenvertretungen geschaffen wurde und die Reusch 1927 angeregt hatte, erfolgten weitere Zuwendungen.[2] Außerdem war kein Ruhrindustrieller so naiv, die NSDAP wirklich in Verbindung mit dem Bolschewismus zu bringen. Aber es lag ganz auf der Linie, die vom MAN-Direktorium schon 1921 gegenüber Claß zum Ausdruck gebracht wurde. Soziale Demagogie, vor allem wenn sie gar pseudosozialistische Formen annahm, erschreckte die meisten Monopolkapitalisten, insbesondere die Schwerindustriellen. Man fürchtete, daß dadurch die Arbeiter doch nicht gewonnen, dafür jedoch das Kleinbürgertum, „Beamte und vor allem Studenten irre gemacht und mit sozialistischen Gedankengängen verseucht würden“.[3] Während der Weltwirtschaftskrise war zwar die Einsicht gewachsen, daß weniger sozialdemagogische Varianten des Faschismus ohne Massenanhang blieben und daß die Nazibewegung gar nicht anders konnte, als im „nationalsozialistischen“ Ge-

1 Zit. in: *Koktanek*, Oswald Spengler in seiner Zeit, S. 432.

2 Vgl. dazu *Turner jr.*, Die ‚Ruhrlade‘. Geheimes Kabinett der Schwerindustrie in der Weimarer Republik, in: *derselbe*, Faschismus und Kapitalismus, S. 114ff. Turner versucht zwar diese Form der Nazifinanzierung zu bagatellisieren, kommt aber um einige Eingeständnisse nicht herum.

3 ZStA Potsdam, Alldeutscher Verband, Nr. 258, Bl. 243. Vgl. dazu II. Kapitel, S. 115f.

wande aufzutreten, aber die Sorge bestand weiter, es könnten Geister geweckt werden, die man später nicht mehr loswerden würde. Dafür gab es bereits handgreifliche Beweise.

Hitler konnte zwar den Konflikt mit Otto Straßer ohne größere Nachwirkungen meistern. Dessen demonstrative Erklärung „Die Sozialisten verlassen die NSDAP“ trug sogar wesentlich zur Beruhigung der herrschenden Klasse bei. Aber der grundsätzliche Widerspruch zwischen Schein und Sein, zwischen nationalsozialistischer Propaganda und monopolkapitalistischer Interessenvertretung, erzeugte immer neue Spannungen innerhalb der Nazipartei. Am 30. August 1930 rebellierte die Berliner SA unter Hauptmann Walter Stennes. Goebbels war machtlos und mußte Hitler um Hilfe bitten. Da die Anklagen sich vordergründig auf den „Luxus der Bonzen“ bezogen, die sich nicht um den einfachen SA-Mann kümmerten, gelang es, der Unruhe durch den Einsatz der SS und höhere Zuwendungen Herr zu werden. Stennes selbst erwies sich als hartnäckiger Sünder. Er grenzte sich jedoch von Otto Straßer und seiner Gruppe ab.[4] Für die Hitlerclique blieb es eine Warnung, daß die SA bei weitem nicht so zuverlässig war wie die SS.

Wie in Berlin und anderen Parteigauen bildete sich auch in Hessen-Nassau-Süd eine Nazi-Opposition, die sogar eine hektographierte Zeitung unter den Namen „Der Freiheitskämpfer“ herausgab. In einer nicht näher datierten Maiausgabe wurde das Gedicht „Appell an die SA Kameraden“ veröffentlicht, das durchaus als ein Stimmungsausdruck betrachtet werden kann:

„Während die Hungerwelle übers Vaterland steigt,
sitzt Adolf im ‚Braunen Palast‘ und schweigt.
Gemächlich ruht er sich aus von den Reise-‚Strapazen‘
Die Austern von Herrn von Stauss im Magen.

Entschlossen seinen Geldgebern dankbar zu sein,
stellt er seinen ‚Kampf gegen das Finanzkapital‘ ein.
Was kümmert ihn des Volkes Sorgen?
Was kümmert ihn, was wohl sein mag morgen?

Nur eine Sache macht Hitler Kummer:
Wie bekomme ich die beste Nummer

4 BA Koblenz, NS 26, Nr. 325, unfol. (Stennes an Röhm, 28. 2. 1931).

bei Volkspartei, Brüning und den Katholiken?
Wann wird man mir den versprochenen Posten schicken?

Ich habe Brüning zugesagt, für Ministersessel
zu schlagen die Opposition in Fessel,
die da fordert ,Kampf dem Kapital'
damit ist Schluß! Ein für alle mal.

So denkt er, Adolf Hitler! Und Ihr, SA Kameraden
Wollt Ihr Euch mit der großen Schuld beladen
zuzusehen wie Brüning unser Land richtet zu Grund,
wie das Youngskapital es schafft auf den Hund!

Die Parteibonzen haben die Revolution verraten
wir sagen, nun ist Schluß mit Euren ,Taten'!
SA-Mann! Aufgewacht! Folgt unserem Rat!
Vollführt mit der revolutionären Opposion die Tat!!"[5]

In der gleichen Zeitungsnummer wurde jedoch auch die Frage gestellt: „Hat Juda die Änderung des Parteikurses veranlaßt?" Derartige Irreführungen haben wesentlich dazu beigetragen, daß die „Revolutionäre Opposition in der NSDAP" nur zu latentem Mißtrauen in der SA gegenüber den „Bonzen" beitrug.

Um die SA zu disziplinieren, hatte Hitler bereits 1929 den nach dem gescheiterten Münchner Putschversuch als Militärberater nach Bolivien gegangenen Röhm zurückgerufen und zum Stabschef der SA ernannt. Das war auch eine Geste gegenüber der Reichswehrführung; denn Röhm hatte schließlich im Auftrage der Reichswehr geholfen, die Nazibewegung zu entwickeln, und verfügte nach wie vor über gute Beziehungen zum Offizierskorps, insbesondere zu dem immer mehr die politischen Fäden in die Hand nehmenden Major Kurt von Schleicher.

Nächst den Ruhrindustriellen war es die Generalität, um deren Gunst die Hitlerclique unablässig bemüht blieb. Eine Hauptsorge der Reichswehrführung bestand darin, noch einmal — wie 1923 — mit putschartigen Aktionen der sogenannten nationalen Verbände konfrontiert zu werden. Hitler hat deshalb immer wieder beteuert, nur auf legalem Wege zur Macht kommen zu wollen. Mitunter wur-

5 Ebenda, unfol.

den von ihm selbst geringfügige verbale Verstöße gegen diesen Legalitätskurs zum Anlaß genommen, um sich demonstrativ zur „Gesetzlichkeit“ zu bekennen. So hatte Gauleiter Friedrich Hildebrandt in Mecklenburg zu Beginn des Jahre 1930 in einem Schreiben an die Reichsleitung der NSDAP einen SA-Führer mit folgenden Worten eingeschätzt: Er sei „mehr Soldat und daher zu militärischen Dingen besser zu gebrauchen als zu einer politischen Leitung“. Hildebrandt wurde sofort seines Amtes enthoben.

Zugleich gab Hitler ein „streng vertrauliches“, aber den Behörden sicher absichtlich zugeschobenes undatiertes, also scheinbar immer geltendes Rundschreiben an die Gauleiter heraus, in dem es hieß: „Seit Wiedergründung der NSDAP bemühe ich mich, für jedermann den unmilitärischen Charakter der Partei und besonders der SA klarzumachen und nachzuweisen. In ungezählten Anordnungen, die teils von mir, teils vom OSAF (Oberster SA-Führer — J. P.) herausgegeben sind, wird auf die Notwendigkeit der unbedingten Vermeidung jeder gesetzwidrigen Handlung, jedes gesetzwidrigen Verhaltens und jeder gesetzwidrigen Tat hingewiesen ... Tatsächlich weiß auch jeder SA Mann, so wie jeder andere Parteigenosse, daß die einzige Aufgabe der SA der Schutz unserer Versammlungen und Redner und die Propagierung unserer Idee ist. Dennoch bringt es ein Gauleiter fertig, in einem leichtsinnigen, unvernünftigen Satz den Anschein zu erwecken, als ob ein SA Führer irgendetwas mit militärischen Dingen zu tun hätte ... Ein einziger sinnloser Satz solcher Art kann aber heute die Partei auf das Schwerste belasten, nachdem man ohnehin dauernd versucht, ihr und der SA gesetzwidrige Zwecke zu unterschieben. Ich habe mich deshalb entschlossen, ein Exempel zu statuieren ... An der strengen Gesetzlichkeit unserer Partei sollen alle Versuche unserer Gegner ... zuschanden werden. Unsere Waffen sind nicht der Dolch oder die Bombe, Maschinengewehre oder Handgranaten oder militärische Formationen, unsere Waffe ist ausschließlich die durchschlagende Richtigkeit unserer Idee.“[6] Am Rande sei vermerkt, daß Hildebrandt nach kurzer Zeit wiederum Gauleiter wurde.[7]

Wie sehr es Hitler um die Demonstration seiner Legalität ging, unterstrich er am 25. September 1930 vor dem Reichsgericht. Es

6 BA Koblenz, NS 20, Nr. 67, unfol. (Abschrift eines streng vertraulichen Rundschreibens Hitlers an die Gauleiter der NSDAP vom April 1930).

7 Ebenda (Ergebnis der polizeilichen Ermittlung).

wurde gegen drei Reichswehroffiziere verhandelt, die in ihrer Ulmer Kaserne eine Nazizelle gebildet hatten. Ihr Verteidiger präsentierte dem Gericht Hitler als Kronzeugen dafür, daß die NSDAP keinerlei verfassungswidrige Ziele verfolge. Der Naziführer erklärte unter Eid: „Ich habe in der ganzen Zeit die Auffassung vertreten, daß jeder Versuch der Zersetzung der Reichswehr Wahnsinn wäre. Wir haben kein Interesse daran, die Reichswehr zu zersetzen ... Über jedem Befehl steht der Grundsatz, daß er nur dann zur Ausführung kommen darf, wenn er nicht gegen das Gesetz verstößt ... Ich habe in allen Fällen, wo es zu Übertretungen gekommen ist, augenblicklich durchgegriffen, und ich habe eine ganze Anzahl zum Teil alter verdienter Parteigenossen aus der Bewegung ausgeschlossen, weil sie solche Anordnungen übertreten haben ... In unserer Bewegung ist eine Gruppe entstanden, die Gedanken und Tendenzen vertreten hat, die ich ablehnen muß, die fortgesetzt mit dem Begriff ‚Revolution' spielte. Diese Leute standen vor dem Ausschluß, sie sind dann von selbst gegangen. Dazu gehört Dr. Otto Straßer". Auf die Frage des Gerichtsvorsitzenden, ob er wirklich nur auf verfassungsmäßigem Wege das Dritte Reich errichten wolle, hat Hitler ausdrücklich versichert: „Jawohl". Zuvor waren jedoch — vom Gericht ungerügt — die aufschlußreichen Worte gefallen: „Wenn unsere Bewegung in ihrem legalen Kampfe siegt, wird ein deutscher Staatsgerichtshof kommen, und der November 1918 wird seine Sühne finden, und es werden auch Köpfe rollen."[8]

Diese Erklärung stellte sowohl den Gerichtshof als auch die mißtrauischen SA-Kreise zufrieden. Selbst Reichswehrminister General Groener, der 1918 immerhin mit einigen von denen paktiert hatte, deren Köpfe bedroht waren, schrieb an einen Freund: „Der schöne Adolf macht uns vorläufig keine Kopfschmerzen mehr, seit er vor Loyalität trieft."[9] Der Gausturmführer Wilhelm Scheppmann erklärte dagegen weitaus treffender in Bochum: „Wir wollen legal sein, *legal bis zur letzten Sprosse des Galgens* — aber dann!"[10] Da-

8 *Peter Bucher*, Der Reichswehrprozeß. Der Hochverrat der Ulmer Reichswehroffiziere 1929/30, Boppard a. Rh. 1967, S. 251, 255, 257f., 270, 260.

9 *Dorothea Groener-Geyer*, General Groener. Soldat und Staatsmann, Frankfurt a. M. 1955, S. 279.

10 BA Koblenz, NS 20, Nr. 61, unfol. (Ausarbeitung des preußischen Innenministeriums über die politische Entwicklung der NSDAP, S. 75). Vgl. dazu auch Goebbels: „Ich halte diesen Eid für einen genialen Schachzug. Was wollen die Brüder danach noch gegen uns machen? Sie haben doch nur darauf gewartet,

gegen hatte man im großen Lager der Bundesgenossen und der Förderer der Nazibewegung, zu denen sich auch in zunehmendem Maße aktive Offiziere wie der Wehrkreiskommandeur in Ostpreußen, General Werner von Blomberg, und sein Stabschef Oberst Walther von Reichenau gesellten, nichts einzuwenden. Man tat alles, um die Hitlerclique fest in den nationalistischen Block einzubinden und regierungsfähig zu machen.

Die Naziführung nutzte die Gelegenheit, sich beim Harzburger Treffen der sogenannten Nationalen Opposition gegen das Weimarer System im Oktober 1931 zur Schau zu stellen. Immerhin waren bei dieser Gelegenheit die führenden Repräsentanten jener Kreise anwesend, um deren Gunst man sich seit Jahren bemühte. Von den Parteien traten die DNVP und die Wirtschaftspartei sowie Vertreter der DVP in Erscheinung. An ihrer Seite standen der Reichslandbund und der Stahlhelm. Selbstverständlich fehlte auch die alldeutsche Verbandsführung nicht, die sich sogar als Regisseur betätigte und, rein äußerlich betrachtet, fast am Ziel ihrer Wünsche sehen konnte. Endlich war eine große gemeinschaftliche Kundgebung aller Rechtskräfte zustande gekommen und die ungebärdige NSDAP scheinbar fest engagiert.

Auf der Tagung des Geschäftsführenden Ausschusses des Alldeutschen Verbandes am 18. Mai 1930 in Potsdam hatte ein Landgerichtsdirektor R. aus Essen den Wunsch ausgesprochen, „die Beziehungen zwischen uns und der Nationalsozialistischen Deutschen Arbeiterpartei enger zu gestalten; dort wollte man doch dasselbe wie wir, und eine Zusammenarbeit sei da doch das Gegebene". Da Claß — wie er in seinen Erinnerungen festhielt — die Bereitschaft Hitlers dazu anzweifelte, erbot sich R. zu vermitteln: „Aus vielen Unterhaltungen wisse er, wie hoch Hitler die Arbeit des Alldeutschen Verbandes, meine Deutsche Geschichte und das Kaiserbuch einschätze; er verfolge die Deutsche Zeitung und die Alldeutschen Blätter genau. Er könne sagen, das Gedankengut, mit dem er — Hitler — und seine Partei arbeiteten, stamme in der Hauptsache vom Alldeutschen Verband. Als R... ihm bei einem solchen Gespräch sagte: ‚Wenn Sie das einmal öffentlich erklären, dann wird der Alldeutsche Verband geschlossen für Sie und Ihre Politik eintreten und

zupacken zu können. Nun sind wird streng legal, egal legal" (zit. in: *Richard Scheringer*, Das große Los. Unter Soldaten, Bauern und Rebellen, Berlin 1963, S. 276).

Sie gewinnen viele sehr wertvolle Mitarbeiter', antwortete Hitler nach R . . .s Bericht in unserem Ausschuß: ‚Das kann ich nicht. Ein Führer darf niemals zugeben, daß er von Anderen hat, was er vertritt.'"[11] Außerdem wußte Hitler natürlich genau, daß aus dem Alldeutschen Verband inzwischen ein Altmännerverein geworden war. Ein Bekenntnis zu ihm hätte nur zur weiteren Verwirrung in den eigenen Reihen beigetragen. Die Erfahrung hatte ihn gelehrt, daß die Alldeutschen ohnehin alles ihnen Mögliche taten, um die Nazibewegung voranzubringen.

Claß und Hugenberg legten großen Wert darauf, daß sich die Nazipartei an der Harzburger Tagung beteiligte. Sie sahen in der Zustimmung Hitlers einen Erfolg ihrer Bemühungen. „Die Nachricht von der gemeinsamen Tagung wurde — abgesehen von Teilen der NSDAP — in der gesamten nationalen Opposition mit Begeisterung aufgenommen; den Unzufriedenen war es nicht recht, daß wieder Hugenberg den Vorsitz führen sollte statt Hitler." Die alldeutschen und deutschnationalen Repräsentanten nahmen für diesen Pyrrhussieg viele Demütigungen in Kauf. Schon bei der Führerbesprechung ließ Hitler sie und die anderen Vertreter der nationalen Verbände vergeblich warten. Wilhelm Frick, der Innenminister in Thüringen geworden war, teilte mit, Hitler habe gegen den zuvor fest vereinbarten Entwurf einer gemeinsamen Erklärung „nachträglich so schwere Bedenken bekommen", „daß er die Zustimmung zu dem Entwurf nicht verantworten könne". Gregor Straßer glaubte zu wissen, „was Hitler besonders ungenügend oder gar anstößig finde", und verlas Änderungsvorschläge, die nach der Meinung von Claß, der sich nur mühsam beherrschen konnte, schon in Ton und Stil „wie die Faust aufs Auge" paßten. „Das Gefühl hatte jeder, daß es sich um eine demagogische Ummodelung handle, die dem propagandistischen Bedürfnis der NSDAP Genüge tun sollte."[12]

Was den Teilnehmern der Führerbesprechung als persönliche Taktlosigkeit und Brüskierung erschien, entsprang zu einem guten Teil der Sorge Hitlers, er könne sich und seine Partei an der Seite des

11 BA Koblenz, Kl. Erw., 499 F, Claß, Anhang, S. 41. Wer mit R. gemeint war, ließ sich nicht eindeutig ermitteln. Die Potsdamer Teilnehmerliste weist keinen R. aus (ZStA Potsdam, Alldeutscher Verband, Nr. 162). Wahrscheinlich ist Dr. Rieck gemeint, der sich aber nur schriftlich geäußert hatte und als ausgesprochener Nationalsozialist aus Essen bezeichnet wurde (Bl. 20—23).

12 BA Koblenz, Kl. Erw., 499 F, Claß, Anhang, S. 42ff.

Alldeutschen Verbandes, der DNVP, des Reichslandbundes und des Stahlhelms zu sehr bloßstellen. Die Zahl der Unzufriedenen in der NSDAP, die Claß sehr wohl registrierte, war recht groß und konnte bei Wahlen leicht zu einem Rückschlag führen, den eine derart auf Schein aufgebaute Partei nur schwer zu verdauen vermochte. Hitler vermied deshalb auch, die Parade des Stahlhelms und der SA an der Seite Hugenbergs abzunehmen. Fast hätte er sogar die gemeinsame Kundgebung platzen lassen. Schließlich nützte er jedoch die Möglichkeit, sich rhetorisch in Szene zu setzen. Immerhin waren führende Vertreter des deutschen Monopolkapitals wie Ernst Poensgen, Rudolf Blohm, Max Schlenker, Gottfried Gok, Louis Ferdinand Ravené sowie die Bankiers Regendanz, Stauss, Sogemeyer und Schacht anwesend. Auch zahlreiche Großagrarier mit dem Landbundpräsidenten Eberhard Graf Kalckreuth an der Spitze hatten sich eingefunden, von hohen Offizieren wie den Generalen von Seeckt, von der Goltz und dem Kapp-Putschisten von Lüttwitz ganz zu schweigen. Außerdem wußte Hitler, daß die herrschende Klasse Deutschlands und die Weltöffentlichkeit gespannt nach Bad Harzburg blickten.

„Als er mit seiner eigentlichen Rede fertig war“ — so erinnert sich Claß —, „ergriff er vor ihm liegende Blätter und erklärte — offenbar zur völligen Überraschung Hugenbergs, jedenfalls zu derjenigen aller Teilnehmer an der nächtlichen Führerbesprechung, die nicht zur NSDAP gehörten —, er habe nun noch eine Kundgebung an seine Parteigenossen zur Kenntnis zu bringen. Er verlas ein langes Schriftstück, das häufig durch jubelnde Zustimmung seiner Gesinnungsgenossen unterbrochen wurde.“[13] Hugenberg meinte später zu Claß, der auf der Harzburger Tagung kaum zu Worte kam: „Der Eindruck sei nicht abzuweisen gewesen, daß der Parteiführer aus der Partei heraus so starken Widerstand gegen die gemeinsame Kundgebung gefunden habe, daß er sich habe zurückziehen wollen. Allein der Hinweis, welche Bloßstellung es für die beiden Parteien und ihre Führer sei, wenn man die Tagung auffliegen oder die Widersprüche zwischen beiden Gruppen werde offenkundig werden lassen, und schließlich, welche Stärkung sich daraus für das Kabinett Brüning ergebe, habe Hitler veranlaßt, doch mit in den Saal zu gehen.“[14]

13 Ebenda, S. 47

14 Ebenda, S. 48. Vgl. dazu auch den Brief Hugenbergs vom 20. 3. 1932 an Hitler, dessen Abschrift in: BA Koblenz, Nachlaß Wegener, Nr. 73, Bl. 152—158, ermittelt werden konnte und in dem Hugenberg zu diesen Vorgängen Stellung nahm.

Der Balanceakt zwischen der herrschenden Klasse und der eigenen Massenbasis war besonders auf dem Gebiet der Wirtschaftspropaganda schwierig. Die Siedlungspläne und die politischen Aktivitäten Darrés hatten die Großagrarier in Unruhe versetzt. Es entspann sich ein heftiger Kampf um die Führung im Reichslandbund. Bisher vermochten die Großgrundbesitzer in der Regel sich durchzusetzen und der Bauernschaft ihren Willen aufzuzwingen. Da sie jedoch nur eine Minderheit darstellten und ein Teil von ihnen bereits zu den Nazis übergegangen war, verloren ihre konservativen Interessenvertreter an Boden. Darré hatte in jedem Nazigau landwirtschaftliche Fachberater einsetzen lassen, die nach folgenden Prinzipien ausgewählt wurden: „1. Der Fachberater muß unter allen Umständen Landwirt sein . . . 2. Der Fachberater muß das einwandfreie Vertrauen der örtlichen politischen Leitung der Partei haben . . . 3. Der Fachberater soll nach Möglichkeit unter seinen Berufsgenossen Ansehen besitzen, ein Umstand, der bei der Auswahl der Bezirksfachberater ganz besonders zu beachten ist."[15] Das trug dazu bei, daß bei Landbundwahlen die Kandidaten der NSDAP immer mehr Stimmen auf sich vereinen konnten. Bereits im Dezember 1931 gelang es, den Nazi Werner Willikens in die Landbundführung zu lancieren.

Die Mehrheit der Großgrundbesitzer konnte und wollte diese Entwicklung nicht verhindern. Ihre Taktik lief darauf hinaus, selbst in der NSDAP an Boden zu gewinnen und die Appellanten an die Bauernschaft im Agrarpolitischen Apparat der NSDAP bei der Hitlerclique in Mißkredit zu bringen. Man spekulierte darauf, daß die Naziführung, um an die Regierung zu kommen, nicht nur Wählerstimmen, sondern auch das Vertrauen Hindenburgs und der Reichswehrführung brauchte. Was aber beispielsweise der einflußreiche Junker Elard von Oldenburg-Januschau im Reichspräsidentenpalais oder auf dem seinem Gut benachbarten Reichspräsidentenbesitz Neudeck zu sagen hatte, wog bei Hindenburg glatt einige Millionen Wählerstimmen auf.

Die wichtigsten Gegenspieler Darrés waren die Reichslandbundfunktionäre Hans-Joachim von Rohr-Demmin, Kurt Gustav Ernst von Rohr-Manze und Joachim von Oppen-Dannenwalde. Mit welchen Mitteln man sich bekämpfte, wurde im „Völkischen Beobachter" deutlich, der am 3. Oktober 1931 gegen „Ungeheuerliche Anwürfe

15 BA Koblenz, NS 35, Reichsamt für Agrarpolitik, Nr. 1, Bl. 31—33, bzw. ZStA Potsdam, Kanzlei des Führers der NSDAP, Nr. 110, Bl. 31—34.

des Herrn von Rohr-Demmin gegen Pg. Darré" Stellung nahm. Der deutschnationale Interessenvertreter hatte die Unterstützung der Nazipartei durch den Kaliindustriellen August Rosterg angeprangert. Dazu wurde von der NSDAP folgendes aufschlußreiche Dementi veröffentlicht: „*Zunächst sei festgestellt, daß von irgendwelchen Beziehungen oder materiellen Rücksichtnahmen gegenüber dem Kalisyndikat seitens der Nationalsozialistischen Deutschen Arbeiterpartei und ihrer für diese Fragen zuständigen Führer gar nicht die Rede sein kann.*"[16] Der Kalikonzern Wintershall zeigte wachsendes Interesse an der NSDAP. Möglicherweise versprach er sich auch von Darrés Plan, die Bauernschaft zu stärken, eine Absatzsteigerung bei den Düngemitteln. Auf jeden Fall fühlten die Großagrarier sich im Reichslandbund im Vertrauen auf Hindenburg und Hugenberg stark genug, dem Agrarpolitischen Apparat der Nazipartei die Stirn zu bieten und sogar mit unangenehmen Enthüllungen aufzuwarten.

Wie die Gaufachberater des Agrarpolitischen Apparates waren alle Mitarbeiter der Organisationsabteilung II in den Gauen nach dem Führerprinzip der NSDAP den Gauleitern unterstellt. Diese achteten sorgsam darauf, daß ihre Kompetenzen nicht beschnitten wurden, und richteten sich in erster Linie nach den Anweisungen Hitlers. Außerdem kam es ihnen auf die Erschließung und die Erhaltung von Geldquellen an. Daraus ergaben sich ständige Spannungen und Reibereien zwischen den Gauleitungen und der Organisationsabteilung II in München. So erhielt Darré schon zu Beginn seiner Tätigkeit in Thüringen „nicht die geringste Unterstützung" gegenüber dem Grafen Kalckreuth und sah sich „bis über die Ohren beim Reichslandbund blamiert".[17] Die verschiedenen Interessengruppen und ihre namhaftesten Vertreter hatten noch dazu die Möglichkeit, sich direkt an die Gauleiter zu wenden. Am 18. Dezember 1931 beschwerte sich Darré bei Hierl, daß Rohr-Demmin in der Gauleitung

16 Völkischer Beobachter, Reichsausgabe, Nr. 276, 3. 10. 1931.

17 BA Koblenz, NS 22, Nr. 360, unfol. Der Name des Absenders ist nicht vermerkt. Da der Brief vom 4. 7. 1931 jedoch mit Dé/Sch. gezeichnet wurde, kann mit Sicherheit angenommen werden, daß es sich um Darré selbst handelte, der von Hitler zunächst mit besonderen Vollmachten für Thüringen ausgestattet war und sich nunmehr veranlaßt sah, als landwirtschaftlicher Gaufachberater zurückzutreten. Am 25. 10. 1930 hatte Darré noch großspurig im „Völkischen Beobachter" (Bayernausgabe, Nr. 254) geschrieben: „Graf Kalckreuth ist ... unserer Partei *nicht* genehm."

Pommern „außerordentliche Sympathien“ besitze und „gewisse Pgg. (Parteigenossen — J. P.) wohl lieber ihm als München gehorchen“. Hierl schrieb daraufhin an den Briefrand: „Was ist ‚München‘?“[18] Als sich die Gauleitung Ostpreußen für einen ausgesprochen konservativen Interessenvertreter an der Spitze der ostpreußischen Landwirtschaftskammer einsetzte, witterte Darré Intrigen. Er glaubte, daß man ihm eine Falle stellen wolle, damit „gewisse berliner Kreise, die sehr stark mit dem Wort ‚Sozialismus‘ kokettieren und posieren, uns . . . als ‚Reaktionäre‘ verschreien“ könnten.[19] Da dieser Brief an Gregor Straßer gerichtet war, wird Darrés Absicht deutlich, seinerseits von dessen gespanntem Verhältnis zu Goebbels zu profitieren.

Letzten Endes ging es um die Frage, wer die Agrarpolitik der Nazis bestimmen sollte. Es fiel Darré schwer, zu begreifen, daß er lediglich zur Bauernmobilisierung gebraucht wurde und sich darüber hinaus nicht mit den Großgrundbesitzern anlegen durfte. Der Gauleiter Karpenstein ließ seinen Vertrauensmann in Pommern ausdrücklich wissen: „*Ich wünsche nicht, daß . . . von Rohr angegriffen wird!*“. Darré habe sich „*ihm gegenüber ins unrechte gesetzt und . . . sein Sturz ist nur noch eine Frage der Zeit*“. Er könne nicht beweisen, daß sich Rohr um Aufnahme in die NSDAP bemüht hatte.[20] Darrés Versuche, seinen Widersacher dadurch unmöglich zu machen, daß er ihn als politischen Konjunkturritter bloßstellte, wurden von der Münchner Parteileitung entschieden mißbilligt. Man war schließlich an derartigen Überläufern mit festen Positionen innerhalb einflußreicher Organisationen sehr interessiert. Als ein anderer prominenter Vertreter der Junkerkaste, Joachim von Oppen-Dannenwalde, diesen Schritt vollzog, erhielt Darré vorsorglich folgenden Brief: „Der Kammerpräsident von *Oppen*, der schon seit längerer Zeit Pg. werden wollte, aber auf meinen Wunsch bisher offiziell seinen Übertritt zur Partei nicht vollzog, ist nunmehr mit meinem Einverständnis der Partei beigetreten. Ich bringe Ihnen das hiermit zur Kenntnis und bitte Sie, alle Angriffe, die gegen ihn in seiner Eigenschaft als

18 BA Koblenz, NS 22, Nr. 360, unfol. (zusammen mit den folg. drei Dok. abgedr. in der Dokumentation von *Joachim Petzold*, Großgrundbesitzer — Bauernschaft — NSDAP. Zu ideologischen Auseinandersetzungen um die Agrarpolitik der faschistischen Partei 1932, in: Z. Gesch. wiss., 12/1981, S. 1128—1139.

19 Ebenda.

20 Ebenda (Abschrift).

Kammerpräsident evtl. von uns geführt werden sowie ferner auch etwaige von Ihnen geplante Veränderungen vorher mit mir zu besprechen, damit ein gemeinsames Handeln, den politischen Absichten der Reichsleitung entsprechend, gewährleistet wird."[21]

Darré, der offenkundig seine Schwierigkeiten hatte, sich in diesem Dschungel der Intrigen und der Beziehungen zurechtzufinden, versuchte in mitunter reichlich naiver Weise seine Position zu festigen. So schrieb er am 14. April 1932 an Gregor Straßer: „Bei meiner Rede-Tour durch Mecklenburg und Pommern bin ich hin und wieder gezwungen, im Kreise von Verwandten oder früheren Bekannten von mir mit Deutschnationalen zusammen zu kommen, woraus sich dann meistens ein lebhafter Disput über NSDAP und DNVP entwickelt. Es ist mir nun aufgefallen, daß von deutschnationaler Seite der Kampf deshalb gegen uns weitergeführt wird, weil man felsenfest damit rechnet, die NSDAP demnächst auseinanderfallen zu sehen. Dieses Argument wird natürlich nicht sofort als Trumpf gegen mich ausgespielt, sondern tritt mehr durch die Hitze der Polemik und das In-die-Enge-Treiben der Deutschnationalen in Erscheinung. Auffallenderweise argumentiert man seine Auffassung mit dem Hinweis auf Sie. Man will wissen, daß Sie sich demnächst von Hitler trennen, und dieser Umstand das Auseinanderfallen der NSDAP bewirken würde. Mit Gegenargumentationen ist nicht viel zu erreichen: Die Leute zucken vielsagend die Schultern und schweigen."[22]

Nach der Röhm-Affäre im Juni 1934, die auch zur Ermordung von Gregor Straßer führte, legte Darré in einem Brief an Hitler Wert darauf, „zur Ehre der geschichtlichen Wahrheit festzustellen": „Im Frühsommer 1932 hat Gregor Straßer — damals noch Reichsorganisationsleiter I — den dienstlichen Verkehr mit mir und der von mir geleiteten Abteilung Landwirtschaft ohne ersichtlichen Grund abgebrochen und meinen damaligen unmittelbaren Vorgesetzten, den Reichsorganisationsleiter II, Oberst Hierl, veranlaßt, dasselbe zu tun." Er habe ferner dafür gesorgt, daß sich die ihm ergebenen Gauleiter in der gleichen Weise verhielten. Nach der Umbildung der Organisationsabteilung sei es zwar zu einer oberflächlichen Aussöhnung gekommen, Gregor Straßers Abneigung gegen ihn und den

21 Ebenda. Der Brief mit dem Kennzeichen der Reichsleitung ist nicht unterzeichnet. Nach der Leistungsstruktur kann er eigentlich nur von Gregor Straßer, Hierl oder evtl. Heß stammen.

22 Ebenda.

Agrarpolitischen Apparat hätte jedoch fortbestanden und unerwünschte politische Folgen gezeigt.[23] Obwohl offensichtlich ist, daß Darré mit dieser Mitteilung an Hitler persönliche Ziele verfolgte und sich als alten Gegner Gregor Straßers darstellen wollte, sind diese Offenbarungen nicht gänzlich aus der Luft gegriffen.

Die Unterschiede zwischen den von Gregor Straßer praktizierten Propagandamethoden und der von Hitler betriebenen Politik — in die sich auch Darré verstrickt sah — waren auffällig genug, so daß vielfach auf unversöhnliche Meinungsverschiedenheiten und auf einen unmittelbar bevorstehenden Machtkampf in der Nazipartei geschlossen wurde. Die Vorgänge Ende 1932 bestätigten diesen Eindruck, nicht aber die Erwartung, daß Gregor Straßer über kurz oder lang die Führung der Partei an sich reißen und Hitler auf einen repräsentativen Ehrenposten abschieben werde. Gegen die Konsequenzen einer derartigen Entwicklung hatten sich nicht nur Großagrarier, sondern auch Monopolkapitalisten zum Widerstand formiert. An sich war es diesen Kreisen gleichgültig, welche Personen in der Nazibewegung in den Vordergrund traten. Sie hatten auch kaum Grund zu der Annahme, daß zwischen gegensätzlichen Konzeptionen gewählt werden mußte. Dafür kannte man Gregor Straßers grundsätzliche Einstellung viel zu genau. Entscheidend waren die Befürchtungen, daß die im Kampf um die Massenmobilisierung von ihm und den anderen Sozialdemagogen ausgestellten „Wechsel" über kurz oder lang zur Einlösung präsentiert würden. Man sah mehr oder minder widerwillig ein, daß die NSDAP auf der antikapitalistischen Tonleiter spielen mußte, wenn sie weitere Millionen Wähler gewinnen wollte. Der Mann am Dirigentenpult der Zukunft sollte sich jedoch nicht so lautstark auf diese der herrschenden Klasse unangenehme Melodie festgelegt haben. Von dieser Einstellung profitierte Hitler. Daran mußte letztlich Gregor Straßer scheitern.

Die Industriellen konnten bereits der so betont auf die Bauern ausgerichteten Demagogie Darrés nicht uneingeschränkt zustimmen, weil dieser den alten Streit zwischen Landwirtschaft und Industrie um die Preise für Agrarprodukte mit ihren Folgen für die Arbeiterlöhne in neuer Form weiterführte. Gemeinsam mit der Regierung hatte das Monopolkapital zielbewußt auf eine mitteleuropäische Wirtschaftsunion hingearbeitet und insbesondere in den Agrar- und Rohstoffländern Südeuropas aussichtsreiche Positionen gewonnen.

23 Ebenda, Nachlaß Darré II, Nr. 24, unfol. (Darré an Hitler, 25. 7. 1934).

Darré aber nahm entschieden gegen alle Versuche Stellung, die „im landwirtschaftlichen Sinne sehr billig produzierenden Slawen" zu idealen Brotlieferanten zu machen. Das würde den wirtschaftlichen Ruin zumindest der ostelbischen Landwirtschaft bedeuten. Zwar sei es zu begrüßen, „daß unsere studentische Jugend angehalten wird, den Raub unserer Kolonien nicht zu vergessen". Aber die Spekulation auf ein gemeinsames mitteleuropäisches Kolonialreich in Afrika hätte höchst unerwünschte außen- und wirtschaftspolitische Folgen.[24] Wenn auch die von Darré gefürchtete Wirtschaftseinheit Frankreichs, Deutschlands und Polens zunächst noch nicht ernsthaft zur Diskussion stand, so war doch schon klar, daß eine Realisierung der von Darré der Landwirtschaft gemachten Versprechungen mit den Interessen der Industrie kollidieren mußte.

Dirk Stegmann hat in der Auseinandersetzung mit Turner gezeigt, daß die Ruhrindustriellen in besonderem Maße empfindlich auf sozialistisch klingende Parolen reagierten und darüber hinaus die Mittelstandsideologie Wageners und Rentelns bekämpften. Lange war man sich nicht im klaren, gegen wen eigentlich der Hauptstoß gerichtet werden sollte. Vielen Unternehmern, so dem Berliner Großindustriellen Hermann Bücher von der Allgemeinen Elektrizitätsgesellschaft, galt Goebbels als der schlimmste und gefährlichste Demagoge. Er schien ihnen vor nichts haltzumachen.[25] Wolfgang Ruge hat in seiner Hindenburg-Biographie beschrieben, in welch rüder Weise er sogar den Reichspräsidenten attackierte.[26] So veröffentlichte Goebbels beispielsweise einen Artikel unter der Überschrift „Der Marschall-Präsident", in dem er die Frage stellte, wie ein Trottel, der nur seine Unfähigkeit hinter würdevollem Ernst verberge, kaiserlicher Heerführer und republikanisches Staatsoberhaupt werden konnte, um dann erst abschließend kundzutun, daß diese Überlegungen dem vor fast vierzig Jahren verstorbenen französischen Marschall MacMahon galten.[27]

Es wird daher verständlicher, daß viele Ruhrindustrielle nächst Hitler noch immer auf Gregor Straßer setzten, der ihnen schon seit 1925 als einflußreicher Naziführer bekannt war und dessen gespannte Beziehungen zu Goebbels nicht verborgen geblieben waren. Ihr

24 Die Bewegung. Folge 13, 31. 3. 1931, S. 4 (*Darré*, Wo führt der Weg hin?).
25 *Stegmann*, Großindustrie und Nationalsozialismus, S. 416.
26 *Wolfgang Ruge*, Hindenburg. Porträt eines Militaristen, Berlin 1977, S. 281.
27 Der Angriff, Nr. 102, 13. 5. 1931.

wichtigster Verbindungsmann zu Straßer wurde der Schriftleiter des „Rheinisch-Westfälischen Wirtschaftsdienstes“ in Essen, August Heinrichsbauer. Daß im Straßerschen Amtsbereich Wagener seine mittelstandsfreundlichen Denkschriften verfaßte, fiel zunächst weniger ins Gewicht. Dergleichen lobbyistische Tätigkeit war man in Unternehmerkreisen gewohnt. Auch sein sozialdemagogisches Auftreten in der Öffentlichkeit wurde nicht als bedrohlich empfunden. Gregor Straßer hatte 1931 im Hotel Kaiserhof in Essen einen Vortrag über wirtschaftspolitische Fragen vor einem großen Kreis von Ruhrindustriellen gehalten, der ihm viele Sympathien und der NSDAP Geld einbrachte.

Als während der Verhöre am Rande des Nürnberger Kriegsverbrecherprozesses sein Name in Verbindung mit einer Bedrohung der kapitalistischen Gesellschaftsordnung durch bestimmte Nazis gebracht wurde, erklärte der ehemalige Geschäftsführer des Arbeitgeberverbandes der nordwestlichen Gruppe des Vereins Deutscher Eisen- und Stahlindustrieller, Ludwig Grauert, ausdrücklich: „Nein, Gregor Straßer glaube ich nicht. Der hat einmal in Essen im Kaiserhof gesprochen ... Und da hat er sich auch nicht in irgendeiner Form für die Vergesellschaftlichung oder für die Verstaatlichung der Kohleproduktion oder sonstigen Industrie eingesetzt, sondern er hat den Begriff des Privateigentums und damit auch der Privatwirtschaft aufrechterhalten und hat eine staatliche Lenkung dieser Wirtschaft als hinreichend angesehen.“[28] Natürlich wurde darauf geachtet, daß dabei die grundsätzlichen Interessen des Monopolkapitals gewahrt blieben. Heinrichsbauer sorgte dafür, daß schon 1930 zwei programmatische Arbeiten zur Wirtschaftspolitik aus der Feder Wageners und seiner Mitarbeiter gar nicht erst das Licht der Welt erblickten, sondern in der Schublade verblieben.[29]

Die Ablehnung der wirtschaftspolitischen Konzeption Wageners und der dilettantischen Wirtschaftsvorstellungen Feders wurde jedoch entschiedener, als sich die Wirtschaftskrise verschärfte und die Schwerindustriellen selbst in Schwierigkeiten kamen. Wie die Großbanken mußten vielfach auch sie staatliche Hilfe in Anspruch nehmen. Das steigerte ihre Furcht, unter Umständen verstaatlicht zu werden, was in ihren Augen einer Sozialisierung gleichkam. Die Folge waren

28 ZStA Potsdam, Film 44317, Bl. 32.

29 *Stegmann*, Großindustrie und Nationalsozialismus, S. 417 (Belege aus dem Archiv der Gutehoffnungshütte).

verstärkte Anstrengungen, die Staatsgewalt unbedingt in völlig zuverlässige Hände gelangen zu lassen. Unter diesen Umständen waren sozialdemokratische Einflüsse auf die Regierungspolitik noch unerwünschter, wuchs der Drang nach autoritären Herrschaftsformen faschistischer Art. Ähnliche Motive verstärkten auch das grundsätzliche Interesse der Großgrundbesitzer an einer Beseitigung des bürgerlich-demokratischen Herrschaftssystems. Der völlig verschuldete Landbesitz sollte insbesondere im Osten durch staatliche Hilfe auf Kosten der Steuergelder saniert werden. Die Antwort auf die Frage, wer davon profitieren werde, hing aber in hohem Maße davon ab, wer diese sogenannte Osthilfe verteilte.

Die Aussicht, daß in Bälde die Nazis an die Regierung gebracht werden könnten, führte zwangsläufig zu der Frage, wessen wirtschaftspolitische Vorstellungen dann realisiert würden. Die konservativen Großgrundbesitzer hatten bereits gegen Darré Front gemacht, obwohl dieser keineswegs die Osthilfe an sich angriff, sondern nur eine stärkere Berücksichtigung der Groß- und der Mittelbauern anstrebte und lediglich den Größtbesitz etwas eingeschränkt sehen wollte. Die nicht minder konservativen Schwerindustriellen drängten im Verein mit dem zurückgetretenen Reichsbankpräsidenten Hjalmar Schacht darauf, daß Wagener und Feder das blieben, was sie von vornherein gewesen waren: wirtschaftspolitische Massenmobilisatoren. Ihr Gegenspieler war insbesondere Walter Funk, der bis 1931 in der „Berliner Börsen-Zeitung" schon manchen Strauß mit Feder ausgefochten hatte, den offiziellen „Wirtschaftspolitischen Pressedienst" der NSDAP herausgab und zusätzlich die Nazi-Reichsleitung mit einem streng vertraulichen „Wirtschaftspolitischen Informationsdienst" versorgte.

Funk genoß das besondere Vertrauen Hitlers, der ihn später zum Reichswirtschaftsminister und Reichsbankpräsidenten ernannte. Kurt Gossweiler sieht in ihm einen Interessenvertreter der neuen Industrien, besonders der Chemie- und der Automobilindustrie, mit deren Vertretern — so beispielsweise mit Carl Duisberg — er freundschaftliche Beziehungen pflegte. Den Großbanken war er ohnehin seit den Tagen des ersten Weltkrieges, als er deren Ölinteressen wahrnahm, eng verbunden.[30] 1931 und 1932 betrachteten ihn aber auch die Bergbauindustriellen des Ruhrgebietes als spendenwürdig, um dadurch den Mittelstandstheoretikern in der Wirtschaftspolitischen Abteilung der

30 *Gossweiler*, Großbanken, S. 216.

NSDAP entgegenzuwirken.[31] Funk war also kein einseitiger Branchenlobbyist, sondern bemühte sich, das Gesamtinteresse des deutschen Monopolkapitals in der Nazibewegung zur Geltung zu bringen und mit ihrer Hilfe durchzusetzen. Die Bevorzugung bestimmter Industriezweige ergab sich mehr aus den jeweiligen Erfordernissen. Bei allen Rivalitätskämpfen innerhalb des Monopolkapitals vergaß Funk nie, das Verbindende zu betonen. So nahm man beispielsweise in der alldeutschen Verbandsführung zur Kenntnis, daß er 1932 auf einer Syndiciversammlung vertraulich erklärte: „regen Sie sich nicht auf, das ist alles nur Schwindel für die Außenseite; wir denken in Wirklichkeit gar nicht daran, Gewerkschaftspolitik zu machen, und alles, was Feder verzapft, ist Unsinn."[32]

Um „unsinnige wirtschaftliche Ansichten"[33] zu bekämpfen, schickte die Dachorganisation des deutschen Monopolkapitals, der Reichsverband der Deutschen Industrie, auch eigene Mitarbeiter vor. So veröffentlichte Hans Reupke 1930 ein Buch unter dem Titel „Das Wirtschaftssystem des Faschismus" und im Jahr darauf die Broschüre „*Der Nazionalsozialismus und die Wirtschaft*. Erläuterung der wirtschaftlichen Programmpunkte und Ideenlehre der nationalsozialistischen Bewegung". Reupke war im Mai 1930 der NSDAP beigetreten. Das entsprach einer zielgerichteten Taktik der Unternehmerverbände. Sie sahen ihre Mitarbeiter gern in den einzelnen bürgerlichen Parteien und in zunehmendem Maße in der NSDAP agieren und monopolkapitalistische Interessen verfechten. Reupke nahm diese Aufgabe in vielfältiger Weise wahr. Er publizierte beispielsweise im „Völkischen Beobachter" Artikel, die gegen pauschale Angriffe auf das gesamte Bankwesen polemisierten und praktisch der Bekämpfung von Feders Wirtschaftsauffassungen dienten.[34]

31 *Stegmann*, Großindustrie und Nationalsozialismus, S. 418.

32 ZStA Potsdam, Alldeutscher Verband, Nr. 171 (Sitzung des Geschäftsführenden Ausschusses vom 9. 9. 1932 in Rudolstadt), Bl. 18. Erstmalig wurde das Funk-Zitat erwähnt in: ebenda, Nr. 165, Bl. 20.

33 So Blank an Reusch, 10. 6. 1931, zit. in: *Stegmann*, Großindustrie und Nationalsozialismus, S. 419.

34 Völkischer Beobachter, Reichsausgabe, Nr. 290, 6. 12. 1930. Hier behauptete Reupke, der Nationalsozialismus wolle „*nichts anderes, als in der Wirtschaft die Belange der Allgemeinheit und der Produktion gegenüber den Ansprüchen einer ‚okkulten Plutokratie' auf's nachdrücklichste schützen. Soweit die Banken sich diesem Grundsatz beugen, hat er keine Veranlassung, ihre Rolle als Vermittler des nationalen Produktionsfonds anzugreifen.*"

Die Monopolkapitalisten betrachteten es im allgemeinen als unter ihrer Würde, persönlich in die Niederungen der Parteipolitik hinabzusteigen oder sich gar selbst einer Parteidisziplin zu unterwerfen. In Honoratiorenparteien wie der DNVP und der DVP konnte man standesgemäß auftreten, in der NSDAP gab es aber für beide Seiten gewisse Schwierigkeiten. Hitler hat diese Unternehmerarroganz, die sich auch in der Scheu äußerte, der Nazipartei allein die Regierungsgewalt zu übertragen, gegenüber dem Chefredakteur der „Leipziger Neuesten Nachrichten", Richard Breiting, im Mai 1931 mit den höchst selbstbewußten Worten kommentiert: „Wenn Krupp, Schröder und andere der Großindustrie erkennen, daß wir der Ordnungsfaktor sind, dann werden sie glücklich sein, in die Partei aufgenommen zu werden. Sie unterstützen unsere Bewegung finanziell, sie haben aber nicht den Mut, dem deutschen Staat eine nationale Regierung und einen nationalen Führer zuzugestehen."[35]

Um diesen Mut hat sich auch Reupke bemüht. Er stellte in seinen Publikationen fest, der „deutsche Sozialismus" der NSDAP sei weit entfernt vom Sozialismus der deutschen Arbeiterparteien und laufe keineswegs auf die Verstaatlichung der Großbetriebe hinaus. Der Unternehmer sollte lediglich an seine Verantwortung in einem nationalen Machtstaat und für eine nationalsozialistische Volksgemeinschaft erinnert werden. Das Privateigentum — das hätten auch die Nachträge zum 25-Punkte-Programm gezeigt — würde ebensowenig wie die Privatinitiative angetastet. Eine Planwirtschaft sei nur in der Form staatlicher Interventionen zur Krisenbekämpfung und zur Bewältigung anderer Aufgaben von allgemeinem Interesse vorgesehen. Die ursprünglich „antikapitalistische Parole des Nationalsozialismus" habe sich in eine „antimaterialistische veredelt". Auch die Großbanken würden nicht mehr pauschal angegriffen. Der Kampf gelte nur noch dem „internationalen Finanzkapital". Letztlich handle es sich beim „Nazionalsozialismus" um einen „aristokratischen Sozialismus", der das „hierarchische aristokratische Prinzip im Staatsleben wie in der Wirtschaft" betone.[36]

35 *Edouard Calic*, Ohne Maske, Hitler—Breiting. Geheimgespräche 1931, Frankfurt a.M. 1968, S. 27.

36 Diese Urteile finden sich insbesondere in der Broschüre „Der Nationalsozialismus und die Wirtschaft. Erläuterung der wirtschaftlichen Programmpunkte und Ideenlehre der nationalsozialistischen Bewegung", Berlin 1931. Sie wurden zusammengefaßt in: *Stegmann*. Großindustrie und Nationalsozialismus, S. 419.

Dirk Stegmann hat gezeigt, wie beifällig sich Hitler und führende Großindustrielle zu den Publikationen Reupkes äußerten.[37] Ersterer schickte sogar ein Dank- und Anerkennungsschreiben.[38] Für letztere regte Vögler an, man müsse sich im Präsidium des Reichsverbandes der Deutschen Industrie mit den Reupkeschen Gedanken auseinandersetzen. Vögler schrieb außerdem an den führenden Verbandsfunktionär Jacob Herle: „Die Arbeit, die Herr Dr. Reupke geleistet hat, ist ganz ausgezeichnet . . . Ich möchte vor allem die Schlußfolgerungen durchaus unterstreichen."[39] Damit gab einer der wichtigsten und politisch engagiertesten Ruhrindustriellen, der lange die DVP als seine Interessenvertretung angesehen hatte, zu verstehen, mit einem solcherart interpretierten „Nationalsozialismus" wäre er völlig einverstanden. Lediglich in SA-Kreisen meldete sich Widerspruch. Ludwig Weissauer polemisierte nicht nur gegen Reupke, sondern überhaupt gegen die Versuche der Schwerindustrie, den Begriff „Sozialismus" aus dem Parteiprogramm der NSDAP zu eliminieren, und forderte statt dessen eine Diktatur des Stahlhelms und der SA zwecks Einführung einer Ständeordnung nach dem Leitbild Othmar Spanns.[40]

Die Naziführung, deren Geldbedarf unermeßlich war, begnügte sich nicht allein mit derartigen Vermittlungspublikationen. Sie wurde auch selbst gegenüber den Unternehmern immer aktiver. Man

37 Ebenda, S. 420.

38 *Klaus-Peter Hoepke*, Die deutsche Rechte und der italienische Faschismus. Ein Beitrag zum Selbstverständnis und zur Politik von Gruppen und Verbänden der deutschen Rechten, Düsseldorf 1968, S. 181, Anm. 150. Hitlers Anerkennungsschreiben bezog sich auf Reupkes Buch von 1930, durch das „den deutschen wirtschaftlich interessierten Kreisen Gelegenheit gegeben werden sollte", am Beispiel des italienischen Faschismus „die Einstellung des Faschismus zu den wirtschaftlichen Gegenwartsfragen kennenzulernen" (*Hans Reupke*, Das Wirtschaftssystem des Faschismus, Berlin 1930, S. 3). Obwohl Reupke keiner Übernahme des faschistischen Systems Italiens „in Bausch und Bogen auf die andersgearteten Verhältnisse anderer Volkswirtschaften das Wort" reden wollte, sah er sein wertvollstes „Ausfuhrgut" auf wirtschaftlichem Gebiet „in der Bereicherung der Ideologie des Kapitalismus" (ebenda, S. 115). Kein Wunder, daß Hitler Reupkes Arbeit als lehrreich empfand.

39 Zit. aus dem Gutehoffnungshüttenarchiv, in: *Stegmann*, Großindustrie und Nationalsozialismus, S. 420.

40 *Ludwig Weissauer*, Wege zur Diktatur. Die kommende Front der Soldaten, Berlin 1931.

berücksichtigte aber, daß zu offenkundige Bekenntnisse zur herrschenden Klasse ebenso unerwünschte Folgen nach sich ziehen konnten wie zu demagogische Reden. Hitler behielt es sich deshalb selbst vor, beim Großkapital vorzusprechen und dessen Interessenvertreter zu bearbeiten. Schon im Vorbereitungszeitraum der Harzburger Tagung hatte er die bereits erwähnte Unterredung mit Richard Breiting, der als Chefredakteur einer weitverbreiteten Zeitung und als Vertrauter des deutschnationalen Reichstagsfraktionsvorsitzenden Ernst Oberfohren über erheblichen Einfluß verfügte. Es handelte sich um zwei Interviews, die im Mai und Juni 1931 stattfanden und deren stenographische Mitschrift später dem Zugriff der Gestapo entzogen werden konnte.[41]

Hitler, der sich ausbedungen hatte, daß kein Wort seiner Ausführungen veröffentlicht wird, benutzte die Gelegenheit, ähnlich offen wie gegenüber Rauschning seinen ideologischen Standpunkt und seine politischen Ziele darzulegen. Er sparte nicht mit heftigen Vorwürfen gegen das deutsche Bürgertum. Dessen historische Schuld sei es gewesen, daß der vierte Stand von der Nation weggestoßen wurde und Karl Marx mit seiner Lehre in der deutschen Arbeiterschaft Fuß fassen konnte: „Ich brauche das deutsche Bürgertum nicht, das Bürgertum braucht mich und meine Bewegung. Ich habe die nationalsozialistische Idee in die Welt geworfen und werde diese Idee brutal und, wenn es sein muß, mit Gewalt durchsetzen."[42]

Hitler nahm auch zu seinem Verhältnis zu Goebbels und Gregor Straßer sowie überhaupt zur Verwendung des Begriffs Sozialismus in der NSDAP Stellung. Breiting hatte die Überzeugung ausgesprochen, daß die „soziale Auslegung Ihres Programmes im wesentlichen ein Ausdruck des starken Agitationsbedürfnisses Ihres Reichspropagandaleiters, des Herrn Goebbels, ist". Zugleich wurde von ihm die Besorgnis geäußert: „Wenn aber die Mehrheit Ihrer Anhänger sozialistisch gesinnt ist, so besteht doch die Möglichkeit, daß Ihre sozialistisch gesinnten Anhänger Ihnen eines schönen Tages davonlaufen, wenn die Versprechungen nicht gehalten werden." Hitler wies die Unterstellung, „daß mein soziales Programm nichts als eine Demagogie meines Propagandaleiters Dr. Goebbels sei", „*höhnisch lachend*" zurück. Goebbels mache „nicht nur die sozialistische Propaganda, sondern auch die nationalistische" und sei überhaupt ein

41 *Calic*, Ohne Maske, S. 9ff.

42 Ebenda, S. 23.

„Feldherr des geistigen Krieges". „Man sollte gut unterscheiden, was bei uns Gefühl und was Vernunft ist. Im Propagandafeldzug geben wir selbstverständlich den Gefühlen den Vorzug." Später kam Hitler nochmals darauf zurück, daß es im Führungsgremium der NSDAP „keinen Platz für Glaubensspekulationen" gebe. „Alles wird nüchtern gewägt." Man müsse im richtigen Moment auch die richtige Waffe zu führen wissen. „Wir gehen mit mathematischer Planung und preußischer Genauigkeit voran."

Die von Goebbels so virtuos praktizierte soziale Demagogie sei unerläßlich, wenn man nicht auf das Proletariat verzichten wolle. Es werde aber ganz anders kommen, „wenn wir die Massen erobert haben, dann werden die nationalgesinnte Industrie und Finanz, die Universitätsprofessoren mit uns in den Reihen der NSDAP marschieren". Ohne Goebbels hätten die Gegner es soviel leichter. „Man wirft mir vor, ich hätte schon aus äthethischen Gründen einen anderen als Goebbels für den Posten des Propagandaleiters aussuchen müssen. Nein, meine Herren, bei mir hat die Propaganda nichts mit der Kleidung oder dem Aussehen zu tun . . . Wenn wir die Macht ergriffen haben, werde ich eine mächtige staatliche Propagandazentrale aufbauen lassen. Sie wird als Ministerium eingerichtet und einen ebenso wichtigen Platz wie das Auswärtige Amt und der Generalstab einnehmen . . . Wie man Goebbels auf dem Gebiet der Propaganda kritisiert, so haben Sie auf dem Sektor der Wirtschafts- und Sozialpolitik an Gregor Straßer etwas auszusetzen. Damit wir uns recht verstehen: Wir haben ein Wirtschaftsprogramm. In diesem Programm steht zwar als Punkt 13 die Forderung nach Verstaatlichung aller bereits vergesellschafteten Betriebe, also die Sozialisierung, aber was heißt hier Sozialismus. Das ist ein schlechtes Wort. Vor allem heißt das nicht, daß diese Betriebe sozialisiert werden müssen, sondern nur, daß sie sozialisiert werden können, nämlich wenn sie gegen das Interesse der Nation verstoßen. Solange sie das nicht tun, wäre es natürlich ein Verbrechen, die Wirtschaft zu zerstören."[43]

Als Breiting auf Feder zu sprechen kam, die einander widersprechenden Äußerungen vieler Naziredner erwähnte und überhaupt fand, daß von der Parteiführung nicht viel geschehe, um in grundsätzlichen Fragen wie der Gewinnbeteiligung Klarheit zu schaffen, legte Hitler ein eindeutiges Bekenntnis zum staatsmonopolistischen Herrschaftssystem ab: „Ich habe 8000 bis 10000 Redner im Lande. Ich kann

43 Ebenda, S. 34ff., 58.

nicht dafür haftbar gemacht werden, in welcher Form alle meine Leute meine Ideen wiedergeben ... Ich will die Autorität, ich will die Persönlichkeit, ich will, daß jeder den Besitz, den er sich erobert hat, behalten soll." Der Staat habe aber die Kontrolle auszuüben, „und jeder Besitzende soll sich als vom Staat Beauftragter fühlen". Er sei „kein Freund der amorphen Masse, ich bin der Todfeind der Demokratie ... Ich bin auch kein Freund des Frauenwahlrechts; ich bin ein Gegner des allgemeinen, gleichen und geheimen Wahlrechts. Wenn dieser Blödsinn schon gemacht werden muß, dann sollten wir auch unseren Vorteil aus der Demagogie ziehen."[44]

Das eigentliche Anliegen der Nazibewegung sei jedoch die rücksichtslose Bekämpfung des Kommunismus. „Für uns heißt die große Auseinandersetzung nur: Bolschewismus oder Faschismus. Das sind die beiden großen Ideen, die großen Weltanschauungen, zwischen denen die Entscheidung der Zukunft fällt ... Die einzige Gefahr, der wir uns gegenübersehen, ist der Kommunismus, weil er der einzige unserer Gegner ist, der eine Ideologie besitzt. Der ist auch der einzige, der uns eine Massenkampforganisation gegenüberstellen kann. Er ist der Feind Nr. 1 unserer Organisation und des Bürgertums. Nur wir sind in der Lage, das dahinsterbende Bürgertum vor diesem Feind zu retten." Außenpolitisch „denken wir schon heute an eine Anti-Komintern-Politik". In zehn Jahren werden „alle inner- und außenpolitischen Probleme Deutschlands gelöst sein".[45]

Wenn Hitler gegenüber Breiting so viel von einem dahinsterbenden, im Kern verfaulten Bürgertum sprach, hatte er dabei offensichtlich die Gesellschaftsschichten vor Augen, die einstmals den Kapitalismus der freien Konkurrenz prägten und die den traditionellen bürgerlichen Parteien noch einen gewissen Rückhalt gaben. Aus den Aufzeichnungen Rauschnings geht deutlich hervor, daß Hitlers Sympathien den Großindustriellen und Monopolkapitalisten galten. Mit ihnen zusammen wollte die Hitlerclique die Herrenschicht der Zukunft bilden. Was bedeuteten demgegenüber Verstaatlichung, Sozialisierung, fragte er Rauschning: „Als ob irgend etwas damit ge-

44 Ebenda, S. 37, 48.

45 Ebenda, S. 45, 63, 76, 78. Die Ausführungen Hitlers zur Außenpolitik werden nicht weiter dargelegt, da der Eindruck besteht, Breiting hat nachträgliche Ergänzungen vorgenommen. Das kann jedoch nur bis zu seinem Tod im Jahre 1937 der Fall gewesen sein. Ob bei der Publikation Einfügungen oder Änderungen erfolgten, kann nicht beurteilt werden.

ändert ist, daß die Besitztitel der Fabrik nun jetzt in den Händen des Staates sind und nicht mehr des Herrn Lehmann." In den Aktiengesellschaften und in vielen Konzernen bestimmten ohnehin bereits Manager, die nur in begrenztem Maße Eigentümer waren. Emil Kirdorf von der Gelsenkirchener Bergwerksgesellschaft, Paul Reusch vom Haniel-Konzern und Albert Vögler von den Vereinigten Stahlwerken, die allesamt faschistische Bestrebungen nach Kräften förderten, demonstrierten das. „Aber wenn die Herren Direktoren und hohen Angestellten", fuhr Hitler gegenüber Rauschning fort, „einer allgemeingültigen Disziplin unterworfen sind, dann erst kommt es zu einer neuen Ordnung, für die alle bisherigen Begriffe unzureichend sind." Der Nazismus ändere „nicht die äußere Ordnung der Dinge, sondern er ordnet allein das Verhältnis des Menschen zum Staat".[46]

Hitler strebte also ein staatsmonopolistisches Herrschaftssystem an, was — wie bereits sein Kommentar zu der Darréschen Zukunftsvision bewies — geradezu das absolute Gegenteil von Sozialismus war und eine Ausbeuterordnung garantieren sollte, die sowohl Elemente des Kapitalismus als auch des Feudalismus und der Sklaverei in sich vereinte. Auch das Monopolkapital strebte eine staatsmonopolistische Neuordnung an. Seine Unternehmungen waren jedoch direkter auf die eigenen Profitinteressen gerichtet. Wenn es schon unumgänglich war, daß der Staat eine beherrschende und regulierende Funktion ausüben sollte, so interessierte die Monopolkapitalisten vor allem die Frage, wie die eigene Vorherrschaft im Staate mit Hilfe der Faschisten gesichert werden konnte und wie zuverlässig eine faschistische Diktatur ihre Belange vertreten würde.

Man hatte deshalb Gregor Straßer aufgefordert, um die Jahreswende von 1931 zu 1932 über die Ziele der Nazibewegung im Industrie-Klub von Düsseldorf zu sprechen. Hitler ließ sich jedoch diese Gelegenheit nicht entgehen, wiederum vor den Ruhrindustriellen aufzutreten. Ob dabei bereits Besorgnis im Spiele waren, Straßer könnte sich immer mehr in den Vordergrund schieben und ihm den Rang ablaufen, steht dahin. Auf jeden Fall lag es in Hitlers Absicht, die Verbindung zu den entscheidenden Gruppen innerhalb der herrschenden Klasse zu mobilisieren und möglichst von agitatorischen Belastungen frei zu halten. Er wußte viel zu genau, worauf es dem deutschen Monopolkapital ankam und wie unerläßlich dessen Vertrauen auf dem Wege zur Regierungsgewalt war. Obwohl er selbst nach wie

46 *Rauschning*, Gespräche mit Hitler, S. 180.

vor der wichtigste und wirksamste Propagandaredner seiner Partei blieb, zeigte er sich an einer gewissen Arbeitsteilung interessiert. Die Vertretung konkreter sozialdemagogischer Forderungen blieb mehr den Mitarbeitern der Organisationsabteilung unter Straßers Leitung und des Propagandaapparates unter Goebbels' Regie überlassen. Hitler behielt sich die große „weltanschauliche" Orientierung und die allgemeine „nationalsozialistische" Thematik vor. Nach dieser Devise verfuhr er auch gegenüber den Ruhrindustriellen. Dafür gab es noch einen zusätzlichen Grund: Es konnte nicht erwartet werden, daß sein Auftreten vor einigen hundert führenden Wirtschaftlern geheim blieb. Sogar Reichskanzler Brüning nutzte die Gelegenheit, durchblicken zu lassen, daß Hitler „hinter verschlossenen Türen" den Industriellen etwas anderes sage als etwa den Arbeitern in Massenversammlungen.[47] Von vornherein mußte man also eine Publikation seiner Rede ins Auge fassen und die konkreten Versprechungen ganz den vertraulichen Gesprächen überlassen.

Trotzdem ist auch seine gedruckt vorliegende Rede von Ende Januar 1932 im Industrie-Klub zu Düsseldorf höchst aufschlußreich. Sie folgte zwar ebenfalls dem bekannten Schema — getreu der Devise, bei aller Abwechslung in der Form inhaltlich stets das gleiche zu sagen —, war aber ganz vom Bewußtsein durchdrungen, die Interessen des Monopolkapitals wahrzunehmen. Hitler ging von dem angeblich weitverbreiteten Eindruck aus, die Nazibewegung sei „antiwirtschaftlich" eingestellt. Er reagierte damit sofort auf Befürchtungen in Industriellenkreisen, die auf das Parteiprogramm und den Parteinamen zurückgingen und vor allem durch die Massenpropaganda genährt wurden. Selbstverständlich bestritt er dieses Vorurteil entschieden. Zum Unterschied von denen, die die wirtschaftliche Misere der Zeit in Deutschland auf die Weltwirtschaftskrise zurückführten, versicherte er jedoch, daß das ebenso falsch sei wie die Behauptung, der Friedensvertrag von Versailles wäre die Ursache des Unglücks. Die Schuld liege allein in einer Politik, die nach Versailles geführt habe und die die Weltwirtschaftskrise nicht von Deutschland fernzuhalten vermöge.

47 Vortrag Adolf Hitlers vor westdeutschen Wirtschaftlern im Industrie-Klub zu Düsseldorf am 27. Januar 1932, München (1932), S. 9f. Nachforschungen haben ergeben, daß Hitler diese Rede schon am 26. Januar gehalten hat (vgl. dazu *Reinhard Vogelsang*, Der Freundeskreis Himmler, Göttingen/Zürich/Frankfurt a. M. 1972, S. 20).

Wie schon fünf Jahre zuvor in der für Kirdorf ausgearbeiteten Denkschrift behauptete Hitler, daß drei Faktoren das politische Leben eines Volkes wesentlich bestimmten: der innere rassische Wert, die Hochschätzung der Persönlichkeit und die Entschlossenheit, sich im Kampf durchzusetzen. Er hatte offensichtlich aus zahlreichen Gesprächen den Eindruck gewonnen, daß damit den Vertretern des Monopolkapitals besonders imponiert werden konnte. Sie begründeten schließlich ihren Vorherrschaftsanspruch mit ihren überragenden Fähigkeiten und Verdiensten, die ihnen erst den Aufbau und die Leitung mächtiger Konzerne ermöglicht hätten. Hitler zog Vergleiche zwischen dem Kampf- und Leistungsprinzip auf der einen und den Grundsätzen der Demokratie auf der anderen Seite: Es sei angeblich „*mehr Volksherrschaft, ein Volk auf allen Gebieten des Lebens von seinen fähigsten, dafür geborenen Einzelwesen regieren und leiten zu lassen, als alle Gebiete des Lebens von einer jeweils diesen Gebieten naturnotwendigerweise fremd gegenüberstehenden Majorität verwalten zu lassen*". Auf seine Weise hatte er genau erkannt, daß dem Monopolkapital der Drang nach Herrschaft innewohnte und daß die Spielregeln des bürgerlichen Parlamentarismus von ihm nur widerwillig akzeptiert wurden. Es wäre „*ein Widersinn, wirtschaftlich das Leben auf dem Gedanken der Leistung, des Persönlichkeitswertes, damit praktisch auf der Autorität der Persönlichkeit aufzubauen, politisch aber diese Autorität der Persönlichkeit zu leugnen und das Gesetz der größeren Zahl, die Demokratie, an dessen Stelle zu schieben*".

Das Herrschaftsprinzip müsse in Wirtschaft und Politik zur Geltung gebracht werden. Dabei habe man sich an die Erfahrungen der Engländer zu halten. Solange diese in Indien ihre wirtschaftlichen Interessen mit Waffengewalt durchgesetzt hätten, wären sie erfolgreich gewesen. Nur dadurch lasse sich die Welt erobern. Es sei „einer der größten und grimmigsten Trugschlüsse" zu glauben, daß das auch mit ausschließlich wirtschaftlichen Methoden möglich wäre. Man hätte die übrige Welt überhaupt nicht durch Warenexport und andere wirtschaftliche Maßnahmen voranbringen dürfen. „*Die weiße Rasse*" könne ihre vorherrschende Stellung in der Welt „*nur dann praktisch aufrecht erhalten, wenn die Verschiedenartigkeit des Lebensstandards in der Welt aufrecht erhalten blieb. Geben Sie heute unseren sogenannten Absatzmärkten den gleichen Lebensstandard, wie wir ihn haben, und Sie werden erleben, daß die nicht nur in der politischen Macht der Nation, sondern auch in der wirtschaftlichen Stellung des einzelnen sich ausdrückende Vormachtstellung der weißen Rasse nicht mehr gehalten werden kann.*“[48] Die gleiche Ansicht hatte Spengler zu einer Zentralthese seiner späten Veröffentlichungen gemacht.[49] Hitler und Spengler konnten des Beifalls der Ruhrindustriellen sicher sein. Sie reagierten schließlich in imperialistischer Manier auf die Veränderungen im Weltwirtschaftssystem.

Seit dem Weltkrieg, so führte Hitler vor seinen Düsseldorfer Zuhörern aus, sei eine wesentliche Erweiterung der Absatzmärkte nicht mehr erfolgt. Sie wären vielmehr relativ zusammengeschrumpft, weil sich die Zahl der exportierenden Nationen langsam gesteigert habe und eine Unzahl früherer Absatzmärkte selbst industrialisiert wurde. Aus der Überproduktion hätte sich die katastrophale Arbeitslosigkeit ergeben, wodurch wiederum das ganze Produktionsprinzip in Frage gestellt werde. „*Man sieht immer nur 6 oder 7 Millionen Menschen, die nicht im Produktionsprozeß stehen, und bedauert nur vom rein wirtschaftlichen Standpunkt aus den dadurch bedingten Produktionsausfall. Meine Herren, man sieht aber nicht die geistigen, moralischen und seelischen Ergebnisse dieser Tatsache vor sich. Glaubt man denn wirklich, daß auch nur 10, 20 oder 30 Jahre ein derartiger Prozentsatz der nationalen Kraft brachliegen kann, ohne daß dieses Brachliegen auch geistige Wirkung ausüben, eine seelische Umstellung zur Folge haben muß?* . . . Glauben Sie, wenn 7 oder 8 Millionen Menschen erst zehn oder zwanzig Jahre aus dem nationalen Produktionsprozeß ausgeschaltet sind, daß für diese Menschenmassen der Bolschewismus noch etwas anderes sein könnte als die logische weltanschauliche Ergänzung ihrer tatsächlichen praktischen wirtschaftlichen Situation?“[50]

Vor den Ruhrindustriellen demonstrierte Hitler einmal mehr, daß man bei ihm stets zwischen Propagandareden und demagogischen Parolen auf der einen und dem richtigen Erfassen der eigenen Aufgabe und der imperialistischen Zielstellung auf der anderen Seite zu unterscheiden hat. Die „Brechung der Zinsknechtschaft“ des Kapitals stand nicht zur Diskussion. Von Juden war überhaupt nicht die Rede. Die Blut-und-Boden-Mystik klang höchstens aus der Erwähnung des Rassekerns eines Volkes heraus. Alles, was ansonsten für die Massenpropaganda der Nazis typisch war, blieb unerwähnt,

48 Vortrag Adolf Hitlers, S. 13.

49 *Spengler*, Jahre der Entscheidung, S. 164f.

50 Vortrag Adolf Hitlers, S. 17f.

bis auf die Hauptaufgabe, um derentwillen die faschistische Ideologie entwickelt und die faschistische Bewegung herangezüchtet wurde: die Bekämpfung des Kommunismus.

Hitler wischte alles Gerede vom notwendigen Zusammenstehen des deutschen Volkes in schwerer Zeit vom Tisch: „Glaubt man denn tatsächlich, daß dieses Zusammenstehen heute nur mehr eine Frage des politischen guten Wollens ist? *Sieht man denn nicht, daß sich in uns bereits ein Riß aufgetan hat, ein Riß, der nicht etwa in einigen Köpfen spukt, sondern dessen geistiger Exponent heute die Grundlage einer der größten Weltmächte bildet? . . . Es wird bei uns so dargestellt, als ob es sich hier bloß um rein geistige Probleme einzelner Phantasten oder einzelner Übelwollender handelte. Nein, eine Weltanschauung hat sich einen Staat erobert, und von ihm ausgehend wird sie die ganze Welt langsam erschüttern und zum Einsturz bringen. Der Bolschewismus wird, wenn sein Weg nicht unterbrochen wird, die Welt genau so einer vollständigen Umwandlung aussetzen wie einst das Christentum.*" Hitler betrachtete die kommunistische Weltanschauung wie eine Religion: „In 300 Jahren wird man, wenn diese Bewegung sich weiter entwickelt, in Lenin nicht nur einen Revolutionär des Jahres 1917 sehen, sondern den Begründer einer neuen Weltlehre, mit einer Verehrung vielleicht wie Buddha. *Es ist nicht so, daß diese gigantische Erscheinung etwa aus der heutigen Welt weggedacht werden könnte. Sie ist eine Realität und muß zwangsläufig eine der Voraussetzungen zu unserem Bestand als weiße Rasse zerstören und beseitigen.*"[51]

Hitler trat dafür ein, daß wieder ein Machtstaat der Wirtschaft den Weg bereitete und die weltanschauliche Spaltung des deutschen Volkes beseitigen helfe. Bereits eingangs hatte er eine erfolgreiche Außenpolitik von einer stabilen inneren Ordnung abhängig gemacht. Sowohl im 16. Jahrhundert als auch im Weltkrieg wären die inneren Differenzen dafür verantwortlich gewesen, daß schließlich „*die Weltverteilung ohne Deutschland*" erfolgte. Die Nazipartei sei bereit, diesen Zustand zu ändern. „*Wenn wir nicht wären, gäbe es schon heute in Deutschland kein Bürgertum mehr* (Sehr richtig!), *die Frage: Bolschewismus oder nicht Bolschewismus wäre schon lange entschieden!*" Das deutsche Leben müsse wieder auf eine tragfähige Basis gestellt werden: Entweder „*neuen Lebensraum mit Ausbau eines großen Binnenmarktes oder Schutz der deutschen Wirtschaft nach außen unter Einsatz der zusammengeballten deutschen Kraft*".[52]

51 Ebenda, S. 15f.

52 Ebenda, S. 22, 28, 31.

Der stürmische, langanhaltende Beifall der anwesenden Unternehmer und Verbandsfunktionäre bewies, daß Hitler die Erwartungen in vollem Umfang erfüllt hatte. Man verstand sehr wohl seine Absicht, nicht zu konkret zu werden und speziell die außenpolitischen Ziele nur allgemein zu umschreiben. Am Ende seiner Ausführungen hatte er sogar seine Friedensliebe beteuert. Das entscheidende Anliegen seiner Schlüsselrede auf dem Wege zur Regierungsfähigkeit war gewesen, das Mißtrauen zu zerstreuen, welches durch die Massenpropaganda in Unternehmerkreisen erneut erwacht war, und sich als einzigen anzubieten, der einen Ausweg aus der Wirtschaftskrise wußte und die „kommunistische Gefahr" bannen konnte.

Um ganz sicher zu gehen, wurde von Hjalmar Schacht, der von Hitler so begeistert war, daß er seinem Freund Paul Rohrbach gestand, „man könnte diesen Mann nur lieben!",[53] eine weitere Initiative zur Gewinnung der Ruhrindustriellen ergriffen. Er bedauerte in einem Brief vom 12. April 1932 an Hitler, daß es beim zweiten Gang zu den Reichspräsidentenwahlen „noch nicht gelungen ist, die großmächtigen Herren im Westen zum offenen Eintreten für Sie" und damit gegen den von der Reichsregierung unterstützten Hindenburg zu veranlassen. Er hätte jedoch „sehr viel Sympathie konstatieren" können. „Zwei Bedenken finde ich immer wieder vorherrschend: Das eine ist die Furcht, sich mit der Regierung anzulegen, auf deren Wohlwollen man unter Umständen angewiesen ist, und das zweite ist die Unklarheit über das Wirtschaftsprogramm des Nationalsozialismus."

„Bezüglich des letzteren Punktes" hätte er „insofern Erfolg gehabt, als eine Reihe von Herren sich bereit erklärt haben, gemeinsam mit mir eine Stelle zu finanzieren, die die wirtschaftspolitischen Ansichten des Nationalsozialismus auf die Möglichkeit hin studieren soll, sie mit dem Gedeihen privater Wirtschaft in Einklang zu bringen. Der bloße Kampf gegen das Wort Sozialismus, wie ihn Herr Hugenberg neuerdings betreibt, ist ja reichlich einfältig. Ich habe die feste Überzeugung, daß sich bei gemeinsamer Arbeit eine völlige Übereinstimmung zwischen den Grundanschauungen des Nationalsozialismus und der Möglichkeit privater Wirtschaft erzielen läßt, da der Gegen-

53 Aus Rohrbachs unveröffentlichter Familiengeschichte, S. 557 (zit. in: *Horst Bieber*, Paul Rohrbach — Ein konservativer Publizist und Kritiker der Weimarer Republik, München-Pullach/Berlin[West] 1972, S. 104).

satz nicht Sozialismus und Kapitalismus lauten kann, sondern nur Individualismus und Kollektivismus."[54]

Die von Schacht erwähnte „Arbeitsstelle" wurde von ihm, Reusch, Thyssen, Springorum und Vögler finanziert und fand außerdem das Interesse Krupps, des Kaliindustriellen Rosterg sowie der Bankiers Georg von Stauss von der Deutschen Bank und Kurt von Schroeder vom Kölner Bankhaus Stein. Der Naziführer beauftragte seinerseits Wilhelm Keppler und Leopold Plaichinger, mit der Arbeitsstelle in Fühlung zu treten. Auf einer Versammlung der Finanziers und Mitglieder am 20. Juni 1932 erklärte Hitler ausdrücklich, er sei kein Wirtschaftler, sondern Politiker und vertraue auf den Sachverstand des hier versammelten Gremiums. Die Wirtschaft habe freie Hand bei der Formulierung ihres Programms zur Überwindung der Wirtschaftskrise. Bereits am 14. Mai 1932 hatte er Keppler versichert, er brauche sich nicht um die Theorien des Braunen Hauses zu kümmern. Weitere Veröffentlichungen und Reden von seiten der Wirtschaftspolitischen Abteilung unter Leitung Wageners würden unterbunden.[55]

Die Bestrebungen der Hitlerclique, Schachts und der führenden Ruhrindustriellen, das zukünftige Wirtschaftsprogramm ganz nach den Bedürfnissen des Monopolkapitals zu gestalten, hatten Funk offensichtlich schon auf der Sitzung des Reichswirtschaftsrates am 27. April 1932 den Rücken gestärkt und ihn zu der Erklärung veranlaßt, daß er „prinzipielle Bedenken gegen die Veröffentlichung der Dr. Wagener'schen Schrift" habe. Da sich die von Funk geäußerte Hoffnung, die NSDAP werde bald in Preußen an die Regierung kommen und die „Machtübernahme durch den Nationalsozialismus sei

54 ZStA Potsdam, Kanzlei des Führers der NSDAP, Nr. 46, Bl. 2—3. Erstmalig veröffentlicht von *Fritz Klein*, Neue Dokumente zur Rolle Schachts bei der Vorbereitung der Hitlerdiktatur, in: Z. Gesch.wiss., 4/1957, S. 821.

55 *Emil Helfferich*, 1932—1946. Tatsachen. Ein Beitrag zur Wahrheitsfindung, Jever 1969, S. 10. Vgl. dazu *Vogelsang*, Der Freundeskreis Himmler, S. 28, sowie *Stegmann*, Großindustrie und Nationalsozialismus, S. 425ff. Zum Einfluß Schachts und des Monopolkapitals überhaupt auf die Naziführung siehe ferner *Dirk Stegmann*, Antiquierte Personalisierung oder sozialökonomische Faschismus-Analyse? Eine Antwort auf H. A. Turners Kritik an meinen Thesen zum Verhältnis von Nationalsozialismus und Großindustrie vor 1933, in: Archiv für Sozialgeschichte, Bd. 17, 1977, S. 275—296. Stegmann bezieht sich auf *Henry A. Turner jr.*, Großunternehmertum und Nationalsozialismus 1930—1933, in: Historische Zeitschrift, Bd. 221, H. 1, 1975, S. 18—68.

somit durchaus nicht in so weite Ferne gerückt, wie Herr Dr. Wagener" annehme,[56] zunächst nicht erfüllte, war man jedoch weiterhin auf eine intensive Bearbeitung des Klein- und des Mittelbürgertums angewiesen.

Zugleich verdichtete sich das parteiinterne Kesseltreiben gegen die Wirtschaftspolitische Abteilung Wageners und ihre Mitarbeiter. Die meisten Gauleiter, die sich ausschließlich an Hitler orientierten und sich in ihre Angelegenheiten möglichst wenig hineinreden lassen wollten, hatten den Bestrebungen der Organisationsabteilung in München, Entscheidungsbefugnisse an sich zu reißen, schon lange Widerstand entgegengesetzt. Daß dabei hinter den persönlichen Querelen sachliche und sogar ideologische Differenzen standen, wurde im Verhalten der Gauleiter Wilhelm Kube und Martin Mutschmann besonders deutlich. Am 5. Januar 1932 mußte sich Wagener bei Gregor Straßer darüber beschweren, daß Kube als Gauleiter der sogenannten Ostmark dem Beauftragten der Wirtschaftspolitischen Abteilung von Gregory einen Brief in einer „beleidigenden und obszönen Form" geschrieben habe. „Herr v. Gregory hat nichts getan, als seinen Auftrag, der ihm durch Anordnung der O[rganisationsabteilung] II. übertragen war, durchgeführt. Pg. Kube stößt sich daran, daß Gregory früher bei der Deutschen Volkspartei war und erst als Septemberling (so nannte man in der NSDAP diejenigen, die nach dem Sieg bei den Reichstagswahlen im September 1930 Parteimitglieder wurden — J. P.) in die Partei eintrat."[57]

Aus einem beigefügten Briefdurchschlag Wageners an Gregory vom 1. Dezember 1931 geht hervor, daß sich letzterer auf seine Fachkenntnisse berufen und als Mitarbeiter der Reichsleitung in wirtschaftspolitischen Fragen dem Gauleiter als überlegen betrachtet hatte. Wagener mußte ihn deshalb belehren: „Ihre Einstellung ist falsch . . . Sie müssen als wirtschaftlicher Sachverständiger zweifellos überlegen sein über manch anderen Pg. Aber die Pgg., die von Anfang an die Ideen Hitler's in sich aufgenommen, verarbeitet und ausgearbeitet haben, haben einen ganz anderen Blick auch für die Bearbeitung wirtschaftspolitischer Fragen als ein rein wirtschaftspolitischer Sachverständiger. Insbesondere müssen Sie sich darüber

56 BA Koblenz, NS 22, Nr. 11, Bl. 112, 114. Die Dokumente zu dieser Problematik sind abgedr. in: *Joachim Petzold*, Monopole — Mittelstand — NSDAP, S. 862ff.

57 BA Koblenz, NS 22, Nr. 11, Bl. 25/26.

klar sein, daß eine Persönlichkeit wie Kube, die einen Gau von Anfang an aufgezogen hat und in der dortigen Gegend den Nationalsozialismus überhaupt erst geboren hat, niemals von Ihnen über wirtschaftliche Fragen belehrt werden kann."[58]

Wagener wußte also ganz genau, daß seine Wirtschaftspolitische Abteilung keinerlei Entscheidungsgewalt besaß. Selbst der sächsische Gauleiter Mutschmann, „von dem es schon die Spatzen von den Dächern pfeifen, daß er schon seit sehr langer Zeit nicht mehr dem Posten gewachsen ist", konnte mit ihm nach der Devise verfahren, „daß ihm ein Mensch, der ein bißchen auf den Kopf gefallen sei, viel lieber sei als ein sogenannter Intellektueller, der nicht genügend Disziplin wahrte", und bei Hitler „dafür sorgen, daß Dr. Wagener dafür etwas Ordentliches auf die Mütze bekommt".[59] Dieser mußte am 29. April 1932 folgende Anordnung erlassen: „Es sind Zweifel über die Stellung der wirtschaftspolitischen Referenten zu den Gauleitern aufgetreten. Ich betone deshalb hier nochmals ausdrücklich, daß die Gauwirtschaftsreferenten mit ihrem gesamten Stab und ihrer gesamten Organisation dem Gauleiter unterstehen. Kein Wirtschaftsreferent und kein Mitarbeiter eines Wirtschaftsreferenten kann sich in Gegensatz zu seinem Gauleiter stellen ... Sollten Meinungsverschiedenheiten über Fragen der Wirtschaftspolitik und über Fragen, die Anordnungen der W[irtschafts-]P[olitischen] A[bteilung] betreffen, auftauchen, so ist eine entsprechende Mitteilung an die W.P.A. der Reichsleitung zu geben. Solange nach einer solchen Mitteilung eine Entscheidung durch die Reichsleitung nicht erfolgt ist, ist *das* maßgebend, was der Gauleiter anordnet."[60]

Es ging jedoch längst nicht allein um das Verhältnis zwischen den Gauwirtschaftsberatern und den Gauleitern. Wagener selbst sah sich in einem Brief vom 26. Juni 1932 an Gregor Straßer gezwungen, auf die Bedrohung seiner eigenen Position zu verweisen: „Der Vorsitzende des Zentralverbandes der Arbeitgeberverbände, mit dem ich in fortlaufendem Meinungsaustausch stehe, hat z. B. offiziell mitgeteilt, daß aus dem Kreis der rheinischen Großindustrie ihm gesagt worden ist, es habe doch keinen Zweck, mit mir zu verhandeln, da ja doch Funk der neue und einzig maßgebende Wirtschaftspolitiker bei uns sei. Funk selbst hat auch in anderen Kreisen entsprechende

58 Ebenda, Bl. 30/31.

59 Ebenda, Bl. 57—59 (Fichte-Chemnitz an Wagener, 27. 1. 1932).

60 Ebenda, Nr. 10, Bl. 107—110.

Äußerungen getan. Was Feder betrifft, so fährt er fort, in öffentlichen Versammlungen sowohl wie auch in kleinem Kreise sich als den Präsidenten des Wirtschaftsrates der Bewegung zu bezeichnen, der die oberste Instanz für alle wirtschaftlichen Fragen sei, sowie als den ‚kommenden Wirtschaftsführer im Dritten Reich'. Außerdem hat es Feder fertig gebracht, einem mir bekannten Direktor von Siemens und Halske zu sagen, ich werde binnen kurzem aus der Abteilung Wirtschaft ausscheiden, da ich durch den Fall Klotz unmöglich geworden sei." Wegen der zuletzt genannten Angelegenheit, die persönlicher Art war, wollte sich Wagener an das Oberste Parteigericht wenden. „Außerdem werde ich es in Zukunft nicht mehr gestatten, daß Feder bei irgend welchen Tagungen, die ich abhalte, teilnimmt." Abschließend hoffte er, in Berlin, „wie ich Ihnen bereits mündlich mitteilte, die erste Besprechung mit einigen Führern der Gewerkschaften abhalten zu können".[61]

Gregor Straßer und seine engsten Mitarbeiter suchten angesichts der Bildung eines offensichtlich konservativ-reaktionären „Kabinetts der Barone" und der fraglich gewordenen Aussicht, in Kürze in Preußen und im Reich an die Regierung zu kommen, Kontakte zu rechten Gewerkschaftsführern, um in ähnlicher Weise wie Darré durch seine Bauernfängerei die Massenbasis zu verbreitern und den Druck auf die herrschenden Kreise zu erhöhen. Das zwang zu verbalen Konzessionen an die von Funk vor Unternehmervertretern abgestrittene „Gewerkschaftspolitik". Die Vorbehalte gegen die wirren Wirtschaftstheorien Feders, der im Falle einer Regierungsübernahme durch die Nazis nicht nur an eine Aufwertung von Banknoten aus der Kaiserzeit dachte, sondern auch recht pauschal von Verstaatlichungen auf dem Sektor des Geld- und Kreditwesens, der Kraftstoffproduktion und des Verkehrswesens geschrieben hatte, dienten mehr dem Schutz selbständiger und mittelständiger Existenzen.[62] Außerdem boten sie Gelegenheit, den kapitalistischen Eigentumsbegriff zu verteidigen. In dieser Beziehung war man in der Wirtschaftspolitischen Abteilung fast noch empfindlicher als Hitler, der sehr wohl wußte, daß es dem Monopolkapital nicht um die Verteidigung jedweder Eigentumsrechte, sondern nur um die Wahrung des kapitalistischen Eigentumsprinzips ging. Der gesamte Monopolisierungsprozeß war schließlich eine permanente „Enteignung" von

61 Ebenda, N. 359, unfol.
62 Ebenda.

wirtschaftlich schwächeren Konkurrenten und eine Zusammenfassung von Kapital in der Hand weniger Großunternehmen gewesen. Wagener und Renteln orientierten sich demgegenüber an den Eigentumsvorstellungen eines schon untergegangenen Kapitalismus ohne Monopole und hofften, ihnen dadurch zu neuer Lebenskraft zu verhelfen, daß sie die Zahl der Kleineigentümer bis hinein ins Proletariat erhöhten.

Dirk Stegmann hat aus dem Archiv der Gutehoffnungshütte ein Schreiben des Geschäftsführers des Reichsverbandes der Deutschen Industrie, Jacob Herle, vom 8. September 1932 an Renteln veröffentlicht, aus dem die Einwände dieses maßgebenden Industriellenverbandsfunktionärs gegen das „Wirtschaftliche Sofortprogramm der NSDAP" hervorgehen.[63] Herle stellte fest, „daß Sie grundsätzlich Einwendungen gegen das gegenwärtige Wirtschaftssystem der Unternehmerwirtschaft, des freien Marktes, des Kapital- und Kreditwesens nicht erheben". Es habe ihn daher um so mehr überrascht, „daß Sie eigentlich im Gegensatz zu vielen anderen Äußerungen aus maßgebenden Kreisen Ihrer Partei genau den Weg weitergehen, den die marxistischen Machthaber bisher mit katastrophalem Erfolg beschritten hatten, nämlich die planmäßige Weiterführung des behördlichen Eingriffs, an dessen Ende nur die Sozialisierung und der Staatskapitalismus stehen kann." Herle räumte ein, daß „der Staat Einfluß auf die Wirtschaft nehmen muß"; „es kommt aber auf den Inhalt der Idee, den Umfang und die Methoden der Eingriffe an". Um das Siedlungsprogramm zu finanzieren, gehe Renteln viel zu „verschwenderisch mit den Zuschüssen und Löhnen" um. „Siedlung muß in möglichst primitiver Form und unter Verwendung der Arbeitsdienstpflicht usw. des freiwilligen Arbeitsdienstes betrieben werden." Er müsse sich doch als Wirtschaftswissenschaftler bewußt sein, „wie gefährlich die Forderung des ‚Rechtes auf Arbeit'" sei.

Was die im „Sofortprogramm" angekündigten handels- und währungspolitischen Maßnahmen betraf, nahm Herle an zuviel staatlichen Reglementierungsversuchen Anstoß. Aufgabe des Staates sei es, die Währungsstabilität zu sichern. Mit einer Verstaatlichung

63 *Stegmann*, Großindustrie und Nationalsozialismus, S. 452ff. Der Brief Herles bezieht sich auf: Wirtschaftliches Sofortprogramm der NSDAP. Ausgearbeitet von der Hauptabteilung IV (Wirtschaft) der Reichsorganisationsleitung der NSDAP (= Broschürenreihe der Reichspropagandaleitung der NSDAP, Heft 16), München 1932.

der Banken wäre der Wirtschaft nicht gedient. Erfreulicherweise würde wenigstens die bisher propagierte Einkommenssenkung auf 12000 Reichsmark im Jahr abgemildert. Sie könne ohnehin nicht durchgeführt werden. Das gleiche gelte von einer allgemeinen Preiskontrolle. Von der Landwirtschaft müsse die Einsicht verlangt werden, daß es für das deutsche Volk notwendig sei, „im internationalen Wettbewerb seine Stellung zu wahren". Der im NSDAP-Parteiprogramm geforderten „Verstaatlichung der Monopole" sei entgegenzuhalten, daß es — so behauptete Herle — „in der Montanindustrie kein Monopol" gebe. Die Konkurrenz der Syndikate und der Konzerne sei gewahrt. Natürlich müsse sich der einzelne Unternehmer mehr auf die volkswirtschaftlichen Erfordernisse einstellen. Von einer Staatsaufsicht über Aktiengesellschaften könne er sich aber nichts Gutes erhoffen.

Herle vermied es, zu dem Hauptanliegen Rentelns, dem Schutz von Handwerk, Gewerbe und Einzelhandel, Stellung zu nehmen. Er räumte auch ein, daß das „Sofortprogramm" auf sozialem Gebiet besondere Rücksichten auf die Wahlagitation nehmen mußte, ließ aber keinen Zweifel, daß alles, was den Expansionsanspruch und die Profite der Großindustriellen beeinträchtigen würde, wie zum Beispiel die Gewinnbeteiligung, nicht zum Tragen kommen dürfe. Darüber habe es zu einer Einigung zwischen den maßgebenden Persönlichkeiten des industriellen Unternehmertums und den führenden Politikern der Nazipartei zu kommen. Diesem Ziele sollte auch der Gedankenaustausch mit Renteln dienen.

In seinen nach dem zweiten Weltkrieg geschriebenen Erinnerungen hat Wagener zwar seine guten persönlichen Beziehungen zu Hitler hervorgehoben, zugleich aber auch dokumentiert, daß er selbst nachträglich das Spiel hinter den Kulissen nicht völlig zu durchschauen vermochte. Mit Nachdruck verwies er darauf, wie eng speziell die Beziehungen Görings und Funks zum Ruhrkapital waren und wie systematisch von ihnen seine eigenen Bemühungen durchkreuzt wurden. Wageners Angaben und Andeutungen über die Finanzierung der Nazipartei durch das deutsche Monopolkapital und ganz speziell durch die Ruhrindustriellen widerlegen die generellen Versuche Turners, dergleichen abzustreiten oder zu bagatellisieren. Bei Feder hat Wagener sicher nicht zu Unrecht das persönliche Motiv, weiterhin als führender Wirtschaftstheoretiker der NSDAP gelten zu wollen, für die gegenseitige Rivalität verantwortlich gemacht. Der Standpunkt Hitlers wurde von ihm jedoch weitgehend verzeichnet.

Dessen häufiges Auftreten vor den Industriellen des Ruhrgebietes, insbesondere seine Rede vom 26. Januar 1932, findet keine Erwähnung. Wagener sucht den Eindruck zu erwecken, Hitler sei selbst das Opfer von Göring, Funk, Goebbels und Himmler geworden.

Trotzdem bleibt Wageners Schilderung eines Gesprächs mit Hitler aufschlußreich. Es ging dabei um die Frage der Veröffentlichung der vom Reichswirtschaftsrat beanstandeten Broschüre über das Wirtschaftsprogramm der NSDAP. Wagener hatte sich über den Einspruch Feders beschwert. Hitler billigte diesen: „Da braucht aber nur *ein* Wort drin zu stehen, das unrichtig ist oder falsch ausgelegt werden kann." Er wollte zur Prüfung eine Kommission einsetzen, die aus Heß, Funk und Feder bestehen sollte. Als Wagener darauf verwies, daß es dann mit Sicherheit zu keiner Veröffentlichung kommen würde, wobei Funks „Bindung zur Ruhrindustrie" der nationalsozialistischen Zielstellung ebenso im Wege stünde wie dessen Wirtschaftsliberalismus, antwortete Hitler: „Sie wissen, daß ich aus politischen Gründen zur Zeit ebenfalls auf die Männer der Wirtschaft Rücksicht zu nehmen gezwungen bin . . . Ich muß jede Störung vermeiden. Und dann vermeide ich auch jede Möglichkeit, die eine Störung hervorrufen kann." Wagener räumte ein, „etwas in Unfrieden" von Hitler geschieden zu sein. Als er Straßer von diesem Vorfall berichtete, kam dieser der Wahrheit weit näher: „Feder ist sicherlich nur vorgeschoben! Hitler selbst verhindert deshalb das Erscheinen!" Als Ausweg wurde von Wagener eine Veröffentlichung mit dem Aufdruck „*Rednermaterial!*" als Manuskript gedruckt. Zusammengestellt nach zwei öffentlichen Versammlungsreden 1931/32. Nur für den Dienstgebrauch!" vorgeschlagen und mit Zustimmung Hitlers realisiert.[64] Der Naziführer ließ sich dabei sicherlich von der Erwägung leiten, daß man darauf im Wahlkampf nicht verzichten könne. Dafür spricht auch das merkwürdige Kompliment, mit dem Hitler im Spätsommer 1932 dessen plötzliche Verabschiedung aus der Wirtschaftspolitischen Abteilung versüßte: Wagener sei der „Hüter des Grals", „der die Geheimnisse dieser Weltanschauung birgt".[65]

Auch Feder bekam bald zu spüren, daß es keineswegs nur um den Anspruch, führender Wirtschaftstheoretiker der NSDAP zu sein, ging. Am 9. August wurde ihm aus Hannover geschrieben: „Zu etwa der gleichen Zeit, in der Sie sich in Hannover aufhielten (10. bis 11. Juni

64 Hitler aus nächster Nähe, S. 478ff.; Bildbeilage vor S. 245.

65 Ebenda, S. 481.

ds. Js.), trafen zwei Herren ein, die bei einer Reihe der hiesigen Industriellen Besuche machten und sich als Mitglieder der Reichsleitung vorstellten: Herr Keppler und Herr Kranefuß. Bei dieser Gelegenheit kamen sie auf Ihr und das Wag[e]nerische Wirtschaftsprogramm zu sprechen, und übten an diesen scharfe Kritik; insbesondere Herr Kranefuß. Das hat natürlich Zweifel und Kopfschütteln hervorgerufen, und man versteht nicht diese Widersprüche ... Ergänzend teile ich mit, daß mir ein Pg. erzählte, ein Industrieller habe ihm gesagt, Herr Keppler habe sich ihm gegenüber als den künftigen Wirtschaftsminister bezeichnet."[66]

Der entscheidende Schlag jedoch wurde von Schacht geführt. Seine Arbeitsstelle zum Studium der wirtschaftspolitischen Ansichten der NSDAP hatte Keppler als Verbindungsstelle zu führenden deutschen Monopolkapitalisten ausgebaut und mit der von ihm seit Frühjahr 1932 geschaffenen Gruppe von Hitlerförderern verbunden. Es entstand der sogenannte Keppler-Kreis, der zielbewußt die Regierungsübertragung an Hitler und die für zuverlässig erachteten Naziführer vorbereitete. Zu seinen Bestrebungen gehörte auch die Ausschaltung unbequemer Wirtschaftstheoretiker innerhalb der NSDAP und des zwar als Propagandist brauchbaren, aber als Praktiker ungeeigneten Feder. Nebenbei rivalisierte Keppler mit Heinrichsbauer, dem Verbindungsmann des Ruhrkapitals zu Straßer.[67]

Schacht selbst nutzte die Enttäuschung der Naziführung, trotz des großen Wahlerfolges vom 31. Juli 1932 nicht an die Regierung gekommen zu sein, und gab Hitler zu verstehen, Massenmobilisierung allein genüge nicht, sie müsse auch mit Beweisen unbedingter Zuverlässigkeit gepaart sein. In einem Brief vom 29. August 1932 versicherte er seinen „lieben Herrn Hitler" in „einer Zeit schwerer Hemmungen" zunächst seiner „unveränderlichen Sympathie". Zugleich fügte er jedoch vielsagend hinzu: „Sie haben sich in den Zeiten des Aufschwungs der Bewegung nicht von falschen Götzen verführen lassen. Ich habe die feste Zuversicht, daß jetzt, da Sie für kurze Zeit

66 BA Koblenz, NS 22, Bl. 359, unfol.

67 Ebenda, NS 20, Nr. 76, Bl. 44 (Wilhelm Keppler an Kurt von Schröder, 28. 12. 1932). Zu den Aktivitäten des Keppler-Kreises, aus dem sich später der „Freundeskreis Himmler" entwickelte, vgl. *Klaus Drobisch*, Der Freundeskreis Himmler, in: Z. Gesch.wiss., 2/1960, S. 304ff., und *Vogelsang*, Der Freundeskreis Himmler, sowie die Personalakten der Mitglieder, in: BA Koblenz, NS 20/114, Nr. 1 — 49.

in die Verteidigung gedrängt sind, Sie ebenfalls der Versuchung widerstehen werden, sich falschen Idolen zu verbünden. Wenn Sie bleiben, der Sie sind, so kann Ihnen der Erfolg nicht fehlen. Sie wissen, daß ich Ihnen keinerlei taktische Ratschläge geben will, nachdem ich Ihre Überlegenheit darin restlos anerkenne. Aber vielleicht darf ich als Wirtschaftler eines sagen: Bringen Sie möglichst kein detailliertes Wirtschaftsprogramm. Es gibt kein solches, worüber sich 14 Millionen einigen könnten. Wirtschaftspolitik ist keine parteibildende Kraft, sondern sammelt bestenfalls Interessenten. Überdies schwankten Wirtschaftsmaßnahmen nach Zeit und Umständen. Es kommt allein darauf an, aus welchem Geiste sie geboren werden. Diesen Geist lassen Sie maßgebend sein. Wo immer mich die Arbeit in der nächsten Zeit hinführt — auch wenn Sie mich einmal innerhalb der Festung erblicken sollten —, Sie können auf mich zählen als Ihren zuverlässigen Helfer."[68]

Dieser Brief Schachts führte zu dem bereits erwähnten Sturz Wageners und zu einem regelrechten „Maulkorberlaß" Hitlers für die mittelständischen Wirtschaftstheoretiker des Braunen Hauses in München. Am 17. September 1932 wurde die Wirtschaftspolitische Abteilung der inzwischen wieder vereinigten Reichsorganisationsabteilung in die Hauptabteilung IVa für Staatswirtschaft unter Leitung Feders und die Hauptabteilung IVb für Privatwirtschaft unter Leitung Funks aufgespalten. Hitler gab wenig später in einer Verfügung bekannt, daß „Pg. Dr. h. c. Otto Wagener . . . von der Leitung der Hauptabteilung IV zurückgetreten" sei.[69] Mit Funk war ein Vertrauensmann des Monopolkapitals in eine Schlüsselposition gelangt. Die Interessenvertreter des sogenannten Mittelstandes besaßen zunächst keine direkte Möglichkeit mehr, auf die Gestaltung der privatwirtschaftlichen Fragen nach einer eventuellen Regierungsübernahme einzuwirken. Während Wagener und Renteln sofort ganz

68 Der Prozeß gegen die Hauptkriegsverbrecher, Bd. XXXVI, S. 536f., Dok. EC-457 (abgedr. in: Dokumente zur deutschen Geschichte 1929—1933, S. 73.

69 Staatsarchiv München, Polizeidirektion München, Nr. 10045, Bl. 227 (Auszug aus dem Verordnungsblatt der Reichsleitung der NSDAP vom 30. 9. 1932). Der „Völkische Beobachter" hatte bereits am 15. 6. 1932 (Reichsausgabe, Nr. 167) berichtet, daß die Organisationsabteilung II wieder mit der Organisationsabteilung I vereinigt worden sei. Ein Gliederungsschema der Parteileitung findet sich in: *Kissenkoetter*, Gregor Straßer und die NSDAP, S. 208.

wesentlich an Einfluß verloren[70] und in den führenden Partei- und Unternehmerkreisen als erledigt betrachtet wurden, sah sich Feder bestätigt. Er war wieder zu einem neuen Posten gekommen, obwohl die Presse bereits vor anderthalb Jahren anläßlich seines von der Parteiführung erzwungenen Rückzuges aus dem Haushaltausschuß des Reichstages geschrieben hatte: „Nun ist er *kaltgestellt*."[71] Als er jedoch fortfuhr, seine Wirtschaftstheorien zu verbreiten und Verwirrung in großindustriellen Kreisen zu stiften, wurde ihm ohne Umschweife ein Redeverbot in Unternehmerkreisen diktiert.[72] Der Anlaß war ein Vortrag Feders am 28. Oktober 1932 vor Wirtschaftsvertretern in Berlin gewesen, der den Unwillen vieler Zuhörer auslöste und zu heftigen Beschwerden führte.

Rudolf Heß teilte ihm schon am 30. Oktober 1932 mit: Vor „wenigen Tagen übersandte ich Ihnen eine Abschrift eines Briefes des ehemaligen Reichsbankpräsidenten Dr. Schacht an den Führer, in dem dieser darauf hinweist, daß es seines Erachtens nicht tunlich sei, irgendein Wirtschaftsprogramm herauszugeben. Wie Sie wissen, deckt sich diese Meinung mit der Meinung des Führers. Darüber

70 Wagener war „im Stabe des Führers zur besonderen Verwendung" kaltgestellt worden, (Hitler aus nächster Nähe, Einleitung des Hrsg., S. I.). Renteln wurde aus der Organisationsabteilung entfernt und im Dezember 1932 zum Führer des „Kampfbundes des gewerblichen Mittelstandes" ernannt. Triumphierend schrieb Schacht am 12. 9. 1932 an Reusch: „Hitler teilte mir mit, daß er das berüchtigte Heft (Wirtschaftliches Sofortprogramm der NSDAP — J. P.) habe einstampfen lassen. Es wird also gar nicht mehr verbreitet. Ich habe außerdem den beruhigenden Eindruck aus der Unterhaltung mitgenommen, erstens, daß er seine Bewegung nach wie vor in der Hand hat und zweitens, daß er keinen wirtschaftspolitischen Unsinn machen wird." Reusch teilte das am 22. 9. 1932 wiederum Herle mit. Gleichzeitig zeigte er sich unterrichtet darüber, daß „Herr Dr. v. Renteln von der NSDAP kaltgestellt worden" sei. Herle bestätigte ihm postwendend am 23. 9. 1932: „Die von mir kritisierte Schrift ist übrigens mit in erster Linie dafür bestimmend gewesen, daß mit Herrn Dr. Wag(e)ner auch Herr v. Renteln eine andere Verwendung findet. Der Zweck meiner eingehenden Darstellung war ja der, den Herren in München von uns aus die Bereitwilligkeit zu zeigen, daß wir zur sachlichen Auseinandersetzung stets zur Verfügung stehen." Diese bedeutsamen Briefe aus dem Archiv der Gutehoffnungshütte sind bei *Stegmann*, Großindustrie und Nationalsozialismus., S. 465ff., abgedruckt.

71 Bayerischer Kurier, Nr. 21, 21. 1. 1931. Ähnlich: Münchener Post, Nr. 11, 15. 1. 1931.

72 Vgl. *Petzold*, Monopole — Mittelstand — NSDAP, S. 867.

hinaus bat ich Sie, in Ihren Vorträgen es zu unterlassen, wirtschaftspolitische Einzelheiten zu bringen. — Nun erfahre ich, daß Sie in Berlin vor einem geladenen Kreis — darunter viel Wirtschaftler — wiederum einen wirtschaftspolitischen Vortrag hielten. Wie mir weiter berichtet wird, war die Wirkung des Vortrages bei vielen der Anwesenden durchaus nicht positiv . . . Auf Grund der neuerlichen Erfahrung will der Führer es sich künftig vorbehalten, vor Wirtschaftlern usw. zu sprechen."[73]

Feder war durchaus nicht bereit, diese demütigende Anweisung hinzunehmen. Er behauptete in seinem Antwortschreiben vom 31. Oktober 1932, er habe nur bei den zahlreich anwesenden Parteigängern der Regierung eine gewisse Unruhe bemerkt, als er sehr scharf Papen und die Deutschnationalen angegriffen hätte, was mit undisziplinierten Zwischenrufen aufgenommen worden sei: „Die Meinung des Herrn Dr. *Schacht* ist für mich in dieser Hinsicht durchaus nicht maßgeblich. Herr Dr. *Schacht* ist bekanntlich Demokrat gewesen, hat als Reichsbankpräsident das Angebot der internationalen Hochfinanz, die Deutsche Reichsbank in eine internationale Bank umzuwandeln, angenommen und durchgeführt. Er gehört also mit zu den Schuldigen am Dawespakt. Er hat die deutsche Wirtschaft geradezu hineingehetzt in die Auslandsverschuldung, hat dann später in Bochum plötzlich zu warnen begonnen vor Auslandsanleihen. Der Young-Plan *ist* von Dr. *Schacht* unterzeichnet trotz seiner Proteste. Wenn er sich nunmehr an den Führer wendet mit Freundschaftsbeteuerungen und jetzt Ratschläge bezüglich der Wirtschaftspolitik erteilen zu müssen glaubt, so kann dies für mich nicht maßgeblich sein."[74]

Dieser Brief Feders beweist, wie sehr er nicht nur den Einfluß Schachts, sondern auch die Orientierung Hitlers auf das Großkapital verkannte. Vielmehr glaubte er, „daß von uns nach dem ewigen Schwanken in bezug auf wirtschaftspolitische Ansichten während der Epoche des Herrn Dr. *Wagener* nun endlich einmal mit aller Entschiedenheit der alte, geradlinige Kurs gesteuert wird". Obwohl er den „Wunsch des Führers, bei den Versammlungen die weltanschauliche Seite in den Vordergrund zu stellen vor der wirtschaftlichen . . . für durchaus richtig" hielt, erklärte er rundheraus: „Ein Verbot von wirtschaftspolitischen Vorträgen ist deshalb generell gar

73 BA Koblenz, NS 22, Nr. 359, unfol.

74 Ebenda.

nicht möglich. Es würde ja geradezu wie eine Kapitulation vor ,unerwünschten Diskussionen' von seiten unserer gesamten politischen Gegner aufgefaßt werden. Gänzlich ausgeschlossen ist aber ein bedingtes Verbot zur Anberaumung von wirtschaftspolitischen Vorträgen dem vom Führer ernannten Leiter der Hauptabteilung IV A und ersten Vorsitzenden des Reichswirtschaftsrates gegenüber."[75]

In seinem am 9. November 1932 abgefaßten Antwortschreiben ignorierte Heß den Wunsch Feders, mit Hitler persönlich sprechen zu wollen. Er leugnete auch, daß sein Brief „mit einer ,Meinung des Herrn Dr. Schacht' in Zusammenhang" gestanden hätte: „Mein Brief wurde veranlaßt durch Mitteilungen entsetzter Parteigenossen. Nachträglich gingen mir sowohl wie Herrn Straßer und Herrn Funk Briefe von Leuten zu, die entweder gleichfalls Mitglieder der Bewegung sind oder zumindest ihr nahestehen und es gut mit der Bewegung meinen. Ich lasse Ihnen in der Anlage Abschriften einiger Briefe zugehen. Der Führer nahm von den Briefen Kenntnis. Er läßt Sie in Bestätigung meines Briefes vom 30. 10. 1932 ersuchen, unbedingt von weiteren Vorträgen vor geladenen Gästen Abstand zu nehmen."

Die drei beigefügten Briefauszüge sind weder datiert noch mit dem Namen des Absenders versehen. In ihnen heißt es unter anderem: „Ich fürchte, daß er durch diese Versammlung das Gegenteil von dem erreicht hat, was wohl bezweckt war, nämlich anstatt Verständnis und Sympathie für das Wirtschaftsprogramm der NSDAP zu erwecken, sind wohl die meisten Zuhörer gleich mir mit der Überzeugung herausgegangen, daß die Verwirklichung dieser Wirtschaftspläne uns unbedingt in den Abgrund führen müßte." — „. . . ich glaube doch, daß es von großer Bedeutung sein würde, derartige Vorträge nicht mehr zu veranstalten, da der dadurch angerichtete Schaden natürlich über den Kreis der Zuhörer weit hinausgeht." — „Ich bin sicher, daß dieser Vortrag Ihrer Bewegung gerade in den Kreisen der Wirtschaft sehr stark geschadet hat."[76]

Obwohl Feder auf die Niveaulosigkeit seiner Ausführungen hingewiesen und mit einem „Volksschullehrer, der aus Versehen in die Oberprima geraten ist", verglichen wurde, wandte er sich in einem Schreiben vom 9. November 1932 entrüstet an Gregor Straßer: „Ich bin nicht gewillt, mir in der beabsichtigten Weise einen Maul-

75 Ebenda.

76 Ebenda.

korb umhängen zu lassen und bitte Sie, eine Entscheidung des Führers in dieser Angelegenheit herbeizuführen."[77] Straßer konnte ihm, sofern er überhaupt gewollt hätte, aber auch nicht mehr helfen. Im Herbst 1932 fielen Entscheidungen, die allen Wirtschaftstheoretikern innerhalb der NSDAP, die dem Monopolkapital nicht genehm waren, weiteren Boden entzogen und auch Gregor Straßer zur Resignation zwangen.

Bei den Wahlen im Frühjahr und im Sommer 1932 war deutlich geworden, daß die NSDAP trotz ihrer großen Erfolge nicht die absolute Mehrheit der Stimmen erlangen würde, um nach den Spielregeln der bürgerlich-parlamentarischen Demokratie automatisch in den Besitz der Regierungsgewalt zu gelangen. Nach der Reichstagswahl vom 31. Juli 1932 kam selbst Heß bei einer rückschauenden Wahlbetrachtung zu dem Schluß: „Die Bewegung dürfte nunmehr an Wählern so ziemlich alles erfaßt haben, was mittels der bisherigen Propaganda-Methoden erfaßt werden kann, d. h. mittels auf die große weltanschauliche Linie und auf allgemeine Ziele abgestellter Propaganda."[78] Außerdem gab es erste Anzeichen dafür, daß die Wirtschaftskrise ihren Tiefpunkt durchschritten hatte. Aus diesem Grund mußte sich zwangsläufig die verzweifelte Massenstimmung, von der die Nazis so profitiert hatten, verändern. Im November 1932 schlußfolgerte man innerhalb der Organisationsabteilung: „*Wir müssen mit der Tatsache rechnen, daß spätestens im Sommer nächsten Jahres die Zahl der Arbeitslosen unter 3 Millionen gesunken ist, auch wenn wir nicht maßgebend in der Regierung vertreten sind.*"[79]

Unter diesen Umständen kam es in der Naziführung zu intensiven Erörterungen und scharfen Meinungsverschiedenheiten über die Frage, welche Konsequenzen aus diesen Tatsachen zu ziehen seien. Hier spielten zwar die ideologischen Positionen, die von den einzelnen Naziführern im Laufe der Zeit eingenommen wurden, eine gewisse Rolle, schwerer wog jedoch die persönliche Interessenlage zum gegenwärtigen Zeitpunkt. Hitler steuerte die volle Regierungsübernahme

77 Ebenda.

78 Ebenda, NS 20, Nr. 122, Bl. 10.

79 Ebenda, NS 22, Nr. 359, unfol. Dieser „Auszug aus dem Vortrag vor dem Reichsorganisationsleiter" trägt den handschriftlichen Vermerk nach dem Wort Vortrag, „der aber nicht gehalten wurde", und stammt vom 11. 11. 1932. Er steht also möglicherweise schon im Zusammenhang mit den Ereignissen, die zum Sturze Straßers führten.

und seine eigene Kanzlerschaft an. Er hatte aber bei diesem Streben am 13. August 1932 eine schwere Niederlage erlitten, die erhebliche Unruhe und starke Enttäuschung in der Partei auslöste. Gregor Straßer und viele andere Naziführer kamen in der Folgezeit zu dem Schluß, es wäre besser gewesen, man hätte sich mit der Regierungsbeteiligung begnügt.

Dafür gab es nur zwei Möglichkeiten: entweder Eintritt in die verfassungsrechtlich nur auf das Vertrauen des Reichspräsidenten gestützte Papen-Regierung, was den Vizekanzlerposten und einige Ministersitze eingebracht hätte, oder eine parlamentarische Koalitionsregierung mit dem Zentrum, das dazu prinzipiell bereit war und Hitler auch als Kanzler akzeptieren wollte. Erstere Lösung wurde innerhalb der herrschenden Klasse bevorzugt und aufs eifrigste von Schleicher betrieben. Abgesehen davon, daß dann Hitler nur die zweite Geige spielen konnte oder einen anderen Naziführer in das „Kabinett der Barone" delegieren mußte, wäre das aber eine starke Belastung des Massenanhangs der Nazis gewesen. Die Papen-Regierung hatte schließlich rigoros die Sozialleistungen, insbesondere die Erwerbslosenunterstützungen, gesenkt und die Notlage des Volkes im Interesse einer angeblichen Sanierung der Staatsfinanzen außerordentlich verschärft. Gleichzeitig wurde dem Monopol- und dem Agrarkapital Unterstützung gewährt. Beides rief eine allgemeine Empörung im Volke hervor und zwang die Naziführung zur Vorsicht. Eine Reichstagswahl konnte man im Gefolge des „Herrenreiters" Papen dann nicht mehr riskieren, eine parlamentarische Mehrheit stand aber angesichts der stark geschwächten deutschnationalen Position nicht zur Verfügung. Die zweite Variante hätte eine Anerkennung der parlamentarischen Spielregeln bedeutet und die rasche Liquidierung der Weimarer Republik behindert. Damit wollten sich vor allem diejenigen Kräfte innerhalb der herrschenden Klasse nicht abfinden, die grundsätzlich an einer Diktatur interessiert waren und die faschistische Bewegung intensiv gefördert hatten.

Die Naziparteiführung faßte zunächst den Entschluß, gegen das fast ohne Massenanhang regierende Papen-Kabinett noch entschiedener als bisher aufzutreten. Hitler selbst gab mit scharfen Reden in dieser Kampagne den Ton an.[80] Als der neugewählte Reichstag am 12. September 1932 zusammentrat, stimmten die Naziabgeord-

80 Vgl. dazu die Hitler-Reden vom 7. 9. u. v. 5. 11. 1932 (BA Koblenz, NS 26, Nr. 58, Bl. 55—71).

neten einem kommunistischen Mißtrauensantrag gegen die Regierung zu, der mit 512 zu 42 Stimmen vernichtend ausfiel und sofort zur erneuten Reichstagsauflösung durch den nunmehr gestürzten Reichskanzler per Notverordnung Hindenburgs führte. Die Regierungsverhandlungen mit dem Zentrum wurden aber auch nur sehr zögernd geführt, weil die Hitlerclique die Widerstände im eigenen Lager und im Kreise der Förderer und Finanziers kannte.

Im Alldeutschen Verband war man geradezu entsetzt über die Vorstellung, die Nazis könnten mit dem Zentrum eine gemeinsame Regierung bilden. Auf der Rudolstädter Tagung des Geschäftsführenden Ausschusses am 9. September 1932 packte Claß tief enttäuscht aus: „Ich will nur daran erinnern, daß ich Hitler geholfen habe, wo ich ihm helfen konnte. Ich habe es fertig gebracht, die Fühlung mit den Deutschnationalen herzustellen und habe seinerzeit den Betrag von 60000 Mark bereit gehabt, falls Hitler den Versuch unternehmen wollte, seine Bewegung in Berlin aufzuziehen. Er hat aber erklärt, seine Operationsbasis in München nicht verlassen zu können . . . Ich kann auch darauf hinweisen, daß wir in der schweren Zeit des Jahres 1923 entschlossen waren, mit Hitler durch Dick und Dünn zu gehen." Dieser habe aber am 13. August seine Ansprüche überspannt und die Partei ruiniert. Dadurch sei die NSDAP zur größten Gefahrenquelle geworden, denn man müsse sich darüber klar sein, „daß auch eine nationale Massenpartei — Masse ist".[81]

Selbst Bang hatte keine Hoffnung mehr. „Es ist absolut zwecklos", erklärte er einem der NSDAP nahestehenden Alldeutschen in Rudolstadt, „einen Versuch in München zu unternehmen, mit den Nationalsozialisten zusammen zu arbeiten und sie aus ihrer mißlichen Lage herauszuholen. Sie haben ja gar keine Ahnung, wie es da aussieht. Sie wissen gar nicht, was wir in dieser Beziehung schon alles getan haben. Es ist aus, radikal aus. Ich kenne den Adolf besser als Sie alle miteinander. Ich habe ihn von den ersten Anfängen an unterstützt, habe ihm Geld und Geldgeber verschafft zum Aufbau seiner Bewegung. Ich habe zusammen mit Claß alles getan, um das Unheil zu vermeiden, das jetzt gekommen ist. Das alles hat ja gar keinen Sinn mehr. Hitler hat ja gar keinen Willen mehr . . . Vor der Masse wird er als Gott angebetet, und in Wirklichkeit ist er eine willenlose Puppe in der Hand von Intriganten und Bonzen. Bonzokratie in Reinkultur.

81 ZStA Potsdam, Alldeutscher Verband, Nr. 171, Bl. 8—12 (Sitzung des Geschäftsführenden Ausschusses vom 9. 9. 1932 in Rudolstadt).

Dem Adolf kann ich nicht mehr helfen. Wir können nur noch zusehen, wie die allmähliche oder schnelle Auflösung der NSDAP eintritt. Hitler hat ja gar keine Freiheit und keinen Willen mehr. Er geht am Massenwahn und an eigener Charakterschwäche unter. Er kann seinen alten Anhängern, die ihn ins Verderben führen, nicht widersprechen und sich nicht durchsetzen."[82]

In der zuletzt genannten Hinsicht täuschte sich Bang. Er überschätzte offensichtlich den Einfluß seines persönlichen Gegenspielers in der NSDAP, Feder, und maß den Skandalgeschichten um den homosexuellen Röhm zu große Bedeutung bei. Die Empörung der Alldeutschen über die erneute Eigenwilligkeit Hitlers war aber allgemein. Nur mit Mühe konnte ein Beschluß über den Abbruch der Beziehungen verhindert werden. Man wollte erst abwarten, ob wirklich eine Regierung mit dem Zentrum zustande kam. Selbst Lehmann, der sich grundsätzlich weiter für die NSDAP eingesetzt hatte und deren Führung über die Vorgänge im Alldeutschen Verband informierte, brachte in einem Brief seinen Unmut darüber zum Ausdruck, daß Hitler nicht bereit gewesen war, unter Papen Vizekanzler und Preußischer Ministerpräsident zu werden. Schließlich hätte ja Papen alle Forderungen der Nazis erfüllt: das SA- und SS-Verbot aufgehoben, den Reichstag neu wählen lassen und die von der SPD geführte preußische Landesregierung durch einen Staatsstreich am 20. Juli 1932 gewaltsam abgesetzt. Es müßte doch sehr merkwürdig zugehen, wenn Hitler „mit seinen 230 Mann (im Reichtage — J. P.), die er hinter

82 BA Koblenz, NS 20, Nr. 122, Bl. 85 (Abschr. von Informationsberichten von der alldeutschen Tagung an die Reichsleitung der NSDAP). Bang hatte bereits am 24. 8. 1932 an Hugenberg geschrieben: „*Nazis*. Die Auflösung (innere Zersetzung) schreitet fort. Zwei wichtige Vorgänge: a. Besprechung von Gregor Straßer mit Otto Straßer u. Zehrer (Tatkreis) in Zürich . . . Zweck der Besprechung: Herstellung der ‚3. Front' = gemeinschaftliche Gewerkschaftsfront (es ist sehr fraglich, ob Gregor Straßer wirklich derart riskante Geheimgespräche geführt hat — J. P.) b. Vorige Woche: erste Einigungsverhandlungen zwischen *Nazis*, *AdGB* u. *Reichsbanner*! Der Reichsbannersekretär: ‚Das ist der schönste Tag meines Lebens!' (Wörtlich!) — (derartige Kontakte haben stattgefunden —J. P.) . . . Im übrigen beurteile ich die Lage etwas anders als Sie. Ich glaube *nicht*, daß eine parlamentarische Lösung in Frage kommt. Die Ungeheuerlichkeiten seitens der Nazis u. des offenbar geisteskrank gewordenen Hitler haben zum Abbruch der diplomatischen (? — J. P.) Beziehungen geführt. Auch das Zentrum ist mit seinen Bestrebungen ins Stocken geraten." (BA Koblenz), Nachlaß Hugenberg, Nr. 36, B. 7 u. 7 v).

sich hatte, gegenüber Papen, der nichts hinter sich hat, nicht in kurzer Zeit den Sieg davongetragen hätte". Lehmann regte im Braunen Haus an, nochmals die Verbindung mit Papen aufzunehmen. Dabei wollte er gern vermitteln. Eine Zusammenarbeit mit dem katholischen Zentrum würde Millionen evangelischer Wähler kosten: „Da mit dem Abgang Hindenburgs in Bälde gerechnet werden muß, so hielte ich es für außerordentlich wichtig, daß Hitler dann schon mit seinen Vertrauten im Sattel sitzt und die Macht der Regierung hinter sich hat, wenn ein neuer Staatspräsident gewählt wird."[83]

Noch schwerer wog, was Heinrichsbauer als ein Verbindungsmann der NSDAP zum Ruhrkapital am 20. September 1932 an Gregor Straßer schrieb[84]: „Gestern war Herr Funk hier bei uns in Essen. Bei dieser Gelegenheit habe ich ihn mit einigen führenden Herren aus der Wirtschaft zusammengebracht, damit er sie über die Auffassung der Partei über die Lage unterrichten könne. Im Gegensatz zu dem sonst üblichen harmonischen Verlauf dieser Zusammenkünfte platzten dieses Mal die Geister ziemlich aufeinander; von den anwesenden Herren, die sich bisher immer in besonders starkem Maße für die NSDAP eingesetzt haben, wurde einhellig sehr scharfe Kritik an dem Verhalten der Partei geübt; infolge der ruhigen und sachlichen Art Funks besänftigten sich jedoch die Gemüter schließlich wieder. Ich halte mich jedoch für verpflichtet, Ihnen ein ungeschminktes Stimmungsbild über die Auffassungen der hiesigen Wirtschaftskreise zu geben, zumal ich von den gestern anwesenden Herren ausdrücklich gebeten worden bin, Ihnen gegenüber diese Dinge einmal zur Darstellung zu bringen . . . Was hier im Revier mit besonderem Bedauern und — wie ich beinahe sagen möchte — mit enttäuschter Liebe betrachtet wird, das ist die Wandlung in der geistigen Anschauung des Nationalsozialismus, wie wir sie allesamt hier feststellen zu müssen glauben. Man erblickte bisher das stärkste Aktivum und die größte ideelle Kraft des Nationalsozialismus in seiner bewußten Ablehnung alles Demokratisch-Parlamentarischen . . . Diese geistige Wandlung der Partei hat auch zu dem Absinken auf das parlamentarische Niveau geführt, das seinerseits wieder zur praktischen Auswirkung gelangt ist in dem Anklammern an längst überlebte parlamentarische Gewohnheiten, in den Verhandlungen mit dem Zentrum, in der weit-

83 BA Koblenz, NS 20, Nr. 122, Bl. 162—169 (Lehmann an Dr.-Ing. H. Stellrecht in der Abt. für Arbeitsdienst bei der Reichsleitung der NSDAP, 15. 9. 1932).
84 Ebenda, Bl. 135—144.

gehenden praktischen Preisgabe der Idee des autoritären Gedankens, in dem wiederholten, gemeinschaftlichen Zusammengehen mit den Kommunisten auch in grundsätzlichen Fragen usw."

Besonders erschüttert sei man in den Kreisen des Ruhrkapitals über die Verhandlungen mit dem Zentrum. Gerade jene Katholiken, die sich im ausgesprochenen Gegensatz zur Politik der Zentrumsführer befänden, seien über diese Entwicklung enttäuscht. Ganz ähnlich werde auch das Ergebnis eines Taktierens mit den Gewerkschaften beurteilt. Insgesamt habe man leider „mit Schmerz und Bedauern" eine erhebliche Diskrepanz „zwischen dem beispiellosen Erfolg des Nationalsozialismus in der Erweckung der Masse zum nationalen Gedanken und zwischen dem Streben, diesen Erfolg auch staatspolitisch auszunutzen", vermerkt. Es sei „leider Tatsache, daß die bisherigen Hoffnungen und Bemühungen um die Staatsmachteroberung gescheitert sind, und zwar nach einer weit verbreiteten Ansicht nicht zuletzt auch deshalb, weil man eine alte geschichtliche Tatsache nicht genügend beachtet hat, nach der Revolutionen niemals im Frontalangriff gelingen können, sondern nur dann, wenn man innerhalb eines zu erobernden Systems erst einmal festen Fuß gefaßt hat; an das Prinzip ‚alles oder nichts' kann man sich hier nur schlecht gewöhnen, zumal auch die letzten Vorgänge beim Rundfunk, Arbeitsdienst, Wehrsport usw. gezeigt haben, daß die Befolgung dieses Grundsatzes in der Praxis gleichbedeutend ist mit Selbstausschaltung." Infolgedessen seien das Vertrauen in die Nazibewegung und der Glaube an ihre Unüberwindlichkeit, der ihr bisher immer wieder neue Anhänger zugeführt habe, ins Wanken geraten. „Man hat zwar viel Verständnis dafür, daß die bisher nicht gelungene staatliche Machteroberung den Nationalsozialismus in eine sehr schwierige Situation gebracht hat, glaubt aber doch auch sagen zu müssen, daß es nicht unbedingt nötig gewesen wäre, aus diesem Gefühl der Enttäuschung heraus gerade mit den Gegnern der nationalen Idee Koalitionsverhandlungen anzufangen und dafür Vertreter des nationalen Gedankens jetzt in aller Öffentlichkeit zu diffamieren; dabei wird auch auf die Tatsache verwiesen, daß sich z. B. Hugenberg des öfteren schriftlich und mündlich bei ausschlaggebenden Stellen mit allem Nachdruck für die Übertragung der Reichskanzlerschaft an Hitler eingesetzt hat."

Mit größter Sorge werde ferner die erneute Radikalisierung der Nazi-Agitation betrachtet. „Man denkt nicht nur an die überall jetzt auftauchenden Sozialisierungsforderungen, an die Wiedererweckung praktisch längst widerlegter sozialistischer Lohntheorien, an die Behauptung, daß im Betriebe Unternehmer und Ausbeuter dieselben Begriffe seien usw., sondern man denkt vor allem an die klassenkampfmäßige Verhetzung der einzelnen Volksschichten gegeneinander, die obendrein noch fast durchweg in einem Ton der persönlichen Diffamierung, der Geschmacklosigkeit im Ausdruck usw. geführt wird, der sich von der kommunistischen Presse in nichts unterscheidet. Man versteht es durchaus, daß der Nationalsozialismus seiner Opposition gegen die Regierung auch entsprechenden agitatorischen Ausdruck gibt; über die Form, in der das geschieht, ist man aber in allen Kreisen, die noch etwas auf politischen Anstand und Geschmack geben, außerordentlich entsetzt. Man kann z. B. hier nicht einsehen, warum eine ‚Regierung der Barone', eine ‚Adelsclique des Herren-Klubs' usw. auf einmal ‚reaktionär' (um noch den mildesten Ausdruck zu gebrauchen) sein soll, nachdem der Nationalsozialismus selbst diese Regierung toleriert, diese Tolerierung aber gerade dann aufgekündigt hat, nachdem die Regierung die Wiederherstellung der deutschen Wehrhoheit verlangt hat, die Beseitigung des Schwarz-Roten-Systems in Preußen durchführte, das Fachbeamtentum wieder zur Geltung bringen will, an der sittlichen Erneuerung Deutschlands arbeitet, die Beseitigung des unseligen Dualismus zwischen Reich und Preußen durchgeführt, ein psychologisch wirksames Wirtschaftsprogramm verkündet hat usw."

Was in dieser Hinsicht gerade in Berlin an Übertreibungen erzeugt werde, sei alles andere als geeignet, der Nazipartei „den Charakter der Ernsthaftigkeit und der Seriösität zu geben, die nun einmal die Voraussetzung bilden dafür, daß man ihr auch staatspolitisch verantwortungsvoll bewußtes Handeln zutraut. Die künftige Entscheidung liegt nicht mehr bei der Zahl, da zahlenmäßig infolge Erschöpfung der Reserven nicht mehr viel zu gewinnen sein wird; sie liegt vielmehr allein im Maß des erreichten bzw. erreichbaren Vertrauens; es ist aber unmöglich, durch eine hemmungslose Agitation marxistischer Art sich für das Vertrauen zu legitimieren, das nun einmal zur Übernahme höchster Verantwortung notwendig ist. Ich muß leider sagen, daß die Skepsis auf diesem Gebiet in der letzten Zeit in besonders starkem Maße zugenommen hat. Sie erstreckt sich vor allem auch auf die künftigen Auswirkungen dieser Agitation."

Im Ruhrrevier habe man „nur eine verhältnismäßig geringe Freude an dem Gedanken, daß bei dem künftigen Wahlkampf etwa die Deutschnationalen oder die Regierung gewinnen könnten; viel größer ist demgegenüber die Befürchtung, daß in diesem Wahlkampf die nationale Front endgültig zum Triumph des Marxismus und des Zentrums zerschlagen wird und daß aus ihm als bedeutendstem Sieger die Partei der Nichtwähler hervorgehen wird, die sich schon jetzt von dem derzeitigen politischen Treiben so stark negativ beeindruckt fühlen, daß sie für alle Zukunft für den nationalen Gedanken verloren sind. Ob die Regierung in diesem Kampf siegt, ist zweifelhaft; auf jeden Fall ist aber nach Anschauung sehr ernsthafter Leute auch für den Nationalsozialismus ein Sieg ein Pyrrhussieg, weil die in diesem Wahlkampf erzeugte Radikalisierung der Masse den Nationalsozialismus in der Folgezeit zu massemäßigem, d. h. zum radikalen Handeln marxistischen Einschlages, zwingen wird."

Heinrichsbauer wiederholte ausdrücklich seine frühere briefliche Mitteilung, „daß sehr maßgebliche Herren des Reviers sich bei ausschlaggebenden Berliner Stellen sehr stark dafür eingesetzt haben, daß man Herrn Hitler das Reichskanzleramt übertrage". Aber dem müsse auch die NSDAP Rechnung tragen. Er trug die Bitte vor, „noch einmal ernstlich nachprüfen zu wollen, ob die Ereignisse und Geschehnisse der letzten Zeit — insbesondere insoweit sie mit der Betonung des parteimäßigen Charakters des Nationalsozialismus zusammenhängen und auf dem Gebiet der Agitation liegen — nicht einer Revision unterzogen werden können. Man ist hier der Überzeugung, daß die jetzige Regierung und der Nationalsozialismus doch über kurz oder lang zu einer Einigung kommen müssen . . . Man ist gleichzeitig auch überzeugt, daß die Art, wie die Dinge sich jetzt zugespitzt haben, vielleicht wohl einem vorübergehenden Agitationsbedürfnis Rechnung tragen kann, aber den wahren Interessen der Partei auf keinen Fall entspricht. Die NSDAP konnte früher ruhig Fehler begehen, weil schon die Tatsache der Existenz des ‚Systems' und der Handhabung der staatlichen Macht durch dieses ‚System' etwaige Fehler des Nationalsozialismus mehr als ausglich. Diese Zeit ist aber jetzt vorüber."

Dieser hochbedeutende und deshalb so ausführlich zitierte Brief gibt einen genauen Einblick in das politische Denken maßgeblicher Unternehmerkreise des Ruhrgebietes im Herbst 1932. Es handelt sich dabei besonders um jene Gruppen und Personen, die die Nazibewegung in einen Block von Hugenberg bis zum Stahlhelm-Führer Seldte eingebettet und keineswegs in bedingungsloser Opposition zur Papen-Regierung sehen wollten. Das war offensichtlich die Mehrheit. Daß sie ihren Verbindungsmann zur NSDAP beauftragten, sich mit ihren Besorgnissen an Gregor Straßer zu wenden, unterstrich dessen politische Bedeutung zur damaligen Zeit. Wie Heinrichsbauer haben auch Reupke und Funk als Interessenvertreter des Monopolkapitals sich immer wieder an den Reichsorganisationsleiter der NSDAP gewandt.

Natürlich wurde auch Gregor Straßer von den Ruhrindustriellen kritisiert. Er hatte um des Wählerfanges willen der Wirtschaftspolitischen Abteilung unter Wagener viel Agitationsspielraum gegeben und selbst ein hohes Maß an sozialer Demagogie der Gewinnung von Arbeitern wegen für notwendig gehalten. Die Rede von der antikapitalistischen Sehnsucht und die Kontakte zu Gewerkschaftsführern gingen schließlich auf sein Konto. Aber es wurde nicht minder genau registriert, daß er sich mit einer Beteiligung an der Papen- oder einer ähnlichen Regierung abgefunden hätte. Die Verhandlungen mit dem Zentrum schienen mehr im Interessenbereich Hitlers zu liegen, der sich davon den Kanzlerposten erhoffen konnte. Ihm wurde deshalb der starke Gegensatz zwischen dem, was er „in seinem wundervollen Buch ‚Mein Kampf' über den Parlamentarismus geäußert hat", und dem, was mit einer parlamentarischen Koalitionsregierung verbunden wäre, vorgeworfen.[85] Hitler galt als der Verfechter des so kritisierten Prinzips „Alles oder nichts". Als den eigentlichen Einpeitscher massenaufhetzender Kampfmethoden sah man im Ruhrgebiet zumeist Goebbels an, der das Schlagwort vom Kabinett der Barone unaufhörlich wiederholte und keine Gelegenheit ausließ, Papen und den hinter ihm stehenden Herrenklub anzuprangern. Die Meinung, daß der Straßerfeind und Hitlergünstling Goebbels der böse Geist der Nazibewegung sei, bekam schließlich im November 1932 noch dadurch Auftrieb, daß sich die Nazipartei, um ihr Gesicht vor den Arbeitern nicht zu verlieren, an dem von der KPD initiierten großen Verkehrsarbeiterstreik in Berlin beteiligte.

Offensichtlich wurden innerhalb der herrschenden Klasse die Schwierigkeiten unterschätzt, vor denen die Naziführung stand, wenn sie ihren Wähleranhang zusammenhalten wollte. Hitlers Beharren auf den Kanzlerposten ergab sich aus der Überlegung, daß der Schein einer „nationalsozialistischen" Umwälzung gewahrt werden müsse und nur eine Regierungsführung den Übergang zur offen faschistischen Diktatur ermöglichen könne. Gregor Straßers Bereitschaft, in ein Kabinett Schleicher als Vizekanzler einzutreten, wurde dagegen aus der Angst geboren, die letzte Gelegenheit zur Beteiligung

85 Ebenda, Bl. 137.

an der Regierung zu verpassen. Für diese subjektiven Meinungsunterschiede gab es zwar objektive Argumente, kaum aber ideologische Motive, geschweige denn prinzipiell unterschiedliche politische Ausgangspunkte, die mit „rechts" oder „links" charakterisiert werden könnten. Genauso wie man in großindustriellen Kreisen über die bestmögliche Variante der Interessenvertretung debattierte und jede unerwünschte Nazientscheidung gleich als „Marxismus", „Zusammenarbeit mit dem Kommunismus" oder wenigstens „Verrat am Antiparlamentarismus" zu disqualifizieren suchte, stritt man sich auch im Braunen Haus um die aussichtsreichste politische Strategie. Einigkeit bestand stets darin, daß die politische Macht erobert werden sollte. Ob das aber am besten durch eine schrittweise Regierungsbeteiligung oder einen unbedingten Führungsanspruch erreicht werden konnte, stand immer von neuem zur Diskussion. Hitler selbst schwankte, wie Bang in anderem Zusammenhang so sehr bedauert hatte, mitunter ratlos hin und her. Im Grunde drehte sich alles um das Hauptproblem faschistischer Führer.

Wer am besten die politische Taktik mit dem Hauptanliegen des Monopol- und Agrarkapitals in Übereinstimmung zu bringen wußte, konnte auf die Dauer den persönlichen Erfolg verbuchen. Hitler, der möglicherweise von dem Brief Heinrichsbauers Kenntnis erhielt, dem aber auch ähnliche Informationen zugegangen sein können, hat über Heß schon für die Reichstagswahlen im November 1932 entsprechende, wenn auch nicht mehr voll verwirklichte Konsequenzen ziehen lassen, die nicht nur direkt in das Ressort des Reichspropagandaleiters Goebbels eingriffen, sondern auch dessen Propagandamethoden korrigierten.[86] Es sei „unzweckmäßig, den Kampf auf die Parole ‚*Gegen die Regierung der Barone*' *abzustellen, wie es teilweise schon propagandistisch und pressemäßig geschieht*". Das gebe der Regierung und den Deutschnationalen nur die Möglichkeit, „mit einem Schein des Rechts behaupten zu können, nachdem die NSDAP bereits den ‚Kampf gegen das Zentrum aufgegeben', den ‚Parlamentarismus in Schutz nehme', gehe sie nunmehr zu ‚klassenkämpferischen Tendenzen' über. Unterstützt würde diese Auslegung durch sicher zu erwartende Übertreibungen dieser Parole durch kleine Redner, die ihre marxistischen Eierschalen noch nicht ganz abgestreift haben und froh sind, nun mit Genehmigung von oben ‚loslegen' zu können. Der Schaden, der hierdurch wahlmäßig entstünde, wäre

86 Ebenda, Bl. 7—12.

größer als der Nutzen. Ein großer Teil der von rechts gekommenen Wähler wird zweifellos durch die bis zu einem gewissen Grad begründbare Behauptung, die NSDAP ginge zu Klassenkampf-Parolen über, beeindruckt. Ein Ausgleich oder gar ein Plus von der linken Seite ist durch diese Parole nicht zu erwarten. Denn die Mehrzahl derjenigen, auf die diese Parole Eindruck macht, wird dorthin gehen oder dort bleiben, wo diese Kampfesweise am radikalsten ist."

Es sei falsch, *„wenn die NSDAP sich plötzlich zum Vorkämpfer der Rechte der Volksvertretung als solcher aufwirft, wie in der Presse zumindest teilweise geschehen* . . . Denen, die an den Verhandlungen mit dem Zentrum sich stoßen, ist entgegenzuhalten, daß die NSDAP sich nötigenfalls mit dem Teufel verbündet, wenn dadurch die Möglichkeit gegeben ist, den letzten Versuch der jüdisch-liberalistisch-freimaurerischen Kräfte zu vereiteln, die NSDAP von der Machtergreifung abzuhalten, indem eine Regierung von Papen dazwischen geschoben wird, die *scheinbar* nationalsozialistische Forderungen erfüllt."

Trotz aller Vorsichtsmaßnahmen und Anstrengungen konnte die Naziführung jedoch nicht verhindern, daß die Wahlen am 6. November 1932 für sie zu einer schweren Niederlage wurden. Rund zwei Millionen Wählerstimmen gingen verloren, der Stimmenanteil sank von 37,3 auf 33,1 Prozent.[87] Der Traum vom unaufhaltsamen Aufstieg zur absoluten Mehrheit unter den Bedingungen der Weimarer Republik war endgültig aus. Schlagartig zeigte sich, daß eine Massenbewegung, die mit rein demagogischen Mitteln zusammengetrommelt und mit verlogenen Versprechungen zusammengehalten wurde, im höchsten Maße anfällig und erfolgsabhängig blieb. Als die Wähler bei den Gemeinderatswahlen in Sachsen eine Woche nach dem Fiasko vom 6. November an die Urnen gingen, verlor die NSDAP noch ein weiteres Fünftel der Stimmen, die sie wenige Tage zuvor erhalten hatte. Ähnliches zeigte sich in Thüringen und im Saargebiet. Auflösungserscheinungen wurden sichtbar. Die Kassen der NSDAP waren leer. Die hochverschuldeten Nazidruckereien standen vor dem Ruin. Viele Geldgeber bangten um ihre Einlagen und beeilten sich, die Schuldscheine zu präsentieren. Goebbels und Darré bezeugten auf ihre Weise die tiefe Krise der Partei.[88]

87 Statistisches Jahrbuch für das Deutsche Reich, 1933, S. 539.

88 *Goebbels*, Vom Kaiserhof zur Reichskanzlei, S. 200ff.; BA Koblenz, Nachlaß Darré I, Nr. 23, unfol. (*Darré*, Wie ich Hitler erlebte: „. . . an einem nebligen

Innerhalb der Nazipartei begann ein heftiger Streit um die Ursachen der Niederlage. Die Landesinspekteure der NSDAP verwiesen in ihren Analysen darauf, daß die Anti-Papen-Aktionen die bürgerlichen Wähler verunsichert, die Gerüchte um das Privatleben Röhms Sympathien gekostet haben, die SA überhaupt politisch nur ungenügend in Erscheinung getreten und die Finanzlage katastrophal geworden sei.[89] Mit Nachdruck meldete sich in Karlsruhe Gauleiter Wagner zu Wort. Er führte am badischen Beispiel die Verluste in erster Linie auf die Wahlmüdigkeit zurück, für die er folgende Fehler verantwortlich machte: 1. Nach dem 13. August hätte sofort eine Riesenaufklärungswelle über Hindenburgs Entscheidung, Hitler nicht zum Kanzler zu berufen, beginnen müssen. 2. Die Wahlperiode sei schwankend gewesen. „Erst hieß sie ‚Gegen die Reaktion!‘, dann ‚Gegen Reaktion und Marxismus!‘ Sie hätte von Anfang an ‚Gegen Reaktion und Marxismus!‘ heißen müssen.“ 3. Die SA habe sich „nur unvollkommen oder gar nicht“ der Propaganda zur Verfügung gestellt und sich vorrangig um die militärische Ausbildung gekümmert. 4. Das Propagandamaterial sei zu spät gekommen. 5. Der Nazi-Hauptverlag Franz Eher Nachfolger gebe zwar Riesensummen für seine Werbenummern aus, die örtliche Agitation sei aber wirkungsvoller als die zentrale. 6. Die Kraft der reaktionären Parteien und Gruppen sei wohl allgemein unterschätzt worden. „Wir sind mit den ‚vornehmen Leuten‘ viel zu vornehm verfahren.“ 7. „Der Streik in Berlin hat sich nachteilig auf die Wahl im Reich ausgewirkt, da keine Möglichkeit gegeben war, seinen Sinn völlig aufzuklären.“ 8. „Der Fall Röhm hat die Bewegung zweifellos mehrere Mandate gekostet.“[90] Die Veränderungen in der Wirtschaftspolitischen Abteilung erwähnte Wagner nicht. Aber daß darin eine weitere Ursache des Wählerrückgangs gesehen wurde, lag auf der Hand. Ansonsten hätten Wagener und von Renteln sich nicht wieder so in Erinnerung bringen können.

Auch Gregor Straßer sah nun die Stunde gekommen, in der man keine weiteren Rückschläge abwarten dürfe und an die Regierung

häßlichen Novembertage des Jahres 1932, als alles, aber auch alles grau in grau erschien, Kleinmütigkeit und Verzagtheit bis weit in die Kreise der NSDAP Platz gegriffen hatten . . . *bei weiteren Wahlkämpfen ist es mir unmöglich, die bäuerlichen Stimmen weiterhin bei der Stange zu halten*“).

89 *Kissenkoetter*, Gregor Straßer und die NSDAP, S. 160f.; BA Koblenz, NS 22, Nr. 7, unfol.

90 Ebenda (Wagner an die Landesinspektion Südwest der NSDAP, 7. 11. 1932).

gelangen müsse. Als Hitler zwecks Sondierungen über eine Regierungsneubildung zu Hindenburg gerufen wurde, sprach der Reichsorganisationsleiter die Hoffnung aus, daß „Adolfs Sturheit" nicht noch einmal alles verderbe.[91] Hitler bestand jedoch weiterhin darauf, selbst Kanzler zu werden. Er wußte, daß nicht nur seine Partei, sondern die herrschende Klasse insgesamt über den Wahlausgang höchst beunruhigt war. Zwar hatten die Deutschnationalen Stimmen gewonnen und ihre Mandate von 37 auf 52 gesteigert, aber es deutete sich doch ein allgemeiner, den Rechten abträglicher Stimmungsumschwung an. Die eigentlichen Wahlsieger waren die Kommunisten, die es auf 100 Abgeordnete brachten. Würde es, wie von der KPD im Zeichen der Antifaschistischen Aktion ständig vorgeschlagen, zu einer Aktionseinheit mit den Sozialdemokraten kommen, dann stünden plötzlich den nur noch 196 Naziabgeordneten 221 Vertreter der beiden Arbeiterparteien gegenüber. Wenn man noch davon ausging, daß das Zentrum und die Reste der übrigen bürgerlichen Parteien kein großes Interesse an einer offenen faschistischen Diktatur hatten, wäre eine derart weitgefaßte Opposition selbst im Parlament zahlenmäßig eindeutig überlegen gewesen.

Die im Keppler-Kreis vereinigten Monopolkapitalisten und Großagrarier richteten deshalb auf Initiative Schachts eine Petition an Hindenburg, er möge die „Leitung eines mit den besten sachlichen und persönlichen Kräften ausgestatteten Präsidialkabinetts an den Führer der größten nationalen Gruppe" übertragen. Dies werde „die Schlakken und Fehler, die jeder Massenbewegung notgedrungen anhaften, ausmerzen und Millionen Menschen, die heute abseits stehen, zu bejahender Kraft mitreißen". Es kennzeichnete aber die Unsicherheit des Ruhrkapitals, wenn Albert Vögler, Paul Reusch und Fritz Springorum mitteilen ließen, daß sie „voll und ganz auf dem Boden der Eingabe stehen, aber nicht zu unterzeichnen wünschen, da sie politisch nicht hervortreten wollen".[92]

Hindenburg mußte zwar einsehen, daß das nur auf 52 deutschnationale Abgeordnete und einige Splittergruppen gestützte Papen-Kabi-

91 *Kissenkoetter*, Gregor Straßer und die NSDAP, S. 163.

92 ZStA Potsdam, Büro des Reichspräsidenten, Nr. 47, Bl. 258—305. Vgl. dazu die Dokumentation: *Albert Schreiner*, Die Eingabe deutscher Finanzmagnaten, Monopolisten und Junker an Hindenburg für die Berufung Hitlers zum Reichskanzler (November 1932), in: Z. Gesch.wiss., 2/1956, S. 366ff.; ferner abgedr. in: Dokumente zur deutschen Geschichte 1929 — 1933, S. 83f.

nett nicht weiter regieren konnte und die von Papen geforderte erneute Auflösung des Reichstages zu riskant war. Die Berufung Hitlers zum Reichskanzler schien ihm aber noch immer nicht notwendig zu sein, da sich General Schleicher erbot, die Regierung zu bilden, und die Möglichkeit andeutete, die NSDAP werde sich an einem Kabinett unter seiner Leitung beteiligen. Schließlich hatte es seit geraumer Zeit Geheimverhandlungen zwischen ihm und Gregor Straßer gegeben. Am 23. November 1932 ließ letzterer ihn wissen, er wolle „sich persönlich in die Bresche werfen" und Vizekanzler unter Schleicher werden. Das war keineswegs als Affront gegen Hitler gedacht. „Straßer täte nie etwas ohne Hitler, auch würde er sich nie, wie behauptet wurde, von ihm trennen", war von seinen engsten Mitarbeitern zu hören.[93] Es ging vielmehr um einen Versuch, in letzter Stunde zu retten, was noch zu retten war, und dem zu entsprechen, was besonders die Ruhrindustriellen schon im Sommer 1932 gefordert hatten. Selbst der erneut von Hindenburg zur Regierungsbeteiligung aufgeforderte Hitler scheint zeitweilig damit einverstanden gewesen zu sein. Auf dem Höhepunkt der Krise drohte er wieder einmal mit Selbstmord.[94] Göring und Goebbels waren jedoch entschiedene Gegner des Straßer-Plans, dessen Verwirklichung ihre eigenen Führungsambitionen durchkreuzt hätte.[95]

In einer Geheimbesprechung im Weimarer Hotel „Zum Elephanten" am 30. November 1932, an der Hitler, Straßer, Frick, Goebbels und Göring teilnahmen, wurde der Vorschlag Gregor Straßers verworfen. Eine große Rolle dürfte dabei der Stimmungsumschwung im Ruhrgebiet gespielt haben. Auf der 60. ordentlichen Mitgliederversammlung des „Vereins zur Wahrung der gemeinsamen wirtschaftlichen Interessen in Rheinland und Westfalen" (Langnam-Verein) am 23. November 1932 hatte sich gezeigt, daß das Ruhrkapital nunmehr für die Kanzlerschaft Hitlers war. Ein Informant berichtete nach Berlin: „Die Tagung des Langnâmvereins in Düsseldorf, die wohl ursprünglich im Rahmen des Papen-Programms und zur Stützung vorgesehen war, ergab anläßlich der zwangslosen Unterhaltung die überraschende Tatsache, daß fast die gesamte Industrie die Berufung Hitlers, gleichgültig unter welchen Umständen,

93 *Kissenkoetter*, Gregor Straßer und die NSDAP, S. 165.

94 *Goebbels*, Vom Kaiserhof zur Reichskanzlei, S. 220.

95 *Kissenkoetter*, Gregor Straßer und die NSDAP, S. 168ff.; *Gossweiler*, Röhm-Affäre, S. 350f.

wünscht."[96] Die Gründe für diesen übereinstimmenden Wunsch, der angesichts der Macht des Ruhrkapitals weitreichende Folgen hatte, sind in der Besorgnis zu suchen, die Nazipartei könnte sich in der Opposition aufreiben und die KPD würde weiter an Boden gewinnen. Außerdem dachte man sehr skeptisch über den Versuch Schleichers, die Gewerkschaften in sein Regierungssystem einzubeziehen.

Straßer zog aus seiner Niederlage die Konsequenz und legte alle Parteiämter nieder. Wie er diesen Schritt begründet hat, ist nicht mehr eindeutig rekonstruierbar. In einem Entwurf für sein Rücktrittsschreiben war von Hitlers destruktivem Einmischen in Organisationsfragen, von der Notwendigkeit, „die Macht im Staate in jeder Möglichkeit" anzustreben, und der Unzulänglichkeit einer brachialen Auseinandersetzung mit dem Marxismus die Rede.[97] Obwohl Hitler die irreführende Erklärung herausgab: „Pg. Gregor *Straßer* tritt mit Genehmigung des Führers einen Krankheitsurlaub von 3 Wochen an. *Alle weiteren daran geknüpften Gerüchte und Kombinationen sind unzutreffend und entbehren jeglicher Grundlage*"[98], wurde allgemein erkannt, daß damit eine wichtige Personalentscheidung gefallen war. Da Gregor Straßer nächst Goebbels besonders betont vom „deutschen Sozialismus" gesprochen hatte und um die Gewinnung von Arbeitern für die NSDAP bemüht gewesen war, sah man in seinem Abschieben vielfach eine Sachentscheidung. Schließlich lagen der Parteiausschluß Otto Straßers und dessen Erklärung „Die Sozialisten verlassen die NSDAP" erst zweieinhalb Jahre zurück.

Das Ausscheiden Gregor Straßers, das ein endgültiges werden sollte und zahlreiche organisatorische und personelle Veränderungen nach sich zog,[99] erleichterte es dem Keppler-Kreis, insbesondere dem

96 ZStA Potsdam, Nachlaß Bracht, Bd. 2, Bl. 169 (Dr. Scholtz vertraulich an Bracht, 26. 11. 1932). Vgl. dazu die prognostische Fehleinschätzung Bangs in seinem Brief vom 24. 8. 1932 an Hugenberg: „Arbeitnehmerorganisationen. Ich glaube nicht, daß Ihre Befürchtungen wegen eines Abmarsches zu den Nazis irgendwie begründet sind. Heute weniger als je!" (BA Koblenz, Nachlaß Hugenberg, Nr. 36, Bl. 7).

97 *Kissenkoetter*, Gregor Straßer und die NSDAP, S. 172.

98 Völkischer Beobachter, Reichsausgabe, Nr. 345, 10. 12. 1932. Dazu *Rosenberg*, Letzte Aufzeichnungen, S. 189, der Straßers Sturz und Goebbels' Aufstieg bedauerte.

99 So wurden der Reichswirtschaftsrat und die Wirtschaftspolitische Abteilung durch Verfügung Hitlers aufgehoben und Funk als für Wirtschaftsfragen zuständig erklärt (Völkischer Beobachter, Reichsausgabe, Nr. 352, 17. 12. 1932).

immer aktiver werdenden Kölner Bankier Kurt von Schröder, endlich das zustande zu bringen, was seit langem ein Wunschtraum der reaktionärsten und aggressivsten Gruppen des deutschen Monopol- und Agrarkapitals gewesen war: eine Regierung, in der Hitler mit der NSDAP, Hugenberg mit der DNVP und Seldte mit dem „Stahlhelm" vertreten waren und die damit auf dem Boden der Harzburger Front stand. Die Vermittlung übernahm Papen, der die Gelegenheit nicht ungenutzt ließ, sich persönlich an Schleicher zu rächen, der aber vor allem dem Wunsch dieses zur Mehrheit gewordenen Teils der herrschenden Klasse entsprach.

X. KAPITEL

Illusion und Realität bei der Errichtung der faschistischen Diktatur

„Gegen Rotfront und Reaktion“ — so lautete ein Propagandaschlager der Nazipartei vor 1933. Mit dieser Parole wurde jahrelang agitiert und schließlich ein Millionenanhang zusammengetrommelt. In der Praxis hatte man jedoch von Anfang an gemeinsam mit dem konservativen Flügel der herrschenden Klasse gegen die revolutionäre und die reformistische Arbeiterbewegung gekämpft, war man der verlängerte Arm der reaktionärsten und aggressivsten Gruppen des Monopolkapitals gewesen. Im Bunde mit Papen, Hugenberg und Seldte, die noch wenige Wochen zuvor als Herrenreiter, Volksfeinde und Kapitalknechte bezeichnet wurden, gelangte die Hitlerclique am 30. Januar 1933 an die Regierung. Das warf zwangsläufig die Frage auf, wie die Illusion einer „nationalsozialistischen Revolution“ mit der Realität der faschistischen Reaktion in Übereinstimmung gebracht werden konnte.

Bei den maßgebenden Gruppen der herrschenden Klasse, insbesondere den Schwerindustriellen an der Ruhr, bestanden keine Zweifel an der subjektiven Bereitschaft der Hitlerclique, eine Politik im Interesse des deutschen Imperialismus und Militarismus zu betreiben. Ihre bange Frage lautete höchstens, ob die Naziführung sich wohl gegenüber dem erwartungsvollen Massenanhang werde durchsetzen können. Selbst viele Ruhrindustrielle, die Bedenken gegen eine Berufung Hitlers zum Reichskanzler gehegt hatten, waren nach den Reichstagswahlen vom 6. November 1932 und der Bildung des Schleicher-Kabinetts auf die Linie des Keppler-Kreises eingeschwenkt. Auch andere Fraktionen der herrschenden Klasse, so die Mehrheit der ostelbischen Junker, die hochmonopolisierten Chemieindustriellen und selbst verschiedene Konzernherren der Elektro- und Gebrauchswarenindustrie, reihten sich in die „Pro-Hitler-Front“ ein. Dafür gab es verschiedene Gründe.

Außer dem allgemeinen Streben nach einer faschistischen Diktatur und dem großen Erschrecken über den beginnenden Zerfall der faschistischen Bewegung wurde der politische Kurs des Generals von Schleicher als sehr bedenklich empfunden. Er hatte — um sich Massenrückhalt zu verschaffen — nicht nur Kontakte zu den Gewerkschaften aufgenommen, sondern die Nazipartei zu spalten und sozialdemagogisch zu überrunden gesucht. Sein ideologisches Sprachrohr Hans Zehrer, zugleich Chefredakteur der vielgelesenen Zeitschrift „Die Tat" und der mit Reichswehrgeldern angekauften Zeitung „Tägliche Rundschau", war nach dem sarkastischen Urteil Carl von Ossietzkys bestrebt, Hitler zu überhitlern.[1] Er operierte ständig mit Begriffen wie „deutscher Sozialismus" und gebärdete sich wie manche seiner Redaktionsmitarbeiter ausgesprochen antikapitalistisch. Auf jeden Fall trat er mit Billigung Schleichers für eine Stärkung des staatlichen Einflusses auf die Wirtschaft und eine Unterordnung individueller Profitinteressen unter das imperialistische Gesamtbedürfnis ein.[2]

Zum Unterschied von der Papen-Regierung wurde das Schleicher-Kabinett von der herrschenden Klasse daher wesentlich kritischer betrachtet und als größeres Risiko im Vergleich zu einer Kanzlerschaft Hitlers empfunden. Stellvertretend für viele sei das Urteil des pommerschen Rittergutsbesitzers Ewald von Kleist-Schmenzin zitiert. Diesem einflußreichen Konservativen waren die Nazis immer suspekt gewesen; er hat seine ablehnende Haltung 1945 schließlich mit dem Leben bezahlt. Am 17. Dezember 1932 schrieb er an Hugenberg: „Mit dem Kabinett Schleicher ist wieder ein entscheidender Schritt rückwärts getan. Die Kanzlerschaft Schleichers bedeutet eine schwere Gefahr für Deutschland. Die Verschlechterungen sind bereits auf allen Gebieten der Politik während seiner kurzen Amtszeit sichtbar geworden. Der Gedanke der autoritären Staatsführung ist tatsächlich preisgegeben, dieses Kabinett ist nur dem Scheine nach ein Präsidialkabinett. In Wirklichkeit macht sich Schleicher wieder von Parteien und Gruppen abhängig und richtet nach deren Widerständen seine Politik ein. In dieser Nachgiebigkeit wird er Schritt für Schritt zurückweichen. Es läßt sich jetzt schon mit voller Sicherheit voraussehen, daß so wie Bethmann und seine Nachfolger uns die erste Revolution durch Nachgiebigkeit beschert haben, Schleicher uns in die zweite

1 Die Weltbühne, Berlin, Nr. 47, 22. 11. 1932, S. 771 (Thomas Murner — d. i. Carl v. Ossietzky —, Zehrer und Fried).

2 Vgl. dazu *Petzold*, Theoretiker, S. 190ff.; *derselbe*, Wegbereiter, S. 273ff.

Revolution hineinsteuern wird ... Mit seiner Phrase der Arbeitsbeschaffung wird er die letzten Reserven, die wir haben, sinnlos verbrauchen fast ohne Nutzen für die Wirtschaft. Wenn sie verbraucht sind, wird das Problem der Arbeitslosigkeit und der Gesundung der Wirtschaft noch viel verzweifelter aussehen als heute. Darüber hinaus ist Herr von Schleicher aber im Begriff, die Wehrmacht psychologisch zu zersetzen. Die Unterhaltungen, die im Offizierskorps geführt werden und seinem Geist entsprechen, müssen einen mit schwerer Sorge erfüllen. Im übrigen ist Herr von Schleicher dabei, die Kampftruppen der zweiten Revolution unter Mitwirkung von Reichswehroffizieren ausbilden zu lassen. Umfangreiche Übungen der SA finden im Beisein von Reichswehroffizieren und Zivilbehörden statt. Die Rundfunkrede Schleichers zeigt, daß wir keinen solchen Dilettanten als Kanzler in der letzten Zeit gehabt haben. Sie war Schaumschlägerei schlimmster Sorte, nur ‚Scheinen statt Sein'. Angesichts dieser ungeheuren Gefahr scheint es mir dringend erforderlich zu sein, den Kampf gegen Schleicher auf der ganzen Front und rücksichtslos aufzunehmen mit dem Bestreben, in den eigenen Reihen eine abwartende oder gar freundliche Einstellung zu unterbinden."[3]

Als man in den Redaktionen der Schleicher-Presse davon Wind bekam, daß im Hause des Bankiers Kurt von Schröder am 4. Januar 1933 ein streng geheimgehaltenes Treffen zwischen Papen und Hitler stattgefunden hatte, wurde Alarm geschlagen. Zehrer sprach klar aus, daß die *„rheinisch-westfälische Industriegruppe um den Stahlverein"* das Ziel verfolgte, Schleicher zu stürzen und *„eine Regierung Papen—Hitler zu errichten"*.[4] Die Vorbereitungen dafür waren längst getroffen. In den Kreisen des Ruhrkapitals drehte sich seit Sommer 1932 alles um die Frage, ob Hitler „seine besten Leute in die Regierung" delegieren[5] oder ob man Keppler recht geben sollte, der im Oktober an Schröder schrieb: „Ich bin der festen Überzeugung, daß eine Regierung mit Einschluß der Partei und Ausschluß Hitler's nur die halbe Durchschlagskraft besäße, sodaß ich die Kanzlerschaft Hitler's für unbedingt erforderlich halte. Ich könnte mir nicht vorstellen, daß der Faschismus in Italien so blendende Erfolge erzielt haben wür-

3 BA Koblenz, Nachlaß Hugenberg, Nr. 37, Bl. 72 — 74 v.

4 Tägliche Rundschau, Nr. 6, 7. 1. 1933.

5 So Papen am 1. 10. 1932 an Schröder, in: BA Koblenz, NS 20, Nr. 76, Bl. 6 (Abschrift).

de, wenn sich nicht Mussolini selbst ganz für die Regierung zur Verfügung gestellt hätte."[6]

Aus der schon erwähnten Novemberpetition wurde ersichtlich, daß bereits vor der Berufung Schleichers zum Reichskanzler die Entscheidung für die Auffassung Kepplers gefallen war. In der Umgebung des Reichspräsidenten und in den Regierungskreisen überhaupt registrierte man sicher mit Aufmerksamkeit, daß die Petition auch die Unterschriften von Persönlichkeiten trug, die bisher zum Teil recht heftigen Angriffen der Nazipartei ausgesetzt waren.[7] So hatten zusammen mit den Bankiers Schacht und Schröder weitere Vertreter des von Feder so attackierten Finanzkapitals unterschrieben. Offensichtlich nahm man in diesen Kreisen den Kampf um die „Brechung der Zinsknechtschaft des Geldes" nicht ernst. Man wußte sehr wohl zu unterscheiden, was Propaganda und was Politik war.

Schacht selbst sah großzügig darüber hinweg, daß er noch vor wenigen Jahren in der Nazipresse als Inflations- und Dawesplan-Verbrecher bezeichnet wurde.[8] Goebbels vergaß, daß sein „Angriff" geschrieben hatte: „Er wird doch nicht vom Reichstage, auch nicht von ‚Vorwärts' bezahlt, sondern von einer internationalen A. G., die sich neckischerweise und zur Irreführung des lieben Publikums immer noch ‚Reichsbank' nennt. Also macht er ganz logisch die Politik derer, deren Brot (mit viel Kaviar versteht sich) er ißt . . . Die Dinge liegen eben so, daß in Deutschland die wahre Regierung von ein paar Bankjuden gemacht wird, die sich als ihren Generalvertreter den Goj Schacht bestellt haben . . . Schacht hält heute, als Beauftragter ganz bestimmter finanzieller Interessentengruppen, die Hand an der Gurgel der Nation. Er ist der Herr, der die Puppen tanzen läßt."[9] Schröder bedurfte auch besonderer Rücksichtnahmen. Er hatte sich 1919 mit dem rheinischen Separatistenklüngel um Adam Dorten, Konrad Adenauer und Louis Hagen verbündet, also nach offizieller

6 Ebenda, Bl. 19 (Abschrift).

7 Ebenda, Bl. 30 (Fotokopie einer Namensliste, die den Kreis umriß, der die Petition unterschreiben sollte. Auch sind die Anfangsbuchstaben derer verzeichnet, die die dafür notwendigen Gespräche führten).

8 So insbesondere in den Nazi-Zeitungen in Königsberg (Preußische Zeitung, Nr. 63, 14. 3. 1931; Nr. 132, 8. 6. 1931) und im Gau Brandenburg (Der rote Adler, Nr. 3, 4. 1. 1931). Vgl. außerdem die Nazi-Schmähschrift: Das Buch Isidor, München o. J., Karikatur S. 51.

9 Der Angriff, Nr. 5, 16. 1. 1930.

faschistischer Leseart eines der schlimmsten Verbrechen begangen. Weder Hitler noch Himmler, zu deren Beratern und Geldgebern Schröder gehörte, nahmen daran Anstoß.[10] Der Privatsekretär von Keppler, Kranefuß, entpuppte sich gar als langjähriger Vertrauter eines sogenannten Bankjuden. Hitler selbst verbot auf Fürsprache Kepplers, daß die Angelegenheit weiter verfolgt werde.[11]

Die Unterschrift von Fritz Thyssen unter die Novemberpetition war zu erwarten gewesen. Er hatte sich schließlich offen zur NSDAP bekannt und die DNVP demonstrativ verlassen.[12] Die vertrauliche Unterstützung durch Vögler, Reusch und Springorum kam jedoch insofern überraschend, da alle drei bisher Papen den Vorzug gegeben hatten. Bemerkenswert war auch, daß sich mehrere Hamburger Großreeder für die Berufung Hitlers zum Reichskanzler aussprachen. Am meisten dürfte jedoch Hindenburg vom Verhalten der Landbundführer beeindruckt worden sein. Die Novemberpetition wurde von den Großagrariern Graf Kalckreuth, Graf Keyserlingk-Cammerau sowie von den Verbandsfunktionären von Oppen-Dannewalde, von Rohr-Manze und Engelbert Beckmann unterzeichnet. Der Reichslandbund und die Großgrundbesitzer überhaupt hatten — wie die Schwerindustriellen an der Ruhr — einstmals das Rückgrat der konservativen Parteien und Parteiflügel gebildet und vornehmlich die DNVP Hugenbergs unterstützt. Im „Völkischen Beobachter" und auf vielen Nazikundgebungen wurden sie von Darré und anderen Propagandarednern des Agrarpolitischen Apparats der NSDAP mitunter heftig angegriffen. Das alles spielte keine ausschlaggebende Rolle mehr. Die Hitlerclique hatte deutlich zu verstehen gegeben,

10 BA Koblenz, NS 20/114, Nr. 40 (Akte Schröder im Bestand Freundeskreis Himmler), Bl. 16 — 20.

11 Ebenda, Nr. 22 (Akte Kranefuß im Bestand Freundeskreis Himmler), Bl. 35/36, 65—70, 74—83, 101—108.

12 BA Koblenz, Nachlaß Hugenberg, Nr. 39, Bl. 30, Thyssen an Hugenberg, 20. 1. 1932 (demnach war Fritz Thyssen gleichzeitig Mitglied der NSDAP und der DNVP gewesen). Acht Tage später schrieb er an Hugenberg: „Sollte Ihr grundsätzlicher Gedanke, der zuerst gelegentlich der Bildung des Ausschusses gegen den Youngplan in Erscheinung kam, nämlich der, daß es im höheren nationalen Interesse erforderlich sei, alle nationalen Parteien zu einigen, wieder die Oberhand gewinnen, so bin ich nach wie vor gern bereit, dafür zu wirken. Ich glaube dies auf der Seite des Herrn Hitler um so besser tun zu können, als die Zahl der auch nach ihrer Ansicht wirtschaftlich vernünftig denkenden Menschen auf der Seite Hitlers inzwischen bedeutend gewachsen ist" (ebenda, Bl. 15).

daß der Großgrundbesitz unangetastet und die dunklen Machenschaften bei der Vergabe der Osthilfe ungesühnt bleiben würden. Letzteres schien im Falle einer fortdauernden Schleicher-Regierung in Frage gestellt. Um Hindenburg unter Druck zu setzen, wurden in der Schleicher-Presse gewisse Anspielungen gemacht, die — obwohl sicher nicht ernst gemeint — viele ostelbische Junker in helle Aufregung versetzten.

Die Front der herrschenden Klasse, die sich hinter eine Hitler-Regierung stellte, war also viel breiter geworden. Die Unterzeichner der Novemberpetition bildeten nur die Spitze einer Phalanx, der sich rasch weitere Kreise anschlossen, als die Aussichten auf die Berufung Hitlers zum Reichskanzler stiegen und Papen, Hugenberg und Seldte an seine Seite traten. Eine Reichsregierung, die, von der NSDAP geführt, die DNVP und den Stahlhelm einbezog und in der Hindenburgs Vertrauter Papen eine Schlüsselrolle einzunehmen schien, war für das deutsche Monopol- und Agrarkapital unter den gegebenen Umständen eine Idealkonstruktion. Von dem Wunschtraum, Interessenvertreter aus den eigenen Reihen nach Art des Papenschen „Kabinetts der Barone" regieren und von der Nazipartei unterstützen zu lassen, hatte man schon 1932 Abschied nehmen müssen. Da der Weg des Papen-Kabinetts, wie dessen Wortführer Edgar Julius Jung schrieb, sich als nicht gangbar erwies, mußte der „Umweg über die große Volksbewegung" im Januar 1933 gegangen werden, um zu dem angestrebten Ziele — Vernichtung der bürgerlichen Demokratie und Errichtung der autoritären Diktatur — zu gelangen.[13]

Dafür war kein Preis zu hoch. Kurz vor dem Ziel griff das deutsche Monopolkapital noch einmal tief in seine Kassen. Die finanziell bankrotte Nazipartei wurde in kürzester Frist saniert. Da sich die wichtigsten Interessenvertretungen zum Regierungsblock verbunden hatten und nach neuerlicher Reichstagsauflösung eine letztmalige Reichstagswahl anstrebten, die — schon unter den Terrorbedingungen einer faschistischen Diktatur — den Regierungsparteien zur absoluten Mehrheit verhelfen und das Ende der Weimarer Republik besiegeln sollte, wurde ein einheitlicher Wahlfonds großen Ausmaßes geschaffen. Die eingehenden Summen und ihr Verteilerschlüssel[14]

13 *Jung*, Sinndeutung der deutschen Revolution, S. 29.

14 Insgesamt wurde vom deutschen Monopolkapital ein Wahlfonds für die in der Regierung vereinigten politischen Kräfte in Höhe von drei Mill. Mark zu-

werden durch einen Brief Schachts, der die Schmiergelder des Monopolkapitals verwaltete, vom 15. März 1933 an das Berliner Büro Hugenbergs bestätigt und kommentiert: „Die besprochene Rechnung stellt sich zur Zeit wie folgt: Die Schwerindustrie teilt mir mit, daß sie 25% der zugesagten RM 1000000.— direkt an Ihre Gruppe abführt. Die chemische Industrie überwies von ihren RM 500000.— 20% an den *Papen*-Fonds. Die Kali-Industrie beruft sich darauf, daß sie Ihrer Gruppe bereits reichlich direkt gegeben hat, so daß sie mir nur RM 300000.— statt RM 400000.— gesandt hat. Automobil- und Maschinenindustrie haben zusammen RM 200000.— aufgebracht, wovon Ihnen 20%, also RM 40000.— zustehen. Die elektrische Industrie hat RM 285000.— aufgebracht. Davon hat Osram von ihren RM 40000.— Ihrer Gruppe RM 10000.— zugedacht. Von restlichen RM 245000.— stehen Ihnen 20% zu, also RM 49000.—. Die Braunkohle hat, wie ich Ihnen bereits mündlich sagte, Ihre Gruppe überreichlich bedacht, teils versagt."[15]

Der Löwenanteil des großindustriellen Wahlfonds stand der Nazipartei zur Verfügung. Er betrug mit Sicherheit mehr als die zugesagte Summe von 2,4 Millionen Mark, da viele Industrielle und Industriegruppen in der Stunde des Sieges sich nachdrücklich in Erinnerung bringen wollten und ihrerseits von einer großzügigen Unterstützung der Nazipartei Vorteile für die Zukunft erhofften. Selbst die Elektroindustrie, die einstmals die flexibleren Methoden Rathe-

gesagt. Wiederum hat *Stegmann* (Großindustrie und Nationalsozialismus, S. 477ff.) aus dem Archiv der Gutehoffnungshütte die entsprechenden Beweisdokumente abgedruckt. Man muß sich daher wundern, daß *Trumpp* in seinem ansonsten informativen, wenn auch widersprüchlichen Aufsatz „Zur Finanzierung der NSDAP durch die deutsche Großindustrie" diese Tatsachen nicht nur weit unterbewertet, sondern auch recht abfällig von einer makroskopischen Forschungsmethode Stegmanns spricht. Hugenberg meinte seinerzeit, daß der DNVP von den drei Mill. Mark 25 Prozent zustünden (BA Koblenz, Nachlaß Hugenberg, Nr. 38, Bl. 233, Hugenberg an Schacht, 2. 3. 1933). Schacht ließ ihn jedoch belehren, daß die „Schlüsselung" zwischen den Nationalsozialisten und der DNVP „80:20" wäre, „daß aber von einzelnen Gruppen Sonderwünsche geäußert worden sind, die er berücksichtigen werde" (ebenda, Bl. 234, Scheibe vom Arbeitsausschuß deutschnationaler Industrieller an Hugenberg 1. 3. 1933). Praktisch bedeutete das, daß die DNVP mit dem Stahlhelm teilen mußte (ebenda, Bl. 236—238, Scheibe an Hugenberg, 15. 3. 1933), was aber Hugenberg grundsätzlich bestritt (ebenda, Bl. 230/231, Hugenberg an Schacht, 19. 3. 1933).

15 Ebenda, Bl.241/242 (Schacht an Kapitän Mann, 15. 3. 1933).

naus unterstützt und nur ausnahmsweise mit der Schwerindustrie an einem Strang gezogen hatte, entrichtete ihren Obolus. Am auffallendsten war jedoch der hohe Beitrag der Chemieindustriellen, deren politischer Vertreter Warmbold immerhin noch im Schleicher-Kabinett das Wirtschaftsministerium innehatte. Die zu den IG-Farben gehörenden Leuna-Werke hatten zwei bedeutende technische Entwicklungen produktionsreif gemacht: die synthetische Herstellung von Benzin und von Kautschuk. Da beide Verfahren noch relativ kostspielig waren, zeigte man sich an einer staatlichen Subventionierung im Rahmen eines Autarkieprogramms und eines staatlich garantierten Absatzes durch systematische Aufrüstung interessiert. Schon 1931 wurde eine Führung durch das Werk für Oberst Hierl und Mitarbeiter aus der Organisationsabteilung II der NSDAP organisiert und bei dieser Gelegenheit eine langfristige Zusammenarbeit vorbebereitet, die Ende 1933 zum sogenannten Feder-Bosch-Abkommen führen sollte.[16] Unter diesen Umständen sattelten die IG-Farben demonstrativ von Schleicher auf Hitler um.

In der Stunde des Sieges wurden die sonst üblichen Vorsichtsmaßregeln weniger beachtet und manche Zuwendungen aktenkundig gemacht. Schachts offene Abrechnung gegenüber dem Hugenberg-Büro ist ein Beweis dafür. Die Gründe für eine Zurückhaltung in der Öffentlichkeit waren anderer Art. Während zumindest ein Teil der Unternehmer gern durchblicken ließ, zu den Geldgebern der Nazipartei zu gehören, sahen es die Naziführer weiterhin ungern, wenn dergleichen bekannt wurde. Schon die Bildung der Regierung Hitler—Papen—Hugenberg—Seldte war keine geringe Belastung für sie. Trotz des Siegesrausches begannen sich viele Nazianhänger über die Tatsache zu wundern, daß in der neuen Reichsregierung die meisten alten Mitglieder des vom Goebbelsschen Propagandaapparat so oft geschmähten „Kabinetts der Barone" saßen. Es war genau das eingetroffen, was die Kommunisten vorausgesagt und viele Wähler der NSDAP für ausgeschlossen erklärt hatten: Es gab keinen unüberwindbaren Graben zwischen dem „Nationalsozialismus" und dem „Deutschen Herrenklub". Der Abgang Gregor Straßers bekam plötzlich in Nazikreisen den Charakter einer grundsätzlichen Kursänderung und wurde auch weit darüber hinaus so interpretiert.

16 Vgl. dazu *Ulrike Förster-Philipps*, Großkapital, Weimarer Republik und Faschismus, in: Die Zerstörung der Weimarer Republik. Hrsg. Reinhard Kühnl/Gerd Hardach, Köln 1977, S. 16ff.; BA Koblenz, NS 22, Nr. 11, Bl. 5; sowie NS 20, Nr. 123, Bl. 155.

In dieser Situation war es geradezu unumgänglich, daß man wieder jene Nazipropagandisten aus der Versenkung holte, die einstmals der Nazipartei zu dem Ruf verholfen hatten, Vorkämpfer zur „Brechung der Zinsknechtschaft des Geldes" zu sein und die Interessen des Mittelstandes zu vertreten. Schließlich galt es dem Eindruck entgegenzuwirken, dergleichen sei nur Propaganda. In der Praxis ließ sich das nicht so leicht verwirklichen. Entsprechend ihrer Maxime, daß zuerst und vor allem die politische Macht erobert werden müßte, hatte die Naziführung die dafür notwendigen Schlüsselpositionen besetzt. Unter der Reichskanzlerschaft Hitlers wurde Frick Reichsinnenminister. Göring hatte als dritter Nazi in der Reichsregierung offiziell keinen eigenen Geschäftsbereich. Neben dem neueingeführten Reichskommissariat für die Luftfahrt war jedoch für ihn der Ministerpräsidentenposten in Preußen vorgesehen.

Die großindustriellen und die großagrarischen Kreise, die hinter der neuen Regierung standen, hatte demgegenüber größten Wert darauf gelegt, daß die wirtschaftspolitischen Schalthebel in der Hand erprobter Interessenvertreter blieben. Hugenberg wurde in Personalunion sowohl Reichswirtschaftsminister als auch Reichsminister für Ernährung und Landwirtschaft, Seldte übernahm das Reichsarbeitsministerium. Die Minister für Finanzen, Post und Verkehr wurden ebenfalls wie der Reichsaußenminister und der Reichsjustizminister aus den vorangegangenen Präsidialkabinetten übernommen. Die Reichswehrgeneralität sicherte sich selbstverständlich das Reichswehrministerium. Es wurde jedoch mit dem der NSDAP seit langem nahestehenden ostpreußischen Wehrkreiskommandeur General von Blomberg besetzt. Goebbels stand bereits auf der Warteliste für das geplante und am 13. März 1933 eingerichtete Ministerium für Volksaufklärung und Propaganda. Papen konnte sich als Vizekanzler und Reichskommissar in Preußen nicht nur als Geburtshelfer der neuen Regierung, sondern auch als zweiter Mann hinter Hitler wähnen. In Anbetracht der Überzahl konservativer Fachminister glaubte er gar, Hitler engagiert zu haben.[17]

Von der Naziführung waren also zunächst nur jene zum Zuge gekommen, die in der entscheidenden Stunde alles auf die Kanzlerschaft Hitlers gesetzt und sich gegen Gregor Straßers Vizekanzlerschaft im Schleicher-Kabinett gewandt hatten. Sie bildeten den Kern der Hitlerclique: Göring, Frick und Goebbels. Mit Gregor Straßers

17 *Lutz Graf Schwerin v. Krosigk*, Es geschah in Deutschland. Menschenbilder unseres Jahrhunderts, Tübingen/Stuttgart 1951, S. 147.

Sturz waren viele Mitarbeiter seines Apparates in Schwierigkeiten geraten. Selbst die Verbindungsleute zum Ruhrkapital, Funk, Reupke und Heinrichsbauer, die angesichts der noch ungeklärten Machtverhältnisse in der Naziführung um das Vertrauen Gregor Straßers bemüht gewesen waren, mußten sich den neuen Verhältnissen erst anpassen. Da sie auch untereinander rivalisierten, ist ihnen das nur teilweise gelungen. Heinrichsbauer und Reupke blieben auf der Strekke, Funk schaffte die Umstellung.

Feder schien schon im Herbst 1932 endgültig gescheitert. Bormann in der Kanzlei Hitlers sammelte eifrig belastendes Material gegen ihn. Er veranlaßte einen Kreis- und Ortsgruppenleiter in Murnau, folgende Meinungsäußerung Feders vom 30. Dezember 1932 zu Papier zu bringen: Im Falle einer erneuten Reichstagsauflösung „werden wir wiederum mit einem großen Mandatsverlust herauskommen". Er und Straßer seien sich „schon lange darüber im klaren", „daß die Bewegung den Höhepunkt überschritten habe. Aus diesem Grunde sei es unklug gewesen, nicht in die Regierung einzutreten." Unaufgefordert hätte Feder auch zu seinem Fall Stellung genommen. „Die Auflösung der Wirtschaftspol[itischen] Abt[eilung] sei unklug. Mit Weltanschauungen allein könne man das Volk auf die Dauer nicht füttern. Es sei ja wohl im wesentlichen alles beim alten geblieben. Er habe Hitler sehr energisch über die Lage aufgeklärt. In seinem Briefe an Hitler sei aber in der Presse der Schlußabsatz, den er geschrieben, weggeblieben . . .: ‚In unverbrüchlicher Treue dem von Ihnen (Hitler) sanktionierten und von mir formulierten Programm.'"[18]

Feders großes Kapital, das auch in persönlichen Notzeiten rentierte, war die auf ihn zurückgehende These von der „Brechung der Zinsknechtschaft des Geldes" und die rühmende Erwähnung als grundlegender nationalsozialistischer Wirtschaftstheoretiker in Hitlers „Mein Kampf". Obwohl ein eifriger Landesinspektor ihn sogar durch SS von einer Naziversammlung fernhalten und sich damit bei Hitler lieb Kind machen wollte,[19] konnte er nicht so ohne weiteres abgeschoben werden. Der „Völkische Beobachter" war im Dezember 1932 sogar allen Gerüchten über ein gestörtes Verhältnis Feders zur NSDAP und zu Hitler entgegengetreten und hatte demonstrativ dessen Treuebekenntnis zum Naziführer abgedruckt.[20] Man

18 BA Koblenz, NS 20, Nr. 122, Bl. 87—89. Feders Ergebenheitserklärung ist abgedr. in: Völkischer Beobachter, Reichsausgabe Nr. 346/347, 11./12. 12. 1932.
19 BA Koblenz, NS 22, Nr. 7, unfol. (Haake an Hitler, 13. 12. 1932).
20 Völkischer Beobachter, Reichsausgabe, Nr. 346/347, 11./12. 12. 1932.

hielt ihn für den Fall in Bereitschaft, daß der Unmut über die offizielle Wirtschaftspolitik ansteigen sollte und eine gewisse Massenmobilisierung gegen bestimmte Fraktionen der herrschenden Klasse wieder gebraucht werden könnte.

Ähnlich wurde mit Darré und seinem Agrarpolitischen Apparat verfahren. Zum Unterschied von Feder und Wagener hatte Darré bereits im Jahre 1932 Konsequenzen aus seiner wankenden Stellung gezogen und auf seinem Gebiet immer mehr die Interessen der Großgrundbesitzer respektiert. Obwohl er nach wie vor die Not der Landbevölkerung mit seinen bauernfängerischen Parolen auszunutzen suchte,[21] nahm er selbst gegen die in konservativen Kreisen verbreiteten bodenreformerischen Pläne Damaschkes Stellung.[22] Das brachte ihm Sympathien in Landbundkreisen ein, die noch dadurch erhöht wurden, daß er weisungsgemäß die Angriffe auf jene Landbundführer einstellte, die über gute Beziehungen zum Keppler-Kreis verfügten oder sich gar um die Parteimitgliedschaft bemühten.

Dieses bessere Anpassungsvermögen und das große Gewicht der agrarpolitischen Propaganda gestatteten dem ehrgeizigen Darré, seine eigene Position wieder zu verbessern und nach dem 30. Januar 1933 alle wichtigen landwirtschaftlichen Interessenorganisationen seinem Einfluß zu unterwerfen.[23] Am leichtesten fiel ihm das bezeichnenderweise beim Reichslandbund. Da der geschäftsführende Präsident Graf Kalckreuth trotz seiner Unterschrift unter die Novemberpetition von 1932 keinen direkten Anschluß an die NSDAP geschafft hatte, wurde Darré am 4. April 1933 „gebeten", den Vorsitz aller landwirtschaftlichen Verbände zu übernehmen. Der „Reichsverband der deutschen landwirtschaftlichen Genossenschaften — Raiffeisen", in dem das mittel- und das kleinbäuerliche Element dominierten und der Agrarpolitische Apparat der NSDAP weit weniger Einfluß hatte, wurde am 19. April 1933 ultimativ genötigt, sich der Vereinigung aller landwirtschaftlichen Organisationen unter Darrés Führung anzuschließen. Mit dem die Landwirtschaftskammern re-

21 Vgl. z. B: *R. Walther Darré*, Landvolk in Not und seine Rettung durch Adolf Hitler, München 1932.

22 *Derselbe*, Damaschke und der Marxismus, München 1932; abgedr. in: *derselbe*, Erkenntnisse und Werden, S. 216ff. BA Koblenz, NS 26, Nr. 949, unfol. läßt erkennen, wie empört viele Nazianhänger auf die Schrift Darrés reagierten, in der sie eine Absage an alle Bodenreformprojekte sahen.

23 Vgl. dazu *Martin Broszat*, Der Staat Hitlers. Grundlegung und Entwicklung seiner inneren Verfassung, München 1969, S. 230ff.

präsentierenden „Deutschen Landwirtschaftsrat" verfuhr man ähnlich. In der Nazipresse wurde sein Präsident Dr. Brandes ebenso wie Graf Kalckreuth der persönlichen Bereicherung beschultigt. Beide sahen sich dadurch zum Rücktritt von ihren Ämtern genötigt. Darré konnte, wenn auch zunächst nur kommissarisch, den Vorsitz im „Deutschen Landwirtschaftsrat" erlangen und sich so zum Generalangriff auf das noch von Hugenberg behauptete Reichslandwirtschaftsministerium vorbereiten.

Hugenbergs doppelte Ministerrolle galt vielen Nazianhängern nicht nur auf agrarpolitischem Gebiet, sondern auch im industriellen Bereich als Symbol einer ungebrochenen kapitalistischen Wirtschaftsordnung und als Zielscheibe einer für notwendig erachteten „zweiten Revolution", in der nach der „nationalen Erhebung" die versprochene „soziale Umwälzung" Wirklichkeit würde, die zum „Nationalsozialismus" führen sollte. Da diese Meinung gerade in der kleinbürgerlichen SA weit verbreitet war und der die Nazibewegung in hohem Maße tragende „Mittelstand" die Einlösung der zahlreichen Wahlversprechungen der NSDAP erwartete, wurden die „Mittelstandstheoretiker" Renteln und Wagener wieder aktiviert. Ersterer spielte als Führer des Ende 1932 gegründeten „Nationalsozialistischen Kampfbundes für den gewerblichen Mittelstand" in der Kampagne für die Reichstagswahlen am 5. März 1933 eine bedeutsame Rolle. Von seinen und seiner Gesinnungsgenossen Aktivitäten hing für die Nazipartei viel ab. Man wollte schließlich die schwere Schlappe vom November 1932 wieder gutmachen und möglichst die absolute Mehrheit im Reichstag erlangen.

Der massierte Einsatz des faschistischen Propaganda- und Terrorapparats, der aus dem Wahlfonds der Industriegruppen finanziert und durch den inszenierten Reichstagsbrand stimuliert wurde, brachte zwar neue Wählerstimmen ein, jedoch die NSDAP nicht über die 50-Prozent-Grenze hinweg. Auch die für eine Verfassungsänderung notwendige Zweidrittelmehrheit der Abgeordneten ließ sich trotz aller Anstrengungen von der Regierungskoalition nicht annähernd erreichen.[24] Aber wiederum waren es die Landbevölkerung und das

24 Bei den Reichstagswahlen am 5. März 1933 erreichten die NSDAP 43,9%, die DNVP 8%, die SPD 18,3%, die KPD 12,3%, das Zentrum 11,2%. Von den übrigen Parteien kam nur noch die Bayrische Volkspartei auf über 2%. Die für die Weimarer Republik repräsentativen bürgerlichen Parteien DVP und DDP (nunmehr Staatspartei) lagen lediglich bei 1%.

Kleinbürgertum in den Städten, die den Sirenenklängen der Nazidemagogen gefolgt waren. Die Führung des Kampfbundes für den gewerblichen Mittelstand leitete daraus nicht nur die Verpflichtung ab, etwas für den Mittelstand zu tun, sondern erhob auch den Anspruch, die Wirtschaftspolitik der Reichsregierung zu bestimmen. Die Widerstände waren jedoch ungleich größer als auf dem Agrarsektor. Rentelns Mitarbeiterstab konnte sich in keiner Weise mit dem Darrés vergleichen. Da sich letzterer auch nur durch Verständigung mit den Großagrariern zu behaupten vermochte, bestand an sich nicht die geringste Aussicht, daß sich die Wortführer von Mittelstandsinteressen gegen das übermächtige Monopolkapital durchsetzen würden. Obwohl es rasch gelang, die Innungen und die Handelskammern in die Hand zu bekommen, konnte es sich sogar der als Wirtschaftspolitiker selbst in der herrschenden Klasse umstrittene Hugenberg erlauben, einen Vertrauensmann zum Reichskommissar für den gewerblichen Mittelstand zu ernennen.

Der „Kampfbund" Rentelns begann indessen auf seine Weise mit der „zweiten Revolution". Er organisierte den Boykott jüdischer Geschäfte und schickte sich zum Sturm auf die Warenhäuser und die Konsumgenossenschaften an. Die antisemitischen Ausschreitungen wurden gemeinsam mit der SA-Führung und dem Goebbelsschen Propagandastab inszeniert. Sie beweisen, daß der Kreis um Renteln genauso zu den faschistischen Verbrechern zu zählen ist wie der um Darré. In beiden Fällen gab es in moralischer Hinsicht kaum qualitative Unterschiede. Das gleiche gilt für jene SA-Führer, die zwar in wachsendem Maße ihren Unwillen über die „Bonzen" äußerten, sich in ihrer Mord- und Raffgier aber in nichts von der Hitlerclique unterschieden. Die Auseinandersetzungen innerhalb der Naziführerschaft dürfen nur als Interessenkonflikte und Rivalitätskämpfe betrachtet werden.

Mit Renteln war auch Wagener wieder zum Zuge gekommen. Er wurde am 1. April 1933 zum Wirtschaftskommissar ernannt. In dieser staatlichen Funktion sah er sich sogar genötigt, gegen einige Willküraktionen des „Kampfbundes" Stellung zu nehmen. Insbesondere ging es um direkte Eingriffe in das Geschäftsleben und um Versuche, die großen Warenhauskonzerne zu ruinieren. Hitler glaubte eine Zeitlang, dieses Treiben dulden zu können. Er wurde jedoch von großbürgerlichen Wirtschaftssachverständigen wie Schacht nachdrücklich daran erinnert, daß auch Warenhäuser zum kapitalistischen Wirtschaftssystem gehören. Schließlich gab Hitler seine Zustimmung dazu, daß der einstmals als jüdisch verschriene Hermann-Tietz-Warenhauskonzern (Hertie) nicht nur bestehenblieb, sondern auch noch saniert wurde.[25]

Für Wagener bot sich endlich die Möglichkeit, seine wirtschaftspolitischen Ansichten der Öffentlichkeit zur Kenntnis zu bringen. Als „Leiter des Wirtschaftspolitischen Amtes der NSDAP und Reichskommissar" konnte er diesmal ungehindert die Broschüre „Nationalsozialistische Wirtschaftsauffassung und Berufsständischer Aufbau" publizieren.[26] Schon das Verlagsvorwort ist interessant. So wie man dem erst 1929 zur NSDAP gestoßenen und als Generalstabsoffizier gleich zum Stabschef der SA ernannten Wagener die Mitgliedsnummer eines verstorbenen Parteimitglieds aus den Neugründertagen der Partei zugeschoben hatte,[27] so wurde darin ungeniert behauptet: „Dr. phil. h. c. Otto *Wagener* leitet die Wirtschaftspolitische Abteilung der Reichsleitung der NSDAP seit ihrem Bestehen." Dem Leser sollte also eine ungebrochene Kontinuität in der Nazi-Wirtschaftspolitik suggeriert werden. Sodann übernahm man fast wörtlich die Schachtsche Meinung, bei wirtschaftspolitischen Festlegungen nicht den Interessencharakter der Wirtschaftspolitik zu vergessen: „Jeder wirtschaftende Mensch sieht die Fragen der Wirtschaft fast ausschließlich nur von seinem Standpunkt aus. Der Unternehmer sieht darauf, daß seine Interessen gewahrt werden; der Arbeiter richtet sein Urteil danach, wie die Belange des Arbeiters berücksichtigt sind; der Exporteur urteilt ausschließlich auf Grund der Hoffnungen, die ihm die neuen Ziele für die Erweiterung seines Exportes bieten. Die Erörterung wirtschaftlicher Probleme ruft stets die Vertreter mehrerer Ansichten und Interessen auf den Plan, gibt Anlaß zu Meinungsverschiedenheiten und zu Streit und arbeitet deshalb planmäßig der großen Idee des nationalsozialistischen Füh-

25 *Pätzold*, Faschismus, Rassenwahn, Judenverfolgung, S. 136. Auch der Presse- und Nachrichten-Konzern Mosse wurde saniert, um erfolgreich Auslandspropaganda zu treiben.

26 Nationalsozialistische Wirtschaftsauffassung und Berufsständischer Aufbau. Zwei Reden des Leiters des Wirtschaftspolitischen Amtes der NSDAP und Reichskommissars Dr. Otto Wagener, Berlin (1933). Das Wirtschaftspolitische Amt beim Verbindungsstab der NSDAP darf nicht mit der inzwischen aufgelösten Wirtschaftspolitischen Abteilung bei der Reichsleitung der NSDAP verwechselt werden (*Avraham Barkai*, Die Wirtschaftsauffassung der NSDAP, S. 8).

27 Hitler aus nächster Nähe, S. 186.

rers Adolf Hitler entgegen: das deutsche Volk zu einer alles umfassenden deutschen Volksgemeinschaft zusammenzuschmieden."

Deshalb habe Dr. Wagener nicht in der Öffentlichkeit arbeiten können und niemals eine umfassende Schrift über die Wirtschaftspolitik der NSDAP veröffentlicht. Er sei sich stets darüber im klaren gewesen, daß „auf dem Gebiete der Wirtschaft wesentlich größere Gefahren liegen würden als auf dem Gebiete der staatlichen Verwaltung und der Politik. Eine Revolution bringt es immer mit sich, daß die unfehlbar eintretende Lockerung des Rechtsbegriffes und die in der Revolution selbst liegende Dynamik Menschen auf den Plan ruft, die aus eigener Initiative glauben, die Umwälzung auf dem ihnen nahe liegenden Gebiet in Gang setzen zu müssen. Diese selbständigen Aktionen sind natürlich unplanmäßig und werden auch nicht immer nur von edlen Motiven getragen."

In überraschend offener Weise wurde im Verlagsvorwort, das natürlich nur mit Zustimmung des Verfassers veröffentlicht werden konnte oder gar auf dessen eigenen Formulierungen basierte, die Funktion Wageners umrissen: Die erwähnten selbständigen Aktionen seien für einen Organismus, wie ihn eine Volkswirtschaft darstellt, gefährlich: „Aber man kann sie nicht ganz verhindern . . . Als die nationalsozialistische Revolution ausbrach, war die Lage wie bei einem Kessel mit siedendem Wasser. Wenn man ihn luftdicht abgeriegelt hätte, wäre er zum Platzen gekommen und hätte furchtbare Verheerungen hervorgerufen. Wenn man ihm aber zunächst Luft gab und das Feuer entfernte, dann konnte man allmählich den Dampf abdichten. Man mußte vielleicht nochmals die Ventile öffnen, bis man ihn dann endlich zur Ruhe bringen konnte. Dieser Aufgabe stand Dr. Wagener als Reichskommissar gegenüber. Wer seine Verfügungen und Bekanntmachungen verfolgt hat, wird den Vergleich mit dem siedenden Kessel verstehen."[28]

Wagener ließ sich also von opportunistischen Erwägungen leiten. Bis zu seiner Abschiebung als Leiter der Wirtschaftspolitischen Abteilung im Spätsommer 1932 hatte er mittelstandsfreundliche Parolen herausgegeben und das Kleinbürgertum für die Nazipartei zu mobilisieren gesucht. Nach seiner Wiedereinsetzung in das Parteiamt und der Berufung in eine Staatsfunktion ging es ihm vor allem darum, die angestaute Unzufriedenheit mit der monopolkapitalistischen Wirtschaftsordnung zu ventilieren und in ungefährliche Bahnen zu lenken. Ob dazwischen die Erkenntnis lag, das Monopolkapital werde

28 Nationalsozialistische Wirtschaftsauffassung, S. 3f.

ihn ansonsten nie als führenden Wirtschaftspolitiker der NSDAP akzeptieren und in Hitler ganz selbstverständlich Unterstützung finden, steht dahin. Auf jeden Fall bestand aber ein Zusammenhang zwischen der Veröffentlichung zweier wirtschaftspolitischer Reden Wageners in der erwähnten Broschüre und seiner Absicht, an die Stelle Hugenbergs im Wirtschaftsministerium zu treten.

Seinen Vortrag vom 8. April 1933 vor der Mitgliederversammlung des Deutschen Brauer-Bundes nutzte Wagener noch, um vor weitergehenden Monopolisierungsprozessen zu warnen.[29] Die Konzernbildung sei, das habe die branchenfremde Expansion des Brauerei-Konzerns Schultheiß-Patzenhofer bewiesen, „eine an sich unnatürliche Entwicklung". Zahlreiche selbständige Wirtschaftsunternehmen seien ihr, zum Schaden der Gesellschaft, bereits zum Opfer gefallen. Als Folgen hätten sich Arbeitslosigkeit und Kaufkraftschwund eingestellt. Am Ende der Entwicklung stünde unweigerlich ein Staat, der „*die gesamte Wirtschaft übernimmt, alles zu eigenen Monopolen macht und selber wirtschaftet*". Die Alternative dazu müsse eine vielgliedrige, ständisch aufgebaute Volkswirtschaft sein.

Diese Ständeordnung wollte Wagener in seiner Rede vom 19. Juni 1933 dem Reichsverband der Deutschen Industrie schmackhaft machen.[30] Er war dabei sorgsam darauf bedacht, jegliche Reglementierung zu vermeiden: „Denn kein Organismus wird durch Eingriffe von außen her in seiner Funktion so leicht gestört wie der hochempfindliche Körper der Wirtschaft. Radikalkuren, die in der Politik

29 Ebenda, S. 19ff.

30 Ebenda, S. 7ff, 28, 25. Wageners Verhältnis zum Reichsverband der deutschen Industrie beleuchtet *Udo Wengst*, Der Reichsverband der deutschen Industrie in den ersten Monaten des Dritten Reiches. Ein Beitrag zum Verhältnis von Großindustrie und Nationalsozialismus, in: Vierteljahreshefte für Zeitgeschichte, 28. Jg. 1980, 1, S. 94—110.
So war Wagener am 1. 4. 1933 in der Geschäftsstelle des Reichsverbandes der deutschen Industrie erschienen und hatte folgende Forderungen erhoben: 1. Sofortige Beurlaubung der jüdischen Mitglieder der Geschäftsführung. 2. Ersetzung des „nichtarischen" Geschäftsführers Ludwig Kastl durch seinen bisherigen Stellvertreter Jacob Herle. 3. Einstweilige Einsetzung von Nazi-Vertrauensleuten. 4. Ausscheiden aller jüdischen Präsidiums-Mitglieder. Wagener verwies darauf, daß die NSDAP an diesem Tage ihren Judenboykott durchführe. Der Vorsitzende des Reichsverbandes, Gustav Krupp v. Bohlen und Halbach, setzte durch, daß die jüdischen Mitarbeiter aus dem Präsidium ausschieden, und fand sich zur Zusammenarbeit mit Wagener bereit, um zunächst eine Neuorganisation der Unternehmervertretung durchzuführen.

Wunder wirken können, sind für die Wirtschaft lebensgefährlich.“ Es sei nicht Sache der Regierung, „der Wirtschaft ihre Gesetze vorzuschreiben, sondern Sache der Wirtschaft selbst ist es, sich diejenige Wirtschaftsverfassung zu geben, die ihre gesunde Entwicklung unter den großen Gesichtspunkten der nationalsozialistischen Weltanschauung gewährleistet“. Die deutsche Wirtschaftsgeschichte lehre, daß es möglich sei, die Wirtschaft nach strengen Zunftgesetzen zu regeln. Im Mittelalter habe man dafür gesorgt — so hatte Wagener bereits vor den Brauern ausgeführt —, daß jeder Handwerker sein Auskommen hatte, wenn auch mit der Zunftordnung mitunter falsche Folgerungen verbunden gewesen wären. Es käme daher darauf an, durch eine „Beschränkung der freien Konkurrenz“ die „Lebensmöglichkeit der vorhandenen Unternehmungen“ zu sichern. Würde man wie bisher das „absolute, ungebundene freie Spiel der Kräfte walten“ lassen, „so ist derjenige, der stärker und kräftiger ist, in der Lage, den Kleineren zu vernichten“.

Wagener wünschte also nur noch ein an der mittelalterlichen Zunftordnung orientiertes Reservat für die kleinen und die mittleren kapitalistischen Betriebe und eine Begrenzung des Monopolisierungsprozesses. Darré hatte ähnliches auf dem Gebiet der Landwirtschaft zum Ziele. Beide meinten, daß darin das Wesen des nationalsozialistischen Wirtschaftsdenkens bestünde. Der angestrebte ständische Aufbau der Wirtschaft habe von drei Grundsätzen auszugehen: 1. „*Gemeinnutz vor Eigennutz*“; 2. „*Brechung der Zinsknechtschaft*“; 3. „*Arbeit und Brot*“. Um die Monopolkapitalisten nicht vor den Kopf zu stoßen, ließ Wagener durchblicken, daß es „nun aber nicht darauf“ ankomme, „das gesteckte Ziel auf einen Schlag und sofort zu erreichen“. Auch erinnerte er sie immer wieder daran, daß bei einer rücksichtslosen Anwendung des Rechts des Stärkeren „der Staat als der Stärkste der letzte Sieger sein“ werde. Um beruhigend zu wirken, demonstrierte er vor dem berufsständischen Ausschuß des Reichsverbandes der Deutschen Industrie am Beispiel der Alters- und Invalidenversicherung seine Vorstellungen vom „Unterschied zwischen ‚sozial‘ und ‚sozialistisch‘“ im Nationalsozialismus: „Hilft der Arbeitgeber nur eine Organisation zu schaffen, in die die Arbeiter selbst hineinzahlen, um im Bedürftigkeitsfalle von ihr unterstützt zu werden, und trägt der Arbeitgeber auch seinerseits einen Teil dieser Beiträge, was in Wirklichkeit nichts anderes darstellt, als eine nichtdirekt an den Arbeiter gelangende Lohnzahlung, so ist das ‚sozial‘. Zahlen aber sämtliche deutsche Arbeitsmenschen in eine

Kasse, ohne Ansehung, welcher Art ihre berufliche Leistung ist, gleichgültig ob sie Unternehmer, Arbeiter oder Angestellte sind, und erhält dann im Bedürftigkeitsfalle tatsächlich nur derjenige eine Unterstützung, der auf sie angewiesen ist, während der andere darauf verzichtet, so ist das ‚sozialistisch'."

Mit einem solchen „Sozialismus" konnten sich natürlich die deutschen Monopolkapitalisten ohne weiteres abfinden. Wagener bestätigte ihnen ausdrücklich ihre Hauptanliegen: „Die Führung der Betriebe liegt gemäß dem nationalsozialistischen Führerprinzip in der Hand ihrer natürlichen Führer: der Eigentümer. Denn irgendwann hat der Eigentümer sein Unternehmen aufgebaut, wenn nicht er selbst, dann sein Vater oder Großvater . . . Die Tariffestsetzung kann nicht einheitlich geregelt werden, da nicht nur in verschiedenen Landschaften, sondern auch innerhalb der großen Gruppen der Wirtschaft die Existenzbedingungen verschieden sind. Vom Staate soll hier nur ein großes allgemeines ‚Gesetz der Arbeit' erlassen werden, das nur Grundsätzliches regelt . . . Die einzelnen Löhne können — unter Berücksichtigung dieser Mindestsätze — erst im Betrieb festgelegt werden. Betriebsleiter und Betriebsräte wirken dabei zusammen. Die Entscheidung hat der Unternehmer."

Der Leiter des Wirtschaftspolitischen Amtes der NSDAP, Wagener, den Hitler als den „Hüter des Grals" der nationalsozialistischen Weltanschauung bezeichnet hatte und der gegenüber der ganz auf die monopolkapitalistische Interessenvertretung eingeschwenkten Hitlerclique eine wirtschaftspolitische Alternative zu verkörpern schien, vertrat also ebenfalls grundsätzlich und entschieden den Unternehmerstandpunkt. Kein prominenter Naziführer hat sich bei aller sozialistischen Demagogie jemals vom kapitalistischen Eigentumsprinzip entfernt oder die kapitalistische Wirtschaftsordnung an sich in Frage gestellt. Die Straßers wollten höchstens einen Teil der Arbeiter durch Siedlungsförderung und Ausgabe von Belegschaftsaktien zu kapitalistischen Kleineigentümern werden lassen.

Wenn trotzdem erbitterte Auseinandersetzungen über die verschiedenen Wirtschaftskonzeptionen entbrannten, so bewies das nur, wie rücksichtslos das Monopol- und das Agrarkapital alles auszumerzen suchte, was nicht konsequent seine Interessen vertrat. Da nach der formellen Auflösung aller Parteien außer der NSDAP Hugenberg als Wirtschafts- und Landwirtschaftsminister seinen parteipolitischen Rückhalt in der DNVP verloren hatte und als Repräsentant einer angeblich überwundenen alten Zeit des Gegensatzes zwischen „Arbeitgeber“ und „Arbeitnehmer“ eine Belastung für das „Dritte Reich“ darstellte, war sein Sturz nur eine Frage der Zeit. Selbst in monopolkapitalistischen und großagrarischen Kreisen fand er keine ausreichende Unterstützung mehr. Ende Juni 1933 wurde er zum Rücktritt genötigt.

Am 17. Mai hatte eine vertrauliche Besprechung zwischen Hugenberg und dem stellvertretenden Führer der Deutschnationalen Front, Friedrich von Winterfeld, mit dem Reichspräsidenten stattgefunden.[31] Bei dieser Gelegenheit waren nicht nur die zahlreichen Benachteiligungen deutschnationaler Funktionäre zur Sprache gekommen — der Reichstagsfraktionsvorsitzende Oberfohren hatte bereits unter mysteriösen Umständen Selbstmord begangen —, sondern auch die wachsenden Schwierigkeiten erörtert worden, denen sich Hugenberg als Doppelminister gegenübersah. Da die Nazis durch die verfassungswidrige Annulierung der kommunistischen Reichstagsmandate über die absolute Mehrheit im Reichstag und in anderen Parlamenten verfügten, bedurften sie auch formaljuristisch ihrer ehemaligen Bundesgenossen nicht mehr. Das vom Zentrum und den anderen bürgerlichen Parteien befürwortete Ermächtigungsgesetz hatte praktisch das Ende der Weimarer Republik besiegelt und der Hitlerclique freie Hand gegeben.

Hugenberg war dennoch „persönlich überzeugt, daß der Herr Reichskanzler selbst die loyale Durchführung des Pakts vom 30. Januar will“. Er glaubte aber, „daß innerhalb der NSDAP starke Gegenströmungen arbeiten, um die Durchführung dieses Paktes praktisch unmöglich zu machen“. Im ganzen Lande hätte „eine wahre Hetze gegen meine Mitwirkung im Kabinett eingesetzt“. So würden seine Forderung eines 2prozentigen Zinsfußes für die Landwirtschaft und sein Entschuldungsentwurf als unzumutbar bezeichnet. „Wenn Herr Darré jetzt mit Anwendung des ganzen Druckes der sog. Gleichschaltungsbestrebungen Präsident der drei großen landwirtschaftlichen Verbände geworden ist, so wollte ich als Ernährungs- und Landwirtschaftsminister selbstverständlich bemüht sein, auch mit ihm zusammen zu arbeiten. Aber es geht nicht an, wenn dann der Inhalt unserer Besprechungen agitatorisch bei der Bauernschaft gegen den Minister ausgewertet wird.“

31 BA Koblenz, Nachlaß Hugenberg, Nr. 38, Bl. 170—175 (Aufzeichnung über die Besprechung des Herrn Reichspräsidenten mit dem Reichswirtschafts- und Ernährungsminister Hugenberg und dem stellvertretenden Führer der Deutschnationalen Front, Winterfeld, am 17. Mai 1933, 11 Uhr 45).

Hugenberg hielt sich in der Frage der Zinsfestsetzung an die Spielregeln des Kapitalmarkts. Das nutzte Darré demagogisch zum eigenen und der Nazipartei Vorteil in seiner Propaganda unter der Bauernschaft aus. Er fand Rückhalt bei Göring, der als preußischer Ministerpräsident die von Hugenberg gewünschte Zusammenlegung des Reichsministeriums für Ernährung und Landwirtschaft mit dem preußischen Ministerium für Landwirtschaft hintertrieb. Darré hatte schon 1931 auf die überragende Bedeutung des letzteren und die relative Ohnmacht des ersteren hingewiesen. Hugenberg mußte sich mit dem immer fragwürdiger werdenden Posten eines Reichskommissars für Wirtschaft und Landwirtschaft in Preußen begnügen. Auch in seinem Ministerium für Wirtschaft kam Hugenberg nach eigener Einschätzung nicht voran: „. . . die ganze Wirtschaft steht unter dem Druck der unsinnigen Kommissare und ihrer Eingriffe." Um ihrer Regierungsübernahme auch wirtschaftspolitisch den Anstrich einer „Revolution" zu geben, hatte die Naziführung nicht nur „Treuhänder der Arbeit" eingesetzt, sondern auch auf lokaler Ebene die von Wagener für so notwendig erachteten „Ventile" geöffnet. Hugenberg war überzeugt: „Damit kann unsere Wirtschaft nie in Ordnung kommen. Was wir brauchen, ist wirtschaftliche Ruhe; diese ganze Kommissarwirtschaft und ihre Schnüffelei und das Denunziationswesen müssen aufhören." Er wußte auch, daß das „der Herr Reichskanzler wünscht".

Hindenburg zeigte sich ebenfalls überzeugt, „daß der Herr Reichskanzler den besten Willen hat". „Seine Unterführer" schlügen „leider noch oft über die Stränge", aber das werde „sich mit der Zeit wohl auch beseitigen lassen". Er bat Hugenberg und Winterfeld „eindringlich, die Einigkeit, die wir am 30. Januar beschlossen und mit unserem Herzblut besiegelt haben, aufrechtzuerhalten, damit das, was jetzt erreicht worden ist, nicht wieder zusammenbricht. Diese Einigkeit ist die erste Existenzbedingung für uns alle nach innen wie nach außen. Die übrigen Schwierigkeiten werden mit der Zeit sich überwinden lassen." Er werde das, „was wir besprochen haben, mit dem Herrn Reichskanzler besprechen", und er sei „überzeugt, daß auch er den Willen hat, hier allmählich Besserung zu schaffen".

Selbst Hindenburg hatte also sein früheres abfälliges Urteil über Hitler revidiert und dessen unbedingte Bereitschaft erkannt, den Hauptanliegen der herrschenden Klasse zu entsprechen. Er sah in der faschistischen Diktatur, der Ein- und Unterordnung der konservativen Kräfte im Zeichen der gemeinsamen Regierungsbildung am 30. Januar 1933 und des Treuegelöbnisses in der Potsdamer Garnisonskirche geradezu eine Existenzsicherung. Auf Hugenberg und seine Partei konnte man zur Not verzichten; wichtiger war, daß die nach wie vor nicht für zuverlässig gehaltenen „Unterführer" der NSDAP von den Schalthebeln der Macht ferngehalten wurden. Dafür gab es zwei Möglichkeiten: zum einen ihre zielbewußte Ausschaltung, zum anderen die Besetzung von Machtpositionen durch Vertreter der herrschenden Klasse. Beide wurden im Verlauf der Jahre 1933 und 1934 genutzt. Damit waren die Überwindung der von der ursprünglichen Nazidemagogie erweckten Hoffnungen und die Herausarbeitung des eigentlichen Klassencharakters der faschistischen Bestrebungen verbunden.

Als Hugenberg das Feld räumte, war es für Wagener und Darré ganz selbstverständlich, daß sie das Erbe antreten würden und ihre wirtschaftspolitischen Konzeptionen verwirklichen konnten. Für Wagener kam völlig überraschend, „daß er Ende Juni 1933 beim ‚Führer' Adolf Hitler plötzlich in Ungnade fiel und seiner Staats- und Parteiämter enthoben wurde. Danach war er politisch kaltgestellt und blieb nur noch nomineller SA-Gruppenführer und (bis 1938) Mitglied des völlig entmachteten Reichstags".[32] Seinen „Erinnerungen" zufolge wurde er am Abend des 28. Juni 1933 zu Hitler in die Reichskanzlei befohlen, „wo er aber habe warten müssen, da Göring Vortritt erhielt. Als Wagener in das Arbeitszimmer eintreten durfte, fand er den ‚Führer' in großer Erregung. Auf Hitlers Aufforderung habe Göring Auszüge aus abgehörten Telefongesprächen von Wageners Mitarbeitern vorgelesen, aus denen hervorgegangen sei, daß diese darauf gedrängt hätten, Wagener als Nachfolger des eben zurückgetretenen Wirtschaftsministers Alfred Hugenberg vorzuschieben. Hitler habe ihm daraufhin gesagt: ‚Ich hatte Sie eigentlich kommen lassen, um Ihnen zu sagen, daß ich Sie zum Staatssekretär im Reichswirtschaftsministerium ernennen wollte. Nun aber ist das aus.' Hitler habe dann Göring befohlen, Wageners Mitarbeiter festnehmen und verhören zu lassen. Sie seien dann in ein Konzentrationslager gekommen; Wagener selbst sei vernommen, jedoch nicht festgenommen worden. Er habe keine Gelegenheit gehabt, Hitler den Sachverhalt zu erklären."[33]

Das deutsche Monopolkapital hatte also über seinen Vertrauens-

32 Hitler aus nächster Nähe, Einleitung des Herausgebers, S. I.

33 Ebenda, S. 482f.

mann Göring zugeschlagen und bei Hitler ohne weiteres erreicht, daß der unbequeme Mittelstandswortführer vom Wirtschaftsministerium ferngehalten wurde. Zum Unterschied vom Spätsommer 1932 kam Wagener aber nicht mehr auf die Reservebank Hitlers, sondern auf die Mordliste Görings. An der Ruhr kannte man ebensowenig Skrupel wie in der Reichskanzlei. Mit Wagener stürzten viele Mitarbeiter des nunmehr endgültig von der politischen Bildfläche verschwindenden Wirtschaftspolitischen Amtes der NSDAP und des Kampfbundes für den gewerblichen Mittelstand. Nur wer rechtzeitig die Positionen zu wechseln oder auf andere Weise sich Schutz zu verschaffen wußte, überstand die erste große Abrechnung mit denen, die das Naziprogramm etwas zu wörtlich genommen hatten. Noch am 22. Juni 1933 ließ sich Renteln triumphierend zum neuen Präsidenten des Industrie- und Handelstages wählen. Als sich jedoch der Präsident der Breslauer Industrie- und Handelskammer, Hans Kemna, sechs Tage später an den zum Führer des Verbandes der Ostdeutschen Handelskammern sowie zum Wirtschaftsbeauftragten Ost der Reichsleitung der NSDAP ernannten Gregory wenden wollte, fand er „ein leeres Büro". Man erklärte ihm, daß er sich nach der „Auflösung dieser Stelle in allen die Kammer betreffenden Fragen an das Reichswirtschaftsministerium zu wenden" hätte.[34]

Neuer Reichswirtschaftsminister war der Generaldirektor der Allianz-Versicherung, Dr. Kurt Schmitt, geworden. Als Mitte 1931 Waffen für die SA aus Reichswehrbeständen auf Vorschlag Wageners angekauft werden sollten, hatte Hitler erstaunt gefragt: „Wo wollen Sie das Geld herbekommen?" und von Wagener die Antwort erhalten: „Von der Industrie, von der Wirtschaft überhaupt!" Das war auch Hitlers Hoffnung gewesen, der aber keine rechte Möglichkeit sah, wie das zu diesem Zeitpunkt zu bewerkstelligen wäre. Auf seine Frage: „Wüßten Sie einen Weg, von Männern und Unternehmungen der Wirtschaft diese Millionen zu bekommen?" bekam er von Wagener den Rat, es sich für den Fall eines Bürgerkrieges zusagen zu lassen. Für die Vermittlung sollte Funk sorgen. Das erste Gespräch wurde mit den Allianz-Vertretern Schmitt und von Finck geführt und erbrachte selbst zur Überraschung Hitlers die Zusage von fünf Millionen Mark. Die Kaliindustriellen Diehn und Rosterg ließen sich ebensowenig lumpen wie der Großindustrielle Günther

34 Geheimes Staatsarchiv Westberlin-Dahlem (im folgenden: GeStA Dahlem), Rep. 77, Staatssekretär Grauert, Nr. 13, Bl. 82 (Kemna an Brückner, 16. 11. 1933).

Quandt, dessen Gattin zunächst die Sekretärin und nach der Ehescheidung die Ehefrau von Goebbels wurde. Binnen zweier Tage war die Zeichnungsliste „auf 13 Millionen gestiegen".[35] Schon im Januar 1919 hatte Stinnes auf Rat Stadtlers einen ähnlichen Fonds geschaffen, der nach Art von Versicherungsbeiträgen gespeist wurde und am Beginn der faschistischen Aktivitäten stand. Nunmehr war die Allianz-Gesellschaft selbst aktiv geworden und in das Wirtschaftsministerium eingetreten. Das Monopolkapital konnte beruhigt sein; ein Repräsentant des führenden Versicherungsunternehmens in Deutschland als Wirtschaftsminister kam einer Exklusivversicherung gleich.

Wie schon im Jahre zuvor verwischte Hitler die Bedeutung von Wageners Sturz in der Öffentlichkeit durch die Erhebung Feders, der Staatssekretär im Reichswirtschaftsministerium wurde. Sein unerbittlicher Gegner Schacht hatte aber bereits im März 1933 erneut die Funktion eines Reichsbankpräsidenten erhalten. Als es ihm auch noch gelang, im Sommer 1934 das Wirtschaftsministerium in die Hand zu bekommen, schlug sogleich die Stunde der endgültigen Abrechnung mit dem „grundlegenden Wirtschaftstheoretiker des Nationalsozialismus". Am 6. August schrieb Feder beschwerdeführend an Hitler: „Herr Präsident *Schacht* eröffnete mir bei seinem Dienstantritt im Reichswirtschaftsministerium, er wünsche nicht mit mir zusammen zu arbeiten, aus weltanschaulichen und persönlichen Gründen". Feder solle sich aber weiterhin um das Siedlungswerk kümmern.[36] Hitler billigte in seinem Antwortschreiben ausdrücklich, „daß Sie aus dem Reichswirtschaftsministerium als Staatssekretär ausscheiden". Er hatte nichts dagegen einzuwenden, daß Feders Ressort von einem anderen Ministerium übernommen würde.[37] Zu dieser Übernahme fand sich jedoch kein Minister bereit. Frick gab Feder deutlich zu verstehen, daß man keine Lust habe, „auf diese Weise neue Reibungen mit den Parteidienststellen zu bekommen".[38] Es ging also keineswegs nur um einen persönlichen

35 Hitler aus nächster Nähe, S. 370ff.

36 Archiv des Instituts für Zeitgeschichte, München, Filmsammlung, MA 393, T 175 (es handelt sich um die Verfilmung der Akten Reichssiedlungskommissar Staatssekretär Feder im Bestand Reichsführer SS und Chef der Deutschen Polizei, der unfoliiert ist, beginnend mit der Aufnahmenummer 2733597), Feder an Hitler, 6. 8. 1934. (2733598).

37 Ebenda, von Staatssekretär Lammers am 8. 8. 1934 übermittelte Entscheidung Hitlers (2733601).

38 Ebenda, Feder an Lammers, 13. 10. 1934 (2733618).

Konflikt mit Schacht, wenngleich dessen Haltung als Repräsentant des deutschen Monopolkapitals ausschlaggebend war.

Feder versuchte noch seine Position durch Intrigen zu retten. Als Zielscheibe wählte er den Ziegeleibesitzer Dr. Ludowici, der eine Monopolstellung im Baugewerbe innehatte und zugleich Siedlungsbeauftragter der Nazipartei im Stabe von Heß war. Bei dieser Gelegenheit wurde ein Schlaglicht auf die Arbeitsstimmung zu Beginn der faschistischen Diktatur geworfen. Offensichtlich von Feder veranlaßt, schrieb das Mitglied des Vertrauensrates der IG Farben, Gustav Wagner, aus Ludwigshafen am 1. Oktober 1934 an Heß: „Wir können uns wohl nicht verhehlen, daß in den letzten Monaten eine immerhin merkliche Verschlechterung der allgemeinen Stimmung eingetreten ist ... Schon sind vereinzelt kommunistische Aufschriften an Gebäuden des Werkes festgestellt worden, was vor einem Jahr noch ganz undenkbar war ... Als nationalsozialistischer Vertrauensrat sind wir pflichtgemäß den Gründen der steigenden Mißstimmung nachgegangen. Neben der Unzufriedenheit über ungerechtfertigte Preiserhöhungen — denn jede Preiserhöhung ist in der Wirkung eine Senkung der ohnehin sehr niedrigen Arbeitslöhne — stellten wir fest, daß ganz besonders die Besetzung mancher höherer Dienststellen mit Gesinnungsakrobaten oder sonstigen ungeeigneten Elementen eine starke Erregung hervorgerufen hat ... Wir finden es höchst merkwürdig, daß Dr. Ludowici, der Inhaber der größten Ziegelei Deutschlands und Fabrikant des ‚National-Bausteins', der überall im Reiche zu Siedlungszwecken verwendet worden ist, ein leitender Posten des Reichssiedlungsamtes übertragen wurde."[39]

Dieser direkte Hinweis auf eine monopolkapitalistische Interessenvertretung besiegelte Feders Sturz. Heß sorgte dafür, daß er sofort „um Beurlaubung aus Krankheitsgründen" nachsuchte.[40] Zu diesem Zwecke hat man sorgsam gehütete Dossiers aus längst vergangenen Zeiten hervorgeholt und Hitler unterbreitet. Es handelte sich um zwei Schriftstücke, die — so schrieb der aus allen Wolken gefallene Feder an seinen „Führer" — „inhaltlich und zeitlich nicht das geringste miteinander zu tun haben ... *Das erste* ist eine in höchster Erregung über den deutschnationalen Verrat durch Annahme der Young-Gesetze am 3. April *1930* hingeworfene Niederschrift mit einer häß-

39 Ebenda, Wagner an Heß, 1. 10. 1934, in einer Briefabschrift, die Feder an Lammers schickte (2733655—658).

40 Ebenda, Feder an Hitler, 6. 11. 1934 (2733734—736).

lichen Bemerkung über Sie, dessen taktisches Zusammengehen mit den Deutschnationalen damals von vielen Parteigenossen nicht verstanden wurde. *Das zweite*, ein Brief von Frau R., ist Mitte 1931 geschrieben. Die Annahme, ich hätte die in Wut und Verzweiflung hingekritzelten Notizen an eine dritte Person geschickt, ist nicht *zutreffend.*"

Feder konnte sich nicht erklären, wie dieses Material, das ihm Heß im Auftrage Hitlers vorgelegt hatte, in fremde Hand gekommen war. „Sehr merkwürdig ist es, daß dieses fast *5 Jahre* zurückliegende Schriftstück in dem Augenblick auftaucht, da ich pflichtgemäß gegen Herrn Dr. Ludowici vorgehen mußte." Vergeblich appellierte Feder an Hitler: „*Zerreißen Sie den alten Wisch*, der plötzlich zwischen uns geschoben wurde."[41] Feder verschwand sang- und klanglos von der politischen Bühne und konnte von Glück reden, daß er sich an der Technischen Hochschule Hannover noch mit städtebaulichen Fragen befassen durfte. 1941 ist er wenig beachtet verstorben.[42] Wie viele andere Demagogen der ersten Stunde brauchte man ihn nicht mehr. Selbst sein alter Förderer, der Verleger Lehmann, rückte 1933 — in der Stunde des Sieges — mit dem Geständnis heraus, „daß er mit der Anschauung Feders über Zinsknechtschaft nicht einverstanden sei vom wirtschaftlichen Gesichtspunkt aus, wohl aber habe er die demagogische Wirkung seiner Gedanken erkannt und sich deshalb für sie eingesetzt".[43]

Länger konnte sich Darré behaupten. Ihm war tatsächlich gelungen, was Wagener verwehrt blieb. Er wurde Hugenbergs Nachfolger im Reichsministerium für Ernährung und Landwirtschaft. Seine propagandistische Bearbeitung der Bauern ließ sich in den Anfangsjahren der faschistischen Diktatur nicht missen. Außerdem versuchte er

41 Ebenda (2733737—740) Feder fügte die Abschrift seines Briefes vom 10. 7. 1930 an Hitler bei, in dem er die inzwischen erfolgte Klärung der erwähnten Angelegenheit begrüßte, sich sowohl scharf von Otto Straßer als auch von „den ganz im Kapitalistischen wurzelnden Anschauungen Dr. Bang's" abgrenzte und im übrigen vergeblich um einen Gauleiterposten nachsuchte).

42 Im Völkischen Beobachter, Berliner Ausgabe, Nr. 269, 26. 9. 1941, wurde der Tod Feders nur mit wenigen Zeilen erwähnt. Es fand jedoch ein Staatsbegräbnis für ihn statt.

43 BA Koblenz, Nachlaß Traub, Nr. 11, Bl. 6 (Lehmann bei einem Besuch von Traub, der die München-Augsburger Abendzeitung als Chefredakteur leitete, 22. 7. 1933).

sich unentwegt mit den Großagrariern zu arrangieren. Das auf seine Initiative zurückgehende „Erbhofgesetz“ garantierte auch den Junkerbesitz bis zu 125 Hektar. Selbst die Latifundien wurden nicht angetastet. Praktisch lief die gesamte Darrésche Agrarpolitik auf eine Stabilisierung des großbäuerlichen Besitzes auf Kosten der nicht erbberechtigten Söhne und der Landarbeiterschaft hinaus. Doch selbst das war nicht nach dem Geschmack der Großgrundbesitzer. Ihr Interessenvertreter im Reichslandwirtschaftsministerium, Staatssekretär von Rohr-Demmin, wandte sich im September 1933 auf der Landwirtschaftsausstellung in Essen ausdrücklich dagegen, daß Erbhöfe nicht mehr verkauft oder versteigert werden dürfen: „Die Scholle wird dann nicht zu einer unveräußerlichen Heimat, wenn sie den Mann nicht mehr ernährt.“ Nicht zu Unrecht, aber doch demagogisch sprach der Gegenspieler Darrés zu dessen größter Empörung von einer neuen Art „Leibeigenschaft“.[44] Man mobilisierte sogar Goebbels mit dem fadenscheinigen Argument, der Reichsbauernführer und Reichslandwirtschaftsminister hätte die Sammlungen für das Winterhilfswerk „in keiner Weise unterstützt“. Infolgedessen sei die sogenannte Agrarspende gering geblieben.[45]

Ein vordergründiger Vorwurf an die Adresse Darrés war, „daß der *Groß-Grundbesitzer*, insbesondere der *adlige* Groß-Grundbesitzer, in der Führung des Reichsnährstandes nicht beteiligt sei“. Das konnte von ihm relativ leicht widerlegt werden.[46] Viel schwerer wog, daß der ganze Darrésche Bauernkult nicht ins staatsmonopolistische Wirtschaftssystem und zu den anlaufenden Kriegsrüstungen paßte. Schon im Juli 1934 beklagte sich Darré bei Hitler über die grundsätzliche Entfremdung zwischen der Parteiführung und dem Agrarpolitischen Apparat. Er versuchte die Schuld dafür dem inzwischen ermordeten Gregor Straßer in die Schuhe zu schieben.[47] In Wirklichkeit goß er selbst immer wieder Öl ins Feuer. Am 5. September 1936 beschwerte er sich bei Hitler darüber, daß es in der Wirtschaft ganz nach den alten Prinzipien weitergehe. Man dürfe aber ein derartiges „liberales“ Freibeutertum nicht dulden und müsse wie einstmals der preußische König Friedrich Wilhelm I. für mehr Verantwortungsbewußtsein gegenüber dem Staate sorgen.[48]

44 BA Koblenz, Nachlaß Darré II, Nr. 24, unfol. (Darré an Hitler, 11. 9. 1933).
45 Ebenda (Darré an Hitler, 17. 1. 1934).
46 Ebenda (Darré an Hitler, 25. 10. 1934).
47 Ebenda (Darré an Hitler, 25. 7. 1934).
48 Ebenda (Darré an Hitler, 5. 9. 1936).

Darrés übermächtige Gegenspieler waren Schacht, der die Landwirtschaft ganz nach kapitalistischen Wirtschaftsgesetzen behandelt sehen, und Göring, der die Bauern völlig in den Dienst der Kriegsvorbereitungen stellen wollte. Ersterer sorgte für eine wirtschaftliche Behinderung der Darréschen Aktivitäten.[49] Letzterer drängte den Reichsbauernführer sogar auf dem Reichsbauerntag von 1936 in Goslar beiseite. Ein ausländischer Beobachter kommentierte das unerwartete Auftreten von Göring, der inzwischen nicht nur General, sondern auch „Beauftragter des Führers für den Vierjahresplan" geworden war: „Vorne im Ehrenrang saß Göring ungeduldig und zappelte mit seiner Uhr. Er sah zum schweißfeuchten Bauernführer mißgünstig hinauf, als ob er mit diesem Gerede gar nicht auskommen konnte. Schließlich waren die 25 Minuten um. Der arme Darré stieg herunter. Plötzlich wurden alle Lichter im Saal zur Vollstärke eingeschaltet, Göring bestieg das Podium . . . Mit rhetorischer Macht zeichnete Göring die Lage des Reiches, die Drohung vom feindlichen Ausland, die Notwendigkeit, aus dem Reich eine Festung zu machen, die Industrie sollte angekurbelt werden, das Bauerntum müßte sich in den Dienst dieser Industrie stellen und sich für sie opfern. Und beide sollten das Bollwerk einer wehrhaften Außenpolitik stützen. Mit brüllenden Tönen rief Göring die Bauern auf, sich einzuordnen, Opfer zu bringen."[50]

Noch aber hatte Darré einen starken Rückhalt in Himmler. In dessen SS spielte der Bauernkult eine große Rolle. Deren „Rasse- und Siedlungshauptamt" stand unter seiner Leitung. 1938 wurde Darré jedoch mit Zustimmung Hitlers diese wichtige Position wegen angeblicher Arbeitsüberlastung abgenommen.[51] Zur gleichen Zeit sah er sich genötigt, offiziell an Heß zu schreiben: „In letzter Zeit erfahre ich durch die mir unterstellten Dienststellen immer häufiger, daß von seiten der P[olitischen] L[eitung] Vorwürfe erhoben werden, der Reichsnährstand würde nicht nationalsozialistisch geführt und müsse daher

49 Ebenda (Darré an Hitler, 28. 2. 1935).

50 Ebenda, Nachlaß Darré I, Nr. 20, unfol.

51 Ebenda, Nr. 10, Bl. 2 (Himmler an Darré, 26. 4. 1938). Darré, dessen Beziehungen zu Himmler trotz aller gegenseitigen Freundschaftsbeteuerungen immer gespannter wurden, hatte schließlich selbst unter Hinweis auf wachsende Schwierigkeiten und Behinderungen um seine Enthebung als Chef des Rasse- und Siedlungs-Hauptamtes nachgesucht (ebenda, Bl. 22—27, Darré an Himmler, 8. 2. 1938).

der Dienstaufsicht der PL unterstellt werden ... Da man von seiten der PL sich immer in allgemeinen Redensarten ergeht, so läuft das Ganze praktisch darauf hinaus, mir hintenrum die nationalsozialistische Ehre abzuschneiden. Daher muß ich an Sie als Stellvertreter des Führers die Bitte richten, mir entweder mitzuteilen, wo ich mich parteischädigend verhalte, bzw. was man mir in dieser Beziehung vorzuwerfen hat oder aber mich gegen diese Art der schleichenden Verdächtigung in Schutz zu nehmen und die ersichtlich vergiftete Atmosphäre wieder zu reinigen. Jedenfalls kann ich mir den derzeitigen Zustand, in welchem ich gewissermaßen zum Nationalsozialisten II. Klasse gestempelt werde, nicht mehr länger gefallen lassen und werde dies auch nicht tun."[52]

In einem Privatbrief an Ferdinand Fried ließ Darré ein Jahr später durchblicken, worum es sachlich ging: „Wenn ich heute diesen Brief an Sie richte, so tue ich es auch im Hinblick darauf, daß z. Z. zweifellos der Begriff des Sozialismus im Sinne einer germanisch-deutschen Volks- und Wirtschaftsordnung sich zu verflüchtigen beginnt und unter dem Alibi angeblich sozialer Zugeständnisse und Errungenschaften des Dritten Reiches einem nationalen, aber durchaus hochkapitalistischen Imperialismus weicht, welcher den ganzen Blutsgedanken des Dritten Reiches, zum mindesten im Hinblick auf das Bauerntum, zu überrennen droht."[53] Schon 1936 hatte Göring als Gesamtleiter der wirtschaftlichen Kriegsvorbereitungen Darrés Staatssekretär Herbert Backe favorisiert und zum praktischen Leiter der Landwirtschaftspolitik gemacht. Im Mai 1942 wurde Darré zwangsweise in einen immerwährenden Krankheitsurlaub geschickt.[54] Damit war ein weiterer Mobilisator der faschistischen Massenbewegung vor 1933 endgültig von der politischen Bühne verschwunden. Auf allen Gebieten hatte sich der monopol- und agrarkapitalistische Klassen-

52 BA Koblenz, NS 35, Nr. 4, unfol. (Abschrift des Briefes vom 7. 3. 1938).

53 Ebenda, Nachlaß Friedrich Zimmermann (d. i. Ferdinand Fried), Nr. 1, Bl. 24 (Darré an Fried, 27. 3. 1939).

54 Göring bei einem Verhör im Nürnberger Kriegsverbrecherprozeß am 6. 9. 1946: „Darré war mir zu mystisch und seine Ideen nicht praktisch genug. Backe war der Praktiker. Darré schwamm in seinen Ausführungen sofort und war dann sehr schnell in der Völkerwanderung drin. Und die nützte mir nichts." (ZStA Potsdam, Film 44316). Vgl. *Joachim Lehmann*, Faschistische Agrarpolitik im zweiten Weltkrieg. Zur Konzeption von Herbert Backe, in: Z. Gesch.wiss., 28. Jg./10/1980, S. 948ff.

charakter der faschistischen Herrschaft herauskristallisiert, wurden die Larven des Durchgangsstadiums faschistischer Massenmobilisierung abgeworfen.

Der Prozeß, in dem sich die Monopol- und die Agrarkapitalisten einen faschistischen Staat nach ihrem Bilde schufen, verlief allerdings nicht reibungslos. Die Naziführung konnte sich als hauptsächlicher Inhaber der Staatsgewalt dabei nachdrücklich zur Geltung bringen und die Rivalitäten zwischen den einzelnen Monopolgruppen und Grundbesitzerschichten ausnutzen. Selbst mancher Großindustrielle blieb auf der Strecke. So vermochte Fritz Thyssen die von ihm geförderte ständestaatliche Konzeption Othmar Spanns trotz großer Anstrengungen und eines eigens zu diesem Zwecke gegründeten Instituts für Ständewesen in Düsseldorf nicht durchzusetzen.[55] Auch Schacht hatte auf die Dauer gegenüber Göring, der sich geschickt auf die stärksten Monopolgruppen einzustellen und deren maßlosem Expansionsbedürfnis durch eine noch rigorosere Rüstungspolitik zu entsprechen wußte, das Nachsehen.

Zu den Methoden, mit denen das Monopolkapital seine Interessen durchzusetzen wußte, gehörte nicht nur die Ausschaltung unbequemer Naziführer, sondern auch die Besetzung von Regierungspositionen. Man begnügte sich nicht mit den sogenannten Fachministern in der Reichsregierung, zumal deren unsichere Stellung bald deutlich wurde, sondern faßte selbst in den Zentren der politischen Macht Fuß. Eine Schlüsselstellung dieser Art, die von den rechten SPD-Führern 14 Jahre lang fast nur zum Kampf gegen die revolutionäre Arbeiterbewegung genutzt, am 20. Juli 1932 aber kampflos der Papen-Regierung preisgegeben wurde, nahm von jeher das preußische Innenministerium ein. Nächst dem Reichswehrministerium verfügte es mit der preußischen Polizei und dem preußischen Verwaltungsapparat über die stärksten staatlichen Machtmittel in Deutschland. Daher war es kein Zufall, daß Göring, der in ganz besonderem Maße das Vertrauen des Ruhrkapitals und anderer Monopolgruppen genoß, zum preußischen Ministerpräsidenten bestimmt wurde. Er berief seinerseits mit Ludwig Grauert einen führenden Unternehmerverbandsfunktionär in das preußische Innenministerium und übertrug ihm damit im größten Land Deutschlands die Aufgabe, die politischen und die wirtschaftlichen Veränderungen zu steuern und zu begrenzen. Gleichsam stellvertretend für diese Methode, den „Faschismus an

55 Vgl. dazu *Klaus-Jörg Siegfried*, Universalismus und Faschismus, S. 158ff.

der Macht . . . die offene terroristische Diktatur der reaktionärsten, am meisten chauvinistischen, am meisten imperialistischen Elemente des Finanzkapitals"[56] werden zu lassen, sei ein kurzer Einblick in die Tätigkeit dieses preußischen Staatssekretärs gegeben.

Grauert war wie Göring Jagdflieger im ersten Weltkrieg gewesen. Nach dem Jurastudium und einer kurzen Gerichtsassessorenzeit war er in die Dienste des Ruhrkapitals, speziell des Stahlvereins, getreten. Er befaßte sich vornehmlich mit Fragen der Tarifauseinandersetzungen und der Zurückdrängung des gewerkschaftlichen Einflusses. Da er ausgezeichnet die Interessen seiner Auftraggeber wahrzunehmen wußte, avancierte er 1928 zum Geschäftsführer des Arbeitgeberverbandes der nordwestlichen Gruppe des Vereins Deutscher Eisen- und Stahlindustrieller. Auf Wunsch seines Chefs Ernst Poensgen, der viele Hoffnungen an die Kanzlerschaft Brünings geknüpft hatte, kandidierte Grauert bei den Reichstagswahlen von 1930 für die an der Regierung beteiligte Volkskonservative Vereinigung, eine Sezession der DNVP unter Kuno Graf Westarp und Gottfried Treviranus. Mit dem Ruhrkapital begann er sich jedoch allmählich auf die Nazipartei umzuorientieren. Im Auftrage von Fritz Thyssen stellte er Funk 100000 RM aus der Unternehmer-Streikkasse zur Verfügung. Die gleiche Summe gewährte er auch Wagener. Letzteres mißfiel Göring, der verlangte, daß derartige Zuwendungen nur an die Parteizentrale erfolgen sollten, und der Grauert schon 1932 den Posten eines Arbeitsministers in einem eventuellen Hitlerkabinett anbot. Am 7. Februar 1933 wurde ihm jedoch die Leitung der noch wichtigeren Polizeiabteilung im preußischen Innenministerium übertragen. Zwei Monate später stieg er zum Staatssekretär auf und wirkte in dieser Funktion gewissermaßen als rechte Hand Görings. Nunmehr hielt er es für angebracht, offiziell Mitglied der NSDAP zu werden. In zeitgenössischen Veröffentlichungen wurde er jedoch als eine Art „alter Kämpfer" gewürdigt. Himmler ernannte ihn 1935 in Anerkennung seiner Verdienste zum SS-Brigadeführer. Das war einer der höchsten Ränge, der in der SS vergeben werden konnte. 1936 wurde Grauert jedoch von erfolgreicheren Rivalen aus dem preußischen Innenministerium verdrängt. Möglicherweise haben dabei seine Beziehungen zu Fritz Thyssen und Othmar Spann eine Rolle gespielt.[57]

56 VII. Kongreß der Kommunistischen Internationale, S. 93.

57 Die Angaben über Grauert stützen sich auf dessen eingehende Befragung während des Nürnberger Kriegsverbrecherprozesses, in: ZStA Potsdam,

Als Staatssekretär im preußischen Innenministerium blieb Grauert in ständigem Kontakt zu seinen früheren Dienstherren. Aus seinen Akten geht hervor, daß insbesondere Ernst Poensgen als Vorsitzender des Arbeitgeberverbandes für den Bezirk der Nordwestlichen Gruppe des Vereins Deutscher Eisen- und Stahlindustrieller und gleichzeitiger Vorsitzender des Vereins Deutscher Eisen- und Strahlindustrieller sowie Direktor Karl Raabe vom Arbeitgeberverband der nordwestlichen Industriellengruppe die Vorteile zu schätzen wußten, mit Grauert „ihren Mann" im Zentrum der Macht zu wissen.[58] Auch Fritz Springorum und andere Industrielle pflegten mit ihm bei Berlinbesuchen „gern einmal über verschiedene allgemeine Fragen" zu sprechen.[59] Das alte Angestelltenverhältnis ließ sich jedoch nicht mehr aufrechterhalten. Es unterstrich das Gewicht, das mit dem Aufstieg in den Staatsapparat verbunden war, wenn selbst Poensgen an Grauert schrieb: „Können Sie mir hier einen Rat geben? . . . Können wir uns vielleicht beim Frühstück treffen? Ich habe auch noch eine Angelegenheit Göring/Thyssen mit Ihnen zu besprechen."[60] Worum es dabei ging, geht aus den Akten nicht hervor. Nach wie vor wurde in dieser Hinsicht möglichst wenig dokumentarisch festgehalten. So schrieb der Justitiar der Vereinten Stahlwerke: „Leider kann ich über den Inhalt meines Besuches schriftlich nichts sagen, da der Besuch höchst vertraulichen Charakter trägt. Vielleicht genügt es Ihnen, daß ich im Auftrag von Dr. Vögler und Dr. Springorum komme und daß es sich um eine für die Industrie, insbesondere Schwerindustrie, wichtige Sache handelt."[61]

Eine Hauptsorge der Ruhrindustriellen war offensichtlich, irgendwelche Zugeständnisse an die Arbeiter machen und bei Entlassungen mit dem Protest örtlicher Parteistellen rechnen zu müssen. So be-

Film 44317, Bl. 1—123. Der im Staatsarchiv Nürnberg, NI-3747, Bl. 400—416 eingesehene Grauert-Fragebogen (Kopie) ist leider kaum leserlich, so daß zusätzliche Erkenntnisse nicht gewonnen werden konnten. Zeitgenössische biographische Angaben sind entweder unvollständig oder irreführend. Auch bei der Befragung durch Dr. Kempner und Mr. Booth mußte Grauerts mangelnde Auskunftsbereitschaft wiederholt beanstandet werden (ZStA Potsdam, Film 44317, Bl. 26, 110). Zur Problematik Grauert vgl. auch *Hans Mommsen*, Beamtentum im Dritten Reich, Stuttgart 1966.

58 GeStA Dahlem, Rep. 77, Staatssekretär Grauert, Nr. 15, Bl. 3; Nr. 45, Bl. 40.

59 Ebenda, Nr. 45, Bl. 101 (Springorum an Grauert, 5. 1. 1934).

60 Ebenda, Bl. 26 (Poensgen an Grauert, 17. 5. 1933).

61 Ebenda, Bl. 125 (Windthorst an Grauert, 26. 6. 1933).

klagte sich Poensgen am 4. Juli 1933: „Ich bin im Aufsichtsrat der Firma (Schöndorf-AG — J. P.). Sie muß unbedingt Leute entlassen und wird hieran verhindert von dem hiesigen Kreisleiter Rost aus der Arbeitsfront." Er stellte deshalb die Frage: „Was kann man tun, um sich gegen Eingriffe der Arbeitsfront zu schützen?"[62] Die Nazis hatten nach der Zerschlagung der Gewerkschaften eine spezielle Organisation der „Arbeit" gegründet, die sowohl „Arbeitnehmer" als auch „Arbeitgeber" umfassen sollte und — wenn sie nicht von vornherein bedeutungslos bleiben wollte — zumindest den Kampf gegen die Arbeitslosigkeit aufnehmen mußte. Grauert sah sehr wohl das Dilemma. Er riet Poensgen, sich an den zuständigen „Treuhänder der Arbeit" zu wenden. Dieser habe die Aufgabe, „die Wirtschaft zu beruhigen" und dafür zu sorgen, „daß bei den Entlassungen keine Schwierigkeiten entstehen".[63]

Die Unternehmer wollten sich auch in Tarifangelegenheiten keineswegs die Hände binden lassen. Jede gewerkschaftliche Vereinigung war ihnen unangenehm. Selbst die Nationalsozialistische Betriebszellenorganisation (NSBO) stieß auf Ablehnung. Sie war 1931 auf Betreiben von Goebbels mit dem Ziel gegründet worden, in Arbeiterkreisen Fuß zu fassen. Bis 1933 zählte sie jedoch hauptsächlich Werkmeister, Vorarbeiter und Angestellte zu ihren Mitgliedern. Ab 1933 änderte sich das, weil es keine legalen Arbeiterorganisationen mehr gab. Sie wurde daher vom Monopolkapital als erhalten gebliebene Brutstätte des Marxismus angesehen. Seit der Errichtung der faschistischen Herrschaft, so hieß es in einer Stellungnahme des für das Ruhrgebiet zuständigen „Treuhänders der Arbeit" vom 7. August 1933, hätte sich diese Eigentümlichkeit der NSBO verstärkt, so „daß marxistische Tendenzen an die Stelle nationalsozialistischer Denkart traten und an die Stelle wirtschaftspolitischer Erwägungen und Maßnahmen solche klassenkämpferischer Art". Es sei „verschiedentlich festzustellen, daß bei Tarifverhandlungen auch seitens der NSBO der reine Lohnkampfstandpunkt in den Vordergrund tritt und dementsprechend wieder die Arbeitgeber in die entgegengesetzte Richtung gedrängt werden, zum Schaden betriebswirtschaftlichen und volkswirtschaftlichen Handelns".[64]

Karl Raabe schrieb am 13. Oktober 1933 an Poensgen, was prompt

62 Ebenda, Nr. 39, Bl. 84 (Poensgen an Grauert, 4. 7. 1933).
63 Ebenda, Bl. 90 (Grauert an Poensgen, 8. 7. 1933).
64 Ebenda, Nr. 16, Bl. 6.

Grauert übermittelt wurde: In Unternehmerkreisen sei man darüber besorgt, „daß die Deutsche Arbeitsfront ihre Tätigkeit auf das wirtschaftliche, soziale und tarifpolitische Gebiet ausdehnt. Die Macht, dieses Eindringen zu verhüten, hat allein der oberste Führer. Daher muß unbedingt an dieser Stelle mit größter Beschleunigung eine Entscheidung herbeigeführt werden." Hitler sei daran zu erinnern, daß er selbst die Meinung der Unternehmer, die Deutsche Arbeitsfront dürfe sich nur um Schulungsfragen kümmern, akzeptiert und Entsprechendes festgelegt habe. Diesem Zweck müsse eine „von allen Industriezweigen gebilligte Denkschrift" dienen, die von besonders vertrauenswürdigen Herren, „als die in diesem Falle in erster Linie die Herren Dr. Fritz Thyssen und Keppler anzusehen sind", übergeben werden sollte. Wenn es gelänge, „Herrn Keppler ganz auf unsere Linie zu bringen, dann müßte es auch möglich sein, mit seiner Unterstützung eine klare Entscheidung des obersten Führers herbeizuführen. Außerdem wäre es zu empfehlen, die Denkschrift Herrn Grauert und Herrn Dr. Mansfeld zuzuschicken."[65]

Der Plan gelang, ohne daß eine spektakuläre Petition notwendig wurde. Keppler reagierte erwartungsgemäß und erzielte bei Hitler die gewünschte Wirkung. Schon am 4. November 1933 konnte er an Professor Paul Karrenbrock vom Spann-Kreis, dem diese Entscheidung offenkundig zu weit gegangen war, schreiben: „Wenn unser Führer sich auf den Standpunkt stellt, daß die Arbeitsverhältnisse wieder in jedem Betrieb ohne fremde Hilfe gestaltet werden müssen, so sieht er hiermit den richtigen Weg, um die Entfremdung zwischen dem Unternehmer und seiner Belegschaft langsam zu beseitigen." Drohend fügte er hinzu: „Ich muß Sie aber dringend bitten, Ihre Stellungnahme in diesem Punkt einer Korrektur zu unterziehen, denn es wirkt außerordentlich peinlich, wenn die Absicht unseres Führers als liberalistischer Husarenritt bezeichnet wird. Sie werden ja aus eigenen Erfahrungen auch wissen, daß dem Kanzler in derartigen Fragen nie eine Täuschung unterläuft."[66] Ein Durchschlag dieses Briefes ging wiederum an Grauert.

Die Entscheidung, daß sich die Deutsche Arbeitsfront nicht um Tariffragen in den Betrieben zu kümmern habe, war eine wichtige Voraussetzung dafür, daß sich Gustav Krupp von Bohlen und Halbach, der im Frühjahr 1933 die Leitung des Reichsverbandes der

65 Ebenda, Bl. 26—37.
66 Ebenda, Nr. 40, Bl. 76/77.

Deutschen Industrie übernommen hatte, am 29. November 1933 an die nunmehr im „Reichsverband der deutschen Industrie" vereinigten Unternehmer mit dem Aufruf wandte, der „Deutschen Arbeitsfront" beizutreten. Damit waren die Probleme jedoch noch nicht endgültig aus der Welt geschafft. Timothy M. Mason hat dokumentiert, daß die mit der propagandistischen Beeinflussung der Arbeiterklasse beauftragten Naziführer, insbesondere der Reichsleiter der „Deutschen Arbeitsfront", Robert Ley, nicht umhin konnten, wenigstens auf einige Interessen der Arbeiter einzugehen. Auch Hitler vermied möglichst, sich vor der Öffentlichkeit eindeutig auf die Seite des Monopolkapitals zu stellen und dem Gerede von der „Volksgemeinschaft" jegliche Grundlage zu entziehen.[67] Das konnte im einzelnen den Unternehmern mißfallen, insgesamt jedoch wurde es sehr wohl verstanden und respektiert, zumal die Kriegsvorbereitungen bald auf vollen Touren liefen und die Profite steigen ließen. Eine direkte Ausschaltung der „Arbeitervertreter" in der Naziführung brauchte jedoch schon deshalb nie zu erfolgen, weil es sie überhaupt nicht gegeben hat. Ley war bereits bei den innerparteilichen Auseinandersetzungen von 1925 ein bedingungsloser Parteigänger Hitlers gewesen und ist bis zum Ende seine Kreatur geblieben. Hierl sah seine Hauptaufgabe in der Organisierung des paramilitärischen „Arbeitsdienstes". Damit hatte er im Juni 1932 auch seinen Rücktritt als Leiter der Organisationsabteilung II begründet. Goebbels zögerte keinen Augenblick, die von ihm geschaffene NSBO fallenzulassen, als sie nicht mehr ins Nazikonzept paßte und als einige Funktionäre über den unternehmerfreundlichen Kurs der Hitlerclique räsonierten.

Unter diesen Umständen hatte sich Grauert nur mit den Unzufriedenen in der Nazibewegung und deren Protesten gegen die monopolkapitalistische Wirtschaftspraxis zu befassen. Dabei wurde er wiederholt mit Versuchen auf lokaler Ebene konfrontiert, etwas von dem zu verwirklichen, was auf dem Wege zur faschistischen Diktatur vorgegaukelt und versprochen worden war.

Zunächst gab es viele „alte Kämpfer", die bitter enttäuscht waren. Sie hatten persönlich nicht die erwarteten Posten erlangt, weil die herrschende Klasse Wert darauf legte, erprobte und qualifizierte Beamte im Staatsapparat zu haben, und die Zahl der „Märzgefallenen"

67 Vgl. dazu *Timothy M. Mason*, Sozialpolitik im Dritten Reich. Arbeiterklasse und ·Volksgemeinschaft, Opladen 1978 (überarb. Einl. d. Quellenedition), sowie die nur in der 1. Aufl. (Opladen 1977) abgedr. Dokumente.

— das heißt derjenigen, die im März 1933 rasch das Parteibuch der NSDAP erwarben — riesengroß war. So beklagte sich der Gauleiter von Westfalen-Nord, Alfred Meyer, am 11. August 1933 bei Grauert, daß „in rein politischen Stellen grundsätzlich nur Fachbeamte verwendet worden sind und nicht ein einziger bewährter Parteigenosse".[68] Grauert versprach zwar in Einzelfällen Abhilfe, aber er wußte, daß gerade im Ruhrgebiet viele Verbandsfunktionäre und Kommunalbeamte ihre Meriten um die Förderung der Nazibewegung hatten und über hohe Gönner in der Nazipartei verfügten. So erhielt er vom Regierungspräsidenten z. D. Roland Brauweiler — Geschäftsführendes Präsidialmitglied der Vereinigung der Deutschen Arbeitgeberverbände e. V. — am 27. April 1933 folgende Mitteilung: Er — Brauweiler — sei vom Leiter der Wirtschaftspolitischen Abteilung des Verbindungsstabes der NSDAP, Wagener, zusammen mit Dr. Erdmann von der gleichen Vereinigung aufgefordert worden, „auf Grund unserer längeren und harmonischen Zusammenarbeit" Mitglied der NSDAP zu werden. „Im Einverständnis mit unserem Vorsitzenden, Herrn Dr. Köttgen, haben Herr Dr. Erdmann und ich dieser Aufforderung Folge geleistet. Ich lege Wert darauf, dies meinen langjährigen engsten Mitarbeitern umgehend mitzuteilen."[69] Es versteht sich, daß da kaum ein Platz für „alte Kämpfer" in der Staats- und Verbandshierarchie frei wurde.

Selbst ein Bankier wie Hermann Hardt vom Bankhaus Stein teilte Grauert mit, daß er zusammen mit seiner Frau den Entschluß gefaßt hätte, „der NSDAP als Mitglied beizutreten".[70] Der „Kampf für die Brechung der Zinsknechtschaft des Geldes" war schließlich Theaterdonner geblieben. Solche Parteizugehörigkeiten verhalfen einerseits zu persönlichem Einfluß, erhöhten andererseits aber auch die Autorität der Naziführung gegenüber den einzelnen Monopolkapitalisten. Viele, die bisher der NSDAP ferngestanden hatten, befürchteten übergangen zu werden. Sie erkundigten sich, wie z. B. Eberhard Hoesch, Vorstandsmitglied der AG für Zellstoff und Papier, bei Grauert, wie sie sich am besten verhalten könnten.[71] Andere waren erbittert darüber, „daß man heute von den 150%igen Nationalsozialisten sich dumm entgegenkommen lassen muß".[72]

68 GeStA Dahlem, Rep. 77, Staatssekretär Grauert, Nr. 9, Bl. 14/15.

69 Ebenda, Nr. 13, Bl. 4.

70 Ebenda, Nr. 44, Bl. 63.

71 Ebenda, Bl. 81.

72 Ebenda, Bl. 56.

Letzteres meinten viele Unternehmer zu Beginn der Naziherrschaft besonders zu verspüren. Es war die Zeit, da mancher Nazifunktionär die Stunde gekommen sah, sich einmal an denen schadlos zu halten, deren Willkür er jahrelang hinnehmen mußte, oder in der er sich selbst am Tisch des Reichen etablieren konnte. So machte im Frühjahr 1933 bei der Dresdner Bank ein der NSDAP angehörender Angestellter unter Hinweis auf die hinter ihm stehende SA den Versuch, in den Vorstand der Bank zu gelangen. Der alarmierte Hitler sorgte sofort dafür, daß er die längste Zeit Parteimitglied gewesen war.[73] Auf der Tagung der „Deutschen Arbeitsfront" in Münster am 29. Juni 1933 hatte der neuernannte Bezirksleiter der Wirtschaft, Arnold, eine Rede gehalten, die für die Erwartungen vieler Nazis sehr aufschlußreich war und die sofort Grauert zur Kenntnis gebracht wurde.

Die Auffassung Arnolds war: „Bis jetzt ist in Deutschland nur die erste Welle zum Siege gelangt. Die zweite Welle beginnt gerade erst zu laufen. Es gibt Leute, die heute behaupten, die SA sei der Störer des Wirtschaftsfriedens! So etwas sei tatsächlich gesagt worden, allerdings nur von denjenigen, die den bisherigen Zustand erhalten wollen." In der Information für Grauert wurde dazu vermerkt: „Der Bezirksleiter der Wirtschaft will aber den bisherigen Zustand abändern! ... Redner spricht dann über den *Begriff Wirtschaft*. Er führt hierzu aus, daß der politische Abschnitt der Revolution hinter uns liegt. Das Kennzeichen dieses Abschnittes war, daß die bisherigen Führer abgetreten und durch neue ersetzt sind. Gerade so wird es auch in der Wirtschaft kommen ... Das heutige Geschehen ist auch mit den Gesetzen keineswegs zu vereinbaren. Das wisse er sehr wohl, aber die Ungesetzlichkeit sei unbedingt nötig. Redner fährt etwa wörtlich fort: ‚Jawohl, wir sind ungesetzlich'. Die Nationalsozialisten seien so vorgegangen, daß sie die Handelskammer erobert hätten ... Überall seien Nationalsozialisten Leiter der Kammern ... Hierauf führt er es sehr wesentlich und ausschlaggebend zurück, daß jetzt endlich Hugenberg seinen Abschiedsbrief geschrieben habe ... die bisherige Form der Wirtschaft gehöre rettungslos der Vergangenheit an. Mit der Freizügigkeit, mit der Herrschaft des Geldes über die Arbeit und der Banken über die Betriebe sei es endgültig vorbei ... Die Konzerne dürfen in Zukunft nicht billiger verkaufen, als eine vom Staat be-

73 *Broszat*, Der Staat Hitlers, S. 219f.; BA Koblenz, Reichskanzlei 43 II, Nr. 1195, unfol. (Vermerk der Reichskanzlei v. 5. 5. 1933).

willigte Kalkulation angibt. So ist es auch nationalsozialistischer Grundsatz, daß die Belegschaft das Miteigentumsrecht am Betriebe hat... Er und seine Freunde seien aufs äußerste erbittert, wenn sie die Sprache hörten, die die großen Herren der Konzerne heute noch führten. Man müßte diese Leute, wenn man sie auf der Straße treffe, diffamieren, diese an der Macht befindlichen Schädlinge! Aber man wolle Gnade üben. Wenn sie sich jedoch nicht fügten, werde man sie mit Gewalt entfernen."[74]

Offensichtlich gehörte Arnold zu den Anhängern des Kampfbundes für den gewerblichen Mittelstand und stand auch der NSBO nahe. Er reibe sich, so wurde Grauert berichtet, „aus persönlichen Gründen an der dortigen Schwerindustrie"; er wäre „früher auf der Heinrichshütte tätig gewesen und bei Verringerung der Belegschaft entlassen worden".[75] Grauert bereinigte diesen Fall in mündlicher Form — ausgerechnet bei dem neuernannten Staatssekretär im Reichswirtschaftsministerium, Feder.[76] Es gab keine Unternehmerklagen aus dem Ruhrgebiet über Arnold mehr.

Aus Naumburg wurde in der „Mitteldeutschen Nationalzeitung" unter der Überschrift „Schwere Kaliber bei der ‚Munitionsausgabe'!" vom Auftreten des neuen Oberbürgermeisters, des Nazikreisleiters Uebelhoer, berichtet, der auf einer Kundgebung der Naumburger „Oberschicht" zugerufen hatte: „Wir sagen diesen Leuten: wenn ihr weiter frech seid, jagen wir euch in die Mauselöcher und räuchern euch aus!" Im „Naumburger Tageblatt" habe man auf seine mangelnde Vorbildung angespielt. Er antwortete darauf: „Das ist eine ungeheuerliche Provokation! Das ist eine Gemeinheit! Wir lassen uns diese Provokation nicht gefallen!"[77] Auch die „Westfälische Landeszeitung Rote Erde" wurde Grauert zugeschickt, weil sie die Auffassung vertreten hatte: „Die Reaktion wittert Morgenluft; glaubt sich stark genug, um aus ihrem Herzen keine Mördergrube mehr machen zu brauchen, sondern ihre wahre Gesinnung zum Ausdruck bringen zu können."[78]

74 GeStA Dahlem, Rep. 77, Staatssekretär Grauert, Nr. 39, Bl. 122—125.

75 Ebenda, Nr. 39, Bl. 126/127.

76 Ebenda.

77 Mitteldeutsche Nationalzeitung, Nr. 227, 28. 11. 1933; GeStA Dahlem, Rep. 77, Staatssekretär Grauert, Nr. 19, Bl. 32.

78 Westfälische Landeszeitung Rote Erde, Nr. 35, 5. 2. 1934; GeStA Dahlem, Rep. 77, Staatssekretär Grauert, Nr. 20, Bl. 59.

Besonders dramatisch entwickelte sich die Lage in der preußischen Provinz Schlesien. Hier hatten sich um den Gauleiter Helmut Brückner und den SA-Führer Edmund Heines Nazis gesammelt, die nicht nur eine besondere Brutalität gegenüber Kommunisten und Sozialdemokraten entwickelten, sondern auch ganz unverhohlen nach Pfründen und Reichtümern drängten. Letzteres führte zu ständigen Konflikten mit Großgrundbesitzern, die mitunter regelrecht erpreßt wurden, und mit Fabrikanten und Bankiers, die sich bedroht sahen. Schon am 16. März 1933 beschwerte sich der Großgrundbesitzer E. von Woyrsch, dessen Familienangehörige in der NSDAP und in der SS eine Rolle spielten, bei Grauert: „Ich darf Sie, sehr verehrter Herr Ministerialdirektor, daher bitten, doch Ihren ganzen Einfluß und Ihre Vertrauensstellung in die Waagschale zu werfen, daß hier in Schlesien endlich einmal Herrn Brückner das Handwerk gelegt wird."[79]

Bei der Besetzung der Gewerkschaftshäuser kam es in vielen Orten zu Plünderungen und Zerstörungen. Dabei wurden auch Unterstützungsempfänger in Mitleidenschaft gezogen, deren Aktenunterlagen verlorengingen. In Schlesien, insbesondere in Liegnitz, war das Ausmaß der Verwüstungen und des Terrors fast ebensogroß wie in Stettin, dem Verwaltungszentrum von Pommern. Zu den ermordeten und drangsalierten Arbeitern kamen noch viele Personen, die den SA-Verbrechern aus irgendeinem Grunde im Wege waren. Selbst untereinander geriet man sich in die Haare, weil sich der SA-Führer Heines nicht an die Anordnungen des Gauleiters Brückner halten wollte.[80] Das alles störte die herrschenden Kreise im Grunde wenig. Empfindlich reagierten sie aber, als Brückner seine Kreaturen in Schlüsselstellungen der Wirtschaft bringen wollte.

Der Kampf drehte sich insbesondere um den Präsidentensitz in der Breslauer Industrie- und Handelskammer. Brückner, der inzwischen Oberpräsident der Provinzen Niederschlesien und Oberschlesien geworden war, wollte den Breslauer Industriellen Hans Kemna durch einen Komplicen ersetzen. Kemna war jedoch rechtzeitig der Nazipartei beigetreten und verfügte über starken Rückhalt, unter anderem bei dem in Schlesien ansässigen preußischen Kronprinzen. Letzterer wiederum versäumte keine Gelegenheit, Grauert in den Potsdamer

79 Ebenda, Bl. 1.

80 Ebenda, Nr. 32, Bl. 64; Nr. 29, Bl. 55. Vgl. dazu Rep. 92, Daluege, Nr. 1, Nr. 51 (beide unfol.).

„Cecilienhof" zu laden, um — wie er am 10. September 1933 seinem „lieben Herrn Staatssekretär" schrieb — „über wichtige schlesische Fragen berichten" zu können.[81]

Da Industrie- und Handelskammer-Angelegenheiten auch in den Dienstbereich des preußischen Innenministeriums fielen, mußte sich Brückner wohl oder übel an Grauert wenden. Er teilte ihm am 18. Januar 1934 mit, Kemna werde wegen Disziplinlosigkeit aus der Partei ausgeschlossen: „Die Belange der Breslauer Industrie- und Handelskammer hat er wesentlich geschädigt, indem er Opposition gegen die Gauleitung getrieben hat . . . Er hat dann, wie ich weiß, mit kronprinzlicher Unterstützung hinter meinem Rücken konspiriert . . . ich lehne Kemna als Präsident für immer ab."[82] Obwohl Kemna kompromißbereit war — er hatte einen engen Mitarbeiter des inzwischen gestürzten Wagener, von Gregory, der auch Brückner nahestand, als ersten Syndikus der Breslauer Industrie- und Handelskammer akzeptiert, damit „er sich bewähren" könne —, blieb Brückner unnachgiebig.[83] Er wollte unbedingt seinen Anhänger Hettmer auf den Präsidentenstuhl lancieren.

Kemna wiederum hatte genau erkannt, daß die Hitlerclique mit Wagener nicht nur eine Person, sondern auch ein Programm fallenließ und Rentelns Kampfbund für den gewerblichen Mittelstand bereits im Geruch der Parteifeindlichkeit stand. Er erklärte schon am 14. Juli 1933 in einem Brief an Hettmer: „Die Besprechungen in Berlin mit den maßgebenden Herren der Reichs- und Staatsregierung und der Bewegung haben gezeigt, daß die Wirtschaftslage unseres Vaterlandes so ernst ist, daß alles hinter der großen Forderung der Stunde, der Festigung der Staatsautorität, der Konsolidierung der Wirtschaftsorganisationen und der Arbeitsbeschaffung, zurückstehen muß. Jede Beeinträchtigung und jede Beunruhigung der Wirtschaft muß von jetzt an nach dem unbedingten Willen des Führers und der übrigen Mitglieder der Bewegung vermieden werden, wenn nicht ein unabsehbarer Schaden entstehen soll. Als überzeugtes Mitglied der Bewegung muß ich auf dem von uns überall anerkannten Grundsatz bestehen, daß derjenige Anordnungen trifft und sie durchführt, der die Verantwortung für einen Posten hat. Nachdem ich durch das Vertrauen des Führers und der von ihm eingesetzten Organe der Prä-

81 Ebenda, Rep. 77, Staatssekretär Grauert, Nr. 50, Bl. 90, 97, 124; Nr. 45, Bl. 37.
82 Ebenda, Nr. 13, Bl. 53.
83 Ebenda, Bl. 54 (Kemna an Grauert, 17. 1. 1934).

sident der Kammer bin und allein mit vollem Bewußtsein die Verantwortung für die Führung der Kammer im Sinne der Bewegung und zum Besten unseres Vaterlandes trage, ist es meine Pflicht, auch meinen Willen als Führer der Kammer durchzusetzen . . . Aus diesen Erwägungen bitte ich sie herzlich, in Zukunft meinen Anordnungen keinen Widerstand mehr entgegenzusetzen, sondern die Führung der Kammer mir allein zu überlassen."[84]

Zunächst war aber Brückner noch stark genug, seinen Willen durchzusetzen. Am 22. Januar 1934 informierte Kemna den ganz auf seiner Seite stehenden Grauert über den inzwischen erfolgten Parteiausschluß: „Sollte er damit Erfolg haben, würde dadurch auch das Ansehen des Innenministeriums schwer geschädigt werden. Ebenso gilt sein Kampf in meiner Person auch dem Wirtschaftsministerium, an dessen Weisungen ich mich im ganzen Verlauf meiner Amtstätigkeit streng gehalten habe."[85] Letzten Endes wurde bei dieser Gelegenheit die von Bang — der übrigens als Staatssekretär im Reichswirtschaftsministerium mit Hugenberg das Feld räumen mußte — vorausgesagte große Auseinandersetzung um die Wirtschaftsorientierung des Nazi-Faschismus mit ausgetragen. Grauert hatte sicherlich über Göring Anteil daran, daß schließlich Brückner von Hitler aller seiner Ämter enthoben wurde. Kemna betrieb sofort seine eigene Rehabilitierung. „Wollen Sie", so schrieb er an Grauert, „die Angelegenheit dem Herrn Ministerpräsidenten vortragen, oder habe ich bis zum Führer zu gehen?"[86] Der neuernannte Gauleiter Joseph Wagner wollte jedoch von einer Rückberufung Kemnas nichts wissen und die Sache auf sich beruhen lassen, „zumal ja durch die Entfernung des früheren Gauleiters vor der Öffentlichkeit doch ein hartes Urteil gesprochen worden ist". Außerdem sei der Präsidentenstuhl inzwischen durch Hettmer besetzt.[87] In der schlesischen Gauleitung scheute man sich also weiterhin, Konsequenzen zu ziehen, obwohl die Gestapo zu dem zweifelsfreien Schlusse kam, daß Hettmer „ein Konkursbetrüger großen Formats" gewesen sei und „als Protektionskind des ehemaligen Gauleiters und Oberpräsidenten Brückner in sein hohes Amt gelangt ist und seinen früheren Vorgesetzten, den

84 Ebenda, Bl. 69.
85 Ebenda, Bl. 92/93.
86 Ebenda, Bl. 147.
87 Ebenda, Bl. 148.

bewährten Präsidenten Kemna, in ungehöriger Weise verdrängt hat".[88]

Das Oberste Parteigericht der NSDAP fällte ein zwiespältiges Urteil. Kemna wurde wieder in die Partei aufgenommen. Er erhielt jedoch eine Verwarnung, weil er nicht widerspruchslos der Anweisung des ehemaligen Gauleiters Brückner gefolgt war, seinen Posten als Präsident der Breslauer Industrie- und Handelskammer zu räumen.[89] Inzwischen hatten Ereignisse von großer Tragweite für die weitere politische und wirtschaftliche Betätigung der Nazibewegung, insbesondere der SA-Führer, stattgefunden, die das Vertrauen des Monopol- und des Agrarkapitals in die Hitlerclique so gestärkt hatten, daß es sich Gustav Krupp von Bohlen und Halbach leisten konnte, von der Führung des „Reichsstandes der Industrie" zurückzutreten, und daß Hans Kemna im kleinen nicht unbedingt auf seinen Präsidentenstuhl zurückkehren mußte.

Im Frühjahr 1934 war die Unzufriedenheit im kleinbürgerlichen Massenanhang der NSDAP, vor allem aber bei vielen Angehörigen der SA, so stark geworden, daß die herrschende Klasse ernsthaft den Ausbruch einer „zweiten Revolution" zu befürchten begann. Man wußte zwar genau, die SA-Führung plante keine gesellschaftliche Umwälzung. Aber sie strebte nach der Kontrolle über die Wehrmacht und wollte sich am Tisch der Reichen niederlassen. Das alles konnte im Hinblick auf die kleinbürgerliche und die lumpenproletarische Zusammensetzung der SA-Stürme für das Monopol- und Agrarkapital gefährlich werden. Der grundsätzliche Widerspruch der Nazibewegung zwischen dem Klassencharakter des faschistischen Diktaturstrebens und der sozialen Zusammensetzung der faschistischen Massenbewegung drohte — wie von Anfang an vielfach befürchtet — sich explosionsartig zu entladen. Viele mit sozialdemagogischer Propaganda geköderte Nazianhänger verlangten endlich die Einlösung der Versprechungen.

Die herrschende Klasse erwartete von der Hitlerclique, daß sie nunmehr rücksichtslos gegen diejenigen vorging, die sich von der Woge der Unzufriedenheit nach oben und gar ins Reichswehrministerium tragen lassen wollten. Die Generalität ließ unzweideutig erklären, sie würde sich niemals dem Stabschef der SA, Röhm, unterordnen, und verstärkte ihre Zusammenarbeit mit der SS. Göring drängte unaufhörlich darauf, daß gehandelt werden müsse. Himmler

88 Ebenda, Bl. 147.

89 Ebenda, B. 146.

und Goebbels unterstützten ihn dabei. Hitler jedoch zögerte, weil er das Risiko einer Abrechnung mit der SA für den Fortbestand der Nazi-Massenbasis fürchtete. Da erinnerte ihn Vizekanzler Papen in einer von Edgar Julius Jung ausgearbeiteten und in der Öffentlichkeit vielbeachteten Rede vom 17. Juni 1934 daran, daß ein „weltbewegender Mensch" zwei Ämter habe: Er „vollzieht, was die Zeit erfordert, dann aber — und das ist sein schwereres Amt — steht er wie ein Gigant gegen den aufspritzenden Gischt des Jahrhunderts und schleudert hinter sich die aufgeregten Narren und bösen Buben, die mittun wollen, das gerechte Werk übertreibend und schändend."

Papen bezog sich ausdrücklich darauf, daß das Gerede von der zweiten Welle, welche die „nationale Revolution" von 1933 in sozialer Hinsicht entsprechend dem Begriff „Nationalsozialismus" vollenden werde, kein Ende nehmen wolle. Er fügte unmißverständlich hinzu: „Wer verantwortungslos mit solchen Gedanken spielt, der soll sich nicht verhehlen, daß einer zweiten Welle leicht eine dritte folgen kann, daß, wer mit der Guillotine droht, am ehesten unter das Fallbeil gerät." Kein Volk könne sich den „ewigen Aufstand von unten" leisten. Deutschland dürfe „nicht ein Zug ins Blaue werden, von dem niemand weiß, wann er zum Halten kommt". Die Geschichte fließe von allein, es sei nicht notwendig, „sie unablässig zu treiben". Es wäre daher unbedingt erforderlich, „das Werk ernster Männer nicht zu stören und doktrinäre Fanatiker zum Verstummen zu bringen".[90]

In der SA schäumte man vor Wut über das freche Auftreten der „Reaktion". Auch Hitler zeigte sich äußerst ungehalten über die Anmaßung Papens, ihm Anweisungen zu erteilen, und ordnete die sofortige Verhaftung Jungs und eine Art Hausarrest für Papen an. Aber er folgte dieser Aufforderung, die er sehr wohl als deutliche Warnung und Ermahnung des Monopol- und des Agrarkapitals verstand. Am 30. Juni 1934 wurden der Stabschef der SA, Ernst Röhm, und viele SA-Führer, unter ihnen auch Edmund Heines, auf seinen Befehl ermordet. Zugleich beglichen Hitler, Göring, Himmler, Goebbels und der Gestapochef Heydrich viele persönliche Rechnungen. Unter den Ermordeten befanden sich der frühere Reichskanzler General Kurt von Schleicher, der ehemalige Generalstaatskommissar von Bayern, Kahr, der bei der stilistischen Bearbeitung von „Mein Kampf" so hilfreich gewesene Pater Stempfle und nicht zuletzt Edgar Julius Jung.

90 Der Prozeß gegen die Hauptkriegsverbrecher, Bd. XL, Dokument Papen — 11, S. 543ff.

Außerdem wurde Gregor Straßer ermordet, der sich zwar völlig aus dem politischen Leben zurückgezogen, auf den aber gerade die SA gewisse Hoffnungen gesetzt hatte. Mit seinem Namen war schließlich die sozialdemagogische Propaganda verknüpft gewesen, die so viele Illusionen hervorgerufen hatte. Göring wollte auch Wagener über die Klinge springen lassen. Er wurde verhaftet, entging aber nach eigener Aussage nur durch einen Glücksfall der Erschießung. Wagener zog sich daraufhin nach Sachsen aufs Land zurück und mied in Zukunft jeden Kontakt zur Naziführung. Es charakterisiert ihn jedoch, daß er sich als Generalmajor im zweiten Weltkrieg der Kriegsverbrechen schuldig machte und sieben Jahre in englischer und italienischer Haft verbringen mußte.[91] In faschistischen Führungskreisen gab es keine weiße Raben. Dem Verbrechen vom 30. Juni 1934 fielen mit den SA-Führern Verbrecher zum Opfer.

Mit den „bösen Buben" in SA-Uniform kamen auch die „aufgeregten Narren" zu Fall, die meinten, im „Dritten Reich" müßten vor allem die Interessen des sogenannten Mittelstandes berücksichtigt werden. Nach der „Nacht der langen Messer" am 30. Juni 1934 wurde Renteln sofort als Präsident des Industrie- und Handelstages abgelöst. Selbst der unbedeutendere Gregory sah sich wenige Wochen später wegen angeblicher Verfehlungen von der Reichsleitung gemaßregelt.[92] Der Kommentar zu derartigen Vorgängen in einer offiziellen Nazigeschichtsdarstellung lautete zynisch, daß „sich eine neue, naturgeschichtliche Reinigung" vollzogen und diejenigen „mitleidlos" ausgeschieden habe, „die sich in der neuen Lage als unzulänglich" erwiesen hätten. Nach dem unerbittlichen „Gesetz der Ausmerze" seien lediglich „Schädlinge ausgeschieden worden, die Bewegung aber hat von neuem ihre unerschütterliche Gesundheit erwiesen".[93] Ausgemerzt wurde in der Tat alles, was nicht unmittelbar dem Klassencharakter und der Klassenfunktion des Faschismus entsprach, was in den Augen der herrschenden Klasse als ein Krankheitssymptom galt, was aber auf dem Wege zur Errichtung der faschistischen Diktatur als unumgänglich hingenommen werden mußte.

91 Hitler aus nächster Nähe, S. III.

92 GeStA Dahlem, Rep. 77, Staatssekretär Grauert, Nr. 13, Bl. 156 (Hasslacher an Kemna, 22. 10. 1934).

93 *Hans Fabricius*, Geschichte der nationalsozialistischen Bewegung, Berlin 1937, S. 57. Vgl. dazu *Hermann Roth*, Die nationalsozialistische Betriebszellenorganisation (NSBO) von der Gründung bis zur Röhm-Affäre (1928 bis 1934), in: Jahrb. Wirtsch.gesch., 1978/I, Berlin, S. 49ff.

Schlußbetrachtung

Das „unerbittliche Gesetz der Auslese und Ausmerze“, das immer wieder über die faschistische Bewegung hinweggestrichen sei,[1] war nichts anderes als das Bestreben der herrschenden Klasse, ihre Interessenvertretungen ganz nach dem Prinzip der Zweckmäßigkeit und der Brauchbarkeit auszuwählen, um so eine Politik zum eigenen Nutzen zu sichern. Was den Faschismus betraf, so lassen sich dabei in Deutschland bis zur Errichtung und Festigung der faschistischen Diktatur deutlich drei Entwicklungsstufen unterscheiden.

Vor 1914 und während des ersten Weltkrieges wurden Erörterungen darüber angestellt und erste Maßnahmen ergriffen, wie entsprechend dem allgemeinen Monopolisierungsprozeß und den Kriegsbedürfnissen eine politische Diktatur errichtet werden könne, die innen- und außenpolitisch die Ziele des deutschen Monopol- und Agrarkapitals zu verwirklichen vermöge. Die Initiative ging von jenen Vertretern der herrschenden Klasse aus, die die traditionellen Methoden der Machtausübung schon vor dem Kriege unzulänglich fanden. Das Signal hatte der Alldeutsche Verband gesetzt, dessen führende Repräsentanten zwar klare Vorstellungen von den Aufgaben der angestrebten Diktatur besaßen, sich ihre Verwirklichung aber nur durch eine Entscheidung der obersten Regierungsgewalten vorstellen konnten.

Durch den Krieg wurde die allgemeine Tendenz zur Massenaktivierung enorm gesteigert. Die deutsche herrschende Klasse mußte erkennen, daß es sich nicht mehr auf obrigkeitsstaatliche Weise regieren ließ. Schon in der Kriegszieldiskussion zeigte sich die Notwendigkeit, wenigstens den Eindruck eines Volksbedürfnisses zu erwecken, da ansonsten die Forderung nach Annexionen und Kon-

1 *Hans Fabricius*, Geschichte und Programm der NSDAP, Bd. 1, Hrsg. H. H. Lammers/Hans Pfundtuch, Berlin/Wien 1939, S. 58.

tributionen zu offensichtlich als Anliegen der oberen Zehntausend erschienen wäre. Der wachsende Volkswiderstand gegen den imperialistischen Krieg, der immer mehr in eine revolutionäre Stimmung umschlug und den Beginn der allgemeinen Krise des Kapitalismus auch in Deutschland signalisierte, veranlaßte völkisch gesinnte Kreise im alldeutschen Lager zu dem Versuch, mit „national-sozialistischer" Demagogie Einfluß auf die Volksmassen zu nehmen und sogar die Arbeiterklasse zu erreichen. Aus derartigen Bestrebungen heraus entstanden Keimzellen der faschistischen Bewegung. Deren Bedeutung wuchs, als die Novemberrevolution ausbrach, das monarchistische Regierungssystem beseitigte und zumindest zeitweilig die bürgerliche Klassenherrschaft in Frage stellte.

Es begannen jene Jahre, da sich die verschiedenen faschistischen Konzeptionen und Organisationen zu entwickeln und zu bewähren hatten. Bisher standen lediglich die unterschiedlichen Methoden der herrschenden Klasse zur Diskussion, eine möglichst erfolgreiche imperialistische Politik zu betreiben und schließlich einen Ausweg aus der verfahrenen Lage zu finden. Nunmehr mußten die einzelnen faschistischen Politiker und Parteien ihre Förderungswürdigkeit beweisen, wurden sie einem systematischen und schonungslosen Ausleseprozeß unterworfen.

Es war keineswegs so, daß bei den Interessenten am Faschismus von vornherein klare und einhellige Vorstellungen über die bestmögliche Realisierung ihrer Absichten bestanden hätten. Wie am Beispiel des Jungkonservatismus demonstriert, wurden anfänglich betont elitäre Faschismusformen bevorzugt, weil sie den traditionellen Regierungsgewohnheiten der herrschenden Klasse am weitesten entgegenkamen.[2] Erst allmählich, dann aber auf Grund der Zuspitzung der politischen und der sozialen Gegensätze während der Weltwirtschaftskrise von 1929 bis 1933 beschleunigt, trat die Nazivariante des Faschismus in den Mittelpunkt des Interesses, galt die Nazipartei Hitlers in Deutschland als Inbegriff des Faschismus schlechthin.

Dieser Ausleseprozeß wurde vom politischen Erfolg bestimmt. Unter den Bedingungen der Weimarer Republik spielte die Massenmobilisierung eine besondere Rolle. Die elitäre Putschtaktik war vornehmlich am Widerstand der Arbeiterklasse gescheitert. Das System der Präsidialkabinette, dem die Mehrheit der Jungkoservativen anhing, konnte nicht als Dauerlösung angesehen werden. Am aussichts-

2 Vgl. *Petzold*, Theoretiker; *derselbe*, Wegbereiter.

reichsten erwies sich der Nazifaschismus, der auf einen Millionenanhang zu verweisen vermochte und dadurch eine scheinbar legale Zerstörung der Weimarer Republik gewährleistete. Der Preis war allerdings eine soziale Demagogie, die vor einer Kritik am Kapitalismus und der Ankündigung eines „Nationalsozialismus" nicht zurückschreckte. Als offensichtlich wurde, daß die Beseitigung der bürgerlichen Demokratie und die Vorbereitung eines Revanchekrieges auf keinem anderen Wege erreicht werden konnte, fand sich schließlich die Mehrheit der herrschenden Klasse bereit, das damit verbundene Risiko einzugehen. Sie konnte sich bei der Abwehr unerwünschter Entwicklungen auf die Hitlerclique verlassen, die wiederholt ihre Zuverlässigkeit bei der Wahrung kapitalistischer Interessen unter Beweis gestellt hatte und daher für regierungsfähig erachtet wurde.

Die Ausmerzung der für gefährlich gehaltenen Kräfte in der Nazibewegung selbst vollzog sich vornehmlich im Jahre 1934. Sie begann aber eigentlich schon lange zuvor. Bereits in den Anfangsjahren der faschistischen Bewegung wurde sorgfältig darauf geachtet, daß Demagogen, die die Grenzen der Kritik am Kapitalismus überschritten, keine finanzielle Unterstützung erhielten. So klagte 1923 ein jungkonservativer Studentenführer: „Wer soll denn in Berlin die Bedürfnisse der Wirtschaft kennen — nur darnach wird gegeben — nach nichts anderem."[3] Die Finanzierung war überhaupt auf dem Wege zur faschistischen Diktatur das Hauptmittel des Finanzkapitals, um die faschistischen Führer und Organisationen zu disziplinieren und zu selektieren. Das bekam auch die Nazipartei zu spüren. Die Auseinandersetzungen mit Otto Straßer sind vornehmlich unter diesem Gesichtspunkt zu sehen. Nach der Errichtung der faschistischen Diktatur trat die Möglichkeit brutaler Gewaltanwendung hinzu, der viele von der herrschenden Klasse für unzuverlässig erachtete Elemente zum Opfer fielen und bei der sich die Hitlerclique erneut bewährte.

Im ideologischen Bereich des Faschismus spiegeln sich diese Entwicklungsstufen wider. Bis zum Ende des ersten Weltkrieges ging es den Initiatoren und Mentoren der faschistischen Bewegung um die Bestimmung der Ziele und damit der Grundelemente faschistischer Ideologie. Innenpolitisch war das eine grundsätzliche Abkehr von allen Demokratisierungs- und Liberalisierungstendenzen sowie eine rücksichtslose Bekämpfung der revolutionären, von Marx und Engels begründeten Ideologie des Proletariats. Das entsprach den Bedürf-

3 BA Koblenz, R 118, Nr. 56, Bl. 271.

nissen einer in ihr imperialistisches Entwicklungsstadium eingetretenen Großbourgeoisie, die ihre bedrohte Macht mit allen Mitteln festigen und ihren Hauptfeind, das Proletariat, niederhalten wollte. Folgerichtig verstanden sich daher die Faschisten in erster Linie als Antisozialdemokraten und schließlich als Antikommunisten. Außenpolitisch suchten die Faschisten dem imperialistischen Anliegen des neuentstandenen Monopolkapitals zu entsprechen, das unentwegt um Begriffe wie Profit, Expansion, Krieg und Weltherrschaft kreiste.

Diese fundamentale Orientierung der faschistischen Ideologie war gleichsam vorgegeben und blieb im Laufe der Zeit nahezu unverändert. Sie bildete — allen voran der Antikommunismus — den Kern der sogenannten nationalsozialistischen Weltanschauung, um den sich die von den Nazis bereits vorgefundenen imperialistischen Mobilisierungstheorien gruppierten. Hinzu kamen traditionelle Elemente der reaktionären Ideologie in Deutschland wie der Antisemitismus, der sich zugleich als geeignete Klammer für die Verknüpfung verschiedener Anliegen und als eine vortreffliche Möglichkeit erwies, die antikapitalistische Kritik zu kanalisieren und zu entschärfen.

Diese zuletzt genannte Funktion besaß für den Nazifaschismus besondere Bedeutung, weil er von allen Erscheinungsformen des Faschismus in Deutschland am stärksten auf die Massenmobilisierung orientiert war. Das erforderte systemkritische, aber nicht systemgefährdende Propagandamethoden. So untrennbar die nationalsozialistische Demagogie mit dem Hitlerfaschismus in dieser Zeit verbunden war, so wesentlich eine scheinbar prinzipielle Kapitalismuskritik den Aufstieg der NSDAP zur zahlenmäßig stärksten Partei in Deutschland ermöglichte, sowenig wurde aber dadurch die Naziideologie dauerhaft geprägt und die Nazipolitik nach der „Machtergreifung“ bestimmt. Was vielen Zeitgenossen oft als Wesen des Nazifaschismus erschien, enthüllte sich lediglich als Mittel zum Zweck.

Kaum war die faschistische Diktatur errichtet, da wurde nicht nur mit den Hauptvertretern einer der herrschenden Klasse zu weit gehenden sozialen Demagogie abgerechnet, sofern diese nicht wie Goebbels rasch eine Kursänderung vollzogen, sondern auch eine wesentliche Modifizierung der Nazipropaganda vorgenommen. Natürlich konnte es sich die Hitlerclique nicht leisten, gänzlich mit den Argumentationen der Vergangenheit zu brechen. Schließlich hatte sich selbst Hitler bei aller Vorsicht gegenüber konkreten Festlegungen als Sozialdemagoge betätigt. Aber der vielbeschworene „Nationalsozialismus“ wurde doch anders interpretiert. Von einer „Brechung der Zinsknechtschaft des Geldes" war nicht mehr die Rede. Die Kritik am kapitalistischen Wirtschaftssystem verstummte. Statt dessen wurden die Auswirkungen des Wirtschaftsaufschwungs, der unabhängig von den faschistischen Arbeitsbeschaffungsmaßnahmen eingesetzt hatte, als „nationaler Sozialismus in Aktion" gepriesen.

Selbstverständlich hatte der von den Nazis forcierte Bau von Autobahnen und die von Jahr zu Jahr intensivierte Aufrüstung zur raschen Reduzierung des Arbeitslosenheeres beigetragen. Aber — ganz abgesehen davon, daß es sich bei der ökonomischen Kriegsvorbereitung um eine wirtschaftliche Scheinblüte auf Kosten der Zukunft handelte — das Lebensniveau blieb auch rein materiell hinter dem in der Weimarer Republik bereits erreichten Standard zurück. Es hob sich lediglich von den schrecklichen Jahren der Weltwirtschaftskrise positiv ab. Um von diesem Manko abzulenken und um neue Illusionen zu nähren, wurden im Rahmen der faschistischen „Deutschen Arbeitsfront" Vergnügungs- und Erholungsaktionen gestartet, die unter der Parole „Kraft durch Freude" liefen und sich propagandistisch gut auswerten ließen. Schließlich gab der Besitz der Regierungsgewalt den Nazis die Möglichkeit, bestimmte Projekte, zum Beispiel auf dem Gebiete der Siedlung, in Angriff zu nehmen und so der ärgsten Desillusionierung der Massen vorzubeugen.

Die Konsequenzen dieser Entwicklung nach der Stabilisierung der faschistischen Diktatur im Jahre 1934 sind nicht mehr das Thema dieser Arbeit.[4] Es sei daher nur ganz allgemein gesagt, daß die ursprünglichen ideologischen Prämissen der faschistischen Ideologie wieder voll dominierten. Die zur Massenmobilisierung in den Jahren der Weimarer Republik notwendigen Parolen waren weitgehend verdrängt. Das Schwergewicht der sozialen Demagogie verlagerte sich immer mehr in Richtung Sozialimperialismus. Dessen Argumenta-

4 Wie die Naziideologie im allgemeinen, so wurden auch die ideologischen Manipulierungsmethoden zwischen 1933 und 1945 bisher kaum zusammenhängend und umfassend untersucht. Ein — allerdings problematischer — Versuch sind die beiden Sonderbände von Argument, Berlin(West), Nr. 60 „Faschismus und Ideologie 1" und 61 „Faschismus und Ideologie 2". Es handelt sich um ein „Projekt Ideologie-Theorie", für das Manfred Behrens, Herbert Bosch, Wieland Elfferding, Wolfgang Fritz Haug, Markus Kaiser, Thomas Laugstien, Rolf Nemitz, Nora Räthzel, Jan Christoph Rehmann, Eckard Volker, Silke Wenk verantwortlich zeichnen. Da die beiden Bände jedoch erst Ende 1980 erschienen sind und eine sorgfältige Analyse erfordern, konnten sie in die vorliegende Darstellung nicht mehr einbezogen werden.

tionsschema hatte zwar von Anfang an in der Naziideologie eine große Rolle gespielt, aber solange eine aggressive Außenpolitik noch nicht möglich war, mußten sich die Faschisten notgedrungen mit theoretischen Erörterungen begnügen. Das änderte sich Mitte der dreißiger Jahre, als die Wiederaufrüstung die in Versailles gesetzten Grenzen rasch überschritt und die militärische Besetzung Österreichs und der Tschechoslowakei die Kriegsgefahr verschärfte.

Die sozialimperialistische Propaganda bildete einen wesentlichen Bestandteil der ideologischen Kriegsvorbereitung und Kriegführung. Es wurde der Bevölkerung suggeriert, daß die sozialen Probleme letztlich nur durch außenpolitische Erfolge gelöst werden könnten. Was Hitler in „Mein Kampf" theoretisch vorgezeichnet hatte — die Gewinnung von „Lebensraum im Osten" — und was schon im ersten Weltkrieg dem deutschen Volk als angeblich lebensnotwendig eingeredet wurde, das sollte nunmehr praktisch und mit größerem Erfolg realisiert werden. Der zweite Weltkrieg erschien nicht mehr allein als Wiedergutmachung des Versailler Unrechts, sondern als Ausgangspunkt für die endgültige Verwirklichung alles dessen, was die Nazipropaganda versprochen hatte.

Es war in der Endkonsequenz die Vision einer sich Europa bis zum Ural unterwerfenden oder gar der ganzen Welt ihren Willen aufzwingenden germanisch-deutschen Herrenrasse, die verwirklicht werden sollte. Dieses Ziel ergab sich natürlich nicht aus sozialimperialistischen Überlegungen. Wenn diese herausgegriffen werden, so nur deshalb, weil die soziale Demagogie vor 1933 in der Nazipropaganda eine so bedeutsame Rolle gespielt hatte und weil der Kampf um die Vorherrschaft in Europa und in der Welt nicht ohne eine möglichst totale Manipulation der Volksmassen geführt werden konnte. Es wäre sogar völlig verfehlt, die Kriegszielpolitik der Nazis primär von der Absicht abzuleiten, soziale Probleme zu lösen. Das eigentliche Anliegen wurde von dem Bestreben des Finanzkapitals diktiert, eine Neuaufteilung der Welt zu erzwingen und alle Bedrohungen seiner Herrschaft auszuschalten. Rudolf Hilferding hatte — wie eingangs zitiert — schon zu Beginn des Jahrhunderts darauf hingewiesen, daß die Rassenideologie und der mit ihr verbundene Begriff Herrenrasse „eine naturwissenschaftlich verkleidete Begründung des Machtstrebens des Finanzkapitals" sind.[5]

Wenn die Nazifaschisten nach der Errichtung der faschistischen

5 *Hilferding*, Das Finanzkapital, S. 464f.

Diktatur und insbesondere bei der Vorbereitung und der Durchführung des zweiten Weltkrieges ihre Ideologie immer mehr auf eine rassistische Begründung des Kampfes um die Neuaufteilung der Welt ausrichteten, so demonstrierten sie damit auf ideologischem Gebeit, daß der Faschismus an der Macht den reaktionärsten, am meisten chauvinistischen, am meisten imperialistischen Elementen des Finanzkapitals dient. Es war kein Zufall, daß bei den Kriegszielen im zweiten Weltkrieg direkt an die des ersten Weltkrieges angeknüpft werden konnte. Es war das Programm des deutschen Imperialismus, diktiert von Monopol- und Agrarkapital, das in beiden Fällen verwirklicht werden sollte, von den Nazis allerdings in einer besonders radikalen und skrupellosen Form.

Doch nicht allein die Prämissen und die Konsequenzen der faschistischen Ideologie enthüllen den monopolkapitalistischen Klassenauftrag der faschistischen Bewegung. Auch das mehr als vierzehnjährige Ringen um die Ausprägung der Naziideologie auf dem Weg zur Macht ist dafür ein Beweis. Im Grunde ging es stets um die Bewältigung der Aufgabe, das imperialistische Anliegen der reaktionärsten und aggressivsten Gruppen der herrschenden Klasse den Massen so zu suggerieren, daß seine Verwirklichung als Volksbedürfnis erschien, daß zumindest eine ausreichende Massenbasis für die Errichtung der faschistischen Diktatur und die Durchführung des Krieges zur Verfügung stand. Es wurde gezeigt, warum das nicht ohne Schwierigkeiten möglich war und mitunter Auftraggeber und Willensvollstrecker in beträchtliche Meinungsverschiedenheiten verstrickte. Insgesamt gesehen aber konnte das Nahziel zum Unglück des deutschen Volkes und der Welt erreicht werden, weil — wie Clara Zetkin schon 1923 erkannte — die herrschgewohnte Bourgeoisie sich nicht durch die ungewohnten Propagandamethoden der Nazis von einer grundsätzlichen Förderung der faschistischen Bestrebungen abhalten ließ: „Sie hat von Anfang an die Situation sehr klar erfaßt und damit den Vorteil, den sie aus dem Faschismus zu ziehen vermag.“[6] Zudem stand ihr in der Hitlerclique eine besonders geschickte und massenwirksame Bande von hemmungslosen Demagogen und brutalen Terroristen zur Verfügung, die aus den Folgen des ersten Weltkrieges und der großen Weltwirtschaftskrise Kapital zu schlagen wußte.

Georgi Dimitroff hat sich auf dem VII. Kongreß der Kommunisti-

6 *Zetkin*, Ausgewählte Reden und Schriften, Bd. 2, S. 698.

schen Internationale mit den allgemeinen Ursachen des Nazieinflusses auf die Massen befaßt: „Dem Faschismus gelingt es, die Massen zu gewinnen, weil er in demagogischer Weise an die brennendsten Nöte und Bedürfnisse appelliert. Der Faschismus entfacht nicht nur die in den Massen tief verwurzelten Vorurteile, sondern er spekuliert auch auf die besten Gefühle der Massen, auf ihr Gerechtigkeitsgefühl und mitunter sogar auf ihre revolutionären Traditionen. Warum spielen sich die deutschen Faschisten, diese Lakaien der Großbourgeoisie und Todfeinde des Sozialismus, vor den Massen als ‚Sozialisten' auf und geben ihren Machtantritt als ‚Revolution' aus? Weil sie bestrebt sind, den Glauben an die Revolution, den Drang zum Sozialismus, der in den Herzen der breiten werktätigen Massen lebt, auszunutzen. Der Faschismus handelt im Interesse der extremen Imperialisten, aber vor den Massen tritt er unter der Maske des Beschützers der erniedrigten Nation auf und appelliert an das verletzte Nationalgefühl, wie zum Beispiel der deutsche Faschismus, der mit der Losung ‚Gegen Versailles' die kleinbürgerlichen Massen mitriß... Der Faschismus, der durch seinen Zynismus und seine Verlogenheit alle anderen Spielarten der bürgerlichen Reaktion in den Schatten stellt, paßt seine Demagogie den nationalen Besonderheiten jedes Landes an, ja sogar den Besonderheiten der verschiedenen sozialen Schichten in ein und demselben Lande. Und die Massen des Kleinbürgertums, selbst ein Teil der Arbeiter, durch die Not, die Arbeitslosigkeit und die Ungewißheit ihrer Existenz zur Verzweiflung getrieben, werden zu Opfern der sozialen und chauvinistischen Demagogie des Faschismus."[7]

Diese Feststellungen Dimitroffs fassen wesentliche Gründe zusammen, warum der Faschismus in Deutschland und in anderen Ländern zur Macht kommen konnte. In ihnen verbirgt sich aber auch eine Lehre für eine Gegenwart, die nicht zuletzt durch das rasche Anwachsen neofaschistischer Bewegungen, mitunter in einem irreführenden linksradikalen Gewande und mit einer ausgesprochenen Betonung des Terrorismus, gekennzeichnet ist. Die allgemeine Krise des Kapitalismus hat sich weiter verschärft, die ökonomischen Schwierigkeiten wachsen, der Verteilungskampf spitzt sich international und national zu, die gesellschaftlichen Auseinandersetzungen erfassen auch die imperialistischen Hauptländer. In der krisengeschüttelten Dritten Welt, insbesondere in Lateinamerika, ist die Anwendung

7 VII. Kongreß der Kommunistischen Internationale, S. 95f.

faschistischer Methoden zur Aufrechterhaltung von Ausbeutung und Unterdrückung schon ganz selbstverständlich. Wie werden sich die politischen Verhältnisse in den bisher von wirtschaftlichem Wachstum gekennzeichneten Staaten gestalten? Solange das Finanzkapital noch die Geschicke eines Teils der Welt zu bestimmen vermag, darf der Faschismus nicht nur als ein historisches Phänomen, sondern muß er als eine ständige aktuelle Gefahr betrachtet werden. Letztlich aus diesem Grund wurde die Rolle der Naziideologie auf dem Wege zur faschistischen Diktatur in Deutschland so ausführlich beschrieben; denn das, was war, kann — wenn auch in anderer Form — wiederkehren. „Der Schoß" — so mahnte Bertolt Brecht — „ist fruchtbar noch, aus dem das kroch!"[8]

8 *Bertolt Brecht*, Stücke, Bd. IX, Berlin/Weimar 1968, S. 367.

Personenregister